U0455559

本书系教育部人文社会科学重点研究基地重大项目
"圣经诠释的历史与方法"（项目号：13JJD730004）研究成果

教育部人文社会科学重点研究基地
四川大学道教与宗教文化研究所资助出版

圣经诠释的
历史与方法

HISTORY AND METHODS OF
BIBLICAL INTERPRETATION

田海华　著

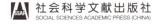

社会科学文献出版社
SOCIAL SCIENCES ACADEMIC PRESS (CHINA)

序　言

　　我怀着极大的热忱欣闻田海华教授出版此书，同时感到很荣幸受邀为这本扎实的中文学术成果作序。我必须要祝贺田教授，她的不懈努力为中国的圣经读者提供了一份宝贵的研究项目和学术成果，去探讨历代读者阅读圣经的各种方法。这部著作全面地涉及圣经研究的方法论问题，必将获得学界欢迎。它不仅能够拓展及丰富汉语学界的视野，也会为中国基督教研究与教会研究更深入地研读圣经做出贡献。

　　作为基督教正典的圣经，在历史上一直被视为西方世界的"文本"，影响西方的社会政治文化，也塑造西方人民的思想视野。本部著作对那些阅读圣经的重要方法展开研究，尝试呈现圣经在不同历史处境下的多层意义。我相信，这不仅能够启发我们理解该文本对西方当代读者的影响，而且也能够使我们更敏锐地理解文学的力量如何对亚洲文明发展产生作用。丰富多样的圣经研究方法会让读者对于绝对主义和排他主义的霸权更加敏感，从而避免一种圣经诠释的单一主张。在中国多宗教、多文化经典的处境下，这种态度尤其重要。如果这些经典能够与圣经展开跨文化对话的创造性互动，那么也会进一步丰富这些经典本身。

　　田教授的这部作品值得赞许，它分析了历史上产生的各种阅读圣经的方法，而这些方法的出现，乃是源于不同历史文化与哲学背景下的读者遇到问题时的回应。本部著作首先简要介绍了圣经及其古代译本与编校本，包括希伯来文、亚兰文、希腊文、叙利亚文及拉丁文圣经等，还介绍了《死海古卷》《密西拿》《塔木德》，以及哲学家斐洛的早期注释工作。接下来，该部著作重点关注了基督教传统，对早期教父、中世纪学者、文艺复兴、宗教改革及启蒙学者的贡献展开讨论。通过对诠释史的解析与思考，该部著作为读者描述了历史批判方法的发端，社会人类学方法的后续发展，以及考古发现对于地下证据与文本意义的寻求。然而，这些阅读圣经的探索逐渐导致对于女性主义诠释视角的长期忽视。女性主义诠释的视角有助于更平衡地理解圣经，同时对于性别的敏感认识有助于更加丰富地理解圣经，该部著作用专门一章的篇幅阐明了女性主义诠释的价值。

田海华教授详细分析了这些阅读圣经的方法在解决文本问题时的优势和劣势，并且她的著作也为未来的学者进一步深入研究提供了一个良好的基础。正如她所明确指出的，毫无疑问每一种方法在其所处的时代能够充分发挥作用，但也不可避免会受其历史与文化条件限制。后来的学者要么发现以往的方法无法适应新时代的需求，要么凭借新的见解去进一步丰富他们的诠释实践，于是就会有对方法的修订和重构。因此，为了应对新的历史处境，就需要新的思考与新的方法。文本研究的趋势将会继续下去，并且在未来还应当会得到进一步发展，因为我们已经看到了关于圣经的学问及其学术成就正在不同的文化政治处境下传播。

当然，田教授的著作更侧重西方世界的圣经研究，这是因为在阅读圣经方面，西方世界有更长的历史并占据着主导地位。人们通常认为圣经是在19世纪和20世纪的殖民时代才被带到"第三世界"（亚洲、非洲和南美洲）的。固然存在这样的成见，但事实是，历史长河中的商人和旅行者曾踏上许多不为人知的旅程，将圣经从巴勒斯坦与地中海东岸带向西方世界，也带进古老的东方文明。陆上丝绸之路和海上丝绸之路就是这样的交通路线，东方教会的叙利亚语圣经曾传播到印度和中国的历史便可证实圣经曾经跨越的旅程。今后还需要对它走过的路及它的不寻常的经历做出更深的研究，以一种全球视角与地域观点理解圣经的诠释史。作为一名中国的女性圣经学者，田教授的兴趣特别涉及女性主义圣经阅读以及中国的圣经诠释，这是可以理解的，也是非常值得赞许的。对于这些方面的关注将有助于她对圣经诠释史进行广泛的学术研究，展示出圣经诠释史的丰富多样性和深刻多元性。正是由于这些特点，该部著作非常值得推荐，也会获得读者的赞赏。这部富有洞察力的著作定会吸引文学研究和历史研究的学者，更值得人文学科和社会科学的研究者一读。

李炽昌

壬寅年六月·香港

黄　薇　译

上海大学文学院历史学系

CONTENTS 目 录

圣经诠释的历史与方法

第一章

❖

导　论

　　圣经是犹太—基督教传统的宗教经典，是西方文化中最为重要的圣书，对西方的文学、艺术、历史、政治和社会产生巨大而深远的影响。圣经的英文名为 Bible。Bible 一词源自中古拉丁文 *biblia*，其实，它最早可追溯至希腊文 *τὰ βιβλία*（*tà biblía*，是公元前 2 世纪希腊化的犹太人对其圣典七十士译本的指称），意指"书"（the books，见《但以理书》9：2），或者"神圣书卷"（the holy books，见《马加比一书》12：9）。因此，圣经就是一组由神圣书卷构成的文集。作为世界上流传最为广泛的文集，圣经对西方世界及其文化的影响至为深远，而且，它迄今依然以各种方式影响着我们。诗人引述它的词句，艺术家再现它的经典场景，政治家手按圣经宣誓等，但是，它最为本质的意义，在于它是宗教圣典（the Holy Scriptures，或 the Sacred Scriptures）。它指引着世界上无数的犹太人与基督徒，滋养着他们的灵性生命，深刻地塑造了教会生活与神学实践。圣经不仅是犹太—基督教传统之神学教义的依据，也是宗教个体与社群行为规范的基础，是他们生生不息的精神内驱力。两千多年来，世人对它的翻译、诠释与研究，从未间断。作为圣经研究的客体或对象，圣经在诠释学与神学理解的意义上被研究，包括对圣经文本之释经方法的探讨。在两千多年的发展历程中，它已经形成了自身的一种历史。这个历史不仅显示了圣经传统本身的流传与延续，而且，也涉及人们对圣经的接受或拒绝，呈现出接受的历史（reception history）。通常，圣经的历史主要涉及三个方面，即圣经诠释史、圣经神学史以及教会史，有时，这三者是相互影响的。在此，圣经诠释的历史，也可称为圣经研究的历史，主要涉及圣经的起源、著述、编纂、流传，以及学者从不同的视角对圣经进行诠释并从中发现意义的历史。这是本论著的主要关注点。

　　如何进入圣经的文本世界？如何解读圣经？这样的追问关涉方法论的问题，即人们认识与理解圣经的方法，或释经理论。在过往的两千多年里，基于不同的出发点与立场，产生了各式各样的诠释方法，形成了对圣经进行诠释的漫长历史。其中，来自犹太教与基督教传统的学者，对这一历史发展的贡献最为巨大。一般而言，初期解读圣经的基本进路有两种：字义与灵义。在漫长的中世纪，释经方法系统化为四重意义解经法。不过，在宗教改革时期，马丁·路德开始摈弃这种传统的四重解经法，通过将圣经译为本土方言而塑造了德国的语言、宗教与民族，更重要的是，他使圣经疏离传统的天主教神学框架，重新编排，从而使之成为一部文化圣经。经过启蒙运动的洗礼，尤其是斯宾诺莎（Baruch de Spinoza，1632－1677）的《神学政治论》，19世纪欧洲的圣经诠释开始表现出对圣经历史性的关注，试图重构圣经的原初形式，探讨圣经的来源。随着比较宗教学与宗教史学的兴起，圣经研究打开了新的篇章。圣经被置于古代西亚的历史处境中，来源批判、形式批判、传统历史批判、文本批判等，构成历史批判的主流。同时，对圣经的社会学、考古学与人类学的社会科学批判，亦成为圣经研究的重要视角。当然，20世纪最为激荡不息的思潮，莫过于后现代圣经批判。女性主义、后殖民主义、新历史主义、读者回应批判等，蜂拥而至，对传统的圣经诠释理论提出了诸多的挑战和质疑，使我们重新审视圣经的过往。在我们领略这些多姿多彩的圣经诠释理论之前，我们要先了解一下圣经本身的正典、结构、编纂以及译本。

第一节　圣经及其编修

一　《希伯来圣经》（《旧约》）及其正典化

　　通常，一种宗教在起初都同一个神圣传统紧密相关。这个传统通过口述或著述的方式得以流传。作为著述的圣典，圣经承载着犹太人与基督徒社群的文化记忆。就犹太人而言，这个记忆就是古代以色列人与其神祇之间的关系与经验，包括西奈立约、应许与颁布诫命等，这些神圣教导，与族长叙述、出埃及等故事叙述共同构成了托拉（*Torah*），即由《创世记》

《出埃及记》《利未记》《民数记》与《申命记》构成的五卷书。对于基督教而言，托拉又被称为"五经"（Pentateuch），源于希腊语 pentateuchos，意指"五卷书"。托拉是《希伯来圣经》的核心，也是犹太教信仰的核心。犹太人反复劝导人们要研习托拉，"总要昼夜思想"（《约书亚书》1：8）。犹太人由此成为圣书的子民（People of the Book），而他们的宗教是圣书的宗教（Religion of the Book）。托拉当中，律法（*Halakah*）与故事叙述（*Aggadah*）的整合与统一，形成了以色列民族活生生的传统，及其宗教信仰的精髓。① 随着描述古代以色列后期历史的文本增补进来，包括仪式的诗歌集、智慧文学与先知的话语等，如此，希伯来传统得以丰富与充实。《希伯来圣经》主要以希伯来文著述而成，不过，一些晚期书卷，比如《以斯拉记》《尼希米记》与《但以理书》中的一些经文，是以亚兰文写成的，因为它们与公元前 6 世纪的被掳事件密切相关。

在犹太教传统中，犹太人依循三分法，将《希伯来圣经》分为三部分：托拉（Torah）、先知书（Nevi'im）与圣卷（Kethuvim），合称塔纳赫（Tanakh）。② 塔纳赫相当于基督新教的《旧约》。显然，"旧约"是一个以基督教为中心的术语，因此在西方学界，圣经学者们为了表达中性立场，倾向于"希伯来圣经"的用法，尽管这种以著述语言为标准的界定并非完全严谨无误，因为，有些经文是以亚兰文著述的。在当今的英语世界，"希伯来圣经"是指犹太教的塔纳赫，是按照犹太教圣典的传统顺序对这 24 卷书所做的初步分类。其实，人们很难找到一个合适的词语命名这些书卷，因为它们的文学类型多样，内容庞杂，难以被归为一部统一的文集，但是，对《希伯来圣经》文本的不断编修，

---

① 故事叙述主要记载以色列民族的起源与发展，以及言说上帝的创造与救赎作为，而律法论及群体对信仰与生活的回应。以色列人认为，西奈启示必须依据出埃及的故事与立约法规而表达，从而将社会理想与实践整合进入古代以色列思想的深邃宝库之中，因此，五经传统与后来的拉比传统，比如《塔木德》（Talmud），都意识到这两个似乎异类的叙述话语模式相互交织而产生的价值，故此，二者的密切联结便成为一种文学潮流，并有别于古代西亚语境中的其他文本。总之，这两大范式为犹太教的神学言谈、社会思想与伦理实践提供了基石。参 J. David Pleins, *The Social Visions of the Hebrew Bible: A Theological Introduction* (Louisville: Westminster John Knox Press, 2001), pp. 41 – 42。
② 20 世纪中叶开始，犹太出版协会陆续将《希伯来圣经》的这三部分由希伯来文译成英文出版。1985 年，这三部分译文合并在一起，形成了一个完整的译本。参 *JPS Hebrew – English Tanakh* (Philadelphia: The Jewish Publication Society, 1985)。

使其逐步成为完整的书卷。相对而言，"圣经文本"是个抽象的单元，并无一个单一而原初的来源，而圣经来源的杂而多端，见证了圣经文本的历史。若将《希伯来圣经》中最早的来源，比如托拉中的耶典（Jah-wist）归于公元前 10 世纪的作品，而将最后形成的书卷归于波斯时期（公元前 538 – 前 331），[1] 或者希腊统治时期（约公元前 333 – 前 110），[2] 那么，《希伯来圣经》的著述与编修大致经历了六七百年的历史。这当中，若将著述文本形成前的口述传统与历史包括进来，将更为漫长。因此，《希伯来圣经》由单个书卷的著述，到整个文集的形成，乃至最终被正典化，经历了复杂而烦琐的过程。而且，《希伯来圣经》的当前形式，与历史中的编修活动密切相关。总之，《希伯来圣经》的各经卷绝非出自一人之手，也非由天而降的启示或默示。作为一部诸多文本的合集，它是经过众多人手的著述与编修，并经历漫长的历史过程而形成的。

在古代西亚（即以欧洲为中心的古代近东），有关文人学士的文化，起始于公元前 3000 年左右。一些专业的书记员（scribe），又称为"抄写员"或"文士"，他们参与了对文本的记录、传抄与修订，尤其同神庙与王室有着密切关联。[3] 早在公元前 13 世纪，腓尼基人创制的字母表，成为古希伯来文书写系统的来源。在古代以色列，文士（sōpēr）这一职业可在王室得到印证（撒下 8：17；王上 4：3；王下 18：18；22），被称为王室文士（royal scribes）。同时，圣殿作为书写律法和书写神谕的中心，以及文士接受教育和培养学识的中心，在圣经文本的书写与流传中扮演重要角色，而利未文士（the Levitical scribes）是同圣殿密切相关的经学士（scholars of scripture），属于圣殿文士（temple scribes）。[4] 在《耶利米

---

① David M. Carr, *Formation of the Hebrew Bible: A New Reconstruction* (Oxford: Oxford University Press, 2011), pp. 204 – 224.

② Hans M. Barstad, "Is the Hebrew Bible a Hellenistic Book?", in idem., *History and the Hebrew Bible: Studies in Ancient Israelite and Ancient Near Eastern Historiography* (Tübingen: Mohr Siebeck, 2008), pp. 70 – 89.

③ 和合本将之译为"书记""手笔"或"文士"。在《新约》中，"文士"指涉一个特殊的群体。

④ 著述于公元前 4 世纪末重述犹大历史的《历代志》，提及利未人的四种角色：阐释并传授托拉、主持祭礼和仪式、从事税收等行政公务以及维护圣殿秩序。第二圣殿时期的利未人，在圣经文本的流传与诠释方面，充当了犹太祭司的重要一职。参 Karel van der Toorn, *Scribal Culture and the Making of the Hebrew Bible* (Cambridge: Harvard University Press, 2009), pp. 90 – 92。

书》中，文士被称为智者，书写了托拉（耶 8：8 - 9），将神谕写在书卷上，并念给民众听（耶 36）。以斯拉是位文士，他通达摩西的律法（斯 7：6；尼 8：1）。在《希伯来圣经》被书写的过程中，文士所扮演的角色并非仅是抄工。这些文士拥有接近文本的特权，负责圣经经文的抄写、收集或改编，在其中留下了他们注释的痕迹，有的有标记，有的没有。这种抄写的流传使每种传统（*traditio*）传递并延续到新的群体与世代中。[①] 经过日积月累，书写的圣经文本得以流传与演变。而对这一文本的演变进行认可与阐释，就成为编修历史的内容。编修本身即是诠释。因为，编修者会依据新的处境，对既有的文本进行诠释。具体的做法，就是在经文中插入适应于时下的内容，从而赋予文本新的意义，如此，较早的文本在新的处境中被诠释，被现实化。比如，公元前 6 世纪的被掳是古代以色列史上的重要事件，在失去圣殿、家园与君王的处境里，人们对历史与神学的反省，被加入既有的经文中，形成圣经诠释的处境化实践。在先知书中，困境之后对救赎的盼望，成为当下百姓最为迫切的需要，而《以赛亚书》40：1 - 2 中的"安慰"正是这种编修加插的产物。

此外，为了回应公元前 7 世纪亚述对以色列的威胁，在《申命记》中，我们看到约西亚时代的宗教改革，强调在耶路撒冷圣殿中对上帝崇拜的中央化，将托拉概念化为上帝的意志，从而建构了神圣审判的根基。因此，由文士构成的申命学派（Deuteronomic School），按照申命记式的语言风格、神学观念与世界观，统一编修了由《约书亚记》到《列王纪》的历史，形成申命派史记（Deuteronomistic history），塑造了古代以色列的历史。哈佛大学的克罗斯（Frank M. Cross）指出：申命学派的编修，有不同的发展阶段，由约书亚时代延伸至巴比伦被掳时代。[②] 实际上，申命学派也参与了其他书卷的编修。后期形成的《历代志》，延续了这种编修传统，对既有的叙述来源进行了改编与增补，解释了犹大、耶路撒冷与圣殿的覆亡，创制了以色列君王的历史神学意义，从而成为对圣经文本

① 关于文士创制圣经文本的模式与过程，参 Karel van der Toorn, *Scribal Culture and the Making of the Hebrew Bible*, pp. 109 - 141。

② Frank M. Cross, "The Theme of the Book of Kings and the Structure of the Deuteronomistic History", idem., *Canaanite Myth and Hebrew Epic: Essays in the History of the Religion of Israel* (Cambridge: Harvard University Press, 1997), pp. 274 - 290.

进行历史化与理想化诠释的范例。在圣经中，编修的痕迹俯拾皆是。芝加哥大学的圣经学者斐士班（Michael Fishbane）认为：在编修过程中，传统与流传得以发展，二者之间的互动构成一个复杂的动态，因为，流传的行为选择，修改并重构了整体的传统。圣经中包含了对早期传统的大量的评注、改编与释义。我们将此称为"以经解经"。① 可以说，在圣经诠释的历史中，默默无闻的编修者扮演了重要的角色。编修即是圣经诠释的最初形式。圣经受到历史的塑造，受到它著述时代的限制，正如它也塑造了其后的历史。圣经语言是见证圣经文本历史的重要依据。

起初，那些由口述传统而转化并被书写的书卷与文本集子，是纷繁多样的，也是复杂的，而且随着历史处境的变化，文本在流传的过程中不断发生变化，因为，不同的文本著述，在不同的阶段与地区，彼此相互影响，而且，这些文本都同特定的社群相关联。在美索不达米亚，亚述与巴比伦的学士运用启示的范式（revelation paradigm），说明他们的经典文本出自神的授意，赋予远古的经典神圣性，同样，希伯来的文士相信希伯来文本是神圣启示的产物，他们通过赋予文本宗教性而使之合法化、权威化。文士参与了《希伯来圣经》的编修。在有关以色列与犹大的圣经记述中，我们发现众多来自先知与祭司的口传训谕，包括各种呈现上帝意志的神谕，即是如此。就托拉而言，《列王纪下》22 - 23 章记载了圣殿里发现的律法书（sēper hattôrâ），约西亚王基于律法书于公元前 7 世纪进行了宗教改革，将耶路撒冷圣殿的崇拜仪式中央化。自此，托拉不仅实现了由口传向书写传统的转化，而且，更为重要的是，托拉是由摩西传递的上帝话语，它被赋予神圣意义，成为神圣而权威的书卷，被不断诠释和实践，成就了某一社群的文化身份。因为，"经典具有身份识别的文化功能。经文的最初创作，只是经文作者的书写事件；但经典的最终形成，则是某一个群体所做出的身份选择。经文的成典过程，必定是一个群体性事件"②。如此，正典化就是某一群体之文化边界与身份宣

---

① Michael Fishbane, "Inner - Biblical Exegesis", in Magne Sæbø ed., *Hebrew Bible/Old Testament*, *The History of Its Interpretation*, vol. I /1: Antiquity (Göttingen: Vandenhoeck & Ruprecht, 1996), pp. 34 - 35.

② 李炽昌、游斌：《生命言说与社群认同：希伯来圣经五小卷研究》，中国社会科学出版社，2003，第 2 页。

称形成的过程。

　　基于神学、历史与政治文化身份的诉求，初期的文本逐渐发展成为某一社群的宗教圣典，逐渐被规范化，甚至被正典化（canonization），最终成为犹太人普遍信奉的宗教圣典。正典化首先意味着文本的多样性，它可以指某一书卷有多个，也可以是某一经文叙述有多个。在多种文本中，需要认可与确定某一个文本具有最终权威，或者某个篇章可视为是权威之作。毋庸置疑，《希伯来圣经》的正典化，也经历了一个漫长而复杂的过程，它始于犹太社群对自身权威经典的界定与理解。正典（canon）源于希腊语（*kanōn*），意为"表"（table）、"单"（list）或"目录"（catalogue）。基督教会用这个词指称教会所接受的被视为神圣启示的书单（list of books）。犹太教将之同古希伯来的长度单位"里德"（reed）联系在一起，引申为"标准"或"规则"。当这个概念指涉圣经的时候，它是指一些神圣书卷达到了特定的标准，是权威的。① 爱丁堡大学的提摩太·林（Timothy H. Lim）对犹太正典的形成进行了专门的研究。他将正典界定为被群体认可的具有权威性的一个固定书目。通过对死海古卷、亚里斯提亚书信、斐洛和约瑟夫的作品、《新约》以及拉比文献的系列考察，他指出：波斯时期托拉出现了，而在拉比时期，24 卷书的名录列表最终被接受。在后被掳时代至公元 100 年左右的历史中，并不存在一部被所有犹太人所接受的正式"正典"，但是，被不同的群体视为权威的各种文献集子是存在的。在耶路撒冷圣殿被毁之后，法利赛派的正典逐渐成为拉比犹太教的正典。② 关于《希伯来圣经》书卷的年代、作者身份与权威

---

① 在圣经的叙述话语中，圣经正典有两层含义。首先，它是由经文构成的正典，是经文所阐释的信仰规则，是确定信仰的规则，也是权威原则以及指引信仰与实践的精神准则。其次，它是构成圣经的正典，是被接受为启示的圣经书目，也是被确定的接受为圣经的权威书目。参 Eugene Ulrich，"The Notion and Definition of Canon"，in Lee M. McDonald and James A. Sanders eds. , *The Canon Debate*（Peabody：Hendrickson，2002），p. 28。

② Timothy H. Lim, *The Formation of the Jewish Canon*（New Haven：Yale University Press，2013），pp. 178 - 185. 在基督教产生之前，并无证据表明一个标准的文本在巴勒斯坦得到发展，但对于法利赛社群而言，是个例外，或许，还有撒督该社群。关于有一个标准文本存在的最早依据，同马所拉文本的早期抄本相关，即原型的马所拉文本（proto - Masoretic text）。在犹大荒漠不同地点发现的文本，极为相似，而且同中世纪的马所拉文本也很接近，因此，这些紧密相关的抄本构成了一个文本家族的存在，而死海古卷的大多数文本正反映了这个原型的马所拉文本家族。在公元前最后三个世纪与（转下页注）

性，法利赛的经学士们最终达成一致，从而使《希伯来圣经》正典化的过程宣告完成。

《希伯来圣经》正典化的实现，伴随着它的接受历史，同时，这意味着某一种文化身份的确立。但是，我们至今无从得知《希伯来圣经》的 24 卷书的单册是如何最终被认定为正典的，我们缺乏直接的文本依据。不过，可以确定的是，首次提及 24 卷书的是 1 世纪末的《以斯拉续篇下卷》（2 Esdras 14：44 - 46），即《以斯拉记》的次经。① 在拉丁武加大译本中该卷又被称为《以斯拉四书》。它记述了以斯拉在神圣启示的指引下，将圣书口授给五位文士，而只有 24 卷圣书公之于众。这 24 卷书的书目同后来的《巴比伦塔木德》提到的 24 卷书一致。此外，1 世纪的犹太史学家约瑟夫（Josephus）在其申辩文《驳阿比安》中，将《希伯来圣经》归为 22 卷，不同于传统的正典，涵盖了由创世到波斯时期的历史。② 这说明当时的正典是多元的。关于《希伯来圣经》三分法之正典的最早记载，有学者将之追溯到公元前 2 世纪初的便西拉（Ben Sira），认为《便西拉智训》的前言提到了"律法书、先知书与其他书卷"，其中的先知书包含了《以赛亚书》《耶利米书》《以西结书》与十二先知书（49：10）。自公元前 2 世纪开始，有了托拉与先知书的正典分类，但第三部分圣卷，还没有明确被提及，直到公元 1 世纪末。③

（接上页注②）公元首个世纪的以色列，文本的统一性与多样性是共存的。而在第二圣殿被毁之后，事实上，幸存下来并持有令人信服的圣经文本的犹太社群少之又少，如此，犹太群体所用的仅有的文本就是原型的马所拉文本，它延续了圣经文本。参 Emanual Tov, "The History and Significance of a Standard Text of the Hebrew Bible", in Magne Sæbø ed., *Hebrew Bible/Old critical Testament*, *The History of Its Interpretation*, vol. Ⅰ/1：Antiquity（Göttingen：Vandenhoeck & Ruprecht, 1996），pp. 63 - 66。

① Martin Lundberg, "Hebrew Bible Canon", in J. Pattengale, L. H. Schiffman and F. Vukosavovic eds., *The Book of Books*：*Biblical Canon*, *Dissemination and Its People*（Jerusalem：Bible Land Museum, 2013），p. 20.

② Flavius Josephus, *Against Apion*, 参 https：//www. sefaria. org/Against_Apion. 1. 8（浏览日期：2022 年 1 月 10 日）。以约瑟夫的 22 卷书和《以斯拉四书》为文本基础，对希伯来圣经 24 卷正典的起源与形成进行详细探讨的最新研究，参 Juan Carlos Ossandón Widow, *The Origins of the Canon of the Hebrew Bible*：*An Analysis of Josephus and 4 Ezra*（Leiden：Brill, 2019）。关于约瑟夫对 22 卷书的分类方法及其缘由，参 Steve Mason, "Josephus and His Twenty - Two Book Canon", in Lee M. McDonald and James A. Sanders eds., *The Canon Debate*（Peabody：Hendrickson, 2002），pp. 109 - 127。

③ 死海古卷中，除了《以斯帖记》，其他《希伯来圣经》书卷都有出现，也佐证了这一推断。Martin Lundberg, "Hebrew Bible Canon", pp. 20, 23。

不过，可以肯定的是，作为犹太群体信仰的核心，托拉是最先被正典化的，可能发生在公元前 5 世纪，同以斯拉有关（斯 7：14），但一些学者认为犹太群体将托拉视为其身份的核心，发生在波斯时期，但具体过程，至今不明。先知书的正典化，可能是在波斯时代晚期，或希腊化时代早期，而圣卷是最后被正典化的，大约在第二圣殿被毁之时。依据拉比传统，由 24 卷书组成的《希伯来圣经》是由三部分构成，托拉是第一部分，随之是先知书与圣卷。这个三分法的正典，反映了正典化过程的渐进本质。① 关于《希伯来圣经》正典发展史的经典理论，较早的探讨是由德国学者格雷茨（Heinrich Graetz）于 1871 年提出的三阶段论。该理论认为首先被认定为正典的是托拉，其次是先知书，最后是圣卷。1892年，英国《旧约》学者赖尔（H. E. Ryle）在其《〈旧约〉正典》（*The Canon of the Old Testament*）中，对这三个正典化的历史阶段进行了具体化的描述：五经的正典化是在以斯拉的领导下于公元前 5 世纪完成的（尼8）；先知书的正典化完成于公元前 3 世纪，收入了《但以理书》与《历代志》；圣卷的正典化伴随着整个《旧约》的正典化而完成。这个正典化止于 1 世纪末犹太拉比在几内亚（Jamnia）召开的会议，整个过程经历了大约 500 年。② 今天，这一正典化的理论广受质疑。由于缺乏历史证据的支持，几内亚会议厘定正典的说法已被摒弃。比如，1947 年死海古卷的发现，打破了这种关于正典之历史形成的自信。在死海古卷中，《诗篇》的不同内容与形式，以及对《耶利米书》的双重编辑，还有不同类型的文本与书卷，都清楚地表明犹太教中不同的宗教社群，对待正典有不同的界线与原则。拥有正典的社群，创制了正典的权威。在正典的形成与流传的过程中，不同的社群存在权力与利益的较量。因此，圣经的历史类似于一种"权力与强大组织的历史"③。

对圣经文本之发展史的理论研究，始于 18 世纪末启蒙运动的德语学界，比如，艾希霍恩（Johann G. Eichhorn）、鲍尔（Georg L. Bauer）与罗

---

① 参 Marc Z. Brettler and Pheme Perkins, "The Canons of the Bible", in Michael D. Coogan ed., *The New Oxford Annotated Bible*, *NRSV with the Apocrypha*, Essays（New York：Oxford University Press, 2001）, pp. 453 – 454.

② Karel van der Toorn, *Scribal Culture and the Making of the Hebrew Bible*, pp. 234 – 235.

③ Robert B. Coote and Mary P. Coote, *Power*, *Politics*, *and the Making of the Bible*（Minneapolis：Fortress Press, 1990）, p. 3.

森缪勒（Ernst F. C. Rosenmüller）等人，而中世纪的马所拉文本（Masoretic Text）成为其关注的中心。希伯来语"马所拉"（messorah），是指一种犹太传统的流传。马所拉文本是《希伯来圣经》的基础文本。在 5 - 10 世纪，一群被称为马所拉的犹太学者抄写、编辑与发布了马所拉文本，它是《希伯来圣经》的一个标准化版本。马所拉文本完成了两件事。一是确定了辅音文本，即确定了文本中对希伯来词汇的字母选择。二是用一种标注体系给这些辅音字母加上元音符号。各种《希伯来圣经》都是以马所拉文本为基础的。犹太教之塔纳赫也是以此为标准版本。① 通过考察马所拉文本的来源与校订，他们试图重构圣经文本的原初文本（Ur-text）。在 1947 年死海古卷被发现之后，克罗斯认为，早期重要的《希伯来圣经》文本，诸如出自巴比伦犹太社群的马所拉文本、来自巴勒斯坦的撒玛利亚五经（the Samaritan Pentateuch），以及来自埃及高度希腊化的犹太社群的七十士译本（Septuagint，又可标记为 LXX），都来源于一个共同的或原初的文本（original text）。② 关于圣经文本发展史与正典化编修的研究，被称为文本批判（textual criticism）。

关于《希伯来圣经》的著述与编修，学者们提出纷繁复杂的理论，但是，由于缺乏直接的文本依据，即圣经书卷的一个起初统一的文本没有被保留下来，它很可能并不存在，因此，这些理论大多基于假设。希伯来大学的圣经学者托夫（Emanuel Tov），将这一议题限定在公元前的最后三个世纪，讨论巴勒斯坦的犹大荒漠中发现的多种文本。他认为在犹太教的不同社群中，圣经书卷以不同的方式得到发展，而且，对圣经文本的解释没有一个统一的进路，但是，在圣殿的势力范围内，存在着一个对文本传统

---

① 参 Pheme Perkins and Michael D. Coogan，"Textual Criticism"，in Michael D. Coogan ed.，*The New Oxford Annotated Bible*，*NRSV with the Apocrypha*，Essays（New York：Oxford University Press，2001），pp. 462 - 463。

② Frank M. Cross，"The History of the Biblical Text in the Light of Discoveries in the Judaean Desert"，in Frank M. Cross and Shemaryahu Talmon eds.，*Qumran and the History of the Biblical Text*（Cambridge：Harvard University Press，1975），pp. 177 - 195. 关于《希伯来圣经》文本的流传历史，有人认为其经历了三个阶段：（1）相对不固定的前马所拉文本（pre - Masoretic text），延续至 1 世纪末；（2）原型马所拉文本（proto - Masoretic text），文本较为稳定的阶段，追溯于 1 世纪末；（3）马所拉文本，这就是伟大而经典的泰伯利亚抄本（Tiberian Codices），比如列宁格勒抄本（Codex Leningradensis），追溯于 10 世纪。参 Shemaryahu Talmon，"Aspects of the Textual Transmission of the Bible in the Light of Qumran Manuscripts"，*Textus* 4（1964），pp. 95 - 103。

的选择。死海古卷的发现，为理解《希伯来圣经》的早期历史提供了重要依据。他指出："在经历数世纪文本多样性之后，在公元1世纪末，《希伯来圣经》文本的统一性与稳定性才得以彰显。但是，这一状况并非是文本流传的结果，而是政治与社会——宗教事件及其发展的产物。"① 同时，他明确否定了犹太拉比于公元90年在几内亚会议上确立《希伯来圣经》正典的说法。

《希伯来圣经》第一部分托拉由5卷书构成，始于《创世记》，终于《申命记》。各书卷的书名是由开篇的第一个词而定，比如，《创世记》的希伯来文书名是בראשית（bereishit，起初），《出埃及记》为שמות（shemot，名字），以此类推。作为塔纳赫第二部分的先知书，分为前先知书与后先知书两部分，共有8卷书，其中的"十二小先知书"计为一卷。先知书涵盖了从进入应许之地到巴比伦被掳的历史。第三部分圣卷，共有11卷书，其中，《诗篇》《箴言》与《约伯记》并称为诗歌智慧书（Sifrei Emet），或三本诗书，尽管《约伯记》的开篇与结尾是以散文体出现。这三卷书多用于仪式的场景中，被人们吟诵。圣卷中的《雅歌》《路得记》《哀歌》《传道书》与《以斯帖记》，合称为五小卷（Hamesh Megillot），这是晚期形成并收入犹太教正典的书卷。在犹太教的特定节期，不同的犹太社群都会在会堂中诵读五小卷。比如，逾越节（Passover）时诵读《雅歌》，五旬节（Shavuot）时诵读《路得记》，圣殿被毁日（Ninth of Av）诵读《哀歌》，住棚节（Sukkot）时诵读《传道书》，以及普珥节（Purim）时诵读《以斯帖记》。《希伯来圣经》与后来的《塔木德》共同成为犹太教的圣典。关于《希伯来圣经》的书卷与分类，具体参附录一。

此外，我们应注意到，一些未被列入希伯来正典的重要书卷，又被分为两类，即次经（Apocryphal）和"伪经"（Pseudepigrapha）。次经主要指收录在七十士译本中的经卷，后被列入天主教、东正教与斯拉夫圣经里，被称为"第二正典书卷"②。"伪经"多为假托摩西、所罗门或以

---

① Emanual Tov，"The History and Significance of a Standard Text of the Hebrew Bible"，p. 61. 这说明《希伯来圣经》正典的形成，并不是由单个事件或运动所促成的。

② 源于犹太传统的次经，意为"隐藏"，它是5世纪的圣经学者耶柔米（Jerome）提出的一个概念。七十士译本中的次经，包括《多比传》（Tobit）、《犹滴传》（Judith）、《马加比一至四书》（1–4 Maccabees）、《所罗门智训》（Wisdom of Solomon）、《便西拉智训》（Ecclesiasticus）［又称为《西拉书》（Sirach）］、《巴录书》（转下页注）

赛亚的权威之名而作，也有的是对早期圣经书卷的伪造。伪经大多为启示文学，比如《以诺书》，以圣经故事和传奇而扩写的《雅尼和佯庇》和《以赛亚殉道及升天书》，以及《十二族长遗训》等。这些源于犹太传统的经卷，对于我们理解公元前300年至公元200年的圣经历史，甚为重要。

《希伯来圣经》中各书卷的成书年代，并不等于当前各书卷的编目顺序。《希伯来圣经》记述了古代以色列的历史、社会与文化，提供了有关古代以色列人极为丰富的来源信息。但是，"若我们将圣经视为一个历史文本，就会有很多问题，因为圣经并非经由训练有素的史学家依据可靠的历史文献同时著述而成，相反，它是由众人历经漫长的时间进行创作，之后又反复著述与编修而成"①。比如，《以赛亚书》这一书卷，它被归于先知以赛亚的作品，而以赛亚是阿摩司的儿子。虽然阿摩司的儿子预言了以色列国、犹大国、圣城耶路撒冷以及其他民族和城市的命运，但是他生活在公元前8世纪末，而《以赛亚书》记录了发生在公元前6世纪被掳与回归的事件，还提到了波斯国王居鲁士（古列，44—45章），说明这些经文并非由居于公元前8世纪的以赛亚所著。只可能部分归于他，即《以赛亚书》1—39章中的某一部分，② 其余的部分，可能是由匿名作者完成的。现代圣经学者依据语言风格与主题等，将其余书卷分为第二以赛亚书（40—55章）与更晚形成的第三以赛亚书（56—66章）。其中，第二以赛亚曾生活于公元前6世纪中叶的被掳之地巴比伦。圣经中的诸多经文都反映了这种编修历史的复杂性。很多经文都跳出了由创造到被掳的叙事年代框架，其编修依据并不统一。

《希伯来圣经》不同的版本、译本与编修的存在，说明了它正典化的过

（接上页注②）（Baruch）、《以斯德拉一书》（1 Esdras）、《颂歌》（Psalms），包含在《颂歌》中的《玛拿西祷言》（Prayer of Manasseh）、包含在《巴录书》中的《耶利米书信》（Letter of Jeremiah），以及包含在《但以理书》中的《亚撒利亚祷言》（Prayer of Azariah）、《三个犹太人之歌》（Song of the Three Jews）、《苏撒拿传》（Susanna）和《比勒与大龙》（Bel and the Dragon）。参 Marc Z. Brettler and Pheme Perkins, "The Canons of the Bible", p. 457。

① André Lemaire, *The Birth of Monotheism: The Rise and Disappearance of Yahwism* (Washington: Biblical Archaeology Society, 2007), p. 8.

② 若仔细探究，会发现该部分也同以赛亚无关，因为它包含《列王纪下》18—20章的内容（赛36—39章），以及巴比伦的倾覆（赛13章；21：1—10）。参 Henning Graf Reventlow, *History of Biblical Interpretation*, vol. 1: From the Old Testament to Origen, trans. by Leo G. Perdue (Atlanta: SBL, 2009), pp. 6—7。

程不仅具有灵活性或变动性，而且《希伯来圣经》文本本身，包括具体的书卷与经文，都具有多样性与差异性。虽然我们对《希伯来圣经》正典化过程的理解具有不确定性，但是可以确定的是，正典化的最后阶段是对第二圣殿被毁的一种回应。第一圣殿在公元前 586 年被毁，南国犹太的社会精英被掳至巴比伦。数个世纪以来，古代以色列人的宗教信仰与文化传统无法摆脱危机，而公元 70 年的第二圣殿被毁急速加剧了这一危机。在帝国压迫的历史处境里，伴随对政治、经济与文化身份的深刻反省，以色列人逐渐成为圣书的子民，发展出宇宙一神论的宗教。一神论的观念使古代以色列人与奉行偶像崇拜的邻邦有别。文本的创制是反映社会变迁与应对身份危机的另一重要手段。在《希伯来圣经》渐次正典化的过程中，意识形态的宣扬是至为关键的政治议题。南国犹大被合法化，取代北国以色列，成为"以色列"的代表，正如耶路撒冷取代撒玛利亚，成为耶和华的宝座，都是天命的拣选者。这样的拣选传统，在《诗篇》78 中有显著的呈现。《希伯来圣经》的正典化，始于哈斯蒙尼王朝时代（公元前 152 - 前 63 年），① 不是由上而下由一小撮精英人物所决定的，相反，对某一书卷为正典的认定，是对群体大部分人所拥有的被视为神圣或权威的经卷的正式认可。这个正典是包容了丰富的文本著述，它们具有多样的体裁、意识形态与神学，甚至是自相矛盾的。古代以色列人的众多观念与传统，都被包含在《希伯来圣经》这部圣书中。② 《希伯来圣经》的正典化，是犹太社群在特定的历史处境下的集体选择，是犹太教能够得以发展的根本。

因此，正典化是著述的一种特殊形式，它具有对文本及其权威与独特功用进行规范化的特征。正典化意味着对文本的规范化，它发生在文本历史的最终阶段，此后将开启正典本身的接受史。一旦圣经文本被正典化，达至其最终的形式，那么，它的历史发展过程就会被遗忘。德国埃及学家扬·阿斯曼（Jan Assmann）从文本书写历史与文化记忆的角度，考察了《希伯来圣经》由传统到圣典的过程，指出它正典化的过程经历了以下五个阶段：公元前 7 世纪末约西亚王时代，律法得到编纂，一个规范化的过去被创制；在巴比伦被掳的处境里，各种传统被分离出来，并丰富了律法的

---

① Kenneth Atkinson and James H. Charlesworth eds., *A History of Hasmonean: Josephus and Beyond* (London: Bloomsbury, 2019), p. 1.

② Marc Z. Brettler and Pheme Perkins, "The Canons of the Bible", p. 456.

编纂；波斯帝国时期，以斯拉诵读律法并释经，使律法权威化；围绕着收藏规范化文献的核心图书馆而形成的文本社群，使书写传统得到解释；第二圣殿之后，对仪式的态度被转化到圣经里，文本成为上帝栖居的圣殿，偶像崇拜受到谴责，圣经受到关注并获得权威，一神论确立，以正典对抗异教徒崇拜。① 因此，一神论确立和正典化的实现，是犹太教的两大法宝。

对于广大基督徒来说，圣经是一部由《旧约》（Old Testament）与《新约》（New Testament）组成的全书。② 16 世纪，马丁·路德（Martin Luther）宗教改革时，主张跨越天主教传统所确定的圣典，提出"回到原初"的口号，即回到 24 卷的《希伯来圣经》传统，他除去天主教的 7 卷"次经"，并对 24 卷书进行重新排列组序，计数为 39 卷。"对经典中的经书的顺序、结构之安排，本身即是一种深刻的经典阐释，意味着某一种阐释传统的介入。"③ 总体上，基督教的《旧约》分为四部分，分别是律法书、历史书、智慧书与先知书。④ 在基督教中，不同的宗派由于对信仰传统的理解不同，所接受并认可的《旧约》经卷也不尽相同。对于基督新教而言，《旧约》的主要经卷即是《希伯来圣经》的 24 卷书，除了首

圣经诠释的历史与方法

---

① Jan Assmann, "Five Stages on the Road to the Canon: Tradition and Witten Culture in Ancient Israel and Early Judaism", idem, *Religion and Cultural Memory*, trans. by Rodney Livingston (Stanford: Stanford University Press, 2006), pp. 63 – 80. 另参 Jan Assmann, "Five Steps toward Canonization: Tradition, Scripture, and the Origin of the Hebrew Bible", idem, *Of God and Gods: Egypt, Israel, and the Rise of Monotheism* (Madison: University of Wisconsin Press, 2008), pp. 90 – 105。

② 这里的"约"（testament），希腊文原意为"最终意志"（last will），类似于希伯来语的"约"（*berith*, covenant）。在福音书里，"新约"（new covenant）出现了一次（路 22：20），保罗两次提到这一用法（哥前 11：25；哥后 3：6）。它同耶稣基督的最后晚餐相关，意指对《旧约》的成全。但在使徒教父的作品里，"约"的概念极少出现。大约在170 年，萨迪斯的主教梅里托（Melito of Sardes）首次暗示了希腊语的"约"与《希伯来圣经》的关联。后经爱任纽、德尔图良、奥利金与奥古斯丁等人的演绎，《新约》正典的确立，以及拉丁语 *testamentum* 的译述，"新约"成为指涉圣经卷的术语，蕴含了神学意义。参 Ulrike Mittmann and Rouven Genz, "The Term and Concept of New Testament", in Karin Finsterbusch and Armin Lange eds., *What is Bible?* (Leuven: Peeters, 2012), pp. 305 – 337。

③ 李炽昌、游斌：《生命言说与社群认同：希伯来圣经五小卷研究》，第 5 页。将先知书排在智慧书之后，对于解释耶稣基督的道成肉身具有核心意义，它直接预示并指向了耶稣基督的到来。

④ 一些早期教父的著述，沿袭了七十士译本对《希伯来圣经》的分类，即将之分为四部分：托拉、历史书、诗歌与智慧书卷、先知书。参 Marc Z. Brettler and Pheme Perkins, "The Canons of the Bible", p. 454。

五卷书之外，其他书卷都被重新排列，次序也发生了改变，先知书排在最后。《列王纪》上下与《撒母耳记》上下分属单独的 4 卷，而且，十二小先知书展开成为单独的 12 卷书，如此，《旧约》共计 39 卷，加上《新约》27 卷书，圣经全书就是一套有 66 册书的丛书（library）。在基督新教的传统里，圣经的前段是连贯的历史叙事，涵盖了从《创世记》到《以斯贴记》的内容，而天主教要到《玛加伯书》，即由创世到波斯甚至希腊罗马时期。

此外，我们发现属于圣卷内容的《路得记》，在基督教传统中，认为其所记载的故事发生在士师时代，因此紧随《士师记》之后，成为历史书的一部分，而发生在波斯统治时期的《以斯帖记》，以及晚期形成的《以斯拉记》《尼希米记》与《历代志》，也被如此归类。不过，天主教的《旧约》除了 39 卷书外，还包括另外的 7 卷书，即收入历史书的《多俾亚传》《友弟德传》《玛加伯上》与希腊文的《玛加伯下》，归于智慧书的《智慧篇》和《德训篇》，以及收入先知书的《巴路克》，如此，天主教的《旧约》共计 46 卷书。而在东正教的信仰传统中，其《旧约》书卷，以七十士译本为主要依据，在此基础上略有补增。对于希腊和俄罗斯正教会而言，除了天主教的 46 卷书外，还有另外的 4 卷书，即收于历史书的《以斯德拉一书》、希腊文的《马加比三书》，归为智慧书的《诗篇》第 151 篇和希腊文成书的《玛拿西祷言》，以及收入先知书以希腊语成书的《耶利米书信》（在天主教传统中，它是《巴路克》的最后一章，其 1 世纪的残卷在死海古卷中被发现）。这样，希腊东正教和俄罗斯东正教的《旧约》共有 50 卷。有趣的是，在东正教传统中，《诗篇》有 151 篇，而且，第 151 篇是单独的书卷，不同于《诗篇》的主体书卷。不同的东正教会所认定的《旧约》书卷亦有不同，比如，叙利亚正教会的《旧约》，包含《诗篇》第 151–155 篇、《巴路克启示录》与《巴路克书信》，而对于格鲁吉亚正教会与罗马尼亚正教会而言，《马加比四书》也是正典。以上所述，充分体现了宗教经典与传统之间的互动关系，以及宗教经典形成与流传的复杂性和多样性。无论是犹太教的《希伯来圣经》，还是基督教的《旧约》，都不是一本书，而是多部书卷的合集，是从古代以色列和早期犹太宗教的著作中选辑出来的文集。宗教群体不同，其文集的版本也不同，书卷名称各异。关于《旧约》正典，新教、天主教与东正教所认可的书卷，差异较大，具体参见附录二。

二 《新约》及其正典化

《新约》是部典型的基督教圣典，是指由希腊文成书于公元 2 世纪中叶左右的 27 卷书，是基督教之圣典的第二部分。《新约》由四部分构成，分别是福音书、历史书、使徒书信和启示录。"新约"相对于"旧约"而言，是以耶稣基督为中心的一种宣称。毋庸置疑，《新约》同《旧约》/《希伯来圣经》有着千丝万缕的关系，因为犹太教是基督教孕育的母体。以此为"新"，以彼为"旧"，正如所谓的《旧约》是对《新约》的预备，而《新约》是对《旧约》的成全，当中贯穿的是强大的基督教神学传统。《马太福音》是《新约》的开篇，并不是因为它是《新约》中最早写成的书卷，而是因为它对《旧约》之成全的过分强调，它是《旧约》与《新约》之间的桥梁。对《马太福音》而言，"新旧的东西"（*kaina kai palaia*，太 13：52）都至为重要。为了突出《新约》与《旧约》之间的连续性，《马太福音》首先推出亚伯拉罕的家谱、大卫的家谱以及耶稣的家谱，从而强化耶稣与古代以色列的先祖及王室之关联。

在耶稣时代之前的三个世纪里，犹太文化受到希腊文化的深刻塑造，虽然，《新约》是以希腊文成书，但它的文化基底主要是犹太教的传统，而且，耶稣说的是亚兰文，他在福音书里的教导与言说是被译成希腊文的亚兰文。也就是说，我们所拥有的耶稣之言，都只是译文。这使《新约》从一开始就具有翻译与诠释的特质。[1]《新约》伴随着基督教的产生而产生，是基督教的核心经典，但是，它远非早期基督教文献的全部。[2]散布在地中海沿岸的各种基督教教会与群体，所认可的基督教经典都有所不同，各自为说。

使徒书信，其主体部分为保罗书信，成书于 1 世纪末，在初期教会

---

① 自以色列人被掳至巴比伦，他们大多数人说的是当地语言——亚兰语。在耶稣时代，依旧如此。但是，在《新约》中，耶稣的母语只有屈指可数的四处，为了便于人们理解，这四处还无一例外地要用希腊文加以翻译和阐释。这四处分别是《马可福音》5：41、7：34、14：36，《马太福音》27：46。

② 关于早期新约文本的形成与流传，参 Bruce M. Metzger and Bart D. Ehrman, *The Text of the New Testament*: *Its Transmission, Corruption, and Restoration*（New York: Oxford University Press, 2005）。

中流传甚广。2世纪末，在基督教的中心，比如罗马与亚历山大，我们看到了对四福音书、《使徒行传》与保罗书信的认同与接受，也就是说，《新约》的核心书卷，大致有21卷或22卷，在当时已经广泛流传。但由于教会传统的不同，在历经三四个世纪之后，基督教会在整体上接受了《新约》。至今发现的最古老与最珍贵的希腊文《新约》抄本，是公元4世纪的梵蒂冈抄本（Codex Vaticanus）与西奈抄本（Codex Sinaiticus），二者包含了《新约》27卷书，也包含了七十士译本，以安色尔字体（uncial）抄写在羊皮纸上。前者每页有三个栏目，后者为四个栏目。而最古老的《新约》蒲纸的残片，可追溯至公元2世纪。[①] 它们是《新约》研究的重要资料。《新约》的产生同早期基督教的历史与仪式实践紧密相关，因此，要了解《新约》的形成，就要先回到促使基督教产生的希腊—罗马（Greco - Roman）的历史处境。

在希腊化时期，巴勒斯坦出现了希腊城邦，并于公元前2世纪的下半叶，犹大开始了一个希腊化的决定性过程。公元前167年，统治巴勒斯坦的塞琉古王朝安条克四世（Antiochus Ⅳ）强制推行希腊化，宣布犹太教为非法，在耶路撒冷犹太人圣殿里立起希腊神祇宙斯的祭坛，废除割礼，并用犹太人视为不洁的猪进行献祭。这激发了犹太派别之间的分裂，并产生了局势的动荡。公元前164年，马加比的后裔哈斯蒙尼家族（Hasmonean family）领导了犹太宗教中主要的抗击运动，击败塞琉古的军队，重新夺回耶路撒冷城，光复洁净的圣殿与耶和华的礼仪。公元前63年，罗马征服了犹大，势力日益扩大，并于公元6年，开始了对犹大的直接统治。在第一圣殿被巴比伦的尼布甲尼撒（Nebuchadnezzar）摧毁之后，圣殿的重建就成为犹太教复兴的焦点，但是，公元70年，第二圣殿被罗马攻陷，灾难留给犹太教的是一片废墟，高级祭司由罗马统治者所任命。而在废墟中重生的，一方面，是以法利赛派为主导的拉比犹太教的发展，另一方面，则是对末世的盼望与弥赛亚主义的兴起。罗马皇帝哈德良（Hadrian）将耶路撒冷城重建为罗马的一个殖民地，禁止犹太人进入耶路撒冷，犹太割礼再次被禁止（尽管138年解除了这一禁令）。

---

① Peter J. Williams & Dird Jongkind, "The Early Greek Manuscrips of the New Testament", in J. Pattengale, L. H. Schiffman and F. Vukosavocic eds., *The Book of Books: Biblical Canon, Dissemination and Its People* (Jerusalem: Bible Land Museum, 2013), p. 54.

伴随基督教的产生，初期的教会在聚会时诵读的圣经，是犹太人的圣典，因此，第一代的基督教圣经不是《新约》，而是所谓的《旧约》全书，而且诵读的是该书的希腊文七十士译本。第一代的基督徒都是犹太人，正如耶稣本人、他的首批使徒以及早期社群的成员，比如彼得、约翰、雅各、保罗与巴拿巴等，都是犹太人，被称为犹太基督徒，构成"基督教的起源"①。他们采用犹太人的方式进行敬拜，并视《旧约》为权威的正典，赋予其新的解释。为了呈现自身的历史、信仰与传统，基督徒社群不再局限于口述传统的形式，开始撰写一些书卷。早期的基督徒注重使徒传统，相信保罗书信的权威。接着，有关耶稣生平事迹与教导的福音书成书。1 世纪末 2 世纪初的基督教会中，各种著述极为浩繁纷杂，涌现了不同的福音书、叙述、书信与启示文学，有的是匿名撰写和伪造的。它们在各个社群之间流传，再加上派别的多样，以及仪式崇拜的需要，急需教会界定正典的范围。

此外，当时教会所受的各种迫害，以及与犹太教的逐渐疏离，都促使了对《新约》正典的厘定。对正典的界定，直接关乎社群的信仰与传统，因此，不同社群之间，爆发了论争。保罗在书信中强调基督教会才是上帝的以色列民（加 6：16），是真正的亚伯拉罕的后裔（加 3：29），是真犹太人（罗 2：29），发展出有别于犹太教的意识。"《新约》经卷就放在犹太教圣经的旁边，对《新约》正典的认可主要是由基督教信仰的内部动力所导致的。"② 《新约》的正典化经历了一个复杂的过程，它反映了基督教"自我界定"（self－definition）的痛苦过程，这主要是由犹太教内部的发展，以及拿撒勒的耶稣的跟随者对犹太文本做出的解释所致。《新约》正典化的过程，始于教会对耶稣故事的接受，因此，早期教会力图保留对耶稣的记忆，如此，就有了福音书和使徒书信。

《新约》的第一部分是福音书，包括《马太福音》《马可福音》《路加福音》与《约翰福音》，故又称为四福音书，它们从不同的视角描述了

---

① Paula Fredrinsen, *When Christians Were Jews: The First Generation* (New Haven: Yale University Press, 2018), p. 1.

② Everett Frerguson, "Factors Leading to the Selection and Closure of the New Testament Canon: A Survey of Some Recent Studies", in Lee M. McDonald and James A. Sanders eds., *The Canon Debate* (Peabody: Hendrickson, 2002), p. 295.

圣经诠释的历史与方法

耶稣的生平事迹与教导，呈现了关于耶稣的传记。《马可福音》的开篇，交代了"耶稣基督福音的起头"。"福音"（gospel，希腊文为 *evangelion*）特别地意指耶稣基督所带来的拯救的信息，故又称"好消息"。耶稣是这一传记里的关键人物，而这个传记可追溯至上帝同以色列的关系史，于是，耶稣的故事，类似于摩西的故事而被叙述。而这个对犹太教文化传统的显著呼应，出现在《马太福音》的开篇，即对耶稣家谱的建构中。尽管"传记"是希腊历史著述的流行体裁，但是福音书中包含了大量的神学或传奇故事的要素，因此，圣经学者"倾向于将之视为一个推源的传说故事而进行解读，认为它解释了一个新宗教的出现，或者认为它呈现了早期基督教社群的基督论的意识形态"①。《新约》的第二部分是历史书，主要是《使徒行传》，讲述了自耶稣复活至保罗抵达罗马期间基督教会诞生与扩展的历史，突出了保罗的传教事工，先是在犹太人当中，其后扩展到万国万族。传统上，认为《使徒行传》的作者是路加。第三部分使徒书信，是《新约》中最早成书的经卷，其主体是 13 卷的保罗书信，成书于公元 40 - 60 年间，具有较强的流动性；另有 8 卷的普通书信。这些书信是使徒们写给各地教会的，以解决初期教会内部出现的各种问题，包括对基督教教义的疑难问题。《新约》的最后一部分是启示文学作品（apocalypse），主要是《启示录》，相传是巴勒斯坦的犹太基督徒约翰的作品，又称《约翰启示录》。这些先后形成的诸多书卷，都是为我们所谓的《新约》的最终正典化而进行的准备。其中，福音书与保罗书信，构成《新约》的主体部分，在 2 世纪末得到大多基督教社群的认可。

面对浩繁的基督教文献，早期教会并没有一个标准的《新约》目录确定哪些经卷可以归入《新约》而另一些不能收入。关于基督徒应以哪些书卷为正典，早期教会学者、大公会议和古代圣经版本给出的意见并不一致。但教会学者提出了三个必要条件：首先，这卷书必须是使徒或与使徒关系密切的人著述的，具有使徒传统（apostolicity）；其次，它必

---

① Pheme Perkins, "Introduction to the Gospels", in Michael D. Coogan ed., *The New Oxford Annotated Bible*, *NRSV with the Apocrypha*, New Testament（Oxford：Oxford University Press, 2001），p. 4. 殉道者查士丁（Justin Martyr, 100 - 165 年）记载了基督徒每周的崇拜活动，他们"诵读使徒的回忆录（福音书），或先知的作品"。这说明在 2 世纪中叶的基督徒的崇拜仪式中，福音书同先知书处于核心地位，具有同样的权威。参查士丁《第一护教辞》第 67 章，载查士丁《护教篇》，石敏敏译，生活·读书·新知三联书店，2014，第 54 页。

须与传统基督教的教义、使徒著述和赞美诗相一致，具有正统性（ortho-doxy）；再次，它必须被大多教会广泛接受与使用，具有大公性（catholic-ity）。① 就教会而言，它判定一部经卷是否可归为《新约》正典的标准，主要是考虑经卷的使徒性、正统性、古老性与用途。实际上，这些古代经卷还有另外两个特征，即适用性与启示性。② 140 年左右，宣称基督幻影说的马西昂（Marcion，约 110 - 160），首次编辑了《新约》全书。他坚持善恶二元论的神论与基督论，意图建立与罗马教会平行的自创教会，于是，他摒弃了《旧约》，认为《旧约》中的上帝有太多人性的弱点，将《旧约》看成与基督教无关的宗教典籍，于是，他所编辑的《新约》正典，只包括十封保罗书信，以及自行删节的《路加福音》。③ 他认为福音书中的其他书卷犹太色彩浓厚，而保罗是反犹太的。马西昂编辑的这个《新约》典籍，被后人称为马西昂正典（Marcion's Canon）。这一具有革命意义的正典编纂的结果，是促使基督教会积极回应并编辑《新约》正典。④

与马西昂同时代的基督教殉道者查士丁，在其著作《使徒回忆录》（Reminiscences of the Apostles）中明确提到四福音书。希腊教父克莱门特（Clementof Alexandria，约 150 - 215）的《新约》，包含了四福音书，同时，他引述了非圣经的经文。因此，我们今天所知的《新约》全书各卷，并非同时得到所有教会共同认可的。一些书卷，尤其是《彼得后书》与《启示录》是备受争议的。同时，还有很多书卷，据说是由使徒或其同伴著述，但显然不是成书于 1 世纪，而且包含了异端观念而被拒绝。爱任

① Daniel B. Wallace, "The New Testament Canon", in J. Pattengale, L. H. Schiffman and F. Vukosavovic eds. , The Book of Books: Biblical Canon, Dissemination and Its People (Jerusalem: Bible Land Museum, 2013), p. 48.

② Lee M. McDonald, "Identifying Scripture and Canon in the Early Church: The Creteria Question", in Lee M. McDonald and James A. Sanders eds. , The Canon Debate (Peabody: Hendrickson, 2002), pp. 423 - 438.

③ 这十封书信，依次为《加拉太书》《哥林多前书》《哥林多后书》《罗马书》《帖撒罗尼迦书前书》《帖撒罗尼迦后书》《老底嘉书》《歌罗西书》《腓立比书》与《腓利门书》。参 Fred Gladstone Bratton, A History of the Bible (Boston: Beacon, 1969), p. 189.《老底嘉书》(Laodiceans) 是保罗书信之一，已经散佚。不过，有学者认为该卷书信即指《以弗所书》。

④ 马西昂拒绝对《旧约》进行寓意解经，认为《旧约》不是神圣文本，而是邪恶之神的启示。参 Adolf von Harnack, Marcion: The Gospel of the Alien God, trans. by John E. Steely and Lyle D. Bierma (Durham: Labyrinth, 1990), pp. 25 - 52。

纽（Irenaeus，130－202）强调《旧约》与《新约》之间的统一，并在其著作中几乎引用了《新约》全书，除了《雅各书》《犹大书》与《彼得后书》。拉丁教父德尔图良（Tertullian，约150－230），强调使徒传统，并见证了圣经书卷在西部教会正典化的过程。他的《新约》正典包括四福音书、十三封书信、《使徒行传》、《约翰一书》、《彼得前书》、《犹大书》与《启示录》，他称它们是个"整卷"。由此可见，对德尔图良而言，圣经已经是个"固定的存在"。① 3世纪初，著名教父奥利金（Origen，约185－251）将自己的发现，列成一个由三部分组成的目录：普遍被接受的经卷（homologoumena）、某些部分受到教会质疑的书卷（amphiballomena），以及异教徒伪造的不可信的书卷（pseudē）。这样的梳理，为《新约》正典的确立奠定了基础。② 由此可见，在2－3世纪，《新约》正典的边界是不确定的。

4世纪初，凯撒里亚的主教优西比乌（Eusebius，约260－340），在其《教会史》中，将27卷书作为权威的经卷，并在君士坦丁大帝的委任下，制作了50部圣经，用于罗马帝国的新首都——君士坦丁堡的教会。③ 与奥利金的立场类似，优西比乌同样强调整个基督教会在《新约》书目厘定上的共识。君士坦丁大帝大力推动基督教群体的统一，这是尤西比乌的著述中首次讨论圣经正典的历史处境，也是此后的教会会议进一

---

① Lee M. McDonald, *The Formation of the Christian Bible Canon* (Peabody：Hendrickson，1995)，pp. 205－206.

② Peter Balla, "Evidence for an Early Christian Canon (Second and Third Century)", in Lee M. McDonald and James A. Sanders eds. , *The Canon Debate*, p. 383. 第一类普遍接受的书卷，是指四福音书和13封保罗书信，以及《使徒行传》《彼得前书》《约翰一书》《启示录》与《希伯来书》。第二类具有争议的书卷，是指《彼得后书》《约翰二书》《约翰三书》《犹大书》《雅各书》《巴拿巴书》《黑马牧人书》《十二使徒遗训》以及《希伯来福音》。第三类伪造的书卷，是指《埃及福音》《巴西里德福音》《十二福音》与《多马福音》等。德尔图良认为《希伯来书》是《新约》中的次要书卷，而奥利金却极力推崇之。参 Fred Gladstone Bratton, *A History of the Bible*, p. 193。

③ 优西比乌也将各种"新约"著述分为三种类型：被普遍认可的著述（homologoumena）、有争议的著述（antilegomena）与异教徒的著述（heretical writings）。第一种类型的书卷有21或22种，是教会的"新约"正典，被认为是使徒时代的作品，是经受过考验的。但是，优西比乌还有个自己的批判的正典，包含26或27卷书。在4世纪，有很多"新约"的书目，但哪些书卷被教会列为是权威与规范的，显然是个重要议题。参 Everett R. Kalin, "The New Testament Canon of Eusebius", in Lee M. McDonald and James A. Sanders eds. , *The Canon Debate* (Peabody：Hendrickson，2002)，pp. 390－404。

步讨论《新约》正典议题的处境，推动了圣经正典在东西部的最终确定。367 年，我们今天所知的《新约》书卷的名单，出现在埃及亚历山大主教阿塔纳修（Athanasius，298 – 373）的《复活节书信》（*Easter Letter*）中。他明确确定了 27 卷《新约》正典，而且，他称《希伯来圣经》的书卷为"《旧约》"。西方教会在 363 年的老底嘉（Laodicea）会议上讨论了《新约》正典的指定，认为共计 26 卷书，不包括《启示录》在内，而《旧约》的部分，包含《希伯来圣经》的 22 卷书，以及《巴录书》和《耶利米书信》。随后，393 年的希坡（Hippo）会议，以及 397 年和 419 年的迦太基（Carthage）会议，都正式确定了 27 卷的《新约》正典。① 这是对较早时期存在的权威书卷的认可与承认，而不是 4 世纪教会的一个创造。因此，我们今天认为《新约》正典形成于 4 世纪，是有证可考的。但是，东方正教会中的叙利亚教会只承认 22 卷书的权威性，不认可《彼得后书》《约翰二书》《约翰三书》《犹大书》和《启示录》，直到 692 年的君士坦丁大会时，才完全承认阿塔纳修的圣经目录，随后宣告于全教会，成为正式的圣典。② 对于《新约》正典，新教、天主教与东正教所认可的书卷基本是一致的，只是汉语译名有差异。中国的东正教会，目前同时参用新教的和合本与天主教的思高版圣经。

漫长而复杂的《新约》正典化过程的结果，就是产生了具有权威性与启示性的《新约》正典。它不仅确定了教会的实质身份与使命，而且，在不断变化的教会敬拜活动中持续地发挥作用。因此，《旧约》与《新约》的正典化，涉及经卷的形成、流传与诠释。经过数个世纪的讨论，教会才确定了哪些经卷可以归为正典，确立了圣经的权威。早期基督教的著述是极为繁杂多样的，包括各种福音书、书信、使徒行传、启示录、遗训，但是，最终只有少部分的书卷得到广泛认可。③ 在 4 世纪末，对于

---

① Fred Gladstone Bratton, *A History of the Bible*, p. 193.

② 周天和：《新约研究指南》，香港崇基学院神学组，1998，第 30 页。东正教最早的正典是穆拉多利正典（Muratorian Canon），成书于 2 世纪下半叶，包括四福音书、《使徒行传》、保罗的 13 封书信、《犹大书》、《启示录》、《约翰一书》与《约翰二书》或《约翰三书》。参 Daniel B. Wallace, "The New Testament Canon", p. 48。

③ 这些流传下来的各种新约抄本大约有 2400 种，包括全部或部分的福音书与保罗书信，以及各种启示录。Pheme Perkins and Michael D. Coogan, "Textual Criticism", p. 464.

犹太教与基督教社群而言，哪些经卷具有圣经的地位和权威，基本上得到了大致的认同。这些经卷被用于公开的仪式崇拜、布道与教导中。由此可见，"正典化是人类的选择，是政治而非上帝主导的结果"①。圣经各书卷，无论是《希伯来圣经》的（或《旧约》的），还是《新约》的，由起初变动不居的流传，到形成相对固定的正典，经历了数个世纪的发展。圣经文本的正典化或规范化，并不是一个直线发展的过程，而且，正典化并不意味着圣经文本的封闭与固定，正典的概念也不能只是停留在圣经形成的最后阶段，它没有单一不变的固定形式。

实际上，正典化的过程只是圣经文本流传与诠释历史中的一个片段，因为，"即使在一部正典对一个群体来说完全固定之后，对它的诠释与理解会继续正典的过程，使旧的适应新的……适应性是一部正典的主要特征，稳定性是其次"②。此外，圣经正典的历史并不是个单一而无差别的过程，其中，应看到个别经卷有其单独发展的历史。比如，《雅歌》与《传道书》直到 1 世纪末才收入《希伯来圣经》正典中，而《启示录》与《犹大书》等，直到 4 世纪才被看成是《新约》圣经的一部分。③ 这些单个经卷的历史发展过程更加复杂，更难捕捉。此外，初期的圣经被书写或抄写的介质是羊皮或蒲草等，它们不宜于保存和流传，也很难确保无误，而我们今天对圣经原初书卷的认识，有赖于对抄本之抄本的文本研究，已经难以回到原初。那时，圣经虽被称为"书卷"，但与我们今天所谓的书籍亦有很大不同。

三　《新约》对《旧约》的诠释

对于早期基督教而言，犹太人的圣经虽然是神圣的、权威的，构成基督教正典的第一部分，但是，它却是"旧约"，是相对于第二部分"新约"的"旧约"。《新约》将《旧约》接受为是"旧"的，完全基于一种神学的

---

① 菲利普·R·戴维斯（Philip R. Davies）：《多学科圣经研究五十年》，张迎迎译，载《圣经文学研究》2019 年第 18 辑，第 20 页。

② James A. Sanders, "The Issue of Closure of the Canonical Process", in Lee M. McDonald and James A. Sanders eds., *The Canon Debate* (Peabody: Hendrickson, 2002), p. 260.

③ 关于早期新约圣经的各种版本与译本，参 Bruce M. Metzger, *The Early Versions of the New Testament: Their Origin, Transmission and Limitations* (Oxford: Clarendon Press, 2001)。

圣经诠释的历史与方法

诠释立场。① 《新约》书卷对《旧约》做出了新的诠释。这个诠释一致指向拿撒勒的耶稣所带来的上帝作为，而且，基督徒崇拜的这个上帝，就是耶稣基督的父，也是《旧约》中的那位上帝。为了解释圣经承载了上帝的启示，形成了众多的诠释方法，因此，在基督教的历史上，圣经的故事同样漫长而复杂。② 由于对圣经的诠释体现了持续的生活与教会思想之间密切的关联，因此，因应不同的时代需求，圣经诠释会有不同的调整。也就是说，当圣经被认为对教义充分有效时，而且当时下处境的需求不同于过往时，若依然认为古代经卷对时下是有意义的，那么就需要进行诠释，从而带出圣经的新意。毋庸置疑，处境的变化影响了诠释活动。但是，无论环境如何变化，无论读者的回应如何多元，教会始终坚持基本的预设：上帝居于历史中，并在其中作为；上帝要拣选他的子民，并指引他们前行。比如，当诺斯替派（Gnostics）坚持真正的上帝不同于甚至与《旧约》的上帝相反时，他们很难理解耶稣所称天父的上帝的启示。而当亚历山大的神学家过于强调上帝的无情感时，他们只好对经文进行寓意解读，但显然，圣经中的上帝是能动的，而不是漠然的。为了化解神学与圣经文本之间的张力，各种圣经神学诠释轮番登场。

《新约》是诺斯替派与希腊化世界所运用的文本，它认为存在救世主来临的神话。显然，要论及早期基督教对圣经的诠释，或更具体一点，论及《新约》对《旧约》的诠释，就要从耶稣谈起。耶稣所传递的信息与教导有赖于《旧约》神学的基础，意在声明上帝之国的来临。显然，耶稣承袭了《旧约》中的锡安神学，即上帝要在锡安登基为王。而在《新约》时代，上帝呈现在耶稣的话语中，耶稣就是信息的传递者，他宣告上帝的末世统治，并通过他在十字架上代罪受难而打开上帝统治的大门。"伴随着他的自我理解，在他对上帝之国的宣讲中，耶稣承担了与他

---

① 从神学的理解来说，这个历史过程是复杂的。一方面，关于圣典的基督论解释的基本特征，是毋庸置疑的。另一方面，对它的接受，会因特定的历史环境以及新约作者个人不同的神学目的而改变。比如，由于保罗不同的个人处境与变化的会众环境，保罗改变了他的神学论证。因此，使徒们对《旧约》的神学处理是不同的。参 Hans Hübner, "New Testament Interpretation of the Old Testament", in Magne Sæbø ed. , *Hebrew Bible/Old Testament*, *The History of Its Interpretation*, vol. I/1: Antiquity（Göttingen: Vandenhoeck & Ruprecht, 1996）, p. 340。

② Robert Grant and David Tracy, *A Short History of the Interpretation of the Bible*（Eugene: Wipf and Stock Publisher, 2001）, p. 1.

同时代的人共有的对盼望的预设,那就是《旧约》先知有关末世的宣称会被实现。"① 对于公元 1 世纪的犹太人耶稣而言,《旧约》圣经是权威的,也是受圣灵启示的,因此,他的引经据典和各种典故,都是出自《旧约》。② 当他引述《旧约》时,他称"经上记着说"(太 4:4;可 11:17;路 4:4)。而且,他追问法利赛人:"经上记着……,你们没有念过吗?"(可 2:25)。与他同时代的人一样,耶稣不是个文学批判家,也不是历史批判者,他认为摩西是五经的作者,而大卫是《诗篇》的作者,认为《旧约》时代发生的事件都是真实存在的,而且,胜过历史事件。为了树立基督教的权威,他反对犹太人对律法形式的遵守,以及对祭祀仪式的践履,并同法利赛人与文士展开论辩,强调道德命令与人际关系。他多处引述《何西阿书》6:6:"我喜爱怜恤,不喜爱祭祀"(太 9:13,12:7)。为了说明"爱人如己"胜过各样的祭祀,他将《申命记》中"要尽心、尽性、尽力爱耶和华你的上帝"(6:5),同《利未记》中"爱人如己"的律法相结合,形成了最大的两条诫命(可 12:31;太 22:40),即"爱上帝"与"爱人如己"。

依据来源批判(source criticism),福音书中最早形成的书卷,是《马可福音》,约成书于公元 70 年,其次是成书于公元 80 年后的《马太福音》与《路加福音》,二者都以《马可福音》的神学框架为基础。③ 在福音书里,耶稣对《旧约》的引述与诠释,俯拾皆是,因为"耶稣话语中的上帝历史,在《旧约》的以色列史中具有它的前史,并历史地得到发展。这是耶稣登山宝训的一部分,也是关于耶稣是基督与神子的福音书叙述之神学观念的一部分"④。因此,若忽略对《旧约》的引述与暗示,那么,福音书的神学就丧失了实质。《马可福音》的开篇,就将第二以赛亚同耶稣基督的福音以及约翰的受洗联系在一起,赋予圣经福音的特征,于是,先

---

① Henning Graf Reventlow, *History of Biblical Interpretation*, vol. 1, p. 57.
② 耶稣的引述,或来自原型马所拉文本,或来自七十士译本,或来自亚兰文译本塔古姆,还有的是混合的。耶稣并没有局限于一种文本传统,而是自由引述多个经典,融合了文本与诠释。这说明当时的文本传统是多元的。参 Craig A. Evans, "The Scriptures of Jesus and His Earliest Followers", in Lee M. McDonald and James A. Sanders eds., *The Canon Debate*, pp. 191 – 195。
③ Hans Hübner, "New Testament Interpretation of the Old Testament", p. 347.
④ Ibid., p. 336.

知以赛亚因表达了福音事件而变身为福音传道者，而福音传道者马可引证的是福音应许本身的上帝之道。如此，"在上帝之道里，过去与现在相遇了"①。《马太福音》对《旧约》的引述被称为是应验引述（太 1：22；2：6；2：15 – 17；2：23；4：14 – 16；8：17 等），这样的引介格式表达了福音传道者的神学计划，即《新约》是对《旧约》的成全。② 在《路加福音》里，路加进一步沿袭了这种应验引述，但有所不同的是，路加的引述是混合的。他同时引述不同的《旧约》经文，直指当下，将神学解释为历史。

对路加而言，耶稣是上帝遵从律法之子，自出生开始就在践履律法（路 2：24）。而且，耶稣在拿撒勒讲道时，引述了第三以赛亚，表明"主的灵在我身上"（路 4：18；赛 61：1；58：6），将先知书文本中的"我"转化为耶稣弥赛亚的"我"。通过这样的引述和转化，路加将耶稣置于先知的弥赛亚应许当中，并使之成为主之灵的拥有者，于是，基督论演绎为圣灵论。③ 此外，在《路加福音》22：37 中，耶稣引了《以赛亚书》53：12，并将之明确地同自己的受难相关联。如此，在《路加福音》里，基督论、圣灵论以及耶稣的道成肉身与复活都被《旧约》所应验，都是"照经上所写的"④。显然，在新的历史处境里，《旧约》被用来解释基督教的神学。在较晚成书的更具神学意味的《约翰福音》里，对《旧约》的诠释成为其神学的基础，尤其是对《以赛亚书》53：1 和6：10 的引述（约 12：38；12：41），更是如此。作者引述的经文出自七

---

① Ibid. , p. 348.

② 关于这一点最为著名的一个例子，就是《马太福音》1：18 – 25 中的童贞女生子。对以马内利的预言，正是对《以赛亚书》7：14 的诠释，尽管这一诠释同其对弥赛亚预言的原意是不符的。而且，在《马太福音》12：18 – 21 这个最长的应验引述里，它引述的是《以赛亚书》42：1 – 4 的第一仆人之歌，直接指向耶稣，认为耶稣就是外邦人的希望。这样的应验引述，表达了福音传道者对《旧约》文本的为我所用，即将先知的信息用于当下，并声称末日的事件。参 Henning Graf Reventlow, *History of Biblical Interpreta-tion*, vol. 1, p. 69。根据《以赛亚书》7：14 的希伯来原文，"有一位年轻女子要怀孕生子，并要给他取名'以马内利'"。七十士译本将"年轻女子"译为"童女"。现代中文译本将之译为"闺女"。

③ Hans Hübner, "New Testament Interpretation of the Old Testament", p. 354.

④ 耶稣对他们说："这就是我从前与你们同在之时所告诉你们的话说：摩西的律法、先知的书和诗篇上所记的，凡指着我的话，都必须应验。"于是耶稣开了他们的心窍，使他们能明白圣经。又对他们说："照经上所写的，基督必受害，第三日从死里复活。"（路24：44 – 46）

十士译本，而且基于自己的神学需要对经文进行了改动。在这一诠释活动中，以赛亚看到的是基督的荣光，而且，耶稣基督的死亡是个历史事件，是上帝荣耀之作为的终极完成。①

在保罗书信中，尤其是《加拉太书》与《罗马书》，《旧约》同样被频繁引述，大约有 90 处，因为《旧约》经文是其神学论证和推论的基础。"《旧约》上帝的话语和《新约》上帝的作为，这两种权威的结合，导致了权威的一种独特巧合。通过增加另一种权威，这种权威的巧合变得更为复杂：耶稣的话语是以神圣权威而被言说。但是，耶稣不仅仅以神圣权威言说，而且，他是弥赛亚实现的道成肉身，自身就是神圣权威。"② 因此，借助于这种神圣权威，耶稣不仅宣讲和解释《旧约》的话语，而且将《旧约》的律例规章相对化。关于耶稣基督的代罪受难与复活，都被强调为"照圣经所说"（林前 15：3 – 5）。这里的圣经指的是《旧约》，意指整个《旧约》就是耶稣受难与复活的见证，如此，早期基督徒依据他们自身对《旧约》的理解解释基督事件。这一点在《罗马书》的引言中得到证实（罗 1：2 – 4）。③ 保罗忽略犹太教中重要的历史书卷，而引述最多的《旧约》书卷是《以赛亚书》与《诗篇》，其次是五经，从而抗衡当时犹太化的倾向。但是，"他对《旧约》经文进行基督论的理解，这并不意味着他在否定这些经文，而是在扩展它们原初的意义"④。

---

① 耶稣也参与了这一诠释活动。他在临终时，为了使经上的话应验，他说，"我渴了"（约 19：28）。这句话是对《诗篇》69：22 的暗示。作为《约翰福音》中十字架神学的核心，耶稣的死亡就是对《旧约》的应验和成全。如此，十字架神学同《旧约》神学密不可分。参 Hans Hübner, "New Testament Interpretation of the Old Testament", p. 361。

② Hans Hübner, "New Testament Interpretation of the Old Testament", p. 336。

③ 保罗坚信耶稣就是基督，正是以色列人所期盼的弥赛亚。耶稣的死亡与复活都是依据《旧约》而来。保罗建构了自己对《旧约》的解释，认为《旧约》是"为了我们的缘故"而著述的（哥前 9：10；罗 4：23 – 24），强调《旧约》的话语不是为过去而言说，而是针对当今的听众而言说的教训（罗 15：4）或警戒（林前 9：10）。参 Henning Graf Reventlow, *History of Biblical Interpretation*, vol. 1, pp. 61 – 62。

④ Hans Hübner, "New Testament Interpretation of the Old Testament", p. 342. 有时，保罗运用寓意解经法实现这种扩展，比如，《哥林多前书》9：9；10：4 以及《加拉太书》4：21 – 31。此外，保罗还运用象征论解释亚当和基督（罗 5：12 – 21；林前 15：21 – 22），说明所有人的罪，以及耶稣基督里显现的上帝恩典。这些释经方法的运用，表明保罗对希腊化处境中的犹太释经进路极为谙熟。参 Henning Graf Reventlow, *History of Biblical Interpretation*, vol. 1, pp. 64 – 65。

在新的救赎处境里，保罗对《旧约》经文进行了新的阐释。比如，保罗指出，"人称义不是因行律法，乃是因信耶稣基督"（加 2：16），因此，"凡以行律法为本的，都是被咒诅的，因为经上记着：'凡不常照律法书上所记一切之事去行的，就被咒诅'"（加 3：10）。保罗在这里引述的是七十士译本的《申命记》27：26，对原文做了改动。实际上，这对保罗而言，是对经文和律法进行的新的理解，也是对自我的新理解。保罗对律法的陈述是悖论的，因为，在谈论"全律法"（whole law）时，保罗采用的是双重模式。一方面，人不许只接受割礼，因为他必须遵从全律法（加 5：3），在此，保罗拒绝称义的基础是对律法的成全。另一方面，保罗将《利未记》19：18 中"爱邻舍"的单一诫命看成是对全律法的成全（加 5：14）。显然，这里的全律法不能简单等同于以量的方式成全的律法。但是，保罗在此将一条诫命视为全律法，是指基督徒在圣灵中的存在（加 5：22）。在神学上，保罗对《旧约》进行了存在的诠释。这样的诠释也体现在《罗马书》中，尤其是《罗马书》9 – 11 章对《以赛亚书》的引述，呈现了保罗对《旧约》的接受与理解，意在强调基督徒因信称义，从而建构基督论的神学框架。

《启示录》是《新约》的最后一卷书，也是《新约》里受《旧约》影响最为彻底的一卷书，因为，只有借助于《旧约》，才能充分理解《启示录》的宗教与神学结构。相传《启示录》的作者是约翰（1：4），故又称《约翰启示录》。约翰处理《旧约》的方式是多元的，其所引述的《旧约》经文出自希伯来文本，而非七十士译本，而且，作者对亚兰文译本塔古姆也颇为熟悉，并受到犹太释经传统的影响。[①] 它所表述的"人子"观念，以及对天地的描述，都源于《但以理书》，并与之呼应。《但以理书》是犹太正典中唯一的预言书卷，也是《旧约》的启示录。如同《但以理书》，《启示录》对未来进行了预言，为那些地处边缘的受压迫者提供盼望。约翰给亚细亚的七个教会写了七封信，它们构成了整个《启示录》的重要部分，但是，其所表达的文学与意象的世界源于《旧约》传统。"缺乏对犹太启示文学中延续的《旧约》传统及其意象和象征的认

---

① Hans Hübner, "New Testament Interpretation of the Old Testament", p. 371.

识，那么，就不可能理解预言家约翰在说什么。"① 在《启示录》中，《旧约》不是被解释为一个启示的书卷，而是出自先知与其他上帝之道的接受者的一系列异象。这些愿景都集中在约翰这里。

除了《但以理书》，《以西结书》《出埃及记》《诗篇》和《以赛亚书》都对《启示录》有深刻的影响。比如，在《启示录》关于基督的异象（1：9-20）以及天上的异象（4-6章）中，都可以看到这些经卷似曾相识的踪迹。就连降下的七样灾祸，都同《出埃及记》中的十灾有对应关系。最后一个异象是论及新耶路撒冷（21：9-22：5），其意象源自《以西结书》中对圣殿的描述（40：2-49），以及《以赛亚书》描绘的永远的光（60：19-20）。《启示录》所呈现的是基督论的耶路撒冷，其流淌的是生命之河（22：1-2），回应了先知论述的异象，即从圣殿流出的水（结47：1-2）。在此，"约翰将自己理解为一位先知，延续《旧约》中先知的信息，并以新的方式将之传达给新处境中的基督徒社群"②。约翰对《旧约》的运用所呈现的信息，是以基督事件为核心的。通过比较，我们发现约翰的《启示录》同犹太的启示传统有着密切关联。因此，《新约》接受《旧约》的根本权威，同时，受到《旧约》的塑造。

在《新约》时代，《旧约》被称为"圣经"（the Holy Scriptures）。正如基督教对犹太教的继承那样，《新约》不仅继承了《旧约》，而且对之做出了诸多的诠释。如果看不到《新约》作者对《旧约》的根本接受，那么就不可能理解《新约》神学。《新约》的重要主题，植根于犹太教的末世论信仰结构中。这些重要主题不只是诸如弥赛亚与人子之类的基督论的范畴，而且还有诸如复活与圣灵之教义的重要信仰。离开犹太教对未来之盼望的参照，这些问题都不可能得到有效的理解。在向一个更为彻底的希腊文化过渡时，希腊哲学为初期基督徒理解实在提供了氛围。但是，基督教之耶稣基督救世论的观念，为基督教倡导的复活信念奠定

① Henning Graf Reventlow, *History of Biblical Interpretation*, vol. 1, p. 91. 据说《启示录》成书于公元1世纪的最后十年间。那时，罗马皇帝图密善（Domitian）再次迫害基督徒，有很多基督徒被处死，或被流放，因此，《启示录》的作者用一种象征方式，运用《旧约》资料呈现了当时基督徒受到的逼迫。参斯蒂芬·米勒（Stephen M. Miller）、罗伯特·休伯（Robert V. Huber）：《圣经的历史：圣经成书过程及历史影响》，黄剑波、艾菊红译，中央编译出版社，2008，第125页。

② Henning Graf Reventlow, *History of Biblical Interpretation*, vol. 1, p. 98.

了基础，而救世论也是法利赛拉比传统的一个重要方面，它固执地存留于基督徒的信条中。因此，《旧约》与《新约》之间的关系若被理解成以色列与基督教会之间的关系，它就涉及连续性与非连续性的问题。而且从救赎史的角度而言，以色列的历史就是教会历史的一部分。大致而言，《新约》中的神学思索，包含了对《旧约》进行的基督论理解，而这个理解本质上又不同于《旧约》本身。依据《旧约》的字面意义，末世论的拯救主要针对外邦的以色列人，但是，当《新约》接受《旧约》时，其神学的认知与建构，在于设定上帝通过基督完成了救赎，而且，是最终的救赎，如此，以色列人不再具有救赎论的优越性。在某种程度上，《旧约》对基督徒的解释是开放的，但必须承认的是，《旧约》首先是犹太教的圣典。从本质而言，"基督教对《旧约》的理解，就是以基督论的观念进行诠释"①。这样的解释，在特定的历史处境下，是基督徒对犹太教圣典的为我所用（appropriation），也是他们对自身的安身立命做出的新的诠释，因此，所谓的《旧约》，也不是"旧的"，而是被赋予了新的意义。

第二节　圣经的主要译本

　　翻译既是一门科学，也是一项技艺。它通过不同于原著述的语言而试图再现一个文本的意义与影响。对于圣经翻译而言，这个过程不仅涉及完全不同于大多数现代语言的古代语言，而且更为重要的是，还要涉及同现代文化并无共同之处的古代文化。圣经正典形成之后，它成为移动的文本，游走在不同的社群和文化之间。为了让不同的读者群体阅读和理解圣经，圣经正典确定之后，被译为不同的语言。实际上，圣经一开始就有被译述的性质，正如《新约》中的《旧约》，以及耶稣的直接言说，都是通过翻译而被呈现的。众所周知，翻译即是诠释。翻译与诠释

---

① Hans Hübner, "New Testament Interpretation of the Old Testament", p. 372. 通常，这也是使徒后期教父（the apostolic fathers）作品的共同主题，比如，《巴拿巴书信》（the Letter of Barnabas）与《克莱门一书》（1 Clement），说明《旧约》与《新约》是个连续的统一体。参 Henning Graf Reventlow, *History of Biblical Interpretation*, vol. 1, pp. 118 – 135。

是圣经流传的一个明确现实。希腊语的七十士译本（Septuagint）、撒玛利亚五经（Samaritan Pentateuch）、亚兰文译本塔古姆（Targum）、叙利亚文的别西大译本（Peshitta）、拉丁语的武加大译本（Vulgate），以及各种其他语言的圣经译本等，都是圣经流传过程中的重要译本。就叙利亚文的别西大译本而言，叙利亚文是东部亚兰文的一种方言。别西大译本的《旧约》部分，最初由希伯来文直接译出，成书于 2 世纪，可能是最早的叙利亚文圣经译本，它伴随着叙利亚文的基督教化，在 4 世纪成为叙利亚教会中的权威译本。[①] 无论是古抄本、古译本，还是校勘本，历经文化的传承与演变，当中叠加了多元的文本传统，因此，不存在一个纯粹而单一的圣经译本。

由于神学传统的差异，不同的犹太教与基督教信仰群体所认可的标准译本有所不同。比如，《斯图加特希伯来圣经》（Biblia Hebraica Stuttgartensia，简称 BHS），作为《希伯来圣经》的马所拉文本（Masoretic Text），得到犹太教与基督教译者的广泛认可，被认为是可获得的《希伯来圣经》最佳的标准文本，但是，这并不意味着马所拉文本在任何时候都值得信赖，因此，现代圣经英文译本，诸如新修订标准版（NRSV），在一些希伯来经文的翻译上，会以死海古卷为基础，而不完全依赖于马所拉文本。因为，"一些学者认为：对七十士译本的阅读，方能体现最初希伯来文本的真正意义，而已接受的犹太文本，即马所拉文本是对七十士译本的疏离，因此，相较马所拉文本，死海古卷所呈现的希伯来文本常常更接近于七十士译本，成为《希伯来圣经》解读的早期见证"[②]。在今天，希腊东正教会依然将七十士译本作为探讨《希伯来圣经》的权威文本，而将希腊标准本（Greek Textus Receptus）作为《新约》的权威译本。叙利亚教会则将成书于 5 世纪的叙利亚文通

---

① Peter J. Williams, "The Syriac Versions of the Bible", in James C. Paget and Joachim Schaper eds., *The New Cambridge History of the Bible*, vol. 1: From the Beginnings to 600 (Cambridge: Cambridge University Press, 2013), pp. 527 – 535.

② Alan F. Segal, *Life after Death*: *A History of the Afterlife in the Religion of the West* (New York: Doubleday, 2004), p. 363. 从死海古卷来看，希腊译本的历史，同早期希伯来文本的历史是平行的。参 James A. Sanders, "The Issue of Closure of the Canonical Process", in Lee M. McDonald and James A. Sanders eds., *The Canon Debate* (Peabody: Hendrickson, 2002), p. 255。

俗译本（Syriac Peshitta）作为他们的圣经。在圣经的各种译本中，影响最为深远者，当数希腊七十士译本与拉丁武加大译本。在此，分述如下。

一 七十士译本

公元前 4 世纪末，希腊化时代开始，散居在地中海地区的犹太人也随之被高度希腊化，尤其是居住于埃及和地中海东岸的犹太人，他们学习当地的语言和风俗。埃及的亚历山大成为希腊文化的中心，也是犹太人聚居的中心，他们在那里生养众多。亚历山大帝国时期，那些聚居在亚历山大城的犹太人已经被彻底希腊化，他们掌握了通用希腊语（Koine Greek），但生疏了希伯来语，无法阅读希伯来文的律法书。依据公元前 2 世纪的《亚里斯提亚书信》（Letter of Aristeas）的传奇记载，为了充实亚历山大城的图书馆，埃及的希腊国王托勒密二世（Ptolemy Ⅱ Philadel-phus，公元前 285 - 前 246 年在位），召集并资助了来自耶路撒冷的七十二位高级祭司。他们是从以色列十二个支派的每派中选出六人组成的译者，他们通晓希伯来律法，精通希伯来文与希腊文。他们来到亚历山大城，彼此分工，相互协商，将《希伯来圣经》的托拉译成希腊文。这封书信中的辩护与寓言故事，是要维护托拉的希腊译本的有效性。随后，这一译本被亚历山大城的犹太群体视为权威文本。① 但在现实中，有些学者认为这封书信是托名伪造的，因此，犹太会堂盛传着另一种说法，就是否认托勒密二世主持译经的说法，认为是犹太人为了方便自己阅读和了解犹太律法的需要而召集人进行了翻译。一开始，也就是在公元前 3 世纪上半叶，翻译的只是托拉，后来，犹太学者与文士陆续翻译了其他通用的希伯来经卷。约公元前 132 年，这个希腊译本完成，名为"七十士译本"（Septuagint，源于拉丁文 *septuaginta*，意为"七十位释经者的翻

---

① Henning Graf Reventlow, *History of Biblical Interpretation*, vol. 1, p. 19. 犹太史学家约瑟夫（Flavius Josephus, 37 - 100）和基督教哲学家奥古斯丁（Augustine, 354 - 430）都提到了这件事。不过，约瑟夫先是提及有七十二位译者，后又说是七十位。参保罗·梅尔编译《约瑟夫著作精选——〈犹太古史〉〈犹太战记〉节本》，王志勇译，北京大学出版社，2004，第 201 - 203 页。奥古斯丁：《上帝之城：驳异教徒》下，吴飞译，生活·读书·新知三联书店，2016，第 102 - 103 页。

译"），简写为罗马数字"LXX"，意指七十。^① 这是最早的也是最为重要的一个《希伯来圣经》的译本，它不仅在散居于地中海地区的犹太人中广泛流传，也成为1世纪基督教的《旧约》圣经，更为重要的是，它成为文本批判的重要来源之一，为我们理解两约之间的文献，以及《希伯来圣经》的较早形式提供了直接的文本依据，从而深刻地塑造了圣经学术研究。^② 它在《新约》中多次被引述，尤其是在保罗书信中。^③ 同时，也被使徒教父和希腊教父所引用。犹太哲学家斐洛（Philo of Alexandria）引用的也是这个七十士译本。^④

七十士译本的概念有三种不同的指涉。广义的概念，不仅包含《希伯来圣经》各书卷的希腊译本，同时也包含次经（Apocrypha）的希腊译本。第二种是指涉《希伯来圣经》正典的希腊译本，有时被称为古希腊译本（Old Greek），从而区别于第三种指涉，也就是原初的含义，即公元前3世纪上半叶在亚历山大城将《希伯来圣经》的托拉译为希腊文，这是个狭义的七十士译本的概念。^⑤ 广义的七十士译本同《希伯来圣经》正典之间的历史关系是极为复杂的，也是难以说清的，因此，这里的七十士译本，将重点述及广义的《希伯来圣经》的希腊译本。七十士译本完成后，出现了《希伯来圣经》的正典，或称官方的标准犹太版本。两个文本之间的重要区别，在于七十士译本包含了《希伯来圣经》之正典中没有的书卷，而这些希腊化时代成书的次经，大部分收入了罗马天主教圣经、希腊东正教圣经与斯拉夫圣经中，被视为权威的，而后来的基督

---

① Alan F. Segal, *Life after Death: A History of the Afterlife in the Religion of the West*, p. 363. "七十士译本"这一术语的正式用法，源于奥古斯丁。参奥古斯丁《上帝之城：驳异教徒》下，第101–105页。另参 Albert C. Sundberg Jr., "The Septuagint: The Bible of Hellenistic Judaism", in Lee M. McDonald and James A. Sanders eds., *The Canon Debate* (Peabody: Hendrickson, 2002), p. 72。

② Emanuel Tov, *The Text–Critical Use of the Septuagint in Biblical Research* (Winona Lake: Eisenbrauns, 2015).

③ R. Timothy McLay, *The Use of the Septuagint in New Testament Research* (Grand Rapids: Eerdmans, 2003), pp. 137–168.

④ Folker Siegert, "Early Jewish Interpretation in a Hellenistic Style", in Magne Sæbø ed., *Hebrew Bible/Old Testament, The History of Its Interpretation*, vol. I/1: Antiquity (Göttingen: Vandenhoeck & Ruprecht, 1996), pp. 141–143.

⑤ John W. Wevers, "The Interpretative Character and Significance of the Septuagint Version", in Magne Sæbø ed., *Hebrew Bible/Old Testament, The History of Its Interpretation*, vol. I/1: Antiquity (Göttingen: Vandenhoeck & Ruprecht, 1996), p. 86.

新教单独刊行这些经卷，被称为"次经"。而且，七十士译本改变了《希伯来圣经》的经文次序，并以更复杂的分类对之进行了重新组织。毋庸置疑，圣经经卷次序的改变本身就是诠释，它是基于某种神学传统而做出的诠释与改变。

在后被掳时代，对于散居的犹太人而言，会堂成为犹太社群宗教活动的中心，而诵读托拉经卷是会堂中宗教仪式的重要部分。因此，希腊化的犹太社群为了满足会堂里崇拜的需要，首先翻译了托拉。托拉又称摩西五经（希腊语为 Pentateuch），是圣经的首五卷书的合称。托拉的希腊译本是成功的。这一成功的译本，不仅将一种文本的话语以另一种语言进行表达和传递，而且，将一种语言思想与活生生的世界，转化成另一种思想与世界。思想形式与表达相结合，建构了一种语言的视域，并体现了一种特定的社会文化氛围。《旧约》中的希伯来文生动地反映了古代以色列的生活场景，而七十士译本的通用希腊文，则体现了埃及的生活环境。而散居的犹太人，尤其是那些受过希腊化教育的上层犹太人，通过译述，将自身的信仰同希腊化的社会处境相整合。① 这本身就是通过诠释而实现创造的一个过程。最初的七十士译本，即托拉的希腊译本是个典型的犹太译本（Jewish translation）。但是，对于形成于基督教最初数个世纪的《旧约》圣经的希腊全译本而言，情况大为不同。

早期基督徒引用的《旧约》圣经就是七十士译本，他们视之为基督教的一个重要经典而倍加尊崇，认为它是基督教《旧约》的旧拉丁语、斯拉夫语、叙利亚语、古格鲁吉亚语、古亚美尼亚语与科普特语译本的基础。相较《希伯来圣经》，这个译本不仅多出了次经，而且，当中出现了以基督论而进行编修的印记。公元 2 世纪，由于基督徒将《旧约》的七十士译本作为其圣经，并基于自身的理解对之进行诠释，主流的拉比犹太教抵制这个七十士译本作为犹太经典的有效性，力图将其传统同新兴的基督教传统区别开来。拉比犹太教将希伯来正典视为其圣经，并赋予权威而单独进行诠释。于是，一些犹太拉比对七十士译本表示不满，提出忠实于原文的译述，并随之出现了三个重要的希腊译本的修订本，修订者分别为犹太学者亚居拉（Aquila）、辛马库（Symmachus）和狄奥

① Henning Graf Reventlow, *History of Biblical Interpretation*, vol. 1, p. 21.

多田（Theodotian）。其中，亚居拉的译本最为忠实于《希伯来圣经》原文，尽可能保留了原意，但译文较为拙劣晦涩。狄奥多田的译本也忠实于希伯来原文，但对一些艰涩的希伯来原文进行了简单化的处理，就是译出词意，并用希腊字母标出发音。辛马库的译本只有一些残片保留下来，更注重译本的可读性，因此，该译本最为优美。[1] 此外，对于那些言说亚兰文的犹太群体而言，出现了《希伯来圣经》的亚兰文译本，即塔古姆（Targum，意为"翻译"或"解释"）。

翻译本身即诠释，对于七十士译本而言，其诠释特征尤为显著，无论在形式上还是内容上，都是如此。首先，由于七十士译本源于希腊化的语境，因此它被赋予希腊化的诠释特征。譬如，希伯来上帝的名被译为"主"（kyrios），而且，《出埃及记》3：14 中上帝的名，依照希腊本体论的语言和思想，七十士译本将之译述为"我是存在者"。此外，上帝拟人化的呈现被去除，因此摩西不是到上帝那里，而是上了上帝的山（出 19：3）。在《以赛亚书》6：2 中，遮满圣殿的，不是上帝垂下的衣裳，而是他的荣耀（doxa）。同时，七十士译本改写那些称"看见"上帝的文本，比如，《出埃及记》24：10 等。这些译述方式是要强调上帝的超验性。在七十士译本中，"任何人都能看到上帝概念的精神化在整个《旧约》的一个发展"[2]。这种希腊化的诠释特征，也表现在具体经文的译述上。通常，希腊译本会对较早的希伯来文本稍加改动，其目的是让希腊化的读者更易理解经文。就《以赛亚书》的七十士译本来说，出现在 34：11 中的鹮鹠（ibis），在《利未记》11：18 和《申命记》14：17 中都被归为是不洁净的，但它却是埃及月神透特（Thoth）的神圣象征，因此，七十士译本回避了对鹮鹠的直译。类似的情形，还有对《哈巴谷书》3：5 中"瘟疫"的翻译。由于它在埃及神话中的意象，七十士译本将之译为"话语"，即"在他前面有话语发布，在他脚上是带翅膀的鞋子"。此外，《以赛亚书》3：18 - 24 中的首饰、华服和化妆品，都以对埃及贵族

---

① 斯蒂芬·米勒、罗伯特·休伯：《圣经的历史：圣经成书过程及历史影响》，第 75 页。

② Henning Graf Reventlow, *History of Biblical Interpretation*, vol. 1, p. 22. 七十士译本对圣号 Elohim 与 YHWH 的处理是复杂的，有时是交替使用。另外，El Shadday 在《创世记》中出现了五次，七十士译本将之译为"我的上帝"或"你的上帝"，视语境而定。参 John W. Wevers, "The Interpretative Character and Significance of the Septuagint Version", p. 105。

妇女的相关表述而代之。①

七十士译本形成的时代，触及希腊化的犹太教与早期基督教。译者依据当时的处境对圣经进行了诠释。尽管在《希伯来圣经》中，我们发现了对末世的关注，包括对救世主即将到来的期待（赛 62：11），以及对最后王国的期盼（结 38－39），但是，大致形成于公元前 2 世纪中叶的《以赛亚书》译本将 10 章 5 至 6 节中的亚述，同对 14 章 4 至 21 节的理解联系在一起，指涉亚述对耶路撒冷的威胁。此外，在《旧约》的后期著述中，仅有两处出现了死后复活与永生的主题（但 12：1－3；赛 26：19），但是，七十士译本在多处引介了这一主题，比如，《诗篇》1：5、《以赛亚书》38：16 与《约伯记》19：26 等。而且，《希伯来圣经》的一些含混之处，七十士译本有意将之引向复活与来世的方向，比如《申命记》32：39、《撒母耳记上》2：6 以及《列王纪下》5：7 等。② 在对人性的描述里，七十士译本强调人遭受的压迫与悲苦，从而说明人是道德的。比如，《传道书》的希腊译本，不止一次将"微风"（hebel）译为"虚空"。相较希伯来文本而言，《传道书》的希腊译本改变了著述的基本要旨，因为，《传道书》中的"微风"起到座右铭的作用，它呈现了存在的无常，而这正是生活的意义。但是，"七十士译本反复提及的'虚空'，是要将这一术语整合进入一种道德与宗教的概念中：人的傲慢是所有恶的根源"③。如此，在罪的咒诅与生命意义未解之谜下，人的灵魂是无常的。对所有努力之虚妄的哀叹，成为对人精神之狂妄的谴责，从而强调对人进行神圣教育的观念，这同希腊化的犹太教倡导的积极的敬虔是一致的。此外，七十士译本将"托拉"（Torah，希伯来文意为指引、教导）译为希腊术语"律法"（nomos），意指遵循律法文集而规范犹太人的生活。这反映了某种调适，就是将希腊化的犹太会堂同前被掳时期的信仰连接起来。④ 因此，可以

---

① Henning Graf Reventlow, *History of Biblical Interpretation*, vol. 1, pp. 22－23.

② Alan F. Segal, *Life after Death: A History of the Afterlife in the Religion of the West*, p. 364. 另一种情况是，七十士译本将《希伯来圣经》中的不确定之处合理化、明晰化与简单化，使经文的意思更加连贯。这主要通过改变动词形式与人称、省略某些词、更改排列与前后缀的方式而实现。比如《创世记》11：31、7；11、40：3、18：19、6：3、6：12 等。参 John W. Wevers, "The Interpretative Character and Significance of the Septuagint Version", pp. 97－100.

③ Henning Graf Reventlow, *History of Biblical Interpretation*, vol. 1, p. 24.

④ Ibid., p. 24.

说，七十士译本是对《希伯来圣经》的诠释，其释经原则是类比。在斐洛的著述中，这样的释经原则得到大量确切的实践和运用。

通过与马所拉文本（MT）的对照，我们发现一些经文的长度有了变化。比如，七十士译本的《以斯帖记》是马所拉文本的两倍之多，《但以理书》也多出了较多的内容。但是，《约伯记》的七十士译本是希伯来文本的六分之五，类似的情况也出现在《耶利米书》中，而且，这个较简短的《耶利米书》同死海古卷中的发现是一致的。这表明在当时一个版本被确定之前，可能存在两个甚至更多的版本，而这些经文可能是基于更早的版本而译出。也就是说，最后的版本是经修订而成。同时，不同的译者与修订者，导致了《撒母耳记》与《列王纪》在遣词造句上存在明显差异。① 《以西结书》的七十士译本也较短，可能参照了一个我们并不了解的希伯来传统。同时，在七十士译本里，我们发现加添之处俯拾皆是。比如，《以赛亚书》48：21 宣称了以色列的一个新的出埃及，七十士译本加了一句："我的百姓要喝。"这显然是对《出埃及记》17：6 的回应。此外，类似的加添也出现在《以赛亚书》29：23 中。这节经文讲述了雅各（以色列）在最后性格的转变，七十士译本加了一句："那些结巴人的舌头，要学会说和平。"显然，译者在此回应了《以赛亚书》32：4，而且加插在此的"和平"（*shalom*），同救赎观念相关。② 译者对文本自身的这种改变，旨在使文本在新的历史处境中产生新意。同时，这也说明在《希伯来圣经》正典化之前，希腊译本进行诠释的随意而为。但是，总体而言，七十士译本在保持《希伯来圣经》的内容上是成功的，尽管存在一些误译之处。希腊化的犹太教坚持明确的仪式禁令，尤其是在对待割礼与安息日的圣化上，培养对律法的高度敬虔。在后来遭受持久迫害的压力之下，这样的表达开启了犹太教的新世界。③

二 武加大译本

在 3 世纪，大多数的基督徒读的是希腊语圣经，《旧约》的部分主要

---

① John W. Wevers, "The Interpretative Character and Significance of the Septuagint Version", pp. 87 – 89.

② Henning Graf Reventlow, *History of Biblical Interpretation*, vol. 1, p. 25. 尤其是《何西阿书》2：18 – 23 清楚地指出：在未来的救赎时代，完美的和平将要盛行。

③ Henning Graf Reventlow, *History of Biblical Interpretation*, vol. 1, p. 27.

依赖于七十士译本。在基督徒的崇拜与研习中，七十士译本具有极高的地位，其权威神圣不可置疑。而在 4 世纪，随着罗马帝国的扩张，旧拉丁文在广阔的罗马帝国版图中被越来越多的人使用，而且，它已经出现在教会的仪式活动中。如此，为了方便阅读，出现了依据七十士译本而译出的旧拉丁译本（*Vetus Latina*）。但是，起初的这些旧拉丁译本晦涩粗糙，错谬百出，而且自相矛盾之处甚多。这不仅使拉丁语听众困惑，而且也引发了对希腊译本原文的一些疑问。在这样的处境里，出现一部依据《希伯来圣经》而翻译的《旧约》拉丁译本，成为当务之急。如此，拉丁教父与史学家哲罗姆（Jerome，拉丁全名为 Eusebius Sophronius Hieronymus，约 340－420），参照了不同的旧拉丁译本与希腊译本，依据希伯来文本，最终翻译了拉丁武加大译本（Vulgate）。① 《希伯来圣经》的新标准拉丁译本的发展，经历了四个阶段。（1）在 2 世纪，第一部新《旧约》全书的拉丁译本，出现在非洲和高卢南部。不同"类型"的文本依据希腊译本而得到修订。（2）哲罗姆以奥利金的六经合璧为基础，试图消除各种版本造成的缺陷。他意识到希腊文本传统的不确定特征，并日益怀疑它的权威。（3）哲罗姆要回到本源（*ad fontes*），求助于希伯来文真本（*Hebraica veritas*）。390 年左右，他开始从《希伯来圣经》原文翻译《旧约》。这个新译本遭受了大多数人的抵制，最为著名的反对者是奥古斯丁。（4）这个译本逐渐获得成功。在 8 世纪，它被接受为标准文本。② 从其历史演变来看，该译本是个高度混合的产物。

12 岁时，哲罗姆的父亲将他送入罗马当时最好的一个文法学校。那里名师云集，古典文本的研究兴盛，在文法与文体上遵循希腊模式。在此，哲罗姆为他杰出的语言技能奠定了扎实的基础，使他日后成为他那个时代最优秀的希腊及拉丁文学大师。366 年左右，哲罗姆受洗成为基督徒。他奉行禁欲主义，献身于终其一生的圣经研究事业。372 年，他途经雅典去安提阿。他在那里系统学习希腊语言和文化，包括安提阿学派的

---

① 奥古斯丁称赞哲罗姆是精通希腊语、拉丁语与希伯来语的大学者，他的拉丁译本是从希伯来原文而非希腊译本翻译的。奥古斯丁：《上帝之城：驳异教徒》下，第 102 页。

② 关于这四个阶段，参 Eva Schulz－Flügel，"The Latin Old Testament Tradition"，in Magne Sæbø ed.，*Hebrew Bible/Old Testament*，*The History of Its Interpretation*，vol. Ⅰ/1：Antiquity（Göttingen：Vandenhoeck & Ruprecht，1996），p. 645。

字义解经。希腊传统的知识使他对奥利金的研究产生了浓厚的兴趣，甚至他想要著述自己的释经作品。① 在荒漠苦修期间，他跟随一个皈依基督教的犹太人学习希伯来文。② 大约在 377 年，他在安提阿被按立为神父。从 382 年至 385 年，他在罗马成为教皇达马苏（Pope Damasus，366－384 年在位）的私人秘书，被委任修订福音书的旧拉丁文译本。这个对福音书的修订，是以七十士译本为基础，去修正那些旧拉丁译本中不同于希腊译本的经文，同时，哲罗姆也修订了《诗篇》，即《罗马诗篇》（Roman Psalter）。385 年，他离开罗马，定居在伯利恒，更专注地投身于圣经研究。在此，他借助于奥利金（Origen）的六经合璧（Hexapla），尤其是当中的七十士译本和其他希腊译本，以《诗篇》的拉丁本修订为开始，③ 接着对当时通用的《约伯记》《雅歌》《箴言》《传道书》和《历代志》等的拉丁本进行了修订，而且，每个修订本都附有前言。④ 这些前言更像是附在抄本上写给某个人的说明信。它们似乎不是针对普通听众，因为评述的内容极为隐秘。对基督徒而言，七十士译本具有神圣权威，因此，需要以它为依据对拉丁译本的不足进行修订。哲罗姆批评那些拉丁译者对七十士译本做出的改动和掺杂，并认为很难通过精准的修订而重构使徒用过的真正的文本。他可以基于使徒群体所认可的最好的希腊

---

① René Kieffer, "Jerome: His Exegesis and Hermeneutics", in Magne Sæbø ed., *Hebrew Bible/ Old Testament*, *The History of Its Interpretation*, vol. I/1: Antiquity (Göttingen: Vandenhoeck & Ruprecht, 1996), p. 663. 哲罗姆翻译了奥利金关于《雅歌》《耶利米书》与《以西结书》的宣道文集之后，参照奥利金的注疏，完成了对《传道书》与《诗篇》的释义。在伯利恒期间，他还评注了十二先知书、《但以理书》、《以西结书》与《以赛亚书》。在这些评注里，他糅合了历史文献的志趣和寓意解经。参 Ibid., pp. 669, 675－680。

② 在伯利恒期间，有一位名叫巴拉尼纳斯（Baraninas）的犹太人教哲罗姆希伯来文。由于担心别人会对哲罗姆的信仰产生怀疑，这名犹太人只能在夜间造访。Henning Graf Reventlow, *History of Biblical Interpretation*, vol. 2: *From Late Antiquity to the End of the Middle Ages*, trans. by James O. Duke (Atlanta: SBL, 2009), pp. 34, 37.

③ 这是他有关《诗篇》的第二部拉丁文修订本，后传入高卢，被称为《高卢诗篇》（Gallican Psalter）。它深受欢迎，是哲罗姆最具影响力的作品之一，后来甚至取代了哲罗姆由希伯来原文翻译成拉丁文的《希伯来诗篇》（Hebrew Psalter），被收入武加大译本中，直到 1945 年。现代武加大译本包含了两个版本，即《高卢诗篇》与《希伯来诗篇》。参 Henning Graf Reventlow, *History of Biblical Interpretation*, vol. 2, p. 37.

④ 并没有明确的依据证明哲罗姆修订了整个《旧约》书卷。但是可以肯定的是，哲罗姆参照六经合璧对《旧约》经卷的拉丁译本进行的修订，丰富了对《旧约》拉丁译本的诠释，因为，有些经文在七十士译本中是被疏漏的，而经过修订，它们又出现在拉丁读者面前。参 Eva Schulz－Flügel, "The Latin Old Testament Tradition", p. 651.

抄本去建构福音书，但是对《旧约》的修订来说，他只能诉诸六经合璧。通过这种文本参照，哲罗姆对待七十士译本的态度有了根本的转变。"他不仅想效仿奥利金及其以学术和文献的方式论述圣经文本，而且，他不再只接受七十士文本的权威。"[①] 于是，他愈加关注希腊译本与希伯来原文之间的关系，他以希伯来原文为对照，指出七十士译本中的疏漏和添加之处，而且，认为这样的错误同样出现在拉丁译本中，而要解决这样的问题，就要回到本源——《希伯来圣经》。这在当时是极为大胆而睿智的见识。

哲罗姆学识渊博，涉猎和游历丰富，是位杰出的圣经学者。他依据六经合璧完成了对《旧约》书卷的修订，此后，他认为不能将《旧约》文本和希伯来原文绝对分开，并对希伯来原文表现出极大热情，视之为母体（matrix）和真理（veritas）。他对希伯来文的研究，以及对《希伯来圣经》与七十士译本之差异的认识，最终使他承担了翻译一部新标准拉丁译本的工作，就是将希伯来文真本译成拉丁文，包括《以斯拉记》和《但以理书》的亚兰文部分，以及《但以理书》和《以斯帖记》中的希腊语部分。哲罗姆的这个新译本，就是具有革命性意义的拉丁武加大译本（Latin Vulgate）。此外，哲罗姆的新译本收录了七十士译本中的一些增补书卷，他翻译了亚兰文的《多比传》与《犹滴传》，但是，《巴录书》《马加比一书》《马加比二书》《西拉书》与《所罗门智训》等书卷，以旧拉丁译本的形式收录在武加大译本中，没有被修订和翻译。哲罗姆称这些书卷为"次经"（Apocrypha），它们并没有包含在《希伯来圣经》中。[②] 因此，哲罗姆并没有翻译全部的次经。整个翻译工程始于390年左右，在406年完成。由于他对七十士译本之权威的保留态度，他转而引述犹太史学家约瑟夫（Josephus）的论述，指出七十士翻译的只是五经。这个译本是为拉丁基督徒提供的文本，在翻译的过程中，他还参照了凯撒利亚主教优西比乌（Eusebius）和其他希腊作家的作品。为了避免质疑，他强调这一圣经翻译行动的护教意图和目的："显然，这个新译本不仅意

① Eva Schulz‐Flügel, "The Latin Old Testament Tradition", p. 650.
② René Kieffer, "Jerome: His Exegesis and Hermeneutics", p. 668. 另参 M. A. Zier, "Vulgate", in *Methods of Biblical Interpretation* (Nashville: Abingdon, 2004), p. 67。

在成为一个护教工具，而且，它要取代奥利金在西部的六经合璧。"① 关于为什么翻译这个新译本，哲罗姆还有一个实际的理由：为那些不懂《希伯来圣经》的人提供必要的知识。他翻译的原则，是忠实于文本的内容，既不削减，也不加添。他承袭了奥利金的寓意解经，这具体表现在他对《雅歌》的评注里。而且，为了更好地理解希伯来文本的含义，他向犹太友人们寻求帮助。②

通常，我们认为哲罗姆一开始就依据《希伯来圣经》翻译了武加大译本，而且武加大译本中的各经卷都是哲罗姆翻译的，但实际上并非如此。首先，至今收录在武加大译本中的《诗篇》，是哲罗姆的拉丁修订本《高卢诗篇》，它长期取代了《希伯来诗篇》，而且大部分次经书卷保留了旧拉丁译本的形式。其次，他起初是奉命修订拉丁译本的福音书卷，接着修订了已有的《旧约》拉丁译本，在此基础上，他最终完成了新拉丁译本，即武加大译本。③ 哲罗姆的这个译本由于运用了不同的翻译原则，并参照了多种译本，因此表现出不连贯的特征。武加大译本并不完全是直接以《希伯来圣经》为基础进行翻译的，但是，需要承认的是，它有赖于犹太释经传统。"在很多细节上，哲罗姆对《旧约》的翻译，都体现了犹太的释经传统。在他的圣经注疏里，哲罗姆大量引用了可以在拉比著述中发现的犹太人的诠释。"④ 作为一位声名卓著的神学家，哲罗姆始终强调圣经的神圣特征，他认为一个好的译本，就是坚守这样的理论："圣经在它所传递的意义中被启示，而不是在它单个的语词中被启示。"⑤ 尽管武加大译本对《旧约》的翻译，是要作为拉丁基督徒的文本，但是它的犹太起源没有被否定，基督教世界的历史背景被保留下来，然而，"通过限定于希腊文本以及对其启示特征的强调，犹

第一章 导论

① Eva Schulz-Flügel, "The Latin Old Testament Tradition", p. 653.
② Ibid., p. 654. 但是哲罗姆的拉丁译本，不仅依据了希伯来原文，而且有些经文参照了希腊语的亚居拉译本、辛马库译本和狄奥多田译本。因此，他同时很在意字义，不断地依据不同的版本纠正经文的措辞和意义，从而做出基于历史和文献的评注。参 Henning Graf Reventlow, *History of Biblical Interpretation*, vol. 2, p. 41。
③ M. A. Zier, "Vulgate", in *Methods of Biblical Interpretation*, p. 67.
④ Günter Stemberger, "Exegetical Contacts between Christians and Jews in the Roman Empire", in Magne Sæbø ed., *Hebrew Bible/Old Testament*, *The History of Its Interpretation*, vol. I/1: Antiquity (Göttingen: Vandenhoeck & Ruprecht, 1996), p. 582.
⑤ René Kieffer, "Jerome: His Exegesis and Hermeneutics", p. 672.

太人与基督徒之间的联系变得模糊了"①。因此，当这个译本问世时，它受到哲罗姆同时代的大多数人的拒绝。② 但后来，这个新译本逐渐地、部分地得到认同。比如，与哲罗姆同时代的神学家奥古斯丁（Augustine），将它作为一个校正的工具，部分地引用这个新译本，但是，他从未认为它可以取代其他译本。③ 对于奥古斯丁而言，七十士译本是最为神圣的，是圣灵启示的产物，因此，他始终为七十士译本的权威而辩护，从而以神学和哲学的理由抵制哲罗姆依据希伯来原文译出的拉丁译本。④

在晚古与中世纪，武加大译本逐渐被拉丁教会所接受，并用于仪式崇拜中，开始具有主导地位。伴随着它在意大利、高卢与西班牙等地的传播，在 13 世纪，它成为天主教的通用版本，尤其是受到多明我会与方济各会的重视。16 世纪，在特伦托会议（the Council of Trent，1545－1563）上，教令规定武加大译本是通俗拉丁文圣经，具有最终的诉求权，它被正式地权威化。其中的每一卷书都属于正典，包括次经。整体上，它是天主教会官方宣布的正式的拉丁译本，是唯一用于公共阅读、争论与讲道的译本。⑤ 1000 多年来，经过中世纪、文艺复兴与宗教改革时期，武加大译本始终是欧洲社会最具影响力的圣经版本，它是圣经被译为众多本土语言译本的来源文本（source text）。在宗教改革之初，它直接推动了马丁·路德"回到本源"的诉求，并奠定了英王钦定版圣经（King James Version of the Bible）的形成。综上所述，七十士译本与武加大译本之间，具有历史的关联，也就是说，我们不能离开希腊译本而谈论拉丁译本。在圣经的学术研究领域，文本批判的展开，

① Eva Schulz－Flügel, "The Latin Old Testament Tradition", p. 656.
② 该译本不受欢迎的理由有以下几点：基督徒受众被措辞的新奇所困惑，释经者没有做出解释，没有与旧版本相关的传统主题（哲罗姆自己部分地继续使用这些版本）；希腊基督徒与拉丁基督徒的联合似乎是危险的；犹太的影响是令人担忧的，而且，最为重要的是，七十士译本的权威是一定要被捍卫的。参 Ibid., p. 656。
③ Eva Schulz－Flügel, "The Latin Old Testament Tradition", p. 657.
④ 奥古斯丁认为使徒和福音宣讲者用的是七十士译本，因此，它是权威的。他认为若摈弃希腊译本的权威，那么，教会的统一及其使徒传统都将处于危险之中。他指出依据希伯来原文修订拉本译本，是完全没有必要的。实际上，他拒绝的是希伯来文本，这是反犹立场的一种普遍表现。参 Ibid., pp. 657－662。
⑤ M. A. Zier, "Vulgate", in *Methods of Biblical Interpretation*, pp. 67－69.

需要借助于不同的古代译本，而七十士译本和武加大译本，为此提供了极为重要的资源宝库。它们不仅有助于我们鉴别圣经经文的早期著述及其发展过程，而且，也呈现了不同的信仰群体对圣经文本不同的认受与解读的历史。

第二章

早期犹太释经

　　在公元 1 世纪初，《希伯来圣经》的大部分书卷已经完成。虽然这些经卷还没有被规范化和正典化，但是对它们的诠释已经存在。比如，晚期书卷《历代志》，依据其当下的需要而对既有的早期历史书卷进行编修，但编修本身就是一种释经活动，因此，在《希伯来圣经》正典化之前，犹太人对圣经的诠释就已经开始了。① 这包括对已有书卷的评注、正典化与现实化。有学识的犹太人，在特殊的政治与神学处境中，为了自身文化身份的存续，确立了自己独特的经典传统，并对这一传统进行评释与弘扬。在圣经诠释的历史上，早期犹太释经是至关重要的一步。这里的"释经"（exegesis），源于希腊文，意为"引出"，是对文本尤其是宗教文本的一种批判解释或诠释，而且在传统上，它通常指涉《希伯来圣经》及与其密切关联的文本。犹太人被称为"圣书的子民"（the People of the Book），因他们对圣经注疏传统的专注与热爱，又被称为"释经的子民"（the people of Scripture Exegesis），擅长于以经解经，形成了独特的犹太释经传统。在某种意义上，犹太人因注经解经而发展出一种有关文本的科学，并对后来漫长的圣经诠释历史产生了深远影响。

　　古代以色列人在经历巴比伦被掳与统治（公元前 586 – 前 539/538）之后回归，不再用"以色列人"而是用"犹太人"（Jew）表示犹大国的遗民。圣殿重建，并于公元前 515 年恢复圣殿祭祀，开启了"第二圣殿时期"。紧接着，犹太人被波斯统治（公元前 539 – 前 331）。依据《以斯拉记》7 章记载，大祭司以斯拉生活于公元前 5 世纪，是个精通希伯来文与亚兰文的文士（scholar of Scripture），曾上书波斯王，请求带领被掳的

---

　　① Henning Graf Reventlow, *History of Biblical Interpretation*, vol. 1, pp. 16 – 17.

犹太人从巴比伦回归。另据《尼希米记》8 章记载，回到耶路撒冷之后，在重建的圣殿前，以斯拉当众诵读律法书，而且，由于这些从巴比伦返乡的以色列人说的是波斯帝国的亚兰语，大多数人已经不会说希伯来语了，因此，"这一公共诵读，伴随的是对文本的诠释"①。这是具有特别意义的时刻。公元 70 年，罗马攻陷耶路撒冷，第二圣殿被毁，但文士们忙于传抄与诠释《希伯来圣经》。② 这时的文士群体被称为拉比。他们深谙律法，信仰敬虔，后发展成为学识素养深厚的犹太拉比这一学派。在第二圣殿被毁之前，犹太教内部存在不同的派别。其中，声称正统的派别，严格遵循祭司的传统，史称撒都该派（the Sadducees）。与之相对的，是法利赛派（the Pharisees），对律法传统循规蹈矩，宣称要带出上帝的意志，同时声称可接受复活的观念。第三个派别是艾赛尼派（the Essenes），又称敬虔派。对于这个派别，《新约》没有提及，我们过往知之甚少。但是，死海古卷的发现，使这一早期犹太教派别及其释经活动进入了我们的视野。

第一节　作为诠释的死海古卷

1947 – 1956 年间，在死海附近的基伯特—库姆兰（Khirbet Qumran），发现了大批的可追溯至公元前 2 世纪的古卷，成为 20 世纪最为重要的考古发现之一。这批大多以希伯来文书写的古卷抄本，被称为库姆兰古卷，或死海古卷（Dead Sea Scrolls），据说是属于犹太教之艾赛尼宗团的文献。出自 11 个洞窟的古卷，其内容极为丰富，首先有百卷关于《希伯来圣经》的抄本，除了《以斯帖记》，其他书卷都出现了，③ 而且许多书卷多

---

① James L. Kugel, "The Beginnings of Biblical Interpretation", in Matthias Henze ed., *A Companion to Biblical Interpretation in Early Judaism* (Grand Rapids: Eerdmans Publishing Company, 2015), p. 9.

② 参见次经《便西拉智训》39：1 – 3。

③ 这可能说明《希伯来圣经》的第三部分——圣卷的正典，在当时还没有被界定。参 Martin Lundberg, "Hebrew Bible Canon", in J. Pattengale, L. H. Schiffman and F. Vukosavovic eds., *The Book of Books: Biblical Canon, Dissemination and Its People* (Jerusalem: Bible Land Museum, 2013), p. 23。

次出现；其次是众多《希伯来圣经》的评注与释经作品，包括次经和伪经，以及同撒玛利亚五经与七十士译本进行比较的书卷等；最后是一些具体的行为规范，比如《社群规则》等。死海古卷的发现之所以引起轰动，是因为它同犹太教与早期基督教历史密切相关，更为重要的是，正如提摩太·林（Timothy H. Lim）所称，它"揭示了公元前 250 年到公元100 年之间这个关键的历史时刻圣经文本的传播情况"①。它比传统上权威的《希伯来圣经》的抄本——马所拉文本（Masoretic Text）还要早一千年左右。② 在时间上，死海古卷更接近圣经写作与成书的年代，见证了早期犹太教对圣经诠释的方法与内容。因此，通过死海古卷，我们可以了解《希伯来圣经》正典化之前的状况，以及早期犹太释经的规则与方法。

在死海古卷里，我们发现了拉比圣经诠释最为关注的两个领域。首先是对托拉的释义与界定。对犹太人而言，托拉最具权威，是其信仰的核心。涉及托拉释义的部分，主要集中在第四号洞与第十一号洞发现的古卷中。③ 在艾赛尼群体中，崇尚祭司传统，负责托拉释义的是祭司（zadokite）。依据《社群规则》，他们十人一组，每组有一个祭司专门负责研习托拉，而且要日夜研习。但是，依据规定群体组织与生活的《大马士革文献》的记载，对托拉诠释的最终权威要归于群体的创始人——公义之师（Teacher of Righteousness）（6：7）。托拉律法是通过摩西而颁

① 提摩太·林（Timothy H. Lim）：《死海古卷概说》，傅有德、唐茂琴译，外语教学与研究出版社，2013，第 181 页。托夫认为死海古卷是见证圣经文本在公元前 250 年至公元 70 年间流传的卓越记录，其大部分文本是以方形希伯来文或亚兰文书写而成。参 Emmanuel Tov, "The Dead Sea Scrolls", in J. Pattengale, L. H. Schiffman and F. Vukosavovic eds., *The Book of Books: Biblical Canon, Dissemination and Its People* (Jerusalem: Bible Land Museum, 2013), p. 29。柯林斯（John J. Collins）则认为死海古卷成书于公元前 2 世纪至公元 1 世纪之间，并同圣经的早期历史密切关联。参 John J. Collins, *The Dead Sea Scrolls: A Biography* (Princeton: Princeton University Press, 2013), pp. 185 – 212。

② 传统上，马所拉文本是《希伯来圣经》的标准文本，现今的塔纳赫英译本是依据马所拉文本翻译而来的，而收藏于俄罗斯圣彼得堡图书馆的列宁格勒抄本（约公元 1000 年），是迄今为止最早的马所拉文本。而公元 100 年左右，是圣经文本的定型期，那时所有的圣经文本统称为"原型马所拉文本"（proto - Masoretic Text）。参提摩太·林《死海古卷概说》，第 183 – 185 页。

③ Johann Maier, "Early Jewish Biblical Interpretation in the Qumran Literature", in Magne Sæbø ed., *Hebrew Bible/Old Testament, The History of Its Interpretation*, vol. I/1: Antiquity (Göttingen: Vandenhoeck & Ruprecht, 1996), p. 112.

布的，但是，公义之师是教导者，必须重新教导并向当下的群体成员显示这一律法。① 《民数记》21：18 中的"井之歌"，出现在《大马士革文献》里，我们发现井同托拉之间的关联。凡是掘井的人，身份高贵，等同于归附群体的成员，也是教派的成员（6：3－11）。在此，我们似乎不能称之为寓意解经，但是，对于这个派别而言，"文本的关键词与我们的逻辑所理解的诠释之间，存在一种深层关系"②。因此，希夫曼（L. H. Schiffman）指出：死海古卷中的律法资料，是宗派圣经释义的结果。通用的技巧就是将圣经章节的词语和表述作为律法出处的基础，并将之植入律法陈述中。只有通过文本研究，才有可能显示这些陈述的圣经依据。③ 这一群体极为强调托拉的权威，但是，我们应意识到这里的托拉，可能不是五经（Pentateuch），而是另有所指，因为它所包含的一些律法资料，与五经无关。它们二者可能共有了托拉的概念，并将权威视为共同的基础。④

其次是托拉的现实化。在一号洞发现的《社群规则》，说明了这一隐修群体因要逃避邪恶才聚此隐修，他们整个一生都必须遵循仪式的洁净，严格按照托拉中的诫命生活。因为，寻觅上帝的过程同遵从其诫命是合一的（1：1－3）。此外，新成员通过入门宣誓而对"回归摩西律法"负有责任，因为，"这是个紧紧抓住约"的群体（5：3）。在《大马士革文献》中，对托拉现实化的一个重要内容，就是对守安息日的规定，禁止在安息日对正在分娩的牛和落井的人施以援手（10：14－11：18）。为了反对多妻制，将《创世记》1：28 上帝"造男造女"解释为一对男女的被造（4：21）。在此，类比是重要的释经方法，因为托拉与当下之间存有间隙，需要通过对新案例的类比解释而充实这个间隙。⑤ 此外，这种现实化的释经，也体现在对先知的解释中。死海古卷将托拉与先知联结在一起，互为呼应。由于艾赛尼派中充满末日论（eschatology）气息，因

---

① Henning Graf Reventlow, *History of Biblical Interpretation*, vol. 1, p. 30.

② Ibid., p. 32.

③ L. H. Schiffman, *Sectarian Law in the Dead Sea Scrolls* (Chico: Scholars Press, 1983), pp. 14－17.

④ Johann Maier, "Early Jewish Biblical Interpretation in the Qumran Literature", pp. 110－112, 122.

⑤ Henning Graf Reventlow, *History of Biblical Interpretation*, vol. 1, p. 30.

此，认为先知所显示的信息，适于末日，而且，在被解释的过程中获取对活着的人的意义。比如，在第一洞窟发现的《哈巴谷书》释义中，指出先知哈巴谷并没有充分理解上帝的指示及其真义，而在当下，只有公义之师（祭司）能够解释与理解上帝的旨意。这个释义反复而明确地说明其目的，即以当下的现实处境为考量的中心，强调成员对律法的践履，以及对公义之师的忠诚。[1] 此外，我们发现它引述的经文，多出自《以西结书》与《以赛亚书》。

死海古卷为我们提供了早期释经史的依据。比如，出自一号洞窟的《创世记》伪经，其中的一部分是《创世记》的亚兰文译本，但大部分是以犹太释经米德拉什（midrash）的方式展开对《创世记》的阐释。这涉及亚伯拉罕在埃及有关撒莱的谎言（创 12），以及他们同法老大臣之间的故事，赋予文本教诲与传奇的特征。这反映了编修者的不同立场，发展出对圣经文本的不同改编。[2] 其中，米德拉什起初意为寻觅、眷顾、呼召、召唤，是同祭司或先知的神谕相关的宗教术语，后来具有释经与记录之意。第十一号洞有关圣殿的古卷，体现了它与托拉的关系，即对托拉的记录。表现为改变词序与重写等，从而呈现文本的隐含意义。除此之外，还有佩舍（pesher）释经法，其格式是一种固定模式，即对一段经文的解释是逐字进行介绍，或者使用"它的解释是……"或"这是……"的句式。这样的诠释策略是由公义之师发起的，而且，佩舍释经通常是个体的作品，适于小范围传阅。[3] 米德拉什与佩舍后来发展成犹太拉比重要的释经方法。此时，我们注意到在公元前后，犹太人的希腊化已经是事实，而且，希腊哲学的文本诠释理论，深深地影响了 1 世纪初的犹太释经理念。

第二节　斐洛：希腊化的犹太释经

为了了解 1 世纪的犹太圣经诠释，我们需要回溯古希腊深邃的哲学

---

①　死海古卷之《哈巴谷释义》7：17 – 8：3。

②　Henning Graf Reventlow, *History of Biblical Interpretation*, vol. 1, p. 33.

③　Johann Maier, "Early Jewish Biblical Interpretation in the Qumran Literature", pp. 126 – 129.

思想。在苏格拉底之前,荷马(Homer)的《伊利亚特》与《奥德赛》,以及赫西奥德(Hesiod)的《神谱》都是希腊史诗与神话的经典作品。为解读这些经典中的理性与道德知识,希腊哲学家提出了寓意解经(allegory),认为经文可见的字面意义底下,还有一层真正的深层意义,尽管它是被遮蔽的。寓意解经法曾被亚里士多德(Aristotle,公元前384—前322)用来探讨荷马史诗,后被斯多亚学派(Stoics)与新柏拉图学派(Neo – Platonis)发扬光大。① 公元前1世纪,罗马恺撒统治时期,斯多亚学派成为希腊哲学的主流派别,为了对史诗中诸神形象的神正论进行辩护的需要,该学派提出了寓意解经的诠释学。② 在那时,希腊哲学的中心不再是雅典,取而代之的是亚历山大,后者成为地中海地区的思想中心,也是希腊化的中心。而且,公元前后,犹太人已经散居于整个地中海地区,其中,亚历山大是犹太人的聚居中心,他们生养众多,并被高度希腊化,而这种希腊化的结果之一,体现在他们对圣经的诠释技艺中。③ 出生于亚历山大的犹太哲学家斐洛(Philo in Alexandria,约公元前20 – 公元40),家境殷实,自小接受了犹太传统与希腊化教育。他对希腊哲学兼容并蓄,不过,他尤其深受斯多亚学派与新柏拉图主义二元论的影响,承袭了寓意解经的释经原则,并将之融汇于犹太释经传统中,形成了独特的希腊化的犹太释经进路。在斐洛时代,希腊化的犹太人读的

---

① Henning Graf Reventlow, *History of Biblical Interpretation*, vol. 1, pp. 34 – 39.

② 荷马史诗被描述为是古希腊人的圣经,至少,荷马史诗之于希腊人,正如托拉之于犹太人,都构成了他们文化身份的基础。但是,荷马史诗是古老方言的混合,而且,历史处境在不断发生变化中,希腊人对史诗的态度与信念也在变化当中。此外,文本当中存在的诸神等,如何理解与解释?这首先需要文献学作为依据,去发掘文本的"真正"意义,于是,诠释学(Hermeneutics)作为一种文本的技艺,应运而生。为了解决史诗中的各种不真实或不当,有三种处理方法,即寓意化、相对化与边缘化。其中,寓意化作为从文学中提取哲学真理的重要手段,最为著名的例子,就是被斐洛(Philo)、克莱门特(Clement)与奥利金(Origen)所弘扬。参 Oskar Skarsaune, "Greek Philosophy, Hermeneutics and Alexandrian Understanding", in Magne Sæbø ed., *Hebrew Bible/Old Testament*, *The History of Its Interpretation*, vol. I /1: Antiquity (Göttingen: Vandenhoeck & Ruprecht, 1996), pp. 462 – 464。

③ Folker Siegert, "Early Jewish Interpretation in a Hellenistic Style", in Magne Sæbø ed., *Hebrew Bible/Old Testament*, *The History of Its Interpretation*, vol. I /1: Antiquity (Göttingen: Vandenhoeck & Ruprecht, 1996), pp. 141 – 143. 另参 Henning Graf Reventlow, *History of Biblical Interpretation*, vol. 1, p. 41. 有关亚历山大犹太人希腊化的论述,参章雪富《斐洛思想导论(I):两希文明视野中的犹太哲学》,中国社会科学出版社,2006,第16、27 – 41 页。

是《希伯来圣经》的希腊译本——七十士译本，斐洛引用的圣经经文都
出自这一译本。① 斐洛的寓意解经作品，主要有希腊语的《论世界的创
造》《论寓意解经》《论亚伯与该隐的献祭》《论亚伯拉罕的迁居》《摩
西传》《论十诫》和《论特殊的律法》等，也包括亚美尼亚语成书的
《〈创世记〉问答》与《〈出埃及记〉问答》，以及亚兰语成书的一些著
作，等等。他极为关注五经，其中，篇幅最多的要数对《创世记》的
释义。

　　斐洛寓意解经之一以贯之的主题，就是他坚信摩西的著述见证了真
理。不同于拉比将摩西视作律法颁布者与五经作者的观点，斐洛认为摩
西是个与希腊哲学相通的人物，是最伟大的先知，也是神学家。他重视
诫命的字义价值与有效性，但是，他指出经文中一句话的真理，是超越
于我们的观察，属于理念的领域，而且，善的最高理念，在于它的伦理
方面。因此，若摩西的著述包含了真理，那么，它们必须依据文本背后
的意义而被解释。为了带出这个真理，就必须要运用寓意的诠释（alle-
gorical interpretation）。② 斐洛在讨论《创世记》2：8 章的伊甸园时，指
出：上帝建立那个园子表示尘世智慧只是上天智慧的一个摹本。"园子"
指美德，"伊甸"表示它产生的丰硕的幸福。它"朝着太阳升起的方向"，
因为正义的理性或美德一旦升起就驱赶黑暗。③ 斐洛引用柏拉图的概念，
在《出埃及记》3：14 中发现了上帝的真名，即一个能动的存在，但斐洛
的上帝，更是个万物的创造者。他同时强调上帝的超越与创造。这是他
《论世界的创造》的主旨，再次体现了希腊哲学与希伯来宗教的融合。斐
洛在理念世界与物质的宇宙之间穿梭，具有强烈的超自然主义色彩，这
构成他寓意解经的基础。在斐洛看来，五经是个统一整体，因为其作者
只有一个摩西。他认为摩西五经自始至终都是权威的，其中的律法就是

① Henning Graf Reventlow, *History of Biblical Interpretation*, vol. 1, p. 41. 另参章雪富《斐洛
思想导论（Ⅰ）：两希文明视野中的犹太哲学》，第 46-47 页。

② Henning Graf Reventlow, *History of Biblical Interpretation*, vol. 1, p. 41. 在他《论十诫》
（*De Decalogo*）的开篇，斐洛有明确的表述："摩西是智者，是我们民族的创始者，他在
圣书与口述律法中被立于我们面前。我要充分论述书写的律法，并以寓意解释的方式作
为基础。探索知识就是寻求隐含意义，而不是流于表面。" 参 Folker Siegert, "Early Jew-
ish Interpretation in a Hellenistic Style", p. 180.

③ 斐洛：《论〈创世记〉：寓意的解释》，王晓朝、戴伟清译，香港汉语基督教文化研究
所，1998，第 73，87-88 页。

他的正典。^① 他将摩西的神谕分为三种类型：创造、历史与律法。而律法
又分为两部分，即十诫与特殊的律法。他以寓意解经的方式对之进行论
述。^② 其中，创造对应于宇宙论（cosmology），而最后一部分律法则对应
于末世论。因此，斐洛对五经的诠释，"就是要把它放在由创造到末世的
宇宙历史的框架中进行论述。历史体现在对摩西与其他族长生平之述评
中，它阐释了律法，律法也阐释了历史"^③。在希腊化的文化世界，对斐
洛而言，去证明犹太圣典中蕴含了与希腊宇宙论相媲美的知识，是极为
重要的。

因此，斐洛这样解释了《出埃及记》第 28 章中大祭司的袍子：它
整体上是个实象，但各个部分对应于宇宙单个部分的形象。其中，内袍
是空气的象征，它环绕着身体，正如空气环绕身体一样。而在袍子周围
的底边上，石榴、绣花与铃铛分别象征水、土壤与水土和谐。如此，斐
洛统一了现象世界与本体世界。在圣殿的至圣所，约柜两旁神秘的基路
伯（cherubim），其在圣经中的象征意义，同样引起了斐洛的关注。他
认为基路伯是岿然不动的中心，象征稳固的大地，而它拍动的翅膀，象
征地上的风起云涌，正如宇宙的运动。^④ 也就是说，斐洛把世界看成是
上帝的表象，而表象世界与神性世界之间存有互寓关系。而且，斐洛对
象征意义的表达也体现在他对圣经人物之名的解释中，比如他把亚伯兰
解释为是"尊贵的父"，把亚伯拉罕（Abraham）这个名字分为字母组，
按照希伯来语组合为一个新词，解释为"被拣选的灵魂之父"。这是拉
比释经常用的一种技艺。^⑤ 此外，借助于希腊化的神秘主义（Hellenis-
tic mysticism），斐洛超越了"有形"与"伦理"寓意的界限。比如，
他对《创世记》28：11 神圣之"光"的解释，呈现了抽象观念的象

---

① Folker Siegert, "Early Jewish Interpretation in a Hellenistic Style", p. 175.
② Ibid., p. 173. 关于摩西如何著述了《申命记》末涉及他死亡的经文，他辩解称摩西在
　　死前就做出了恰当的预言。参同上。"论十诫"与"论特殊的律法"收入《论律法》
　　中，参斐洛《论律法》，石敏敏译，中国社会科学出版社，2007。
③ Folker Siegert, "Early Jewish Interpretation in a Hellenistic Style", p. 180. 斐洛解经的宇宙
　　论图景来自斯多亚学派的影响。参章雪富《斐洛思想导论（Ⅰ）：两希文明视野中的犹
　　太哲学》，第 83 页。
④ Henning Graf Reventlow, *History of Biblical Interpretation*, vol. 1, pp. 43 – 44.
⑤ Ibid., p. 43.

征意义。① 斐洛承袭斯多亚学派关于逻各斯（Logos）的观念，并对之赋予了新的理解，认为"逻各斯并不等同于上帝，而是从属于上帝。逻各斯拥有世界能动的力量，在人的灵魂中传布，使人心向上帝。逻各斯不能等同于上帝，但它也不能从中分离，是个非人格的实在"②。在此，逻各斯既是本体，也是现象，是上帝与现象世界的中介。斐洛在汲取希腊思想的同时，捍卫了犹太宗教哲学的一元性，对希腊的逻各斯进行了犹太式的言说。

寓意解经有时被称为灵意解经，而斐洛的寓意解经，不仅关注圣经字面下的意义，而且也以他个人的灵意经验或宗教经验为基础。在《论亚伯拉罕的迁居》中，他谈到自己的灵性经验，即被由天而降的思想所充满，并陷于极度的喜悦与迷狂之中。其论述与柏拉图的《斐德若篇》极为相似。斐洛渗透在寓意解经中的神秘经验与灵性之旅，体现了希腊哲学的如影随形。而且斐洛与犹太拉比不同，他不是将人分为犹太人与非犹太人，而是分为对应善恶的亚伯与该隐这两种人。但是，"斐洛寓意解经法的实际意义在于，它不是要回到希腊，或者回到犹太传统，而是塑造了一种新的犹太传统，一种具有普世化价值的犹太传统"③。在圣经诠释的历史上，斐洛是个独特的人物。他的独特性，在于将摩西五经与希腊哲学内在地交织在一起，融合了希伯来宗教与希腊哲学。在他的寓意解经中，呈现了犹太信仰的理性化，以及宗教实践的精神化。在希腊化的历史处境里，斐洛审视自身的宗教传统，力图实现犹太信仰诉求的转化，与希腊文化和谐相处，共生为一个整体。因此，斐洛的寓意解经，是要在希腊化的世界，为散居的犹太人寻求一种信仰上的辩护，突出犹太教的普世性，为更新犹太文化开辟新的途径。此外，我们看到希腊化

---

① Folker Siegert, "Early Jewish Interpretation in a Hellenistic Style", p. 185. 斐洛的寓意解经具有连贯的思路，在象征、圣经文本关键词与意义之间存在实际上的共性，而意义来自理念、伦理或宇宙论的领域。参 Henning Graf Reventlow, *History of Biblical Interpretation*, vol. 1, p. 44。

② Ibid. , p. 45.

③ 章雪富：《斐洛思想导论（Ⅰ）：两希文明视野中的犹太哲学》，第 106 页。斐洛的著作具有强烈的身份感。他在三个方面谨守犹太教的信念：犹太教的一神论，律法是上帝内在于世界的逻各斯，摩西五经是最终的文本。参同上，第 5 页。

的释经原则，对犹太的拉比释经亦产生了重要影响。①

第三节　早期拉比释经：《密西拿》与《塔木德》

在公元 70 年圣殿被罗马军队所摧毁之前，法利赛人在犹太会众中有重要的影响力，其中的重要原因之一，就是他们不仅专注于托拉的研究与成全，掌握着丰富的圣经知识，而且拥有会堂与研习之所，在各地召集了大批的会众。在经历两次犹太人反抗罗马的起义（分别为 66 – 70 年与 132 – 135 年）之后，法利赛派成为唯一幸存的派别，而撒都该派与艾赛尼派先后覆亡。公元 70 年后，随着圣殿被毁，犹太人开始流散于世界各地。为了延续困境中的犹太教，精通律法的法利赛人主张深化对律法的诠释，以律法整肃犹太人的生活。这些热心教导民众学习犹太教律法的人，被尊称为"拉比"（Rabbi），意为"我的大师"。② 他们对圣经的研习，主要是对托拉的评注。这些早期的评注，提供了有关圣经诠释的信息。它们主要是拉比对口述传统的解释，涉及一些相互矛盾的或有争议的圣经训诫。③ 拉比在后世犹太民族的文化、伦理、社会生活与宗教事务中发挥了关键作用。

---

① 拉比的释经形式具有希腊化的特征，而且在拉比传统与解读方法的背后，都有希腊化的影响。参 David Kramer，"Local Conditions for a Developing Rabbinic Tradition"，in Magne Sæbø ed.，*Hebrew Bible/Old Testament*，*The History of Its Interpretation*，vol. Ⅰ/1：Antiquity（Göttingen：Vandenhoeck & Ruprecht，1996），p. 276。尽管拉比的一些释经方法，可能先于拉比本身而存在，但是拉比释经法的重要因素都属于他们自己很独特的发明。参 Ibid.，p. 277。

② 关于拉比传统，有学者否认它的法利赛起源，认为圣经内在的释经与拉比释经之间存在着桥梁，而拉比将之连接起来。拉比传统将自身看成数世纪的立法与释经活动的顶点，可追溯至第二圣殿时期，甚至更早的时期。广而言之，由大卫到以斯拉的圣经人物都被描述为热衷于拉比风格的话语与行为。所有古代的犹太文化，都意在圣经信息在其行动与信念中的现实化，这包含对圣经的诠释。拉比文献力图营造一个不间断的具有释经连续性的意象。参 Jay M. Harris，"From Inner – Biblical Interpretation to Early Rabbinic Exegesis"，in Magne Sæbø ed.，*Hebrew Bible/Old Testament*，*The History of Its Interpretation*，vol. Ⅰ/1：Antiquity（Göttingen：Vandenhoeck & Ruprecht，1996），pp. 256 – 269。《使徒行传》5：34 中的法利赛人迦玛列，就是个拉比，和合本译为"教法师"。同样的用法，也出现在犹太史学家约瑟夫的作品中。因此，可以肯定的是，法利赛人对拉比传统的出现有重要的推动作用。

③ Henning Graf Reventlow，*History of Biblical Interpretation*，vol. 1，pp. 105 – 107。

从本质上说，早期的拉比是世俗的研习律法的学者。拉比遵循法利赛派的精神，根据口传律法经典及评注文献的观点，逐步演绎出了一整套敬神做人的准则，而依此规范的犹太教亦称拉比犹太教。对拉比犹太教而言，首要原则就是按照上帝的意志而生活，而上帝的意志确定在托拉的诫命中。与撒都该派不同，法利赛派不拘泥于托拉的表面形式，而是"承认圣经的指示并不能符合所有实际的情形，而且，托拉与现实之间可能存在导致矛盾的间隔，因此需要澄清。结果是，如果托拉具有在当下依然被遵从的无条件的有效性，那么就有解释的要求。如此，他们将自己的律法材料加入著述的托拉中，而这些律法材料起初是通过口述传统而流传的。后来，这些口述传统依据主题而被收集与编排成为集子，定名为《密西拿》（Mishnah）"①。在死海古卷被发现之前，有关早期犹太释经，我们能了解到的就是拉比对托拉的诠释，而且首先是在《密西拿》中被发现。《密西拿》在公元 220 年被拉比编纂成典，承袭了祭司与文士传统，是重要的拉比文献集。"拉比犹太教的诠释学，左右着对托拉两部分的阐释，即著述的与口述的，它们被记述在《密西拿》与其他文献中。"②

1 世纪末，《希伯来圣经》的正典化已经完成，塔纳赫具有正典的权威。在《密西拿》中，从形式上看，拉比甚少直接引述圣经经文，但是，"《密西拿》与圣经之间的关系是深切的"③，因为拉比的释经并不流于表面，也不依赖于对圣经字义的简单解读，他们的诠释是别出心裁的。④ 通过《密西拿》，我们发现早期拉比释经的方法主要是米德拉什。这在死海

---

① Henning Graf Reventlow, *History of Biblical Interpretation*, vol. 1, p. 107. "密西拿"的希伯来词根为 *shana*，意为"复述""教导"。

② Jacob Neusner, "The Hermeneutics of the Law in Rabbinic Judaism: Mishnah, Midrash, Talmuds", in Magne Sæbø ed., *Hebrew Bible/Old Testament*, *The History of Its Interpretation*, vol. Ⅰ/1: Antiquity（Göttingen: Vandenhoeck & Ruprecht, 1996），p. 304.

③ David Kramer, "Scriptural Interpretation in the Mishnah", in Magne Sæbø ed., *Hebrew Bible/Old Testament*, *The History of Its Interpretation*, vol. Ⅰ/1: Antiquity（Göttingen: Vandenhoeck & Ruprecht, 1996），p. 280. 尽管，在语言与论述风格上，《密西拿》与圣经显然不同，但是，《密西拿》声称它和圣经一样，是权威的、神圣的与启示的。参 Richard Kalmin, "Patterns and Developments in Rabbinic Midrash of Late Antiquity", in Magne Sæbø ed., *Hebrew Bible/Old Testament*, *The History of Its Interpretation*, vol. Ⅰ/1: Antiquity（Göttingen: Vandenhoeck & Ruprecht, 1996），p. 294。

④ David Kramer, "Local Conditions for a Developing Rabbinic Tradition", p. 281.

古卷中也有出现，而且二者有重要的相似之处。① 在《希伯来圣经》中，它出现过两次，都在《在历代志下》（13：22 与 24：27），和合本译为"传记"，而"传说评注"似乎更符合米德拉什的含义。在《密西拿》中，包含米德拉什的资料可分为两个领域。其一是拉比通过决疑法而对律法的指示，被称为哈拉卡（halakah）。其二是拉比用以发展圣经叙述的故事资料，被称为哈噶哒（haggadah），其中，附加的资料常导致富有想象力的发现，从而被用于教化的目的。"由于哈拉卡是拉比旨趣的中心，因此，较为古老的米德拉什关注的是托拉。"② 正如托拉是律法与叙述的统一，拉比的释经也体现了二者的统一。拉比圣经诠释的方法主要以米德拉什的解读方式而呈现，"米德拉什式的解读，虽然认可圣经的至上权威，但实际上，它是拉比能力与独立性的异常呈现"③。

拉比释经的规则是以类别进行汇集，而这些类别随着时间而被扩展。最为古老的七项规则连在一起，并被置于希勒尔（Hillel）名下的传统中，而希勒尔是公元前 1 世纪下半叶著名的犹太释经学家。这七项规则又被扩展为传统的十三项，被归于拉比以实玛利（Rabbi Ishmael，公元 90 – 135）名下。④ 至今，在犹太晨祷文中，我们还可以看到这些规则。以实玛利的代表作之一，是他对《出埃及记》的评注。但是，他的这一评注不是论及整个《出埃及记》，而是从逾越节的庆祝开始论述，附带其

① Richard Kalmin，"Patterns and Developments in Rabbinic Midrash of Late Antiquity"，p. 286. 在第二圣殿被毁之前，米德拉什早已存在。参 David Kramer，"Local Conditions for a Developing Rabbinic Tradition"，p. 276。

② Henning Graf Reventlow，*History of Biblical Interpretation*，vol. 1，p. 108. 米德拉什的词意为"寻求、考察与探寻"。传统意义上，米德拉什具有以下三种含义：（1）由以色列地与巴比伦的拉比在晚古时期实践的圣经诠释的特殊方式。（2）个别拉比的诠释。（3）将拉比的圣经诠释编著成的文献集子。米德拉什的特征，是基于对圣经文本的通透阅读，认为每个词语的组成部分都有句法意义，而且，圣经中表面相似的文本要素（词语、短语与韵律等）的并列，在具体的语境中，通过分析而指出实质性的相似与关系也能产生意义。在这种诠释技艺之下，是坚信圣经文本的每个细节都包含了上帝的启示话语。通过这种方式，圣经文本的宗教意义，被后世的拉比释经者所保存。米德拉什文献，形成于 3 – 9 世纪的以色列地，附加的米德拉什资料包含在《巴勒斯坦塔木德》与《巴比伦塔木德》中。参 R. S. Sarason，"Midrash"，in *Methods of Biblical Interpretation*，foreword by Douglas A. Knight（Nashville：Abingdon Press，2004），pp. 71 – 72。

③ David Kramer，"Scriptural Interpretation in the Mishnah"，p. 283.

④ 关于这十三项释经规则的介绍，参傅有德等著《犹太哲学史》上卷，中国人民大学出版社，2008，第 109 – 114 页。

他章节。即便如此，人们很清楚地看出崇拜仪式中诵读的经文与诠释之间的关联。拉比不涉及对历史的理解，主要处理模糊的、有间隙而自相矛盾的经文。"在拉比的圣经论述里，他们对圣经的非凡知识起着决定性的作用。在他们对某节经文的解读中，其他众多经文也会汇集进来，常常会疏离正在讨论的主题。但是，由于出现了同样的关键词或表达，为了形成扩展，其他的这些经文就被带入考量中。"① 在拉比看来，圣经中的每一句话，甚至单个经文的特征都是有意义的，是被神圣启示的。《密西拿》中的米德拉什呈现了拉比的释经旨趣，即创造性地解读，而且精于修辞。比如，舍玛（Shema）中的一节经文："你要尽心、尽性、尽力爱耶和华你的上帝。"（申6：5）"拉比的米德拉什理解，就是将'你的心'的希伯来语字母（bet）成双，意指以善恶二心爱上帝。其中的预设，认为托拉中的单个字母承载着神圣含义，而将之双倍，意味着上帝也会双倍回应我们的教导。"② 此外，这节经文中的"力量"（מאד）一词，拉比将之同其他形式与读音上相似但意义完全不同的词组成一句话，解释为"你当以上帝测度你的每一种分寸，万分感恩上帝"③。这种显示经文中的术语具有假想力量的方式，确实体现了早期拉比释经过程中的创造力。

拉比正规的释经方法都体现在《密西拿》中。比如，希勒尔七项释经规则中的第一项是 קל וחומר（qal wahomer），意为强推理（a fortiori reasoning），是一项较为普遍的规则。它通常是有关复杂争论的结构单元，所涉及的议题可以是经文中的术语在不同语境中的运用，可以是对某一圣经范例的综合类别的建构，或者是基于并列的圣经经文辩论而进行的溯源等。④ 这些例子是平行的，通常出现在有关律法的米德拉什中。比如，《出埃及记》12：1中的"埃及地"，经文没有交代摩西训谕的具体地点。拉比参照《出埃及记》9：29摩西出城祷告的经文，以对话的形式，就言说的地点是在城中还是城外展开论辩。因考虑到摩西的祈祷以及神圣话语的逻辑应用，他们认为更有意义的情况就是摩西在城外说话。同时，强推理的规则也适用于律法哈拉卡。比如，《出埃及记》22：31提

---

① Henning Graf Reventlow, *History of Biblical Interpretation*, vol. 1, p. 109.
② David Kramer, "Scriptural Interpretation in the Mishnah", pp. 281 – 282.
③ Ibid., p. 282.
④ Ibid., p. 282.

到"田间被野兽撕裂牲畜的肉，你们不可吃，要丢给狗吃"。拉比对照《申命记》14：21 中"不可吃驴"的规定，[①] 针对使人不洁净的是否是驴的问题展开讨论。拉比质问：骑驴的人为什么是洁净的？并推理《出埃及记》22：31 的含义，是要通过废弃而禁止被野兽撕裂之牲畜的经济用途。与此律法讨论直接相关的，是一则哈噶哒的延展：狗所得到的，比外人得到的要更光荣，因为，撕裂的牛丢给狗，而驴丢给外人，因此，上帝会惠及所有的受造者，而且，按照强推理的原则，如果上帝恩赐于动物，那么，将恩赐人更多。[②] 这一结论参照了《耶利米书》17：10 - 12。这样的扩展是为了达到教诲的目标，因此，拉比的整个思想就是围绕托拉而延伸，其教诲的论述也集中于托拉。[③] 总之，他们的任务，就是日夜思想托拉。

在拉比历史上，从第二圣殿被毁至 3 世纪初《密西拿》编辑成典，被称为坦拿时期（Tannaim，希伯来文 Tanna 意为"教师"，指拉比圣贤，其言行记录在《密西拿》中），而其后至 7 世纪被阿拉伯征服的时期，是阿摩拉时期（Amoraim，亚兰文 Amora 意为"解释者"，指口传律法《密西拿》的释经者），又称后密西拿时期。由此可见，《密西拿》是拉比史的重要分水岭，同时，对于研究米德拉什而言，也具有重要的蕴涵。[④] 在晚古时期，拉比释经的中心有两个，即巴勒斯坦（以色列地）与巴比伦。《密西拿》之后，拉比汇编了《塔木德》（Tulmud，意为"研究"），它包括拉比犹太教的口传律法，即六卷的《密西拿》，以及有关《密西拿》的分析、讨论与争辩而组成的《革玛拉》（Gemara，约形成于 500 年）。《塔木德》分为《巴勒斯坦塔木德》（Talmud Yerushalmi，成书于约 400 年）与《巴比伦塔木德》（Talmud Bavli，成书于约 600 年）。相较《密西拿》，《塔木德》引述的圣经经文更为频繁，而且，编纂稍后的《巴比伦塔木德》对《密西拿》的评释，更为完整、协调、连贯与始终如一，也更具

① 在此，拉比引述的经文是"不可吃驴，可以给你城里寄居的吃，因为他会吃，或者卖给外人"，而不是"凡自死的，你们都不可吃，可以给你城里寄居的吃，或卖与外人吃"。

② Henning Graf Reventlow, *History of Biblical Interpretation*, vol. 1, pp. 110 – 111.

③ Ibid. , p. 118.

④ Richard Kalmin, "Patterns and Developments in Rabbinic Midrash of Late Antiquity", pp. 287 – 288.

说服力。① 《塔木德》不仅述及《希伯来圣经》的正典化，而且对其作者身份进行了探讨，比如将托拉归于摩西，将《诗篇》137 归于大卫，认为《箴言》《传道书》与《雅歌》的作者是所罗门。当然，《塔木德》的释经内容，依然是托拉，依然是以米德拉什的方式对律法与叙述两部分的诠释。在塔木德时期，由于政治与宗教处境的变化，《塔木德》的释经更具意识形态或神学的色彩。比如，它认为《创世记》1 章中的上帝（Elohim），意指审判，上帝以审判的性质创造了世界；而第 2 章中的四圣字母 YHWH，意指怜悯，上帝赋予所造的世界以怜悯。《雅歌》体现了上帝与以色列族群之间的亲密关系。② 可以说，借着释经，拉比运用善恶二元论充分发展犹太教的教义，使之符合他们的目的，并抗衡异端对圣经的诠释与利用。

第四节　结语

　　由死海古卷至《塔木德》，我们看到早期犹太释经活动的发展同《希伯来圣经》本身的历史密切相关。在圣经的正典还没被确定的时候，犹太教引述的经文是不确定的，甚至对圣经的诠释也是不确定的。比如，虽然单个的圣经书卷出现在死海古卷中，并被引用与解释，但是在世纪初宗派化的处境中，论及库姆兰群体的圣经诠释，这个议题本身可能是有歧义的，是过于简单化的，因为"托拉的权威，不仅是对文本的宗教与仪式界定的问题，而且，在社群中，社群之间，以及作为整体的犹太社会中，它同权力的宣称密切相关"③。圣经之外的文本，依据它们同"正典"圣经的关系而不断被界定，其结果，就是被贴上"伪经""次经""扩展版圣经"等的标签。但是，圣经正典的合法化，第二圣殿之后

---

① Jacob Neusner, "The Hermeneutics of the Law in Rabbinic Judaism: Mishnah, Midrash, Talmuds", pp. 304 – 322. 《巴勒斯坦塔木德》又称为《耶路撒冷塔木德》，或《以色列地塔木德》。就《巴比伦塔木德》而言，其"诠释学的任务，就是去呈现上帝已显示于唯一而独特的启示托拉（口传的与著述的）中的真理的完整性"。参 Ibid., p. 320。而其中的五大释经规则，参 Ibid., pp. 321 – 322。

② L. Jacob, "Talmud", in Methods of Biblical Interpretation, foreword by Douglas A. Knight (Nashville: Abingdon Press, 2004), pp. 77 – 82.

③ Johann Maier, "Early Jewish Biblical Interpretation in the Qumran Literature", p. 110.

犹太人的希腊化以及不同的犹太社群之间的身份冲突，都影响了早期犹太的释经活动。其实，自从公元前586年第一圣殿被毁，犹太人便逐渐发展成为一个以圣经为中心的群体（bibliocentric community）。在缺失政治主权、领土疆界、圣殿功能以及宗教体制的境况下，倍受创伤的犹太民族将圣经作为他们的精神宪章。如此，"《希伯来圣经》为群体的存在提供了共性、团结、历史身份、法律结构与宗教的合法性"①。因此，当以斯拉到了巴勒斯坦时，以圣经为基础的政体被建立（拉7：25）。同时，圣经也记载了古代耶路撒冷的集会，在那里，人们确定了对神圣文本的坚守（尼8：1-8）。

随着犹太人流散于各地，犹太释经传统受到当地文化的塑造。在流散地，大部分犹太人接受了本地语言。而犹太语言——希伯来语的持续衰落，严重危及犹太文化的流传与保持。为了便于这些犹太人理解塔纳赫，出现了不同的译本。除了希腊语的七十士译本，还有亚兰文译本塔古姆。后者是犹太人流散于波斯地的产物，成书于第二圣殿被毁之后，《巴比伦塔木德》记述了它。"塔古姆是犹太教中圣经诠释历史的有益来源。的确，其对常见文本进行翻译的相对直接的方式，对一般读者而言，使其比《塔木德》与《密西拿》更易接近。"② 翻译即是诠释，这一说法对塔古姆而言，尤为贴切，因为，"米德拉什的风格在塔古姆中广泛被发现。因此，塔古姆这个圣经版本具有双重功能：既是译本，也是个评注。本质上说，这些更为详细的释义，使塔古姆成为传递米德拉什的工具，试图将圣经文本译得更加确切、好辩、合意或可理解。米德拉什的释经法交织在翻译中，形成一个连续体，普通的听众或读者很难在译文与评注之间做出分别。"③ 塔古姆包含了早期犹太注释的一个传统，即在圣经中做出旁注。这些旁注是说明性的，是纷繁多样的，甚至因缺乏释经逻

---

① Étan Levine, "The Targums: Their Interpretative Character and Their Place in Jewish Text Tradition", in Magne Sæbø ed. , *Hebrew Bible/Old Testament*, *The History of Its Interpretation*, vol. Ⅰ/1: Antiquity (Göttingen: Vandenhoeck & Ruprecht, 1996), p. 324.

② B. Chilton, "Targumim", in *Methods of Biblical Interpretation*, foreword by Douglas A. Knight (Nashville: Abingdon Press, 2004), p. 75. 除了《以斯拉记》《尼希米记》和《但以理书》之外，该译本包含了其他全部的希伯来经卷。

③ Étan Levine, "The Targums: Their Interpretative Character and Their Place in Jewish Text Tradition", p. 325.

辑而相互矛盾，但它们与经文辉映，表明了圣典的持续流传。因此，塔古姆反映了对来源的一种折中利用，其米德拉什表现出多样的目的，它的类型本身也体现了灵活性。比如，对传统圣经文本进行改动，避免神人同形论，并将"神的众子"换成"众天使"，从属于耶和华。"塔古姆同圣经进行了一种多义的、辩证的对话，涉及各种诡辩的人们、不同的情形与历史处境、时空的分隔，这一切通过过程而非特定的内容形成了一个文学的群体。他们的创造性，提供了有关概念、价值、隐喻、象征与行为规范共同起作用的一个聚合，为以圣经为基础的犹太教提供了完整与凝聚。"① 希腊—罗马化时期，基督教产生。我们若考虑到初期基督教对《希伯来圣经》的诠释（即《新约》中的《旧约》），以及早期基督教派别的影响，早期犹太释经就更为复杂。当然，这是另一个值得思考的问题。

---

① Étan Levine，"The Targums：Their Interpretative Character and Their Place in Jewish Text Tradition"，p. 326.

第三章

早期基督教教父论《旧约》（2－5 世纪）

    公元 2 世纪，圣经依旧是指《旧约》，《新约》正典还没有形成，但是，犹太教与基督教已经开枝散叶，形成了诸多的宗派，也产生了正统与异端之争。一方面，基督教与犹太教日渐分化，同时，罗马教的存在加剧了这些不同宗教之间的张力。关于《旧约》的权威和神学解释，亦产生了不同的争论。比如，2 世纪早期的使徒作品《巴拿巴书信》（*Epistle of Barnabas*）反对犹太教化的基督教，认为上帝之约的应许只属于基督徒，《旧约》律法因耶稣基督的新律法而被废除。[①] 早期基督教的护教士查士丁，在他成书于约 160 年的《与特里弗对话录》（*Dialogue with Trypho*）中，严格区分了基督教与犹太教，并提到当时七个不同的派别。[②] 另据 2 世纪犹太人的著述，大多还提到撒玛利亚派（Samaritan）和艾赛尼派（Essenes）等，甚至在《巴勒斯坦塔木德》中，据说记载了 24

[①] 该书信指出上帝之约只有一个，犹太人从未接受过上帝之约，而现在，在基督里，同样的上帝之约被实现了、被接受了。参 Oskar Skarsaune，"The Development of Scriptural Interpretation in the Second and Third Centuries – except Clement and Origen"，in Magne Sæbø ed.，*Hebrew Bible/Old Testament*，*The History of Its Interpretation*，vol. I /1：Antiquity（Göttingen：Vandenhoeck & Ruprecht，1996），pp. 384 – 387。另参《巴拿巴书信》，载克莱门等著、黄锡木主编《使徒教父著作》，高陈宝婵等译，生活·读书·新知三联书店，2013，第177 – 208 页。

[②] 分别是：撒都该派（Sadducees）、创世派（Genistae）、分裂派（Meristae）、加利莱亚派（Galilaeans）、希腊派（Hellenists）、法利赛派（Pharisees）和洗礼派（Baptists）。参查士丁《与特里弗的对话》80 章，载查士丁《护教篇》，石敏敏译，生活·读书·新知三联书店，2014，第171 页。特里弗是个犹太人，查士丁劝说他皈依基督教。在该对话里，查士丁参照七十士译本，主要引用《以赛亚书》与其他《旧约》章节，运用寓意解经，说明基督教是应验犹太教的宗教，也就是说，《旧约》为预表，《新约》为应验，基督即是那位要来的救世主弥赛亚，基督教是所有人的新律法。查士丁《护教篇》，石敏敏译，第73 – 239 页。

个之多的派别。① 这些多元的派别依据不同的需要，混合了各种思想与来源，并对圣经做出不同的诠释和回应。正如犹太教的撒都该派那样，撒玛利亚人只接受五经为正典，即撒玛利亚五经，而拒绝先知书与圣卷的权威，而且，撒玛利亚人的五经与传统的希伯来版本不同，他们将摩西的诫命视为九诫，加上基利心山（Mount Gerizim）上的敬拜，构成十诫。② 犹太教的艾赛尼派拒绝口传律法，为了抗衡耶路撒冷的高级祭司而遁世隐居在死海旁，追求仪式的纯净，延续先知传统，对《希伯来圣经》文本进行了宗派化的解读。

早期基督教的派别尤为繁多，很多派别都被后来的大公基督教称为异端。这些异端派别，主要有诺斯替派（Gnosticism）、马西昂派（Marcianism）与孟他努派（Montanism）等。诺斯替派因声称通过特殊的启示而拥有神秘的属灵知识（gnosis），又被称为灵知派，在 2 世纪甚为流行。该派融汇了犹太教、希腊哲学、东方思潮与基督教来源，内分为诸多支派，其中以华伦天奴（Valentinus）所创的一派影响最巨。③ 总体上，诺斯替派倡导二元论，明确拒绝犹太人的圣经，敌视和拒绝《旧约》的救赎史、律法和上帝，认为那是信仰的异端。因此，在希腊化的世界里，诺斯替派开启了叛逆的知性运动，对《新约》圣经以及基督教的形成影响深远。④ 在《第一护教篇》（1 Apology，约 150 年）中，查士丁两次提到异教徒马西昂，论及他拒绝"先知所预言的基督为上帝之子"，亵渎神明，否认上帝为宇宙的创造者。⑤ 约在 140 年，马西昂在罗马归信基督教，大肆传播善恶二元的神论和基督论，但与诺斯替派不同的是，他并不将信仰建立在对属灵知识的追求上。144 年，

① Jarl Fossum and Ann Arbor, "Social and Institutional Conditions for Early Jewish and Christian Interpretation of the Hebrew Bible with Special Regard to Religious Groups and Sects", in Magne Sæbø ed., *Hebrew Bible/Old Testament*, *The History of Its Interpretation*, vol. Ⅰ/1: Antiquity（Göttingen: Vandenhoeck & Ruprecht, 1996）, pp. 239 – 241.

② Ibid., pp. 244 – 245. 撒玛利亚人不仅否认先知书与圣卷，而且也否认耶路撒冷圣殿的崇拜，因此，犹太人视撒玛利亚人为信仰混乱的异端徒。

③ 这种知识具有超自然的含义，对它的拥有，是获得拯救的手段，也是至善的形式。参汉斯·约纳斯《诺斯替宗教：异乡神的信息与基督教的开端》，张新樟译，生活·读书·新知三联书店，2006，第 28 – 41 页。

④ Linda Woodhead, *An Introduction to Christianity*（Cambridge: Cambridge University Press, 2004）, pp. 27 – 28.

⑤ 查士丁：《第一护教篇》26 章、58 章，载查士丁《护教篇》，第 21 – 22，46 页。

马西昂被罗马教会驱逐。他自称为使徒保罗的弟子，旋即另行组织由主教、祭司与执事构成的"真正的"教会，被称为马西昂派（Marcionism）。马西昂声称他宣扬的是纯正的福音，抵制犹太教，并视律法与福音是根本对立的，因此，与诺斯替派类似，他也坚持有两个不同神的存在，一是《旧约》中的创造神，是位次等的神（Demiurge），另一位是在基督里显现的救世主，是位真神。他首次编辑了《新约》全书，由于他完全排斥《旧约》和犹太传统，因此，他去除福音书中被认为犹太色彩浓厚的书卷，只留下《路加福音》和十封保罗书信，构成了他心目中的正典。①

可以说，马西昂断然抛弃了整个基督教的犹太传统，割裂了《新约》同《旧约》之间的关联。虽然马西昂的思想被教会判定为异端，但是他的做法促使大公教会正视如何确定正典的问题。此外，大约在156年，自称先知的孟他努（Montanus）发动了超凡魅力运动，创立了孟他努派，并宣称得到了比耶稣的教导更为重要的神圣启示。以上这些派别对《旧约》或犹太教持不同的批判立场，尤以马西昂派最为激进。而且，2世纪下半叶，诺斯替派的发展迅猛，直接威胁到教会。在救赎论上，诺斯替派也将世界分为物质与精神两部分，分别对应于创造论与救赎论，因而存在两个上帝，分别为较低级的创造意义上的上帝（Demiurge）与高高在上的灵性与救赎的上帝，而基督正是世界的救主。救赎的实现需要通过解构物质世界的虚无，同时伴随着基督的受难，尤其是属灵知识的启蒙才能呈现。② 在这样的处境里，引发了各种对《旧约》不同的应用与诠释，当中包括早期基督教教父的护教论。这些护教论者不仅建构了基督教的正统神学与教义，而且促使了《新约》正典的厘定与编纂。

---

① Linda Woodhead, *An Introduction to Christianity*, p. 32. 在罗马帝国的大部分地区，马西昂派成为基督教的代表，已严重危及大公基督教的存在。这一点是德尔图良作品中的重要议题。Ibid., p. 33. 就此，当代教会史学家哈纳克（Adolf von Harnack, 1851 – 1930）对马西昂进行了专门的探讨。他指出马西昂的声音在探讨《旧约》方面起到重要的作用，而且在特定的政治条件下，他的反犹立场导致了恐怖的结果。参 Adolf von Harnack, *Marcion: The Gospel of the Alien God*, trans. by John E. Steely and Lyle D. Bierma（Durham: Labyrinth, 1990）。

② Henning Graf Reventlow, *History of Biblical Interpretation*, vol. 1, pp. 153 – 157.

第一节　爱任纽：调和两约

诺斯替派与教会神学之间的论战是以圣经为基础而展开的，因此，教会为信仰所做的辩护就要反驳诺斯替派对圣经的解释和运用，指出圣经真意是什么。此时，正统基督教对圣经的理解，已经不再局限于《旧约》，而是会论及保罗书信与福音书，尽管在当时，《新约》正典尚未形成。在这样的处境中，为了维护正统信仰，使徒教会后期的护教论者爱任纽（Irenaeus，130 – 202）极力反对当时盛极一时的诺斯底派与孟他努派，尤其是诺斯替派，积极与之抗辩，从而捍卫基督教信仰。爱任纽是大公教会兴起的过程中首负盛名的教父，他出生于小亚细亚，在一个基督徒家庭中长大，晚年居于高卢的里昂，曾任里昂主教，沟通东西两地。他早年师从使徒约翰的弟子——士每拿的主教波利卡普（Polycarp），听其宣讲使徒的对话，所受影响至深。爱任纽接触过许多希腊作家，亦受到希腊文化的影响。作为一位《旧约》的诠释者，爱任纽是查士丁的紧密跟随者，运用了类似的"证明"方法。他倡导支持经文传统（proof - text tradition）的诠释进路，因此，他对《旧约》书卷进行评注或诠释，从而宣称新圣典的"边界"。他不仅调和《新约》和《旧约》的关系，突出《新约》与《旧约》之连续性，而且他强调两约之上帝的统一，以及救赎史的统一。他驳斥诺斯替派对圣经做出了选择性的和随心所欲的解释。

4 世纪初，凯撒里亚的主教优西比乌在其《教会史》中提到爱任纽的多部著作，但这些作品大都散佚。[①] 迄今为止，保存完好的爱任纽的著作有两部。一是亚美尼亚语译本《使徒讲道的证明》（*Proof of the Apostolic Preaching*），二是批诺斯替派的五卷本《驳异教徒》（*Against the Heresies*），约成书于公元 180 年，由拉丁译本与亚美尼亚译本

---

① 优西比乌：《教会史》，保罗·L·梅尔英译，瞿旭彤中译，生活·读书·新知三联书店，2009，第 226 – 229、245 – 247 页。

组成。前者专注于《旧约》，为信仰法则寻求依据，侧重于基督论的部分。[①] 后者论及同华伦天奴为首的诺斯替主义（Valentinian Gnosticism）展开的对话，对其教导进行了细致而有力的批判性论述，尤其是呈现其理论中的相互矛盾之处；同时，他也论述了《旧约》释经，以及对福音书和保罗书信的理解，提出新盟约的概念。在第一卷书的前言里，爱任纽依据福音书、保罗书信、律法书以及先知书，否定了诺斯替派对基督之寓言的理解，认为那是荒谬的解释。[②] 他秉承使徒的教导与先知的宣告，认为父神只有一位。[③] 在第二卷书里，他不仅引述了《旧约》经文，而且提到了诸多的《新约》书卷。根据他的论述，他不知道的书卷似乎只有《约翰三书》《腓利门书》与《犹大书》。[④] 在第三卷书里，他明确提到福音书由四部分构成，即四部"正典的"福音书，并强调这四部分是统一的、和谐的，而且，《新约》与《旧约》也是个整体，这成为他圣经诠释的核心主题之一。爱任纽将保罗视为唯一真正的使徒，因此，他常引用保罗书信去反击那些异教徒。关于耶稣基督，诺斯替派将之一分为二，认为耶稣属于人的世界，而基督或救世主属于神的系列，基督以鸽子的形式降临在受洗的耶稣身上（可 1：19）。爱任纽反驳称这种分法有违使徒的教导。他引用福音书与保罗书信，指出人子与神子是同一位，就是代罪受难在十字架上并在第三日复活的那一位（太 16：13 - 25）。他依据《罗马书》5：19 与《创世记》2：5，建构亚当—基督的预示论，指出诺斯替派拒绝基督的道成肉身，是没有领会福音书最具决定性的特征。爱任纽常将《旧约》与《新约》的引述混合交织在一起，同时认可二者

---

① 信仰法则，或称为"真理法则"。在第六章里，这个信仰法则概括为三点：（1）信仰的第一条也是最重要的一条，是天父上帝，上帝是万物的创造者，是唯一的；（2）第二条是上帝之道，即我们的主耶稣基督是神子，是被先知所预言的；（3）第三条是圣灵，通过它，先知进行预言，族长们获得关于上帝的知识，并行公义之路。参 Oskar Skarsaune, "The Development of Scriptural Interpretation in the Second and Third Centuries – except Clement and Origen", p. 423。

② Henning Graf Reventlow, *History of Biblical Interpretation*, vol. 1, p. 156.

③ 爱任纽：《驳异教徒》2. 35。在第三卷书里，爱任纽具体阐释了两点：（1）创造万物的上帝是唯一的；（2）神子基督也是唯一的，他道成肉身。参 Henning Graf Reventlow, *History of Biblical Interpretation*, vol. 1, p. 158。

④ Ibid. , p. 157.

的权威。①

为了强调唯一一位上帝的统一性，从而驳斥诺斯替派与马西昂派对《新约》与《旧约》的割裂，在第四卷书中，爱任纽指出基督的到来已经在《旧约》中被应许，而且这一预言的意义已经得到确认，因为基督来了。《旧约》与《新约》，在预示与成全中达到了和谐。基于此，爱任纽在论及新旧约中上帝的本质时，提出三合一（Three‐in‐One）之启示的统一性。他认为："道（逻各斯）就是神子，其成为人正是历史的目标，参与了《旧约》中启示事件的整个事件序列。"② 爱任纽理解《约翰福音》开篇中"道"的意义，将之同基督相关联，并认为《旧约》中的上帝之道具有同样的含义，因此，他发展出对《旧约》的基督论的理解。异教徒声称颁布律法的上帝不同于耶稣基督的父，爱任纽依据《罗马书》10：4 的字义，指出基督是律法的起点，将《新约》与《旧约》在律法的意义上进行了协调。③ 爱任纽运用了寓意解经法，但显然不同于斐洛。在批驳诺斯替派的态度上，他首先摈弃了柏拉图哲学的二元论。但是，他遵循一种传统的解经原则，将经文的字义转化为"灵"义。比如，《利未记》11：3 规定分蹄与反刍的走兽是洁净可吃的，爱任纽解释称：基督徒象征了既反刍又分蹄的走兽，因此，他们昼夜思想上帝的律法，并信奉父神与神子，而异教徒与之相反，此外，犹太人因代表了只反刍而不分蹄的走兽，他们只知遵从圣经律法而不信基督。爱任纽的这种释经方法，旨在解释两约中呈现了唯一的上帝与基督。④ 对爱任纽而言，圣经是

① Henning Graf Reventlow, *History of Biblical Interpretation*, vol. 1, pp. 159 – 160. 在此，爱任纽首次提出了第一亚当与第二亚当的概念，这在他有关救赎史的神学思想中具有核心意义。基督代表第二亚当，基督事件改变了人的历史，挽回了救赎史，而人的历史通过以色列史得到体现，那是个灾难史。爱任纽建构的救赎史观念，影响了此后的基督教神学。此外，在第三卷书里，爱任纽还提出了旧夏娃与新夏娃（马利亚）的对应概念。参 Ibid., pp. 161 – 162。

② Ibid., p. 164. 正是在该卷书里，爱任纽证明了《旧约》就是耶稣与《新约》作者的圣经，先知是基督的真正使者，《旧约》的上帝就是耶稣基督的父。参 Oskar Skarsaune, "The Development of Scriptural Interpretation in the Second and Third Centuries – except Clement and Origen", p. 427。

③ Henning Graf Reventlow, *History of Biblical Interpretation*, vol. 1, p. 166.

④ Ibid., p. 170. 爱任纽：《驳异教徒》5.8。"信仰法则"是信仰的全部内容，它关注的是上帝的唯一性，认为上帝是创造者，是神子基督的父，也是《旧约》中充当神启之中介的道。这些观点对爱任纽整个圣经诠释而言，是决定性的因素。参 Ibid., pp. 172 – 173。

信仰的基础，其本身就是"真理法则"——创造者上帝是唯一的。圣经虽是完美的，是可以理解的，但它需要以正确的方式被解释。爱任纽是首个对圣经进行如此神学思考的教父，是个具有开拓性贡献的圣经神学家。

在《驳异教徒》中，爱任纽不仅调和了《新约》与《旧约》，而且调和了律法与福音，调和了福音书，也调和了圣经与传统。这些调和有力地批驳了诺斯替派二元论的神秘体系，及其对圣经独断的解释。因此，"对于圣经诠释史而言，爱任纽是特别重要的，因为他为理解圣经经文所遵循的和谐理念奠定了基础"[1]。在诸多方面，爱任纽都影响了首位拉丁教父德尔图良。德尔图良称圣经为"文书"（*instrumentum*），或"遗书"（*testamentum*），也用来指涉《旧约》或《新约》。他的《旧约》与七十士译本的经卷相当。[2] 他著作等身，但论及释经的主要有三部，分别是《驳犹太人》（*Adversus Iudaeos*）、《驳马西昂论》（*Adversus Marcionem*）与《驳帕克西亚》（*Adversus Praxean*）。在《驳犹太人》中，他驳斥犹太人的宗教实践，认为仪式律法同上帝的永恒意志是截然不同的；而在《驳马西昂论》中，他转而为这些律法辩护，谴责其对文书的破坏，指出《旧约》常常暗含在《新约》里，即使它没有被引述，从而论证两约之间的统一与和谐。此外，他清楚地区分了具有使徒起源的福音书与使徒的弟子著述的福音书。在《驳帕克西亚》中，德尔图良提出了智慧基督论（Wisdom Christology）与三位一体论（*Trinitas*），从而驳斥帕克西亚的神格唯一论（Monarchianism），成为第一个发展三位一体论的护教者。[3] 在207年，他加入强调预言与圣灵的孟他努派，后创建了自己的派别——德尔图良派（Tertullianist）。在与异教徒对话的过程中，他始终以圣经为论

① Henning Graf Reventlow, *History of Biblical Interpretation*, vol. 1, p. 173.
② "文书"是个法律术语。虽然德尔图良没有正式列出《新约》的经目，但是依据他的著述可知，《新约》包括四福音书、十三封归于保罗的书信、《使徒行传》、《彼得前书》、《约翰一书》与《启示录》。参布鲁斯（F. F. Bruce）《圣经正典》，刘平、刘友古译，上海人民出版社，2008，第69，164页。
③ Oskar Skarsaune, "The Development of Scriptural Interpretation in the Second and Third Centuries – except Clement and Origen", pp. 429 – 434. 论及《旧约》，德尔图良指出：神通过先知们首先向犹太人做了启示，七十士译本是神启的。圣经所预言的事都已经应验，这就证明了它的神圣性。基督教与犹太教崇拜的是同一个神。参德尔图良《护教篇》，涂世华译，商务印书馆，2012，第58页。

据，创制了位格（*persona*）与本质（*substantia*）等概念，虽然他没有解决三一关系的内在张力，但深刻影响了后世的基督教神学。总之，早期基督教对《旧约》的解释，在论及正典与处理圣经文本的方式上，都有赖于犹太人奠定的基础。寻索证据的方法（testimony approach）成为 2 世纪基督教诠释学的主要特征，这为奥利金（Origen）全新的诠释方法铺平了道路。因为，"在他那里，文本与正典的问题，被带入到一个新的学术讨论的层面，这在他的六经合璧（Hexapla）中是显而易见的"①。

第二节　奥利金：寓意解经

奥利金（Origen，约公元 185 – 254）是早期基督教神学家。在圣经诠释史上，他是个极富贡献的神学家，因为他是首位参照希伯来原文这种外在标准建构七十士译本之精确文本的基督徒，也是首位试图建构一种系统诠释学理论的基督徒。② 公元 185 年，奥利金出生在埃及亚历山大的一个基督教家庭，其父是个殉道者。我们知道，自 2 世纪末的斐洛时代开始，亚历山大已是希腊文化的中心，也是寓意解经法的故乡。这里不仅有犹太教与基督教等各种宗教派别，而且还有诸多的哲学流派及其领军人物。在那里，他接受了希腊化教育，包括学习希腊古典文学、哲学与修辞，成为一名文法和文献教师。在 18 岁那年，奥利金被任命为亚历山大教理学校（the Catechetical School）的校长，一时间，学校声名鹊起，超过了其前辈潘陀纽斯（Pantaenus）和克莱门特（Clement of Alexandria，约 150 – 215）执掌时期。即便是在宗教迫害期间，他也坚守这个学校，并依据对《马太福音》19：12 的字义理解，因立志"献身于上帝之道"而自阉。③ 从此，他毕生倾心于圣经文本的学习、注释与宣讲。"斐

---

① Oskar Skarsaune, "The Question of Old Testament Canon and Text in the Early Greek Church", in Magne Sæbø ed., *Hebrew Bible/Old Testament*, *The History of Its Interpretation*, vol. Ⅰ/1: Antiquity（Göttingen: Vandenhoeck & Ruprecht, 1996）, p. 450.

② J. N. B. Carleton Paget, "The Christian Exegesis of the Old Testament in the Alexandrian Tradition", in Magne Sæbø ed., *Hebrew Bible/Old Testament*, *The History of Its Interpretation*, vol. I/1: Antiquity（Göttingen: Vandenhoeck & Ruprecht, 1996）, p. 501.

③ 优西比乌：《教会史》，第 270 页。

洛对五经的哲学释经，无疑是对较早传统的承袭与发展，为亚历山大的基督教解经者提供了一种诠释学的模式。这些解经者采纳与修改了这个模式，以适应他们自身的需要。"① 同克莱门特一样，奥利金坚信经文具有字义与灵义两重意义，认为柏拉图的哲学诠释学同基督教哲学是相容的，而且，《旧约》与《新约》也是和谐的，从而抗衡马西昂派、诺斯替派以及其他反对派的质疑。

奥利金关注正典与文本。奥利金所处的时代，《旧约》在基督教正典中的地位受到一些派别的质疑，而且《新约》正典尚未确立。他是第一位探讨《旧约》正典的基督徒，除了认定希伯来传统中的正典书卷之外，他还为《多比传》与《犹滴传》等被基督徒群体使用的次经书卷的神圣起源进行辩护。② 当时教会用的《旧约》是七十士译本，奥利金发现其中的一些经文句意模糊，就想要将之同希伯来原文进行对照阅读，而且《希伯来圣经》的希腊译本有多个，每个译本都不尽相同。更重要的是，七十士译本并非对《希伯来圣经》原文的字面翻译，它疏漏了希伯来文本中的某些段落，同时加添了某些内容。那时，奥利金和大多数犹太人都不懂希伯来文。据说有个巴勒斯坦的犹太人皈信了基督教，移居到亚历山大之后，面授奥利金希伯来文与拉比的释经方法。公元 232 年，奥利金定居在犹太人聚居的凯撒利亚，在此度过了后半生，完成了他的主要释经著作。为了利用《希伯来圣经》中的内容与犹太人进行神学辩论，他基于文本批判（textual criticism）进行著述。一开始，他用希腊文抄写主要的希伯来文本，同时将之与七十士译本以及其他希腊译本并列为四个栏目（Tetrapla），后又扩展为六个栏目，称为六经合璧，或六文本和参（Hexapla）。他进行和参的目的，是通过参照主要文本而填充间隙与疏漏之处从而改善七十士译本。③ 这是第一部研读本圣经，完成于公元 245 年。这部鸿篇巨制，更像一部百科

① J. N. B. Carleton Paget, "The Christian Exegesis of the Old Testament in the Alexandrian Tradition", p. 479.
② Ibid., pp. 502 – 503. 奥利金将早期基督教的相关著述分为三类，即被普遍认可的著述（homologoumena）、某些部分受到教会质疑的著述（amphiballomena）以及异教徒伪造的书卷（pseudē），这为《新约》正典的确定提供了基础。参 Peter Balla, "Evidence for an Early Christian Canon (Second and Third Century)", in Lee M. McDonald and James A. Sanders eds., The Canon Debate, p. 383。
③ Henning Graf Reventlow, History of Biblical Interpretation, vol. 1, pp. 175 – 176.

全书。它涵盖了《旧约》部分，内容浩繁，因为，它并列保存了六种版本的犹太圣经。① 这六个版本从左至右排列，分别是《希伯来圣经》、希伯来文的希腊语音译（Secunda）、亚居拉的希腊语译本、辛马库的希腊语译本、奥利金修订的希腊语译本以及狄奥多田的希腊语译本。奥利金的六经合璧，旨在对七十士译本进行修订，建构一个"纯粹的"七十士译本。在他的六经合璧里，我们不仅看到他对《旧约》的护教立场，更看到他对七十士译本的批判态度，以及对《希伯来圣经》的重视。

奥利金学识渊博，著述恢宏，但他的释经作品只有少部分流传下来，而且大多是拉丁译本。他的圣经注疏与讲道文集，大多涉及《旧约》各卷，但也有关于《新约》福音书的。他采用寓意解经法（allegorical method of exegesis），认为圣经的每字每句都隐含着属灵寓意。他指出一个句子明显的意义背后具有隐含的属灵含义，要呈现出来，就要运用寓言进行解释，这在理解经文上起着最终决定性的作用。奥利金的寓意解经原则，在其《论首要原理》（De Principiis）的第四卷里得到阐释，以对抗诺斯替派对圣经文本的任意曲解。② 对他而言，所有的圣经书卷都是受到圣灵启示的，圣经是上帝的永久化身，而释经就是与逻各斯相遇。上帝就是首要原理，是基督，是逻各斯（道）。③ 他在第四卷的开始，就为此辩护。其实，他在该著第一卷的前言里，暗示了其主题是讨论"圣经"，指出使徒的教导与宣讲的内容，是以神圣的象征形式写下来的，有艰深难懂之处，因此，这需要用"正确的方法，仔细考察圣经话语的内在联系，来形成一种学说体系"④。

---

① 六经合璧中的一些片段，奥利金还采用了另三种希腊语，有时并列为七或八栏。这部大作可能有 15 卷，估计超过 6500 页。参斯蒂芬·米勒、罗伯特·休伯《圣经的历史：圣经成书过程及历史影响》，第 142 – 143 页。

② 这部作品完成于公元 229 年左右，即在他离开亚历山大启程去凯撒利亚之前。该著大部分的希腊文原著被保存下来。参 J. N. B. Carleton Paget, "The Christian Exegesis of the Old Testament in the Alexandrian Tradition", p. 508。

③ 奥利金：《论首要原理》4.1，石敏敏译，香港汉语基督教文化所，2002，第 274 页。他认为：先知书与摩西律法书的神圣性和神启性，都清楚地揭示和证实了基督论。因此，对《旧约》的诠释，就是对基督话语的诠释。总之，圣经最终是以基督为中心的（christocentric）。参奥利金《论首要原理》4.1，第 263 – 264 页。另参 J. N. B. Carleton Paget, "The Christian Exegesis of the Old Testament in the Alexandrian Tradition", pp. 526 – 527。

④ 奥利金：《论首要原理》卷一前言，第 15 页。关于律法书，他指出："整个教会都一致认为，整部律法书确实是属乎灵的，但律法所传递的属灵的意义，却并非人人都能明白，只有那些受圣灵恩典而得着智慧和知识的人，才能了解它的意义。"参同上，第 13 页。

他的释经透过追问而遵循四个步骤：这一文本的句法意义是什么？它指涉的具体历史现实是什么？逻各斯通过这一具体的现实而教导什么？这一教导如何在今日应用于文本的听众？这些问题必须要放在他圣经之逻各斯教义的语境中才能被充分理解。这是他释经的神学结构。[1] "奥利金是个柏拉图主义者"[2]。他将文本的意义分为字义与灵意两个方面，字义主要意指历史事件，比如摩西颁布的律法与耶稣的教导，都具有神圣的起源，而且，早已被先知所预言。

但是，在字义的背后，是需要被探寻的真正的、更为深刻的意义，那就是基督与《旧约》启示之间的内在关联。他认为，在基督到来之前，《旧约》的神圣启示没有被清楚地显示。因此，基督的到来构成了一个诠释事件。[3] 奥利金提出圣经的阅读和理解需要正确的方法，认为诺斯替派、马西昂派与犹太人对经文纯粹的字义理解，只会导致误解与荒谬。为了克服经文的晦暗不明，释经者就要洞察字义的深处，彰显隐藏的真理。而这种深入理解圣经的方式，有赖于富有启发意义的灵，其目的是达至圣经的属灵知识。释经方法是重要的，因为它将有助于克服字面文本的模糊与其终极启示之间的紧张。奥利金依据"谋略和知识的美事，我岂没有写给你吗？"（箴22：20），认为解读经文要有正确的方式。他将经文分为三个层次：体（body）、魂（soul）、灵（spirit），分别对应于字面含义、道德意义与神秘意义。而基督徒读经的目的，就是要理解灵义。[4] 灵义是圣经启示的终极本质。

---

① Karen Jo Torjesen, *Hermeneutical Procedure and Theological Method in Origen's Exegesis* (Berlin: Walter De Gruyter, 1986), p. 138. 该卷论及圣经的神启特征，以及如何解读与理解它。参 Origen, "On First Principles: Book Four", in Karlfried Froehliched. , *Biblical Interpretation in the Early Church* (Philadelphia: Fortress Press, 1984), pp. 48 – 78。

② Henning Graf Reventlow, *History of Biblical Interpretation*, vol. 1, p. 183.

③ 基督揭示了文本的灵性本质，为众先知的话语和教义做见证。参奥利金《论首要原理》4.1，第 261 – 263 页。

④ 正如人有肉体、魂与灵，圣经同样有肉体、魂与灵。这是三种不同的解读类型，也是三个逐次渐进的阶段。这表明圣经有多重意义。参奥利金《论首要原理》卷四第一章 11 节，第 270 – 271 页。但是，大多情况下，奥利金将解经类型分为字义和灵义两种。他认为《旧约》文本的字面意义是晦涩难懂的，尤其是律法，若只是停留在字义上，《旧约》显然不是基督教的，而只是犹太人的寓言。《旧约》对教会的重要性，是被保留的，可以被寓意地理解。参 J. N. B. Carleton Paget, "The Christian Exegesis of the Old Testament in the Alexandrian Tradition", p. 517. 关于奥利金论圣经经文的三重有效性，参 Karen Jo Torjesen, *Hermeneutical Procedure and Theological Method in Origen's Exegesis*, pp. 39 – 43。

奥利金的寓意解经集中体现在他的 10 卷本对《雅歌》的评注里，这在圣经诠释历史上具有重要意义。奥利金对《雅歌》的评注始于《创世记》1：26 – 27 与 2：7 对人的创造，前者是以上帝的形象而造，后者则是造于尘土。奥利金称这是一个人的两面，是"外在"与"内在"、肉与灵的关系。因此，对《雅歌》的解释不能只停留在字面，而要将之视为隐喻的表达而进行理解。他这样评注《雅歌》1：2：基督通过先知送出他的吻，伴随着他的到来，他的新娘直接接住这些吻。他认为《雅歌》关注的是爱，教会是基督的新娘，教会借着道与基督相连。[①] 这样的寓意解释直接影响了后世对《雅歌》的释义。同时，奥利金也评注了诸多《新约》书卷，但保存下来的，主要是福音书的部分。对奥利金来说，《旧约》宣称了基督的到来，而"整个《新约》就是福音"，且直接见证了这一宣称。[②] 福音书的真正内容，是给人类带来拯救的基督。对于基督教而言，每一卷福音书都是解释如何获得拯救的信息，因此，它们不能以错谬的理解而被接受。对《约翰福音》的释义，皇皇三十二卷，是奥利金继《首要原理》之后的又一力作。《约翰福音》迥异于其他福音书卷，被称为"属灵的福音书"。它的希腊哲学的烙印最深，且连接着《旧约》与《新约》。在该注疏里，奥利金充分演绎了他的寓意解经，证明基督之本性：智慧、道、真理与生命。在解读福音书时，奥利金强调不仅要看到字面的历史意义，更要探讨福音文本中所呈现的基督本身。[③] 奥利

---

① Henning Graf Reventlow, *History of Biblical Interpretation*, vol. 1, pp. 186 – 187. 奥利金将《箴言》《传道书》与《雅歌》归在所罗门名下。他认为这三卷书，分别对应于希腊的伦理学、物理学与形而上学，同时，也指人获取知识而灵魂上升的三个阶段，是"神哲学的三种形式"。其中，《雅歌》代表了最高阶段，是个不可见的、神圣的与永恒的阶段。这个阶段需要通过教导与学习而获得。奥利金对《雅歌》每段经文的寓意解释，都呈现了类似的结构。大致而言，有五个步骤：（1）逐字逐句引用；（2）确定经文表述的处境，这个步骤涉及"历史的"诠释；（3）从教会的角度，对经文进行"内在的"或"属灵的"阐释；（4）从灵魂提升的角度，解释文本的意图；（5）回到读者，结合"我们形成的"生动的处境。参 Ibid., pp. 188 – 189。

② 奥利金指出，摩西的律法是圣经初结的果子，而整部《新约》是福音书，福音书是圣经所有经卷中初熟的果子，《约翰福音》则是所有福音书中初熟的果子。俄里根（Origen）：《属灵的寓意——〈约翰福音〉注疏》上，柳博赟译，华夏出版社，2010，第 41 – 43 页。奥利金对《约翰福音》进行了非诺斯替主义的灵性解释，融合了希伯来宗教传统与希腊哲学。

③ 同上，第 185 – 272 页。若仅仅限于字义，奥利金指出在没有日月星辰的情况下，我们很难理解《创世记》中的前三天是如何存在的，那是无意义的。在对《诗篇》50 的评注里，他认为在字义的历史意义上，大卫和乌利亚的故事也是无价值的。但这并不意味着他无视字义的作用。参 J. N. B. Carleton Paget, "The Christian Exegesis of the Old Testament in the Alexandrian Tradition", p. 522。

金对《路加福音》的评注，哲罗姆（Jerome）以拉丁译本的形式保存下来了。相较他的其他作品，该著作具有强烈的教义色彩，强调四部正典福音书的启示主题等。① 关于两约之间的关系，奥利金指出："如果我从灵义上理解《旧约》，就不会将它看成是律法，只有那些以世俗的眼光理解它的人，才会将之等同于律法。但对我们来说，对它进行灵义的理解与阐述，并考虑到它的福音意义，它就永远都是新的。"② 因此在诠释学的层面上，奥利金模糊了两约之间的分别。但是这种诠释是以《新约》为中心的，强调《新约》的优先性。

奥利金是位严肃地思考如何解读圣经这个问题的神学家，他试图建构一个标准，区分正确的与错误的圣经诠释方式。他对圣经的措辞用语有着浓厚的兴趣，关注语句的意义和作用，创制了六经合璧，使他的圣经释义具有学术研究的特征，尽管当中不乏牧教的志趣。他对《旧约》的解释是以基督为中心的，不仅确定了基督教是上帝应许的正当传承，而且也论证它的道德、教会与末世论的内容。即便在他的护教作品里，奥利金也是通过大量引述和阐释圣经文本而驳斥各种异端邪说。③ 基督教在亚历山大的希腊化处境里，其宗教性能够得到发展完全归功于奥利金的圣经阐释。奥利金有关《旧约》的著述深刻影响了那时的基督徒对《旧约》的理解，甚至他的文本注疏方式与神学思想被贴上奥利金主义（Origenism）的标签。比如，凯撒利亚的主教优西比乌就是奥利金的追随者，他在释经作品里大量引述奥利金的六经合璧，并在其《教会史》中详细撰述他的生平事迹。此外，阿塔纳修对《诗篇》的释义以及凯撒利亚的巴兹尔（Basil of Caesarea，329 – 379）与尼撒的格列高利（Gregory of Nyssa，335 – 395）在公元 360 – 378 年间对奥利金文集的编辑，都反映

① Henning Graf Reventlow, *History of Biblical Interpretation*, vol. 1, pp. 197 – 198.

② 这是他在对有关《民数记》的训诫中论述的。他强调两约都是对启示的见证，认为律法也要在字义和灵义上被诠释，这主要针对马西昂主义对两约的割裂。参 J. N. B. Carleton Paget, "The Christian Exegesis of the Old Testament in the Alexandrian Tradition", pp. 518 – 519. 他依据保罗的"律法是属乎灵的"（罗 7∶14），指出圣经是借着上帝的灵而著述的，圣灵的恩典已在智慧与知识的话语中给出。参 Henning Graf Reventlow, *History of Biblical Interpretation*, vol. 1, p. 179.

③ 《驳塞尔修斯》就是这样的护教作品之一。塞尔修斯是基督教与犹太教的反对者，是倡导哲学理性的保守者，著有《真教义》。参奥利金《驳塞尔修斯》，石敏敏译，生活·读书·新知三联书店，2013。

了奥利金的巨大影响力。① 但是，在 4 世纪末，由于认为他声称"魔鬼也得救"等有违使徒的教导，因此，与之相关的思想被斥为异端，引发了奥利金之争（Origenistic controversy）。② 即便如此，正是奥利金将希伯来传统成功融入希腊世界，其神学成为尼西亚会议的主要源流，其释经方法启发了奥古斯丁。

第三节　奥古斯丁：融汇基督教与希腊哲学

奥古斯丁（Augustine，354 – 430），与哲罗姆（Jerome）同为 4 世纪末 5 世纪初伟大的圣经学者，也是最为重要的基督教神学家。奥古斯丁将古代文化中不同的思想潮流同基督教传统相结合，尤其是融合希腊哲学，使基督教成为一个威严的综合体，为西方基督教神学的发展奠定了坚实的基础，并深刻地影响了西方哲学。学界对奥古斯丁的研究，主要聚焦于他的神学、哲学、政治学与社会学思想，其实，他也是一位伟大的圣经诠释学家。③ 诚如德国圣经学者雷文特洛（Henning G. Reventlow）所言："奥古斯丁是第一个发展出系统的圣经诠释理论的西方神学家。"④ 354 年，奥古斯丁出生在北非的塔加斯特（Tagaste）。他受到良好的古典

---

① J. N. B. Carleton Paget，"The Christian Exegesis of the Old Testament in the Alexandrian Tradition"，pp. 534 – 542. 奥利金的寓意解经传统深刻影响了西部教会对圣经的诠释。寓意解经被认为是将圣经文本创造性地应用于新处境的可行方法，如此，圣经叙述能够在一个全新的基督教会环境里获得特殊的意义。普瓦捷的希拉里（Hilary of Poitiers，约300 – 368）与米兰的安布罗斯（Ambrose of Milan，约340 – 397）都是奥利金寓意解经的承继者。参 Christoph Jacob，"The Reception of the Origenist Tradition in Latin Exegesis"，in Magne Sæbø ed.，*Hebrew Bible/Old Testament*，*The History of Its Interpretation*，vol. Ⅰ/1：Antiquity（Göttingen：Vandenhoeck & Ruprecht，1996），pp. 682 – 700。
② 在对《约翰福音》的评注里，奥利金集中论述了撒旦。他认为魔鬼是上帝创造的存在物，但是，一切理性存在物都会复归于上帝，如此，魔鬼也包括进来了。参俄里根《属灵的寓意：〈约翰福音〉注疏》下，柳博赟译，华夏出版社，2010，第239 – 289 页。
③ 近 20 年来，其圣经诠释思想受到学者的关注。较为集中的研究，参 Frederick van Fleteren，Joseph C. Schnaubelt eds.，*Augustine*：*Biblical Exegete*（New York：Peter Lang，2001）。另参 Pamela Bright ed.，*Augustine and the Bible*（Bible through the Ages；Notre Dame：University of Notre Dame Press，1999）。
④ Henning Graf Reventlow，*History of Biblical Interpretation*，vol. 2：*From Late Antiquity to the End of the Middle Ages*，trans. by James O. Duke（Atlanta：SBL，2009），p. 76.

教育。18 岁时，他读了古罗马哲学家西塞罗（Cicero，前 106 - 前 43）的《荷尔顿西乌斯》（*Hortensius*），该著作劝导人们阅读哲学，这激发了他对智慧的寻索。在此影响下，他获得了关于古代哲学与人文学的诸多知识。① 385 年末，他在米兰成为一名古典修辞学教授，并热衷于摩尼教（Manichaeism）善恶二元论的教导，成为一名"超凡脱俗"的年轻人。② 在米兰期间，由于受到主教安布罗斯（Ambrose）布道的影响，③ 以及普罗提诺（Plotinus）结合柏拉图之宇宙论与亚里士多德之形质论的新柏拉图主义的启发，他遂逐渐转向大公基督教，改变了对《旧约》的态度，从而疏离了摩尼教。④ 在从异教徒到圣徒的转变过程中，圣经起到了重要的作用。奥古斯丁在其《忏悔录》中记录了这一刻：386 年的夏天，他在家中的花园里听到一个声音："拿着，读吧！"于是，他打开使徒的书信集，正是保罗的一句话警醒了他，使他远离荒淫和虚妄，接受恬静的光照，投身于修道生活。⑤ 接着，387 年的复活节之夜，安布罗斯在米兰为奥古斯丁施行了洗礼。之后，他回到他的家乡塔加斯特。395 年，他被任命为希波的主教，成为非洲教会的精神领袖。在此后的 35 年间，奥古斯丁笔耕不辍，有大量论及圣经的著作、书信与讲道辞问世。除了众所熟知的《忏悔录》（*Confessiones*）、《上帝之城》（*De Civitate Dei*）与《论三位一体》（*De Trinitate*）之外，还有有关释经原则的《论基督教教义》

---

① 奥古斯丁：《忏悔录》3：4，周士良译，商务印书馆，2009，第 41 页。

② 广而言之，摩尼教是诺斯替主义最重要的一支，二者有很深的联系。彼得·布朗（Peter Brown）：《希波的奥古斯丁》，钱金飞、沈小龙译，中国社会科学出版社，2013，第 6 - 10、41 - 48、107 页。

③ 安布罗斯是"圣奥古斯丁的灵性导师"。他的寓意解经改变了奥古斯丁对《旧约》律法与先知书的看法。参陈越骅《中译本导言》，载安布罗斯《论责任》，陈越骅译，香港汉语基督教文化所，2015，第 xiii 页。在圣经阐释方面，安布罗斯"那种柏拉图式的基督教神学瓦解了奥古斯丁得自摩尼教与斯多亚派的唯物论的上帝观，激发他探究释经法的堂奥，使他明白了亚历山大的斐洛的寓意释经法同奥利金等希腊基督教神学家的字面释经法的区别"。参杰拉德·奥·戴利（Gerard O'Daly）《奥古斯丁》，载大卫·福莱（David Furley）主编《从亚里士多德到奥古斯丁》，冯俊等译，中国人民大学出版社，2004，第 459 页。

④ 陈越骅：《跨文化视野中的奥古斯丁——拉丁教父的新柏拉图主义源流》第二章，浙江大学出版社，2014。

⑤ 这节经文是《罗马书》13：13 - 14："不可荒宴醉酒，不可好色淫荡，不可争竞嫉妒。总要披戴主耶稣基督，不要为肉体安排，去放纵私欲。"参奥古斯丁《忏悔录》8：12，第 168 页。

（De Doctrina Christiana）、《〈创世记〉字解》（De Genesi ad litteram）、《〈约伯记〉评注》（Adnotationes in Iob）以及《对〈诗篇〉的讲解》（Enarrationes in Psalmos）等，不仅批驳异教徒，建构基督教信仰，更重要的是，涉及诸多对圣经的解释与评注。奥古斯丁的圣经评注，主要以布道辞的形式出现，其目的在于启发信仰。这些圣经评注，重点涉及《创世记》《诗篇》与《约翰福音》等。

一　论圣经及解经原则

410 年，罗马城被蛮族哥特人攻陷，遭受了掳掠和重创，以希腊罗马为一体的古典文明从此走向衰落。为了回应异教徒的指控，奥古斯丁在晚年著述了《上帝之城》。该著的开篇，回应了《诗篇》69：9 之"上帝的殿"，也回应了《诗篇》87：3 中的"上帝之城"。该著作是奥古斯丁最为集中论述《旧约》的著作之一。在《上帝之城》中，奥古斯丁不仅建构了宏大的世界历史，影响了西方的历史哲学，而且，他讨论了圣经文本与译本的问题。对于奥古斯丁而言，七十士译本是教会采纳的唯一版本，它显示出巨大的神圣启示，其权威高于《希伯来圣经》及所有译本，而且在拉丁译本中，他认可参照希腊译本的旧译本的优先性，而非哲罗姆（Jerome）的武加大译本。[①] 奥古斯丁对七十士译本的应用倾向于护教与教义的问题。在被誉为"西方文化经典"[②] 的四卷本《论基督教教义》中，奥古斯丁将圣经视为见证基督教信仰的关键要素，并专门论

---

① 奥古斯丁：《上帝之城：驳异教徒》下，第 102 - 103 页。尽管在他晚年的著作里，他较多关注哲罗姆的《旧约》译本，但是他倾向于接受哲罗姆以七十士译本为基础的翻译，而非以希伯来原文翻译的部分。参 David F. Wright, "Augustine: His Exegesis and Hermeneutics", in Magne Sæbø ed., Hebrew Bible/Old Testament, The History of Its Interpretation, vol. Ⅰ/1: Antiquity（Göttingen: Vandenhoeck & Ruprecht, 1996）, p. 721. 事实上，"七十士译本"这一术语的正式用法，源于奥古斯丁。参 Albert C. Sundberg Jr., "The Septuagint: The Bible of Hellenistic Judaism", in Lee M. McDonald and James A. Sanders eds., The Canon Debate（Peabody: Hendrickson, 2002）, p. 72。

② Duane W. H. Arnold and Pamela Bright eds., De Doctrina Christiana: A Classic of Western Culture（Notre Dome: University of Notre Dame Press, 1995）. （中译本：奥古斯丁：《论基督教教义》，载奥古斯丁《论灵魂及其起源》，石敏敏译，中国社会科学出版社，2017，第 1 - 175 页。）对《论基督教教义》及其释经规则的研究，参王晓朝《奥古斯丁对基督教释经学的重要贡献》，载《圣经文学研究》2009 年第 3 辑，第 45 - 63 页。

述了圣经及其释经原则。① 他对圣经的论述具有明显的新柏拉图主义的印记。为了理解圣经的教导，他将知识分为实体（reality 或 thing）与记号（sign）两部分。第一卷书的主题重点从实体的视角论述圣经。奥古斯丁以三位一体的格式（Trinitarian formula）开篇，指出圣经不仅是救赎的手段，也是关于爱的伦理教科书，以及信仰之教义的教科书。② 如此，圣经是基督教神学家需要认识和宣扬一切的一部教科书，其中，上帝是超越一切可见与可感知的最高的善，是生命，也是智慧本身以及终极目标，是超验的，也是永恒的。③ 因此，"如同信仰的告白，圣经是教会的传承，它的实际应用显然是必需的"④。但是，如何看待圣经是一部承载上帝启示的历史文献？

在第二卷书里，奥古斯丁发展了他有关记号的学说。"话语就是记号，而圣经中书写的话语是记号中的记号。"⑤ 他主张去捕捉记号背后的"实体"，指出圣灵（Holy Spirit）是圣经的真正作者，圣经也体现了上帝的意愿。⑥ 他认为："圣经结出双重之爱的果子，即爱上帝与爱邻如己。"⑦ 基督徒与圣经的读者要达至智慧，实现灵魂的提升，需遵循七个步骤，也是圣灵的七重活动：敬畏上帝、赞同圣经、爱邻如己、渴望称义、心生怜悯、爱仇敌并净化身心、拥有智慧。⑧ 在此，奥古斯丁将基督教悔罪的主题和圣经的作用插入柏拉图的模式中。他认为圣经是由各种记号构成，并将圣经记号主要分为两种，即字义记号（literal sign）与比喻记号（figurative sign）。与奥利金类似，奥古斯丁认为经文的字义背后另有所指，他重视经

---

① 该著作主要论及圣经的教导，而非严格意义上系统的基督教教义。于奥古斯丁而言，这里的"教义"意指"文化"，或"学问"。参 R. P. H. Green, "Introduction", in Augustine, *De Doctrina Christiana*, ed. and trans. by R. P. H. Green（Oxford：Clarendon Press, 2004），p. ix。

② Augustine, *De Doctrina Christiana*, pp. 13 – 55.

③ Henning Graf Reventlow, *History of Biblical Interpretation*, vol. 2, pp. 80 – 82.

④ Ibid., p. 82.

⑤ Ibid., p. 94. 王晓朝指出："奥古斯丁的记号理论不仅为基督教的释经活动奠定了理论基础，而且对后世西方的符号学研究产生着持续久远的影响。"参王晓朝《奥古斯丁对基督教释经学的重要贡献》，第 57 页。

⑥ Augustine, *De Doctrina Christiana*, pp. 61 – 63. 奥利金也认为圣灵是圣经最终的作者，圣经是由圣灵而来，这是整个初期教会的普遍观点。俄里根（Origen）：《属灵的寓意：〈约翰福音〉注疏》英译本导言，第 13 页。奥古斯丁认为圣灵撰述的圣经，具有无与伦比的权威。参奥古斯丁《上帝之城：驳异教徒》中，第 80 页。

⑦ Augustine, *De Doctrina Christiana*, p. 61.

⑧ Ibid., pp. 63 – 67.

文的属灵意义，强调其中的隐匿意义，即肉眼不可见的神圣真理，但是，他称他的解经方法为比喻解经（figurative exegesis），而非寓意解经。他对《雅歌》4：2 做出寓意解释，呈现了教会、爱的两大诫命与圣果之间的关系。① 他讨论了圣经的正典问题，认为《旧约》正典是以七十士译本为基础的，包括当中的次经，指出"44 卷书构成了权威的《旧约》"，同时，他也说明了权威的《新约》由哪些书卷组成。② 他提出体现正典性（canonici-ty）的标准，在于文本是否被大多数大公教会所接受，尤其是那些强调使徒起源的大公教会。③ 在对待圣经原文的态度上，他与哲罗姆迥然相异。对奥古斯丁而言，七十士译本的至高权威，在于它是在圣灵的引导下完成的，具有高度的一致性。④ 他相信七十士译本中的启示要胜过哲罗姆一人依据希伯来文真本（Hebraica veritas）翻译的拉丁武加大译本。虽然奥古斯丁不赞成以武加大译本替代七十士译本，但是他指出不同的圣经语言与译本造成经文的含混性，致使读者感到困扰，因此为了更好地认识拉丁译本，他主张学习希伯来文与希腊文。⑤

《论基督教教义》的第三卷主要讨论了圣经中的比喻记号，以及何为比喻解经。奥古斯丁认为若从字义理解经文常常会有含混不清之处，因此，需要遵循信仰法则（regula fidei），对经文进行灵义的诠释。但是，他指出要避免对圣经进行完全的寓意解经，一些道德训诫依然要遵循字

---

① Augustine, *De Doctrina Christiana*, p. 63.

② 这 44 卷书依次为：《摩西五经》《约书亚记》《士师记》《路得记》、4 卷的《列王纪》、2 卷的《历代志》《约伯记》《多比传》《以斯帖记》《尤迪书》、2 卷的《马加比传》、2 卷的《以斯拉记》、大卫的《诗篇》、所罗门的 3 卷书（《箴言》《雅歌》与《传道书》）、《所罗门智训》《便西拉智训》、12 卷小先知书（《何西阿书》《约珥书》《阿摩司书》《俄巴底亚书》《约拿书》《弥迦书》《那鸿书》《哈巴谷书》《西番雅书》《哈该书》《撒迦利亚书》《玛拉基书》），以及 4 卷大先知书（《以赛亚书》《耶利米书》《但以理书》《以西结书》）。奥古斯丁也指明了权威的《新约》正典书卷，包括四福音书（《马太福音》《马可福音》《路加福音》《约翰福音》）、保罗的 14 封书信（《罗马书》、2 封《哥林多书》《加拉太书》《以弗所书》《腓立比书》、2 封《帖撒罗尼迦书》《歌罗西书》、2 封《提摩太书》《提多书》《腓利门书》《希伯来书》）、2 卷《彼得书》、3 卷《约翰书》《犹大书》《雅各书》、单卷的《使徒行传》《约翰启示录》。Ibid., pp. 69 – 71. 在《新约》正典化的过程中，奥古斯丁的论述具有重要作用。

③ David F. Wright, "Augustine: His Exegesis and Hermeneutics", pp. 718 – 719. 另参 Henning Graf Reventlow, *History of Biblical Interpretation*, vol. 2, p. 87。

④ Augustine, *De Doctrina Christiana*, pp. 81 – 83.

⑤ Ibid., pp. 73 – 89.

义。① 奥古斯丁坚持整部圣经内在和谐的原理，能够克服各种字义上的冲突与不连贯。为了呈现圣经文本的隐匿意义，奥古斯丁推崇提科纽（Tyconius）的七项解经原则。② 其中，第一项规则是"关于上帝及其肢体"，基督是头，教会是肢体。该项规则对应于第七项"论魔鬼与他的体"。第二项是"关于上帝的二分体"，意指教会的混合特征，而第四项论及"种和属"，比如，圣经提到一个城或一个民族，就可以将之应用于整个人类。这四项规则涉及部分与整体的关系。第三项是"论应许和律法"，是指教义的内容。第五项规则是"论时间的测量"，是要处理年月日的计数。第六项规则是重述要点，就是重述早前的事件。奥古斯丁认为这些规则可以洞察圣经中隐晦的部分，有助于人们对圣经的理解。③ 但是，奥古斯丁认为这七项规则并非释经原则的全部，而且有的经文也不适于这些规则。关于对这七项规则在圣经诠释中的运用，奥古斯丁逐一进行了评说。④ 奥古斯丁对圣经的理解，是为其布道和宣讲做准备，这是他作为主教与神学家的核心旨趣。因此，他在最后一卷中重点论述了宣道的理论，提出宣道者如何运用修辞学引述圣经为信仰辩护。在奥古斯丁的圣经评注与布道辞中，比喻解经处于主导地位，而圣经文本是他进行护教的根本依据。

二 对《创世记》1 – 3 章的解读

为了逐步确立基督教神学体系，早期教父都致力于阐释《新约》《旧约》之间的连续性，而对《创世记》之创造叙述的解读与诠释无疑成为呈现这一连续性的关键。关于《新约》《旧约》之间的关系，奥古斯丁认

---

① Henning Graf Reventlow, *History of Biblical Interpretation*, vol. 2, pp. 89 – 90.
② 提科纽是非洲的多纳图派信徒（Donatist），他的拉丁诠释学专著《规则之书》（*Liber regularum*）论及开启圣典之秘密的七项规则。他用这七项规则评注了《约翰启示录》。参 David F. Wright, "Augustine: His Exegesis and Hermeneutics", p. 722。在末世论、教义学、救赎论与诠释学上，奥古斯丁都受到提科纽的影响。关于提科纽的这七项原则及其具体解释，参 Tyconius, "The Book of Rules", in Karen Jo Torjesen, *Hermeneutical Procedure and Theological Method in Origen's Exegesis* (Philadelphia: Fortress Press, 1984), pp. 104 – 132。
③ Augustine, *De Doctrina Christiana*, p. 173.
④ Ibid., pp. 177 – 194.

为二者是统一的。《旧约》预示了《新约》，而《新约》是《旧约》的启示。①《旧约》充满了《新约》的象征、神秘、圣礼、符号与影子。奥古斯丁用丰富的词汇描述了《旧约》作为伏笔铺垫的特征。因此，他称整部圣经为"圣礼的书卷"或"神秘的圣典"。奥古斯丁通常从两个层面理解《创世记》。一方面是字义、历史与肉体的层次，另一方面是寓意、属灵、预言与神秘的层次。如此，在解经方法上，奥古斯丁并不拘泥于单一的寓意解经或字义解经。因为在他看来，两种释经方法并不相互排斥，同一经文在记载历史事实的同时，也呈现了某种象征信息。② 因此，他通常结合了二者。关于创造论，"作为教父哲学的集大成者，奥古斯丁对创世的诠释不仅是他自己的思想体系的哲学基础，而且也是基督教思想体系的基础"③。显然，他对创造叙述的阐释，完全基于以基督为中心以及以教会为中心的神学。这渗透和贯穿在他具体的释经作品中。

基督教关于"无中生有"（creatio ex nihilo）的创造论可追溯至古希腊的哲学讨论。在《蒂迈欧篇》（Timaeus）中，柏拉图探讨了世界的开端，认为世界是被创造的，有个开端。④ 但是亚里士多德则认为世界不是生成的，而是永存的。⑤ 早期教父在谈论创造论时，会追溯以上的讨论而建构基督教的世界观。青年时代的奥古斯丁在迦太基读过亚里士多德的《范畴篇》（Categories），也读过西塞罗的著作，包括西塞罗翻译的柏拉图的《蒂迈欧篇》。⑥ 奥古斯丁早期对《旧约》的讨论主要集中于《创世记》前三章。在从米兰回到北非塔加斯特之后，在 388 – 389 年间，奥古

---

① 奥古斯丁：《上帝之城：驳异教徒》中，第 308 页。针对摩尼的使徒阿迪曼陀（Adimantus）认为律法与先知同《新约》是冲突的，奥古斯丁列出 28 项分歧之处并进行批驳，反复强调两约是统一的。参 David F. Wright，"Augustine：His Exegesis and Hermeneutics"，p. 714。

② 奥古斯丁：《上帝之城：驳异教徒》15. 27、16. 37、17. 3 查证。

③ 吴飞：《无中生有与精神质料——奥古斯丁〈创世记〉诠释的两个问题》，载《道风：基督教文化评论》2016 年第 45 期，第 171 页。

④ 柏拉图：《蒂迈欧篇》，谢文郁译，上海人民出版社，2005，第 20 页。但是，柏拉图这里所谓的创造，是神为无形的质料赋形，使无序的质料世界变得有序，而不是从绝对虚无中造出一切。参吴飞《无中生有与精神质料——奥古斯丁〈创世记〉诠释的两个问题》，第 136 页。

⑤ 亚里士多德：《论天》，徐开来译，载苗力田主编《亚里士多德全集》卷二，中国人民大学出版社，2006，第 301 页。

⑥ 杰拉德·奥·戴利：《奥古斯丁》，第 458 页。

斯丁著述了第一部释经作品——《驳摩尼教论〈创世记〉》（*De Genesi contra Manichaeos*）。这一两卷本的著作有力驳斥了摩尼教对旧律法的辩护。奥古斯丁后来解释称他遵循了寓意，而没有阐释字义。① 在第一卷书里，他批驳了摩尼教对《创世记》一章的抨击，从属灵和预言的意义上阐释了上帝在第七日安息，认为创造的七日类似于世界由创造到圆满的七个时代，是根据灵性进步的七个阶段的一种"预言的"属灵化。在第二卷里，奥古斯丁更加诉诸寓意解经，他将伊甸园的植物比喻为灵魂，伊甸园象征幸福，四条河流代表四种美德，诸如此类。② 393 年左右，他在希波著述了《未完成的〈创世记〉字解》（*De Genesi ad litteram imperfectus liber*），只论述到《创世记》1：26。对《创世记》一章进行历史的字义阐释，是一项极为费力艰难的重负，以致奥古斯丁弃之未出。大约在 427 年，在其编定《再思录》（*Retractationes*）时，奥古斯丁使之重见天日。其中，他呈现了诠释《旧约》的四种方式：历史的（*historia*）、寓意的（*allegoria*）、推源的（*aetiologia*）与类比的（*analogia*）。③

在《忏悔录》第 11 至 13 卷中，奥古斯丁再次阐释了《创世记》，尤其是六日创造（创 1：1-2：3）。④ 在此，他进一步发挥了寓意解经，将经文应用于信仰群体，并承袭新柏拉图主义的三个本体说，论证三位一体。⑤ 奥古斯丁重点论及《创世记》的开篇第一句"上帝以太初造天地"⑥。按照奥

---

① David F. Wright, "Augustine: His Exegesis and Hermeneutics", p. 704.

② Ibid., p. 705.

③ David F. Wright, "Augustine: His Exegesis and Hermeneutics", p. 705. 这四种方式分别对应于强调句法的字义，表达对《旧约》预表理解的寓意，注重道德的比喻义以及灵义解经的神秘义。参 Karen Jo Torjesen, *Hermeneutical Procedure and Theological Method in Origen's Exegesis*, pp. 28-29。

④ 奥古斯丁极为关注第一个创造叙述，试图将之同世界历史联系起来。因为，"在早期教父中，如何理解创世六日说既是一个基本的圣经诠释学问题，也是一个关键的神学哲学问题"。参吴飞《心灵秩序与世界历史：奥古斯丁对西方古典文明的终结》，生活·读书·新知三联书店，2013，第 67 页。

⑤ 在《论三位一体》中，奥古斯丁对三位一体之教义的阐发与论说，赖于大量的圣经引述，尤其是前四卷，他以圣经的权威而建构信仰。参奥古斯丁《论三位一体》，周伟驰译，商务印书馆，2015，第 1-159 页。

⑥ 中文和合本译为"起初上帝创造天地"。奥古斯丁引用《约翰福音》8：25，说明基督本身就是太初，是圣言，《创世记》的开篇与《约翰福音》的开篇是呼应的。参吴飞《奥古斯丁论创世中的圣言》，载《社会科学战线》2011 年第 4 期，第 36-37 页。周士良将"太初"译为"元始"。参奥古斯丁《忏悔录》11：3，第 249 页。

古斯丁的理解，"太初"（*principio*）就是道（圣言），上帝在"太初"之中，在他的"道"之中，也在他的圣子之中，以及德能、智慧和真理之中，创造万有。① 道（圣言）赋予万物形状，是永恒真理，是理智世界的"智慧与知识的光明"②。如此，太初不仅指时间的开端，而且，也体现了三位一体中第一位格与第二位格之间的关系。此外，这里的"天地"是什么呢？根据奥古斯丁的阐释，"天地"是整个宇宙的基本质料（*materia*），分别指精神质料与物质质料，都有待于上帝的赋形。③ 但是质料要依赖于形式而存在，因此这两种质料都有形式。"奥古斯丁仍然保留了亚里士多德那里质料作为潜能的意义。"④ 同时，由于受到普罗提诺的影响，奥古斯丁认为精神质料是永恒不变的，随着上帝对光的创造，精神质料被赋形，天使也被造出。为了说明万物皆为上帝所造，而且，是在瞬间"无中生有"，如此，"奥古斯丁采纳并改造逻各斯（*logoi*，*rationes causales*，*seminales*）种子说。逻各斯是活的有机体的非物质动因，即潜能，这种潜能体现在物质性的种子里，从物质性种子中发育出动物或植物，具备所有的特性差异。逻各斯（*rationes*）与天体、虚空、水土等元素一起，是在创世之初由上帝创造出来的"⑤。由此可见，在创造论上，奥古斯丁吸纳了希腊哲学，同时对之进行改造，使之整合成为基督教创世论的一部分。

同时，奥古斯丁也非常重视字义解经。成书于 415 年的 12 卷本《〈创世记〉字解》对《创世记》前三章进行了字义解释，证明上帝创造工作的真实性，以及上帝和创造的世界之关系。于奥古斯丁而言，上帝既是创造者，也是救赎者。为了论证上帝的创造具有三位一

① 奥古斯丁：《忏悔录》11：9，第 254 页。杰拉德·奥·戴利认为："奥古斯丁按照中期柏拉图主义的习惯，认为永恒的型相（理性 *rationes*，理念 *ideae*）存在于神的心智中，三位一体的第二位格经常被称为是神智或真理，因此上帝就是真理。"参杰拉德·奥·戴利《奥古斯丁》，第 492 页。在此，奥古斯丁强调"太初"是"共在的永恒的道"，突出永恒与时间的本质。参 Thomas Williams, "Biblical Interpretation", in Eleonore Stump and Norman Kretzmann eds., *The Cambridge Companion to Augustine* (Cambridge: Cambridge University Press, 2001), p. 61。

② 奥古斯丁：《忏悔录》13：20，第 327 页。如此，我们看到"奥古斯丁将《荷尔顿西乌斯》中的'智慧'（wisdom）和新柏拉图著作中的'理智'（intellect）同《约翰福音》开篇的'道'（word，言）熔于一炉"。参杰拉德·奥·戴利《奥古斯丁》，第 461 页。

③ 奥古斯丁：《忏悔录》13：2，第 308 页。

④ 吴飞：《无中生有与精神质料——奥古斯丁〈创世记〉诠释的两个问题》，第 150 页。

⑤ 杰拉德·奥·戴利：《奥古斯丁》，第 494 页。

体的性质，他将上帝的创造工作纳入上帝之道与圣灵的至善中进行理解。他并不将字义解经视为是寓意解经的反面，认为二者在呈现经文的意义上是互为补充的。因为在他看来，人们需要借助于不同的诠释手段，方能理解圣经文本中蕴含的上帝意愿及其完整意义。① 比如关于"光"和"昼夜"先于"光体"的叙述（创1：3－5，1：14－15），他并没有简单地摈弃对光进行"物质的"解释，不过，他指出更好的解释应考虑到一个事实，那就是这些术语并不是真的在叙述创造有形的可见光的历史过程。因此，他认为这里的"光"，显示了天使对创造的识。② 在《创世记》首三章，他看到了两种不同的创造叙述。第二个创造叙述始于第二章第四节，这是对第二个创造叙述的引介。③ 他认为第一个创造叙述基于形而上学的视角，而第二个创造叙述可以理解为是对创造的历史解释，因为它是在人的可感知的历史中展现的。可见，奥古斯丁是将两种创造叙述视为一个整体而进行理解的。囿于时代的局限，奥古斯丁不谙希伯来文，缺乏对经文的历史评鉴，因此他不能进入《创世记》文本的内部，从语言风格、叙述体裁和历史语境上分析二者的区别。这种语言上的局限，也影响到他对原罪的阐释。他将《罗马书》5：12视为原罪的依据之一。他参照旧拉丁译本（Old Latin version），将之引述为"在他（in quo，这里指亚当一人）里面，众人都犯了罪"，而希腊原文是"因为（quatenus）众人都犯了罪"，强调个人运用意志的罪责。④ 奥古斯丁的解读，对基督教原罪论的形成与发展影响深远。

---

① Frederick van Fleteren, "Principles of Augustine's Hermeneutic: An Overview", in F. van Fleteren and J. C. Schnaubelt eds., *Augustine: Biblical Exegete*, p. 8.

② Augustine, *The Literal Meaning of Genesis*, vol. 1, translated and annotated by John H. Taylor (New York: Newman Press, 1982), pp. 19 –45.

③ 在第五卷书里，奥古斯丁具体论述了这两个叙述。Augustine, *The Literal Meaning of Genesis*, vol. 1, pp. 146 –176.

④ Bruce M. Metzger, *The Early Versions of the New Testament: Their Origin, Transmission and Limitation* (Oxford: Clarendon Press, 2001), pp. 290 –293. 奥古斯丁对保罗书信的引述，出自旧拉丁译本。参 H. A. G. Houghton, *The Latin New Testament: A Guide to Its Early History, Texts, and Manuscripts* (Oxford: Oxford University Press, 2016), p. 39。关于这一误译，参周伟驰《奥古斯丁的基督教思想》，中国社会科学出版社，2009，第 209 页。另参李锦纶的"导言"，载奥古斯丁《驳朱利安》，石敏敏译，中国社会科学出版社，2017，第 8 页。

奥古斯丁认为字义解经是要理解经文作者所叙述的历史事件，如同它们实有发生。他指出创造叙述中某些涉及自然的人类经验的经文，要从字义上理解。比如，《创世记》2：8对伊甸园的描述就不能像《雅歌》那样进行比喻的理解，而要像论述《列王纪》那样进行历史的理解。而有些经文以字义去理解将是荒谬的，或者有损信仰的类比。在这样的情形里，寓意解经显然是上选。① 对于《创世记》的第一句，奥古斯丁指出若不遵从寓意解经，将会引发无尽的困扰。可见，奥古斯丁的解经策略并不是固定不变的，它们完全依经文而定。因此，奥古斯丁意识到基督徒对《创世记》的诠释可以具有多元性。但另一方面，他看到对《创世记》第二章的"字解"，可能会与《创世记》第一章的寓意解经在护教上形成冲突。② 比如，《创世记》1：1与1：8中有关"天"的论述及其关系，以及字面上的"昼"和"夜"这样的时间如何存在等问题。因此，他抵制对经文随意进行寓意与字义阐释的诱惑。在《〈创世记〉字解》里，奥古斯丁强调上帝造天地是以太初（圣子）所造，圣子是被造物的源泉。他指出圣言赋形，是圣父圣言共同创造了一切。圣言不仅是世界历史的起点与终点，也是人类的拯救者。③

《上帝之城》第11卷再次聚焦于创造叙述。在此，奥古斯丁强调"世界的创造不是没有开端的"。他指出："世界是所有可见之物中最大的，上帝是所有不可见之物中最大的。我们看见世界存在，相信上帝存

---

① 对伊甸园的理解，奥古斯丁有时倾向于精神的，而有时又侧重于物质的方面，但就《创世记》2：8而言，伊甸园就是地上的一个地方，人在那里居住生存。至于其中的生命树（创2：9），奥古斯丁认为那是精神实体的一种神圣与神秘的事物，是"基督的智慧"。参 Augustine, *The Literal Meaning of Genesis*, vol. 2, translated and annotated by John H. Taylor (New York: Newman Press, 1982), pp. 33 – 34。奥古斯丁强调阅读圣经文本的重要性，对他而言，圣经的字义解释是最可能接近圣经底本意义的方法。参陈驯《创造与恩典：奥古斯丁〈创世记字义解释〉中的神学人类学》，宗教文化出版社，2012，第9页。

② 奥古斯丁尝试以字义解释去理解《创世记》，但他在《〈创世记〉字解》8.1 – 8.2中，并不满意自己的解释。因此，他同时诉诸寓意解经，延续并发展了奥利金与安布罗斯的寓意解经法，反击摩尼教极端的字义解经引发的挑战。参陈驯《创造与恩典：奥古斯丁〈创世记字义解释〉中的神学人类学》，第2 – 3页。

③ 奥古斯丁：《〈创世记〉字解》1：4、5、17，转引自吴飞《奥古斯丁论创世中的圣言》，第37 – 41页。圣父与圣子就是"一"，具有平等的本性，具有同一个"起初"（创1：1），第2节明确了圣灵的工作。《约翰福音》的"起初"就是"道"，圣父、圣子与圣灵就是那"起初"。参陈驯《创造与恩典：奥古斯丁〈创世记字义解释〉中的神学人类学》，第28页。

在。上帝制造了世界，没有谁比上帝更让我们相信这一点。"① 在他的朝
觐之旅中，他关注创造论的同时，论及《旧约》对基督的预示（第
18 卷）以及《旧约》的救赎史（第 15 – 17 卷）。它们作为上帝之城
的发展内容，统一在奥古斯丁的基督教神哲学体系中。除了《创世
记》，《旧约》中最为吸引奥古斯丁的书卷是《诗篇》，尤其是《诗
篇》4 与 80 中对上帝之怜悯的描述，深刻地触动了他的虔敬之心。
他的《诗篇》释义是"一种基督论的祈祷"②。《诗篇》中对耶路撒冷
与巴比伦之起源与命运的描述，为他论述两个城奠定了基础。在他弥留
之际，他病房的墙上张贴的是《诗篇》中的经句，用于每日的沉思冥
想。③ 他倾注三十年的心血，完成 32 篇《对〈诗篇〉的讲解》。贯穿该
著的诠释线索，是基督的身体与基督的头二者的联合统一，也是基督与
他信众之间的联合统一。④ 捍卫基督论（Christology）始终是他释经著
述中的核心主题。在他的晚年，他著述了多部批驳佩拉纠（anti - Pe-
lagian）的作品。其中，《诗篇》和《罗马书》是他抨击佩拉纠的有
力武器。⑤ 此外，使徒保罗的书信与福音书，也是奥古斯丁爱不释手的圣
经书卷。

在《上帝之城》中，他依据圣经而建构了三段式的世界历史的框架：
依照《创世记》论及两座城的开端，以《旧约》历史和基督事件为线索
论述两座城的展开，最后参照《但以理书》与《启示录》等，将世界末
日作为两座城的结局。奥古斯丁是基督教信仰的重要护教士，他忠实于
圣经权威，同时也忠诚于正统的大公教会信仰，批驳异端，批驳一切非
基督教的诘难。他不仅敬仰圣经的神圣权威，而且坚持将圣经作为基督
教教义学的根基和依据，因为圣经是基督教信仰独一无二的圣典。在他
对圣经的引述中，可以看到他对神学目的与护教目的的并重。他认为神

① 奥古斯丁：《上帝之城：驳异教徒》中，第 80 页。
② 邓绍光：《中译本导言》，载奥古斯丁《论灵魂及其起源》，石敏敏译，中国社会科学出
版社，2017，第 22 页。
③ David F. Wright, "Augustine: His Exegesis and Hermeneutics", p. 703.
④ Ibid., pp. 712 – 714. 奥古斯丁论《诗篇》的研究，参 Vernon J. Bourke, "Augustine on
the Psalms", in Frederick van Fleteren, Joseph C. Schnaubelt eds., Augustine: Biblical Exe-
gete, pp. 55 – 70。
⑤ 奥古斯丁：《论原罪与恩典：驳佩拉纠派》，周伟驰译，商务印书馆，2012，第 324 –
326 页。

学的错误和异端的产生，都源于对圣经不正确的解释。因此他通过引述和阐释圣经，以及驳斥异端而建构大公基督教的教义与神学传统，诸如创造论、三位一体、原罪、恩典、救赎论与末世论等。在这一过程中，新柏拉图主义是奥古斯丁的重要思想源流之一，当然，他也吸纳了摩尼教与多纳图派等教派的思潮。通过这样的兼容并蓄与综合，一方面，奥古斯丁为基督教思想的体系化奠定了坚实的基础；另一方面，他也见证了早期圣经文本之权威的发展历程。此外，他对《新约》《旧约》之关系的态度，以及对《新约》书卷之权威的界定，促使了《新约》在 4 世纪末的正典化进程，规范了基督徒群体的信仰，从而确立了以三位一体为中心的圣经经验。奥古斯丁的基督教神哲学，像一束灿烂的阳光，照进整个中世纪的思想历程。而且，他对《创世记》与《诗篇》的注疏，以及他的释经方法，影响了后世的圣经诠释，比如中世纪安瑟伦（Anselm of Laon）编著的《标准注释书》（*Glossa Ordinaria*），以及 16 世纪马丁·路德的《诗篇》讲章，都直接受益于奥古斯丁。[①] 由此可见，奥古斯丁对圣经诠释史具有深刻的影响。

第四节　结语

2 世纪下半叶，使徒教会与异端围绕"圣经"的应用与诠释产生了各种争论，它见证了早期圣经文本之权威的发展历程。初期教会对有关耶稣与使徒传统的文献资料，进行搜集整理、界定与编修。早期基督教教父的著述，包括书信、讲章与布道辞等，大都涉及圣经引述与评注。早期教父遵循使徒传统和护教立场。如何批驳犹太人、诺斯替派、马西昂派与摩尼教等异端对基督教信仰的指责，塑造了早期教父对圣经的诠释，尤其是对《旧约》的态度。因此，"在整个早期教会的时期里，基督徒对《旧约》圣经的解释一般都以寓意式为主（例如《巴拿巴书信》），因为唯有以寓意解

① David F. Wright, "Augustine: His Exegesis and Hermeneutics", pp. 727 – 730. 关于奥古斯丁对人文主义与宗教改革的影响，参 Arnoud S. Q. Visser, *Reading Augustine in the Reformation: The Flexibility of Intellectual Authority in Europe*, 1500 – 1620 (New York: Oxford University Press, 2011)。

经的方法，基督徒才能摆脱《旧约》经文原有的历史框架，而将'新的规范'——即'主耶稣基督'——读进经文里，在原有的圣经上加以崭新的演绎"①。《新约》的正典化，规范了基督徒群体的信仰，确立了以耶稣基督为中心的圣经经验。此外，2 至 5 世纪，在希腊罗马世界之外的亚兰文化语境里，叙利亚基督教占有重要的一席之地。② 自 4 世纪，叙利亚语成为基督教文学的一种主导语言。叙利亚正教会采用的《旧约》，是《希伯来圣经》的叙利亚文别西大译本（Peshitta）。叙利亚正教会后形成波斯教会，其往东传，来到中国，就是我们所称的景教，是承袭叙利亚教会传统的一支。

4 世纪，起着主导作用的著作出自亚弗拉哈特（Aphrahat，约 280 – 345）与以法莲（Ephrem the Syrian，约 306 – 373）。以 "波斯圣贤" 著称的亚弗拉哈特，著有 23 卷本的布道辞《证明》（*Demonstrations*），成书于 337 – 345 年间。该著以圣经为基础，论述基督徒生活的根本内容，包括信仰、爱、安息日、割礼、祈祷、"约" 成员与救世主基督等，使基督徒有别于犹太人。特别的是，"他不是从《新约》的角度读《旧约》，而是从《旧约》的视角读《新约》"③。他采用历史诠释或预表的解释，认为古老的逾越节将耶稣典型化为真正的逾越节羔羊，是洗礼的一种象征。以法莲是早期叙利亚正教会最为杰出的代表之一，创建了尼西比斯学院（Nisibis School）。他著述的圣歌愈 400 种，最为著名的是抒情诗。这些圣歌都以圣经为来源，融合了拉比犹太教的释经法、希腊哲学与波斯神秘的象征主义传统。他著有《创世记》《出埃及记》与保罗书信的评注，关

① 黄锡木："中译本导言"，载《使徒教父著作》，第 5 页。
② 叙利亚基督教形成了独特的释经传统，它不仅接受和重塑了犹太起源的观念，而且吸收了希腊文化的成果。叙利亚释经传统分东西两部。东部以埃德萨（Edessa）为中心，形成埃德萨学派，推崇摩普绥提亚的狄奥多若的作品及其历史释经。5 世纪下半叶，埃德萨学派内部发生分化，一些成员强调预表与属灵解经优先于历史释经，但不拒绝历史释经，其代表人物是西鹿的雅各（Jacob of Serug）。参 Lucas van Rompay, "The Christian Syriac Tradition of Interpretation", in Magne Sæbø ed., *Hebrew Bible/Old Testament*, *The History of Its Interpretation*, vol. I/1: Antiquity（Göttingen: Vandenhoeck & Ruprecht, 1996），pp. 632 – 641。
③ 参 Lucas van Rompay, "The Christian Syriac Tradition of Interpretation", p. 620。如此，《新约》不仅仅取代了《旧约》，更确切地说，基督教在《旧约》的框架里取得了地位。为了证明《旧约》在《新约》中的连续性，他将基督与《旧约》人物并列，提升了《旧约》中事件的灵性层面，并赋予它们更为宽广的视野。Ibid., p. 621.

注经文的来源与历史处境，不热衷于《新约》的预表论，驳斥摩尼教与马西昂等异端。[①] 早期叙利亚文的基督教作家，他们共享释经传统，尤其是犹太教的叙事来源与传统，擅长重述《旧约》中的故事。5 世纪初，七十士译本进入了叙利亚的释经文献中。

在总体的解经方法上，早期基督教作家对《旧约》和《新约》的解释，其运用的方法各不相同。我们谈到寓意解经，比如斐洛、克莱门特与奥利金，都可以说是这一解经法的代表人物，他们都同亚历山大城相关，属于亚历山大学派（Alexandrian school）。与寓意解经法相对的，是字义解经法。如果亚历山大是寓意解经的中心，深受希腊释经传统的影响，那么自 3 世纪开始，叙利亚的省府安提阿（Antioch）成为字义解经的中心，在 4 世纪，它随着君士坦丁大帝立基督教为国教而成为基督教的中心之一。一群在此接受训练的基督教作家，采取较为温和的解经法，形成了安提阿学派（Antiochene school），注重训诂和历史背景的考察，代表人物有塔尔索的戴阿多若（Diodore of Tarsus，约 330－390）、摩普绥提亚的狄奥多若（Theodore of Mopsuestia，约 352－428）与君士坦丁堡主教约翰·克里索斯托（John Chrysostom，约 347－407）等。[②] 该派认为解经理论应植根于经文本身，建构经文的历史处境，从而呈现经文起初写作时的字源意义与基础意义，而非以解经者生动的想象为基础进行象征化的演绎，因此对寓意解经保持谨慎与克制的态度。

在该派的影响下，4 世纪的基督教神学家更为温和地应用寓意解经法，包括伟大的圣经学者哲罗姆与奥古斯丁。该派对历史意义的关注，在某种程度上，同现代批判的圣经学术研究有共同之处。[③] 亚历山大与安

---

① Ibid.，pp. 623－627.

② Henning Graf Reventlow，*History of Biblical Interpretation*，vol. 2，pp. 3－21. 另参摩普绥提亚的狄奥多若《教理讲授集》，朱东华译，香港汉语基督教文化所，2015。该著作论及《尼西亚信经》疏讲、主祷文疏讲与圣餐礼仪疏。当中，引述圣经以证论点之处，俯拾皆是。

③ Sten Hidal，"Exegesis of the Old Testament in the Antiochene School with its Prevalent Literal and Historical Method"，in Magne Sæbø ed.，*Hebrew Bible/Old Testament*，*The History of Its Interpretation*，vol. I/1：Antiquity（Göttingen：Vandenhoeck & Ruprecht，1996），pp. 543－568. 另参斯蒂芬·米勒、罗伯特·休伯《圣经的历史：圣经成书过程及历史影响》，第164－167 页。对安提阿学派而言，当经文的意义不甚明显时，正确的方法是运用"鉴别"（*theoria*），探索其属灵真意。"鉴别"是一种直觉透视，释经是要建立历史事实与属灵对象之间的对应关系。参林荣洪《基督教神学发展史》（二），译林出版社，2013，第 15 页。

提阿作为希腊神学的两大中心，在圣经诠释历史与方法上，扮演了重要角色。此外，在这一时期，在罗马帝国的东部边境，出现了第一个基督教国家——亚美尼亚。但是，亚美尼亚信徒在敬拜中使用希腊语和叙利亚语圣经，缺乏一部用自己的语言写成的圣经。大约在 405 年，精通希腊语和波斯语言的亚美尼亚修士圣梅斯罗布（Saint Mesrop Mashtots，约 362－440），创制了 36 个亚美尼亚语字母表，并在 411 年，在多方努力下，开始将圣经文本从叙利亚语译成亚美尼亚语。圣梅斯罗布的著作，还包括一系列圣经注疏，以及教父著作和赞美诗译本。[①] 在 2 至 5 世纪，伴随基督教的传播，出现了丰富的圣经译本，包括拉丁武加大译本与叙利亚语别西大译本等，它们共同推动了基督教的发展以及圣经的广泛流传。

---

① 斯蒂芬·米勒、罗伯特·休伯：《圣经的历史：圣经成书过程及历史影响》，第 196－197 页。

第四章

晚古时代的圣经诠释（6－10 世纪）

476 年，西罗马帝国被蛮族所毁，希腊罗马一体的帝国土崩瓦解，古典时期（classical antiquity）被终结，西欧进入漫长的中世纪封建社会（5－15 世纪）。其中，6 至 10 世纪被称为是中世纪早期（early Middle Ages），或"黑暗时代"①，或晚古时代（late antiquity）。实际上，这一阶段属于古典时期与中世纪之间的过渡。早期教父论及《旧约》，他们所确立的教义将各种异端拒斥在外。教会思想家们始终运用圣经文本，将之作为基督教教义发展的来源。相较而言，东罗马帝国的神学家，比如尼撒的格列高利（Gregory of Nyssa，约 335－395）主教与君士坦丁堡牧首约翰·克里索斯托（John Chrysostom，约 347－407）等为关注《新约》，而西罗马的教父们特别强调《旧约》的传统。而且，关于历史的演化，他们形成了一些概念化的表述，就是将以色列众子与大卫王权的神圣历史，延续至基督教的西罗马帝国的历史以及基督教化的日耳曼王国中。这样的历史观念，随着基督教的发展得到进一步强化与扩展，并在晚古时代之史学家的著述中达到高潮。比如 6 世纪末的史学家图尔的格列高利（Gregory of Tours，约 538－594）描述了法兰克王国的兴起与发展，为其贴上了"法兰克之神圣历史"的标签，而 8 世纪英国著名的教会史学家"尊者"比德（Venerable Bede，约 673－735），也有"英国的神圣历史"的宣称。② 如此，《旧约》历史书与基督

---

① 赵敦华称这一时代为"黑暗时代"，因为此时古典哲学典籍几乎丧失殆尽，大多僧侣和神父看不懂拉丁文经典。相对于西方社会 11 世纪开始步入文化复兴而言，它整体上具有文化蒙昧与倒退的特征。赵敦华、傅乐安主编《中世纪哲学》上卷，商务印书馆，2013，第 593 页。

② Aryeh Grabois, "Political and Cultural Changes from the Fifth to the Eleventh Century", in Magne Sæbø ed., *Hebrew Bible/Old Testament*, *The History of Its Interpretation*, vol. I /2: The Middle Ages (Göttingen: Vandenhoeck & Ruprecht, 2000), p. 39.

教罗马的历史，成为基督教国家之编年史的前奏。

在较早的古典时期，《希伯来圣经》或《旧约》主要同犹太教相关，而在晚古时代，随着基督教的发展与穆斯林文明的兴起，作为一神论宗教的基督教与伊斯兰教，都宣扬自己为圣书的承继者。此时，"《旧约》已成为基督教圣典必不可少的一部分，而伊斯兰教也采纳了《旧约》的口述片段，使之整合进入《古兰经》的文本中"①。在释经方法上，亚历山大学派的寓意解经在5世纪居于优势，而安提阿学派的字义解经法渐次式微。553年，在第二次君士坦丁堡会议中，摩普绥提亚的狄奥多若所主张的字义解经受到谴责，安提阿的释经传统受到质疑，已失去昔日光彩。②在这500余年的历史中，西欧社会处于割据状态，各种争战不断，后以罗马天主教为基础实现了新的统一，而地中海东部在拜占庭帝国时期重新得到整合。在社会政治与文化生活中，基督教会在传播基督教教义与伦理教导上扮演了至关重要的角色，推出了诸多桥梁式的人物。他们秉承早期教父的传统，以释经为理据，争论奥古斯丁的神学，为中世纪基督教的繁荣奠定了基础。其中大格列高利（Gregory the Great，约540－604）、依西多尔（Isidore of Seville，约560－636）、"尊者"比德与阿尔昆（Alcuin，735－804）等，属于最为杰出的代表。他们共同见证了基督教在这一时期的发展，以及圣经在教义与神学建构中的来源与基础作用。此外，对犹太教而言，这一时期属于后塔木德时代早期，又称高恩时期。在这一阶段，犹太释经得到重要的发展，出现了马所拉文本。

第一节　大格列高利与依西多尔

5世纪末的罗马饱受战争与疾患困扰，昔日辉煌与荣耀不再，百废待兴。著名的圣经神学家大格列高利，出生在罗马一个殷实之家。他自幼受到良好的教育，擅长句法与修辞。573年，他放弃罗马政府中的公共行

---

① Aryeh Grabois, "Political and Cultural Changes from the Fifth to the Eleventh Century", in Magne Sæbø ed., *Hebrew Bible/Old Testament*, *The History of Its Interpretation*, vol. Ⅰ/2: The Middle Ages (Göttingen: Vandenhoeck & Ruprecht, 2000), p. 29.

② 林荣洪：《基督教神学发展史》（二），第16页。

政职位而进入圣安德鲁修道院隐居。在修道院里，他吸收了奥古斯丁深邃的神学思想，专注于圣经文本的评注。579 年左右，他被罗马教会的教皇佩拉纠二世（Pelagius II，579 – 590）任命为罗马教会的七大执事之一，随后又派他到君士坦丁堡担任大使。他同东方教会结下了不解之缘，在弟兄们的敦促下，他在那里编著了《约伯记》释义，后扩充为 35 卷的《〈约伯记〉解说》（*Moralia in Job*），或译《道德论》。这部书既是对《约伯记》的评注，也是关于教会伦理道德的教科书。586 年，他被召回罗马任圣安德鲁修道院的院长。590 年，一场瘟疫夺取了佩拉纠二世的生命，之后，大格列高利被教会选为新教皇（590 – 604）。他不仅是最后一位传统的拉丁教父，也是教皇制度的捍卫者。他积极参与政治与经济事务，强化了教皇在主教选举中的权力，从而成为中世纪教皇制度的创立者，以及中世纪神学的承先启后者。"他主要的贡献和影响不在于开创，乃在于传递，将初期的智慧传送到中古世纪。"[1] 因此，他是连接教父时代与中世纪的桥梁。鉴于他在神学史上的影响力，"尊者"比德将之同安布罗斯、哲罗姆与奥古斯丁并列，称为是传统教会的四博士。[2] 在任职教皇期间，他不仅改革了基督教礼仪，而且派传教士前往法兰克与英国，吸引了大批的异教徒受洗入教，使坎特伯雷成为英国最大的教会。[3] 而且，在他的努力下，罗马教会演变为罗马教廷，而罗马主教成为教皇，是西方教会的最高首领，是"上帝之众仆人之仆人"。

大格列高利吸取了教父的释经传统，"对于释经史而言，是至为重要的一位传递者"[4]。他将圣经理解为指引基督徒日常生活的基础。在他的释经作品里，我们也看到奥古斯丁的强烈影响。因为他坚信永恒的天国世界与地上世界形成对照，而基督徒生活在一个暂时的过渡世界里。当下世界是充满罪恶的，也是过渡性的，它的终结就要近了。[5] 此外，他也继承了哲罗姆的传统，因为他主要依赖武加大译本，将之视为他的基本

---

① 林荣洪：《基督教神学发展史》（一），译林出版社，2013，第 295 页。

② 哲罗姆翻译编修的圣经武加大译本、奥古斯丁的神学著作、安布罗斯与大格列高利的通俗教规与赞美诗作品，是罗马教会钦定的"四大博士"的著作，也是神职人员的通用学习教材。赵敦华：《基督教哲学 1500 年》，人民出版社，1995，第 181 页。

③ Henning Graf Reventlow, *History of Biblical Interpretation*, vol. 2, pp. 98 – 99.

④ Ibid., p. 105.

⑤ Ibid., p. 104.

文本。除了《〈约伯记〉解说》，他著述了两个讲道集，分别是 40 卷的《福音书布道辞》（*Homilies on the Gospels*）与《〈以西结书〉布道辞》（*Homilies on Ezekiel*）。前者主要涉及福音书经文的布道辞，用于圣餐礼中的仪式解读，当中充满了出自《旧约》的引述与典故。他认为这些《旧约》的话语和例子，能够丰富和加深对福音书的理解。"对格列高利来说，《旧约》与《新约》都反映了基督里救赎的同一个秘密，它们是相互阐释的。"① 他还对《雅歌》的一些章节做出释义。另外，他有关《箴言》、五经与先知书的释经作品，在教皇的书信里被提到，但已散佚。在他的著述里，圣经始终是他关注的核心。他力图完成一个主教的任务，就是像米兰的安布罗斯那样举行会众布道。作为最后一位教父，他有效地将早期教会的传统传递给一个新时代。

在《〈约伯记〉解说》中，大格列高利表达了他的谦卑与虔敬之心，去追随一种传统的理想生活模式。对他来说，约伯是一个能够启发心智并具有持久之义的圣经榜样，人们当效法约伯，历经磨难，依然爱上帝，敬畏上帝。在解说中，他不仅用寓意解释历史，而且也将寓意应用于道德实践。② 这种寓意解经的方法，源于奥利金时代的传统。从技术上而言，他的解释就是逐句逐节进行的，并不注重经文更大的处境，甚至不在意《约伯记》的整体结构。因此，当格列高利对《约伯记》1 - 2 章的叙述框架之差异不予考量时，就引发了释经效果的困扰，对约伯后来遭受的苦难难以给出合理的解释。但是在对开篇的解释里，他呈现了他的寓意解经。他将约伯这一人物视为是耶稣基督的比喻，约伯的七个儿子是耶稣使徒的象征，也代表圣灵的七种美德，而他的三个女儿象征教会中的牧者、独身者与已婚者，对应于《以西结书》14：20 中的三种义。③ 他的寓意解经，具有强烈的道德说教色彩。在释经方法与内容上，尤其是在前四卷里，这部《〈约伯记〉解说》严格分为三个步骤：首先是对字义做出诠释，回应历史；然后，参照基督与教会做出预表意

---

① Stephan Ch. Kessler, "Gregory the Great: a Figure of Tradition and Transition in Church Exegesis", in Magne Sæbø ed., *Hebrew Bible/Old Testament*, *The History of Its Interpretation*, vol. Ⅰ/2: The Middle Ages (Göttingen: Vandenhoeck & Ruprecht, 2000), p. 139.

② Henning Graf Reventlow, *History of Biblical Interpretation*, vol. 2, p. 101.

③ Ibid., pp. 102 – 103.

义的解释；最后突出道德意义，即呈现经文中基督徒之行为的属灵与道德寓意。① 他先是从字义的历史意义入手，之后迅速转向寓意的神秘解释。

在《〈以西结书〉布道辞》中，大格列高利运用了处境诠释的方法，这不同于传统的释经思路。他将罗马被围困的处境同以西结先知所处的情形联系起来。以西结经历过被掳，见证了耶路撒冷圣殿被摧毁。正如以色列人在被掳中面临的无助，格列高利表达了罗马教会面对的困境与无望，并认同和承担起先知扮演的角色。正如以西结是以色列人的看守者，格列高利视自己为罗马与教会的守护者。② 这种将自己认同为圣经人物的方式，是格列高利个人的释经策略，也是一种特殊的释经技艺。通过这种方式，格列高利试图呈现经文中的隐含意义。《以西结书》第 40 章描述了"仿佛"存在的一座新圣殿，具有神秘的异象，而这正说明晦暗不明的字义的存在，是为了诉诸更高层次的属灵的解释。他认为并非所有的经文都具有字义，因为，"若依据字面的理解，圣殿的建筑不可能经久耐用"③。有关圣殿建造的经文只能在寓意上进行解释。他坚信圣经源于上帝，当中无自相矛盾之处，因此，这段经文只能在属灵的意义上进行理解和解释。自相矛盾的解释是基于对圣经错误的理解。释经者的任务，是要分辨圣经的两层意义：内在的寓意和外在历史意义，内在的诉诸属灵的理解，而外在的依赖于简单的字面理解。④ 这种"外在词语"与"内在洞察"相结合的范式，也是他评注《雅歌》的主要方法。不过对于《雅歌》的布道辞，他更侧重于寓意解经，呈现他对神圣之爱的冥思，就是基督对教会的爱，以及基督对信实的基督徒的爱。显然，他继承了奥利金论述《雅歌》的释经传统。

在中世纪的前夜，大格列高利的释经延续了传统的教父释经的主

---

① Henning Graf Reventlow, *History of Biblical Interpretation*, p. 103. 从第五卷解说开始，他采用的都是寓意解经法和神秘的方式。格列高利的释经实践，虽然他强调三种意义，但他实际上遵循的只是两种模式：字义的与寓意的。一方面，字面与历史意义是开始，是所有释经考察的基础；另一方面，呈现灵意是圣经诠释活动的目的。参 Stephan Ch. Kessler, "Gregory the Great: a Figure of Tradition and Transition in Church Exegesis", p. 142。

② Ibid., p. 143.

③ Ibid., p. 144.

④ Ibid., p. 144.

流。他认为两约是不可分割的,《旧约》的经文可以在《新约》里得到解释。他指出:"在《旧约》的字面意义之下,《新约》通过寓意的方式被隐藏。"①他认为圣经是个宝藏,可以启发人的心智,提高道德修养,任何人都可以从中受益。他强调读经的灵性意义,认为阅读圣经是个灵性增长的过程。大格列高利秉承了奥利金的寓意解经法,其释经的目的,是将读者的目光从可见世界引向天国世界的愿景。他对奥利金的继承具有重要意义,因为,对希腊语的生疏,使拉丁化的中世纪疏离了希腊教父的传统。通过回归奥利金的释经传统,大格列高利修正了奥古斯丁论述圣经的方式,并因此成为教会释经中传统的守护者与传递者。②他的《〈约伯记〉解说》,在中世纪的拉丁世界,在主教与修士中广泛流传。他引领了新的释经潮流,他的释经模式倍受推崇。

其实,在塞维尔的依西多尔那里,大格列高利的《〈约伯记〉解说》就是一部释经典范。依西多尔出生在西班牙卡塔赫纳一个信奉大公教的贵族家庭,自幼受到良好的教育,掌握希腊语与希伯来文。他曾出任塞维尔的主教(600-636),为复兴西班牙教会做出了重要贡献。他同样继承了早期教父的神学成就,虔敬笃信,以圣经为其神学的坚实基础,著述丰硕。他的被誉为修道院图书馆之百科全书的《词源》(*Etymologiae*),不仅记述了古代的自然与社会科学知识,而且介绍了圣经与教会。他列出了《旧约》与《新约》的书卷,对书卷的作者与名称,以希腊文、希伯来文与拉丁文进行介绍。③其中有一章专门论及和分析对观福音书的原则,另有一章述及圣经的译者。他将基督教以及与圣经相关的知识,都融入他的整体知识教育的体系中。通过这种知识的汇集,"他将古代学问

---

① Stephan Ch. Kessler, "Gregory the Great: a Figure of Tradition and Transition in Church Exegesis", p. 145. 他认为《以西结书》1:15 中的两只轮子代表了圣经的两约,《旧约》是《新约》的"预言",《新约》是《旧约》的"阐述",而两约作为一个整体,其目的在于对基督的宣称。《旧约》的任何人物与事件,都可以作为基督的象征而被解释,也可以作为教会的象征而被理解。教会是阅读与解释圣经的主要场所,上帝的话语在此得到成全。参 Ibid., p. 146。

② Ibid., p. 147.

③ Henning Graf Reventlow, *History of Biblical Interpretation*, vol. 2, p. 107. 依西多尔编修过一部很接近哲罗姆原译本的圣经文本,而且,基本遵循了希伯来正典的次序排列各书卷。参 M. A. Zier, "Vulgate", in *Methods of Biblical Interpretation*, p. 68。

传送到中世纪"①。关于释经，亦是如此。为了向年轻的一代传递教父们的释经知识，他在晚年著作《有关〈旧约〉的问题》（*Quaestiones in Vetus Testamentum*）中，讨论了自《创世记》到《列王纪》的圣经书卷，将奥利金、安布罗斯、哲罗姆、奥古斯丁与大格列高利等教父论及《旧约》的思想进行汇总。依西多尔视自己的声音为教父们的口舌，为他们说话，使读者在过去与当下之间穿越。"这些讨论清楚地反映了向新时代的过渡。"② 对依西多尔的释经而言，重要的不是原创性，而是如何保留早期教会历史上的传统。

在依西多尔的其他释经作品里，教育的目的显而易见。比如《圣经的寓意》（*Allegoriae quaedam Sacrae Scripturae*）、《论大公信仰驳犹太人》（*De fide catholica contra Judaeos*）以及《以赛亚对主基督的见证》（*Isaiae testimonia de Christo domino*），关注两约间的彼此依存，对圣经做出寓意解释，而且，他遵循以往的教父传统反驳犹太人的立场。他还专门论及圣经中的各种数字，考察了它们的象征与预表意义。③ 他的《先贤生死录》（*De ortu et obitu partum*）列出《旧约》中的 62 位主要人物以及《新约》中的 22 位人物，依其生平事迹而强调他们的预表意义。而且在《新旧两约序言》（*In libros Veteris ac Novi Testamenti prooemia*）中，他列出圣经的正典，并对圣经每一卷书的内容进行了概述。他融汇了古典文明与基督教传统。同时，他按照传统说教，指出经文有三重意义，即历史的、预表的与神秘的。实际上，他的三重意义解经法与四重意义解经法并无本质的区别。尽管他重视经文的历史意义，但是他对字义之外的灵

---

① 林荣洪：《基督教神学发展史》（二），第 9 页。如果说依西多尔有独创性的话，那就是他将《旧约》充分还原到《新约》中进行解释。他运用寓意对《旧约》任一段经文的解读，都能在其中发现基督的信息或教会的宣告。显然，他是依据《新约》而解读《旧约》，因此，他的解读完全是预表性的。参 Claudio Leonardi，"Aspects of Old Testament Interpretation in the Church from the Seventh to the Tenth Century"，in Magne Sæbø ed.，*Hebrew Bible/Old Testament*，*The History of Its Interpretation*，vol. I /2：The Middle Ages（Göttingen：Vandenhoeck & Ruprecht，2000），pp. 184 – 185。

② Henning Graf Reventlow，*History of Biblical Interpretation*，vol. 2，p. 108.

③ 依西多尔按照传统所教，指出圣经有三层解释：历史性、预表性与神秘性。具体而言，根据字义，圣经有历史性的诠释；根据道德意，有预表性的解释；根据灵意，可解其奥秘。他并不忽略字义，但认为不应停留在此。他的寓意解经，在其《神秘圣礼的诠释》（*Mysticorum expositions sacramentorum*）中得到充分发挥。参林荣洪《基督教神学发展史》（二），第 17 – 18 页。

义尤其偏爱，遵循的就是大格列高利的释经方法。对今天的读者而言，依西多尔在圣经诠释历史上的地位似乎无足轻重，但是在他的时代，他的概述性的释经作品广为流传。他的释经作品对其后三个世纪影响很大，差不多每位西方的释经者都会对他的作品有所涉猎，而且他的名字和观点时常被中世纪的圣经诠释者所提及和引用。①

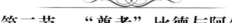

第二节 "尊者"比德与阿尔昆

4世纪末，基督教传至罗马帝国统治之下的英国。6世纪末，盎格鲁-撒克逊王国迎来了基督教化的时代，英国与爱尔兰形成了诸多以修道院为中心的基督教社群。英国历史上最为著名的教会神学家与释经学家比德，在他七岁时就被父母送至修道院，托付给修道院院长本笃·比思考普（Benedict Biscop）。当时的英国，即使是上层阶级，他们受教育的程度也有限，而修道院是接受教育的中心。由于比德在神学上的造诣令人敬重，故被称为"尊者"比德。比德开始了漫长的修道院生活。本笃·比思考普曾多次前往罗马，带回诸多的书籍与器物，丰富了图书馆的收藏。比德在此受到知识的熏陶。他19岁时任教会执事，并在30岁时晋升为神父。731年，他完成了著名的《英国教会史》（*Church History of the English People*）。② 此外，他投身于圣经研究，著述有一系列的释经作品，同样在中世纪流传广泛。③ 作为一名神父，在他的释经作品中，他随时表现出谦卑，深知自己只是基督教传统的传递者。在他述及自己的生平时说：我依据我的需要对圣经做出扼要的注释，搜集了令人敬仰的教父先贤有关圣经的著述，同时按照他们对圣经的诠释而加以补充。④ 他认为他有责任

---

① Henning Graf Reventlow，*History of Biblical Interpretation*，vol. 2，p. 109.

② Ibid.，pp. 111 – 112.

③ 有关比德的释经著作，参 George H. Brown，*A Companion to Bede*（Woodbridge：Boydell Press，2009），pp. 33 – 72。

④ Bede，*Ecclesiastical History* 5. 24. 转引自林荣洪《基督教神学发展史》（二），第18页。比德所在的诺森伯兰郡，基督教化的历史只有半个世纪，懂拉丁语的人极少，能读教父著作的更是少之又少。参 Henning Graf Reventlow，*History of Biblical Interpretation*，vol. 2，p. 114。

让他的学生了解圣经著述，因为这些修道院的学生对圣经一无所知，对教父著作也知之甚少。通常，比德参照四位著名的拉丁教父的著作，他们是奥古斯丁、哲罗姆、安布罗斯与格列高利。

在释经方法上，比德无疑秉承了亚历山大学派寓意解经的传统。[①] 他采纳当时流行的修道院读经法（lectiodivina），崇尚拉丁教父们的寓意和灵义解经，比如他在《论圣幕》（De tabernaculo）和《论圣殿》（De templo）中，分别依此方法论述了圣幕与祭司的服饰以及所罗门的圣殿。他认为圣经是圣灵启示的，圣灵的引导在解经上有重要的引导作用，因此他仔细省察经文的意义，并通过默想而使之应用于个人生活。如此，"比德为中世纪寓意解经的延续奠定了基础"[②]。他对《雅歌》的评注，不仅继承了基督教的释经传统，而且也撷取了犹太释经的策略。他批驳了 5 世纪的异端尤里乌斯（Julius）论《雅歌》的观点，指出《雅歌》中的"新娘"是指基督之前与之后的两个信仰群体，他明确接受使徒保罗的观点，认为教会与会堂的信众要"在基督里"和解。[③] 同时，比德以寓意解经的方式去处理历史文本，比如《创世记》《撒母耳记上》《列王纪》《以斯拉记》与《尼希米记》，以及《新约》中的《使徒行传》与福音书。对于比德这样的教会教士而言，"圣经诠释最重要的目的在于陶冶听众与读者的精神修养"[④]。他希望通过这种精神的教导去抑制罪恶与荒谬。但是，比德也重视经文的字义，讨论经文的文法结构与历史处境，比如他对《使徒行传》的解经就强调其历史情境。对比德而言，字义解经同样是释经的基础与开始。

比德对历史、地理、生物与自然科学有着浓厚的兴趣，这样的兴趣引导他对字义的关注。他从哲罗姆那里学习对圣经之希伯来文与希腊文

---

① Henning Graf Reventlow, *History of Biblical Interpretation*, vol. 2, p. 112. 对于比德而言，圣经文本的寓意有不同的作用，他用不同的术语表达。而且他从四个层面呈现了文本的多种寓意，即历史的（historical）、预表的（typical）、比喻的（tropological）与神秘义的（anagogic）。这四重表达法在中世纪具有确定的权威。参 George H. Brown, *A Companion to Bede*, pp. 37 – 38。

② Henning Graf Reventlow, *History of Biblical Interpretation*, vol. 2, p. 112. 比德对《旧约》的解释完全是预表的，尤其擅长寓意解经，以宣扬基督为中心。Claudio Leonardi, "Aspects of Old Testament Interpretation in the Church from the Seventh to the Tenth Century", p. 187.

③ Henning Graf Reventlow, *History of Biblical Interpretation*, vol. 2, p. 113.

④ Ibid., p. 113. 除了寓意和字义解经之外，有时他也论及道德意（typological）与末后意（anagogical）。他指出圣经的全部经卷要按照四层意义诠解。虽然他强调有四层意义，但是他常用的只有两层或三层。林荣洪《基督教神学发展史》（二），第 19 – 20 页。

人名与地名的拉丁解释，并参考依西多尔的观点与犹太史学家约瑟夫的记述。① 在比德对《使徒行传》进行注释时，他将拉丁抄本与希腊原文进行对照，成为自奥利金以来实践和推动圣经文本批判的神学家。② 比德想探讨希腊原文的不同变体，他认为希腊原文比拉丁译本更值得信赖。同时，关于《旧约》部分，他诉诸哲罗姆探求的"希伯来真理"，即希伯来原文的经文。通过不同文本的对照，一种耐人寻味的冲突变得清晰：对原文感兴趣的学者与保守的教士之间形成冲突，保守的教士并不想因不同的版本而在群体中引发任何的混淆。③ 此外，比德是正典进路（canonical approach）的实践者。比如比德对《创世记》21：9 - 10 的释义，对照了保罗在《加拉太书》4：22 - 5：2 中的讨论，他将上古史和族长的历史看成是一个整体进行阅读，视之为救赎史的两个阶段。④ 虽然比德参照了奥古斯丁、哲罗姆与安布罗斯等人的《创世记》评注，但是他将整体的观念引入他的诠释中。他在奥古斯丁的著作里，读到提科纽（Tyconius）的七项解经原则，并将之应用于对《启示录》的解释。总之，比德的释经方法蕴含两个层面：一方面，他强调圣经的属灵意义，尤其是涉及教会与基督的部分；另一方面，他运用了古代诠释学提供给他的技术原则。⑤ 如果说一位释经者对圣经诠释史的重要性，可以依据他所传递的圣经知识的内容与方法而被界定的话，那么，比德当之无愧是伟大的一位。

在比德辞世的那一年，也就是 735 年，英国杰出的神学家阿尔昆诞生在约克郡。"就他的活动范围和超乎寻常的社会地位而言，阿尔昆的影响力超过比德。"⑥ 像比德那样，阿尔昆被他的父母送到教会，从此献身于教会。他在约克的主教座堂学校学习，那里有极负声望的大主教埃格伯特（Egbert），而埃格伯特是比德的学生。阿尔昆师从埃格伯特的继任者，即阿尔伯特大主教（archbishop Aelbert，766 - 778 年在任）。当时，约克是英国

---

① Henning Graf Reventlow, *History of Biblical Interpretation*, vol. 2, pp. 114 - 115.
② Ibid., p. 115.
③ Ibid., p. 116.
④ Ibid., p. 117. 他以灵义解读救赎，他认为救赎是圣经中唯一令人安慰的信息。Claudio Leonardi, "Aspects of Old Testament Interpretation in the Church from the Seventh to the Tenth Century", p. 188.
⑤ Ibid., p. 117.
⑥ Ibid., p. 118.

北部最著名的教育中心，在此，阿尔昆受到人文、神学和科学的良好教育。阿尔伯特教授他的知识，包括基督教教义与历史、教父的著作以及圣经解说。780 年，阿尔昆到访罗马，拜见了教皇哈德良一世（Pope Hardrian I），并从罗马收集到不同的圣经版本。781 年，他遇见法兰克国王查理大帝（Charlemagne，768 – 814 年在位），并受查理大帝之邀来到法兰克，从此追随其左右。阿尔昆平生致力于追寻智慧，不遗余力地研究古典学术与圣经学说。他著有《论真正的哲学》（De vera philosophia），论述了如何通过全面教育的方式而获得智慧。为了达致智慧，他认为不仅要阐释《约翰福音》1：9 中的逻各斯（Logos），而且要明白智慧的目标不依存于暂时的地上万物，智慧本身是永恒的。所罗门的《箴言》描述了"智慧建造房屋，是由七根柱子凿成"（箴 9：1），以此为模式，阿尔昆指出教会就是上帝之家，人们可以通过圣灵的七种恩赐，即人文七艺的学习而实现智慧的目标，从而培养达到圣经高度的更成熟和更坚定的理解力。① 因此对于阿尔昆而言，圣经研究是智慧的最高形式，而且圣经课程是教会学校最为重要的神学教育，神学等同于圣经诠释，是圣经科学，也是科学之冠。②

公元 8 世纪末至 9 世纪的欧洲普遍处于文盲或半文盲状态，除了教士以外，严重缺乏教育。阿尔昆认为他有责任在法兰克王国推广圣经教育。796 年，查理大帝任命他为图尔（Tours）的圣马丁修道院的院长。依据查理大帝的计划，神学家要致力于推动古典传统与教会传统的融合，去教导凡俗二界的人们，将政教合一深入到王国的每一个层面。显然，圣经的解读与诠释就是神学宣称与教育的重要部分。查理大帝统治时期，阿尔昆大力推广神学、文艺与科学，效果显著，甚至被贴上"卡洛林文艺复兴"的标签，被称为"欧洲的第一次觉醒"。查理大帝交给阿尔昆的主要任务是搜集、校勘和修订拉丁版圣经，并复制多本圣经，从而捍卫基督教的正统地位。800 年的 12 月 25 日，查理大帝在罗马圣彼得大教堂

---

① 七艺是指七种人文学科（seven liberal arts），可追溯至古希腊，是指一个自由人应当具备的全部学识。它包括：文法、修辞、逻辑、数学、几何、天文与音乐，前三者又称为古希腊人文三艺（trivium），后四者是人文四艺（quadrivium）。阿尔昆推崇七艺，并对之进行了改造，使之成为晚古与中世纪宗教教育的重要内容，已完全不同于它在希腊文化中扮演的角色。Henning Graf Reventlow, *History of Biblical Interpretation*, vol. 2, p. 120.

② Ibid., p. 126.

接受了教皇利奥三世的加冕，而阿尔昆完成修订的武加大译本在那时被奉上，字体是优美清晰的"卡洛林小写字体"（Carolingian minuscule）。他呈上的版本是武加大译本。他对诸多错谬进行了清除，而这些错谬是在墨洛温王朝时被加入圣经抄本中的。从此，武加大译本被接受成为权威的圣经版本，而旧拉丁译本只在局部范围内使用。[1] 后经几十年的改进，阿尔昆编修的武加大译本在 9 世纪末传遍帝国，成为标准的圣经版本。[2] 阿尔昆的修订版对今天的武加大译本的研究依然具有重要影响。同时，阿尔昆对用于礼拜仪式中的圣经经文选读也进行了修订。他还著述了一部系统的圣经百科全书——《圣经的关键》（Clavis Scripturae）。

阿尔昆的具体释经作品，涉及《诗篇》《雅歌》《传道书》与保罗书信等，其中尤其引人注目的，是他对《创世记》与《约翰福音》的评注。他在这部《创世记》评注中，采用了一问一答的形式。当中对历史问题的讨论，阿尔昆沿袭了哲罗姆的处理方法，阿尔昆以适合教学的方式进行概述。这样的方式既继承了教父的传统，又深入浅出，使他的作品颇受欢迎，并具有持续的影响。他的《约翰福音》评注，成书于 801 年。他将该著献给两位贵族女性，即查理大帝的妹妹吉塞拉（Gisela）与他的女儿罗图德（Rotrud）。吉塞拉是巴黎谢尔修道院的院长，而罗图德也居于修道院。她们对具有教化意义的圣经诠释具有浓厚的兴趣，遂请求阿尔昆著述一部适合她们理解的福音书卷。为了回应这一请求，阿尔昆选择了他中意的《约翰福音》，认为其中充满了上帝的神秘，便于他发掘属灵意义的价值。[3] 在释经方法上，阿尔昆侧重历史和寓意两个层面的并重。

他的圣经评注沿袭了教父的释经传统，旨在便于牧道和推广神学教育。他不仅促成了武加大译本之权威的确立，而且传承了古典希腊哲学思想，并将之融入基督教文化之中，反对"世俗学术与教会学说不相调和"的观点，从而使基督教呈现出人文主义的气质。[4] 因此他不仅传承了

---

① Henning Graf Reventlow, *History of Biblical Interpretation*, vol. 2, p. 122.

② M. A. Zier, "Vulgate", in *Methods of Biblical Interpretation*, p. 69.

③ Henning Graf Reventlow, *History of Biblical Interpretation*, vol. 2, p. 126.

④ 爱留根纳（John Scotus Eriugena, 800 – 877）是爱尔兰神学家，在法兰克王国光头查理（Charles Bald）宫廷学校教授七艺，将自然与圣经视为知识的两个来源。在他的代表作《论自然的区分》（*De divisionenaturae*）中，将亚里士多德的逻辑学同对圣经的寓意解读相结合，发展出系统的神学论述。参 Ibid., pp. 131 – 136。

古典文化，而且对之进行了改造，使之服务于基督教的教育与教会生活。在阿尔昆的努力下，那些缺乏古典文化传统的日耳曼人，尤其是那些宗教人士，纷纷受到古代希腊文明的陶冶。这对于推动基督教在英国、法国与德国的发展以及在中世纪的繁荣，奠定了重要基础。此外，在比德之后，盎格鲁-撒克逊的圣经传统转移到以卡洛林帝国为中心，其中，阿尔昆起到了重要作用。在解决神学争论和应对异见上，阿尔昆发展出一种明确的论及圣经的两项原则：第一，圣经具有最高权威，因此，能够被圣经论述所证明的事情，就是正确的；第二，为了理解圣经，教会中的神父有义务进行解释，因此为了证明一个神学论述是正确的，首先有必要提出相关的圣经经文，然后从教父文献中搜集有助于理解的论述，尤其是那些德高望重的神学家的作品。① 这种对权威双重证明的结果是令人信服的，没必要进一步争论。这种鉴别与评判的方法在 9 世纪初东西方教会有关三位一体的争论中发挥了重要作用。

第三节　犹太释经与马所拉文本

自古以来，犹太释经历来注重对圣经的文学诠解。公元 70 年，第二圣殿被毁，犹太人从此散居在以耶路撒冷为中心的周边国家，遍布亚洲、非洲与欧洲各地。无论是死海古卷、斐洛的寓意解经还是《密西拿》和《塔木德》，都呈现了早期犹太教古老而深厚的释经传统。在后塔木德时代，或许受基督教的影响，犹太传统确定了四种不同的诠释模式：规范的直解（peshat）、寓意解释（remez）、布道的解释（derash）与神秘的解释（sod）。② 每一种方法本身又深深地植根于古代的犹太传统。圣经的意义是多元的，这样的观念可追溯至塔木德时代，它认为每一段经文都有多重意义。显然，犹太教的特点之一，就是运用文献学作为释经工具，从

---

① Henning Graf Reventlow, *History of Biblical Interpretation*, vol. 2, p. 126.

② Frederick E. Greenspahn, "The Significance of Hebrew Philology for the Development of a Literal and Historical Jewish Bible Interpretation", in Magne Sæbø ed., *Hebrew Bible/Old Testament*, *The History of Its Interpretation*, vol. I/2: The Middle Ages (Göttingen: Vandenhoeck & Ruprecht, 2000), p. 56.

而获得对圣经的直接论述，尽管伴随卡巴拉（Kabbalah）的兴起，这样的进路受到遮掩。[1] 此外，伴随 8 世纪伊斯兰教的兴起，犹太释经活动也受到阿拉伯文化的影响。第一批逐字逐句评注圣经的犹太人，生活在伊斯兰国家，他们大都属于拉比群体，他们中的一部分人借鉴了《古兰经》的诠释模式。其中，最为著名的代表人物是萨阿底·高恩（Saadiah Gaon，882－942）。犹太拉比与神学家古特曼称之为"中世纪犹太哲学之父"[2]。而其他释经者属于少数派的卡拉派（Karaite school）。该派的创始人是阿南·本·大卫（Anan ben David），它形成于 8 世纪的中东，坚守希伯来文法原则，对圣经律法进行唯独圣经的解释，否认《塔木德》的口传律法，并将当前事件置入先知书中进行解读。卡拉派释经的代表人物是雅菲特·本·以利（Yefet Ben Eli），他居于以色列地，评注了整部《希伯来圣经》。[3]

在犹太释经史上，7 世纪至 11 世纪是高恩时期（geonic period）。在这一时期，世界犹太教的中心在巴比伦。高恩（Gaon，复数形式为 Geonim）意指这一时期在巴比伦盛行的两个重要的拉比经学院的院长，享有极高的声望。这两个学院分别位于苏拉（Sura）和蓬贝塔（Pumbeditha）。高恩在传播与传授托拉方面起着决定性的作用，他们也教授《塔木德》，是散居于世界各地的犹太社群的精神领袖。关于如何遵行律法，离散各地的犹太人提出各种疑问，而高恩负责对这些问题做出回应，并进行答疑。[4] 经学院的高恩与其弟子们经过讨论后做出决定，然后作为法令条文

---

① Frederick E. Greenspahn, "The Significance of Hebrew Philology for the Development of a Literal and Historical Jewish Bible Interpretation", in Magne Sæbø ed., *Hebrew Bible/Old Testament*, *The History of Its Interpretation*, vol. I/2: The Middle Ages（Göttingen: Vandenhoeck & Ruprecht, 2000）, p. 63. 卡巴拉是一种犹太神秘主义体系，形成于中世纪的欧洲，除了信奉圣经与《塔木德》为经典之外，还推崇"光辉之书"——《佐哈尔》。卡巴拉寻求对宇宙与人类本质的界定，探索存在之目，并对之做出隐秘的解释，以神秘符号建构了象征上帝所创造之宇宙的生命树。格肖姆·索伦（G. G. Scholem）:《犹太教神秘主义主流》，涂笑菲译，四川人民出版社，2000，第 78－236 页。

② Julius Guttmann, *Philosophies of Judaism: The History of Jewish Philosophy from Biblical Times to Franz Rosenzweig*, trans. by David W. Silverman（New York: Schocken, 1964）, p. 69.

③ 参 Daniel J. Lasker, "Jewish Biblical Interpretation in the Middle Ages", in J. Pattengale, L. H. Schiffman and F. Vukosavovic eds., *The Book of Books: Biblical Canon, Dissemination and Its People*（Jerusalem: Bible Land Museum, 2013）, p. 74.

④ Robert Brody, "The Geonim of Babylonia as Biblical Exegetes", in Magne Sæbø ed., *Hebrew Bible/Old Testament, The History of Its Interpretation*, vol. I/2: The Middle Ages（Göttingen: Vandenhoeck & Ruprecht, 2000）, p. 75.

颁布。这些文献被称为《问答》（*Responsa*），它们"构成了 7 - 11 世纪期间犹太人生活的指南和宗教法典"①。这部犹太法学家对律法进行解释的集子，涉及的大多数问题，是针对《塔木德》的释义与犹太律法（*halakhah*）的应用。高恩是如何回答这些问题的？在该时期，较早相关的释经议题与方法，鲜少被记载。但在萨阿底·高恩时代，这一情况出现了重要的转折。

萨阿底出生在上埃及的一个村庄，他十几岁时离开家乡，在巴勒斯坦跟随提比利亚（Tiberias）的托拉学者研习《希伯来圣经》与《塔木德》，以及其他人文科学，后移居巴比伦。他在同卡拉派以及巴比伦犹太社群的政治头领进行斗争的过程中，坚决捍卫主流的拉比犹太教。除此之外，萨阿底还要同圣经怀疑论者做斗争，比如 9 世纪中叶的释经学家与圣经批评家海威（Hiwi al - Balkhi）。② 928 年，萨阿底被任命为巴比伦苏拉经学院的高恩，成为高恩的杰出代表。他精通希伯来文法与官方阿拉伯语，是一位重要的以阿拉伯语进行著述的拉比，开创了犹太阿拉伯文学，涉及犹太律法、犹太哲学与希腊哲学等。③ 萨阿底才华横溢，著作等身，20 岁时就开始著述《希伯来语字典》，他称之为《艾格伦》（*Agron*）。他最为重要的著作，是对圣经书卷的翻译与注解。

在历史上，"他第一次把圣经翻译成阿拉伯文，使之成为阿拉伯世界通行的标准版本"④。他的著作，在讲阿拉伯语的犹太社群中有重要的影响力。在他系统的哲学著作《论信仰和意见》（*Emunoth ve - Deoth/The Book of Beliefs and Opinions*）中，他不仅呈现了对犹太哲学与希腊哲学的融合，而且还对圣经章节做出了诸多的诠释，从而证明知识与传统、理性与启示是兼容的。⑤ 此

---

① 傅有德等：《现代犹太哲学》上卷，第 149 页。

② 海威出生在呼罗珊（Khorasan）。他收集了五经中被塔木德主义者（Talmudist）合理化的难解经文和自相矛盾之处，比如关于亚哈谢登基时的年岁，《列王纪下》8：26 与《历代志下》22：2 所记述的大为不同；摩西"面皮发光"（出 34：29）是因为他长时间在山上禁食；质疑上帝的统一性，等等。海威对五经之神圣性的质疑，被卡拉派斥为异端。萨阿底禁止人们读海威的书，并专门著书谴责之。参 Fred Gladstone Bratton，*A History of the Bible*，pp. 299 - 300。

③ Robert Brody，"The Geonim of Babylonia as Biblical Exegetes"，p. 76.

④ 傅有德等：《现代犹太哲学》上卷，第 160 页。

⑤ 该著作旨在维护拉比犹太教。它成书于 933 年，以阿拉伯语写成，结构上依循当时盛行的伊斯兰教穆尔太齐赖派（*Mu'tazili*）的注经法则，即运用理性观点注经，关注圣训与教法。该著后被译成希伯来文与英文。参 Saadia Gaon，*The Book of Beliefs and Opinions*，trans. from the Arabic by Alexander Altmann（Indianapolis：Hackett，2002）。

外，他著述了众多的释经作品，包括对整个五经的翻译与注释，以及对
《以赛亚书》《箴言》《诗篇》《约伯记》和《但以理书》等的翻译与释
义。对不同书卷的评注，为了突出主题，他都冠以特别的名称，比如，
对《以赛亚书》的释义，书名是《力求在崇拜中完善的书》；论及《约
伯记》，书名是《神义论之书》；关于《箴言》的评注，书名是《寻求智
慧的书》；关于《诗篇》的诠解，书名是《赞美之书》；关于五经的评
释，他称之为《光辉之书》。① 在这些翻译和注释中，萨阿底运用了伊斯
兰教阐释模式（*tafsīr*），即坚持经文简单的字面意义。

关于释经原则与方法，他评注了拉比以实玛利（Ishmael）的十三条
释经规则。在其托拉评注的导言中，萨阿底指出：我已经解释了三种类
型的知识，它们对于托拉的评注者而言是必要的。这三种知识是基础，
一个理性的人，通常会依照经文的简单意义而理解托拉。② 他所解释的三
种知识，是感官观察的知识、理智的直觉知识以及由逻辑推论而得的知
识，此外，通过这三种知识，我们可以获得第四种知识，即来自宗教启
示的传统知识。托拉、先知书与《密西拿》中的智者与先知，所传达的
知识是准确可靠的，也是一种真正的知识。因此，我们以三种知识为基
础，可以达到对圣经的理解，而且，四种知识之间的矛盾之处可以通过
释经而得到化解。比如，《创世记》3：20 中称夏娃为"众生之母"（the
mother of all living things），我们不能从字义上进行解释，因为它同我们的
理智相违背，狮子与牛等牲畜并非人母所生。因此，我们要假设这节经
文的表面结构之下隐含了其他信息，将之译为"所有会说话的生物之母"
（the mother of all speaking living things）。此外，上帝是"烈火"这样的论
述（申 4：24）也要在隐喻的意义上进行解释，因为理性使那火成为偶然
不定的，但上帝显然不是如此。③ 诸如此类，他列举了一系列经文，说明
这些经文要在非字面的意义上进行解释，去调和理性与启示。萨阿底对
语言和文体的分析，使其文学著述深深植根于伊斯兰文化中，其释经作
品亦是如此。因为，他生活在伊斯兰教世界里，是"直接受伊斯兰教和

---

① Robert Brody, "The Geonim of Babylonia as Biblical Exegetes", p. 77.
② Ibid., p. 80.
③ Ibid., p. 81.

犹太教影响的犹太凯拉姆哲学家"①。

当然，高恩时期的犹太释经，始终保持了对犹太律法的拥戴和捍卫。该时期的释经作品，正如萨阿底所强调的，显著的共同特点就是对律法资料的混合，包括对《塔木德》来源的引用，以及时不时参照后塔木德时期的新内容。尤其显著的是，高恩的释经作品关注圣经的非律法部分，而对律法本身的讨论被引入叙述的语境中。对于高恩而言，他们要强调拉比传统与圣经之间的关联，从而抗衡卡拉派。② 高恩接受众多关于故事叙述的拉比传统，视之为权威，并以此为基础进行评注。"相较早期的拉比释经，高恩的释经具有更加严格而真实的特征，它更关注对圣经文本细致而系统的解读，既关注最小的文本单元，也注重对更大叙述的整合。"③ 高恩的释经实践，对中世纪犹太教的圣经诠释有重大影响，无论是拉比，还是卡拉派，尤其是对那些以阿拉伯语著述的犹太释经学家来说，影响更为深远，比如迈蒙尼德（Moses Maimonides）等，以及欧洲以希伯来语著述的犹太释经者，比如亚伯拉罕·伊本·伊斯拉（Abraham ibn Ezra）等人。

此外，在高恩时期，值得注意的是《希伯来圣经》之马所拉文本的成型。对圣经诠释史而言，马所拉文本具有重要的意义。第二圣殿被毁之后，犹太人散居在地中海沿岸各国。希伯来语已不是普通犹太人的生活用语，传统的发音已经失传。那些被希腊化的犹太人，诸如斐洛与约瑟夫，他们读的圣经主要是译成希腊语的七十士译本。但是，由于该译本包含了诸多基督教化的诠释，后来遭到犹太拉比的抵制，并参照希伯来原文译出不同的希腊译本。那些热衷于希伯来圣典注疏与修订的犹太拉比，1 至 5 世纪中叶，他们是犹太法典的编著者，编纂了口述律法典籍，诸如《密西拿》与《塔木德》，而在 6 至 10 世纪期间，由拉比组成的马所拉学者，编修完善了《希伯来圣经》的注音系统，形成了我们今

---

① 傅有德等：《现代犹太哲学》上卷，第 188 页。

② Robert Brody, "The Geonim of Babylonia as Biblical Exegetes", p. 86. 在高恩时期，对于拉比犹太教而言，卡拉派是来自犹太教内部的挑战，它关系到犹太教传统能否维系，涉及拉比犹太教的合法有效性问题；另一个是来自外部的危机，即伊斯兰神学和在伊斯兰教范围内兴起的希腊哲学的挑战，关系到犹太教的形而上学基础。参傅有德等著《现代犹太哲学》上卷，第 161 页。

③ Robert Brody, "The Geonim of Babylonia as Biblical Exegetes", p. 87.

天所用的《希伯来圣经》——马所拉文本（Masoretic Text，简称 MT）。这个版本不同于早期的《希伯来圣经》抄本，比如死海古卷，或更早的抄本，因此它所呈现的并非《希伯来圣经》的原初形式。希伯来字母、元音标记与重音符号构成了希伯来文这一神圣语言（holy tongue）的三大基础，也是理解《希伯来圣经》的直接与根本的切入形式。

初期的圣经，以古希伯来文写在羊皮、麻布或蒲草之上，而且依据圣经记载，采用经卷的形式（诗 40：7；耶 36：14）。古代闪语的文本著述都基于辅音系统，古代希伯来文亦不例外。初期的圣经书卷由辅音构成，没有元音与重读的标注，但是当时的人们知道如何去读。由于相同的辅音排列，可能代表不同的词语，读者需要依据上下文的语境而确定词语，因此产生了不同的变体，并引发歧义。随着精通希伯来语的犹太人越来越少，阅读古老的经书变得愈加困难。早期的圣经文本是多样的，但从以斯拉时代至塔木德时代，希伯来经文相对固定，尤其是一贯受到重视的托拉部分。在这一时期，不仅《希伯来圣经》的著述形式与经目逐渐得到确定，而且古代犹太人受到亚兰文的影响，采用了"方块"字体，这样的特征保留在撒玛利亚五经中。自公元 1 世纪耶路撒冷圣殿被毁之后，拉比成为犹太教的宗教领袖以及经典编修的权威，他们致力于确定一个"忠于原文"的《希伯来圣经》，为制定一部"正确的"圣典而努力，从而使圣典精确地传抄下去，但是直到塔木德时代末期，有元音标注和经节段落划分的《希伯来圣经》仍未形成。相较而言，2 世纪的希腊译本较接近马所拉文本，而奥利金六经合璧中的希伯来文本以及哲罗姆的圣经译本，虽更为接近但依旧不同于马所拉文本。哲罗姆对具有发音标注与句点划分的希伯来文本亦一无所知，但这并不影响当时的读音以口述相传。

传统上，对诗歌体经文的经节划分在七十士译本与死海古卷中依稀可见，但在整体上，圣经文本著述经节的标注与划分是后来的发展。6 世纪，对《塔木德》的研究促使拉比要确定一个标准的希伯来圣典的版本，于是，在巴比伦与巴勒斯坦的提比里亚人（Tiberias）形成了由马所拉学者组成的学派，致力于创制希伯来文的发音系统。马所拉（Masorah）意为"传统"，或者"传递下来的东西"，马所拉学者则指"传统的大师"。他们的工作就是搜集先前的文本资料，对其中的错漏之处进行校勘，他们不改动原文中的任一字母，但若发现有错，就会适时在文本旁抄写下来，并留下批注，即马所拉批注。在这些马所拉批注里，他们会指出文本的特殊之处，以及他们认为正确的文句，这些批注提示读者文本可能存在的问题或错误。在 6 至 10 世纪期间，这些马所拉学者，对每一个单词，每一个字母，无论是希伯来文的，还是亚兰文的，都进行了仔细的勘查与核实，标注读音，并对每一节经文进行断句划分。在此基础上，为了易于理解经文，他们根据句法与内容将句子分开并点上标点符号，使稍长的单元形成一个段落。这些标注与划分对圣经诠释历史具有重要的意义。① 圣经用于犹太会堂的诵读。据说在马所拉学者时代，存在两种不同的有关托拉循环诵读的方式。在巴勒斯坦，犹太人读一遍托拉需要三年的时间，因此托拉通常被分为 154 个周段。而在巴比伦，犹太人读完一遍托拉需要一年的时间，于是托拉被分为 54 段。一年为一个诵读周期的分配方式成为标准方式。②

马所拉文本的注音传统主要有三大分支，即提比里亚传统、巴比伦传统与巴勒斯坦传统。它们因注音系统的不同而有所差异，辅音文本并无根本差别。马所拉学者并不在意于圣经评释，而是力图还原《希伯来圣经》，向他们的后代传递上帝之权威的话语。为了保证正确的读音，他们发明了不同的元音标注系统，其中，在提比里亚盛行的一种注音系统占据了优势，主要是由本·拿弗他利（Ben Naphtalis）和本·亚设（Ben Ashers）两个家族发展起来的。"这些元音标记系统使用了大量的符号，通常是各种点标记在辅音的上方、下方或中间。这些元音标记系统非常精确，它甚至能指出词语在发音上的微妙变化。"③ 此外，为了便于在犹太会堂公众诵读圣经，马所拉学者在经文中标注了重音和停顿之处，达至他们创制元音系统的巅峰。经过本·亚设家族五六代人的努力，这个系统逐渐得以完善。尽管在 9 世纪出现标注元音与重音的抄本之前，我们并没有直接的证据呈现这个标注系统是如何运作与发展的，但是有充

① E. J. Revell, "The Interpretative Value of the Massoretic Punctuation", in Magne Sæbø ed., *Hebrew Bible/Old Testament*, *The History of Its Interpretation*, vol. I/2: The Middle Ages (Göttingen: Vandenhoeck & Ruprecht, 2000), pp. 64 – 73.

② 斯蒂芬·米勒、罗伯特·休伯：《圣经的历史：圣经成书过程及历史影响》，第 189 页。

③ 同上，第 189 – 191 页。

分的理由相信这一系统已被用了较长的时间，而且有不同的变体存在。^①
马所拉文本是个文本家族（textual family）。通常，晚古时期之前的与马
所拉文本相关的文本被称为原马所拉文本（proto – Masoretic Text）。马所
拉文本在内部与外部形成不同的流传。迄今为止，最为古老的马所拉文
本的五经当属来自俄罗斯国家图书馆的圣彼得堡五经抄本
（St. Petersburge Pentateuch Codex），成书于 929 年，而圣彼得堡圣经抄本
（St. Petersburge Bible Codex）成书于 1008 年，^② 后者又称为列宁格勒抄本
（Leningrad Codex），是现存最古老且最完整的《希伯来圣经》抄本，现
存于列宁格勒。该抄本沿袭了马所拉文本的提比利亚注音系统，是现代
塔纳赫版本的基础。今天的《斯图加特希伯来圣经》（Biblia Hebraica
Stuttgartensia）就是依据列宁格勒抄本的内容编写而成的，是适合圣经学
者研读的权威版本，也是目前学者广泛使用的校勘本。

第四节　结语

　　晚古时期的释经者继承教父传统，其神学以释经为主。他们墨守成
规，被保守的心态所控制，厚古薄今的立场阻碍了神学的建构。正如林
荣洪所称："或许没有其他时代像早期中世纪那样敬重和珍惜圣经，但也
没有其他时代像这时代一般对圣经的认识是那样贫乏。"^③ 这一时期的释
经活动，虽然秉承了早期教会与教父的传统，但总体上创意不多，可以
说是乏善可陈。一般的神学家除了接受圣经基本的字义，更倾向于接受
另外三种灵义：寓意（allegorical）、道德意（typological）与末后意（an-
agogical）。比如关于"耶路撒冷"，按照字义，它是犹太人的城；按照寓
意，它是地上的教会；依照道德意，它指信徒的灵魂；按照末后意，它

---

①　E. J. Revell, "The Interpretative Value of the Massoretic Punctuation", p. 72. 关于重音，早
　　期的释经者诸如萨阿底，并不关注重音的作用。中世纪的拉比拉什（Rashi）是首位关
　　注重音符号的重要释经者。后来的释经者日益重视重音符号的作用，将之视为诠释圣典
　　的一种指南，这样的态度影响到文艺复兴时期的基督教学者。参 Ibid., p. 73。

②　Ronald Hendel, "Masoretic Texts and Ancient Texts Close to MT", in Armin Lange and Em-
　　anuel Tov eds., *The Hebrew Bible*, vol. 1B（Leiden：Brill, 2017），p. 60.

③　林荣洪：《基督教神学发展史》（二），第 16 – 17 页。

指天上的城。① 这四种意义的观念贯穿了晚古时代的释经活动，并延续至中世纪的鼎盛时期，直到文艺复兴之人文主义的学术新纪元诞生后，神学与释经分道扬镳。多重意义的解经法在晚古时代盛行的主要原因，在于早期基督教神学家对启示的认识。他们深信在圣经著述的过程中，圣灵渗透在每一节经文中，具有深刻的意义，但是，圣经是经人手而完成的，表面的文字并不能传达这种深刻的真意，因此，这要求读经和解经的人要努力发掘其中的宝藏，就是上帝启示的真理。如此，神学家尽力发挥自己的想象力，甚至不惜随意发挥。他们不愿停留在经文的字义上，而是执着地探究其深意。在晚古时期，作为以圣经解释为基础的神学，并没能建立与其他知识学问之间的关联，只能在圣经文本里寻求对世界与人生的解答。而且自奥古斯丁以来，新柏拉图主义的二元论也促进了释经者对经文二重世界（字义与灵义）的分隔。总体上，晚古时代的释经者墨守成规，厚古薄今。这种保守的心态与意识，严重阻碍了神学的建构以及对圣经诠释的突破。概而言之，在这一历史处境里，圣经受到敬重，但是，神学家们对圣经的认识是缺乏新意的，基本上是在沿袭教父时代的传统，缺乏实质性的创新。

---

① 林荣洪：《基督教神学发展史》（二），第 16 – 17 页。

第五章

中世纪犹太释经

11 至 13 世纪，被称为"中世纪鼎盛时期"（the High Middle Ages）。11 世纪初，散居于欧洲各地的犹太人尽管人数少，但仍然对当地的文化产生了影响。这当中包含犹太教、基督教与伊斯兰教三者之间的互动。犹太教与基督教曾经和平共处，比如西班牙的科尔多瓦哈里发国（Caliphate of Córdoba，756－1031）时期，伊斯兰教将二者视为"圣书的宗教"而予以保护。① 但与此同时，圣城耶路撒冷处于穆斯林的统治之下，纪念耶稣基督受难与复活的圣墓教堂（the Holy Sepulchre）沦为牲畜棚，基督徒被逐出圣城。最终，在 1096 年，第一次十字军东征爆发。这次东征，是由西欧基督教世界发起的旨在收复被穆斯林占领的黎凡特（Levant）圣地的一场军事行动。十字军于 1099 年"解放"了耶路撒冷，夺回了圣墓教堂。其间，大量的穆斯林与犹太人被杀戮。一些犹太人出于对死亡的恐惧而被迫接受基督教的洗礼。历史上，基督教与犹太教之间的冲突由来已久，而在 11 世纪初，欧洲坊间谣传犹太人唆使穆斯林去摧毁圣墓教堂，更使基督教与犹太教之关系雪上加霜。② 在此后的近两百年间，又有多次的十字军东征。在基督教会主导的一系列扩张与宗教改革运动中，欧洲教会与国家都将犹太教视为外部的少数派宗教，认为它始终是实现基督教化的顽劣的抵制力量。于是犹太人要么被驱逐，比如 13 世纪末的英国与 14 世纪初的法国，要么被迫改信基督教，比如 14 世纪末的西班牙。在这种

---

① Henning Graf Reventlow, *History of Biblical Interpretation*, vol. 2, p. 219. 中国史籍称该王朝为"白衣大食"。

② 阿尔伯特：《耶路撒冷史》，王向鹏译，大象出版社，2014，第 2－20 页。另参米肖·普茹拉《十字军东征史》，杨小雪译，北京时代华文书局，2014，第 1－63 页。

恶劣而强大的社会生存处境里，犹太人在与基督徒相处的过程中，有些逐步被同化。

中世纪的犹太释经沿袭了高恩时期（7—11 世纪）的释经传统。在高恩时期，巴比伦成为犹太人的政治与文化中心。散居在阿拉伯地的犹太人，以巴比伦的拉比经学院的院长高恩为精神领袖，以对《巴比伦塔木德》的释义作为他们在新处境中的行为指南。后塔木德时代的拉比犹太教以《塔木德》为文本诠释的中心，受到其内部宣扬托拉权威的卡拉派（Karaite）的质疑。如前所述，卡拉派兴起于 8 世纪的中东，认为托拉与先知书具有至高的权威，从而拒绝将塔木德传统作为犹太传统的全部。正是拉比犹太教与卡拉派的论战，促成了论述圣经的新形式的出现。被誉为"中世纪犹太哲学之父"的高恩萨阿底，首次将《希伯来圣经》译为阿拉伯文，并对之进行评注。他的释经进路遵循理性准则（rational criteria），将文法与辞书学应用于对经文的解读，吸纳《古兰经》的释经法，同时融汇犹太律法与传统、希腊哲学与阿拉伯文学。"他的释经模式对后来的犹太释经有极大的影响，尤其是对阿拉伯地的犹太人。一个新的释经时代，可以说是由他开启的。一群《塔木德》的研习者追随他的倡议，称字义解经为 peshat，而比喻寓义为 derash。"[1] 这是两种不同的释经进路。在 11 世纪的法国北部与德国西部的一些地区，居住的犹太人被称为"阿什肯纳兹犹太人"（the Ashkenaz Jews）。这些犹太社群低调而谦卑，持守犹太教的律法与教义，实践敬虔的宗教生活。[2] 其中，居于法国北部的犹太注经大师所罗门·本·以撒

---

① 但有趣的是，这种释经进路得到进一步的发展，是在后来的法国与德国，而非穆斯林统治的西班牙。Henning Graf Reventlow, *History of Biblical Interpretation*, vol. 2, p. 222. 通常这种比喻解经法出现在《密西拿》与《塔木德》中，是犹太拉比的传统解经法，又被称为"米德拉什法"（midrashic method）。

② Elisheva Baumgarten, *Practicing Piety in Medieval Ashkenaz: Men, Women, and Everyday Religious Observance* (Philadelphia: University of Pennsylvania Press. 2014). 阿什肯纳兹犹太社群所用的《希伯来圣经》以方块字体见长。为了突出这样的字体，抄写员用的是羽毛笔。而且引人注目的是，在经文页上有大量的富有艺术性的绘图。比如 1238 年的《安布罗斯圣经》（Ambrosian Bible），大部头的设计版式伴以大字体与逐节翻译的亚兰文。不过大部分现存的这种圣经都用于犹太会堂，包含托拉、五小卷与先知书，可见这并非完整的《希伯来圣经》正典。参 David Lyle Jeffrey, "Medieval Hebrew Bibles: Art and Illumination", in J. Pattengale, L. H. Schiffman and F. Vukosavovic eds., *The Book of Books: Biblical Canon, Dissemination and Its People* (Jerusalem: Bible Land Museum, 2013), p. 69。

(Solomon ben Isaac，1040－1105），是这一犹太社群的著名拉比，也是这种犹太释经方法的发扬光大者。他以拉什（Rashi，该名是 Rabbi Shlomo Yitzhaki 的缩写）闻名于世。

第一节　拉什：遵循圣经字义与塔木德传统

　　1040 年，拉什出生于特鲁瓦（Troyes）的一个犹太拉比家庭，是家中的独子，自幼在父亲的教导下在七七节（Shvuot）学习托拉。17 岁那年开始，他先后前往沃姆斯（Worms）和美因茨（Mainz），跟随当地的拉比研习《巴比伦塔木德》及其论辩形式。学成后，他回到特鲁瓦被推选为拉比，在 1070 年左右，他创立了犹太学校（Yeshiva），吸引了诸多的弟子。拉什追寻真理，精通希伯来与亚兰文文法，温良谦恭，受人尊敬。他在特鲁瓦度过余生，著述了论及《塔木德》与塔纳赫的释经作品。这些释经作品也是他教学活动的成果，当中包括他对学生的答疑解惑。通常，他教学时口述的经文评释，学生会记述下来，然后拉什对之反复修改后成册。他与他的弟子们教学相长，互动密切，亦师亦友。他首先对《塔木德》进行了全面的评注。经过拉什的几番努力，他的犹太学院远近闻名，成为法国《塔木德》与圣经研习的中心，直至 13 世纪。一时间他在欧洲声名鹊起，他的《塔木德》评注成为犹太塔木德学校的标准读本。① 他擅长运用《塔木德》中的律法，判断与解决当下的律法冲突。在当时，《塔木德》评释与圣经评注是托拉研究的两个不同的方面，而且犹太释经者常以研究《塔木德》的方法处理圣经经文，即依据语言的指示解释句子，依据处境的需要而解释经文的内容。拉什的圣经诠释同样获得了后世的关注。他的圣经评注，涉及五经、先知书与圣卷。他评注了几乎所有的《希伯来圣经》书卷。"他是首位阐释整部圣经的犹太释经者。"② 他被现代圣经诠释者视为最为重要的先驱之一。事实上，在圣经理解的新方向与新方法上，拉什的

---

　　① Henning Graf Reventlow, *History of Biblical Interpretation*, vol. 2, p. 224.

　　② Ibid., p. 225.

确是位先驱。[1]

11 世纪的法国，在圣经的解读上引发了一场字义解经的"新运动"，被称为字义解经学派。这场运动由七位解经学者所倡领，其中最为著名的当属拉什。[2] 他注重圣经文本的文法结构与字义解释，倡导字义解经（*peshat*）的优先性，但这不意味着他会完全放弃比喻解经（*derash*）。[3] 拉什对希伯来文法的关注，缘于 10 世纪西班牙希伯来语言学家的启发，尤其是梅内赫姆·本·萨鲁克（Menahem ben Saruq，910 – 970）与杜纳什·本·兰博拉特（Dunash ben Labrat，920 – 980）。通常，拉什使用的是《密西拿》风格的希伯来文。在他的评注里，充满着对句法语义的分析，对同义词之细微差异的甄别，包括整合圣经希伯来文与《密西拿》希伯来文，连篇累牍，以至于他列举的很多词语是以往的学者从未提及过的。他时常参考马所拉希伯来文诵读的重音符号，而且亚兰文的塔古姆译本也是他重要的参考文献。他对托拉的评注，就引用了大量的塔古姆经文，涉及对这些经文的解释、批评与总结，试图发现圣经不同经文之间的关联。[4] 由于托拉在犹太教经典中的核心地位，他的圣经评注以托拉为先，视之为圣经教导的重中之重。就中世纪犹太圣经诠释历史而言，拉什的托拉评注首先出现在现代翻译中，这具有最为重要的意义。[5] 此

---

[1] Ibid., p. 224. 另参 Avraham Grossman, "The School of Literal Jewish Exegesis in Northern France", in Magne Sæbø ed., *Hebrew Bible/Old Testament*, *The History of Its Interpretation*, vol. I /2: The Middle Ages (Göttingen: Vandenhoeck & Ruprecht, 2000), p. 333。

[2] 其他六位分别是梅内赫姆·本·赫尔博（Menahem ben Helbo, 1015 – 1085）、约瑟夫·卡拉（Joseph Kara, 1050 – 1130）、示玛雅（Shemaiah, 1060 – 1130）、撒母耳·本·梅尔（Samuel ben Meir, 1080 – 1160）、布晋西的艾利泽（Eliezer of Beaugency, 12 世纪中叶）与约瑟·本·以撒·柏科·肖（Joseph ben Isaac Bekhor Shor, 12 世纪末）。参 Avraham Grossman, "The School of Literal Jewish Exegesis in Northern France", p. 323。该运动的兴起来自三方面的影响：西班牙犹太文化、12 世纪欧洲的文艺复兴以及犹太人与基督徒之间的论争。参 Ibid., p. 326。

[3] 偶尔，在特定的语境里，他会发挥寓意解经的作用。比如，他在解释《创世记》第 21 章夏甲与以实玛利被逐时，联想古代以色列人的被掳事件进行解释，从而说明上帝对其子民的护佑。他认为圣经文本本身是缄默的，其中隐匿或疏漏的细节要借助于拉比来源而被呈现出来。Ibid., p. 336.

[4] Avraham Grossman, "The School of Literal Jewish Exegesis in Northern France", p. 338.

[5] Henning Graf Reventlow, *History of Biblical Interpretation*, vol. 2, p. 225. 拉什的托拉评注，于 1475 年得到刊印，是首部被刊印的希伯来书籍。Ibid., p. 234. 此外，他的圣经评注，在 17 世纪被译为德语、意第绪语、英语和法语。参 Avraham Grossman, "The School of Literal Jewish Exegesis in Northern France", p. 344。

外，拉什还解释了上千个圣经语词，同时将之译成法语。因此，拉什在
其著述中呈现的文法与词典编纂，特别是他解释语词的方式，得到现代
圣经与塔木德语言学研究者的瞩目。

拉什对托拉的评注，是逐字逐节进行的。他不仅重视叙述故事，而
且也遵循传统的犹太释经进路，即注重律法的结构与内容。但是他有自
己独到的见解，比如，关于《创世记》3：8 中亚当与夏娃听到"上帝
的声音"，拉什放弃了拉比们的寓意解释，而是回归到简单直白的字
义，认为文本要适切它的语境，因此，他认为亚当与夏娃在园中听到了
上帝的声音。再如《出埃及记》23：2 之"不可随众行恶"，拉什参照
了塔古姆的释义，强调这一律法的司法语境，并依据其字义进行解
释：若你看到恶要篡改律法，那么你就不能因为他们是大多数而跟随
他们。拉什意在突出圣经经文的原初意义（original sense），一些曾被
拉比传统所淹没的意义。虽然他时常引述拉比的用法，但是他不会盲
目遵从，因此他能够峰回话转，插入"但我认为"，或"但我这样解
释这一句"，诸如此类，他提出自己依据字义而领会的独到见解。"通
过回归经文的原初意义，拉什引发了整个律法传统之人为结构的
崩溃。"①

拉什追求经文的简明字义，这使他的释经达到超凡卓越的高度。其
中最令人印象深刻的，是他对《创世记》1：1 - 3 的评注。拉什将之译
为："在天地之创造的起初，当地是空虚混沌，渊面黑暗时，上帝说：
'要有光。'就有了光。"他指出第 1 节与第 2 节是从属于第 3 节的，因
此，"光"是上帝创造出的第一个事物。也就是说，起初，当上帝创造
时，有些事物一开始就是存在的，比如地与黑暗。因此，这节经文并不
是要说"天地"是上帝首先造出来的，水也已经在那里了。而且，关于
开篇的希伯来文 *berishit* 一词，拉什指出：如果天地是上帝所造的，那么
就应该用 *berishona*，而不是 *berishit*。他认为 *berishit* 一词的用法，同以下
经文相关联，即《耶利米书》26：1、《创世记》10：10、《申命记》18：
4 以及《何西阿书》1：2。② 围绕《创世记》的开篇而展开的讨论，释经

① Henning Graf Reventlow, *History of Biblical Interpretation*, vol. 2, p. 226.
② 在这几处经文中，中文和合本圣经译之为"当……的时候""起头"与"初期"等。

史上从未中断，但是拉什运用他的希伯来语言知识，对《创世记》1：1 率先进行了时间状语从句的解释。他的解释"代表了对这一讨论的一种重要贡献"①。因为，他以圣经希伯来文本为中心，质疑了"无中造有"（*creatio ex nihilo*）的教条。但是，关于《创世记》1 章与 2 章的两个创造故事，拉什认为第一个叙述是一般化的论述，而第二个叙述则是第一个的具体化。这似乎了无新意，因为早期教父也有这么理解的。拉什以同样的模式处理洪水叙述中自相矛盾之处，尤其是《创世记》6：19 与 7：2 的两段经文。

拉什的解经尤为关注当下的生活。拉什的家族经营葡萄园，因此，有传说拉什是个葡萄酒商。他生活的犹太社区，在文化与经济上曾经与基督徒有密切的往来，比如，他们会雇佣基督徒在安息日时在葡萄园劳作，或修建房屋，反过来，犹太人会在周日为基督徒做工。不过，这样的合作关系随着第一次十字军东征的到来而结束。② 拉什亲身经历了这一变化。第一次十字军东征期间，在他生活的时代，犹太教与基督教围绕对圣经的不同解读而进行的论战时有发生，其中很重要的议题之一，就是基督教对《旧约》之基督论的理解。③ 作为圣典，犹太教的《希伯来圣经》构成基督教之《旧约》的主体部分，在这两种宗教中发挥重要的作用。但是，二者常因对圣经这一部分的不同理解而论战不

---

① Henning Graf Reventlow, *History of Biblical Interpretation*, vol. 2, p. 229. 关于《创世记》第一节中第一句话 בְּרֵאשִׁית בָּרָא אֱלֹהִים אֵת הַשָּׁמַיִם וְאֵת הָאָרֶץ 的翻译主要有三种：一是我们通常读到的，即"起初，上帝创造天地"（In the Beginning, God created the heavens and the earth）。这是一种对普遍与绝对的宣称，认为上帝创造万物，且从"无中造有"（creation out of nothing）。希腊文七十士译本（Septuagint）、拉丁文武加大译本（Vulgates），以及 1611 年的英文钦定本（KJV）等都是采用这种译法，其影响最为深广。二是依照希伯来原文及其语法，认为句子表达的是一个所有格形式，应译为"在上帝创造的起初"（In the beginning of God created）。三是以时间从句的形式进行译述，主句是第三节，译为"当上帝开始创造天地的时候"（When God began to create）。拉什率先提出了这种时间从句的译法。而且，古代西亚创造故事大多以这种方式开始，圣经第二个创世神话也是这么开始的（创 2：4b）。英文新修订标准译本（NRSV）与犹太出版协会（JPS）的 TANAKH 译本等，均提到第三种译法。参 Jack M. Sasson, "Of Time & Immortality: How Genesis Created Them", *Biblical Review* 21（2005），pp. 32 – 41, 52 – 54。现代中文译本称："太初，上帝创造天地。"或译"太初，上帝创造天地的时候"或"上帝开始创造天地的时候"。

② Ibid., p. 223.

③ Henning Graf Reventlow, *History of Biblical Interpretation*, vol. 2, p. 220.

休。① 同为一节经文，但因不同的神学立场而解释迥异的情形，俯拾皆是。二者之间的论争在拉什的圣经评注里留下了痕迹，尤其是对《诗篇》与《以赛亚书》的评释。在他不同的经文释义中，当他提到以东与罗马时，都要指涉无名的以色列之敌——基督教。② 因此，他的释经具有护教色彩。对于一些极易引起基督论的经文，比如《亚赛亚书》9：5 与《撒迦利亚书》9：9，他避而不谈，或者加添文字而绕之。一般而言，他要捍卫犹太教的传统信仰。比如《创世记》1：26 中"按我们的样式造人"，基督徒认为这是对三位一体的指涉，而拉什依照惯例，要突出上帝的无形象特征，认为这是上帝在与他的众天使商议。关于《以赛亚书》第 53 章中上帝受苦的仆人，拉什将"仆人"理解为以色列人，而非基督徒所称的弥赛亚。③ 这种释经差异的形成，主要是缘于不同的宗教传统与历史处境。此外，在中世纪，精通圣经希伯来文的基督教释经者凤毛麟角，因此，他们很难对《旧约》原文进行解读与诠释。为了能够有效地与犹太人进行论战，他们暗暗地向犹太释经者学习，正像当年的哲罗姆那样。④ 而犹太释经者，通过指出基督徒的错误解读而界定与坚信他们同犹太信仰的关联。

在他有关律法的答问释疑的著述（responsa）里，他呈现了当时犹太人的社会与宗教生活，并时常借助于圣经经文解释当下事件。比如，犹

---

① 在中世纪，犹太教与基督教之间的论争主要有三次，分别是 1240 年的巴黎论争、1263 年的巴塞罗那论争和 1413 - 1414 年间的托托萨论争。参海姆·马克比（Hyam Maccoby）编著的《犹太教审判：中世纪犹太—基督两教大论争》，黄福武译，傅有德校，山东大学出版社，1996。

② Avraham Grossman, "The School of Literal Jewish Exegesis in Northern France", p. 339. 关于《但以理书》，拉什认为它是围绕第二圣殿时期所发生的政治事件而展开的书卷，而非基督徒所称的最后的救赎。他将《诗篇》9 与 10 解释为以色列所受到的来自基督教的逼迫，暗示 1096 年的杀戮，驳斥基督徒将《诗篇》45 解释为在论说他们的弥赛亚与教会，反驳以上帝之名而进行圣化的十字军。此外，他将《以赛亚书》52 章中的"到那日"，映射为 1096 年的事件。参 Yitzhak F. Baer, "Rashi and the World around Him", in Joseph Dan ed., *Jewish Intellectual History in the Middle Ages* (London: Praeger, 1994), pp. 109 - 113。

③ Henning Graf Reventlow, *History of Biblical Interpretation*, vol. 2, p. 227.

④ 自 13 世纪，基督教的学者开始对拉什的评注产生了兴趣。利拉的尼古拉斯（Nicholas of Lyra, 1270 - 1349）是中世纪最为著名的基督教释经者，他懂希伯来文，并深受拉什释经的影响。参 Avraham Grossman, "The School of Literal Jewish Exegesis in Northern France", p. 344。

太人被杀戮、被抢劫，以及被迫改宗，都成为他论述的释经议题。① 因此，他的释经作品不仅要解释经文，而且还要教育和激励他同时代的犹太人渡过难关。比如，他评注了《以赛亚书》与《诗篇》的全部经文，时而否定对弥赛亚的解释，时而又创制出一种新的对弥赛亚的诠释，表达了人们在受逼迫中如何反省和加强自己的信仰。因此，为了达到说教的目的，拉什结合了字义解经 peshat 与传统的比喻解经 derash，运用拉比的资料对圣经文本进行深入浅出的讲解，这使他的释经呈现出简明易懂的特点，从而使他的释经作品能够广泛流传。比如，关于《创世记》11：28②，今天我们可以依据来源批判进行分析，但是，来源批判对于拉什而言，是遥远而陌生的。他首先基于字义，指出"是在他父亲的有生之年"，从而化解字面上的歧义，但是他参照《塔木德》，将'al-pene 译为"过失"，同时，添加一则长故事说明为什么哈兰先于他拉而死。③ 类似的添加也出现在《诗篇》。实际上，我们发现这同他强调字面原初意义的方法是自相矛盾的。此外，对于《创世记》15：10④，依照字义，他指出这是立约的处境，但是他又遵照塔木德传统，认为公牛、公绵羊与公山羊（诗22：12；但8：20）意味着这个世界的其他民族，而以色列人（雅2：14）则是鸽子的类比。而且，他认为这个世界的其他民族终要消失，而以色列人将是永恒的。⑤ 因此，拉什虽然注重字义解经，强调经文的直白意义，但是他也为比喻解经留下了空间，成为传统拉比释经的追随者与传递者。

圣经诠释的历史与方法

---

① Yitzhak F. Baer, "Rashi and the World around Him", p. 107.
② "哈兰死在他的本地迦勒底的吾珥，在他父亲他拉之先"（创11：28）。
③ 简言之，在这个故事里，他拉向国王宁录（Nimrod，创10：8）抱怨他儿子亚伯拉罕毁了他的神像。宁录将亚伯拉罕丢到火窑（但3：8）中。哈兰不知道实验的结果会是什么，见到亚伯拉罕毫发未损从中出来时，就宣布要代之进去一试，结果，哈兰被烧死，是因他父亲的过失而死。参 Henning Graf Reventlow, *History of Biblical Interpretation*, vol. 2, p. 231。这样的添加，正是拉什后来受到诟病的地方。比如，强调经文神秘义的拉比摩西·本·纳赫曼（Moses ben Nahman, 1194-1270），极力抵制拉什的字义解经法。参 Daniel J. Lasker, "Jewish Biblical Interpretation in the Middle Ages", p. 78。
④ "亚伯兰就取了这些来，每样劈开，分成两半，一半对着一半地摆列，只有鸟没有劈开。"（创15：10）
⑤ Henning Graf Reventlow, *History of Biblical Interpretation*, vol. 2, p. 232.

第二节 伊本·以斯拉：关注理性与处境

在中世纪的欧洲，由于相对宽松的社会政治处境，西班牙居住着较多的犹太人。这一犹太社群被称为萨法迪姆（Sephardim），从中涌现了一大批杰出的思想家，诸如加比罗尔（Solomon ibn Gabirol，1021－1058）、哈列维（Judah Halevi，1075－1141）、达吾德（Abraham ibn Daud，1110－1180）与迈蒙尼德（Maimonides，又名 Moses ben Maimon，1135－1204）等。若说拉什是阿什肯纳兹犹太人的释经代表，那么，拉比伊本·以斯拉（Abraham ibn Ezra，1089－1164）可以说是萨法迪姆在释经领域的领军人物。1089年，伊本·以斯拉出生在西班牙北部的图德拉（Tudela），是位多产的博学者。据说他曾在巴格达时因父亲陷于危难而一度被迫改信伊斯兰教。[①] 1140年，他离开穆斯林统治的西班牙，此后，他辗转于意大利、法国与英国的犹太社群。他不再以阿拉伯文著述，而代之以希伯来文，他的大部分著述都是在这一时期完成的。他不仅是语言学家、诗人、文献学家、翻译家与数学家，也是颇有成就的哲学家、天文学家与占星家，更重要的是，他还是一位著名的圣经评注者。[②] 他的思想源流，秉承伊斯兰教与犹太教的传统，比如，阿拉伯哲学家阿维森纳（Avicenna，980－1037）以及犹太哲学家萨阿底的思想，对伊本·以斯拉有深刻的影响，使他成为 12 世纪犹太教领域的"启蒙"代表。[③] 他的圣经评注，除了前先知书、《历代志》、《箴言》、《耶利米书》、《以西结书》、《尼希米书》与《以斯拉

---

① Henning Graf Reventlow, *History of Biblical Interpretation*, vol. 2, p. 232.

② Uriel Simon, "Abraham ibn Ezra", in Magne Sæbø ed., *Hebrew Bible/Old Testament*, *The History of Its Interpretation*, vol. Ⅰ/2: The Middle Ages（Göttingen: Vandenhoeck & Ruprecht, 2000）, p. 378.

③ 他著述了专门论及宗教演说与典雅文风的书籍，并对前辈的语言学作品进行批判的修正。参 Henning Graf Reventlow, *History of Biblical Interpretation*, vol. 2, p. 236. 阿维森纳是著名的亚里士多德诠释学家，他把对真主的信仰同亚里士多德哲学相结合，认为人的灵魂有三种：植物灵魂、动物灵魂与理性灵魂，它们由低到高，层层递进。参傅有德等著《现代犹太哲学》上卷，第156－157 页。伊本·以斯拉时常引述萨阿底的哲学著作《论信仰与意见》（*The Book of Beliefs and Opinions*），而且，他毫不掩饰对萨阿底的欣赏："在各地的演说家中，萨阿底是最领先的，最优秀的。"参 Daniel Frank and Oliver Leaman eds., *The Cambridge Companion to Medieval Jewish Philosophy*（Cambridge: Cambridge University Press, 2003）, p. 71。

书》外，其他书卷的评释都被流传下来，其中，最为著名的当数托拉评释与《以赛亚书》评注。他崇尚知识，文法与辞书学在他的《希伯来圣经》诠释中起着重要作用。他的释经方法注重对经文的句法分析，强调经文简明的处境意义。他的圣经评注在文艺复兴与宗教改革时期倍受敬重，而且，"对斯宾诺莎（Benedict Spinoza）与现代圣经学术产生了影响"①。

1145 年，伊本·以斯拉在卢卡（Lucca）撰述了对《以赛亚书》的评注。这部著作呈现了他擅长释经的才能，使他闻名遐迩。他聚焦于字义的问题，简洁的风格，明晰的表达，以及表述的缜密，都使该著作具有现代的气息。② 在该著作里，他先是逐字逐句解释，之后解释整体的思想和处境。《以赛亚书》开篇的第一句，提及以赛亚是"亚摩斯的儿子"，伊本·以斯拉对比《历代志下》32：32 中"在亚摩斯的儿子以赛亚的默示里，先知……"指出这里的"先知"可以指亚摩斯，也可以指以赛亚，于是引发了以赛亚是否为先知的问题。他参照诸多经文，尤其是《列王纪下》19：2 之"亚摩斯的儿子先知以赛亚"，最终得出肯定的答案。这种以经解经处理经文之含混的方法并不新颖，但是，以字义为基础，对文法与历史问题的澄清在当时并不寻常。在解经的过程中，他采用"比较文献学的方法，因此，运用塔古姆的叙利亚语、《塔木德》的语言以及阿拉伯语，去平行解释希伯来术语的表达"③。不过，他始终坚信马所拉文本的权威，认为其措辞用语不会有误。比如，《以赛亚书》21：8 中先知将自己描述为"守望者"，马所拉文本中为"狮子"，

① Daniel J. Lasker, "Jewish Biblical Interpretation in the Middle Ages", p. 74. 斯宾诺莎在其《神学政治论》中，盛赞伊本·以斯拉"是一位具有启蒙智慧且学识渊博的人"。参 Benedict de Spinoza, *A Theologico - Political Treatise and A Political Treatise*, trans. with an introduction by R. H. M. Elwes（New York：Dover, 2004）, p. 121. 伊本·以斯拉将圣经诠释本身视为一种科学而进行论述，比如"对圣经的占星学化"，以文献学的方法探查圣经文本，对希伯来经文字义与比喻义的二分，以及对历史处境的关注，都对斯宾诺莎具有直接而深远的影响。如果说斯宾诺莎的《神学政治论》终结了古典的犹太哲学，瓦解了奠基于启示真理之上的宗教传统，那么，伊本·以斯拉为这种解构提供了饱满的种子。参 T. M. Rudavsky, "The Science of Scripture：Abraham ibn Ezra and Spinoza on Biblical Hermeneutics", in Steven Nadler ed., *Spinoza and Medieval Jewish Philosophy*（Cambridge：Cambridge University Press, 2014）, pp. 59 – 78.

② Henning Graf Reventlow, *History of Biblical Interpretation*, vol. 2, p. 238.

③ Ibid. , p. 239.

而且这已被现代释经者考证为抄写员的错误，但是为了化解文本意义的晦暗不明，他建议加一个前置介词"像"（*ke*），就是"像狮子一样吼叫"，他认为这是一种形象化的表述。① 而论及对上帝的表述时，伊本·以斯拉持一种完全正统犹太人的观点，认为那是比喻性的指示，更需要加前置介词。

　　伊本·以斯拉不仅关注字义，而且注重文本的年代，探讨文本的历史处境。比如关于《以赛亚书》7：14 中的以马内利（Immanuel），他反对将之指涉为耶稣的说法。他从年代学的视角，认为这是不可能发生的。在他看来，耶和华晓谕亚哈斯相关信息，但耶稣在很多年后才出生，而且他依据《以赛亚书》7：16②，指出以马内利同希西家王有关，因此他认为将以马内利映射为耶稣的说法，在年代上是站不住脚的。退一步而言，即便这在亚哈斯统治的开始就被预言，但他的统治仅持续了 16 年，他过世时，希西家 25 岁。基于以上种种，他推断以马内利可能是以赛亚的三个儿子之一，他的三个儿子都有指向未来的具有象征意义的名字。③ 而且，通过对《以赛亚书》的处境化研究，伊本·以斯拉发现 40 - 66 章与前面的章节在历史处境上有很大不同，从而得出不同的先知作者的看法。他首先考察了从第 39 章到第 40 章的过渡。在第 39 章中，先知向希西家宣布，那些向巴比伦的使者展示的宝物，以及他的众子，都要被掳到巴比伦。伊本·以斯拉认为这段令人悲伤的经文，开启了第 40 章中安慰的话语，反映了巴比伦被掳事件。④ 如此，他质疑先知以赛亚为 40 - 66 章的作者。尽管他当时没有公开挑明，但是他的质疑是基于对经文的文献学与历史分析，包括对历史处境的讨论。这种历史批判研究的知识探索，对现代圣经研究具有重要意义。

　　伊本·以斯拉的托拉评注之一，题为《论敬畏的基础与托拉的秘密》（*Sefer Yesod Mora Ve - Sod Ha - Torah*），被译为《托拉的秘密》（*The Se-*

---

① Henning Graf Reventlow, *History of Biblical Interpretation*, vol. 2, p. 241.

② "因为在这孩子还不晓得弃恶择善之先，你所憎恶的那二王之地，必致见弃。"（赛 7：16）这里的"二王之地"，是指大马色与以法莲。

③ Henning Graf Reventlow, *History of Biblical Interpretation*, vol. 2, p. 242. 他也否定《以赛亚书》52：13 中"我的仆人"为耶稣的观点，而是基于对上下文语境的分析，认为这里是指全体以色列人。参 Ibid. , p. 245。

④ Ibid. , p. 243.

cret of the Torah）。该著作共由 12 章构成，是伊本·以斯拉晚年时期在伦敦完成的。在该著作的开篇，他交代了撰述的缘由：要解释诫命，强化对上帝的敬畏，从而培养和完善理性灵魂（rational soul）。① 他高度赞赏马所拉学者对《希伯来圣经》的编纂，认为他们保留了经文的原初形式，没有加添，也无删减，并规范了拼写、注音与吟唱系统。为了评注托拉，他高举理性的大旗，运用各种知识，将释经建立在理性判断之上，尤其强调文法知识的重要性，认为"文法研究本身就是一种奇妙的科学"②。对他而言，托拉是生命的来源与诫命的基础，若要理解上帝的律法，仅致力于托拉文本是不够的，还需要学习口传律法的《塔木德》，反之亦然。关于律法（halakah），他沿袭《塔木德》的诠释，而且，他认为要理解圣经与《塔木德》，还必须要掌握哲学与科学知识。③通过不断学习的方式，人的灵魂逐渐得到完善，最终获得神秘知识与永生。伊本·以斯拉"诉诸理性与科学，寻求基于文献学与处境的诠释，这使他的释经具有强烈的方法论的意识"④。他的释经方法，体现了信仰、真理与释经自由之间的张力。

关于律法，依据《塔木德》，伊本·以斯拉指出拉比圣贤将托拉中的律法归为 613 条诫命（mitzvot）。这些诫命是该著作论述的重点与主体部分。在第 2 – 9 章里，他主要论述了这些诫命的分类、计数、内容、来源、本质、目的与持守诫命的缘由等。伊本·以斯拉将诫命分为肯定与否定两种类型，涉及信仰、言说与行动，分别对应于心、口与作为。⑤ 十诫（Decalogue）的首四条诫命都与上帝相关，直指人心，是最为重要的

---

① Abraham ibn Ezra, *The Secret of the Torah*: *A Translation of Abraham Ibn Ezra's Sefer Yesod Mora Ve – Sod Ha – Torah*, translated and annotated by H. Norman Strickman（Northvale：Jason Aronson，1995），p. 7.

② Ibid.，pp. 10，31 – 32. 他认为理性是基础，托拉是颁布给那些有知识的人。参 Uriel Simon，"Abraham ibn Ezra"，p. 379。

③ H. Norman Strickman，"Introduction"，in Abraham ibn Ezra，*The Secret of the Torah*，pp. 26 – 31. 伊本·以斯拉是第一位运用占星学的理论诠释圣经事件的犹太作家。参 T. M. Rudavsky，"The Science of Scripture：Abraham ibn Ezra and Spinoza on Biblical Hermeneutics"，p. 66。

④ Uriel Simon，"Abraham ibn Ezra"，p. 380.

⑤ Abraham ibn Ezra，*The Secret of the Torah*，pp. 39 – 91. 伊本·以斯拉引述《申命记》14：23，说明敬畏上帝的话语虽然以肯定的形式出现，但包含了所有否定的训诫。参 Ibid.，pp. 40 – 41。

诫命，而后六条诫命论及的是人际关系。在他看来，"若缺乏信仰，那么，遵守诫命是毫无意义的"①。也就是说，信仰先于行动，信仰是最重要的，上帝是寻觅人心的，而任何拒绝犹太信仰的人，都是将自己置于犹太圈子之外。② 他认为在托拉被颁布之前，理性律法（rational laws）就已借助理性而被认知，比如，不可杀人、不可偷窃与不可奸淫等诫命，都属此类，是托拉的基本诫命。③ 在此，伊本·以斯拉强调诫命的理性基础，尽管这种理性可能是隐匿的，但是，诫命存在一个连贯的目的论（teleology）。因此，他认为一个人要遵从诫命，即使他不明白诫命的目的与功用。伊本·以斯拉列举了各种诫命，指出持守这些诫命的原因，在于托拉能够教导和指引人们向善，使人的灵魂达至完满。为了实现这一目的，人们唯有遵从托拉之律法。正如"他（上帝）一吩咐，便都造成"（诗 148：5）。人遵从律法，才能存在，才能实现灵魂的提升。④ 如此，敬畏的基础，或对上帝的敬畏，就是托拉的秘密。

关于语言，伊本·以斯拉接受和当时大多数西班牙犹太学者与穆斯林学者相一致的观点，认为语词就像人的身体，而其意义就像是人的灵魂。语言知识不具独立的价值，而是一种交流的工具。⑤ 他拒绝对文本进行推测性的勘校，坚持马所拉文本的完美无瑕。他指出正是马所拉学者，神圣的托拉与圣经才保持了完整与精确。⑥ 因此，他指出任何诠释，都要尊重马所拉文本的标点符号与分节。论及读（qere）与写（kitiv）之差别，他指出要交替使用平行的版本，比如十诫的两个版本等。结果是，在释经上，他依赖于他的前辈所提出的各种和谐化的解经方案，反对文本批判。⑦ 他对文本著述年代的考证，是基于文学与释经，而非历

---

① Abraham ibn Ezra, *The Secret of the Torah*, pp. 91 – 92.
② 中世纪犹太思想坚持"信仰先于理解"，这与现代犹太教哲学有很大的差别。比如，18 世纪的犹太启蒙思想家门德尔松（Moses Mendelssohn）强调行动的优先性。参 H. Norman Strickman, "Introduction", pp. xxvi – xxvii。
③ Abraham ibn Ezra, *The Secret of the Torah*, pp. 111 – 121.
④ Ibid., p. 171.
⑤ Uriel Simon, "Abraham ibn Ezra", p. 386. 他对希伯来字母与数字进行了研究，认为每一个字母都有特定的意义，并对应于特定的数字，形成方块形的布阵。参 Abraham ibn Ezra, *The Secret of the Torah*, pp. 149 – 169。
⑥ Abraham ibn Ezra, *The Secret of the Torah*, pp. 8 – 9.
⑦ Uriel Simon, "Abraham ibn Ezra", p. 382.

史。关于圣经书卷的作者身份，他受到年代错位（anachronism）的困扰。比如，当论及《诗篇》的作者时，伊本·以斯拉认为是受到神圣启示的先知诗人著述了《诗篇》。关于《约伯记》的作者，他反对《塔木德》的两种观点：约伯是虚构的人物，摩西著述了这一书卷。对于伊本·以斯拉而言，约伯及其朋友都是历史人物。他反复强调我们对先知书卷中历史与人物背景的知识是贫乏而有限的，反对运用米德拉什去填补各种间隙。① 不过，他肯定所罗门撰述了《雅歌》与《传道书》，认为这在文本中已得到明确的交代。伊本·以斯拉对圣经作者身份的洞察，以对托拉的讨论最为著名。传统上，摩西被认为是托拉的作者，但是伊本·以斯拉依据《创世记》12：6 中的"那时，迦南人住在那地"，指出那时的迦南人可能来自其他部族，他们夺取了迦南地，因此，他认为文本有个深奥的意义，使那些想要理解它的人保持缄默。② 这个深奥意义，就是经文被著述时，迦南人已经被以色列人逐出，因此，这节经文一定是在摩西之后被写下的。而且，依据《申命记》1：1，经文的作者是在约旦河西，但是，摩西并未跨过约旦河，他在河东的旷野。③ 为了证实这一"秘密"，伊本·以斯拉引述了《申命记》31：22、3：11 与《创世记》12：6、22：14，指出《申命记》的最后 12 节经文，描述了摩西的死亡，从而进一步说明摩西一定没有著述这些章节。这些敏锐的洞见，打开了摩西并非托拉作者的大门，并对后世的犹太与基督教释经有重要意义，比如 17 世纪的霍布斯（Thomas Hobbes）与斯宾诺莎。④

① Uriel Simon，"Abraham ibn Ezra"，p. 384.
② Norman H. Strickman，*Ibn Ezra's Commentary on the Pentateuch：Genesis*，vol. 1，trans. Norman H. Strickman and Arthur M. Silver（New York：Menorah Publishing Co.，1988），p. 151.
③ Norman H. Strickman，*Ibn Ezra's Commentary on the Pentateuch：Deuteronomy*，vol. 5，trans. Norman H. Strickman and Arthur M. Silver（New York：Menorah Publishing Co.，1988），p. 3.
④ T. M. Rudavsky，"The Science of Scripture：Abraham ibn Ezra and Spinoza on Biblical Hermeneutics"，p. 75. 15 世纪西班牙的主教与释经者阿朗索·托斯塔多（Alonso Tostado，1400 - 1455），精通希伯来文，其作品深受伊本·以斯拉的影响。此外，德国基督教的希伯来语学者（Hebraist）约翰·鲁赫林（Johann Reuchlin，1455 - 1522）沿袭了伊本·以斯拉的犹太释经传统。参 Henning Graf Reventlow，*History of Biblical Interpretation*，vol. 2，pp. 245 - 246。在探讨五经的作者时，斯宾诺莎直接引述了伊本·以斯拉的质疑与论证。参 Benedict de Spinoza，*A Theologico - Political Treatise and A Political Treatise*，pp. 121 - 122。

第三节 结语

　　拉什是中世纪法国北部犹太字义解经学派的杰出代表，但是，字义解经的进路在 12 世纪末 13 世纪初走向式微。在穆斯林统治下的西班牙，除了上述的伊本·以斯拉之外，还有一个重要的释经者，他是摩西·伊本·以斯拉（Moses ibn Ezra，约 1055 – 1138），是安达卢西亚传统（Andalusia tradition）的先驱者。[①] 他以美学视角进行圣经评注，这是中世纪犹太释经的重要进路之一。摩西·伊本·以斯拉是位希伯来诗人，在圣经文本诠释上，他沿袭萨阿底之遗风，融合希伯来诗学与阿拉伯文学，探索《希伯来圣经》的文学特征，呈现圣书的形式与结构之美。他以犹太阿拉伯语著述的圣经评注《论比喻和字义语言的花园》（*Maqālat al – Hadīqa fi Ma ' na al – Majāzwa – ' l – Haqīqa*），为诠释圣经中的比喻语言建构了一个体系。他独特的美学释经，以及对圣经的理性主义立场，影响了迈蒙尼德的《迷途指津》（*Guide of the Perplexed*）。[②] 此外，犹太神秘主义者倡导对圣经进行玄奥的解读，认为圣经文本体现了隐秘的教义。比如，西班牙的犹太哲学家纳曼尼德（Nahmanides，即 Moses ben Nahman，1194 – 1270）批评拉什，主张运用米德拉什的释经法处理经文，同时注重心理学、神学与神秘主义的视角，尤其是对《雅歌》《约伯记》与

---

① 711 – 1492 年间，穆斯林统治了西班牙南部的安达卢西亚犹太社区，创造了璀璨的多元文化交融的格局。中世纪，居于此地的犹太人也受到了伊斯兰文化的熏染。在犹太释经领域，除了摩西·伊本·以斯拉之外，还有奇姆黑家族（Qimhi family）。该家族产生了三位重要的继承安达卢西亚传统的释经者，分别是约瑟（Joseph Qimhi，1105 – 1170），以及他的两个儿子摩西（Moses Qimhi，1127 – 1190）与大卫（David Qimhi，1160 – 1235）。他们奉行理性主义，平衡字义解经与比喻解经，坚持从语言学、文体风格、历史学与宗教启示的角度探究圣经文本，影响了基督教的释经者，甚至 1611 年出版的英王钦定本（KJV），在翻译上也参照了大卫的希伯来句法著作与辞典。参 Mordechai Cohen, "The Qimhi Family", in Magne Sæbø ed. , *Hebrew Bible/Old Testament*, *The History of Its Interpretation*, vol. Ⅰ /2: The Middle Ages（Göttingen: Vandenhoeck & Ruprecht, 2000）, pp. 389 – 415。

② Mordechai Cohen, "The Aesthetic Exegesis of Moses ibn Ezra", in Magne Sæbø ed. , *Hebrew Bible/Old Testament*, *The History of Its Interpretation*, vol. Ⅰ/2: The Middle Ages（Göttingen: Vandenhoeck & Ruprecht, 2000）, pp. 282 – 301.

托拉的评注，而且他虽然称自己为伊本·以斯拉的继承者，但是他尖刻地抨击伊本·以斯拉理性地拒绝拉比传统的态度。纳曼尼德的神秘主义解经，经由拉比巴亚·本·亚舍（Bahya ben Asher，1255 - 1340）的发展，在13世纪末犹太教卡巴拉（Kabbalah）密教文献《佐哈尔》（*The Zohar*）中达到极致。①

当我们讨论中世纪的犹太释经学时，很难绕过伟大的犹太哲学家迈蒙尼德。虽然迈蒙尼德并没有撰述关于具体圣经书卷的评注，但是他对圣经的引述大量出现在他的律法作品、书信集，以及神哲学著作《迷途指津》中。他的《密西拿托拉》（*Mishneh Torah*）对庞杂的《塔木德》进行了提炼，总结了律法规范与准则，呈现了有序、统一与明确的律法系统和结构。② 迈蒙尼德的释经进路是独特的，因为他不仅在实践上论及对圣经的诠释，而且通过对经文的分析，呈现了他的释经理论。"这一理论就是论述圣经文本的语言及其文学形式，从而证明他的宣称，即圣经文本的内在意义是哲学的。"③ 显然，对他而言，圣经就是他观点论述的文本依据和基础，因此，"圣经释义在他的著作中，尤其是《迷途指津》里，占有核心地位"④。在《迷途指津》的前言里，他指出圣经文本的两个部分都需要诠释，一是个别的字词或术语，二是由一节经文或多节经文组成的指涉"比喻"的文本单元。这些比喻要以其关键词的词源

① Daniel J. Lasker，"Jewish Biblical Interpretation in the Middle Ages"，p. 78. 卡巴拉的释经，主要有四个策略：对希伯来语言和圣经进行一元的隐含理解，将整个文本视为超验的神圣体系的图画而进行象形的理解，以各种数学的进路解读文本，将圣经文本转化为一种象征的构造而进行解释。卡巴拉的四重释经系统，被称为是 Pardes，四个辅音字母分别对应于字义（*Peshat*）、隐含的寓意（*Remez*）、比喻义（*Derash*）与神秘义或象征义（*Sod*）。参 Moshe Idel，"Kabbalistic Exegesis"，in Magne Sæbø ed.，*Hebrew Bible/Old Testament*，*The History of Its Interpretation*，vol. I /2：The Middle Ages（Göttingen：Vandenhoeck & Ruprecht，2000），pp. 456 - 466。

② Moshe Halbertal，*Maimonides*：*Life and Thought*，trans. by Joel Linsider（Princeton：Princeton University Press，2014），pp. 164 - 276. 《密西拿托拉》的第二部是《爱的书卷》（*Sefer Ahavah*），主要论及舍玛（Shema）与各种诫命。为了论述其观点，他反复引述圣经而说明之。参 Moses Maimonides，*The Book of Love*，trans. by Menachem Kellner（New Haven：Yale University Press，2004）。

③ Sara Klein - Braslavy，"The Philosophical Exegesis"，in Magne Sæbø ed.，*Hebrew Bible/Old Testament*，*The History of Its Interpretation*，vol. I /2：The Middle Ages（Göttingen：Vandenhoeck & Ruprecht，2000），p. 313.

④ Ibid.，p. 311.

为基础而被解释。他继承阿维森纳的伊斯兰哲学的神秘主义与犹太的坦拿神秘主义（Tannaitic esotericism），以哲学的视角进入圣经的世界，将亚里士多德的物理学与形而上学同圣经文本相结合，寻索它们之间的内在意义，从而调和宗教与哲学。比如，"他视预言的比喻是理性的，将之等同于亚里士多德的形而上学，认为它是理智思想的成果"①。在对上帝之名号的讨论中，他认为耶和华（YHWH）是上帝唯一而独特的名号，其他名号是在描述上帝的各种属性，对应于其在世界的不同作为。关于圣经书卷的作者，他遵循犹太传统，认为所罗门是《箴言》《传道书》与《雅歌》的作者，是一位"神秘的形而上学家"②。迈蒙尼德的圣经诠释，对后世的哲学释经具有深远的影响。他的儿子亚伯拉罕·迈蒙尼德（Abraham Maimonides，1186 – 1237），首先传承了他的衣钵，成为一位重要的神学家、神秘的敬虔主义者、医师，以及埃及犹太人的精神领袖。

相较而言，中世纪的犹太释经呈现出多面向的丰富特征，这同当时的社会政治与文化互通的历史处境有着密切的关联。在中世纪，犹太教与基督教之间存在尖锐的论争与矛盾，但是，它们之间宗教文化的对话与交流从未中断，而且相互影响和整合，尤其是在圣经诠释领域。③ 其实，这一宗教文化的对话与交流，应包含伊斯兰教在内。随着阿拉伯文化在欧洲的传播与兴起，犹太人亦受到这一文化的熏染，特别是居于西班牙境内的犹太社群，当他们以阿拉伯语著述，"犹太人的理智活动实际上已经成为阿拉伯文化的组成部分的时候，犹太人才产生了系统的犹太神学和哲学"④。这推动了犹太教在圣经诠释方面取得丰硕的成果。因此，作为三大"圣书的宗教"，犹太教、基督教与伊斯兰教在宗教经典诠释领域呈现出互动与融合，这在中世纪的历史处境里表现得尤为突出。

---

① Sara Klein – Braslavy, "The Philosophical Exegesis", in Magne Sæbø ed., *Hebrew Bible/Old Testament*, *The History of Its Interpretation*, vol. I/2: The Middle Ages (Göttingen: Vandenhoeck & Ruprecht, 2000), p. 315.

② Ibid., p. 319.

③ Jonathan Elukin, *Living Together*, *Living Apart*: *Rethinking Jewish – Christian Relations in the Middle Ages* (Princeton: Princeton University Press, 2007), pp. 64 – 74.

④ 傅有德等：《现代犹太哲学》上卷，第 158 页。

第六章

☙

中世纪基督教圣经诠释

在中世纪的西欧，圣经诠释的传统主要有两种方式。一是源自 6 世纪东部教会的连续（catena，拉丁文意为"链"）传统，或称系列传统。这种连续是指教父对经文的引述一个接一个地排列，如同串在项链上的珍珠。其优点在于能够快速找到对一段经文的重要解释，用于神学教育的目的。著名的神学家托马斯·阿奎那（Thomas Aquinas）创制了《金链》（Catena aurea），首次将教父对四福音书的释经摘录通过"链"的方式进行汇编，将这一传统发挥到极致。另一种传递圣经传统的方式，通常被称为是注释（glossa，希腊文原意为"语言"，后引申为"评注"）。中世纪著名的神学家安瑟伦（Anselm of Laon，1050 – 1117）创制了这一传统方式，并使之发扬光大。① 虽然这一方式可追溯至法国的卡洛林王朝，但是那时没有发展出系统的形式。安瑟伦在拉昂（Laon）的座堂学校（Cathrdral school）执教。在基督教的座堂学校，教父们对圣经经文的注释通常是神学教育的重要内容。不同于传统的修道院，座堂学校是相对开放的。11 世纪末，拉昂的座堂学校颇为兴盛，神学家们在此将这些注释集中起来，不断修订与扩充，最终，万卷归一，形成了《标准注释》（Glossa ordinaria），或《通用注释》。《标准注释》的起初格式，分为三个栏目，中间是圣经文本，两边是各种与经文相关的注释，包括历来教父的经文评释。当中，安瑟伦负责对《诗篇》《约翰福音》与保罗书信的评注与梳理。安瑟伦的兄弟拉尔夫（Ralph of Laon）负责《马太福音》与小先知书的评注，而安瑟伦的同事与弟子吉尔伯特（Gilbert the Universal）负责对五经、大先知与哀歌的评注等。② 此外，吉尔伯特首

---

① Henning Graf Reventlow, *History of Biblical Interpretation*, vol. 2, pp. 137 – 139.

② Lesley Smith, *The Glossa ordinaria*: *The Making of the Medieval Bible Commentary*（Leiden: Brill, 2009）, pp. 32 – 33.

次修订了安瑟伦的评注。通过一批学者致力于一系列的圣经评注,并伴随这些评注的广为流传,拉昂的座堂学校声名日隆,影响颇为深远。

在中世纪,对《诗篇》与保罗书信的评注尤为流行。这些评注不仅受到持续的关注,而且反复被修订,但是,先知书显然不受重视。评注的形式,主要有两种类型:行间评注与页边评注。行间评注涉及流行语词的解释、文法的分析以及对经文的不同解读,包括对希伯来名称的词源阐释。页边评注涉及教父与当代神学家对经文的解释与讨论,本身更具学术研究的气息。《标准注释》包含了这两种评注形式。"11 世纪末与 12 世纪,两个重要的圣经研究中心在巴黎出现,它们是圣母(Notre Dame)座堂学校与圣维克多(St. Victor)的修会学院。"① 此外,由座堂学校发展出的大学,也在圣经评注方面发挥了作用。巴黎大学神哲学家彼得·阿伯拉德(Peter Abelard,1079 – 1142)成为连接拉昂与巴黎座堂学校的桥梁。他曾跟随安瑟伦在拉昂学习释经学与神学,但是,他常持反对意见。在他回到巴黎之后,著述了对《以西结书》的评注,完成了《对创造叙述的评释》(Expositio in hexaemeron),区分了圣经的三重意义:历史的、道德的与寓意的。② 在 12 世纪下半叶,先前分散的评注传统,在巴黎发展成为标准化的形式,出现了"巴黎圣经"③。而且在

---

① G. R. Evans,"Master and Disciples:Aspects of Christian Interpretation of the Old Testament in the Eleventh and Twelfth Centuries",in Magne Sæbø ed.,*Hebrew Bible/Old Testament*,*The History of Its Interpretation*,vol. Ⅰ /2:The Middle Ages(Göttingen:Vandenhoeck & Ruprecht,2000),p. 241.

② Henning Graf Reventlow,*History of Biblical Interpretation*,vol. 2,pp. 145 – 146.

③ "巴黎圣经"特指 13 世纪在巴黎形成的众多圣经。在内容上,它的文本从属不同于评注的圣经,它对书卷与众不同的排列顺序是福音书、保罗书信、《使徒行传》、大公书信与《启示录》。书后附有希伯来名称的目录(Interpretatio hebraic orum nominum)。1230 年左右,巴黎圣经具有了同现代圣经一样的篇章分类,而且,通常文本分为两栏,页边附有大量的交叉引用。巴黎圣经的产生,意味着对圣经文本的研究已从对圣经抄本的复制中分离出来。参 H. A. G. Houghton,*The Latin New Testament:A Guide to Its Early History,Texts,and Manuscripts*(Oxford:Oxford University Press,2016),pp. 105 – 106。巴黎圣经的特征主要有三种:类似现代圣经的书卷次序排列、引介书卷的 64 篇序言以及附有章节标题目录(capitula lists)。巴黎圣经是对武加大译本进行革新的产物。参 Laura Light,"French Bibles c. 1200 – 30:A New Look at the Origin of the Paris Bible",in Richard Gameson,*The Early Medieval Bible:Its Production,Decoration and Use*(Cambridge:Cambridge University Press,1994),pp. 155 – 176。

注释格式上，发展出语录（sententiae）和疑问（quaestio）相结合的形式。[1] 巴黎主教彼得·伦巴德（Peter Lombard，约 1100－1160），曾在巴黎圣母院教授神学。他扩展了安瑟伦与吉尔伯特对《诗篇》与保罗书信的评注。在每一节经文之后，他们结合上下文语境，列出已有的经文释义，而且开始了对经文及其评注的研究，产生了对评注的评注，如此，行间评注与页边评注相结合成为一种固定的形式。[2] 12 世纪 50 年代，伦巴德承袭安瑟伦的传统，汇编了《四部语录》（Sententiarum Libri Quatuor），依照三一论、道成肉身、圣礼和末世论四个主题进行排列。该部神学教科书涵盖大量的圣经文本与教父释经，以回应各种神学议题，"在 13 世纪初，它成为中世纪大学中神学的标准教材"[3]。中世纪的诸多神学家对之进行评注，包括阿奎那与博纳文图拉等，宗教改革家马丁·路德与加尔文都曾引述《四部语录》。伴随着基督教宏伟庞杂的神学体系的建构，中世纪西欧的圣经诠释亦呈现出系统化的特点。

第一节　圣维克多的休：遵循教父的解经原则

12 世纪初，在巴黎美丽的塞纳河畔，坐落着圣维克多著名的奥古斯丁修道院，那里聚集着一批流动的哲学家与神秘主义者。他们慕名而来，聆听名师的授业解惑，后来这些名师成为官方认可的教授，并构成巴黎大学

---

① 在安瑟伦的著述里，他对语录进行了格式化的表达，并首次将神学教义的论述同圣经诠释分离。而且，语录同疑问紧密相关。在阐释经文时，会围绕着一系列有争议的疑问展开讨论，而答案会出现在附录中。参 Henning Graf Reventlow, *History of Biblical Interpretation*, vol. 2, p. 141。

② Ibid., p. 140.

③ Rainer Berndt, "The School of St. Victor in Paris", in Magne Sæbø ed., *Hebrew Bible/Old Testament*, *The History of Its Interpretation*, vol. Ⅰ/2: The Middle Ages (Göttingen: Vandenhoeck & Ruprecht, 2000), p. 494. 伦巴德的《四部语录》与他对保罗书信的评释，都是 12 世纪末常被传抄、应用与引述的释经著作。参 Karlfried Froehlich, "Christian Interpretation of the Old Testament in the High Middle Age", in Magne Sæbø ed., *Hebrew Bible/Old Testament*, *The History of Its Interpretation*, vol. Ⅰ/2, p. 503。中文另译为《箴言四书》。参赵敦华、傅乐安主编《中世纪哲学》下卷，商务印书馆，2016，第 1160－1171 页。

的一部分。这一群体因特别的关注而被称为圣维克多学派。该学派由彼得·阿伯拉德创立，其首位重要的代表人物当数圣维克多的休（Hugh of St. Victor，约 1096 – 1141）。休在圣维克多执教多年，德高望重，他的著述涵盖了其学校的整个教学大纲。他的圣经评注涉及《希伯来圣经》的首八卷书，以及《传道书》《耶利米哀歌》和《诗篇》等。此外，他的重要成就，在于将奥古斯丁以来的释经作品进行归类，便于神学生掌握。[①] 对于休而言，教义（doctrina）是由诵读（lectio）与默想（meditatio）构成的，他止于默想，认为完全沉思胜过言说有缺陷的事物。[②] 在他约成书于 1125 年的六卷本百科全书式的《研究诵读的教材》（Didascalion de studio legendi）中，他就开始关注圣经释义的重要性。"这是中世纪首部科学探讨如何清晰而充分地呈现文学诵读（lectio atrium）与圣经诵读（lectio sacrae Scripturae）之相互关系的导论。"[③] 严格而言，该著作并不是释经著作，而是关于科学主义与教学模式的著作，它意在思索释经与其他智性活动之理论关系，但是，以此为出发点，休发展了他对历史解经与寓意解经的理解。在该著作的前三卷里，他谈论的是世俗科学，视之为完整知识的第一步，而且，他指出世俗科学不能整合在神学研究中，在研究圣经与神学之前，先要学习人文科学。[④] 在他眼里，圣经研究更为高深，具有特别的价值，因此，人文科学知识是圣经研究的储备。正如人要获得智慧，就必须先要了解自己，而智慧是至善的形式，它源于上帝。休区分了知识（scientia）与智慧（intellegentia），认为人的行为引发知识，而神圣行为引致智慧。他对世俗科学与人文知识的重视，使他在处理字义解经与其他解经方法之间的关系上，具有自己的创新见解，那就是关注历史解经的意义。

---

① G. R. Evans, "Masters and Disciples: Aspects of Christian Interpretation of the Old Testament in the Eleventh and Twelfth Centuries", in Magne Sæbø ed., *Hebrew Bible/Old Testament*, *The History of Its Interpretation*, vol. I /2: The Middle Ages (Göttingen: Vandenhoeck & Ruprecht, 2000), pp. 257 – 258.

② Rainer Berndt, "The School of St. Victor in Paris", p. 472.

③ Ibid., p. 471.

④ 这里的人文科学主要指古希腊的人文三艺（trivium），包括文法、逻辑与修辞。以此为基础，加上中世纪得到发展的四门学科算术、几何、天文与音乐，形成了人文科学的传统。参 Henning Graf Reventlow, *History of Biblical Interpretation*, vol. 2, pp. 162 – 163。

　　因此，在该著作的后三卷里，休着重探讨了圣经科学。他首先论及《旧约》与《新约》的名称与划分，以及两约的作者。不过对于休来说，神圣经典不仅包括《旧约》与《新约》，也包含教父的著作，以及大公会议的决议。如此，他的正典概念，延伸至教会历史中。此外，他承袭哲罗姆的传统，对《旧约》正典进行了限定，将次经书卷归于正典之外。① 在第五卷书里，休探讨了诠释圣经的基本原则。与和他同时代的神学家一样，休沿袭奥古斯丁的释经原则，将奥古斯丁的《基督教教义》（De doctrina Christiana）视为教父解经以及将理性（ratio）与神学论述相整合的典范，沿用奥古斯丁与尊者比德的四重解经法，同时，他也沿袭大格列高利的三重解经法，即将经文的意义分为三个层次：历史义（historia）、寓意（allegoria）与比喻义（tropologia）或道德义。历史的或字面意义的解经是重要的，因为他指出，要了解事件发生的历史与真相，我们就要了解发生了什么，何时何地发生的，针对谁发生的。也就是说，历史中的事件需要四要素：人物、行为、时间与地点。而对于经文而言，历史是指叙事的原初意义，是在真实的字义中所表达的。② 因此，休强调文献学与历史基础的作用。在他的《五经评注笔记》（Adnotationes elucidatoriae in pentateuchon）里，他认为语词的意义、历史处境与事实性问题，对于理解字义是必要的。而且，他意识到七十士译本并非无瑕疵，因此，他主张参照希伯来文真本（hebraica veritas），指出原初的文本包含了最初的权威与真理。③ 为了探索希伯来文本，休与巴黎的犹太人保持来往，并积极学习希伯来文。在他的评注笔记里，他时常引述诸如拉什（Rash）等拉比的犹太释义。在当时的处境里，这一点对圣经诠释而言具有重要意义。但是，休的字义解经是要服务于更高级的寓意解经。

　　因此，在他对《耶利米哀歌》的评注里，休呈现了对经文深奥的灵义解释，凸显了他个人的敬虔之心。他号召他的学生们，要从文献与历

---

① Henning Graf Reventlow, *History of Biblical Interpretation*, vol. 2, p. 164.

② Ibid., p. 165.

③ Ibid., p. 169.

史知识的层面，上升到对经文寓意理解的层次。① 此外，他著有《基督教信仰之谜》（*De sacramentis christianae fidei*），对七日创造与伊甸园的叙述进行了解释。晚年著有《论圣经及其作者》（*De scripturis et scriptoribus sacris*）一书，为那些立志于圣经诠解的人提供知识方面的建议。在他论及基督教教义的系统神学论著《基督教信仰之谜》中，休将释经与神学紧密结合，将他的历史神学（theology of history）建立在圣经诠释之上。在该著作的开篇，他首先论述了圣经的创造叙事，接着，他将方舟作为一个重要的形象代表，建构了维克多学派独特的圣经观。他专门探讨《旧约》中的方舟，引领他的听众探索诺亚方舟对基督教生活更为深刻的神学意义。他在圣维克多修道院外树立方舟的图示，呈现他的教会论、基督论与救赎论。② 总之，在他建构系统神学的过程中，他对圣经的解释与应用，主要坚持的是三部曲意义，即历史义、寓意和道德义。

除了休之外，圣维克多学派的重要成员，还包括理查德（Richard of St. Victor）、安德鲁（Andrew of St. Victor）与托马斯（Thomas Gallus）等。为了触及希伯来真本，他们与犹太释经的学者保持联络，形成一股学习圣经语言的清流。他们不仅学习希伯来知识，而且，也接受与吸纳犹太释经的来源，比如，一些字义的内容，或者与基督教神学相一致的部分。③ 这在当时基督徒与犹太人关系普遍紧张的处境里，是难能可贵的。通过这样的交流与汲取，圣维克多学派加深了对圣经正典的理解，比如，休完全接受哲罗姆有关正典的理论，即将之分为《旧约》22 卷书、

---

① Henning Graf Reventlow, *History of Biblical Interpretation*, vol. 2, p. 170. 在中世纪，灵义解经受到教会的重视，尤其是在维护基督教传统的修道院，灵义解经无疑是主流。比如，意大利著名的神学家菲奥雷的约阿希姆（Joachim of Fiore，约 1135 – 1202），是菲奥雷之圣乔凡尼修道会（monastic order of St. Giovanni）的创立者。他曾到访圣地耶路撒冷，在教皇克莱门特三世（Pope Clement III, 1187 – 1191 年在位）的应许下，潜心研究圣经。他论述圣经的三部主要著作，包括《论新旧约的和谐》（*Liber concordiae Novi ac VeterisTestamenti*）、《约翰启示录诠解》（*Expositio in Apocalypsim*）与《十弦琴诗篇》（*Psalterium decem chordarum*）。他将经文的意义分为十二个层次，运用预表论看待新旧约之关系，突出末世论与教会历史。他将教会历史看成是圣经中所包含的救赎史的延续，也就是说，教会作为第三方，补充了《旧约》与《新约》。他强调圣灵的作用，倡导灵性教会（ecclesia spiritalis）或灵性修会（ordo spiritalis），甚至将属灵人（hominesspiritales）作为他的核心概念。约阿希姆代表了保守的修道主义。参 Ibid., pp. 171 – 185。

② Rainer Berndt, "The School of St. Victor in Paris", p. 474.

③ Ibid., pp. 486 – 489.

次经书卷与教会教义。① 作为基督教神学家，圣维克多学派的圣经解读服务于其系统神学的建构。因此，无论是呈现上帝之道的圣经评注，还是体现教父权威的圣经语录，都是在神学体系的框架下有选择的引述。这样的神圣学问（*sacra doctrina*）是以大学为语境而进行的论证或演绎，后来被整合进神学论述中。② 首先，我们在托马斯·阿奎纳的著述中发现了对这一神圣学问的集中呈现。

第二节 阿奎纳：神圣学问

托马斯·阿奎纳（Thomas Aquinas，1225 – 1274）是中世纪经院哲学与神学的集大成者，被誉为"共有博士"和"天使博士"。阿奎那出生于意大利南部的一个贵族世家，5 岁时，被父母送到修道院学习，16 岁时就读于那不勒斯大学。当时的那不勒斯是思想开放的中心，尤以包容拜占庭希腊文化与阿拉伯文化而著名。在此，他深受研究亚里士多德哲学的阿拉伯学者的影响，诸如阿维森纳（Avicenna，980 – 1037）与阿维罗伊（Averroes，1126 – 1198），同时，他"接触到亚里士多德的形而上学、自然哲学与逻辑学著作"③。而且，在那不勒斯读大学期间，阿奎那不顾家族的反对，依然故我地加入了多明我会。④ 1252 年，他前往巴黎修读硕士课程。在那里，他师从大阿尔伯特（Albert the Great，约

① Rainer Berndt，"The School of St. Victor in Paris"，p. 493.
② Ibid. ，p. 495.
③ 赵敦华、傅乐安主编《中世纪哲学》下卷，第 1271 页。后来，阿奎纳评注了亚里士多德的《物理学》和《形而上学》，将基督教的观念引入对《伦理学》的评释，将亚里士多德的形而上学引向关于存在的形而上学，因此，有人认为阿奎纳"洗礼了"亚里士多德。参 Jean – Pierre Torrell，*Saint Thomas Aquinas*，vol. 1，The Person and His Work（Washington：The Catholic University of America Press，2005），pp. 231 – 238。
④ 13 世纪初，天主教托钵修会产生了两大派别：多明我会（Dominicans）与方济各会（Franciscans）。它们反对教权主义，倡导圣经中的教导，崇尚对圣经的认知与使徒生活，安贫乐道。其中，多明我会强调对圣经的研讨，注重圣经评注与伦巴德的圣经语录等，将圣经研究整合进当时的大学教育中。参 Karlfried Froehlich，"Christian Interpretation of the Old Testament in the High Middle Age"，pp. 512 – 513。"在 13 世纪的学院，多明我会对神学的贡献，在托马斯·阿奎纳的著作中达到顶峰。" Ibid. ，p. 539.

1193－1280）学习神学，并深受器重。^① 四年后，他获得神学硕士学位，开始了教学生涯，同时，他也是多明我会的读经员。在巴黎期间，他研读彼得·伦巴德的圣经语录，开始将目光投向圣经。他的天赋异禀，使他与阿尔伯特在科隆共事。他在科隆教授关于《耶利米书》《耶利米哀歌》与部分《以赛亚书》的课程。^② 由于他将亚里士多德的体系置入他的神学思索中，诸如理性的权威、世界的永恒性、非人格的上帝、宇宙精神以及双重真理的假设等，都在阿奎那的神哲学中占有一席之地，因此，他对圣经的解读亦受到这种视角的影响。阿奎那的圣经评注，大部分都是演讲手稿。它们涉及五部《旧约》书卷：《诗篇》《约伯记》《以赛亚书》《耶利米书》与《耶利米哀歌》；两部福音书：《马太福音》与《约翰福音》；还有保罗书信。^③ 在他临终之际，据说他口述了对《雅歌》的评释。而他对四福音书的评注，遵循传统的形式，附有教父们对圣经的引用。^④ 在他的著述里，阿奎那引用最多的圣经书卷是《诗篇》《箴言》《以赛亚书》与四福音书。1252年，作为一名圣经讲师（*cursor biblicus*），他首先选择了《以赛亚书》，著述了《〈以赛亚书〉释义》（*Expositio super Isaiam*）。该著作分为两部分。对前 11 章的评释，主要涉及神学的讨论，而其余章节，主要是较为粗略的解读与概述。在 1254－1256 年间，他著述了《箴言注释》（*Der Sentenzenkommentar*）。

在 13 世纪修道院，作为读经祈祷方式的圣言诵读（*lectio divina*）尤其受到重视。圣言诵读将圣经解释同灵性生活有机结合。在阿奎那气势恢宏的神学著作《神学大全》（*Summa Theologiae*）中，圣经是他论述的

---

① Henning Graf Reventlow, *History of Biblical Interpretation*, vol. 2, p. 186. 大阿尔伯特也是多明我会的修士，他不仅热衷于亚里士多德的自然哲学，而且，撰述了诸多关于圣经评注的讲章，涉及四福音书与众多的《旧约》书卷。他遵循基督教的释经传统，以《标准注释》（*Glossa ordinaria*）和多明我会的圣经边注著作《评注》（*Postilla*）为资料来源，提倡字义解经。参 Karlfried Froehlich, "Christian Interpretation of the Old Testament in the High Middle Age", pp. 532－537。

② Jean-Pierre Torrell, *Saint Thomas Aquinas*, vol. 1, p. 27.

③ Eleonore Stump, "Biblical Commentary and Philosophy", in Norman Kretzmann & Eleonore Stump eds., *The Cambridge Companion to Aquinas* (New York: Cambridge University Press, 2009), p. 252.

④ Henning Graf Reventlow, *History of Biblical Interpretation*, vol. 2, p. 189.

出发点。因为，对于他而言，"圣经是真理的唯一来源"①。可以说，他的神学是基于圣经的神学，是由圣经演绎出的神学（scriptural theology），或称圣经神学（biblical theology）。故此，当阿奎那在讨论神圣学问（sacra doctrina）时，会因含义相近而代之以圣经（sacra Scriptura）。在此，阿奎那不是要等同二者，而是说圣经包含了信仰的客体，神学思索常常源于圣经而发生。因此，阿奎那探讨的神圣学问或神学教义，都同圣经息息相关。阿奎那认为"圣经的作者是上帝"②。不过，除了神圣的原初作者（auctor principalis），他认为还有人作为作者的"次要作者"。圣经个别书卷的作者是"次要作者"。依据亚里士多德的认识论，知识是由感知而获得，而不是出自内在的理念，因此，在这种观念的影响下，阿奎那重视字义在释经中的重要作用。在他看来，字义等同于历史义。他引述奥古斯丁关于圣经四重意义的传统教导，指出：圣经的独特性，在于上帝不仅能够通过语词，而且还能用事物本身表示他的意思。第一种意义是用语词表示的字义；第二种是属灵的意义，是以语词的字面意义为基础的，也是以后者为先决条件的。字面的意义就是作者心意所趋的东西。③ 字面意义有三类：历史的、推源的与类比的。而属灵意义也有三类：寓意、道德义与神秘义。因此，阿奎那明确指出圣经中的每一句话都有多重意义，而且，这种意义的多重性并不会损害圣经的权威。"因为大凡属灵的意义中所包含的任何对信仰必不可少的东西，都无不在圣经的别处以字面意义清楚地表达出来。"④ 总之，阿奎那极为强调圣经的字义，甚至认

---

① Henning Graf Reventlow, *History of Biblical Interpretation*, vol. 2, p. 190. 在《神学大全》的开篇，阿奎那讨论了神圣学问（sacra doctrina）的本性与范围。他自问自答，推论称：除了理性探究的哲学学科之外，还需要有神圣启示的学问，即关于上帝的学问。上帝所启示（divinitus inspirata）的圣经，不在人的理性所把握的范围，即不属于哲学的范围。世人的得救在于上帝，在于对上帝之真理的认识。他引用《提摩太后书》3：16 与《以赛亚书》64：4，说明神学这一神圣学问的必需性。而且，神圣学问是一门科学，是一门更高级的科学。参托马斯·阿奎那《神学大全》第一集：论上帝，卷一，段德智译，商务印书馆，2013，第 2 – 5 页。

② 托马斯·阿奎那：《神学大全》第一集：论上帝，卷一，第 22 – 23 页。但是，在《神学问题辩论集》（Quodlibetum）中，阿奎那指出：圣灵是圣经的原初作者。这一点，是以三位一体论为出发点而得出的推论。参 Henning Graf Reventlow, *History of Biblical Interpretation*, vol. 2, p. 191。

③ 托马斯·阿奎那：《神学大全》第一集：论上帝，卷一，第 23 页。

④ 同上，第 23 – 24 页。

为这种字义不会有什么谬误，并以此作为抨击异端的有力证据。

阿奎那对圣经的评注与引述，对于理解他的《神学大全》具有重要意义。在该著的前两卷，他分别论述了创造、律法、耶稣的位格与事工。这样的结构，意在呈现圣经中的救赎历史观。① 在他的圣经评注著作中，流传最广且影响最深远的，当数他对《约伯记》的评注，即《〈约伯记〉字解》（*Expositio super Job ad litteram*），是由阿奎那 1261 - 1264 年间的讲章编辑而成。该评注的不同寻常，主要表现在两个方面。首先，阿奎那看到了约伯与其友人之间的对话构成了辩论，如同中世纪的辩论，最终由上帝自己做决定。其次，阿奎那意识到约伯的故事，是在对上帝的善或存在发出疑问，而不是讨论恶与神义论的问题。这两点有别于当今《约伯记》评注者的观点。② 他将约伯视为类似基督的人物，在苦难中忍耐。关于《约伯记》的性质及其在正典中的地位，在该著作的序言中，阿奎那指出《约伯记》处理的是天意与个人命运的问题，人间事务都受到神的旨意的管辖。③ 他注重对《约伯记》的字义分析，认为字面意义并不拘泥于语词和文法的阐释，而是要对论点和论据进行逻辑分析，从而呈现作者的意图。对于阿奎那而言，这就是严格的亚里士多德意义上的"科学"释经。其目的就是揭示《约伯记》中每一个语词蕴含的理性。④阿奎那对字义的重视，也体现在他对《以赛亚书》与《耶利米书》的评注中。但是，对属灵意义的寻索，在他的释经中至关重要。鉴于神圣科学的性质，阿奎那认为圣经使用隐喻是恰当的。⑤ 因为，属灵的东西需要借有形事物的比喻而进行阐释。因此，唯有在圣经里，作者的意图包含了字面意义与属灵意义。⑥

阿奎那于 1256 年在巴黎获得神学硕士之后，在教皇乌尔班四世（Pope Urban IV）的委托下，在 1262 - 1267 年间，对四福音书进行了持

---

① Henning Graf Reventlow, *History of Biblical Interpretation*, vol. 2, p. 189.

② Eleonore Stump, "Biblical Commentary and Philosophy", pp. 260 - 265.

③ Karlfried Froehlich, "Christian Interpretation of the Old Testament in the High Middle Age", p. 541.

④ Ibid., p. 542.

⑤ 托马斯·阿奎那：《神学大全》第一集：论上帝，卷一，第 20 页。

⑥ 圣经具有双重作者，上帝是首要作者，而理性是第二作者。上帝的目的不仅包含在语词的意义中，而且包含在圣经的救赎历史中。参 Karlfried Froehlich, "Christian Interpretation of the Old Testament in the High Middle Age", p. 546。

续的注解，最终形成《金链》。该著作汇编了希腊教父与拉丁教父对相关经文的论述。① 1272 年左右，阿奎那撰写了对《罗马书》的释义，讨论恩典与自由意志。他认为保罗是《罗马书》至《希伯来书》的作者，这样的书信共有 14 卷，写给不同的教会团体。而且，阿奎那对《罗马书》的章节进行了划分，用一句提纲挈领的话概述每一部分的内容，并置于句首。② 像较早的经院学者的评注那样，阿奎那的《罗马书》释义由三种形式构成：个别解经、问题与附录。但是，他也有不同于其他学者的地方，那就是他的释经方式具有明显的格式化与理性化的特征。他将经文释义用数字逐一标示，将文本划分为不同的部分，不乏细致而缜密的分析，包含对文法结构与语言风格的探讨，如此，"古典的释经科学在精湛的技艺中被运作"③。比如，在他对《罗马书》9：1-5 的解释中，阿奎那首先对该部分进行了概述，然后逐句解释，并引述《耶利米哀歌》2：13 说明那伤痛深如大海，同时，他又加上了出自斯多亚派（Stoics）的反面的证据："不要成天忧愁。"④ 在阿奎那的圣经评注里，我们发现诸多来自经外的字义解释。比如，在《罗马书》1：1 中，保罗自称为"耶稣基督的仆人"。阿奎那认为"仆人"本含贬义，但因"耶稣基督"的限定而成为一个敬称。他也解释了保罗这个名字，认为这名字有三重意义：Paul 在希伯来语中意为"美妙的"或"卓越的"，在希腊语中意为"沉静的"，在拉丁语中是"谦逊的"。而这些意义，他认为都适合保罗。⑤ 在阿奎那的释经作品里，他运用了"现代的"论证形式，尤其是三段论。他对《约翰福音》的评注，重在讨论三位一体、道成肉身与救赎等神哲学议题。

对圣经经文之深层意义的关注，就是将灵义的呈现看成是基于字义

---

① Eleonore Stump, "Biblical Commentary and Philosophy", p. 252.

② Henning Graf Reventlow, *History of Biblical Interpretation*, vol. 2, p. 197.

③ Ibid. , p. 198.

④ 《便西拉智训》30：23。阿奎纳的释经作品，除了逐句解释，还包含了大量的疑问，并围绕着疑问，有正面与反面的讨论，涉及经文的历史或文学的种类，比如，保罗何时给罗马人写了信？谁将福音带到罗马？这些疑问是要处理基本的神学问题。他会运用其他经文或教父的相关论述，去回答疑问。这种正反合的形式，是典型的经院学者的争论模式。参 Henning Graf Reventlow, *History of Biblical Interpretation*, vol. 2, p. 200。

⑤ 自哲罗姆时代以来，从词源学去探讨名字，已发展成为一种解释模式。参 Ibid. , p. 199。

的最终目标，这将阿奎那从圣经诠释的字义主义中解放出来。在此，阿奎那沿袭的是奥利金与奥古斯丁的释经传统，认为圣经解读有其自身的目的，就是实现人的灵魂由文字到精神的升华，由感官经验的世界上升到真理的世界。① 他对《罗马书》的释义强调的是上帝的恩典。阿奎纳运用亚里士多德的学说，诸如原因、结果、形式、内容、目的、本质与手段等范畴，以及亚里士多德的伦理学和人类学的论述，时常与他的释经观点并行，从而调和哲学与神学。② 此外，新柏拉图主义的二元论在阿奎纳的著述中也时隐时现。阿奎纳对《旧约》之基督论的解释，对《罗马书》的三位一体论的演绎，对《旧约》中预示的教会，以及对《新约》之圣事的"神秘"阐释等，都有深深的修道院烙印。因此，"托马斯的圣经诠释，无疑是一种释经的前现代形式。但是，即便对当代的读者而言，它也并非毫无意义"③。与纯粹的历史与文献视角的评注相比，阿奎那持续关注的是圣经的神学内容。神学的理解与解释，可能是他赋予圣经意义的唯一方式。因为于他而言，圣经包含了人类可以得救的神圣真理。

第三节　波那文图拉：圣经之光照

与阿奎那齐名的同时代另一个伟大的中世纪神哲学家，是波那文图拉（Bonaventure，约 1217 – 1274）。他是巴黎大学的思想大师，也是教会博士。他出生于意大利中部，自幼在巴黎学习七艺。1234 – 1243 年间，他求学于巴黎大学，学习亚里士多德的工具论、物理学与形而上学等，获得硕士学位。与阿奎那不同，波那文图拉于 1243 年加入方济各修会，并开始跟随亚历山大（Alexander of Hales）与约纳斯（Johannes von la Rochelle）研习神学，尤其是奥古斯丁的神学。④ 五年后，他在巴黎大学教

---

① Karlfried Froehlich, "Christian Interpretation of the Old Testament in the High Middle Age", p. 546.

② Henning Graf Reventlow, *History of Biblical Interpretation*, vol. 2, p. 199.

③ Ibid., p. 200.

④ 方济各会的重要特征，就是崇奉奥古斯丁主义（Augustinianism）。在波那文图拉后来的作品中，我们发现了奥古斯丁对他的深刻影响。这不同于阿奎那以亚里士多德主义阐释基督教神学。Ibid., p. 202.

授神学。在 12 与 13 世纪，对于那些研习神学的教师而言，圣经及其诠释是他们学习中最为核心的部分。"在巴黎大学，唯有那些学习伦巴德的《四部语录》而毕业的最为优秀的学生，才能获准讲授有关圣经的课程。"[1] 1248 年，波那文图拉成为圣经学士（baccalaureus biblicus），开始教授圣经导论课程，涉及伦巴德的《四部语录》，并对之进行注解。1253 年，他开始掌管巴黎的方济各会。方济各会极为重视圣经传统，以及对圣经的解读。波那文图拉号召他的追随者以耶稣的登山宝训为行为规范，安贫乐道，广为布施，而且在巴黎的方济各会研习堂，波那文图拉积极地传授圣经知识。

作为方济各会修士，波那文图拉认为圣经是书中书，蕴含了得救的知识。他的圣经评注，意在捍卫他的神学立场。为了对抗阿维罗伊主义（Averroïsm）对基督教神学的侵害，他发表了三个系列的公开演讲，分别是《论十诫》（1267）、《论圣灵的七种馈赠》（1268）以及《六日创造讲解》（Collationes in Hexaemeron，1273）。[2] 它们涉及了对圣经的理解与评注。其中，《论六日创造讲解》由 23 场公开讲座构成，持续了一个半月，前来倾听者人数众多。波那文图拉展示了他强有力的灵性修辞，借着创造叙述阐发了上帝之创造与其救赎作为之间的相关性，以及上帝的光照。[3] 他的《神学概要》（Breviloquium，1257），发展了伦巴德《四部语录》中的观念，也是对他自己神学教导的一个总结。在序言中，他不仅概述了三位一体的神学，而且，他指出所有重要的神学论述都蕴含在圣

---

[1] Lesley Smith, "The Theology of the Twelfth – and Thirteenth – Century Bible", in Richard Gameson, *The Early Medieval Bible: Its Production, Decoration and Use* (Cambridge: Cambridge University Press, 1994), p. 232.

[2] Karlfried Froehlich, "Christian Interpretation of the Old Testament in the High Middle Age", p. 548.

[3] 他认为上帝是光照的源泉，对不同的光照进行了分类。"我们还是可以合理地把它们区分为外在的光明，即机械技艺之光；较低级的光明，即感性认识之光；内在的光明，即哲学认识之光；较高级的光明，即恩典和《圣经》之光。第一种光是为了技艺的种类而照耀，第二种光是为了自然的形式而照耀，第三种光是为了理性的真理而照耀，第四种亦即最后一种光是为了拯救的真理而照耀。"参波那文图拉《论学艺向神学的回归》，载赵敦华、傅乐安主编《中世纪哲学》下卷，第 1236 页。他进一步认为："为了拯救的真理而照耀我们的第四种光是《圣经》之光，由于它通过显明超越人理性之上的东西来指向高级的东西，而且，它自光明之父降下不是靠人的发现，而是靠启示，故这种光又称为高级之光。"参同上，第 1240 页。

经里，从而引导他的同事与学生热爱圣经。① 他认为坚持三位一体有益于
对拯救的理解。他引述《以弗所书》3：18，并对之做出寓意的解释，认
为其中的"长阔高深"代表整个宇宙，圣经论述的就是这个宇宙。圣经
的阔度，是指《新约》和《旧约》中和谐的正典书卷，它们从开始的律
法书到福音书与使徒书信，正如从涓涓细流变成宽广的大河。而圣经的
长度，即由创世至审判，正体现了其所描述的世界历史的长度。在此过
程中，圣经被置入世界的总体框架中。如此，"在波纳文图拉看来，宇宙
论与救赎历史在圣经中共同构成了一个纲领"②。具体而言，《旧约》包
含了五段历史，《新约》包含了两段历史，从基督到世界的终结。世界的
终结是指从基督在墓里安息到复活这一段，它似乎又呼应了创造的叙述。
波那文图拉对历史划分的观念，是对奥古斯丁的直接继承。

接着，波那文图拉依据新柏拉图主义的世界观讨论了圣经的高度与
深度。他将宇宙分为不同的等级，分别对应于人类灵魂的等级。波那文
图拉借用《创世记》28 章中的天梯探讨灵魂的结构，并将高高在上的上
帝恩典与荣耀同尘世连接起来。关于圣经的深度，波那文图拉认为它是
指圣经的不同意义。③ 在中世纪，圣经不同层次的意义，已经得到广泛认
可。他认为："在整部《圣经》中，除了表面的字面意义外，尚有三种精
神意义，即指导我们应相信神性和人性的寓言意义，指导我们应如何生
活的道德意义，以及指导我们如何接近上帝的神秘意义。"④ 这里的精神
意义，就是神学意义上的灵义。在波那文图拉看来，博学者奥古斯丁是
寓意解经的大师。⑤ 在《六日创造讲解》中，他区分以上不同的意义。他
认为三种灵义解释，分别对应于上帝在造物中呈现自身的三种方式：实
体、权能与效果。基于此，波那文图拉解释《以西结书》1：5 – 14 中的
四副面孔：字义上，人脸是指自然的脸，壮观的狮子脸是寓意，辛勤耕

① Henning Graf Reventlow, *History of Biblical Interpretation*, vol. 2, p. 206.
② Ibid. , p. 207.
③ Ibid. , pp. 207 – 209. 另参 Karlfried Froehlich, "Christian Interpretation of the Old Testament in the High Middle Age", p. 552。
④ 波那文图拉：《论学艺向神学的回归》，第 1240 – 1241 页。
⑤ 他指出：博学者应致力于第一种，宣讲者应致力于第二种，沉思者应致力于第三种。奥古斯丁主要教导第一种，大格里高利（Gregory of the Great）、狄奥尼修斯（Pseudo – Dionysius）主要教导第三种。参同上，第 1241 页。

种的牛的脸是指道德义，而飞向高处的鹰脸意指神秘义。① 此外，他引述"他聚集海水如垒，收藏深洋在库房"（诗33：7），指出上帝将圣经的灵义放入字义的外壳里，正如海水流入隧道。因此，灵义不是一种附加的意义，而是自然地蕴含在字义中的比喻意义。字义是灵义的基础，若要探索经文的深层意义，就要从文本的字义解读开始，而那些蔑视圣经句法的人，不可能达到灵义的理解。他虽然强调字义的作用，"对于他来说，字义并不具有独立的意义"②。此外，他还提醒释经者，并非到处都可以应用寓意，也不是任何经文都有神秘义。

与阿奎那一样，波那文图拉也认为圣灵是圣经的完美作者，圣经是所有知识的来源。它也包含了有关拯救的所有知识。他由此指责哲学家因缺乏信仰而对原罪一无所知。他以圣经本身为依据，寻求对世界所有现象的解释，包括对"得救"的认识。③ 他认为圣经书卷的排列次序，是逐步递进的，由小到大。④ 它符合人对圣经的知识是渐进增长的状况，因为人的理解能力在逐步提高。但是，对于波那文图拉而言，唯有借助于上帝的启示，人们才具备获取知识的能力，或者发现真理的能力。⑤ 源于神圣的三位一体的信仰是必要的，人们有了这一信仰，才能理解圣经。因此，信仰是理解圣经的前提。在《神学概要》的序言里，波那文图拉讨论了释经者可以把握圣经内容的一些规则。第一条规则，是含混的经文可以通过其他清晰的经文得到解释。波那文图拉以《诗篇》35：2为例进行说明，指出当中的"盾牌"意为"真理"，依据是《诗篇》5：12与

---

① Henning Graf Reventlow, *History of Biblical Interpretation*, vol. 2, p. 210.

② Ibid., p. 210. 但是，他对犹太释经毫无兴趣，甚至蔑视犹太释经在字义解经方面取得的高度成就。参 Ibid., p. 211。以及 Karlfried Froehlich, "Christian Interpretation of the Old Testament in the High Middle Age", p. 550。

③ 他认为："所有的知识也以《圣经》的知识为依归。它们都包含在《圣经》知识之内，完成在《圣经》知识之中，并以《圣经》知识为中介而归依于永恒之光。因此，我们的全部知识皆以《圣经》知识为其归宿。"波那文图拉：《论学艺向神学的回归》，第1242页。关于得救的知识，波那文图拉认为："《圣经》主要是关于人的救赎的。因此，它主要论及信仰、希望和爱，尤其是爱。通过这些德性，人的灵魂得以改造。"波那文图拉：《心向上帝的旅程》，载赵敦华、傅乐安主编《中世纪哲学》下卷，第1221页。

④ 律法的部分是简短的，但它逐渐增长，在先知书里实现转换，成为一束光，接着是《新约》里的福音。如此，新旧约是个整体。参 Henning Graf Reventlow, *History of Biblical Interpretation*, vol. 2, p. 215。

⑤ Ibid., p. 212.

91：4。在此，他运用的是以经解经的方法，重视圣经内部不同经文之间的关联。第二条规则，是关于字义的理解，他主张参照奥古斯丁《论基督教教义》中的释经原则。第三条规则，若字义与灵义理解都是显然的，解经者就要讨论哪种理解是更为合适的。他认为这可以应用于所有的《旧约》律法，因为，它们都具有历史意义，但对基督徒的理解来说，是没有这种意义的。①

关于《新约》和《旧约》之间的关系，波那文图拉认为二者是和谐一致的。《旧约》包含了律法、历史书、智慧书卷与先知书卷，《新约》具有类似的书卷，因为，律法对应福音书，历史书对应使徒历史，智慧书卷对应保罗的书信，而先知书对应《启示录》。对于波那文图拉而言，圣经以特定的方式被置于世界历史中，它就是上帝与人的历史。上帝是世界的创造者，也是世界的拯救者。波那文图拉的救赎历史观，认为起初的世界因人类的堕落而失去了原初状态，但是上帝没有放弃这个世界，而是要去修复它。这个过程同人的修复同步，因为人被净化了，世界也就净化了。② 在波那文图拉的救赎历史的框架里，耶稣基督是关键人物。他是上帝与人之间的中保，使人的拯救成为可能。波那文图拉将圣经加插到神学意义上的救赎历史中，而且引导人们在圣经里获得对上帝的知识，在属灵的意义上回归原初。他对圣经的属灵意义的解释，主要是通过三种灵义解经的方式呈现的。作为一位神学家，波那文图拉意在表达对信仰的理解。他借着灵魂的光照而赋予信仰意义，而"这个信仰也正是理解圣经的前提"③。

波那文图拉力图用圣经宣扬他的神学。他对《旧约》的讲章，沿袭的是 13 世纪通用的传统。比如，他不仅接受所罗门为《传道书》的作者，而且，他也认可该书卷的目的：聪慧的君王教导人们轻视这个世界。但他列出四个原因进行分析之后，得出的结论是：爱上帝，并热爱这个

① Henning Graf Reventlow, *History of Biblical Interpretation*, vol. 2, pp. 213 – 214.
② Ibid., p. 214. 在《神学概述》里，波那文图拉引用菲奥雷的约阿希姆的观点，用双重七的方案看待世界历史，第一个七是指从世界的创造到基督的时期，第二个七是指从基督到世界的终结。二者之间的平行也是可能的。参 Ibid., p. 217。
③ Ibid., p. 216. 对波那文图拉而言，对圣经的理解始于基督教信仰，而不是哲学的预备。哲学不是第一步，对信仰者来说，哲学只是个更高的保障。参 Karlfried Froehlich, "Christian Interpretation of the Old Testament in the High Middle Age", p. 549。

世界。在对《路加福音》4：18 的评注里，波那文图拉引述《以赛亚书》61：1，说明耶稣基督是真理与恩典的来源。关于《路加福音》的作者，他引述《路加福音》4：18 说明福音传道者路加即作者，而且阐明了圣灵与路加之关系，并强调福音的功效。此外，有趣的是，波那文图拉将亚里士多德的范畴引入讨论中，比如，动力因（*causa efficiens*）与目的因（*causa finalis*），他区分了各种层次的原因，并将这些术语应用到对《传道书》《所罗门智训》与《约翰福音》等书卷的释义中。[1] 他晚年著述的《六日创造讲解》，依据圣经创造的叙述，对救赎历史再次进行了概述。在严格意义上，该著作所关注的并不是对《创世记》一章进行评注，而是在传统的框架里再次展示六日创造在创造与拯救之间的一致性，进一步见证了圣经诠释在波那文图拉神学中的地位。他反复强调基督是圣经真正的中心，而且，这在《新约》和《旧约》里都得到预示，比如《约翰福音》1：14 与《启示录》19：13，都说明了这一点。基督为圣经之中心的观念，是方济各修会神学的显著特征。

第四节　结语

在圣经诠释历史上，13 世纪中叶是个重要的转折点，因为修道院的圣言诵读逐渐被学院的神学课程所取代。在各个学院，这些神学课程成为圣经解读的首要设置。相对于过往的神学教育，这是个重要的变化。不过在巴黎大学的神学院，这个变化来得更早，它发生在 12 世纪末。在早期的大学，对圣经本身的研究开始成为一门"学术的"学科。如此，圣经不再只是用于诵读、祈祷与沉思冥想，而是在一个更为宽广的教育场景里，成为一个被教授的教材。[2] 如何将圣经知识应用于当下产生的问题，变得愈加迫

---

[1] Henning Graf Reventlow, *History of Biblical Interpretation*, vol. 2, p. 205. 另一方面，我们也看到在波那文图拉的神学中，具有明显的反亚里士多德与反哲学的偏见。参 Karlfried Froehlich, "Christian Interpretation of the Old Testament in the High Middle Age", p. 553.

[2] Ibid., p. 554. 在 12 世纪末，在接受了阿伯拉德与伦巴德等大师的神学教导之后，虽然一些学生没有继续神学研究或没有进入教会，但是，他们新的学术神学，在人文科学的其他领域得到发展。这具有特别的意义。参 G. R. Evans, *The Language and Logic of the Bible: The Earlier Middle Ages*（Cambridge：Cambrideg University Press，1991），p. 166.

切。但是，我们同时又看到，围绕着讲道与教牧事工，新的提倡敬虔的托钵修会产生了，它们与座堂学院发生互动，尤其是巴黎与牛津的学院，并影响到其他的修会与教职人员。中世纪的基督教对圣经文本的解释所产生的文化转移（cultural shift）同对亚里士多德的接受不无关系。这一方面表现为将字义重新界定为是人为作者的意图，促使了将圣经视为文学的论述；另一方面，基于对经文进行寓意和道德义的解读，神学与伦理的系统也发生了改变。① 对于释经而言，这样的情形正如埃文斯（G. R. Evans）所总结的："12 世纪许多修道院的评注者，他们所强调的在自我与他者中培养回应的能力，他们尤其努力去传递圣经教导的光彩与美妙，并唤醒读者对圣经的兴趣，以及他们深邃的敬虔之情。经院学者在关注圣经批评的客观与技术的一面时，通常都会考虑到其他方面。"② 因此，在对待圣经的问题上，这是中世纪鼎盛时期表现出的两条平行路线。

对于中世纪的释经者而言，圣经有着极为丰富的神学意义。毋庸置疑，圣经是建构与捍卫神学的依据与基础。在"哲学为神学之婢女"的中世纪，圣经同样要顺服于神学，为信仰与宗教实践提供准则。尽管，12 世纪的学者对圣经语言的性质与功效有所认识，比如，提倡学习希伯来文的圣维克多学派关注圣经的字义研究，但是，他们对早前传统的保守继承，以及对圣经逐字逐句的解释缺乏质疑，或者提出了新的看法，因此，他们的释经观念依旧局限在旧有的框架里，无法对圣经本身提出质疑。就释经方法而言，四重意义的阐释传统成为中世纪的主流，极为盛行。基本上，中世纪的基督教释经，就是在寻求这四重意义之间的平衡，并使它们成为一个结构上的统一体。实际上，这些释经方法是对奥利金与奥古斯丁等早期教父的继承与发扬。在此，教父的释经传统显然是历久犹存的。中世纪的基督教释经者广泛接受的一个观点认为，"圣灵逐句口述给圣经的人间作者"③。这一观点的具体应用，直接影响了他们对圣经与神学的理解。对圣经语言的重视，在中世纪之后的文艺复兴运动中得到落实。而人们对天主教教会及其圣经神学的质疑与挑战，要到宗教改革时期才得以发生。

---

① Karlfried Froehlich, "Christian Interpretation of the Old Testament in the High Middle Age", p. 555.
② G. R. Evans, *The Language and Logic of the Bible: The Earlier Middle Ages*, p. 165.
③ Ibid., p. 168.

第七章

文艺复兴时期的圣经诠释与翻译

　　14 世纪末，始于意大利的文艺复兴扩展至西欧各国，并于 16 世纪达至顶峰。文艺复兴是大力倡导人文主义精神的思想解放与进步的运动之一，是科学与艺术的革命，对随后的宗教改革与启蒙运动产生了直接而深远影响。15 世纪初，意大利分立为诸多城邦，要么采取君主制，要么实行共和制，但是，在佛罗伦萨，二者并存，因为它既有共和的宪政，同时，又被强大的贵族阶层所统治，与教会统治的罗马形成抗衡。通过重新发现与印制推广古代著述，人文主义者唤醒了湮没已久的文化传统，引发了文学艺术等一系列领域的复兴。[1] 这一过程借着文献学与语言学而得以发生。"在圣经研究领域，寻索对过去的真正见证，意味着超越圣经的武加大译本，回到原初的希伯来与希腊文本；超越中世纪的圣经评注者，回到早期希腊与拉丁之父们那里。"[2] 在思想渊源上，漫长的中世纪为文艺复兴留下了丰厚的诠释学遗产。比如，中世纪晚期方济各会的释经者尼古拉斯（Nicholas of Lyra，约 1270 - 1349），撰述了著名的《评释》（*Postillae*）。该著作运用字义解经与寓意解经的方法对整部圣经进行了评注，流传甚广，

---

[1] Henning Graf Reventlow, *History of Biblical Interpretation*, vol. 3: Renaissance, Reformation, Humanism, trans. by James O. Duke (Atlanta: SBL, 2010), p. 1.

[2] Erika Rummel, "The Renaissance Humanists", in Alan J. Hauser and Duane F. Watson eds., *A History of Biblical Interpretation*, vol. 2, The Medieval through the Reformation Periods (Grand Rapids: Wm. B. Eerdmans, 2009), p. 280. 这些人文主义者将古典拉丁语视为是完美语言，并将对古典语言的寻索等同于对真理的追寻。参 Alan R. Perreiah, *Renaissance Truths: Humanism, Scholasticism and the Search for the Perfect Language* (Farnham: Ashgate, 2014)。

甚至影响了 16 世纪的马丁·路德。① 此外，法国以研究《塔木德》而著称的犹太哲学家与释经者利未·本·革舜（Levi ben Gershom，1288 – 1344），拉丁名为吉尔松尼德（Gersonides），他除了论述科学与亚里士多德的著作之外，还有诸多的释经作品，评注了几乎所有的《希伯来圣经》书卷。吉尔松尼德否认无中造有（creatio ex nihilo）的传统观点，坚信至善（summum bonum），他的圣经诠释学理论带有浓厚的哲学色彩。②

在 13 – 15 世纪的欧洲大陆，伴随印刷术的发展，对于生活在社会底层的"目不识丁"的普罗大众而言，图画本圣经（Biblia Pauperum）是了解基督教与获得圣经知识的最佳读物，也是连接中世纪与文艺复兴的桥梁。③ 而在精英的学术圈里，文艺复兴时期涌现了重要的人文主义释经者，比如，探寻《希伯来圣经》原文的马内蒂（Giannozzo Manetti，1396 – 1459）、重新发现《新约》原文本的瓦拉（Lorenzo Valla，1405 – 1455）、将圣经与柏拉图哲学进行平行阅读的费奇诺（Marsilio Ficino，1433 – 1499）、积极学习犹太释经的路希林（Johannes Reuchlin，1455 – 1522）、研习保罗书信的克里特（John Colet，1466 – 1505），以及紧随

① 虽然尼古拉斯遵循教会传统，但是他也承袭了中世纪犹太释经学家拉什（Rashi）的释经法，参照了《希伯来圣经》，纠正了《旧约》圣经中的错谬之处，因此他的圣经评释采用了文本批判的技巧，更多倾向于字义解经，并认为字义解经是圣经诠释的基础。参 Lesley Smith，"Nicholas of Lyra and Old Testament Interpretation"，in Magne Sæbø ed.，Hebrew Bible/Old Testament，The History of Its Interpretation，vol. II：From the Renaissance to the Enlightment（Göttingen：Vandenhoeck & Ruprecht，2008），pp. 49 – 63。关于尼古拉斯的释经著作及其研究，参 Philip D. W. Krey& Lesley Smith eds.，Nicholas of Lyra：The Senses of Scripture（Leiden：Brill，2000）。
② 他的释经作品极受青睐，他的名字常同中世纪其他伟大的犹太释经者一起被相提并论，诸如拉什（Rashi）、亚伯拉罕·伊本·伊斯拉（Abraham ibn Ezra）和纳迈尼德（Nahmanides）。参 Seymour Feldman，"Levi ben Gershom/Gersonides"，in Magne Sæbø ed.，Hebrew Bible/Old Testament，The History of Its Interpretation，vol. II：From the Renaissance to the Enlightenment（Göttingen：Vandenhoeck & Ruprecht，2008），pp. 64 – 75。
③ 该版本是个木刻本，图文并茂，运用本土语言和图画的形式表达圣经文本的含义，尤其是意在呈现新旧约之间的相似性及其预表和应验的关系。可以说，该部圣经是基督徒以基督为中心对《旧约》的神学概述，贯穿其中的，是长期以来基督教的预表论与寓意解经的传统。"穷人圣经"的每一篇幅，都生动再现了精致的诠释技艺，融会了口传与读写，向中世纪晚期的平常百姓传递着丰富的圣经知识。参 Tarald Rasmussen，"Bridging the Middle Ages and the Renaissance：Biblia Pauperum，their Genre and Hermeneutical Significance"，in Magne Sæbø ed.，Hebrew Bible/Old Testament，The History of Its Interpretation，vol. II：From the Renaissance to the Enlightment（Göttingen：Vandenhoeck & Ruprecht，2008），pp. 76 – 93。

"基督哲学"的伊拉斯谟（Desiderius Erasmus of Rotterdam，1466－1536），等等。他们学习希伯来文、希腊文与拉丁文，关注原文。对圣经的某些章节进行翻译，或者对不同的译本进行对照解读，他们大声疾呼"回到本源"（ad fontes），因为，"他们意识到自己同更为纯粹或更原初过去的距离"[①]。他们甚至参照犹太拉比的释经方法，以及希腊哲学的世界观，比如回归柏拉图与亚里士多德。这些不同视域的融合，使文艺复兴时期的圣经诠释不仅带有浓厚的文本批判的色彩，而且更为重要的是，它唤醒与复兴了蛰伏于"黑暗"中世纪的古希腊罗马文明，表现出显著的人文主义情怀。这具体表现在对圣经之社会政治与文化维度的关注，以及通过不同译本的对照而对圣经文本之历史本质的初步探索。毋庸置疑，文艺复兴时期的圣经诠释，直接影响了宗教改革与启蒙运动时期对圣经的解读和应用。在此，本章将重点介绍马内蒂、瓦拉与伊拉斯谟的圣经诠释，从而管窥与呈现文艺复兴时期的人文释经维度，以及他们对现代《新约》学术研究所奠定的基础。

圣经诠释的历史与方法

第一节　马内蒂：研习希伯来文

1396年6月，马内蒂出生在佛罗伦萨的一个富商家庭，有自家的图书室。1421年，他放弃跟随父亲的商业经营而投身于人文研究。于是，他在奥古斯丁修道院研习希腊文、逻辑学、哲学与神学，同时，跟从佛罗伦萨的犹太人学习希伯来文。[②] 由于良好而全面的教育，他成为受人尊

---

①　Arjo Vanderjagt，"*Ad fontes*! The Early Humanist Concern for the *Hebraica veritas*"，in Magne Sæbø ed.，*Hebrew Bible/Old Testament，The History of Its Interpretation*，vol. Ⅱ：From the Renaissance to the Enlightenment（Göttingen：Vandenhoeck & Ruprecht，2008），p. 159.

②　对于文艺复兴时期人文主义希伯来学术史而言，1442年11月11日是个最为重要的日子，因为，马内蒂是在这个星期日跟随犹太人学习希伯来文的。参 Arjo Vanderjagt，"*Ad fontes*! The Early Humanist Concern for the *Hebraica veritas*"，pp. 169－170。马内蒂甚至声称自己比犹太人更懂希伯来文，因为他熟练掌握拉丁文与希腊文。他反复指责犹太文化是内向的、狭隘的与利己主义的，认为这样的态度削弱了他们对圣经的把握。参 Paul Botley，*Latin Translation in the Renaissance：The Theory and Practice of Leonardo Bruni，Gianzzo Manrtti and Desiderius Erasmus*（Cambridge：Cambridge University Press，2004），p. 109。

敬的政治家与外交官，也是佛罗伦萨早期人文主义的杰出代表，游走于佛罗伦萨、罗马与那不勒斯之间。① 在成书于 1452 年《论人的尊严与优越》（*De dignitate et excellentia hominis*）中，他以创造神学为出发点，论述人的尊严，强调人潜在的自由行为，以及从"恶"中解放人性，认为人是上帝的仆从，但在公民社会要拥有积极的生活。他流畅自如的引述，出自五经以及亚里士多德与西塞罗的作品，"他将基督教思想的要素同亚里士多德道德哲学的要素相结合，形成一种有关人性的基本乐观的看法"②。他指出摩西与希腊著述的作者都鲜少论及原罪。他对人性的自信，也体现在他对《希伯来圣经》的态度上。"对马内蒂而言，圣经是生活、学识与知识的理性基础。"③ 在当时，阅读《诗篇》是宗教仪式实践的中心，而且，与每个人的生死相关。但是，人们读的《诗篇》不是哲罗姆依据希伯来文翻译的版本，而是依据七十士译本翻译的旧拉丁译本，即当时流行的《高卢诗篇》（*Gallican Psalter*）。在"回归本源"的驱使下，马内蒂开始翻译希伯来文的《诗篇》。相较哲罗姆的译本与希伯来文本而言，马内蒂的这个新译本具有更新的性质，且更接近希伯来文的原意，因此它的出现对圣经诠释史而言具有革命意义。④ 该译本的语言风格，摈弃希腊思潮的影响，而倾向于古典拉丁语。确切来说，马内蒂是以优美文雅的西塞罗式拉丁语进行译述，从而疏离武加大译本。⑤ 他本打算参考拉比评注将整部《旧约》译成古典拉丁语的，但终因其健康状况的恶化而被迫搁置。⑥ 他不愧为基督教的希伯来学家与圣经翻译家，为圣经诠释做出了先锋式的贡献。

---

① Henning Graf Reventlow, *History of Biblical Interpretation*, vol. 3, pp. 5 – 6.

② Ibid., p. 8.

③ Arjo Vanderjagt, "*Ad fontes*! The Early Humanist Concern for the *Hebraica veritas*", p. 170.

④ Henning Graf Reventlow, *History of Biblical Interpretation*, vol. 3, p. 8.

⑤ Arjo Vanderjagt, "*Ad fontes*! The Early Humanist Concern for the *Hebraica veritas*", p. 171. 马内蒂的翻译，其目的不是要发现最完善的文本，而是要呈现一个可信赖的出自希伯来文的译本，因为他认为，只有这样，才能使犹太人不再因基督教化的译本而抱怨。尽管这个译本接近希伯来文，但基本上，它依然是个基督教的文本。只是其中传递着对人之尊严的颂扬，不同于中世纪对人性的看法。这适应基督教的发展，以及文艺复兴中人文主义的古典传统。Ibid., p. 172.

⑥ 他对希伯来文的精通，使他完全能够胜任这一艰巨的翻译工作。从他现存的原稿来看，他保留了希伯来文的边注，并在词源学上讨论了圣经中的各种名字，将希伯来原文与拉丁术语进行对应。参 Henning Graf Reventlow, *History of Biblical Interpretation*, vol. 3, p. 8。

在马内蒂所处的时代，个人翻译圣经不仅冒有风险，而且备受争议，因为它直接挑战了教会的权威，质疑了哲罗姆的武加大译本。因此，关于为何需要依据希伯来文本对《诗篇》进行拉丁文翻译，他模仿柏拉图的《申辩篇》（Apology），在致国王阿方索（Alfonso of Naples）的五卷本《辩护辞》（Apologeticus）中，为自己进行了辩解。① 他指出犹太人因旧译本中的各种错漏而批驳基督教对圣经的理解。他赞赏哲罗姆取得的开拓性成就，但同时指出哲罗姆译本（武加大译本）存在的诸多曲解误译之处，并特别指出有含混不清的境况，这主要是指两个《诗篇》译本的并存，因此，依据原文的新译本是必要的。② 同时，他对传说中七十位智者在埃及翻译的七十士译本持批评态度。他认为《诗篇》必须要在整个《希伯来圣经》的处境中被看待，需要对之进行历史的分析，而不是一味被动地去接受。他罗列了七十士译本中的《诗篇》与希伯来原文之间的不同，也参照了其他古代译本，在第五卷中对所谓"正确的译本进行了述评"③。在此基础上，他界定了什么是正确的译本。正确译本的译者必须具备精确的语言知识，同时要对翻译的文本有确切的认识。但是，由于不同语言的词汇缺乏对应性，因此，他明确指出一种严格的字意翻译是不可能的。而且译者要具有灵敏的耳朵，能够将已有的希腊译本与拉丁译本进行对照，发现诸多的疏漏和添加，并能精确地、优雅地呈现原文。④ 对于具有神圣权威的圣经而言，其翻译要禁止任何含混不清，因此他区分了凡俗文本与神圣文本，主张在圣经译述上走中间路线，既不死抠字意，也不过于随意。⑤ 他遵循"回到本源"的人文主义原则，但是当他译述圣经时，他注意到翻译并不是总能捕捉原文的细微之处，而且单纯的字意翻译从未令人满意。因此，他认为文本的文学与修辞特性在

---

① 该著直接被译为《一位译者的辩护》（A Translator's Defense）。参 Giannozzo Manetti, A Translator's Defense（Cambridge: Harvard University Press, 2016）。

② Henning Graf Reventlow, History of Biblical Interpretation, vol. 3, p. 9. 这两个《诗篇》译本，分别是指依据七十士译本的旧拉丁文译本《高卢诗篇》和哲罗姆的《希伯来诗篇》，而长久以来在崇拜仪式中流行的是《高卢诗篇》。在《辩护辞》的第三卷与第四卷里，他仔细考察了这两个译本之间的差异。参 Giannzzo Manetti, A Translator's Defense, pp. 108 – 223。

③ Giannzzo Manetti, A Translator's Defense, p. 233.

④ Ibid., pp. 235 – 241.

⑤ Ibid., pp. 259 – 269.

理解文本的意义上起着重要作用。

在他生命的最后几年里，他不仅完成了大部分《新约》的拉丁文翻译，而且将亚里士多德的伦理学专著译为拉丁文，还撰述了许多名人的生平传记，包括苏格拉底与塞涅卡等，体现了"佛罗伦萨的人文主义者对于他们所推动的重新发现古典文化的伟大的自我意识"①。受教皇尼古拉斯五世（Pope Nicholas V）的鼓励和推动，马内蒂在梵蒂冈教廷翻译了《新约》。他的《新约》拉丁译本，包括四福音书、保罗书信以及约翰启示录，都是从希腊原文译为拉丁文。除了参考哲罗姆的译本，他同时参照了自家图书室所收藏的各种圣经抄本，以及当时其他人的译本。② 在翻译的过程中，他擅长使用边注，包括注解不同语言的相关经文，反复解读与校正。该译本是自哲罗姆以来的第一部由希腊语译出的拉丁版本。他旨在将希腊文本译成美妙的古典拉丁文，但相较于他的亚里士多德译述，这个《新约》译本并不被他那个时代的人所熟知。③ 然而他人文主义的译述具有革新意义，因为，他运用希腊与拉丁文本的传统比照不同的版本，使文本批判进入圣经的翻译中，如此，基于文献学的探寻，圣经被当成是一部历史或文学文本而被解读。④ 当然，马内蒂"回到本源"的重构亦有其自身的局限。比如，马内蒂认为耶稣说的是《旧约》的希伯来语，因此，他将希伯来知识用于希腊语的《新约》中。比如，在《马太福音》与《马可福音》中，耶稣基督在十字架上最后说的话"以利，以利！拉马撒巴各大尼？"（eli eli lama azavtani），是对《诗篇》22：1的直译。但是，耶稣说的是亚兰文，这里是对《诗篇》亚兰版的再现，因此，马内蒂的重构是过头了。⑤

① Stefano U. Baldassarri, "Introduction", in Stefano U. Baldassarri and Rolf Bagemihleds. , *Giannozzo Manetti: Biographical Writings* (Cambridge: Harvard University Press, 2003), p. xiv.

② Annet den Haan, *Giannozzo Manetti's New Testament: Translation Theory and Practice in Fifteenth - Century Italy* (Leiden: Brill, 2016), pp. 27 - 47. 迄今，马内蒂的《新约》译本仅存两部抄本，现收藏于梵蒂冈图书馆。参 Ibid. , p. 3.

③ Paul Botley, *Latin Translation in the Renaissance*, p. 85.

④ 吊诡的是，这一译述是在教会权力的中心——梵蒂冈完成的，并对教会权威构成了某种损害。但是，这一译本对于宗教改革之前的圣经学术而言，对既有观点进行了前瞻性的测试。Annet den Haan, *Giannozzo Manetti's New Testament: Translation Theory and Practice in Fifteenth - Century Italy*, p. 4.

⑤ Paul Botley, *Latin Translation in the Renaissance*, p. 98.

为了更好地理解圣经，他探讨希伯来文化。"作为那个时代最为杰出的人文主义者之一，对人文主义中希伯来研究的价值，马内蒂为决定性的转变传递了一种重要的推动力。"① 他对希伯来文化保持了人文主义的开放态度，但是他谴责犹太人，以及其他各种对希腊与拉丁异教徒学习与跟从的现象。在他的《反犹太人与异教徒》（Adversus Iudaeos et Gentes）中，马内蒂从人类及其救赎史的角度进行论述。他从上古史开始，论及巴别塔语音的变乱，视之为异端邪说的起源。他将希伯来人描述为本质上是称义的，因为他们认识到真神，是同族长亚伯拉罕相关的，而且，古代希伯来人遵从十诫，是接受《新约》教导的基督徒的先祖。他认为希伯来人的托拉是同自然道德一致的，视摩西为伦理道德的典范，但他指责仪式规范是对人类自由的束缚，批评人们在此世所受的奖赏与律法之间的绑定关系。② 在他看来，犹太人同犹大相关，是恶的角色类型，犹太人因他们对待基督的态度而受到惩罚。尽管他同教他希伯来文的犹太教师保持密切的关系，但是他依据《新约》对《旧约》进行诠释，表达了他对犹太人与犹太教的厌恶之情。③ 他指出：由于犹太人对希腊语和拉丁语的无知，他们失去研究《新约》的机会。他们文化上孤立，是因为他们对"荒谬"宗教的持守。④ 由此可见，文艺复兴的人文主义者远没有终结对犹太教的敌意与偏见。

第二节　瓦拉：回到《新约》希腊原本

瓦拉是文艺复兴时期最为著名且最具影响力的圣经人文主义者之一。⑤ 1405 年，他出生于罗马一个贵族家庭。他在佛罗伦萨接受教育，接

---

① Henning Graf Reventlow, *History of Biblical Interpretation*, vol. 3, pp. 10 – 11.

② Ibid. , p. 10.

③ 他认为《新约》会引致社会革新，而犹太人没有选择将《新约》看成是《旧约》的理性连续，因此，他们不被认为是优越的且具有尊严的人。参 Arjo Vanderjagt, "*Ad fontes*! The Early Humanist Concern for the *Hebraica veritas*", p. 173。

④ Erika Rummel, "The Renaissance Humanists", p. 282. 马内蒂指出：自斐洛与约瑟夫以来，极少有懂希腊文或拉丁文的犹太人，因此，他们根本不能判断拉丁译本中的讹误或误译。参 Paul Botley, *Latin Translation in the Renaissance*, pp. 109 – 110。

⑤ Erika Rummel, "The Renaissance Humanists", p. 289.

触人文主义的新文化，自学哲学与神学，并跟随研究抄本的奥利索帕（Giovanni Aurisopa）学习希腊语。① 自 1431 年，他在帕维亚大学获修辞学教席，批判亚里士多德主义与经院哲学，主张修辞应当替代形而上学。1448 年，他在罗马的教廷获得一个职位。瓦拉试图将古典拉丁语带入当下，并在宗教话语中寻索更深层与更真实的意义，于是，他回到古代基督教中，认为圣经中蕴含了最为谦卑的事物。② 他通过翻译圣经而探寻语言的形式。在他看来，非古典拉丁语在美学与观念上都是不当的，而学习古典语言是智慧的开端，于是，他研究《新约》的各种希腊抄本，开启了圣经诠释的旅程。③ 他认为：一旦神学家认识到他们因文献学训练的缺乏而妨碍了他们对圣经字意的理解，那么，长久以来的神学争论就会迎刃而解。④ 但是，他的这一论点引发了更多的争议。他对圣经文本的性质与历史发展有着异乎寻常的认识。在当时的教会，武加大译本是通用的，具有至高的权威。但是，瓦拉指出其中的《诗篇》并非由希伯来文译成，而且，哲罗姆并没有翻译《新约》，仅对之进行了修订，因此，他质疑这一译本的权威。但这招致了谴责，在罗马树敌众多。⑤ 基于这样的情势，他自己并没有撰述一部新译本，而是回到希腊原文，并对照拉丁文译本，对福音书进行了注释。从文献学与语言学的角度，他指正了武加大译本中的各种错谬、含混与讹误，对之进行了修订与校正。

15 世纪 50 年代，教皇尼古拉斯五世的教廷成为学习人文主义的中

---

① Henning Graf Reventlow, *History of Biblical Interpretation*, vol. 3, p. 11. 自教父时代以来，瓦拉是首位研习希腊文知识并将之应用于《新约》研究的西方人。仅此一点，就使他的著作在圣经研究历史上具有重要的意义。参 Jerry H. Bentley, *Humanists and Holy Writ* (Princeton: Princeton University Press, 1983), pp. 32 – 33。

② Christopher S. Celenza, *The Lost Italian Renaissance: Humanist, Historians, and Latin's Legacy* (Baltimore: John Hopkins University Press, 2004), p. 93.

③ Debora K. Shuger, *The Renaissance Bible: Scholarship, Sacrifice, and Subjectivity* (Berkeley: University of California Press, 1994), p. 19. 瓦拉重视对古典语言的学习，他认为：若不懂其他语言，那么就不能完全懂自己的文化，基于他对希腊文与希伯来文的把握，他认为自己比古代罗马人更懂拉丁文。参 Paul Botley, *Latin Translation in the Renaissance*, p. 110。

④ Erika Rummel, "The Renaissance Humanists", p. 290.

⑤ 当时著名的人文主义者波焦·布拉乔利尼（Poggio Bracciolini, 1380 – 1459），曾指责瓦拉胆敢反驳哲罗姆，挑战武加大译本，从而冒犯圣经的权威。参 Henning Graf Reventlow, *History of Biblical Interpretation*, vol. 3, pp. 16 – 17。

心，当中包括人文主义的圣经学术。瓦拉曾任教宗秘书，他在教廷著述了他的《〈新约〉释义》（*Adnotationes in Novum Testamentum*）。瓦拉曾与马内蒂在教廷一起共事。而且，马内蒂受教皇委任，在 1453 – 1457 年间，在教廷翻译了一部《新约》的新拉丁译本。当时，瓦拉正在撰述《〈新约〉释义》的修订版。相较而言，瓦拉的著述更为人所知，而马内蒂的文本仅以手稿形式保存。关于武加大译本的翻译，他们常常一起讨论，但总有争议。在《新约》的研究与圣经的学术探讨上，他们是相互影响的。① 在瓦拉著名的释经著作《〈新约〉释义》中，他从哲学、文献、文法与修辞的视角探查《新约》的拉丁文本，即武加大译本。在释义时，他谨小慎微，为了回避指责，辩称自己并不想完善圣经，而只是进行诠释而已。这个释义有两个版本，第一个成书于他在阿方索的王宫期间，第二个完成于 1453 – 1457 年间，那时，他在教廷供职。后者是伊拉斯谟在 1504 年在帕克修道院的图书馆中发现的。② 两个版本差异显著。具体而言，后者更为精确与精简，同时，兼顾深度与广度，涉及教父与经院神学家的知识，并参照了各种《新约》抄本及其释义，包括拉丁文的与希腊文的。释义涉及了语法分析与校正，对希腊语词的不同解释，对不连贯之处的批评，以及为读者提供的克服含混不清的指南。瓦拉强调希腊文的原意。比如，在讨论《罗马书》12：3 的意义时，瓦拉指出关键动词是 *phronein*，具有体现知识的内在的含义，而武加大译本用的是 *sapere*，瓦拉认为这会给人误导的印象。瓦拉解释称：使徒保罗希望减少内心的傲慢，因为，这种傲慢不是智慧或知识。在第二次编修释义时，瓦拉忽略了描述保罗意图的句子，提出了更适合希腊语 *phronein* 的词，认为可将之译为 *sentire*，因为，该词体现了 *phronein* 所具有的沉思冥

① Annet den Haan，"Giannozzo Manetti's New Testament：New Evidence on Sources，Translation Process and the Use of Valla's *Annotationes*"，in *Renaissance Studies* 28（2014），pp. 731 – 747. 另参 Paul Botley，*Latin Translation in the Renaissance：The Theory and Practice of Leonardo Bruni，Gianzzo Manrtti and Desiderius Erasmus*，pp. 88 – 98.

② Christopher S. Celenza，*The Lost Italian Renaissance*，p. 94. 伊拉斯谟旋即付之印制，并亲述前言。次年，该释义在巴黎得以重见天日。第二版本不同于第一版之处，在于它首次包含了所有的《新约》书卷，而且，释义也更为精炼。实际上，瓦拉对《新约》的注释是个大工程，他不断地校正、扩展与修订，至其去世，他也没有完成全部。伊拉斯谟出版的第二版，是个修订版，当中，有诸多的添加，亦有删改之处。这个书名是伊拉斯谟定的。参 Henning Graf Reventlow，*History of Biblical Interpretation*，vol. 3，p. 15。

想的含义。① 通过这样的解释，经文的意思变得更为清晰。

瓦拉坚持经文的原意才是正确的，认为经过漫长的流传，经文后来在语词的使用上已变质。作为一个人文主义者，瓦拉指出作者在语言与文献的考量上，其宗教信仰并不发挥作用。他拒绝将信仰带入文法规则中，并以此驳斥那些自称神圣与虔诚的人。如此，他将圣经的语言与著述放在一个与其他文献等同的层面。"对 15 世纪初而言，这些具有划时代意义的原则，对后来圣经诠释的发展具有深远的影响。"② 在他对《新约》进行评注时，他参照的主要文献是圣经手抄本，其中，拉丁文与希腊文的各有三部。通过细致的比较，"对圣经进行科学的文本批判的基石已被奠定"③。瓦拉强调对原初文本的探查，尽可能地达到经文释义的精准。但是，他认为原有的一些希腊语词是不可被拉丁文所复述的。尤其是，当一个希腊语词有多个不同含义时，对应不同的拉丁文译述极易产生歧义。通过细微的勘查与甄别，瓦拉指正了武加大译本的错谬之处。比如，《马太福音》3：16 论耶稣的受洗，瓦拉根据《约翰福音》1：32 - 33 中施洗约翰所看到的，指出武加大译本应译为"（耶稣）看见神的灵像只鸽子一样降下落在他身上（over him）"，而不是"他自己身上（over himself）"。④ 瓦拉的学识与敏锐，将他对圣经文本的批判诠释带到一个新的高度。

在释义的过程中，瓦拉不仅运用了文本批判的方法，而且，他关注过往重要神学家的相关评释，诸如奥古斯丁与托马斯·阿奎那的。比如，奥古斯丁对《约翰福音》18：28 的解释，瓦拉指出他因为没有勘查希腊文本而产生了误解。瓦拉的释义是回归对原文本的解读，因此，从一个纯粹的文献学家的视角，他不断地呈现出圣经评释的重要性。他的《新约》诠释，对神学问题的讨论亦有助益。比如，阿奎那将《哥林多后书》

---

① Christopher S. Celenza, *The Lost Italian Renaissance*, pp. 94 - 95. 又如耶稣的话："人活着，不是单靠食物。"（太 4：4）瓦拉指出该句的希腊原文时态是将来时，《路加福音》4：4 是平行经文，表达了同样的意思。参 Henning Graf Reventlow, *History of Biblical Interpretation*, vol. 3, p. 19.

② Henning Graf Reventlow, *History of Biblical Interpretation*, vol. 3, p. 20. 瓦拉的《新约》评注，在短期内直接影响了宗教改革者，而在长远的范围内，开启了《新约》学术研究的文献学传统。参 Jerry H. Bentley, *Humanists and Holy Writ*, p. 69。

③ Henning Graf Reventlow, *History of Biblical Interpretation*, vol. 3, p. 20.

④ Ibid., p. 21.

8：19 理解为体现上帝预定论的教义（doctrine of predestination），但是，瓦拉基于希腊原文而否定了这种理解。此外，关于《哥林多前书》15：10，武加大本译为"不是我，而是上帝的恩典与我同在"，而瓦拉依照原文指正为"不是我，而是与我同在的上帝的恩典"。他强调恩典是来自上帝。瓦拉以原初文本为出发点，通过这些细微的甄别，产生了完全不同的意义。① 但是，瓦拉有其自身的局限。比如，他没有意识到《新约》希腊文的特殊性，因为，这种希腊文是受闪族文化影响的通用希腊文（Koine Greek），但他总以古典希腊文作为标准，而且，他并不了解圣经所描述的东方世界，对圣经著述的作者与起源，亦缺乏正确的认识。② 对于圣经诠释史而言，直到 17 世纪的斯宾诺莎的时代，甚至 19 世纪末历史批判兴起时，这些历史的不足或局限，才得到根本的改变。

第三节　伊拉斯谟：《新约》翻译与释义

伊拉斯谟是文艺复兴时期荷兰著名的基督教人文主义者。通常，他是作为一位神学家而广为人知的，殊不知，他也是一位重要的释经学家，不仅翻译了《新约》，还著有诸多的释经作品。作为《新约》释经学家的伊拉斯谟，近年来倍受西方学界的关注。③ 伊拉斯谟大声疾呼"回到本源"，因此，他的释经运用了新的文献学进路，完全不同于经院主义者迎合教义系统的辩证方法。他"质疑经院主义的解经过程，认为它们无助于实现真正的敬虔，是不近人情的"④。他指出神学就是要以圣经为导向，并直接论说基督徒的生活，而不是迂回到系统教义的模式中。于他而言，成就人的上帝之道——基督，依旧在圣经的话语中作为，而释经者的任务，就是让这一话语再次变得可听可闻。为了达至这样的目的，他认为成功的释经者必须对圣经文本有可靠的理解，具备圣经语言与历史背景

---

① Henning Graf Reventlow，*History of Biblical Interpretation*，vol. 3，p. 22.

② Ibid.，p. 22.

③ Jerry H. Bentley，*Humanists and Holy Writ：New Testament Scholarship in the Renaissance*（Princeton：Princeton University Press，1983），p. 139.

④ Christine Christ – von Wedel，*Erasmus of Rotterdam：Advocate of a New Christianity*（Toronto：University of Toronto Press，2013），p. 5.

的知识，从而在文献学上净化圣经文本。因此，他的《新约》注释，不仅大量参照了早期教父的释经传统，而且，他的著作与生活都带有古典哲学的深刻烙印，比如柏拉图与斯多亚学派的哲学。不同视域的融合，使伊拉斯谟的圣经诠释不仅带有浓厚的文本批判（textual criticism）色彩，而且，更为重要的是，它唤醒与复兴了蛰伏于"黑暗"中世纪的古希腊罗马文明，表现出显著的人文主义情怀。伊拉斯谟的圣经诠释，直接影响了宗教改革者对圣经的解读和应用，比如，路德（Martin Luther）、茨温利（Ulrich Zwingli）以及加尔文（John Calvin）在诠释《新约》时，都直接参照了伊拉斯谟的《新约》译本。[①] 本节将重点讨论伊拉斯谟的《新约》翻译与诠释，从而管窥他的人文释经维度，以及对圣经诠释历史的贡献。

青年时代的伊拉斯谟，进入荷兰南部拥有丰富古典文学藏书的奥古斯丁修道院，宣誓献身于基督教。"在修道院的几年，与其说是在拯救灵魂，不如说是在阅读古典文学和研究美术中度过的。"[②] 他研习希腊文，沉浸于古典诗学中，比如古希腊的《荷马史诗》与古罗马诗人维吉尔（Virgil）的《牧歌集》（Eclogues）等，同时，他也追随西塞罗（Cicero）和柏拉图（Plato）的脚步，翻译古希腊经典名著，萌发了复兴古典文学之黄金时代的念头。[③] 1492 年，他被任命为神父。三年后，他怀揣《反蛮夷论》（Antibarbari）的初稿去了巴黎，并在那里接触到人文主义的历史观，以

---

① Christine Christ – von Wedel, *Erasmus of Rotterdam*: *Advocate of a New Christianity*, pp. 89 – 92. 三者都有赖于伊拉斯谟的译本。伊拉斯谟的圣经研究，"塑造了改革宗的教义，发展了新教的神学"。参 Jerry H. Bentley, *Humanists and Holy Writ*, pp. 191 – 192. 路德在撰述《〈加拉太书〉注释》时，参照了伊拉斯谟修订的《新约》希腊译本。伊拉斯谟在对《马太福音》3：2 进行修订时，发现哲罗姆将施洗约翰对众人的信息译为"要赎罪"（拉丁文为 poenitentiam agite，英译为 do penance），伊拉斯谟将之修订为"你们要悔改"（希腊文为 metanoeite，英译为 repent）。基于此，路德质疑教会售卖赎罪券，成为他发动宗教改革的重要依据之一。参俞翠婵《中译本导言》，马丁·路德：《〈加拉太书〉注释》，李曼波译，生活·读书·新知三联书店，2011，第 11 页。

② 斯·茨威格：《一个古老的梦：伊拉斯谟传》，姜睿璋、廖絺胜译，辽宁教育出版社，1998，第 19 页。

③ 他崇尚古希腊经典，"他认为他对经典的翻译，本身不是目标，而是完善他技艺的一种手段，一种他准备编修和诠释基督教文本这一更艰巨任务的有益实践"。参 Erika Rummel, *Erasmus as a Translator of the Classics*（Toronto：University of Toronto Press, 1985），p. 4。

及苏格拉底的思想。① 他对圣经研究的关注始于 1499 年，那就是他在牛津逗留期间，听了克里特（John Colet, 1466 - 1505）有关保罗书信的讲座。克里特启发了伊拉斯谟对圣经文本的兴趣，并塑造了他的基督哲学（*philosophia Christi*）。② 对伊拉斯谟而言，《新约》是基督哲学的基础，为读者提供纯净而质朴的信仰，是"唯一绝对可靠的来源"，代表了基督教人文主义的核心所在。③ 而探索基督哲学的目的，在于重生与复兴人之善的本性，因为，他深信人在善中被创造（*instauratio bene conditae naturae*）。因此，他将净化圣经而弘扬基督哲学视为要务。④ 为了进入圣经的世界，他奋力学习希腊文与希伯来文，积极响应"回到本源"的口号，力图能够复其原貌，还其本意。他认为圣经释义不仅有助于回到原初的纯粹信仰，净化《新约》文本，接近真正的基督徒的生活，而且，也有助于解决长久以来的神学论争。于是，他决定先从保罗书信入手，而其中的《罗马书》是他最先评注的书卷。依据他的早期书信记载，他的《〈罗马书〉释义》就有四卷，但是都已散佚。⑤ 这可能是他对《新约》圣经学

圣经诠释的历史与方法

---

① Christine Christ - von Wedel, *Erasmus of Rotterdam: Advocate of a New Christianity*, pp. 25 - 27. 1500 年，他出版了《名言录》（*Adagia*），专门论及古典文学中以希腊语与拉丁语写成的箴言轶事。其文学风格与修辞，在文艺复兴时期被广为引用。参 Ibid., pp. 55 - 56。

② 1499 年 10 月，伊拉斯谟与克里特之间有频繁的书信往来，讨论基督受难时痛苦挣扎的本质，以及基督临终话语的涵义（可 14：36），认为经文呈现了基督的人性。参 Desiderius Erasmus, *The Collected Works of Erasmus*, vol. 1, trans. by R. A. B. Mynors and D. F. S. Thomson, annotated by Wallace K. Ferguson（Toronto: University of Toronto, 1974），pp. 198 - 219。

③ István Bejczy, *Erasmus and the Middle Ages: The Historical Consciousness of a Christian Humanist*（Leiden: Brill, 2001），p. 132. 他认为研习圣经的目的，在于通过认识基督而发现新的生活。参 Christine Christ - von Wedel, *Erasmus of Rotterdam: Advocate of a New Christianity*, p. 85。

④ Peter G. Bietenholz, *Encounters with A Radical Erasmus: Erasmus' Work as a Source of Radical Thought in Early Modern Europe*（Toronto: University of Toronto Press, 2009），p. 141. 在他 1516 年写给教皇利奥十世（Pope Leo X, 1475 - 1521）的信中，他明确表达了他修订《新约》的动机和目的，就是"复兴和重建基督宗教"，这是他"首要的盼望"。参 Desiderius Erasmus, *The Collected Works of Erasmus*, vol. 3, trans. by R. A. B. Mynors and D. F. S. Thomson, annotated by James K. McConica（Toronto: University of Toronto, 1976），p. 222。

⑤ 1504 年年底，在他写给克里特的信中，他提到三年前就完成了这四卷书。参 Desiderius Erasmus, *The Collected Works of Erasmus*, vol. 2, trans. by R. A. B. Mynors and D. F. S. Thomson, annotated by Wallace K. Ferguson（Toronto: University of Toronto, 1975），p. 86。另参 Jerry H. Bentley, *Humanists and Holy Writ*, p. 115。

术的最初尝试。

伊拉斯谟的圣经研究，在 1504 年获得了一个重要的契机与动力，那就是他在鲁汶的帕克修道院的图书馆中发现了瓦拉著名的释经著作——《〈新约〉释义》。他兴奋莫名，不顾病痛缠身，随即写信给克里特，表达了余生要献身于圣经研究的愿望。[①] 翌年，伊拉斯谟在巴黎出版了这个原稿，并亲自撰写了序言，名之为《〈新约〉释义》。该释义质疑哲罗姆的拉丁武加大译本，认为它在经历漫长的历史流变之后，其中的基督教真理被扭曲。伊拉斯谟充分意识到该释义对学术传播的重要性。[②] 受此鼓舞，他对《新约》研究充满热忱，"将继续瓦拉未竟的著述视为他未来最重要的计划"[③]。1511 – 1514 年间，他先后前往剑桥、罗马和巴塞尔。在那里，他接触到希腊文《新约》的各种古老抄本。与瓦拉类似，伊拉斯谟对当时不同的《新约》抄本和教父的释经著作进行了校勘，并依据古典用法和历史语境对单个的语词和短语逐个进行解释，从而找出最为准确的解读，并形成他的文本批判。通过这种细致的文献学研究，他发现武加大译本在编修中出现的拙劣错误俯拾皆是，认为基督的真理已被曲解，变得晦暗不明，因此，他主张要回归真实而纯正的基督教信仰的源头，去重构一个可信赖的文本，从而"复兴文化与敬虔的古老形式"[④]。

在当时的天主教会，武加大译本是通用的，具有至高权威。伊拉斯

---

① 参 Desiderius Erasmus, *The Collected Works of Erasmus*, vol. 2, p. 86。后来，在他 1515 年写给枢机主教格里马尼（Domenico Grimani, 1461 – 1523）的一封长信里，再次重申了这一愿望，说明任何外力都无法改变他致力于圣经研究的决心。参 Desiderius Erasmus, *The Collected Works of Erasmus*, vol. 2, p. 96。

② Desiderius Erasmus, *The Collected Works of Erasmus*, vol. 2, p. 90. 在瓦拉的释义中，伊拉斯谟发现了对文献学释经之原则的清晰阐述，这与他在 1500 – 1504 年间的研习体验相吻合。他从克里特那里借了两部拉丁圣经抄本，同时，他搜集了希腊《新约》抄本，以此为基础，开始了他的圣经研究。参 Ibid., p. 197。

③ Henning Graf Reventlow, *History of Biblical Interpretation*, vol. 3, p. 53. 对伊拉斯谟而言，瓦拉的释经方法不仅是大有助益的，也是不可或缺的。他一方面弘扬了瓦拉的释经方法，另一方面也形成了他自己独特的历史进路。Christine Christ – von Wedel, *Erasmus of Rotterdam: Advocate of a New Christianity*, p. 57.

④ István Bejczy, *Erasmus and the Middle Ages*, p. 129. 可以说，"这曾是伊拉斯谟向人文主义的新神学提出的要求"。参斯蒂芬·茨威格《鹿特丹的伊拉斯谟：辉煌与悲情》，舒昌善译，生活·读书·新知三联书店，2016，第 80 页。

谟盛赞哲罗姆"是拉丁世界最伟大的神学家，独一无二"①。他认为哲罗姆在圣灵的启示下译成了武加大译本，基督徒的生命在其中不断获得滋养，但是在他看来，这一译本历经传抄已被败坏、被混淆、被掺假。为了回到这一译本的原初，他搜集了哲罗姆的所有著述，逐一进行研究。1515 年 5 月，他致信教皇利奥十世，请求还原武加大译本，从而赋予哲罗姆以新生，光复基督宗教。② 一个多月后，他收到利奥十世的回复，教皇许可他编注与修订武加大译本，复兴真正的宗教敬虔。③ 1516 年 2 月，他的《新约》研究成果在巴塞尔出版，题为《新约》（ *Novum Instrumentum* ）。实际上，第一版由三部分构成，即希腊文《新约》文本与武加大译本，以及他附有释义的对武加大译本的修订，三者互为参照。因此，第一版主要是对《新约》进行评释，而非翻译。伊拉斯谟在 1516 年的初版序言——《致读者》中，说明他的修订是基于真正的希腊文本进行的，意在力求准确与恰当。④ 这一著作是伊拉斯谟早期圣经研究成果的结晶，代表了 16 世纪初圣经学术研究的卓越成就。为了防止保守神学家们的抨击，伊拉斯谟将这一《新约》双语文本敬献给教会的主人——支持人文主义运动的教皇利奥十世。⑤ 初版后，他致信教皇，称他对武加大译本的讹误之处进行了修正，并解释了晦涩之处。⑥ 他的举动获得了教皇的赞许。至此，伊拉斯谟在欧洲的声望如日中天。

伊拉斯谟对武加大译本的修订，成为他《新约》学术研究的重要部分。但是，由于武加大译本在中世纪神学家那里备受尊崇，是天主教教义的首要基础和直接根据，任何对武加大译本的修订，都被视为是对天主教信仰的损害。因此，伊拉斯谟的圣经释义与编修，尽管小心翼翼，依旧受到保守天主教神学家们的各种责难。伊拉斯谟的反对者，在英国

---

① Desiderius Erasmus, *The Collected Works of Erasmus*, vol. 3, p. 96.

② Ibid., pp. 100 – 110.

③ Ibid., pp. 139 – 142.

④ Ibid., p. 198.

⑤ Ibid., p. 308.

⑥ Desiderius Erasmus, *The Collected Works of Erasmus*, vol. 4, trans. by R. A. B. Mynors and D. F. S. Thomson, annotated by James K. McConic (Toronto: University of Toronto, 1977), p. 5.

以主教爱德华·李（Edward Lee）为代表，他认为伊拉斯谟的《新约》版本会为否定三位一体的阿里乌斯主义（Arianism）大开方便之门；而在西班牙，雅克布斯·斯塔尼可（Jacobus Stunica）是伊拉斯谟的主要反对者。[①] 1518 年 5 月，在写给奥古斯丁教士利普斯（Maarten Lips）的信中，伊拉斯谟列出 95 条，言辞激烈，逐一反击了爱德华·李对他的指控。他辩称守护了武加大译本的完整，他只是修正了拉丁文《新约》中的文法错误，意在荣耀基督及其圣言，并没有公然修正与改动哲罗姆的文本，而且，他坚持对《新约》进行严肃认真的研究，就是要以希腊文本为基础。[②] 对于伊拉斯谟而言，文本批判与翻译是文献学家而非神学家的任务，他的任务是回归原典，更新《新约》，复兴被中世纪所遮蔽的上帝之道，因此，论及译者的最终目标，他坚持"清晰与纯净才是最为重要的判断标准"[③]。

在应对爱德华·李等反对者的驳斥声中，基于对初版的不满，伊拉斯谟筹划出一版更具挑战性的《新约》。针对初版中对拉丁译本的修订存在诸多的不足之处，他搜集了更多的《新约》抄本，不断补充和修正他的释义。教皇利奥十世应许他的新版出版，希望能够维护正统信仰与神学的进步。[④] 在 1519 年的第二版中，他收入自己全新的对希腊《新约》

---

① 参 Grantley McDonald, *Biblical Criticism in Early Modern Europe: Erasmus, the Johannine Comma and Trinitarian Debate* (New York: Cambridge University Press, 2016), pp. 16 – 28。在法国，其反对者以勒菲弗（Jacques Lefèvre d'Étaples）为代表，论争的焦点围绕《希伯来书》2：7 展开。参 Jerry H. Bentley, *Humanists and Holy Writ*, p. 194。他们的反对主要基于三个理由：（1）文献学家无资格翻译圣经；（2）哲罗姆在圣灵启示下的武加大译本是具有权威的译本，任何校正都是异端行为；（3）根据希腊文修订拉丁文本是危险的，因为，希腊人是分裂主义者，会玷污文本。Erika Rummel, "The Textual and Hermeneutic Work of Desiderius Erasmus of Rotterdam", in Magne Sæbø ed., *Hebrew Bible/Old Testament*, *The History of Its Interpretation*, vol. Ⅱ: From the Renaissance to the Enlightenment (Göttingen: Vandenhoeck & Ruprecht, 2008), p. 218. 伴随各种对伊拉斯谟讨伐的声浪，伊拉斯谟的著述以及他 1519 年的《新约》译本，被收入 1559 年罗马天主教的首批禁书索引中。参 Jerry H. Bentley, *Humanists and Holy Writ*, p. 173。

② Desiderius Erasmus, *The Collected Works of Erasmus*, vol. 6, trans. by R. A. B. Mynors and D. F. S. Thomson, annotated by Peter G. Bietenholz (Toronto: University of Toronto, 1982), pp. 4 – 26.

③ Erika Rummel, *Erasmus as a Translator of the Classics*, p. 98.

④ Desiderius Erasmus, *The Collected Works of Erasmus*, vol. 6, pp. 106 – 108. 他翻译《新约》时参照的抄本来源，参 Jerry H. Bentley, *Humanists and Holy Writ*, pp. 126 – 137。

的拉丁文翻译。① 伊拉斯谟不断修订他的《新约》，在他有生之年，他相继在巴塞尔出版了五个版本，分别出版于 1516 年、1519 年、1522 年、1527 年与 1535 年。其中，初版是相对保守的版本。② 在解读希腊《新约》而修订武加大译本上，伊拉斯谟所下的工夫超越了瓦拉，而且在评注的部分，他对武加大译本中诸种错谬的校勘也胜过瓦拉。③ 自第二版开始，他将自己的拉丁译本与武加大译本对应排列。他不断回应各种批评，补充和改编他的翻译与评注，使之日臻准确，力图呈现一部可靠信实的译本。该著一经问世，影响深远。它后来成为路德将《新约》译为德语的底本。可以说，"伊拉斯谟的这项业绩和马丁·路德的圣经翻译几乎具有同样重要的时代意义"④。

伊拉斯谟追随瓦拉的脚步，回到希腊原本。伊拉斯谟不仅对武加大译本进行了修订，而且，他以希腊文本为基础撰述了一部新的《新约》拉丁译本。他的《新约》拉丁译本是个全新的修订版，具有开拓性的意义。⑤ 但是，如果说他的译本完全忠于《新约》原文，或者，他的拉丁译本比武加大译本更具权威，似乎难以自圆其说，尽管他反复强调这一点。因为，伊拉斯谟选用的是拜占庭教会的《新约》希腊抄本，而它属于《新约》文本传统之流传中较晚时段的一个抄本。因此，这个希腊抄本并不一定比武加大译本更接近原初。但是，他偏重于这个希腊抄本的权威，认为其可靠性胜过武加

---

① Jerry H. Bentley, *Humanists and Holy Writ*, pp. 114, 117, 135. 另参 Erika Rummel, *Erasmus as a Translator of the Classics*, p. 90。这一阶段，也就是 1514 年至 1519 年间，是伊拉斯谟的人文主义学识在欧洲占据强势的时期，他成为教会、神学与民众敬虔之人文改革的领军人物。参 Wallace K. Ferguson, "Introduction", in Desiderius Erasmus, *The Collected Works of Erasmus*, vol. 1, p. xii。

② Erika Rummel, *Erasmus as a Translator of the Classics*, p. 90.

③ Paul Botley, *Latin Translation in the Renaissance*: *The Theory and Practice of Leonardo Bruni*, *GianzzoManrtti and Desiderius Erasmus* (Cambridge: Cambridge University Press, 2004), pp. 115 – 116.

④ 斯蒂芬·茨威格：《鹿特丹的伊拉斯谟：辉煌与悲情》，第 79 页。罗马教廷也据此对武加大译本进行了修订，并在 1546 年的特伦托公会议 (Council of Trent) 上宣布修订后的武加大译本是《新约》的范本。参同上，第 235 页。伊拉斯谟的译本还影响到 1525 年丁道尔 (William Tyndale) 的英文译本，以及 1611 年的英王钦定本 (KJV)。参 Manfred Hoffmann, *Rhetoric and Theology*: *The Hermeneutic of Erasmus* (Toronto: University of Toronto, 1994), p. 85。

⑤ Henning Graf Reventlow, *History of Biblical Interpretation*, vol. 3, p. 56.

大译本。① 不过，有趣的是，在费拉拉与佛罗伦萨宗教会议（Council of Fer-
rara and Florence，1438 – 1445）之后，为了促进希腊与罗马教会的合一，
众多的《新约》希腊抄本，都依据武加大译本而被勘校，可是，那些认可
武加大译本权威的希腊文本，在伊拉斯谟的眼中都是可疑的。② 对他而言，
武加大译本经历了中世纪，就已经败坏，而他的拉丁译本，正是要有别于武
加大译本。在这个意义上，他的《新约》译本，"并非是地道的文本，而是他
自己造就的对立武加大译本（Counter – Vulgate）的文本"③。他打着"回到
本源"的旗号，有意识地修订武加大译本，盼望重振基督教信仰。

　　伊拉斯谟的《新约》研究，并没有止步于翻译，而是对之进行具体
释义，进一步呈现他的基督哲学。他的释义，强调要回到希腊文的《新
约》原典，而不是依赖七十士译本或武加大译本。伊拉斯谟特别专注于
保罗书信与福音书。他对保罗书信以及圣经应用的关注，体现在他成书
于 1503 年的《基督徒军人之手册》（Enchiridion militis Christiani）中。在
该著里，他将新柏拉图主义（Neoplatonism）基督教化，认为对上帝的敬
畏内在于人内，从而提倡伦理与敬虔的渐进培养。④ 于是，他提出基督徒
应回归教父们的著作与圣经原文，以便重振教会在基督徒心中的威望。⑤
而且，他以保罗、奥利金、哲罗姆与奥古斯丁为典范，提出对圣经进行
寓意的理解，但是，他提醒读者不可夸大寓意解经。⑥ 同时，他研习奥利
金的著作，继承了他三合一的释经进路，认为人分为体（body）、魂
（soul）、灵（spirit）三部分，进而强调对经文进行渐进式的解读，并推

---

① István Bejczy, *Erasmus and the Middle Ages*, p. 137.
② Ibid., pp. 137 – 138.
③ Ibid., p. 141.
④ 他认为自我认知是认识上帝的第一步，上帝作为创造者的观念，源于希腊与犹太晚期的
　　著述。这在《新约》中有迹可循，比如《罗马书》1：19 – 20、《歌罗西书》1：15 – 17
　　与《使徒行传》第 17 章中。Christine Christ – von Wedel, *Erasmus of Rotterdam*：*Advocate
　　of a New Christianity*, p. 47.
⑤ 斯蒂芬·茨威格：《鹿特丹的伊拉斯谟：辉煌与悲情》，第 215 页。
⑥ 对伊拉斯谟而言，寓意是一种被引申的隐喻，指涉经文背后的意义。在晚年，他强调经
　　文的道德意义，即比喻义（tropology），声称整部圣经都可以在道德的意义上进行解释。
　　参 Henning Graf Reventlow, *History of Biblical Interpretation*, vol. 3, p. 62。传统上，中世纪
　　的释经沿袭奥古斯丁的路线，依据四重意义解读圣经，但是，伊拉斯谟常将之简化为两
　　种，即字义与灵义。参 Erika Rummel, "The Textual and Hermeneutic Work of Desiderius
　　Erasmus of Rotterdam", p. 225。

及人性的提升。① 由于体是灵的寓所，所以伊拉斯谟更为积极地看待体对灵的跟随，从而实现自身的转化与更新。如此，他倡导基督哲学，呼吁平信徒也能读经，而且，通过诵读《新约》而开启心向基督的旅程。② 显然，对他而言，《新约》就是出自基督的话语，而基督教导的核心是信和爱。此外，他注重《新约》之哲学历史的方面，批评古代与中世纪教会对圣经经文过于神学化的解释。他主张参考古代圣经评注者甚至异教作者的观点，立志解决经文的含混不清。这种多元参照的方法，至今都值得关注。③

1517 年，他的《〈罗马书〉释义》（*Paraphrasis in Romanos*）出版，当中呈现了他对称义、原罪与自由意志的神学思索。1532 年，在他的修订版中，他根据处境的需要进行了些许的改动。他在对《罗马书》1：7评注时，指出恩典是上帝赐予的，而人的称义来自上帝的恩典，是通过福音和基督里的信仰而实现，无关乎摩西律法与人的功德。④ 此外，关于《罗马书》2：10，武加大译本用的是"一切行善的人"（*omni operanti bonum*），在此保罗也没有明确指涉信仰，但是伊拉斯谟在其中加插了短语"通过信仰"。⑤ 他要强调人的称义不是来自守律法而得的奖赏，而是来自对基督的信仰。自奥古斯丁以来，拉丁神学家将《罗马书》5：12 视为原罪的依据。武加大译本称"因他（*in quo*，这里指亚当一人）众人都犯了罪"，而伊拉斯谟在分析希腊原文之文法后，译为"因为（*quatenus*）众人都犯了罪"，强调个人的罪，也就是说，人具有像亚当那样犯罪的倾

---

① Thomas P. Schech ed. , *Erasmus's Life of Origen*: *A New Annotated Translation of the Preface to Erasmus of Rotterdam's Edition of Origen's Writings* (1536) (Washington: the Catholic University of America Press, 2016), pp. 99 – 137.

② Henning Graf Reventlow, *History of Biblical Interpretation*, vol. 3, p. 58.

③ Ibid. , p. 61.

④ Desiderius Erasmus, *The Collected Works of Erasmus*, vol. 56, trans. and annotated by John B. Payne, Albert Rabil, Robert D. Sider and Warren S. Smith (Toronto: University of Toronto, 1994), p. 31. 他强调信仰（*fidei*）的价值，这表现在他对《罗马书》4：3 与 4：5 的解释中。以此为基础，他在评注《加拉太书》3：6 时，用的是"归算的义"（*imputatio*）。参 Desiderius Erasmus, *The Collected Works of Erasmus*, vol. 42, trans. and annotated by John B. Payne, Albert Rabil and Warren S. Smith (Toronto: University of Toronto, 1984), pp. 109 – 110。伊拉斯谟将称义视为福音，认为福音就是借助于耶稣基督的信仰而称义。参 Ibid. , p. 16。

⑤ Greta G. Kroeker, *Erasmus in the Footsteps of Paul*: *A Pauline Theologian* (Toronto: University of Toronto Press, 2011), p. 100.

向，因此，他认为这节经文不能作为原罪的证明。① 这表达了他人文主义的神学。但是，如何解读《罗马书》第 9 章？人的自由意志会否影响人的得救？这个议题困扰着自奥利金以来的神学家，而且，关于《罗马书》9：6 - 24 这段经文的解读，伊拉斯谟与路德之间有过激烈的论战。伊拉斯谟紧随奥利金的步伐，肯定人的自由意志和尊严，同时，他指出这段经文意在宣称上帝的仁慈和恩典，而非上帝对人是否得救的预定与先见。他在解释《罗马书》9：20 - 21 时，引用《提摩太后书》2：20 - 21 的经文，说明上帝并没有使人成为卑贱器皿，而是人自己污秽自己，不能成为贵重的器皿。因此，人要为自己的罪负责，而不能要求上帝为自己做出决定。② 伊拉斯谟认可人的自由意志，同时，他强调上帝的恩典与怜悯。在 16 世纪 30 年代的历史处境里，他力图以一种更为平衡的观念维护基督教的统一。③

1522 年至 1524 年间，伊拉斯谟注释了福音书。他的福音书释义同欧洲王权有着千丝万缕的关系。比如，1522 年的《〈马太福音〉释义》是献给神圣罗马帝国皇帝查理五世（Charles V）的。④ 他认为马太是首位福音传道者，见证了基督的神圣启示。在《〈马可福音〉释义》中，伊拉斯谟关注的是救赎历史，指出：上帝发出了拯救世人的应许，为了我们的救赎，耶稣基督自天而降。⑤ 对伊拉斯谟而言，基督个人足以证明福音的真理。在对《路加福音》进行释义时，伊拉斯谟将自己的释义融入上千年来诠释耶稣基督之生平与话语的释经主流中，意在说明他对传统的遵

---

① Jerry H. Bentley, *Humanists and Holy Writ*, pp. 170 - 172. 他对原罪的看法，遭到爱德华·李与路德的指责，认为他在宣扬佩拉纠主义（Pelagianism）。参 Christine Christ - von Wedel, *Erasmus of Rotterdam: Advocate of a New Christianity*, p. 152。伊拉斯谟认为原罪的教义能够得到辩护，但是，哲罗姆在与异端约维安（Jovianus）斗争的过程中曲解了这段经文。参 Peter G. Bietenholz, *Encounters with A Radical Erasmus: Erasmus' Work as a Source of Radical Thought in Early Modern Europe*, p. 28。

② Desiderius Erasmus, *The Collected Works of Erasmus*, vol. 42, p. 56.

③ John B. Payne, "Erasmus on Romans 9: 6 - 24", in David C. Steinmetz ed., *The Bible in the Sixteenth Century* (Durham: Duck University Press, 1999), p. 134.

④ 此外，他出版于 1523 年的《〈马可福音〉释义》，献给了法国国王弗朗西斯一世（Francis I），同年出版的《〈路加福音〉释义》和《〈约翰福音〉释义》，分别献给了英国国王亨利八世（Henry VIII）和奥地利皇帝斐迪南一世（Ferdinand I）。参 Christine Christ - von Wedel, *Erasmus of Rotterdam: Advocate of a New Christianity*, p. 95。

⑤ Desiderius Erasmus, *The Collected Works of Erasmus*, vol. 49, trans. by Erika Rummel (Toronto: University of Toronto, 1988), p. 14.

循。当中既有拉丁来源的释经学家安布罗斯（Ambrose）与比得（Bede），也有希腊来源的亚历山大的西里尔（Cyril of Alexandria）与提奥非勒（Theophylact），等等。在《〈路加福音〉释义》中，伊拉斯谟参照了哲罗姆和金口约翰（John Chrysostom）对《马太福音》的评释，指出二者在讲述同一个故事。① 不过，他认为路加是个可靠的负责任的史学家，因为他按照年代顺序记述事件，注重事实，追求准确性。② 关于耶稣基督的受难与复活（路 23 - 24），伊拉斯谟亦将之作为历史事件进行论述，包括参与其中的彼拉多、兵丁、祭司长、妇女与门徒等，如同历史人物一般跃然纸上。③ 耶稣基督被描绘为一个现实的人，他的受难是在特定的处境中发生的历史事件。通过这种生动的历史再现的方式，他使其读者易于明白和接受基督的道成肉身与受难事件。此外，他认为耶稣以死昭告天下，是要同《旧约》的象征以及先知的宣告相称。④

作为释经者，伊拉斯谟不仅要准确地传达经文的完整意义，而且，他要力图呈现文本作者的言行举止，包括他的话语内容，以及其所彰显的个性。因此，在《〈罗马书〉释义》的序言中，伊拉斯谟称读者"可以听到保罗的声音"⑤。他在对福音书进行释义时，发现这比保罗书信更具挑战性，因为他要做的评释是涉及基督的话语，而非使徒的，而且，

① Jane E. Phillips, "Introduction", in Desiderius Erasmus, *The Collected Works of Erasmus*, vol. 48, trans. and annotated by Jane E. Phillips (Toronto: University of Toronto, 2003), p. xiii.

② Christine Christ – von Wedel, *Erasmus of Rotterdam: Advocate of a New Christianity*, pp. 102 – 103.

③ Desiderius Erasmus, *The Collected Works of Erasmus*, vol. 48, pp. 207 – 279. 伊拉斯谟认为所有参与和见证耶稣受难的人，都感到罪恶，并因此升华对基督的信仰。他长篇累牍地解释基督为那些折磨他的人祈祷，从而强调受难之历史性，以及基督的至善至爱。Ibid., pp. 218 – 219.

④ Ibid., vol. 48, p. 184.

⑤ Desiderius Erasmus, *The Collected Works of Erasmus*, vol. 42, p. 3. 通过对十三封保罗书信的释义，基于保罗的生平事迹与传教旅程，伊拉斯谟发挥了历史的想象，呈现了一个生动的保罗形象，他为人谦卑、慷慨、通融，更为重要的是，他信仰坚定，是紧随基督的忠实使徒。参 Robert D. Sider, "Historical Imagination and the Representation of Paul in Erasmus' Paraphrases on the Pauline Epistles", in Hilmar M. Pabel and Mark Vessey, eds., *Holy Scripture Speaks: The Production and Reception of Erasmus' Paraphrases on the New Testament* (Toronto: University of Toronto, 2002), pp. 85 – 109。

当中要涉及各种人物的言行举止。① 为了增加福音书及其叙述者的历史特征，他利用他对希腊文与罗马经典的通晓，去探究经文的细节（*in singulis*）。他认为对经文的解读，不能仅局限于四重意义，而是要追问经文之间的细微差别，关注当中的字义与历史意义，从而深化与呈现文本的历史意识。此外，在《新约》释义上，他吸取学术前辈的研究成果，同时，他不惧权威，指正他们的错讹，比如，他批评中世纪的阿奎那（Thomas Aquinas）与圣维克多的休（Hugh of St. Victor），认为他们对《提摩太前书》第 5 章的注解是不妥的。② 他对圣经研究的批判参与（critical engagement），为后来的圣经学者提供了一个重要的视角。

于伊拉斯谟而言，圣经是美好的。在 1522 年的《新约》第三版前言中，他驳斥"世俗的和没有文化的人都不该阅读圣经"的偏见，认为所有人都可以因读圣经而受益，而且，为了广泛传播基督的福音，他主张圣经应被译成所有的文字。同时，他呼吁："让平民们自己投身于真正虔诚的研习中，用热情洋溢的、全体一致的祈祷恳求耶稣使我们的君王们的灵魂转化到和平的研究中去。"③ 他坚持语言研究是神学训练的基础，倡导学生学习拉丁文、希腊文与希伯来文，因为，它们呈现了圣经的奥秘。④ 作为人文主义者，伊拉斯谟倡导学习希伯来语言与传统，但是，在他看来，希伯来文的重要性次于拉丁文与希腊文。为了突出基督徒的教会仪式生活，呈现上帝的声音，他对《诗篇》进行了释义。不过，他的评注不是针对整部《诗篇》，而是具有选择性的。自 1515 年至 1536 年间，共有 11 部有关《诗篇》的评注问世，分别论及《诗篇》1－4、85、

---

① Jane E. Phillips, "Sub evangelistae persona：The Speaking Voice in Erasmus' Paraphrase on Luke", in Hilmar M. Pabel and Mark Vessey, eds., *Holy Scripture Speaks：The Production and Reception of Erasmus' Paraphrases on the New Testament* (Toronto：University of Toronto, 2002), p. 129.

② Anne Reeve ed., *Erasmus' Annotation on the New Testament：Galatians to the Apocalypse* (Leiden：Brill, 1993), p. 675.

③ 伊拉斯谟：《〈新约〉第三版前言》，载伊拉斯谟《愚人颂》，许崇信、李寅译，译林出版社，2010，第 142 页。

④ Erika Rummel, "The Renaissance Humanists", in Alan J. Hauser and Duane F. Watson eds., *A History of Biblical Interpretation*, vol. 2：The Medieval through the Reformation Periods (Grand Rapids：Wm. B. Eerdmans, 2009), p. 290. 他认为人的语言是文字与灵性、肉体与精神之间的桥梁。参 Desiderius Erasmus, *The Collected Works of Erasmus*, vol. 66, ed. by John W. O'Malley (Toronto：University of Toronto, 1988), pp. 67–69。

22、28、33、38、83 与 14 篇。其中的一些释义一版再版，还被译成不同的语言，比如 1533 年出版的对《诗篇》83 的评注，被译为荷兰语、德语和丹麦语，流传甚广。① 他对《诗篇》的评注，不仅解读文本，而且，对当时的时弊做出释疑，诸如律法主义与教会中的怀疑主义等。他试图将文本从原有的文化母体中解放出来，并赋予其新意。这是他著述的特征之一，也是备受争议的特征。② 此外，在宗教与教义考量的驱使下，伊拉斯谟毫不掩饰他的反闪与反犹主义的态度，抨击中世纪的犹太释经。③ 这是文艺复兴时期基督教释经的一个共同特征，毋庸置疑，也是一个明确的历史局限。

第四节　结语

　　早期基督教经历了奥古斯丁时代，再到 8 世纪的比德时代，其释经者都是以希腊七十士译本为依据对《新约》进行评注。尽管，教父们记录了对《新约》拉丁文本与希腊文本的各种解读，但是，他们将拉丁文本看成是希腊文本的一个译本，而且，对《新约》具体经文的阐释也是围绕希腊文本而展开。然而，从 8 世纪至 13 世纪末，希腊语言与文学的知识，在西欧几乎消失殆尽。在拉丁基督徒眼里，"希腊基督徒是分裂主义者与异教徒，而希腊字母也因与之相关联而沦为可疑的。直到中世纪末，一些西方的基督徒才开始意识到希腊文在教育中的重要性"④。比如，英国思想家罗吉尔·培根（Roger Bacon，1220 – 1292）提倡圣经学者学习希腊文与希伯来文，主张圣经评释应以希伯来文本与希腊文本的研究为基础，但是，直到 15 世纪中叶，希腊文的定期教授并没有归入大学课程中。在这一时期，拉丁译本替代了希腊译本。"许多中世纪的学者认为拉丁译本比希腊译本可靠，而希腊译本比希伯来译本可靠。"⑤ 如此，《新

---

① Erika Rummel, "The Textual and Hermeneutic Work of Desiderius Erasmus of Rotterdam", pp. 221 – 224.

② Ibid. , pp. 229 – 230.

③ Ibid. , pp. 220 – 221.

④ Jerry H. Bentley, *Humanists and Holy Writ*, p. 15.

⑤ Ibid. , p. 16.

约》学术因西方学者对希腊文本的无知而严重受阻。伴随着文艺复兴时期对希腊语的关注，西方学者才开始研究希腊文，探究《新约》的希腊文本世界，推动《新约》学术研究的进展。这种对圣经的古代世界进行历史探索的人文态度，促使了人们对《新约》文本意义的理解。

15 世纪，教会的权威圣经版本依旧是武加大译本，可是，懂得拉丁文的人只是少数，而且，武加大译本经过一千多年的辗转传抄，累积了相当多的抄写错谬。伴随人文主义的兴起，以及 "回归本源" 的诉求，文艺复兴时期的释经活动呈现了多样化的繁荣景象。诸如马内蒂、瓦拉与伊拉斯谟等人的圣经翻译与评注，都促使了这一繁荣。其中，马内蒂对圣经翻译史持有较为宽广的视域，并不试图以修订的新译本替代它们，而是认可武加大译本与七十士译本的权威，将之置入历史处境中，认识到圣经文本翻译的复杂与艰难。与之相反，瓦拉拒绝整个武加大译本的权威。① 对他而言，希腊抄本比任何拉丁译本都呈现了更好的《新约》。如此，各种圣经译本、抄本与注疏竞相涌现。此外，随着活字印刷术的发展，首次出现了《希伯来圣经》、希腊七十士译本、拉丁武加大译本以及亚兰文塔尔根译本并列进行注释的恢宏场景，那就是 1514 年至 1517 年间印制了六卷本的《合参本圣经》（Polyglot Bible），又称《康普鲁顿合参本圣经》（Complutensian Polyglot Bible）。该著作在 1520 年得到罗马教皇利奥十世的认可后发行，自此，圣经得到进一步的流传，并为后来的圣经翻译提供了重要的参考来源。② 先于这个合参本的发行，伊拉斯谟呈现了一个完全不同于武加大译本的《新约》拉丁译本。不同译本的对照，促使文本批判方法的产生，而且，圣经学者由于开放了古代传统尤其是柏拉图主义和亚里士多德哲学，丰富了人们对圣经的理解，以及对基督

---

① Paul Botley, *Latin Translation in the Renaissance*, pp. 113 – 114.

② 1502 年，西班牙的红衣主教、康普鲁顿大学的创始者德西斯内罗斯（Francisco Jiménez de Cisneros，1436 – 1517），为了净化基督教，呈现圣经原文，决定出版一部合参本圣经，以满足学者的需要。他搜集了各种圣经抄本作为合参本的底本，并招集一群学者在阿卡拉（Alcalá）开展编纂工作。该著作的前四卷包含了《旧约》部分，每页上是希伯来文本、武加大译本与七十士译本三栏并列，涉及五经的部分，在页底附有塔古姆亚兰文译本。第五卷是《新约》部分，希腊文本与武加大译本并列。第六卷包含各种希伯来文、希腊文与亚兰文的词典与研究工具。参 Basil Hall, *The Great Polyglot Bibles: Including a Leaf from the Complutensian of Acala*, 1514 – 17 (San Francisco: Book Club of California, 1966)。

教神学的建构。

文艺复兴时期的人文主义者，对释经史产生了深远的影响。他们促进了对圣经语言的研究，他们对圣经文本之语言与历史语境的关注，成为后来圣经诠释的关键要素。在 16 世纪初，圣经语言的学习成为神学生的规范要求，这推动了对教父著作的研究，以及圣经文本批判的出现。这样的推动在宗教改革时期的神学争论中扮演了重要角色。比如，伊拉斯谟认为阿塔纳修（Athanasius）与尼西亚大公会议（Council of Nicaea）所维护的三位一体缺乏圣经基础，是后来神学家的演绎，认为这是将基督宗教建立在人的权威基础上。[1] 但这遭到路德的反对。此外，伊拉斯谟的《新约》释义，不同于以往的教父与中世纪的神学家。他对经文的文学与历史维度的考察，是对《新约》进行去神话化（demythologization）的尝试，对"现代《新约》学术研究的发展做出了莫大贡献"[2]。

诚然，伊拉斯谟的《新约》翻译与评注，是在他的神学框架下展开的。呈现基督哲学当中蕴含的救赎真理，始终是他释义的中心所在。伊拉斯谟的释经，出于实践与说教的目的，其文本批判是要通过回到原典而革新神学、教会与社会，而不意欲探查圣经的真实性（factuality）。[3] 他出于敬虔之心，力图还原《新约》文本的起初性质，意在复兴"上帝之道的本真"以及"基督教起初的整全"。[4] 他强调回到圣经原典的意义，试图通过复兴古代经典而振兴基于圣经原典的朴素而单纯的基督教信仰。借着人文主义的圣经诠释，他对传统基督教神学提出了激进的主张，涉及三位一体、洗礼、原罪与自由意志等重要的神学观念，引发了激荡不息的论争，使他受到教会内部保守派与革新派的双重抨击。"在人文主义文献学的影响下，16 世纪的释经打破了中世纪依据四种含义（历史的、寓意的、比喻的与类比的）而进行文本诠释的模式，从而关注文

---

[1] Christine Christ – von Wedel, *Erasmus of Rotterdam*: *Advocate of a New Christianity*, p. 10. 关于伊拉斯谟的反三位一体论（antitrinitarian），以及他在 16 世纪与 17 世纪的欧洲引发的争论与影响，参 Peter G. Bietenholz, *Encounters with A Radical Erasmus*: *Erasmus' Work as a Source of Radical Thought in Early Modern Europe*, pp. 33 – 67。

[2] Jerry H. Bentley, *Humanists and Holy Writ*, p. 217.

[3] 不过，他的革新计划，是要将圣经复原至它纯粹的来源，并将基督教神学带回它真正的源头。参 Manfred Hoffmann, *Rhetoric and Theology*: *The Hermeneutic of Erasmus*, p. 93。

[4] Manfred Hoffmann, *Rhetoric and Theology*: *The Hermeneutic of Erasmus*, p. 88.

法与历史意义。路德抵制字义要被神秘义所压制，以及伊拉斯谟对寓意释经的温和批判，都是这一发展所表现的特征。人文主义者所捍卫的重新发现教父传统与比较历史的方法，都说明基督教的教导与实践既不是固定不变的，也不是统一的。"① 但是这样的发现并不总是受欢迎的，因为有人指责人文主义者在散布怀疑论，从而对传统教义构成挑战。而且，即便是伊拉斯谟这样伟大的人文主义者与"无所不知的博士"，其局限亦是分明可见。他对文化与人类进步持乐观态度，认为书斋中的古典学问即可使人美好、改变世界，但是，他无视"蒙昧无知"的下层民众的需求与社会实情。于是，"就像日耳曼人摧毁古罗马一样，马丁·路德——一位狂热的实干家以全民族的民众运动势不可挡的冲击力摧毁了超越国界的理想主义者的美梦"②。宗教改革势不可挡，欧洲天主教会瞬间被分裂。

---

① Erika Rummel，"The Renaissance Humanists"，p. 294.

② 斯蒂芬·茨威格：《鹿特丹的伊拉斯谟：辉煌与悲情》，第 108 页。

第八章

宗教改革与圣经诠释

伴随着中世纪欧洲教会的强大与繁荣，教会的力量渗透到社会、政治、经济与文化生活的各个方面，可以说，整个欧洲都笼罩在教会的权威之下。为了规范人们的信仰并捍卫基督教神学，基督教会拥有对圣经解释的神圣权威，认为圣经蕴含了人得救的知识，使圣经解读成为神学教育和宗教仪式中最为重要的内容。其实自6世纪以来，西部教会通用的是拉丁译本，而且直到中世纪末，能够以希腊文或希伯来文解读圣经的基督教学者可谓凤毛麟角。1312年，维尼大公会议（Council of Vienne）颁布法令，规定巴黎与牛津等地的大学可设希腊文、希伯来文与亚兰文的教席。[①] 文艺复兴时期，为了探寻信仰的本源，基督教人文主义者提出"回到本源"的口号。他们重视语言学与文献学研究，比如，他们对拉丁语、希腊文与希伯来文这些圣经语言的学习，以及通过对不同的圣经文本之间的勘校与比对，使15世纪的释经摆脱了中世纪的传统模式。他们不仅关注圣经文本的历史传承，而且关注圣经经文的文法与历史意义。此外，1454 – 1455年间，在神圣罗马帝国的美因茨，欧洲活字印刷术的发明者古登堡（Johannes Gutenberg，1397 – 1468）出产了一批印刷版圣经，史称《古登堡圣经》（Gutenberg Bible）。该版圣经采用拉丁文武加大译本而印制，每页两栏，每栏42行，故又名为"四十二行圣经"。它标志着西方图书批量生产的开始，加速了圣经知识的传播，尤其是拉丁武加大译本的流传。该版本一经出版，受到具有人文主义关切的教皇庇护二世（Pius II）的大力赞赏。文艺复兴时期，瓦拉与伊拉斯谟对

---

① Gillian R. Evans, *Problems of Authority in the Reformation Debates* (Cambridge：Cambridge University Press，1992)，p. 39.

武加大译本的修订，不仅对哲罗姆的武加大译本的权威构成挑战，而且也是对 1000 多年来整个西部教会释经传统的质疑。因此，人文主义者对圣经的翻译、编修、出版与诠释，被教会保守主义者斥为散布怀疑主义，从而引发了圣经本身之权威与教会权威之间的对决，并深刻地影响了此后的圣经诠释历史。

率先将圣经译为英文的，是中世纪末牛津的神哲学家威克里夫（John Wyclif，1320 – 1384）。在他著于 1378 年的《论圣经之真理》（*De veritate Sacrae Scripturae*）中，威克里夫认为圣经是上帝之真理的唯一权威可靠的指南，一切应回归圣经，崇尚唯独圣经（*sola scriptura*），号召普通人可依据自己的理解而解释圣经，圣经是信仰的唯一标准。而且，为了向普罗大众传播这一真理，14 世纪 70 年代到 90 年代间，在他的召集与倡导下，武加大拉丁译本陆续被译为英语，时称威克里夫圣经（the Wycliffite Bible）。① 威克里夫探寻圣经之真理，批评教皇权力至上，否定罗马大公教会对圣经的解释。威克里夫的思想流传甚广。捷克宗教思想家扬·胡斯（Jan Hus，1371 – 1415）深受威克里夫圣经的影响，认为圣经是唯一的真理标准，反对教皇权威，谴责出售赎罪券，最终，他的殉道引发了被教会判为异端的"胡斯运动"②。作为宗教改革的晨星，威克里夫与胡斯都宣称圣经的绝对权威。这不仅挑战了教会对圣经至高无上的解释权，而且，引发了教会权威与圣经权威之间的激战。1414 – 1418 年的康士坦斯大公会议（Council of Constance）为威克里夫和胡斯定罪，废除了对立教皇，重申教皇与大公会议的权威，终结了教会大分裂的局面。即便如此，在 15 世纪，天主教会依旧面临两种威胁。一种是来自教会大公会议的宣称，认为教会是个共同体，其最高统治者是委任的，不具有绝对权威，教会大公会议可以罢免教皇；第二种威胁

---

① Mary Dove，"Wyclif and the English Bible"，in Ian C. Levy，*A Companion to John Wyclif*：*Late Medieval Theologian*（Leiden：Brill，2011），pp. 365 – 406. 关于威克里夫圣经的前言（General Prologue of the Wycliffite Bible，ca. 1395 – 1399），参 Rita Copeland & Ineke Sluiter eds.，*Medieval Grammar & Rhetoric*：*Language Arts and Literary Theory*，*AD* 300 – 1475（Oxford：Oxford University Press，2012），pp. 845 – 853。

② Gillian R. Evans，"Scriptural Interpretation in Pre – Reformation Dissident Movement"，in Magne Sæbø ed.，*Hebrew Bible/Old Testament*，*The History of Its Interpretation*，vol. II：From the Renaissance to the Enlightenment（Göttingen：Vandenhoeck & Ruprecht，2008），pp. 312 – 318.

来自世俗的地方统治者，这些统治者有效地控制了领地中的教会。① 尤其是，教皇与世俗统治者的矛盾愈加尖锐，主张分裂与改革的呼声，此起彼伏。马丁·路德的宗教改革，一触即发，而且值得注意的是，他的改革诉求与神学主张，是围绕着圣经展开的。

第一节　路德：因信称义与德文圣经

马丁·路德（Martin Luther，1483 – 1546）是 16 世纪欧洲宗教改革的倡导者，也是基督教新教路德宗的创始人。17 岁时的路德，就开始学习有关文法、辩证法、修辞学、逻辑学与音乐的知识。1505 年，大学毕业后的路德进入耳弗特（Erfurt）奥古斯丁修道院，穿上僧袍，成为一名见习修士。② 1508 年，他到威登堡（Wittenberg）大学教授神学，并获得圣经学士（*baccalaureus biblicus*）与《四部语录》学士（*baccalaureus sententiarus*）。四年后，路德获得威登堡大学的神学博士，开始讲授《诗篇》《罗马书》与《创世记》等。③ 对于圣经神学家路德而言，神学著述的目标，就是要对圣经进行专门的阐释。路德的圣经诠释，不仅体现在他对圣经书卷的讲章中，而且，也蕴含在他的布道辞、经文评注、辩论、教理问答文献、圣诗与桌边谈话中。在这些释经作品中，路德遵循古代的基督教传统，当中，哲罗姆、奥古斯丁与卡西奥多路斯（Cassiodorus），分别在文

---

① Euan Cameron，"The Cultural and Sociopolitical Context of the Reformation"，in Magne Sæbø ed.，*Hebrew Bible/Old Testament*，*The History of Its Interpretation*，vol. II：From the Renaissance to the Enlightenment（Göttingen：Vandenhoeck & Ruprecht，2008），p. 343. 一些主张教会分裂的议员，于 1511 年聚集在比萨，向教皇尤里乌斯二世（Pope Julius II）发难。Ibid.，p. 343.

② 21 岁的路德因对死亡的恐惧而立誓要做修道士，寻求僧袍中的避风港，但是，当他第一次主持弥撒时，他父亲的愤怒，以及后来他自救的无助，使他最终抛弃了修道主义。罗伦培登（Roland H. Bainton）：《这是我的立场：改教先导马丁·路德传记》，译林出版社，1995，第 12 – 23 页。

③ Henning Graf Reventlow，*History of Biblical Interpretation*，vol. 3，p. 66.《诗篇》是路德最先入手讲述的圣经书卷，而在他生命的最后十年，路德致力于讲授《创世记》。除了以上三部书卷，路德教授的圣经文本还有《申命记》《以赛亚书》与《加拉太书》等。参 Mark D. Thompson，"Biblical Interpretation in the Works of Martin Luther"，in Alan J. Hauser and Duane F. Watson eds.，*A History of Biblical Interpretation*，vol. 2，The Medieval through the Reformation Periods（Grand Rapids：Wm. B. Eerdmans，2009），p. 301。

献学、神学与修辞学方面对他影响至深。文艺复兴时期的人文主义者认为圣经原典和古代教父的经典才是基督教的本源。文艺复兴时期的瓦拉与伊拉斯谟，在《新约》的理解方面，对路德有直接的影响。① 但是，路德不同于人文主义者，他从一开始就在追问：圣经信息的核心是什么？对路德而言，"圣经不只是诸多正确教义的一个集子，正相反，圣经以不同的形式见证了一个真理。后来，路德发现圣经的根本问题，在于律法与福音的辩证关系"②。路德对圣经诠释历史最为突出的贡献，在于他翻译的德语圣经。路德的这部圣经译本，拒绝逐字逐句从一种语言译为另一种语言，他依照文本的意义进行翻译，意在让他的读者明白和理解圣经的含义。为了实现这一目的，他在译本中增补了导言，还有边注和与经文平行的参考资料。③ 路德对圣经的批判性诠释，成为 16 世纪欧洲教会改革的催化剂，同时，他的德语圣经对德国语言与文学的发展具有重要意义。

路德的圣经诠释方法，显然无法同他的信仰分割开来。他的信仰涉及他对圣经之本质，以及圣经在教会与个体基督徒生活中的地位的看法。④ 对路德而言，圣经就是上帝之道（Word of God）。圣经诠释方法就是将某种规则应用于圣经。在路德早期的讲章与辩论中，圣经文本被视为基督徒信仰生活诉诸裁决的最终准绳。因此，当路德发现圣经内容本身与罗马教会传统教导之间的差异时，他认为教宗的教导要让位于对圣经文本的直接解读。在 1513 – 1545 年间，路德著述了众多的圣经讲章。一开始，路德集中讲述的是《诗篇》，形成了《〈诗篇〉释义》（*Dictata super Psalterium*，1513 – 1515）。通常，对于培养基督徒虔诚的委身来说，诵读《诗篇》是卓越有效的方法。在崇拜仪式中，《诗篇》是教士们祈祷与引述中最为重要的内容。传统上，《诗篇》的作者被认为是著名的君王大卫，他讲述了有关基督与教会的奥秘，因此，《诗篇》成为《旧约》中

---

① Robert Kolb, *Martin Luther*: *Confessor of the Faith* (New York: Oxford University Press, 2009), pp. 37 – 38.

② Siegfried Raeder, "The Exegetical and Hermeneutical Work of Martin Luther", in Magne Sæbø ed., *Hebrew Bible/Old Testament*, *The History of Its Interpretation*, vol. Ⅱ: From the Renaissance to the Enlightenment (Göttingen: Vandenhoeck & Ruprecht, 2008), p. 369.

③ Ibid., p. 365.

④ Mark D. Thompson, "Biblical Interpretation in the Works of Martin Luther", p. 299.

得到最为广泛考察的文本。① 路德对《诗篇》的释义，其形式包含连续而简短的评注（glossae），也有对特定经文的详细解释（scholae）。评注或在经文的行间注或者边注，是对中世纪《通用评注》（Glossa ordinaria）的沿袭。② 路德起初也遵循中世纪的四重解经法（quadriga），但是，他很快意识到这一解经法的危险，因为它使许多释经者的圣经评注陷入不合逻辑的荒杂之中，并不能充分掌握圣经的真义。③ 为了探寻文本连贯的意义，路德提到了字义、寓意和比喻义（tropological）释经，其中，他区分了双重字义，即字面的历史意义（literal – historical sense）与字面的预言意义（literal – prophetic sense），而后者总是指向基督。④ 比喻义又称为道德义，通常与基督徒的生活行为有关，它要回答"基督如何在人身上发挥作用"等问题，因此，在路德的修道院神学的圣经阐释里，比喻义具有重要的地位。

在《〈诗篇〉释义》中，路德区分了文字（letter）与灵性（spirit）。比如，以《诗篇》中反复出现的"锡安山"为例。路德认为这个人为的文字，其字义为"迦南地"，寓意为"锡安山上的犹太会堂"，道德义为"律法正义"，神秘义为"以肉体为依据的未来荣耀"。但是，若从赐生命的"灵"来看，"锡安山"的字义是指"在锡安生存的人"，寓意为"教会或卓越的主教"，道德义为"信仰的正义或其他美德"，神秘义为"天上永恒的荣耀"。带来死亡的文字，在寓意、道德义与神秘义这些灵义的解释中是有效的，而赐生命的灵会借着正确的字义方能产生效用。⑤ 这些

---

① 路德不仅熟悉武加大译本中依据七十士译本翻译的《诗篇》，而且，也谙熟哲罗姆由希伯来文翻译的《诗篇》。不过，他更倾向于后者，因为，他认为前者是二手的译本。参 Siegfried Raeder, "The Exegetical and Hermeneutical Work of Martin Luther", pp. 365 – 366, 373。

② Henning Graf Reventlow, *History of Biblical Interpretation*, vol. 3, p. 69.

③ 在该释义的序言中，路德称之为"神子耶稣基督给大卫的序言"，他意在说明：教导读者去理解《诗篇》的，不是人，而是神子基督自身，他在《诗篇》里言说。参 Siegfried Raeder, "The Exegetical and Hermeneutical work of Martin Luther", p. 371。路德沿袭中世纪的传统，以基督论解释《诗篇》，将《诗篇》看成是由大卫的口说出基督的预言，从而拒绝犹太教的历史释经。参 Ibid., p. 70。

④ 路德对字义的双重分类，受到中世纪晚期释经者尼古拉斯（Nicholas of Lyra，约 1270 – 1349）的影响。当预言的部分指涉基督的时候，这样的区分为《旧约》文本的历史情境赋予一种更高的姿态。但是，与尼古拉斯相反，路德的字面历史意义是负面的，等同于文字。参 Mark D. Thompson, "Biblical Interpretation in the Works of Martin Luther", p. 307。

⑤ Siegfried Raeder, "The Exegetical and Hermeneutical work of Martin Luther", p. 373.

烦琐的区分，显示了路德反犹主义的立场。这一点也体现在他对约（cov-enant）的解释。他区分了新旧之约。旧的约是属于双方的，但因违背立约的规则而被解除，而完全基于上帝之恩典的《新约》是不可解除的，当中的恩典来自对基督的信仰（*fides Christi*）。路德也解释了《诗篇》中多次平行出现的审判（*iudicium*）与公义（*iustitia*），比如《诗篇》72：2。当中的审判更为关注的是恶，而公义关注的是善。对于早期的路德而言，承认人自身有罪，是同称义相关的，而非称义的前提，这是他进行宗教改革之前的观点。[①] 在对《诗篇》的诠释中，路德沿袭了奥古斯丁的传统，但是，他认为基督的受难可引发信仰，而所有人都是有罪的，借着事工而在上帝面前称义是不可能的。他对这些信念的坚持，使他显然不同于其前辈。[②]

1519 年至 1521 年间，路德著述了关于《诗篇》的第二个系列释义（*Operationes in Psalmos*）。在该著作里，他突破了四重解经法，将寓意解经推至幕后，视之为无稽的属灵游戏。他愈加摈弃寓意解经，虽然，并没有彻底放弃。同时，他驳斥那些醉心于寓意解经的人，认为他们的寓意解经是危险的，会错解了圣经。路德区分了带给文本异质意义的寓意解经与作为修辞的寓意。比如，《诗篇》19 在文学的视角可被理解为是隐喻式的言说，它述说的并非一个物质的宇宙，而是某个新世界。[③] 此外，他强调圣经只有一个字面的、合理的、适当的、真正的、纯粹的、简明而持久的意义。在他的第一部《〈诗篇〉释义》中，他区分了文字与灵性，而在第二部释义里，他的诠释范式发生了转移，他不仅开始摈弃四重意义解经法，而且，也放弃传统评注的框架，即边注与行间注的形式，转而关注文法意义，尤其是《旧约》文本的字义以及圣灵在其中的意图。[④] 同时，他认为对圣经的正确理解，是基于对圣经语句的理解，而这

---

① Henning Graf Reventlow, *History of Biblical Interpretation*, vol. 3, p. 75.

② Ibid., p. 79. 路德常自视卑微，称自己不配站在上帝面前，因为"我只是尘土，充满罪恶"。罗伦培登：《这是我的立场：改教先导马丁·路德传记》，第 18－19 页。

③ Siegfried Raeder, "The Exegetical and Hermeneutical Work of Martin Luther", p. 375.

④ Mark D. Thompson, "Biblical Interpretation in the Works of Martin Luther", p. 308. 路德也看到了字义与文法的局限，毅然认为语言的发现要从属于基督的福音，指出：借助于圣经的神秘不能说明历史，但是，我们可以借助历史阐明圣经的神秘，也就是说，我们可以通过福音而解释《旧约》，反之不可。参 Siegfried Raeder, "The Exegetical and Hermeneutical Work of Martin Luther", p. 377。

样的理解不同于亚里士多德的哲学观念，他批评中世纪的释经者以亚里士多德的概念理解拉丁圣经中的经文。① 路德在重新界定文字与灵性之关系的过程中，转向了对律法与福音的关注。其实，在稍早些时候的《〈罗马书〉注释》（1515 – 1516）、《〈加拉太书〉注释》（1516 – 1517）以及《〈希伯来书〉注释》（1517 – 1518）中，路德逐渐意识到律法与福音的辩证关系，并将之视为圣经的核心问题。② 相对于以往的基督论，路德此后的圣经解释是以福音为中心的。③ 若说他对《诗篇》的第一部注释侧重的是基督个人，那么，第二部释义则是以基督的福音为重。"当路德开始欣赏律法—福音的能动方式能够富有成效地解释圣经，并保持其清晰的以基督为中心的立场时，文字与灵性之间的区分，在他对圣经文本进行解释的进路中变得不那么重要了。"④ 路德意识到以文字与灵性的对立为基础而诉诸灵义，容易成为逃避圣经教导的一种方式。这也促使他发生转变。

路德认为《旧约》是律法的书卷，而《新约》是福音，或是恩典的书卷。但是，他重视《旧约》之律法的价值。他指出摩西的律法规范了以色列人生活的方方面面。这些律法防止人的理性满足私欲，遵从律法体现了行为的善。律法借助信仰与爱的观念实现超越。摩西的律法体现了生活的样态，各种事务和责任混在其中。律法的主要目的，在于显示罪恶，并摧毁人的傲慢。⑤ 路德认为人通过理性不会认识到对上帝的不信与轻视是罪，而摩西的律法呈现了人所不知的自己。在路德看来，人意识到内心的罪，就会轻视自己而转向寻求基督的神圣恩典。因此，路德不再探寻律法背后的深层意义，而是不断地鼓动他的读者在耶稣基督的

---

① Siegfried Raeder, "The Exegetical and Hermeneutical Work of Martin Luther", p. 376.
② Ibid. , p. 374.
③ Ibid. , p. 377.
④ Mark D. Thompson, "Biblical Interpretation in the Works of Martin Luther", p. 309.
⑤ Siegfried Raeder, "The Exegetical and Hermeneutical Work of Martin Luther", p. 383. 路德认为："每一种律法或者诫命都有两种作用，即应许作用和威胁作用。每一种律法都是圣洁、公义、良善的。它命定一切良善的，它还禁止一切罪恶的产生，奖掖和捍卫一切善行和虔诚所为，惩处邪恶之事。"参马丁·路德《桌边谈话录》，林纯洁等译，经济科学出版社，2013，第137页。在《加拉太书》的注释中，路德将律法的功用归为类似的两个方面：管束恶人，以及属灵和神圣的。律法最终是要将绝望的人引向耶稣基督的福音。马丁·路德：《〈加拉太书〉注释》，李曼波译，生活·读书·新知三联书店，2011，第114页。

福音里发现律法的实现和解决。福音是解决那罪恶的答案，它为我们提供宽恕，以及只有在基督才能发现的生命。[1] 律法是为基督福音而做的准备。总体上，路德将圣经分为两部分，一是上帝的诫命或律法，二是上帝的应许或保证。简言之，就是"诫命和应许"[2]。关于《旧约》与《新约》的关系，路德将之统一在律法与福音的关系中，认为对圣经与神学的理解，有赖于对律法与福音的正确理解。路德并没有将律法与福音的标签分别贴在《旧约》与《新约》上，因为，他所发现的二者之间的能动的辩证关系，比这深奥很多。比如，他认为《旧约》的律法条款中，也包含了"关于恩典的承诺的一些条款"[3]。实际上，律法与福音同时蕴含在圣经书卷里。律法—福音二元论的观念，赋予路德的圣经诠释独有的特色。如此，救赎的历史运动就是从律法到福音的运动。[4] 这场运动贯穿了《旧约》，在基督自身与使徒保罗那里得到证实，并最终在每一位基督徒的生命里得到回响。律法叫人死亡，而福音赋予人生命。基督的到来，终结了律法。律法向福音转化，并持续在基督徒的生命里发挥作用。

路德对《旧约》律法的理解，完全不同于经院神学的传统。经院神学家在一般律法的概念下概述《旧约》和《新约》，分别称之为"旧律法"与"新律法"。比如，阿奎那认为耶稣颁布的是"新律法"，是完善的，不同于摩西颁布的不完全的"旧律法"。他认为在新律法里，恶的萌芽是被抑制的。而在路德这里，虽然《旧约》的本质是律法，《新约》的本质是福音，但是，二者是统一中的对立关系，都归属于"上帝本身的

---

[1] G. O. Forde, "Law and Gospel in Luther's Hermeneutic", in *Interpretation* 37 (1983): 240–252.

[2] 马丁·路德：《论基督徒的自由》，载马丁·路德《路德三檄文和宗教改革》，李勇译，上海人民出版社，2010，第221页。

[3] 马丁·路德：《桌边谈话录》，第141页。路德认为十诫"是所有诫命中的诫命"，"是所有美德和教义的镜子和简要概括"，"从未有过一本美德书如此卓越、完整、简明"。参同上，第126–127页。

[4] Mark D. Thompson, "Biblical Interpretation in the Works of Martin Luther", p. 310. 律法与福音之间的辩证关系，正如路德在对《罗马书》7：14进行注释时指出：基督徒既是义人同时又是罪人。同样的辩证诠释也出现在他对《罗马书》4：6–7的理解上，他认为：圣徒由内观是罪人，而由外观是称义的。在此，罪人和称义不是两个静止的概念，而是相关的，是一种悖论的表达。参 Henning Graf Reventlow, *History of Biblical Interpretation*, vol. 3, p. 82。

道"①。在此，他清楚地表达了《旧约》与《新约》之间能动而统一的关系。他指出："福音是天堂之物，而律法本是凡间所有。我们必须将福音视为代表天国的神圣正义，同样，我们也需要把律法看作属于人间的神圣正义，因此，需要直接把福音正义从律法正义中仔细甄别出来，而这就像上帝将天与地，光与暗，昼与夜等已作区分一样。"② 福音借着基督的救赎而赦免人的罪，带来生命与恩典，而律法昭示人的罪、死亡与懦弱，以及上帝的愤怒与审判。路德关注原罪，他称之为"彻底的罪"或"彻底的恶"，他探讨了希伯来文中表示"罪"的各种场景。③《加拉太书》是路德最喜欢的保罗书信之一，他说："这是属于我的书信，我娶了它，它是我的凯蒂。"④ 在对该书卷的注释里，路德阐释了律法、福音、信仰以及称义之间的关系。路德强调正确区分律法与福音的重要性，他认为："知道律法与福音之间正确的区分是非常重要的事情。没有它，基督教信仰的教义就无法存在。让我们都爱和敬畏上帝，无论是在理论上，还是在实践中都殷勤地学习这一区别。"⑤ 因此，路德认为能够正确区分二者的人，才是真正的神学家。路德的这一注释，在新教历史上有重要的意义，因为，它清楚地阐释了基督信仰的核心：罪人乃是单单靠着基督的功劳而称义，即因信称义。

基于对律法与福音之辩证关系的认识，路德在《〈加拉太书〉注释》的开篇，提出因信称义的教义，指出"这是与因善功称义的教义相对的"⑥。路德赞成保罗的观点，认为"一个人就是不能靠着遵行律法之工而称义"⑦。路德抨击教皇党人将恩典的赐予和罪的赦免归结于善功，也批评教

① 保罗·阿尔托依兹：《马丁·路德的神学》，段琦、孙善玲译，译林出版社，1998，第 258–259 页。

② 马丁·路德：《桌边谈话录》，第 141 页。

③ Henning Graf Reventlow, *History of Biblical Interpretation*, vol. 3, p. 80.

④ 俞翠婵：《中译本导言》，载马丁·路德《〈加拉太书〉注释》，第 5 页。凯蒂是路德妻子的小名。

⑤ 马丁·路德：《〈加拉太书〉注释》，第 51 页。路德认为：律法与福音的又一个重要区别，在于律法不能带来圣灵，福音却带来圣灵作为赐福，因为福音的性质就是带来各样的赐福。律法和福音是两个相对的概念。他以此解释《使徒行传》10：44，指出圣灵降在人身上，不是因为律法的宣讲，而是因为福音的宣讲。参同上，第 80–81 页。

⑥ 同上，第 5 页。换言之，"福音在天上使人称义，律法在地上使人称义"。参同上，第 51 页。

⑦ 同上，第 52 页。

士、修士和修女把得救的盼望放在自己的功劳之上，而不是放在基督身上。①因为，在路德看来，"得救的第一步就是认罪悔改"②。在因信称义的教义中，信虽然不是一种善功，但却是善功的源泉和基础。路德以圣经为依据和权威，质疑赎罪券和教皇权威，鞭挞罗马教廷的独裁专制，为宗教改革推波助澜。他引述《出埃及记》19－20章，认为律法的目的在于显明罪。在对《加拉太书》2：16进行评注时，路德详细阐释了"我们因信基督称义，不因行律法称义"的意涵。而且，路德认为保罗常常谈起律法，其目的不是要人们轻视律法，而是要人们珍惜更为宝贵的东西，那就是如何在上帝面前称义。③路德称《新约》中的"爱人如己"为全律法，它是基督的律法，也是爱的律法。④这不仅再次说明律法与福音的统一，而且，路德因信称义的神学同他对二者之关系的认识密切相关。他的神学由强调爱而转向以信仰为核心。

路德历来坚持圣经的权威，"路德所有的神学思想都以圣经的权威为先决条件"⑤。他指出："圣经权威的能量与日俱增地注入我的体内，予我越来越大的帮助和支持。"⑥他抨击教会对圣经的解释权。在他看来，"教会也蕴含于圣经之中，并受它限制，除了圣经里揭示的关于上帝意志

① 同上，第53、177页。因此，路德大力讨伐罗马教廷颁布的有关赎罪券的新教令，认为它缺乏圣经依据，是混乱的空洞言辞，也是荒谬无稽的，因此，他拒绝因相关言论而公开认错。参马丁·路德《路德书信集（1507－1519）》，黄保罗、刘新利编译，山东大学出版社，2015，第87－88页。1521年，路德为了批驳教皇利奥十世的指控而捍卫自己的信条，著述了《为所有信条辩护》，当中，谴责赎罪券依旧是他批驳教皇的主要内容之一。他认为赎罪券既无圣经依据，也无圣教父的依据。他指出："赎罪券不是道貌岸然的欺诈，而是地狱般的、恶魔似的敌基督者的欺诈、偷窃和抢掠。罪恶的宁录（创10：9）和罪恶教唆犯借此将罪孽的地域兜售给全世界，榨取和诱骗大家的金钱，作为这种无以言表的祸害的代价。"参马丁·路德《为所有信条辩护》，雷雨田译，载《路德文集》，上海三联书店，2005，第554页。
② 马丁·路德：《〈加拉太书〉注释》，第53页。路德在撰述《〈加拉太书〉注释》时，参照了伊拉斯谟修订的《新约》希腊译本以及武加大拉丁译本。俞翠婵：《中译本导言》，第11页。
③ 马丁·路德：《桌边谈话录》，第134页。路德认为"靠行律法称义者为魔鬼的殉道士"，他们为赢得地狱而忍受痛苦。参马丁·路德《〈加拉太书〉注释》，第176页。
④ 马丁·路德：《〈加拉太书〉注释》，第195、216页。
⑤ 保罗·阿尔托依兹：《马丁·路德的神学》，第2页。
⑥ 马丁·路德：《路德书信集（1507－1519）》，第96页。路德认为圣经比任何书都可信，"唯有圣经是世上一切论著和教义的真正主宰和师傅"。马丁·路德：《为所有信条辩护》，第503页。

的教义之外，也不再寻求其他"①。但是，罗马天主教认为圣经正典是由教会的决定才得以确立，因此，教会权威高于圣经权威。路德认为赋予教会权威的是圣经，圣经使教会合法，而不是相反。但是，教皇主义者也以圣经权威而建构教皇的权威。1520 年，为了回应教皇权威的问题以及教皇诏书的警告，路德著述了三篇檄文，围绕圣经解释的问题展开了论战。路德认为："那种认为只有教皇才能解释圣经的说法乃是令人诧异的无稽之谈。他们根本就无法证明圣经解释权和解释认定权仅属教皇。"② 支持教皇权威与教皇传统的圣经依据出自《马太福音》16：18 - 19 与《约翰福音》21：17，但是路德对这些经文的解释，排除了教皇权威。于是他呼吁："我们不应让'自由之风'（如保罗在《哥林多后书》3：17 所称）被教皇的胡编乱造吓倒。相反，我们应该大胆地向前走，依据我们对圣经的信心理解，去检验他们已经做过的和没有做过的。我们要迫使罗马主义者放弃他们自己的解释，接受更好的解释。"③ 但是，如何获得"更好的解释"？路德提出了"共鸣的解读"作为权威的解释而指导人们对圣经的阅读，而且，他将圣经的解释权平等地分配给每一个人，每一个因信称义的人，如此，人们可以借着自己的个人解读挑战教皇主义者所认定的历史流传下来的权威解释。此外，他认为圣经本身是清楚明白的，坚持圣经的自我解释原则，认为"圣经应遵照其字面的单纯意义而进行理解"④。圣经的平等解释权是路德反教皇主义的关键所在，"自由之灵"成为他宗教改革以及圣经翻译事业的内驱力。

作为圣经教授与圣经神学家，路德著述了众多的圣经评注。在路德的时代，罗马教会通用的圣经是拉丁译本，但是，对于目不识丁的德国普罗大众而言，拉丁译本不利于圣经的流传和阅读。为了引导人们思索上帝的神圣之道，返本溯源，抵制教皇对圣经的曲解，路德计划将圣经译为德语。早在 1517 年，路德就尝试翻译忏悔诗篇、十诫、祈祷文与圣歌。首部德语圣经全译本出现在 14 世纪，它是依据教廷钦定的武加大译

---

① 马丁·路德：《桌边谈话录》，第 175 页。

② 马丁·路德：《论德国基督徒的尊严》，载马丁·路德《路德三檄文和宗教改革》，第 38 页。

③ 马丁·路德：《论德国基督徒的尊严》，载马丁·路德《路德三檄文和宗教改革》，第 39 页。

④ 保罗·阿尔托依兹：《马丁·路德的神学》，第 71 页。

本翻译的，是译本的译本。伴随活字印刷的出现，1466 年，门特林（Johann Mentelin）出版了第一部印制的德语圣经全译本，它由武加大译本译成。1485 年 3 月，德国教会中地位最为显赫的美因茨大主教亨尼伯格（Berthold von Henneberg）颁布法令，禁止印刷译为通俗语言的圣经，防止包括妇女在内的普通人接触圣经。[1] 虽然，路德不是德语圣经翻译的第一人，但是他与前辈的不同之处，在于他回到圣经原文进行翻译，摈弃了武加大译本的影响，将圣经译为通俗易懂的德语方言。当他回忆翻译圣经的初衷时，他说："我翻译圣经的目的和期望，是制止泛滥无用的新书，引导人们进一步研究和思考上帝神圣的道。无论凡人在哪一方面的作品都无法与上帝所启示的话语相提并论。我们应当把荣誉让给先知和使徒们，当我们聆听他们的教诲时，应当谦恭地拜倒在他们脚下。在这样不平静的时刻，如果我的读者能够专注于圣经的话，我宁愿他们根本不理会我的那些著作。"[2]

1521 年年末，路德在瓦特堡（Wartburg）避难期间，接受了好友梅兰希顿（Philipp Melanchthon，1497 – 1560）教授的建议，开始一起将圣经译为德语方言。梅兰希顿是威登堡大学的修辞学教授，是路德强有力的支持者。他不仅辅佐路德一起翻译圣经，而且，协助路德起草《奥斯堡信条》等，宣称圣经信条，为新教信仰辩护。路德率先翻译的，是希腊原文的《新约》。他参照了伊拉斯谟 1519 年出版的《新约》译本。1522 年 9 月，他的德语《新约》译本（*Das Neue Testament Deutsch*）在威登堡问世，但直至 1546 年他去世之际仍在修订该译本。路德在 1522 年该译本的序言中，说明他是按照是否宣讲基督为标准去断定《新约》中哪些是真实而高贵的书卷的。[3] 因此，路德改变了传统的《新约》书卷的排列次序，他把《约翰福音》排在第一位，然后是保罗书信和《彼得前书》，接着是三卷福音书，而排在次要位置的是《希伯来书》《雅各书》《犹太书》和《启示录》。[4] 他认为《雅各书》宣讲的是律法而不是福音，

---

[1] Siegfried Raeder, "The Exegetical and Hermeneutical Work of Martin Luther", pp. 395 – 396.

[2] 马丁·路德：《桌边谈话录》，第 388 页。

[3] 路德认为《约翰福音》是福音书中最真实而主要的福音，因为它更多关注基督的言行，而非神迹。《罗马书》《加拉太书》与《以弗所书》等是保罗书信的核心。保罗·阿尔托依兹：《马丁·路德的神学》，第 75 页。

[4] 罗伦培登：《这是我的立场：改教先导马丁·路德传记》，第 308 页。

《犹大书》因为它不堪的名声而排在后面，此外，他认为在《启示录》中找不到圣灵书写的痕迹，含糊不明，因此，将之排在最后，同《以斯德拉二书》归为一类。① 路德对《新约》书卷的区分，是以呈现福音的清晰程度为标准的。一些收入《新约》正典的书卷，因为对基督的宣讲不够突出而被路德重新审视和排序，认为它们不属于真正的圣经书卷。其实，这样的次序与结构上的变化，凸显了背后深刻的神学解释，路德不仅将他的神学理解带入圣经翻译中，而且依照他的神学理解调整了书卷，如此，他的翻译一定不是简单的一对一的直译，而是对圣经文本进行了神学的理解与诠释。

路德的德语《新约》译本，为了突出他的因信称义的教义，在翻译"因信称义"时，比如，《罗马书》3：28，他会加上"唯独"（sola）二字，变成"唯独因信称义"。这样的加添受到诟病，但路德解释称这不是在直译，而是在意译，是要把原文的意思表达出来。他在有生之年做了反复的修订，但是，他始终不愿删去"唯独"二字。② 该译本是圣经德国化的典范，因为，"没有一种在语言的权威上，在字汇运用上，以及本色化和信仰的精辟方面能与路德译本相比的"③。在翻译时，"路德力求浅显明了，使村夫、农民和矿工都能理解。……这本圣经保留了路德生动的语言风格，富于想象力的词汇和平易的措辞"④。因此，他的译本糅合了德国各地的方言，通俗易懂，贴近贩夫走卒的生活。而且，为了易于人们理解，路德1522年的《新约》译本图文并茂，并进行了处境化的解释。比如，为了生动呈现《启示录》中的试探场景，路德提供了一幅插图，只见穿红衣的女人坐在七座山上，戴着教皇的三重冠冕，那条巨龙

---

① 保罗·阿尔托依兹：《马丁·路德的神学》，第76页。
② 罗伦培登：《这是我的立场：改教先导马丁·路德传记》，第308页。路德核心的神学原则，是经由信仰在恩典中称义，这是他解释与应用圣经文本之背后的驱动力。参 Valerie A. Stein, "Isaiah 66：1－4 and Martin Luther", idem, *Anti－cultic Theology in Christian Biblical Interpretation：A Study of Isaiah 66：1－4 and Its Reception* （New York：Peter Lang, 2007）, p. 73.
③ 罗伦培登：《这是我的立场：改教先导马丁·路德传记》，第304页。比如，路德将圣经中以色列人用的钱币，译成他当时德国人用的钱币；将武加大译本中的"万福玛利亚"，译为"亲爱的玛利亚"。参同上，第305页。
④ 格拉汉姆·汤姆凌：《真理的教师：马丁·路德和他的世界》，张之璐译，北京大学出版社，2004，第97页。

亦如是，还有从深渊而来的兽穿着修士僧袍，倾覆的巴比伦显然影射着罗马。① 这幅插图分明对敌基督的教皇含沙射影。路德的翻译，先是按照原文字序直译，他追求译文的精确和流畅，但是，他并没有逐字逐句进行生硬的翻译，而是以德国人说话的方式进行解读，其中的对话，像是人们在市场上说话，生动有趣，很受欢迎，一经刊出，"最初的两个月就卖了约 5000 本"②。

接着，路德花了 12 年的时间翻译了《旧约》。对路德而言，《旧约》也是关于基督的书卷，是《新约》的预备。路德学过希伯来文，早在 1509 年，他就运用希伯来文给《四部语录》做边注。后来，他对《诗篇》进行评注时，常常指出武加大译本不同于希伯来原文之处。他以武加大译本为基础，翻译过七篇忏悔诗篇，有时，他也依据马所拉文本，逐句对照拉丁译本，关注重要的希伯来术语翻译得是否前后一致。③ 相较而言，翻译《旧约》比翻译《新约》复杂很多，《旧约》不仅卷帙浩繁，而且，体裁众多，涉及不同的种族、邦国与文化。在正式进行翻译之前，路德回顾了他以往对希伯来文的学习，他的希伯来语教授是威登堡大学的奥罗迦鲁（Matthaeus Aurogallus）。路德打算将他的《希伯来圣经》译本分三部分出版：摩西的书卷、历史书卷、诗集与先知书卷。第一部分进展顺利，路德同梅兰希顿和奥罗迦鲁一起修订了手稿。第三部分是最难的，尤其是在翻译《约伯记》时，困难重重，历时漫长。④ 路德还主持翻译了次经的部分。整个《旧约》的翻译在 1534 年春完成。路德的德语圣经全本，初版是在 1534 年 9 月。其中，《新约》以及《旧约》的三部分，是由路德完成的，而次经来自苏黎世的尤德（Leo Jud）。⑤

路德重新界定了《旧约》正典，他主张回到《希伯来圣经》，而不是七十士译本与武加大译本，而且，他将次经从《旧约》正典中分离出来，置于《旧约》和《新约》之间，并在标题中提示次经不应被认为等同于

① 这幅插图引发了抗议，因此，迫于压力，在接着印行的一版中，三重冠冕被修改，但有趣的是，在 1534 年新的译本里，教皇的三重冠冕又被恢复。罗伦培登：《这是我的立场：改教先导马丁·路德传记》，第 307 页。
② 斯蒂芬·米勒、罗伯特·休伯：《圣经的历史：圣经成书过程及历史影响》，第 272 页。
③ Siegfried Raeder, "The Exegetical and Hermeneutical Work of Martin Luther", p. 397.
④ Ibid., p. 398.
⑤ Ibid., p. 399.

圣经，尽管阅读它们是有所裨益的。① 虽然，路德接受了《希伯来圣经》正典的观念，但是，他并没有认同经典的排列次序。也就是说，路德翻译《旧约》时，回到了《希伯来圣经》正典，但是，他将《希伯来圣经》的各书卷重新排列。《希伯来圣经》的排序是律法（Torah）、先知书（Nevi'im）与圣卷（Kethuvim），共计 24 卷书。武加大译本追随七十士译本，并在《旧约》正典卷末的《马加比书》之前加入先知书卷，基本上，路德也遵从了这个排序。他的排序是：五经、历史书、诗歌智慧书与先知书。先知书卷排在最后。这表明"《旧约》在先知书里达到它的最高点，因为，先知书宣称了上帝的国。之后，《新约》证实了《旧约》的应许，并在耶稣基督那里被成全"②。这一结构上的调整，不仅仅是数字与顺序上的改变，而是体现了背后深刻的神学解释。路德神学的核心是基督中心论。他不仅以此为出发点解读《诗篇》与保罗书信，而且，这也是他解释《旧约》先知书的基础。路德肯定先知书对基督徒的意义，具体而言，这一意义表现在三个方面。首先，先知宣称"基督的国"，而在进入这个国之前，人要承受很多。其次，先知呈现了与第一诫命相关的众多范例，也就是说，通过严厉的惩罚而使人们敬畏上帝。然后，先知反复教导人们不可拜偶像，主张崇拜一位真神。③ 路德以基督为中心理解对整部圣经的翻译。因此，路德"把圣经译成德语就不仅是一种'翻译'。其中有一部分是在基督和基督徒宣告的基础上对圣经的理解。他是以福音信仰者的立场从事翻译"④。

除了正文，路德的德语圣经还包含了序言、边注、参考资料与众多的插图。它们都有助于读者对圣经书卷的理解。路德始终关注如何清晰地阐明圣经，因此，他不断地修订他的译本，不仅修正印刷错误，而且对语词、文法和语言风格的选择，反复斟酌，使之日臻完善。在著于 1530 年的《关于翻译的公开信》（*Ein Sendbrief vom Dolmetschen und Fürbitte der Heiligen*）中，路德表达了他翻译时遵循的三个原则：第一，

① Martin Brecht, *Martin Luther: the Preservation of the Church* 1532 – 1546, vol. 3, trans. by James L. Schaaf (Minneapolis: Fortress Press, 1999), p. 98.
② Siegfried Raeder, "The Exegetical and Hermeneutical Work of Martin Luther", p. 399.
③ Ibid., p. 388.
④ 保罗·阿尔托依兹：《马丁·路德的神学》，第 86 页。

相对于那些坚守字义者，他倾向于用可能最好的德语译述原文；第二，如果必须要保留原文的所有意义，那么，路德保留了外来的圣经言谈的语言风格；第三，路德主导性的原则，不是逐字逐句翻译，而是表达文本的"含义"和"内容"。① 因此，路德对圣经的翻译，就是他对圣经的诠释。他不拘一格，自由译述，其译本给德国读者的一个印象，就是感觉到圣经作者就是说德语的人。同时，他也遵奉字义的翻译，但是，他也看到了希伯来语言风格的独有特性，以至于有些事物很难以德语表达。尽管如此，他对犹太拉比的文法持怀疑的态度，怀疑他们对希伯来语及其文本保持着原初的理解。②

在路德的圣经翻译中，我们看到他对"自由之灵"的运用，就是不拘于字面的表达。对他而言，上帝的话语是神圣的，德语是一种被神圣化的语言，同希伯来语和希腊语一样具有尊严，一样可以成为上帝话语的器皿。"借着上帝的话语，路德将他的圣经译本理解为德国语言的神圣化。作为圣经的译者，路德所运用的自由，是基于他以人的语言而呈现的上帝之话语的神学。"③ 一方面，路德尽可能地接近原文进行翻译；另一方面，他的翻译又尽可能贴近德国百姓在家里、街道与市场上说的方言，从而使普通百姓进入圣经的世界，使圣经成为解放德国人民的一种力量。④ 因此，路德将圣经译为德国方言，是宗教改革中至关重要的一步，它塑造了德国的语言、文学与历史。虽然，路德的圣经翻译与诠释首先是一种宗教实践的活动与信仰的阐发，是在传讲上帝的话语，是在基督中心论的框架内进行的，这一模式已经延续了上千年。但是，就圣经的诠释方法而言，他一直在同中世纪的传统释经法角力，"在中世纪释经方法黯然退场上，路德扮演了至关重要的角色。对经文属灵意义的寻索，被依据单纯的文法意义和经文的处境而对神学含义进行的考察所取

---

① Siegfried Raeder, "The Exegetical and Hermeneutical Work of Martin Luther", p. 401.

② 希伯来语言专家福斯特（Johann Forster）质疑路德的圣经译本，认为他对《希伯来圣经》文本的理解不同于拉比。参 Siegfried Raeder, "The Exegetical and Hermeneutical Work of Martin Luther", p. 403。

③ Ibid., p. 405.

④ A. G. Dickens, *The German Nation and Martin Luther* (New York: Harper and Row Publishers, 1974), p. 226.

代"①。他对经文自身含义的澄清，对圣经真理的捍卫，对罗马天主教教会传统的质疑，以及对圣经本土化的推动，都成为孕育圣经历史批判方法的沃土，对后世的圣经诠释影响深远。

第二节　加尔文：圣经是敬虔生活的指南

　　路德的思想直接影响了另一位宗教改革时期的大宗师——加尔文（John Calvin，1509 - 1564）。加尔文是一位具有重大影响力的法国神学家与人文主义者，他著述了诸多的圣经评释。早年，他在巴黎大学接受文学、哲学与法律等人文学科的教育，包括研习希腊文、希伯来文与拉丁文的经典著作。1532 年，他出版了首部著作，是关于古罗马哲学家塞涅卡（Seneca）的《论宽恕》（De clementia），当中体现了人文主义者伊拉斯谟与比代（Guillaume Budé）对他的影响，并展露了他灵巧运用释经方法的修辞天赋。② 加尔文对罗马天主教会持批判立场，主张教会革新，因卷入巴黎的宗教改革事件而遭到政府的通缉。1535 年，为了避免法国教会的追捕，他逃到了巴塞尔，成为一个流亡者。在此，他协助完成了圣经的法文版翻译，并于 1536 年出版了他的神学代表作《基督教要义》（Institutio religionis christianae）。③《基督教要义》是加尔文的信仰宣言。该著作以圣经为依据，证明了他对上帝之全能的敬畏，以及对敬虔生活的崇尚。因此，该著作 1536 年版中译为《敬虔生活原理》。④ 该著作不仅奠定了加尔文神学的基础，而且也是一部读经指南，因为它蕴含了加尔文对圣经的全部理解，意在启发研读圣经的人。换言之，他著述该著作的目的，一是概述基本的基督教教义，二是充当进一步研读圣经的导论。⑤ 之

---

① Mark D. Thompson, "Biblical Interpretation in the Works of Martin Luther", p. 315.

② Henning Graf Reventlow, *History of Biblical Interpretation*, vol. 3, p. 116.

③ 迈克尔·马莱特：《加尔文》，林学仪译，上海译文出版社，2001，第 20 - 21 页。

④ 约翰·加尔文：《敬虔生活原理：〈基督教要义〉1536 年版》，王志勇译，生活·读书·新知三联书店，2012。

⑤ David C. Steinmetz, "The Theology of John Calvin", in David Bagchi and David C. Steinmetz eds., *The Cambridge Companion to Reformation Theology* (Cambridge: Cambridge University Press, 2004), 114.

后，在他有生之年，加尔文四次修订与扩充了《基督教要义》的拉丁版，最后一次是在 1559 年。① 翌年，该著作被译为法文。对加尔文而言，圣经中最为重要的书卷是保罗书信，尤其是《罗马书》，因为，他明确指出：若真正理解了这部书信，那么，"我们就打开了圣经最为深奥的宝库"②。因此，他对圣经书卷的评注始于《罗马书》，认为其中蕴含了圣经的神学。1540 年，他的《〈罗马书〉注释》在斯特拉斯堡（Strasbourg）出版，接着，他陆续对其他保罗书信、福音书、《以赛亚书》、《创世记》、《约伯记》与《诗篇》等进行了评注。

在《〈罗马书〉注释》里，他认为圣经诠释的目标，不仅要理解著述者的思想或意图，而且也要有益于福音和教会。因为在他看来，教会就是真正意义上的上帝学校。在这个学校，真实而完美的课程就是圣经课程。但是，人们要进入圣经的世界，就需要被指引，正如需要地图的一段行程。③ 因此，对于加尔文而言，圣经评注是传递圣经信息的重要方式，它能够为人们提供一种理解圣经的指南。在早期，加尔文承袭教父的释经传统，尤为崇尚早期教父奥古斯丁、金口约翰（John Chrysostom）与哲罗姆的权威，在《〈罗马书〉注释》与《〈哥林多后书〉注释》中，反复提及他们的名字。同时，在他的圣经评注里，加尔文始终与伊拉斯谟在文本问题上保持对话。尽管青年时期的加尔文专注的是武加大译本，但是当评注保罗书信时，他回到了希腊文本。因此加尔文的圣经诠释，

① 1559 年版的内容大为扩充，由最初的 21 章增至 80 章，几乎是一部新著。关于中译本，参约翰·加尔文《基督教要义》上中下，钱曜诚等译，生活·读书·新知三联书店，2016。

② R. Ward Holder，"Calvin as Commentator of the Pauline Epistles"，in Donald K. McKim ed.，*John Calvin*（Cambridge：Cambridge University Press，2004），p. 67. 另参约翰·加尔文"罗马书梗概及第 13 章 1 至 7 节注释"，载马丁路德、约翰·加尔文《论政府》，吴玲玲编译，贵州人民出版社，2004，第 120 页。

③ R. Ward Holder，"Calvin as Commentator of the Pauline Epistles"，p. 232. 为了展现圣经作者的思想，加尔文关注文本的历史或字面意义，即文字所传递的意义，或者是作者想要表达的意义。加尔文对字义的关注，承袭了文艺复兴时期人文主义者重视文本的原初场景以及作者语言风格的传统。加尔文的历史字义，并非空洞的文法意义，也不是现代历史批判所指涉的文本背后的历史，而是包含两个层面，一是作者叙述的"历史"或事件，二是作者想要灌输的属灵或道德教训，既可应用于作者的原初场景，也可以适用于后世的信仰生活。参 Barbara Pitkin，"John Calvin and the Interpretation of the Bible"，in Alan J. Hauser and Duane F. Watson eds.，*A History of Biblical Interpretation*，vol. 2，The Medieval through the Reformation Periods（Grand Rapids：Wm. B. Eerdmans，2009），p. 356。

兼具传统的教义解释与人文主义的性质。作为一位宗教改革时期的神学家，加尔文试图打破二者之间的平衡，从而疏离大公教会的传统。他对福音书的评注，是从《约翰福音》入手的，因为他认为《约翰福音》是理解其他三部福音书的关键。在此，他对"福音"的界定，以及对其核心意义的理解，都遵循了路德与梅兰希顿的观念，认为《约翰福音》的主题不是强调基督的神性，而是要突出"人们因基督而得救"①。他对基督之人性的关注，使他疏离了传统上对《约翰福音》进行的基督中心论的演绎。显而易见，预表解经法贯穿了他的《〈约翰福音〉评注》，而且对经文道德义的阐释，时刻在警示人们应当过信仰生活。

在《〈罗马书〉注释》的序言里，加尔文批评了斯特拉斯堡的布塞尔（Martin Bucer）与威登堡的梅兰希顿的释经方法，他认为梅兰希顿的注释过于简明扼要，而布塞尔的又过于冗长啰唆，因此加尔文采用了介于二者之间的方法，称之为"清晰的精炼"（perspicua brevitas），因为在他看来，注释应该简洁明了，同时又不失对经文之细节的阐述。② 尤其是与教义相关的经文，加尔文会详加讨论。这样的讨论也出现在他的《基督教要义》中。在1539年《基督教要义》的初次修订版中，加尔文期待他的读者能够在具体圣经书卷的评注与《基督教要义》之间往返，因为，《基督教要义》是在诠释教义，它是理解圣经以及各种圣经注释的预备。《基督教要义》与圣经注释之间往返的过程，被称为是加尔文诠释学的循环。而且，他认为要恰当地理解圣经文本，就不能分割释经与教条。③ 因此，为了更好地理解加尔文的圣经诠释，我们应当穿梭于他的《基督教要义》与圣经评注之间，来回往返。在《基督教要义》中，在一个宏大的教条主义的语境里，加尔文清晰而简洁地阐释了《创世记》15：6与《诗篇》106：31，而在他对《创世记》与《诗篇》的评注里，再次论及这两段经文，而且更为细致深入。

加尔文强调圣经的统一性，特别关注《旧约》的重要性，驳斥将

---

① Barbara Pitkin, "Calvin as Commentator of the Gospel of John", in Donald K. McKim ed., *John Calvin* (Cambridge: Cambridge University Press, 2004), pp. 180 – 181.

② David C. Steinmetz, "The Theology of John Calvin", p. 115. 另参 John L. Thompson, "Calvin as a Biblical Interpreter", in Donald K. McKim ed., *John Calvin*, p. 60。

③ Ibid., p. 118.

《旧约》与《新约》、律法与福音、摩西与耶稣进行对立的二元论。不过，
关于《旧约》与《新约》之关系，他认为二者的区别有五处：第一，肉
眼不可见的在《旧约》中是借着世间事物以比喻的形式被呈现，比如迦
南地，而《新约》是直接显示；第二，《旧约》仅给出间接的形象，而
《新约》体现了基督之奥秘的明确启示；第三，两约可区分为文字与灵
性，或律法与福音；第四，在《旧约》里，人们受到规则的奴役，而在
《新约》中享受的是自由；第五，在《旧约》里，只有一个民族被拣选，
而《新约》谈到异教徒的解放。① 加尔文的解经是"以上帝为中心"
（theocentric），宣扬"上帝的荣耀"（glorria Dei）。因此，在《基督教要
义》的开篇，加尔文讨论的是律法，首先是十诫释义。他认为上帝的整
个律法都包含在十条诫命之中。"这十条诫命包含了与爱慕、尊敬、敬畏
上帝有关的一切，也包含了上帝吩咐我们为了他的缘故当以爱心向我们
邻舍所行的一切。"② 路德强调律法的世俗与属灵的两层功用，加尔文则
阐释了律法的三层功用：显明上帝的义、宣告上帝是报应者、警示信徒
何为正确的行为。③ 简言之，律法的功用，在于它"显明上帝的义"，使
人"确知自己的罪"。"准确地说，整个圣经的目的就是让我们不要骄傲，
使我们谦卑下来，完全破碎自己。"④ 加尔文在对十诫、《使徒信经》、主
祷文与圣礼进行释义之后，讨论了基督徒的自由、教权与政权。关于教
权，加尔文认为教会的权柄在于对上帝之圣言的服侍、坚守与传讲。他
引述《申命记》12：32 与《箴言》30：6，指出："我们就能非常容易地
认识到，教会不当超越上帝的圣言所明启的界限，放纵自己，捏造新的
律法，杜撰各种貌似敬虔的东西。因为那从前一次交付给教会的律法岂
不是永远有效的吗？"⑤ 他抨击杜撰各种敬拜上帝之仪式的伪教会，认为
这些假借教会之名而发明的传统，实际上是人的专制造成的。由此可见，
圣经不仅是基督教教义的依据，也是教权的根基与依归。

　　加尔文认为一个人要在灵性上成熟才能对圣经进行解释，而且，那

① Henning Graf Reventlow, *History of Biblical Interpretation*, vol. 3, p. 124.
② 约翰·加尔文：《敬虔生活原理：〈基督教要义〉1536 年版》，第 8 页。
③ 同上，第 32 – 33 页。
④ 同上，第 40 页。
⑤ 同上，第 265 页。

些效仿圣徒生活的人方能理解圣徒的精神。在对保罗书信的理解上，加尔文不仅受益于梅兰希顿等新教评注者，而且，他接受古代教父与中世纪释经者的传统释经进路，比如经文的四重意义解经法，以及文字与灵性的二分法等。但是，在对教父释经的传承上，若以《罗马书》8：1－11 为例，我们就会发现加尔文的评释立场所发生的变化。譬如，在 1536 年版的《基督教要义》中，当提及这段经文时，加尔文常引述教父的观点，涉及律法、基督论与伦理学等，而在 1559 年版的《基督教要义》中，他由这段经文引申出的基督论，已经超越了教父，因为，他认为基督与圣灵之关系的重点在于救赎，而非临在，这也使他有别于大公教与路德宗的相关论点。① 因此在他的晚年，他愈来愈少提及教父，他将他们视为对话的伙伴，而不再是中世纪意义上的权威。② 如同中世纪的释经者，他也接受对经文的预表解经法，比如对《以赛亚书》53 章的弥赛亚式解读。不过，他并不那么热衷于寓意解经，相对于寓意解经，他强调经文"朴实而自然"的意义，但是，这朴实的意义并不完全意味着字义。③ 这里"朴实而自然"的意义是指文本所指的意思，他认为经文"自然的"意义清楚明了时，无须借助于寓意解释，否则会歪曲文本的意义。

1550 年，加尔文的《〈以赛亚书〉注释》出版。《以赛亚书》是他评注的首部《旧约》书卷。随后，他对《何西阿书》与十二小先知书进行了评释。这些评注都是由他一系列的圣经讲章汇编而成的，补充了《基督教要义》的内容，强调基督的国与救赎历史的主题。加尔文的先知书评注的特征，在于他指出预言有三方面的指涉：指向即将发生的历史事件（比如被掳回归）、指向基督（通过道成肉身，或复活）、提及直到末日的历史全程。④ 加尔文主张教会的革新与复兴，要恢复"起初的状态"，并将之同希西家与约西亚王统治的前被掳的《旧约》历史相联系。在此，

① David C. Steinmetz, "Calvin and the Patristic Exegesis of Paul", in David C. Steinmetz ed., *The Bible in the Sixteenth* Century (Durham: Duke University Press, 1990), pp. 110－111.

② Ibid., p. 117.

③ David C. Steinmetz, "John Calvin as an Interpreter of the Bible", in Donald K. Mckim ed., *Calvin and the Bible* (Cambridge: Cambridge University Press, 2006), p. 285.

④ Pete Wilcox, "Calvin as Commentator on the Prophets", in Donald K. Mckim ed., *Calvin and the Bible*, p. 121.

加尔文的"教会革新"与"教会复兴"实为同义。加尔文对《以赛亚书》36－40章的评释是个范例，当中，以赛亚面对的是悖逆不听训诲的百姓，但是，他奉劝百姓信靠上帝，预言了教会的复兴，接着，希西家摧毁了诸神像，复兴了对上帝的真正敬拜。借助于这个评释，"加尔文相信宗教改革在16世纪不仅是可能的，而且，也是必要的"①。加尔文善于发现先知的处境与当下处境之间的平行，从而实现教会改革。1551－1553年间，他完成了对保罗书信、《使徒行传》与《约翰福音》的评注。之后，他又回到《希伯来圣经》，于1554年出版了《〈创世记〉评注》与布道辞《〈约伯记〉评注》，并于1557年出版了《〈诗篇〉评注》。在《〈创世记〉评注》中，加尔文多次驳斥罗马教会的荒谬教义，认为它们并不符合《创世记》的真正含义。比如，他认为族长亚伯拉罕与雅各并非如罗马教会宣称的那样完美无瑕。② 作为人文主义者，加尔文的《〈诗篇〉评注》，引述了犹太释经者的相关研究，比如，中世纪的凯姆治（David Kimchi）、拉什与伊本·以斯拉时常出现在他的著述里。③ 这一点是特别引人注目的。

加尔文将每一篇《诗篇》视为单独的单元，分别评释，包括对其作者身份的探讨。他激励他的读者思想上帝的律法，从而获得智慧。因此，《诗篇》第一篇成为他《〈诗篇〉评注》的序言，而最后一篇是强有力的呼应，号召人们对上帝的赞美。关于《诗篇》的作者，传统上，教父奥古斯丁与奥利金以及犹太释经者凯姆治，都将整部《诗篇》归为大卫的作品，但是，加尔文并不赞同他们的观点，认为大卫著述了很多篇，而非全部。④ 通过仔细比对，他推论一些《诗篇》是在较晚时期著述的，比如，他认为《诗篇》44中的哀辞出自安条克（Antiochus），而《诗篇》第85与88篇可追溯至巴比伦被掳时期，其中呈现的历史处境发生在大卫

---

① Ibid. , p. 126.

② Randall C. Zachman, "Calvin as Commentator on Genesis", in Donald K. Mckim ed. , *Calvin and the Bible*, pp. 26－27.

③ Wulfert de Greef, "Calvin as Commentator on the Psalms", in Donald K. Mckim ed. , *Calvin and the Bible*, p. 89. 在释经历史上，尤其是伴随着拉什、凯姆治与伊本·以斯拉的出现，基督教的释经者日益意识到犹太解经的重要性。这也是16世纪的实际状况。参 Ibid. , p. 106。

④ Wulfert de Greef, "Calvin as Commentator on the Psalms", p. 90.

时代之后。加尔文得出这个结论，是因为他不仅关注经文的明确含义，而且，也留意《诗篇》的历史处境。但是，我们不能因此而推断加尔文的释经法就是字义解经，因为，他也受到中世纪四重解经法的影响，尽管他并没有全盘接受。在该评注里，加尔文论述了《诗篇》与《新约》的关系，其中，君王在他的评注中扮演了特别重要的角色。加尔文对大卫王进行了预言式的解读。他借着《诗篇》72 教导人们：基督就是大卫王权的目的与应验，而且，相较于大卫的国，基督的国是永恒的。加尔文遵循由大卫指向基督的线索，这条线在他对《诗篇》2、45 与 89 的评注中，也清晰可见。① 而在对《诗篇》69 与 16 的释义里，加尔文将大卫、基督与教会联结在一起。

对加尔文而言，圣经于人的拯救，是至关重要的，它需要以不同的方式呈现于世人。加尔文的释经方法是多重混合的。加尔文对寓意解经的应用与拒绝的复杂性，体现在他对《加拉太书》第 4 章的深刻洞察中。他认为在第 24 节中，保罗通过信仰与事工，以及福音与律法之间的比喻而呈现了撒拉与夏甲的冲突，他驳斥奥利金等对经文"真正"意义的歪曲，认为他们偏离了经文字面的、简朴而直接的意义。在此，加尔文对寓意解经的专断与臆测表示不屑。② 尽管加尔文对预表法的应用也是相当多的，但是他并不愿意只是诉诸文本的属灵意义。同时，他关注丰富的字义，从字面的历史意义与字面的预言意义去探讨字义。前者是指经文的叙述或直白意义，也是文本呈现给读者而显示的表层意义。作为一个人文主义的释经者，加尔文追随伊拉斯谟的步伐，主张圣经的诠释者必须掌握圣经原文，即希腊文与希伯来文，而不是仅依赖于拉丁译本。加尔文的圣经解释，是要启迪他的读者。对他来说，圣经研究的目的，在于唤醒和增强人的知识、对上帝的爱，以及对邻人的爱。为此，"加尔文提供了多层次的释经，其中，他从对圣经文本的细节进行解释，到将文本应用于读者的生活中，再返回文本自身的细节中。通过比附类比，他确实跨越了过去与当下、文本与读者之间的鸿沟"③。

---

① Ibid., pp. 100 – 101.

② John L. Thompson, "Calvin as a Biblical Interpreter", in Donald K. Mckim ed., *The Cambridge Companion to John Calvin* (Cambridge: Cambridge University Press, 2004), p. 67.

③ David C. Steinmetz, "The Theology of John Calvin", p. 117.

第三节　结语

　　作为宗教改革的神学家，加尔文对圣经的解读不同于传统的罗马天主教神学家。基于他的历史处境，他表现出批判与要求革新的立场。比如，关于《新约》对《旧约》的引用，加尔文提出了批判的诉求，认为《旧约》经文在被引述的过程中被曲解。他以《诗篇》19：4为例，指出这段经文在《罗马书》18：10中被引用，认为保罗如同诗篇作者那样，实际上是在谈论上帝显示给外邦人的荣耀。在此，他解决了经文当中的自相矛盾与紧张。这种对传统解释的拒绝，被视为将教会的教义宣称置于圣经基础上。① 毋庸置疑，加尔文的圣经诠释是在他的神学框架中展开的。在基督教的圣经诠释历史中，"加尔文的成就代表了在圣经学术的发展以及对待圣经权威的新态度上取得的成果，这在中世纪被播下种子，得到孕育，并在16世纪扎根"②。路德与加尔文是宗教改革时期的代表人物，但是，这一时期的圣经诠释者并不局限于这二位，梅兰希顿、茨温利（Huldrych Zwingli）、闵采尔（Thomas Müntzer）、弗兰克（Sebastian Franck）与马派克（Pilgram Marpeck）等，也都从不同的视角对圣经进行了解读。宗教改革时期的圣经诠释者，尤其是路德与加尔文，都承袭了人文主义的传统，更新了人们对圣经之权威的认识。尤其是路德以本土语言翻译圣经，意义重大。因为，在哲罗姆时代，用于正式商务与哲学思辨的语言是希腊语，而拉丁语是通俗的日常语言，但是，在经历漫长的中世纪之后，通俗的拉丁译本不再是通俗的，普通信众"目不识丁"，无法直接进入圣经的世界，阅读上帝的话语。但是，在16世纪初叶，这样的状况发生了根本的转变，那就是路德依据原典将圣经译为德国的本土方言，出版了本土圣经。③ 总之，在人文主义的启发下，宗教改革时期呈现出别样的圣经文本的诠释实践，为开启启蒙运动奠定了基础。

---

① Barbara Pitkin，"John Calvin and the Interpretation of the Bible"，p. 357.

② Ibid. ，p. 341.

③ 路德的圣经译本成为德国文化遗产的有机部分，塑造了文化圣经（cultural Bible），是文化圣经的典范。路德借助于圣经翻译而创制了德国语言，锻造了德国的文化、宗教与民族身份。Jonathan Sheehan，*The Enlightenment Bible*（Princeton：Princeton University Press，2005），p. 224.

第九章

启蒙运动时期的圣经诠释

　　启蒙运动（the Enlightenment）是指发生在 17 – 18 世纪的英国、荷兰、德国与法国等欧洲国家的一场反教会的思想文化运动，大致而言，是指欧洲历史中从三十年战争（1618 – 1648）到法国大革命这一段时期（1789 – 1799）。[①] 启蒙运动是继文艺复兴与宗教改革之后的又一次思想解放运动，它崇尚理性、宽容与自由，视理性为权威与正当的主要来源，抨击封建专制与宗教特权。"启蒙"意指"光明"，要启迪蒙昧。1784年，德国哲学家康德在《什么是启蒙运动》中指出："所谓启蒙，就是人摆脱自己造成的依附地位。而依附地位意味着，若无他人指导，人便无力运用自己的理解力。"[②] 16 世纪的宗教改革遵循唯独圣经（sola scriptura）的原则，圣经被置于各种重大斗争的核心，这为启蒙运动的兴起提供了肥沃的土壤。16 世纪，随着各种本土圣经译本的蜂拥而至，尤其是那些被译为本土方言的译本，比如路德的德语圣经（1534），越来越多的人可以直接接近圣经，进入它的世界，从而拉近了天国与尘世的距离。与此同时，圣经文本也呈现了其人为的一面。其实，早在文艺复兴时期，意大利的人文主义者瓦拉响应"回到本源"的倡导，回到希腊原文，并对照各种拉丁译本，撰述了《〈新约〉释义》。1505 年，伊拉斯谟在巴黎出版了瓦拉的这一释义，并受此启发，为了更新《新约》，复兴被中世纪所遮蔽的上帝之道，他于 1516 年在巴塞尔出版了他的拉丁新译本，题为《新约》。有意思的是，路德依据伊拉斯谟的这个拉丁新译本对《新约》进行了翻译，于 1522 年出版了德语《新约》，并于 1534 年出版了德语圣

[①]　詹姆斯·利文斯顿：《现代基督教思想》，何光沪、高师宁译，译林出版社，2014，第 7 页。

[②]　康德：《什么是启蒙运动》，转引自詹姆斯·利文斯顿《现代基督教思想》，第 7 页。

经全本。这个译本采用德国地方语言，取代了长久以来的武加大译本，在"目不识丁"的大众坊间流传甚广。"通过翻译，圣经的权威被重新塑造。"① 路德对哲罗姆与伊拉斯谟的译本均持批判立场，通过"回到原典"的诉求而赋予新译本正当与权威。

在宗教改革时期的英国，深受威克里夫与伊拉斯谟影响的丁道尔（William Tyndale，1494 – 1536）是首位将圣经由原文译为英文的神学家。在翻译的过程中，他参考了伊拉斯谟的《新约》希腊译本、武加大译本与路德的德文译本。他因私自翻译圣经而被天主教视为异端而定罪，于1536 年 10 月被当众焚烧。随着 1534 年英王亨利八世与天主教廷的决裂，丁道尔的助手科夫代尔（Myles Coverdale，1488 – 1568）在亨利八世的保护下继续翻译丁道尔未完成的《旧约》和次经，并对丁道尔的英文圣经进行修订。1539 年，亨利八世发布公告，并授权在巴黎和伦敦大规模印制这部鸿篇巨制的"大圣经"（Great Bible）。② 在血腥玛丽·都铎（Mary Tudor）执政时期，一批被逐到日内瓦的英格兰学者为了便于流落他乡的人阅读圣经，在威廷汉姆（William Whittingham）的带领下翻译英文圣经。全译本于 1560 年出版，被称为日内瓦圣经（the Geneva Bible）。该圣经时常被莎士比亚所引述。它不仅内容丰富，而且，采用了通俗易懂的边注、图表和插图的形式。在 1560 – 1611 年间，日内瓦圣经成为最为流行的英语圣经。但是，这部圣经中具有煽动性的边注，被认为会削弱国王的权力。因此，英王詹姆斯认为有必要重新翻译英文圣经。于是，在 1604 年，他下令召开罕普顿宫会议（Hampton Court Conference），规范了翻译意向和具体细则。整个翻译于 1611 年完成，被称为

---

① Jonathan Sheehan，*The Enlightenment Bible：Translation，Scholarship，Culture*，p. xiii. 针对新译本的出现，罗马天主教会迅即做出回应，那就是在 1546 年 4 月召开的特伦托大公会议（the Council of Trent）上，重申武加大译本的唯一正统地位，以及圣经对基督徒生命的重要性。翻译圣经不仅是一种宗教行为，而且也是一种政治行为。因此，君王将相与教士们争相控制新宗教的影响力，以及与之相对应的圣经本身。参 Lori Anne Ferrell，*The Bible and the People*（New Haven：Yale University Press，2008），pp. 60 – 61。

② 这是第一部获得英国国教会官方授权的英文圣经。在扉页上，它指明是获得君王授权而出版的圣经。整个扉页就是一幅权力的画像，亨利八世坐在正上方的王座上，受到基督的祝福。他的周围，簇拥着敬虔的教士与信众，右下角写着"上帝拯救君王"（*Vivat Rex*）。这种对君权神授之合法性的宣称，使英文圣经不同于欧洲其他圣经。参 Lori Anne Ferrell，*The Bible and the People*，p. 76。

英王钦定本（King James Version，简称为 KJV），或钦定版（Authorized Version）。① 在此，来自君王的政治权力，"为圣经文本提供了外在的合法性，保证了圣经与保罗自己所宣称的君王的神圣起源之权威之间的生动关联"②。换言之，钦定版译本赋予圣经以王室的政治权威，同时圣经也赋予王室以神圣的权威。这个译本反映了英国国教会的结构与信仰，后成为影响最为深远的英文版圣经。在 16、17 世纪的欧洲大陆，相继出现了不同的本土圣经译本，它们塑造了现代英国、德国、法国与荷兰等国的圣经经验，同时，也塑造了新教改革，且深深渗入大众的宗教生活中。不过，在 17 世纪，这些译本最终被固定化。因为，"稳定的新教神学与稳定的神学政治，需要稳定的本土圣经"③。但是，17 世纪中叶之后，伴随着大陆经验主义与理性主义的兴起，涌现了一批反对"君权神授"而倡导人的自由平等尊严的启蒙先锋。如此，圣经已有的稳固被动摇，启蒙运动首先在英国被开启，随后迅速波及荷兰、法国与德国等国家。

第一节　霍布斯：《利维坦》

英国哲学家与政治学家霍布斯（Thomas Hobbes，1588 - 1679），"被认为是释经史上圣经批判的一位早期代表"④。他早年就学于牛津大学莫德林学院，深受清教徒的影响，归属加尔文宗高教会。他谙熟希腊与罗马经典，热爱自然科学。他当过贵族家庭教师，做过著名经验哲学家弗

---

① 这是获得英国国教会官方批准的第三部圣经，第一部是 1539 年出版的"大圣经"，第二部是 1568 年出版的"主教圣经"。其中，KJV 主要沿袭了"主教圣经"，同时，参照了其他不同的圣经译本，包括路德的德语译本与欧利福坦（Pierre - Robert Olivétan）的法语译本，综合与修订了过往的译本。1611 年版的 KJV 包含了次经，但后来因被视为非正典而被除去。KJV 不断被修订，1769 年的版本是个现代化的版本，与当今的 KJV 版本基本上一致。KJV 深刻地影响了英语与英国文学，成为新教世界的主要圣经版本。参 Fred Gladstone Bratton, *A History of the Bible*, pp. 254 - 264.

② Jonathan Sheehan, *The Enlightenment Bible*, p. 15. 相关经文，参《罗马书》第 13 章。

③ Ibid., p. 24.

④ Henning Graf Reventlow, "English Deism and Anti - Deist Apologetic", in Magne Sæbø ed., *Hebrew Bible/Old Testament*, *The History of Its Interpretation*, vol. Ⅱ: From the Renaissance to the Enlightenment（Göttingen: Vandenhoeck & Ruprecht, 2008), p. 854.

朗西斯·培根（Francis Bacon）的秘书，足迹遍及欧洲大陆。作为 17 世纪的基督教思想家，霍布斯的思想源流是多元的，包括神学、人文主义和自然科学。人文主义的影响，主要来自伊拉斯谟与摩尔（Thomas More，1487 – 1535）。1642 – 1651 年间，英国议会派与保皇派之间发生了一系列的内战。其间，霍布斯流亡到巴黎学习科学。1651 年，他的代表作《利维坦》（*Leviathan*）在英国内战期间问世，初版的书名为《利维坦，或教会国家和市民国家的实质、形式和权力》。该著作一经出版，便引起轰动。"利维坦"本是《约伯记》第 41 章中描述的海怪，力大无比，凶猛异常，霍布斯以此庞然大物比喻强大的国家，它具有威慑一切的权力，属于"凡间的上帝"（mortal God）。"利维坦"这个国家具有双重性，它由人组成，也由人来运作，但是它在保护人的同时，又在控制人。因此，《利维坦》的封面插图，描绘了在大地之上，立着身高力大的巨人，手持利剑与重杵，其身体由无数的人构成。在该著作里，霍布斯运用理性的方法阐述了他的政治理论，影响了激进的启蒙主义者斯宾诺莎。[1] 关于宗教，霍布斯认为宗教是因人的恐惧而制造出来的幻影，其目的是要人依附，是人类政治的一部分。[2] 可见，霍布斯不仅揭示了宗教产生的根源，而且，对宗教进行了理性的批判。霍布斯的政治学依赖于他对宗教的批判。因此在该著作里，霍布斯以近一半的篇幅谈论基督教，引述圣经。

《利维坦》的第 31 章是"论自然的上帝国"，当中，霍布斯借助于权力与服从的联系而界定人与上帝之间的自然关系，他强调自然法，认为这是上帝统治人类的基础，作为国家的公民，人们认识到何为上帝的诫命。他引述《诗篇》97：1 与 99：1 中的王室诗篇，认为当中上帝主宰万物的权能以及"王国"的概念，只能隐喻地理解。关于上帝之道，他认为有三个来源：自然理性、神启与先知的声音。它们分别对应于三种听取方法：理性的、超自然的和信仰。[3] 而来自先知的上帝之道正是基督教

---

① Susan James, *Spinoza on Philosophy*, *Religion*, *and Politics* (Oxford: Oxford University Press, 2012), pp. 241 – 249.

② Hobbes, *Leviathan*, Richard Tuck ed., Cambridge Texts in the History of Political Thought (Cambridge: Cambridge University Press, 2008), pp. 77 – 79. （中译本：霍布斯《利维坦》，黎思复、黎廷弼译，商务印书馆，2009，第 81 – 83 页）

③ Hobbes, *Leviathan*, pp. 245 – 246.

政治学的主要原则。① 在此，霍布斯将他对国家的看法同圣经联系起来，在圣经里发现了与自然理性相对应的东西。霍布斯在释经传统中寻索圣经所概述的政教关系，并将圣经视为他政治观点的重要依据。他明确指出："我讨论地上的最高统治者的权力、基督教国家的权力以及基督教臣民对其主权者的义务时，正是要从圣经中去寻找原理。"② 但是，霍布斯对圣经的理性批判与观察，是他政治理论的副产品，这主要集中在《利维坦》的第三部分：论基督教体系的国家。霍布斯首先否认次经的正典地位，接着他否定摩西为五经的作者，指五经是在摩西时代之后著述的，而且，与基督教传统观念不同，他认为大卫并非所有《诗篇》的作者。③此外，他否认《新约》正典的古老性，其正典地位的确定与 4 世纪的教会会议相关，因此他指出："使圣经书卷成为正典的不是作者，而是教会权威。"④ 与之相关，霍布斯探讨了圣经的权威问题，在质疑圣经书卷是上帝的话语之后，他指出："圣经的权威问题便成了这样一个问题：基督徒国王和基督教国家的主权议会在自己的领土内是否是直接处于上帝之下的绝对的主权者；或者，他们是否要服从于一个凌驾于普遍教会之上的教皇，并可由这教皇在自己认为有好处或公共利益有必要时，予以审判、定罪、废黜或处死。"⑤ 在此，霍布斯将圣经的权威问题同政权、教权与宗教的问题联系在一起，关注的是神权政治的问题。在论述国家与宗教之关系时，霍布斯充当了圣经诠释者的角色。当代政治哲学家施特劳斯（Leo Strause）认为霍布斯的圣经诠释具有双重意图："首先是为了利用圣经的权威，鼓吹他自己的理论，然后特别是为了通过诠释，撼动圣经的权威本身。"⑥

霍布斯分析了《创世记》1：2 中 "神的灵运行在水面上"，指出这里

---

① Henning Graf Reventlow, *History of Biblical Interpretation*, vol. 4: From the Enlightenment to the Twentieth Century, trans. by Leo G. Perdue（Atlanta: SBL, 2010），pp. 40 – 41.

② Hobbes, *Leviathan*, p. 259.

③ Ibid., pp. 260 – 264.

④ Ibid., p. 266.

⑤ Ibid., p. 269.

⑥ 列奥·施特劳斯：《霍布斯的政治哲学》，申彤译，译林出版社，2012，第 85 页。在霍布斯看来，关于上帝的任何自然知识，都是不可能的。因此，他把启示神学系统地排除在哲学之外。他通过对圣经权威的历史批判和哲学批判，暗中削弱圣经信仰的根基。同上，第 91 页。

"神的灵"具有空间属性，并对比《创世记》8：1的经文，认为"灵"的意义是"风"。① 通过对一个词的细致探究，他呈现了"圣灵"一词的意涵。他以同样的方法分析了"使者""神感""天国"与"圣洁"等概念在圣经中的意涵。《旧约》中先知的话语是霍布斯着力论述的内容。圣经中的"先知"一词的意义是什么？霍布斯认为其主要是指"上帝直接降谕、并命其代为传示给别人或百姓的人"②。可是，他进一步追问上帝是以什么方式降谕的问题。霍布斯认为，无论在圣经时代，还是在现在，每一个人必须通过自己的自然理性分辨真假先知，考虑谁有权力管辖基督徒，从而成为上帝的代治者。若没有正确的方式察验真伪，而错把主权者当成上帝的先知，那么，不仅上帝与人的律令尽毁，而且，一切秩序、政府和社会都会陷入暴力与内战的混乱。③ 霍布斯反复提醒人们运用理性进行判断的重要性。因此，他多次发出追问，我们为什么相信圣经是上帝的话语？圣经是由何种权威变成律法的？在回答这些追问中，可见"霍布斯不信仰启示，从而也不信仰圣经，他便没有理由信服一种仅仅由圣经而非理性所担保的教义"④。也就是说，他是通过对圣经的解释而证明圣经的不真实性，从而否定基督教的教义。霍布斯由对圣经启示的批判，推进到对圣经中神迹的批判，并告诫人们，不要因愚昧无知而轻信不被经验所证实的神迹。施特劳斯指出神迹的信仰前提，是上帝的绝对全能而使之所为绝对不可理解，因此，他认为霍布斯"宗教批判的核心是神迹批判"⑤。

他也考察了"教会"一词在圣经中的意义，他的结论是："世界上并没有一个普遍的教会是所有基督徒都一定要服从的，因为世界上并没有一个权力当局是所有其他国家都要服从的。……在当今世界，除了世俗政府之外，既没有国家的，也没有宗教的政府；没有任何教义的教导，也没有国家与教会的统治者所禁止传授的任一教义的教导对国民是合法的。这统治者必须是一个，否则在一国之内，教会与国家之间、灵性方面与世俗方面之间以及正义之剑与信仰之盾之间就必然会随之出现党争

---

① Hobbes, *Leviathan*, p. 271.

② Hobbes, *Leviathan*, p. 290.

③ Ibid. , p. 300.

④ 列奥·施特劳斯：《霍布斯的宗教批判：论理解启蒙》，杨丽等译，华夏出版社，2012，第145页。

⑤ 同上，第180页。

和内战；而且，更糟的是，在每一个基督徒心中都会随之出现基督徒与普通人之间的冲突。"① 在霍布斯看来，教会与国家的权力，都不是来源于上帝，因此，教会不能凌驾于国家之上，它只能依附于国家。他始终认为国家的最佳形式，就是绝对世袭的君主政体。霍布斯的主要政治哲学著作，包括《法律、自然和政治的原理》（1640）、《论公民》（1642）以及《利维坦》（1651），在这三部著作里，他离宗教传统愈来愈远。② 由于他挞伐君权神授与教会，否定"教皇无谬误"之说，主张自然宗教，否定人格化的上帝，因此他被指控为宣扬无神论，并被斥为"道德沦丧之父"。③ 在他的年代，被贴上无神论的标签，就具有明显的政治含义。

在《利维坦》中，霍布斯借助于圣经，分析了宗教的政治性质与功能。尽管，"霍布斯对基督教之本质的看法是以圣经为基础的，但是，他并不认为基督教完全依赖于圣经就可以避免宗教纷争"④。因为，他认为，圣经不是不言自明的，而是要被解释的。他认为，罗马天主教的宗教霸权被瓦解之后，正统性的问题依旧是个争执不下的问题。霍布斯探索基督教教导的真理，但是，他追问这一真理的标准是什么？若说圣经是这一真理的唯一标准，那么，谁的圣经解释是正确的？显然，他在不遗余力地抵制罗马教会的权威。在《利维坦》的最后一部分，霍布斯探讨了黑暗王国。对他而言，精神黑暗产生于对圣经的错误解释，黑暗王国与上帝的王国对立，其统治者是敌人，臣民是人想象中的魔鬼。黑暗王国"只是一个骗子的联盟，为了在当今世界获得对人的统治，这个联盟努力用黑暗和错误的教义，熄灭人类身上的自然之光和福音之光，从而阻止他们为将来的上帝国做准备"⑤。在现实中，霍布斯指出："这种精神黑暗的炮制者，就是教皇、罗马天主教士以及所有习惯于错误教义

---

① Hobbes, *Leviathan*, p. 322.

② 列奥·施特劳斯：《霍布斯的政治哲学》，第 88 页。

③ Henning Graf Reventlow, *History of Biblical Interpretation*, vol. 4, p. 34. 霍布斯的书与观念因此而受到抵制。在 1683 年的牛津，他的《利维坦》与另一著作《论公民》（*De Cive*）被焚烧。参 Patricia Springborg, "Hobbes and Religion", in Tom Sorel led., *The Cambridge Companion to Hobbes* (Cambridge：Cambridge University Press, 1996), p. 348。在 17 世纪，"霍布斯主义"几乎就是"无神论"的代名词。参赵林《英国自然神论的兴衰》，载约翰·洛克《基督教的合理性》，王爱菊译，武汉大学出版社，2006，第 4 页。

④ A. P. Martinich, *Hobbes：A Biography* (Cambridge：Cambridge University Press, 2007), p. 110.

⑤ Hobbes, *Leviathan*, pp. 417 – 418.

的人，他们认为地上的教会就是《新约》与《旧约》中提到的上帝国。"① 因此，霍布斯认为对圣经的最主要的滥用，在于牵强附会地用圣经去证明上帝国就是现存的教会，从而产生世俗法与宗教法之分。他通过考察圣经，想要证明权力二元论没有圣经基础，且违背圣经。他认为对圣经的曲解，是产生了权力二元论的根源，因此，他的圣经诠释的哲学前提并非出自圣经，而是实体一元论以及建立在实体一元论基础上的权力一元论。"对权力二元论的圣经—科学批判，是霍布斯政治学的核心思想的前提。"② 霍布斯对宗教的怀疑，对教权的抨击，被谴责为是在稀释基督教。但是，通过这样的批判，他建构了君权至上的政治理论。他的国家理论，既有赖于理性推演，又有赖于以圣经作为依据。他认为二者并不冲突，因为对他而言，真正的基督教在政治上不会造成动荡。正如利维坦的王国同时具有世俗与精神的两面，而君王要统治二者，国家的人民与教会的子民是同一的。在此，霍布斯试图调和理性与信仰。

霍布斯关于专制的政治学说，得到经验主义者洛克（John Locke，1632 - 1704）的修正。作为启蒙时代英国最具影响力的思想家和自由主义者之一，洛克的认识论、政治科学与财产理论被人熟知，但是他的神学思想，以及他对圣经的解读，鲜少受到关注。其实，在他的诸多作品中，都有涉及他对圣经的诠释。他的两部代表作《政府论两篇》（*Two Treatises of Government*，1689）与《人类理解论》（*Essay Concerning Human Understanding*，1690），在阐述自由宪政民主的基本思想时，都呈现了他对圣经的理解。他的《政府论两篇》驳斥了费尔默（Robert Filmer）爵士宣扬的君权神授论和世袭说，强调政府权力的有限性，因为，君王并不拥有绝对的神圣权利。为了抵制君主专制，洛克提出了分权理论。这完全不同于霍布斯倡导的专制主义。自该著作第二章起，洛克将君王比附于第一人亚当，认为亚当的权威是后人赋予的，其子孙都是平等的，上帝并没有赋予亚当统治人类的直接权力。③ 随之，洛克主要依据《创世

① Hobbes, *Leviathan*, p. 478.
② 列奥·施特劳斯：《霍布斯的宗教批判：论理解启蒙》，第 127 页。
③ 霍布斯不仅论述了父权与王权之关系，而且他指出：亚当不会因上帝首先的创造而享有主权，不会因夏娃的从属而享有支配她的权威，也不会因父亲身份而拥有对其子女的主权。参约翰·洛克《政府论两篇》，陕西人民出版社，2005，第 5 - 66 页。

记》的族长叙述，讨论了财产权与继承权，认为财产权是最基本的自然权利，是人权的根基。进而言之，洛克认为政府只有保障人民拥有生命、自由和财产的天赋人权时，其统治才有正当性与合法性。也就是说，政府与人民之间要达成一致，社会契约才会成立，否则，人民有权推翻暴政。在《基督教的合理性》（*The Reasonableness of Christianity*）中，洛克专门研读圣经，主要是四福音书、保罗书信与《使徒行传》等，从理性的角度阐释基督教信仰，倡导以理性的权威取代圣经的权威。[①] 对人类的理解，洛克基于《创世记》2–3章，同时结合《罗马书》5：12与《哥林多前书》15：22，他的结论是：伴随着亚当被逐出伊甸园，人类继承的是他的必死性，而不是他的罪。必死性并非是一种惩罚，而是人与上帝之间的分别。人处于堕落的状态之中，无人可以得永生。[②] 晚年的洛克，主要关注的是保罗书信。关于罪与救赎，在他对《罗马书》6：8与5：12–19的注解里，尽管他并不否认人的罪性，但是他否认人的罪源自亚当，认为人只继承了亚当的必死性，同时，他也否认基督是因人的罪而受惩罚。[③]洛克的启蒙思想影响了随后的休谟（David Hume）与康德（Immanuel Kant）。

第二节　斯宾诺莎：历史批判的先驱

英国成为启蒙运动的重镇，与斯宾诺莎思想的传入不无关系。[④] 斯宾

---

① 约翰·洛克：《基督教的合理性》。

② Henning Graf Reventlow, *History of Biblical Interpretation*, vol. 4, p. 61. 另参约翰·洛克《基督教的合理性》，第6–9页。

③ Henning Graf Reventlow, *History of Biblical Interpretation*, vol. 4, p. 64. 洛克对保罗书信的释义，主要涉及《加拉太书》《哥林多前书》《哥林多后书》《罗马书》与《以弗所书》，它们被视为是保罗的真正书信。在洛克逝世三年后，这些释义得到出版，被收录在《洛克全集》第七卷中。他对每段经文的释义由三部分构成：文本、释义与注解。参 John Locke, *The Works of John Locke*, vol. 7, with a new introduction by John W. Yolton (London: Routledge, 1997), pp. 292–298, 304.

④ 英国哲学家布朗指出："斯宾诺莎的《神学政治论》（*A Theologico–Political Treatise*），于1689年冲进英国的传统思想之中，它论证了在宗教事务中摆脱专制的理由。"参斯图亚特·布朗（Stuart Brown）《导言》，载斯图亚特·布朗主编《英国哲学和启蒙时代》，中国人民大学出版社，2009，第3页。

诺莎是荷兰哲学家，才情卓越，人格高尚。他给后人留下的作品，除了《伦理学》，还有被誉为"现代民主理论之经典"①的《神学政治论》等著作。在《神学政治论》中，他通过批判被视为政治合法性与秩序化之基础的圣经权威，将圣经批判与自由民主政治理论进行了奇妙的融汇。②此著作由于热衷于思想与自由的表达，在圣经批判的历史上，成为一部里程碑式的著作，使斯宾诺莎成为对圣经进行历史批判的先行者。③"在现代意义上，该著作奠定了圣经科学的真正基础。因为这个理由，也只有这个理由，斯宾诺莎的著作才具有根本的重要性。它所对应的处境，就是激进的启蒙运动所提倡的对启示的批判。"④ 斯宾诺莎的圣经解释"别开新面"，"为现代解释学开其端并奠定原则"。⑤ 其令人注目的成就在于将历史批判方法应用于圣经诠释当中，指出圣经是断章残篇，是有讹误的。就其所处的时代而言，这样的论断远远超出了人们可以接受的程度，因此，作为"激进启蒙"的发起者，他被认为是散布异端邪说，不仅被生长于斯的犹太群体永久革除教籍，而且也被移居区的基督新教群体所不

① S. B. Smith, "Spinoza's Democratic Turn", *Review of Metaphysics* 48 (1994), p. 360. 亦有人将此著作称为"政治思想史中对于世俗的民主政府最具说服力的论证之一"。参 Steven Nadler, *Spinoza: A Life* (Cambridge: Cambridge University Press, 1999), p. 285。

② 这一融会的内在缘由，参 J. Samuel Preus, *Spinoza and the Irrelevance of Biblical Authority* (Cambridge: Cambridge University Press, 2001), pp. 4–6。

③ Roy A. Harrisville & Walter Sundberg, *The Bible in Modern Culture: Theology and Historical – Critical Method from Spinoza to Käsemann* (Grand Rapids: Wm. B. Eerdmans, 1995), p. 35. 他在 1656 年受到阿姆斯特丹犹太社群的绝罚之后，将哲学历史方法带进对圣经文本的诠释中。参 Travis L. Frampton, *Spinoza and the Rise of Historical Criticism of the Bible* (New York: T & T Clark, 2006), p. 1. 有学者认为：斯宾诺莎为圣经研究领域中的现代科学精神开辟了道路。他有足够的胆识，去显示圣经不是一部书，而是众多的书，它来自历史的不同时期，并受到各种不同来源的启发。参 Fred Bratton, "Precursors of Biblical Criticism", *Journal of Biblical Literature* 50 (1931), p. 184。

④ Leo Strauss, *Spinoza's Critique of Religion* (Chicago: University of Chicago Press, 1997), p. 35. 此著作初版于 1965 年（中译本：列奥·施特劳斯《斯宾诺莎的宗教批判》，李永晶译，华夏出版社，2013）。圣经历史批判不完全是早期启蒙运动之现代理性主义的产物，而应被认为是后宗教改革时代有关圣经之权威的宗教论争的产物。参 Travis L. Frampton, *Spinoza and the Rise of Historical Criticism of the Bible*, p. 235。

⑤ 刘小枫：《"误解"因"瞬时的理解"而称义》，载《读书》2005 年第 11 期，第 144 页。

容，并险遭暗杀。① 即便如此，斯宾诺莎坚持著述，他要捍卫公开表达哲学观念的自由，无惧谴责与迫害。无论如何，斯宾诺莎的名字同圣经历史批判紧紧联系在一起。也就是说，就圣经历史批判的方法论而言，要想理解对圣经文本的现代批判方法的兴起，就必须回到 16、17 世纪，同时，追溯至文艺复兴运动。② 如此，斯宾诺莎的《神学政治论》便成为考察的中心。这里要探讨他如何对圣经进行理性的历史批判与诠释，同时兼及对其方法论的述评。

早在 1391 年至 1492 年间，西班牙的犹太人受到天主教的迫害、折磨与驱逐。那些留守西班牙的犹太人，为了享有同等的公民权利与义务，他们表面上改宗，成为基督徒，私下却奉行犹太教。由于犹太种族出身，斯宾诺莎的祖辈不无例外地受到西班牙天主教的宗教迫害，被迫迁徙，先后到葡萄牙与荷兰避难。祖辈的这些生活经历，使斯宾诺莎对制度化宗教的危险深有感触，认为宗教是控制人思想自由的工具。17 世纪荷兰社会内部的政治生活同其错综复杂的宗教派系斗争纠结在一起。主要有两大宗教派系："一方是再洗礼派、阿明尼乌斯派、门诺派和社友会，其成员是荷兰的自由商业阶级和中产阶级，他们主张宗教信仰自由、政治平等和发展资本主义；另一方则是加尔文教，其成员主要是工人、农民、

---

① 在圣经研究领域，一些保守的学者对斯宾诺莎进行了猛烈的抨击与批判。他们认为斯宾诺莎冲击了圣经的权威，严重损害了基督教神学，而且，他提倡纯粹理性而驳斥启示与宗教，这对 17 世纪以来的圣经释义学具有灾难性的影响。参 Jon D. Levenson, *The Hebrew Bible, the Old Testament, and Historical Criticism: Jews and Christians in Biblical Studies* (Louisville: Westminster/ John Knox, 1993), pp. 5 - 6, 91 - 99。有学者针对他的《神学政治论》，指出：圣经是宗教权威的核心，而斯宾诺莎对圣经的宣称进行了批判的考察，其目的是颠覆圣经在欧洲政治生活中扮演的角色。其《神学政治论》显然是个证据，即历史批判方法起源于在政治上对信仰之宣称的敌视。参 Roy A. Harrisville & Walter Sundberg, *The Bible in Modern Culture: Baruch Spinoza to Brevard Childs* (Grand Rapids: Eerdmans, 2002), p. 5。

② 有学者认为：现代圣经学术研究在欧洲的兴起，缘于旧的秩序在 17 世纪末与 18 世纪土崩瓦解。宗教分裂的可怕后果，助长了对宗教权威的怀疑。受到启蒙的人类理性，将自身从宗教传统的权威中解放出来，不再想当然地认为圣经是在言说有关上帝与世界的真理。可以说，对于圣经的现代历史的学术研究，根源于 18 世纪理性对基督教的抨击。参 Robert Morgan & John Barton, *Biblical Interpretation* (Oxford: Oxford University Press, 1991), p. 17。有关 17 世纪对圣经学术史的重要性，参 Travis L. Frampton, *Spinoza and the Rise of Historical Criticism of the Bible*, pp. 200 - 234。另参 Henning Graf Reventlow, *The Authority of the Bible and the Rise of the Modern World*, trans. by John Bowden (Philadelphia: Fortress Press, 1985), pp. 9 - 48。

水手和其他下层阶级，他们反对宗教宽容政策，鼓吹君权与圣经同在，限制资本主义。"① 1653 年，共和派的代表约翰·德·维特（Johan de Witt）担任荷兰省议长，公然反对加尔文教散布的宗教对立与仇恨，主张最大限度的地方自治与政教分离。1672 年，加尔文教扇动暴徒将德·维特兄弟杀死，使原本生机盎然的共和之路处于风雨飘摇之中。这一事件使斯宾诺莎深受震动，作为"杰出的共和主义者"，他认为有必要批驳加尔文教牧师的宗教偏执，并揭示他们的专横与权欲。因此，从一开始，历史批判与教会传统之间的冲突是显而易见的。对圣经的历史批判，缘起于教会教条与 17 世纪出现于欧洲的新的自由的政治哲学之间的对立。② 在 17 世纪的处境里，斯宾诺莎所面临的问题，是哲学与神学都受到保守的加尔文主义之唯圣经论的政治与神学限制。

但是，另一方面，在思想文化与神学政治领域，17 世纪的新教神学家与哲学家受益于科学知识的快速增长与传播，萌发了对宗教基本宣称的怀疑态度。他们试图将圣经的世界对应于天文学、物理学与哲学的宽广视域。他们追问：作为所有真理的来源，圣经如何证明新的科学理论与发现？他们甚至引用《但以理书》12∶4 的经文，去安抚自身的挣扎，并对抗当下荒谬的世界。③ 在欧洲大陆经历新教与天主教之间三十年战争（1618－1648）之后，僵化刻板的基督教正统信仰不再具有传统的说服力，去劝说别人接受保守思想或效忠于神学政治。在面对哥白尼、开普勒与伽利略令人敬畏的科学理论的时候，并非所有的基督徒都坚持相同的立场，去维护托勒密与亚里士多德的宇宙论。在美洲、非洲与远东地区新发现的文明，也开阔了欧洲人的眼界。此外，当笛卡尔与培根的理性哲学挑战既有的认识论标准与亚里士多德的思想体系之后，传统神学不得不做出新的调整。新科学的产生与宗教改革运动的推动，促使了基督教异端思想的形成。有趣的是，许多论及圣经的早期理性的、历史的与科学的方法，都来自异端基督徒对基督教正统信仰的挑战。一些激进

---

① 洪汉鼎：《斯宾诺莎哲学研究》，人民出版社，1997，第 22 页。

② Roy A. Harrisville & Walter Sundberg, *The Bible in Modern Culture*：*Baruch Spinoza to Brevard Childs*, p. 2.

③ Charles Webster, *The Great Instauration*：*Science*, *Medicine*, *and Reform* (New York：Holmes & Meier, 1975), pp. 1－31.

的异端基督徒甚至限制圣经之关联性的范围。更有甚者，他们完全拒绝圣经是一个权威的来源，并主张以理性取代启示，认为理性才是考察上帝对创造之设计的较佳途径。

17 世纪对圣经进行批判的异端基督徒，主要有法国的天主教神学家以撒·皮耶瑞（Isaac La Peyrère，1596 – 1676）和英国贵格会的辩论家撒母耳·费舍尔（Samuel Fisher，1605 – 1665）。他们都提出了激进的主张。1655 年，皮耶瑞著名的神学著作《亚当之前的人》（Prae – Adamitae）出版，这是 17 世纪对圣经进行彻底理性批判的著作之一。[①] 他引用保罗书信中保罗的言论，推论出有两个创造：先是外邦人，后是亚当，也就是说，亚当之前已有人类存在。他努力调和信仰与理性，挑战了基督教释经的传统。据称，在斯宾诺莎逝后，在他的图书馆发现了该著作的拉丁版本，因此，有学者认为"斯宾诺莎受到的第一个重要的外来影响，很可能来自皮耶瑞"[②]。1655 年，皮耶瑞的《神学系统》（Theological Systeme）紧随《亚当之前的人》出版。该著作是基于《亚当之前的人》而进行的圣经评注，除了五经诸书卷，还论及先知书、福音书与神迹，表达了其激进的诠释学，进一步整合了信仰与理性。费舍尔曾就读牛津大学三一学院，不仅精通圣经与希伯来文，而且，谙熟他的对手加尔文宗的教义。他早期是个清教徒，后加入贵格会。一些学者认为费舍尔与斯宾诺莎在阿姆斯特丹相遇，并同学院派的人一起生活。[③] 费舍尔对圣经批判之兴起的重要贡献，在于 1660 年出版了《普通人对拉比的警告》（The Rustick's Alarm to the Rabbies）。该著是对加尔文宗的回应，主要针对上帝的话语受限于圣经这一宣称。费舍尔坚决抵制圣经崇拜，他的历史

---

① 该著作原文为拉丁文，次年，英译本问世。题目为：Men before Adam, or, A Discourse upon the Twelfth, Thirteenth, and Fourteenth Verses of the Fifth Chapter of the Epistle of the Apostle Paul to the Romans: By which are prov'd That the first Men were created before Adam。1656 年，此著作在巴黎被公开焚烧，而皮耶瑞也因此被囚禁。皮耶瑞受到哲学家霍布斯（Thomas Hobbes）的影响。关于皮耶瑞的生平与著作，参 Richard H. Popkin, Isaac La Peyrère（1596 – 1676）: His Life, Work, and Influence（Leiden: Brill, 1987）。

② Richard H. Popkin, "Spinoza's Earliest Philosophical Years, 1655 – 61", Studia Spinozana 4（1988）, pp. 37 – 55. 转引自 Travis L. Frampton, Spinoza and the Rise of Historical Criticism of the Bible, p. 208。

③ Richard H. Popkin, "Spinoza and Fisher", Philosophia 15（1985）, pp. 219 – 236. 另参 Richard H. Popkin, "Spinoza and Bible Scholarship", in Don Garrett ed., The Cambridge Companion to Spinoza（Cambridge: Cambridge University Press, 1996）, p. 393。

批判驳斥了圣经为上帝之话语的观念。他敏锐地在上帝之话语（光明、精神与良知）与圣经（文字）之间做出区分。他认为前者是永无谬误的，但后者却是易犯错的、败坏的与不可靠的。他坚持认为上帝的精神存在于人民当中，而非书页的文字当中。费舍尔首先指出圣经中有众多的著述错误，之后，他考察了《旧约》的正典化过程，断然拒绝对正典的任何界定，而且，同伊本·伊斯拉与皮耶瑞一样，他以《申命记》的结尾等为依据，质疑摩西的五经作者身份。① 由上可知，皮耶瑞与菲舍对圣经的历史批判精神，影响了斯宾诺莎对圣经的解读。在其《神学政治论》的第七章至第十章中，可以看到皮耶瑞与费舍尔的影子，就是在《亚当之前的人》与《普通人对拉比的警告》中所表述的观点。②

1632 年 11 月 24 日，斯宾诺莎出生于阿姆斯特丹的犹太世家。他经营进出口贸易的父亲让他在培养拉比的神学校接受严格的教育，研习希伯来文学，他在此领域表现得极其优异卓著。③ 十四岁时，他就能运用敏锐的怀疑论思维提出诠释学的两难问题，当时最优秀的犹太教师都无法回答他的问题。他由此意识到：拉比的解经方法不能达致最终的真理。④ 斯宾诺莎提出的问题有悖于传统，并引起了犹太社群的不安，但是，这引起了当时最为博学的拉比扫罗·莫特拉（Saul Morteira，1596 – 1660）的注意，在一番考察之后，他将正直与聪慧的斯宾诺莎收为门徒。⑤ 此外，在当时著名的拉比玛拿西·本·以色列（Manasseh ben Israel）的教导下，斯宾诺莎掌握了希伯来语、犹太法典、自然科学与哲学，同时，谙熟迈蒙尼德的犹太理性主义传统以及犹太神秘主义哲学。在政教立场上，斯宾诺莎支持约翰·德·维特，批判神权政治，批判将宗教视为政治合理性与秩序之基础的宣称。斯宾诺莎认为解释"神学"与"政治"之真正关联的是圣典的诠释者，也就是为了建构公共法律而

---

① 在 17 世纪的处境里，这些观点构成了费舍尔对圣经进行历史批判诠释的激进特征。参 Travis L. Frampton, *Spinoza and the Rise of Historical Criticism of the Bible*, pp. 217 – 223。
② Ibid., pp. 226 – 227.
③ 有关斯宾诺莎的生平与著作的介绍，已有诸多版本问世。其中，较为全面的新近著作，参 Margaret Gullan – Whur, *Within Reason: A Life of Spinoza* (New York: St. Martin's Press, 1998)。另参 Steven Nadler, *Spinoza: A Life*（中译本：史蒂文·纳德勒《斯宾诺莎传》，冯炳昆译，商务印书馆，2011 年）。
④ Travis L. Frampton, *Spinoza and the Rise of Historical Criticism of the Bible*, p. 80.
⑤ Ibid., p. 81.

声称其权威是源于神圣律法的人，他们谋求主体政治的永久利益，认为圣典的权威在法律与社会之间存有关联。为了阐释那些专横跋扈的神学家用作依据的圣经不能证明其政治立场，而只能是满足其权欲的工具，1665 年夏，斯宾诺莎运用自己的语言才能与学识，开始着手撰述以圣经历史批判为中心的《神学政治论》。① 1670 年，在他的朋友瑞瓦措恩（Jan Rieuwertszoon）的帮助下，该著作的拉丁文初版在阿姆斯特丹问世。斯宾诺莎运用纯粹的理性剥离了圣经对于神权诠释者的有用性，并以一种新的激进的历史方法解释圣经本身及其宗教。在此，需要指出的是，斯宾诺莎的历史意识，是以两个事实为条件的：一是新科学，二是宗教改革运动。

与许多伟大的哲学家一样，斯宾诺莎对圣经的思索与追问是从怀疑开始的。他反对迈蒙尼德的方法，即依据希腊哲学诠释经典，"为了保全对基督教的信仰而使圣经迁就那些理论"②。他将怀疑的目光，首先投向上帝，投向基督教传统视为神圣不可亵渎的圣经。在《神学政治论》的第一部分，斯宾诺莎探讨了如何对待与接受圣经的问题。他深受中世纪犹太释经者伊本·伊斯拉之评注的启发，在引述了以斯拉有关摩西的作者身份的论述之后，他加入自己的评注，并总结称五经不是摩西著述的，而是由摩西之后许多世代的人著述的。③ 他指出："我可以一言以蔽之，解释圣经的方法与解释自然的方法并无大的差别，实际上，二者几近相

① 在该著作里，斯宾诺莎对圣经进行诠释的意义，在于削弱神学家的权威，因为他认为这些神学家通过歪曲圣经中的上帝之话语而败坏宗教，违背真理与自然。参 Benedict de Spinoza, *A Theologico - Political Treatise and A Political Treatise*, trans. with an introduction by R. H. M. Elwes（New York：Dover, 2004），pp. 6 – 8（中译本：斯宾诺莎《神学政治论》，载《斯宾诺莎文集》卷三，温锡增译，商务印书馆，2014，第 4 – 6 页）。

② Benedict de Spinoza, *A Theologico - Political Treatise and A Political Treatise*, pp. 7，114 – 119. 另参 Susan James, *Spinoza on Philosophy*, *Religion*, *and Politics*, pp. 156 – 160。关于斯宾诺莎对迈蒙尼德以及迈蒙尼德主义的批评，参 Steven Frankel, "Spinoza's Rejection of Maimonideanism", in Steven Nadler ed., *Spinoza and Medieval Jewish Philosophy*, pp. 79 – 95。

③ 对摩西五经作者身份的质疑，其中主要的缘由之一是五经包含了摩西逝世的记述，即《申命记》第 34 章。最新近的研究表明：在该章中，有四种关于摩西去世的叙述，即耶典（J）、神典（E）、申命典（D）与祭司典（P）的来源，通过编者之手而被融合。这说明了圣经文本之著述历史的复杂性，不可一言以蔽之。参 Philip Y. Yoo, "The Four Moses Death Accounts", *Journal of Biblical Literature* 131（2012）：423 – 441。

同。"① 也就是说，古代文本与自然现象，在方法论上皆构成科学研究的客体。但是，另一方面，"斯宾诺莎第一个意识到圣经世界与自然世界的分别，以及文本中保留的故事叙述与对文本意义不重要的科学真理之间的分别"②。正如以自然本身阐释世界一样，圣经文本的内容与历史要依据圣经做出解释，这是解释圣经的一条普遍法则，尽管，其中会有一些困难，因为有些晦暗难解之处。但他始终强调我们关于圣经的知识，包括其神圣来源，都只能求之于圣经，呈现圣经确定性的历史来源。要了解圣经的历史，就要探讨圣经各卷著述时所用的语言性质及其特征，因此，了解希伯来文是极其必要的；对书卷中晦涩不明或有歧义的经文进行具体分析；考察书卷的作者是谁，其著述的原因是什么，是在怎样的时代为什么人著述的，用的什么语言；书卷编修的过程又如何等。③ 这样做的目的，是让我们对圣经的理解不流于盲目的冲动，或者将所读的视为确实无疑。如此，斯宾诺莎毫不客气地指责："我们看见很多人炫耀自己的解释，将之视为上帝的话语，并借宗教之名义，尽力强迫别人拥有和他们一样的想法。我们神学家的主要关注在于依据圣经原文附会他们自己杜撰的观念，以便宣称神圣权威。"④ 同时，他也看到："迷信会让人鄙视理性与自然，凡与此二者相悖的，迷信都加以赞许与尊崇。并不奇怪的是为了增强敬崇圣经的心，大家对圣经的解释，尽可能使之与理性与自然相矛盾。"⑤ 唯有这种圣经研究的新形式，即冷静地论及圣经，将圣经置于历史语境里，并视之为人的理性可以认知它的时候，才能将圣经从压制的枷锁中解放出来。

---

① Benedict de Spinoza, *A Theologico - Political Treatise and A Political Treatise*, p. 99. 施特劳斯 (Leo Strauss) 指出："在我们这个时代，学者们通常以研究其它任何书卷一样的方法研究圣经。正如广泛被认可的，斯宾诺莎就是这种圣经研究的奠基者。" 参 Leo Strauss, *Spinoza's Critique of Religion*, p. 15。

② Travis L. Frampton, *Spinoza and the Rise of Historical Criticism of the Bible*, p. 9.

③ Benedict de Spinoza, *A Theologico - Political Treatise and A Political Treatise*, pp. 101 – 103. 斯宾诺莎注重圣经文本的意义，而非其真理。真理是指无论何时何地都能够认识的普遍重要的事物，而意义是指文化的表达以及与时空相关的特定民族的作品。圣经中出现的神迹与启示，都是意义的现象，而非真理，它们形成于特定的文化语境，其重要性在于它们在当时的文化中扮演的历史功能。参 Roy A. Harrisville & Walter Sundberg, *The Bible in Modern Culture: Theology and Historical - Critical Method from Spinoza to Käsemann*, p. 41。

④ Benedict de Spinoza, *A Theologico - Political Treatise and A Political Treatise*, p. 98.

⑤ Ibid., p. 99.

　　针对罗马天主教认为教会拥有解释圣经的绝对权威以及基督新教
"唯独圣经"（*sola scriptura*）之宣称，斯宾诺莎诉诸个体意识，对这一宣
称持怀疑态度，斥之为夸口。他依照希伯来文的文法、构造与含混不明
的特性，指出："找到一种可以使我们获得圣经中所有陈述的确切知识的
方法，是不可能的。"① 人们以自己对圣经的解释，随自己的意思加以补
充，这些解释与补充，并不完全可信，因为，圣经的诸多经文，其真正
的含义是无法解释的，充其量只能猜测。尽管如此，他认为每个人都有
解释圣经的最高权力，而且，这有赖于理性的能力。② 斯宾诺莎将启示与
理性截然分开，主张对《旧约》的内容与其中上帝的观念进行重新的审
视，这从根本上挑战了教会对圣经解释的垄断与权威。譬如，就预言或
启示而言，它们被视为是上帝默示于人的确定知识，通过先知而得到传
递。他指出："人们认为先知拥有上帝的灵，是因为人们不知道预言的知
识起因，在惊异之中，将预言的知识与其他奇异的事说成是同上帝直接
相关，并称之为神圣知识。"③ 但是，他指出："我们一看圣经就会明了，
上帝对先知的所有启示都是通过言辞或现象，或二者并用。"④ 先知传达
预言，所借助的是生动的想象力而非智力，因此，所罗门虽有智慧，但
没有预言的特殊本领。斯宾诺莎"发现先知所说的无一不是极其简单，
容易被大家所领会的，而且，他们以各种理由去证实他们的教义，所用
的文体极其深切，并感动人心，使人敬奉上帝"⑤。如此，斯宾诺莎暗中
颠覆了被视为启示的圣经权威，削弱了圣经文本的合理性，即圣经超越
了其语境并直接言说于理智心灵的真理。他指出"圣经的神圣来源必须
由其教导的纯正美德（true virtue）而构成"⑥，而"纯正美德"正是先知
呈现于神圣心灵的简单观念，即全心全意顺从上帝，实践公正与仁慈。
以此强有力的论辩为基础，斯宾诺莎将真宗教限定于虔敬与遵从基本道
德诫命的范围，而这一点，同他的民主政治立场相契合。斯宾诺莎抨击
将圣经视为"神圣律法"的预设，在一个新的理智的架构里，借助于自

---

① Benedict de Spinoza, *A Theologico - Political Treatise and A Political Treatise*, p. 108.
② Ibid. , p. 128.
③ Ibid. , p. 24.
④ Ibid. , p. 15.
⑤ Ibid. , p. 9.
⑥ Ibid. , p. 100.

然主义与历史主义，倡导其自由政治的主张。

传统信仰认为摩西著述了五经，关于这一点，斯宾诺莎断然指出这是"无事实根据的，甚至是无理性的"①。他认为有许多依据可以证明五经是晚于摩西的，而摩西所著述的只是一部律法书，与现存的有所不同，而且，是被五经的真正作者——以斯拉所运用的律法书。斯宾诺莎一一列举了摩西并非五经作者的文本依据，主要是《申命记》中的一些经文。此外，斯宾诺莎将《创世记》第38章同约瑟、雅各的故事贯穿起来，指出"这五卷书里所有的历史与诫律，不顾年代先后的次序，杂乱无章地排列在一起，而且，注意同一故事如何常常反复地讲，有时是用不同的形式来讲，就不难发现所有的材料是混杂地收集在一起的，以便后来加以审查与缩减"②。他看到了圣经经文在编修过程中的历史性，发现了经文来源与传统之间的前后不连贯或间隙，甚至，认为其中混入了诸多的错误与篡改之处。斯宾诺莎期望他的观点能够引起公众的兴奋，因为，他指出了《旧约》中存在的错误，并庄重地为自己辩解，称这是为了防止"清晰的与无讹误的经文被有缺陷的人所篡改。没有一本书是永远彻底的完美无瑕的，但我要问，谁会怀疑所有的书到处都是有缺陷的？确实没有，尤其是当措辞是清楚的，作者的意图明白的时候"③。斯宾诺莎主张解除圣经中神迹的荒诞性。譬如，《创世记》第32章记载了雅各在渡河前夜与上帝的使者摔跤，打了个平手，诸如此类的故事，表现出《旧约》作为民族宗教的经典，内中有不少强加的"选民"意识。这种人为之作的痕迹，俯拾皆是。

在斯宾诺莎看来，以斯拉不仅可能是五经的作者，或许还是《约书亚记》《士师记》《撒母耳记》与《列王纪》的作者。在得到这一结论时，斯宾诺莎注意到在这些书卷里，存在对《申命记》的暗示，并提出《申命记》本身是律法书，是由以斯拉阐述与解释的，就像在《尼希米记》中详细叙述的那样。④ 虽然，以斯拉著述了从《创世记》到《列王纪》的十二本书（包括《路得记》），但根据斯宾诺莎的说法，以斯拉

---

① Benedict de Spinoza, *A Theologico – Political Treatise and A Political Treatise*, p. 126.
② Ibid., p. 135.
③ Ibid., pp. 154 – 155.
④ Ibid., pp. 127 – 130.

的著作并没有完成，是后来的修订者最终完成了以斯拉的著作，并运用了一些附加的资料。结果是，十二卷书包含了许多的重复、矛盾与不符合之处，斯宾诺莎对之进行了具体的描述。在此过程中，他注意到了文本的特性，即文本是能够用后来批判的学术研究根据不同的资料或单独的编修而进行解释的。在他关于其他《旧约》书卷的作者身份的年代的看法里，斯宾诺莎认为《历代志》或许是在犹大·马加比（Judas Maccabeus）于前 164 年修复圣殿后写成的。①

斯宾诺莎在其《神学政治论》中提出了一种新的圣经诠释方法。概括而言，这一方法由以下几部分构成。首先，圣经如同其他任何文本一样被论述，这剥夺了先验的宗教权威。圣经中的诸多书卷，都应当以它们著述时的世俗原因、历史境况与文化假设而被解释。斯宾诺莎深受理性主义传统之"年代错位的观念"（sense of anachronism）之影响，意识到过去是不同于当下的存在，受到诸种条件的限制，是不能在现代生活中再次获得的。这样的观念构成现代历史意识的基础。在斯宾诺莎那里，这种意识最为引人瞩目的应用，在于他将希伯来民族诠释为在遵从一种文化习惯，即将一切直接归于上帝的作为。他将这种宗教特性定为年代错误，在当时引起了震动。他的这一观念源于其激进的哲学思想，即所有的意义必须内在于实在而被发现。他指出犹太教与基督教这两个传统在圣经解释上存在严重错误，即存在"怀疑论者"与"教条主义者"。前者认为基于古代世界观的信仰与假设能够操纵我们自身所谓的真实、可能或理智的诸多观念，后者认为古代作者意在隐蔽后来发现的哲学或宗教真理。斯宾诺莎指出这样的错误源于混淆了经文的意义与真理，他通过建构历史方法而拒绝这样的错误，并期待发现"真正的历史"（genuine history）。②

其次，斯宾诺莎拒绝诠释圣经的教义传统。他认为圣经必须在其自身的范围得到理解，要远离犹太会堂与基督教会的发挥与运用。对教义传统的怀疑，是宗教改革时代首要的诠释原则。斯宾诺莎将自己深深置于这样的传统之中，因此，他宣称："所有关于圣经的知识，必须且只能

① Benedict de Spinoza, *A Theologico - Political Treatise and A Political Treatise*, pp. 133 - 151.
② J. Samuel Preus, *Spinoza and the Irrelevance of Biblical Authority*, pp. 190 - 191.

圣经诠释的历史与方法

诉诸圣经。"① 斯宾诺莎首先将这一宗教改革的约定运用在字义解释上，并赋予它暂存而世俗的理解。如此，若文本直接宣称那是"上帝在言说"，那么，就必须要回到文本背后，将之解释为是人的言说。文本的字义解释与朴素意义并非一回事。字义诠释意味着要探究文本的背后，发现它是人为著述的，其预设是上帝从未通过文本而言说。

再次，圣经的"真理"是独立的人的理性可认知的。圣经的意义必须同我们认识的实在经验相一致，其可接近性是由人的生活经验，尤其是道德感所决定的。但是，斯宾诺莎认为只有那些受过教育的精英分子才能判定何谓合理。对圣经的真正解说，受到社会中知识阶层而非大众分子的专门限制。大众将继续受其宗教激情的驱使，不能吸取对圣经进行科学研究而生成的知识，但是，社会的知识分子能够运用这样的知识，为了有益的目的而去诠释圣经，因此，从历史的视角释经，容许对圣经公开的运用，其目的在于形成一种启蒙文化。

最后，作为圣经历史批判研究的先驱，斯宾诺莎提出圣经是历史科学研究的客体。这一科学坚定不移地反对将启示宗教（revealed religion）作为圣经研究的基础，而认为唯一的基础是人的理性。对理性的诉求，是社会由宗教热情的破坏性力量中摆脱出来的重要途径。也就是说，历史批判的释经方法，其主要目的不在于教义性，而在于政治性，因为，圣经的内容是以其社会影响来考察的。通过切除宗教热情的方式，斯宾诺莎倡导质疑的态度，并期待社会宽容之善的形成。斯宾诺莎激进的历史批判方法，其自身的历史渊源在于古希腊伊壁鸠鲁（Epicurus，公元前341－前270）与卢克莱修（Lucretius，公元前94－前55）的非基督教传统，因为他声称对诸神的敬畏是人之不幸的根本来源。这种敬畏之所以产生，是由于人们急于了解事件的终极原因，而对终极原因的探索是非理性的。终极原因通常是含混的，不确定的，而且，人必须意识到诸神对道德议题的冷漠。为了达到幸福这一目的，科学是重要的手段，它会对直接原因与真理进行理性的追寻与考察。科学能够给人们带来期待的幸福，因为它能够缓和宗教引起的困惑与恐惧。17 世纪激进的知识分子认识到，不稳定与暴力皆起因于追求宗教圣洁的运动。相对于宗教力量

---

① Benedict de Spinoza, *A Theologico - Political Treatise and A Political Treatise*, p. 100.

而言，他们寄希望于科学力量。如此，圣经历史批判被植根于寻求经典叙述之直接的理性原因的伊壁鸠鲁传统。①

斯宾诺莎的历史批判方法，其中包含的基本主题对现代圣经研究尤其重要。这些主题包括四个方面。首先，斯宾诺莎对希伯来民族持有不幸的敌意。他指出数世纪以来，犹太人经历了无数的宗教迫害，但促使他们前进的不是选民观念，而是通过诸如割礼之类的仪式以及憎恨其他民族而表现的自我分隔意识。后圣经时代的犹太教史是堕落的历史。这一观点成为现代圣经研究中最为持久而恶性的主题。因为，依照这种观点，《旧约》就是关于以色列民族的故事，记述了古代以色列由一种早期强盛的笃信宗教的理想状态向犹太祭司与律法主义者非理性操纵的原地踏步式的存在状态的转变，因此，律法的犹太教并无合理的存在理由。其次，斯宾诺莎是将圣经诠释政治化的一个重要范例。他带着特定的社会关怀接近圣经，期待着将社会从宗教遏制中解救出来，从而将植根于多元与宽容之中的一个民主政府合法化。斯宾诺莎相信圣经是社会取得进步的障碍，为了追寻自己的社会政治抱负，他对圣经进行历史批判，同时，也将之政治化。再次，斯宾诺莎是将圣经研究"新教化"（Protestantization）的先锋人物。他像基督新教徒一样，对圣经的阅读无须中介，但是，圣经在来源上并非独特，它是受到人的心灵至上权威所限制的被动的历史资料。斯宾诺莎依据"自然理性之光"（natural light of reason），摒弃特定的宗教委身，从世俗学识的视角诠释圣经，并探求圣经的意义。这种进路的重要结果，在于使圣经研究开始关注文本的处境（context）与作者身份。最后，斯宾诺莎将圣经研究限于知识精英阶层。他认为这些知识精英受到理性之光的指引，运用他们的学识与才智，对圣经进行恰当的诠释。而大众由于缺乏这样的能力，又急于宣泄宗教狂热，因此，圣经在他们手中是十分危险的。在接着的两个世纪里，这样的"偏见"使圣经研究逐渐成为一个独特的专业研究领域。②

对圣经经文进行审慎的语言与文献学的研究，是理解圣经文本之意

---

① Roy A. Harrisville & Walter Sundberg, *The Bible in Modern Culture*: *Theology and Historical – Critical Method from Spinoza to Käsemann*, pp. 44 – 46.

② Ibid., pp. 46 – 48.

义的第一步，也是最为基本的一步。斯宾诺莎时刻提醒读者：一段经文的"真正意义"，不应该从它是否是"事实的真理"的角度而被考察。圣经作者的意图、经文的来源、读者、场景、日期、流传过程、语言分析、正典化的进程、文本批判与编修批判等，这些议题如数出现在他的《神学政治论》中。[1] 他的诠释方法，类似于现代的圣经历史批判方法。作为一名卓越的圣经学者，斯宾诺莎最具原创性的贡献，并不在于其探求真理所坚持的理性主义标准，而在于他对圣经文本自身及其内容所进行的历史理解。[2] 斯宾诺莎批判圣经文本的目的不是去破坏，而是清除经文在编辑的历史过程中产生的错误。在如此行的过程中，斯宾诺莎在宣布历史批判研究的一个重要的原则，就是连贯性与权威的理论必须产生于文本自身，但一定不能强加于文本的研究。他时刻提醒我们：历史有其政治意涵，因此，我们不能依赖于有关过去之真理的官方"解释"与"版本"。斯宾诺莎始终为争取思想与政治的自由而进行斗争，而且，其著述中所表达的学术内容，与政治意图有着不可分割的联系。在斯宾诺莎之前，曾经有表达宗教自由的声音，但是，没有人像斯宾诺莎那样毫不含糊地冲击圣经的权威，对圣经的起源与内容进行历史的诠释，并将之视为获得永久的宗教与思想自由之必要条件。对于圣经学术史而言，17 世纪具有特别的意义。[3] 而斯宾诺莎正是这一时代最具代表性的人物，他的批判精神与远见卓识，无不对后世的圣经学术影响至深。

第三节　赫尔德与德维特：启蒙圣经

17 世纪中叶的德国，新教路德宗（Lutheranism，又称信义宗）与天主教之间的冲突不断。在英国清教徒与神秘主义者的影响下，德国路德宗神学家施本尔（Philipp Jacob Spener）在 1670 年推动了敬虔主义（Pie-

① Travis L. Frampton, *Spinoza and the Rise of Historical Criticism of the Bible*, p. 226.

② J. Samuel Preus, *Spinoza and the Irrelevance of Biblical Authority*, p. 210.

③ Klaus Scholder, *The Birth of Modern Critical Theology: Origins and Problems of Biblical Criticism in the Seventeenth Century*, trans. by John Bowden (London: SCM, 1990).

tism）运动，主张通过小组读经、祈祷与查经的方式，造就基督教活泼的灵命。这样的小组聚会被称为敬虔团契，起初的成员多为大学老师。敬虔主义强调个人的罪及其读经体验。① 1710 年，《五语并排圣经》（*Biblia pentapla*）出版，它包括五种不同的《新约》圣经版本：1545 年的路德版、1630 年乌伦贝格（Caspar Ulenberg）的天主教版本、1602 年皮斯卡托（Johann Piscator）的改革版、1636 年荷兰国家译本，以及激进的敬虔主义者与宗教分离主义者雷茨（Johann Heinrich Reitz）的"新译本"。② 《五语并排圣经》的编者是格鲁辛（Johann Otto Glüsing），他编纂的《五语并排圣经》"代表了德语圣经的一个全新的方向"③。此外，在 1726 - 1740 年间，八卷本的《波尔堡圣经》（Berleburger Bible）相继出版，它是激进敬虔主义最为重要的文学产物。它采用了学术的编纂，属于"真正的圣经诠释的百科全书，其内容从寓意的属灵主义与命理学，到旅行记述与人类学，所涉内容多元而全面。这些资料首次完全以方言的形式被呈现"④。这部独特的波尔堡圣经，是在敬虔主义神学家豪格（Johann Friedrich Haug, 1680 - 1753）的主持下完成的，是自 1601 年以来德语圣经的又一部全译本，它依据希伯来文与希腊文译出，而且，它显然不同于其他敬虔主义者的译本，也独立于路德的译本。在不同的德语圣经译本涌现的情形下，法国启蒙思想的先驱皮埃尔·贝尔（Pierre Bayle）的著作，即《历史与批判辞典》（*Dictionnaire Historique et Critique*, 1697）与《哲学评注》（*Commentaire Philosophique*, 1686）已经在欧洲大陆广为

---

① 敬虔主义是德国启蒙运动的一部分，是路德宗内部发起的革新运动。敬虔主义尤为重视圣经阅读与诠释，区分圣经的外壳与内核，认为前者是指历史、文法与逻辑知识，而释经、教义、熟读圣经与实践属于后者。敬虔主义强调圣经知识是神学的中心，拒斥亚里士多德哲学在圣经研究中的重要性。于圣经诠释史而言，这对如何理解圣经依然具有意义。参 Johannes Wallmann, "Scriptural Understanding and Interpretation in Pietism", in Magne Sæbø ed. , *Hebrew Bible/Old Testament*, *The History of Its Interpretation*, vol. Ⅱ: From the Renaissance to the Enlightenment （Göttingen: Vandenhoeck & Ruprecht, 2008）, pp. 902 - 925。

② 1711 - 1712 年，《旧约》的《五语并排圣经》出版，包括犹太人意第绪语译本。参 Jonathan Sheehan, *The Enlightenment Bible*: *Translation*, *Scholarship*, *Culture*, p. 57。

③ Ibid. , p. 62.

④ Ibid. , p. 73. 该译本包含了经文评注，涉及历史、神学、语言、人类学与谱系的各种细节，将通俗易懂的圣经整合进入一个本土的百科全书式的格式中。其目的在于呈现一部完美的译本，使本土的读者较为全面地了解圣经。Ibid. , pp. 75 - 84.

圣经诠释的历史与方法

流传。多种圣经译本与怀疑论的盛行，促使圣经学术与神学权威的疏离，① 以及自由的启蒙圣经（Enlightenment Bible）产生。

1781–1790 年间，康德（Immanuel Kant，1724–1804）先后发表了著名的三大批判，系统阐述了他的认识论、伦理学与美学思想。之后，他出版了《纯然理性界限内的宗教》（*Die Religion innerhalb der Grenzen der bloßen Vernunft*，1793），开启了一个新的研究领域。稍后在论及学科之争时，康德具体讨论了哲学释经的原理以及相关问题，强调以理性主义与道德主义论述圣经的意义。② 作为启蒙运动时期最为重要的哲学家之一，康德高举理性与道德的大旗，他虽然没有直接进入圣经的世界，但是，他的认识论以及哲学思辨的进路，影响了人们看待圣经的方式。赫尔德（Johann Gottfried Herder，1744–1803）是康德的弟子之一，是德国著名的神哲学家、诗人、美学家与历史理论家。他不仅探讨希伯来诗歌，尤其是《创世记》的开篇，而且，他也痴迷于语言哲学与历史哲学，关注人的提升与超越，是狂飙突进运动（*Sturm und Drang*）的代表人物之一。赫尔德的观念，深刻地影响了黑格尔的哲学，而且，施莱尔马赫、尼采、狄尔泰与歌德亦不同程度受到他的影响。③ 就经典诠释学而言，赫尔德发展了现代诠释理论，"为现代圣经学术的进步做出了至关重要的贡献"④。赫尔德的诠释观念，始于语言本身。传统上，语言被认为是亚当命名飞鸟走兽时上帝恩赐给他的奇妙礼物（创 2：20），也就是说，语言是上帝创造的，是超验的，但是在 1772 年发表的《论语言的起源》一文中，赫尔德指出人类语言的重要特性，在于它创造了一种持续的与记忆进行内在对话的可能性，并且通过记忆而达到语言群体的集体记忆。因此，他认为语言是

① 一方面，通过圣经翻译，圣经的本质与内在的意义会向所有的人显现。圣经翻译是唤醒读者去阅读圣经原初文本的努力，本质的真理刻在人心。因此，完美的译本可能会超越自身，将读者从书面的话语中解放出来。另一方面，激进的敬虔主义者不断提供的圣经译本，不能最终落实到一部单一确定版本，但是，借助于使圣经摆脱神学的支配，敬虔主义者打开了启蒙的色散介质。在德国，敬虔主义者借助于宗教热忱而实现了圣经翻译与圣经学术的融合。参 Ibid., pp. 84–85。

② 伊曼努尔·康德：《康德论上帝与宗教》，李秋零编译，中国人民大学出版社，2004，第469–483 页。

③ Michael N. Forster, *After Herder: Philosophy of Language in the German Tradition*（Oxford：Oxford University Press，2012），p. 9.

④ Ibid., p. 10.

人的发明，并看到古代希伯来文在塑造犹太民族文化与传统中的意义。① 在此，赫尔德意在说明希伯来语是人类的原初语言，是最为古老的语言。

由于赫尔德拥护严格的世俗主义（secularism），崇尚自然科学，认为宗教的假设与方法不能干预对文本的解释，即使该文本是宗教文本，因此，他认为圣经必须被视为人的作品而被诠释，而且，要借助于同解释其他古代文本一样的诠释学方法。② 如此，圣经成为一部人所编著的文本集，它具有人之文本的所有缺陷。他赞赏路德的圣经译本，将路德同德国民族文学紧密相连，认为路德的译本是民族诗歌的典范，意味深长，因为在他看来，路德"唤醒并解放了德国语言这个沉睡的巨人"③。关于解释圣经的进路，他抵制寓意解经，除非是极少数的情况，比如《新约》中的寓言。传统上，《雅歌》被视为所罗门的作品，并被基督教教会寓意地解释。他对《雅歌》进行释义时，参照了路德的译本，称《雅歌》为《爱之歌》（*Lieder der Liebe*，1778），认为《雅歌》只是单纯地表达所罗门之爱的情诗，是关于乐园之爱的作品，爱是它最为重要的主题，并否定所罗门的作者身份。④ 在《论希伯来诗歌》（*On the Spirit of Hebrew Poetry*，

---

① Johann Gottfried Herder，"Treatise On the Origin of Language"，idem，*Philosophical Writings* (Cambridge：Cambridge University Press，2002)，pp. 65 – 164. 另参 Stephen Prickett，*Modernity and the Reinvention of Tradition*：*Backing into the Future* (Cambridge：Cambridge University Press，2009)，pp. 110 – 112. 通过对圣经上古史（创 1 – 11 章）的研究，赫尔德认为摩西在描述这段历史时所采用的古老的文献，已经以著述的形式存在，它们依赖于一种具有诗歌特征的更为古老的传统。他指出希伯来文可能是人类的原初语言，为了理解"起初的文本"，人们可以感同身受地见证这一上古的语言。参 Henning Graf Reventlow，*History of Biblical Interpretation*，vol. 4，p. 196。

② Michael N. Forster，*After Herder*：*Philosophy of Language in the German Tradition*，p. 47. 他指出：圣经中的一切都是人为的，它是以人的精神为中心的，是人为人而著述的。但是，这并不意味着削弱上古叙述的神圣起源，因为，其作者是个圣者，依神圣传统而建构。这开启了对圣经的历史释经方式。参 Henning Graf Reventlow，"Towards the End of the 'Century of Enlightenment'：Established Shift from Sacra Scriptura to Literary Documents and Religion of the People of Israel"，in Magne Sæbø ed.，*Hebrew Bible/Old Testament*，*The History of Its Interpretation*，vol. II：From the Renaissance to the Enlightenment (Göttingen：Vandenhoeck & Ruprecht，2008)，p. 1044。

③ Jonathan Sheehan，*The Enlightenment Bible*，p. 225.

④ John D. Baildam，*Paradisal Love*：*Johann Gottfried Herder and the Song of Songs* (Sheffield：Sheffield Academic Press，1999)，pp. 15 – 17. 在他的《论上帝之子，世界救主》（1797）当中，赫尔德呈现了"不靠谱"的寓意解经是如何兴起的。Michael N. Forster，*After Herder*：*Philosophy of Language in the German Tradition*，p. 49.

1782）中，他通过探讨《约伯记》等诗歌体裁，指出希伯来诗歌是独特的。[1] 他对严格世俗主义的坚持，使他在圣经诠释的过程中，能够区分与界定不同的文学体裁，发现四福音书中的各种错谬与不连贯之处，认为《马可福音》是最先写成而《约翰福音》是最后写成的，同时，他也阐释了一些重要的文本探察，比如，古代犹太人关于死亡、来世与心灵的观念。[2] 通过创造神学而进入圣经的世界，赫尔德对圣经进行了理性批判。赫尔德对希伯来文明的肯定，具有强烈的人文主义色彩，这在 18 世纪反犹主义盛行的处境里，是特别难能可贵的。

深受赫尔德思想的影响，德国著名的圣经学者德维特（Wilhelm Martin Leberecht de Wette，1780－1849）融合了理性、美学、信仰与历史批判，成为以历史批判的方法考察圣经文本的最早的先驱者之一，是"19世纪神学与圣经批判的巨人"[3]。德维特出生于邻近魏玛的乌拉（Ulla），他父亲是当地的一位牧师。1796 年，少年的德威特被送往魏玛的高级中学，他在那里认识了时任教长的赫尔德。他随后在耶拿（Jena）大学学习神学与法律，聆听格利斯巴赫（Johann Jakob Griesbach，1745－1812）论福音书的讲座，以及保罗（Heinrich Eberhard Gottlob Paulus，1761－1851）以理性的视角解释《新约》之神迹的讲座。[4] 在那时，他同时受到哲学家黑格尔（Georg Wilhelm Friedrich Hegel）与康德的影响，追寻自由

---

① Jonathan Sheehan，*The Enlightenment Bible*，pp. 169 – 172.

② Michael N. Forster，*After Herder*：*Philosophy of Language in the German Tradition*，p. 49.

③ Thomas Albert Howard，*Religion and the Rise of Historicism*：*W. M. L. de Wette*，*Jacob Burckhardt*，*and the Theological Origins of Nineteenth – Century Historical Consciousness*（Cambridge：Cambridge University Press，2000），p. 7. 德维特被视为现代圣经批判的奠基者之一，因为，他发展了历史批判的圣经诠释方法。他指出五经中的各种法典并非摩西在西奈颁布，而是以色列宗教史之不同发展阶段的结果。他认为《申命记》是第三种独立的来源，就是约西亚改革时在圣殿废墟中发现的律法书，而且，五经中没有哪一部分是著述于大卫王朝之前的。参 John Rogerson，*W. M. L. de Wette*，*Founder of Modern Biblical Criticism*（Sheffield：Sheffield Academic Press，2009）。有关德维特对历史批判方法的开拓性贡献，参 John van Seters，"W. M. L. de Wette：Pioneer of Historical Criticism"，idem，*The Edited Bible*：*The Curious History of the "Editor" in Biblical Criticism*（Winona Lake：Eisenbrauns，2006），pp. 205 – 215。

④ Henning Graf Reventlow，*History of Biblical Interpretation*，vol. 4，p. 232. 格利斯巴赫在耶拿大学教授《新约》，并对《新约》进行了批判的编修，尤其是他的文本批判深刻，对福音书的研究产生了重大影响。保罗深受康德批判性的认识论的影响，将神迹作为自然事件而进行解释，并试图依据耶稣的生平重构"纯粹的历史"。参 Henning Graf Reventlow，*History of Biblical Interpretation*，vol. 4，pp. 202 – 210。

批判的洞察，而且，莱辛（Lessing）的哲学帮助他在历史的偶然真理与理性的必然真理之间做出区分。此外，谢林（Friedrich Wilhelm Joseph Schelling，1775 – 1854）的《论学术研究方法讲演集》（*Vorlesungenüber die Methode des akademischen Studiums*，1802）对他产生了强大的影响。谢林在本质与历史的意义上探讨主体，呈现绝对者。他强调自由在每个伦理行为中的重要性。但是，德维特在阅读谢林的《艺术哲学》（*Philosophie der Kunst*）的过程中提出一个质疑，那就是若个体是历史中被表述的绝对者的一部分，那么，个体的人会是自由的吗？于是，德维特转向对神学的研究，在他的《神学研究的一种观念》（*Eine Ideeüber das Studium der Theologie*，1801）中，他分析了对美与神圣的感知，而且在这一过程中，他开始关注上帝在圣经历史事件中的作为。《旧约》中的赞美诗、先知的品格、约伯的忍耐，以及《新约》中的耶稣及其门徒的热忱，都激发了德维特浪漫主义的宗教情感与美学经验，使他超越启蒙运动的理性主义，并引导他走在圣经历史批判的道路上。[①] 由此可见，德维特融汇了浪漫主义与理性主义，能够兼容并蓄。

德维特放弃了教会的资格考试，与他任神职的父亲决裂。在 1805 年春，德维特获得耶拿大学的哲学博士学位，博士论文题目冗长，为《批判的博士论文：论〈申命记〉有别于五经的其他书卷，其作者为后来的另一作者》（"Kritische Dissertation，durch die gezeigtwird，das 5. Mosebuch（Deuteronomium）von den übrigenBüchern des Pentateuchsverschieden und das Werkeinesanderenjüngeren Verfassersist"）。在该论文里，德维特明确了摩西并非五经的作者，认为《创世记》有两个来源，而且，由《出埃及记》到《民数记》的书卷有多个作者。[②] 德维特给出了翔实的注释，以及深入细致的分析。他指出撒母耳、扫罗、大卫与所罗门在不同的圣所献

---

① Henning Graf Reventlow，*History of Biblical Interpretation*，vol. 4，p. 232.

② 该论文由五部分构成。在第一部分，他认为摩西在《民数记》26：52 – 56 中留下嘱托，涉及土地的分配，并在《民数记》27：12 – 23 中命名约书亚为他的继承人。第二部分阐述了《申命记》的开篇是对《民数记》内容的概述。第三部分考察了《申命记》的语言特征的类型，指出 30 多个特别的短语属于较早书卷的简短经文。他比较了《利未记》26 章与《申命记》28 章，认为《申命记》的特质与会众讲话无关，因为《利未记》26 章也属于一种会众讲话。第四部分论述了《申命记》的宗教特征，认为它同后来的犹太教相一致。第五部分讨论仪式的秩序，认为对中央圣所的诉求以及各种随之而来的法规属于《申命记》的创新。参 Ibid.，pp. 232 – 233。

祭。关于文本著述的来源，他认为《民数记》第 17 章比《申命记》更为古老，而《申命记》可能就是公元前 625 年约西亚统治时期在耶路撒冷圣殿的废墟中发现的"律法书"（王下 22：8）。德维特关于古代以色列宗教之历史发展的假设引起了学者的极大反响，因为，它第一次打破了五经当前之编排的传统画面。在德维特看来，摩西不再是对古代以色列人行之有效的宗教与仪式秩序的创制者，《旧约》所传递的宗教意象，其实是后期发展的结果。[①] 1806 年，德维特出版了《对〈旧约〉导论之贡献》（*Beiträge zur Einleitung in das Alte Testament*）。该著作对五经的阐释体现了与瓦特（Johann Severin Vater，1771 – 1826）类似的观点，即认为五经是各种断简残篇的集子，是由摩西之后几百年的一位搜集者汇编而成的。不过，德维特扩展了瓦特的论述，同时，他开始对《历代志》进行批判的考察，将之作为以色列宗教与崇拜的一种来源进行论述，认为"宗教是以色列整个历史的精华与成果"[②]。

关于以色列的宗教与仪式，他指出《撒母耳记》与《列王纪》所描述的观点完全不同于《历代志》。依据《历代志》，自大卫以来的崇拜都是摩西与利未风格的，而《撒母耳记》与《列王纪》中少有这样的仪式，甚至包含了非祭司典的几种踪迹。他尤其强调《历代志》对神迹的痴迷、对利未支派的浓厚兴趣，以及对犹太崇拜仪式之荣耀的恢复，那就是规定耶路撒冷圣殿为大卫时代所有以色列人之中央圣所的地位，而对较早时期本地圣所的存在保持沉默。他认为《历代志》"为以色列的宗教崇拜的历史提供了一种意识形态上的彩色图景"[③]。显然，在他的时代，这样的看法是极其富有远见的。关于五经与律法的颁布，德维特认为在《列王纪下》第 22 章的叙述中，整个五经的著述首次获得了历史的确定印记，那就是"律法书"的发现。与艾希霍恩（Johann Gottfried Eichhorn，1752 – 1827）[④] 不同，德

---

① Henning Graf Reventlow, *History of Biblical Interpretation*, vol. 4, p. 233.

② Ibid., p. 234.

③ Ibid., p. 234.

④ 艾希霍恩曾任耶拿大学东方语言学教授，著有《〈旧约〉研究导论》，主要论及《旧约》书卷的著述，指出《以赛亚书》缺乏年代的连贯性，而《耶利米书》具有双重编修的印记。他是历史批判释经的奠基者之一。参 Henning Graf Reventlow, "Towards the End of the 'Century of Enlightenment': Established Shift from Sacra Scriptura to Literary Documents and Religion of the People of Israel", pp. 1051 – 1057。

维特认为发现"律法书"时,《申命记》是不为人知的,因此,圣殿废墟中发现的"律法书"就是《申命记》。他认为后期的《以斯拉记》与《尼希米记》不断提及"摩西的律法书",而先知对"律法书"是沉默的,除了《耶利米书》第 7 章特别提到,但是,耶利米对《利未记》的各项规条全然不熟。因此,他推断在大卫所罗门之前,并不存在中央圣所,直到约西亚时期的"律法书"被发现。① 他重申《申命记》是一部独特的书卷。相较于五经的其他书卷,《申命记》著述较晚,是独立的书卷。

次年,德维特重新修订了他的博士论文,将之作为《对〈旧约〉导论之贡献》的第二卷出版,主要论及五经的前四卷书。他区分了历史来源与神话,明确地表达了历史批判的基本原则。历史知识的来源是描述的,我们无法参与发生在我们前面的事件本身,而只能获得关于这些事件的叙述。历史学家的目标,主要是解释被叙述的事件,不过,要批判地考察报道叙述是否可信。由于历史学家所依赖的描述是个别而分散的,因此,有时要借助于假设才能填补间隙。在考察五经时,"德维特拒绝将传统作为历史的一种来源"②。但是,他并非否认五经中的诗歌与神话在以色列宗教与文化中的价值。1807 年,德维特执教于海德堡大学,遇见哲学家弗里斯(Jacob Friedrich Fries, 1773 – 1843),并受其影响开始转向美学与唯心主义的进路,出版了探讨基督教与犹太教之关系的《对希伯来精神特征的贡献》(*Beytragzur Charakteristik des Hebraismus*)。在海德堡期间,德维特出版的重要著作是《〈诗篇〉释义》(*Commentarüber die Psalmen*, 1811)。其中,他质疑大卫著述《诗篇》的作者身份,并将《诗篇》视为抒情诗,进行了细致的分类。③ 他强调《诗篇》的宗教意

---

① Henning Graf Reventlow, *History of Biblical Interpretation*, vol. 4, p. 235.

② 在他看来,关于族长、摩西、出埃及、颁布律法以及旷野游荡的叙述,都是神话式的叙述,我们无从得知这些人和事。参 Henning Graf Reventlow, *History of Biblical Interpretation*, vol. 4, p. 237。

③ 他将《诗篇》的形式分为五类:(1)赞美耶和华的诗;(2)民间传说的赞美诗,包含了以色列人对古代历史的反省,以及对百姓与耶和华之关系的反思;(3)锡安与圣殿的赞美诗;(4)王室赞美诗;(5)哀辞,主要分为个人与公众的两种。参 Ibid., p. 240。一般而言,他将《诗篇》分为两种主要的类型:一种包含了对上帝一般观念的诗歌,论及上帝的本质、特征、行为与意志,以及人与上帝之关系;另一种包含了特定的关于上帝及其以色列子民之关系的神义论与民间传说,以及对敬虔和人的生活的适时观念。Ibid., p. 241.

义，认为当中的哀辞与请愿的诗是更为普遍的背景与主题。这为后来的
形式批判奠定了基础。在德维特的圣经研究中，他将历史批判诠释与宗
教哲学诠释交织在一起，相得益彰。

1810 年，德维特获柏林大学的神学教席，与施莱尔马赫（Friedrich
Schleiermacher，1768–1834）等人共事。1813 年，他出版了激进的神学
著作《关于耶稣基督赎罪之死的评论》（*De morte Jesu Christi expiatoria
Commentatio*），指出《旧约》、犹太教与耶稣本人都对弥赛亚要为人赎罪
而死的观念的无知。同年，德维特的《〈旧约〉与〈新约〉的圣经教义
学》（*Biblische Dogmatik des Alten und Neuen Testaments*）出版，他将《旧
约》的教导概述为关于一位上帝与一种神圣意志的道德观念，认为希伯
来宗教有两个特点，即论及至高至圣上帝的一种理想的普遍主义，以及
教导神权政治的一种象征的特殊主义。[1] 在德国启蒙运动的处境里，耶稣
基督被理解为伦理典范和道德导师，基于此，德维特重新界定了基督的
角色。他通过反观耶稣基督短暂的人生，感知到其中的永恒，指出这种
永恒依赖于感觉而捕捉。在他看来，基督代表了至高的精神崇高与美的
形象，也是至高的宗教象征。[2]

在他的《〈旧约〉的正典与次经导论的历史批判教材》（*Lehrbuch der
Historisch–kristischen Einleitung in die Kanonischen und Apokryphischen Bücher
des Alten Teataments*，1817）中，德维特总结了他过往的《旧约》研究，
包括《旧约》正典、圣经语言与文本批判，以及对《旧约》具体书卷的
论述。他参照了当时众多的二手资料，不断地修订该著作，直到 1844 年。
早在 1822 年，德维特接受了巴塞尔大学的神学教席，并于 1826 年出版了
《〈新约〉正典书卷的历史批判导论》（*An Historico–Critical Introduction to
the Canonical Books of the New Testament*）。[3] 他对希伯来文、希腊文与拉丁
文等语言的谙熟，使他从文本批判的视角清楚地区分了正典书卷与非正
典书卷。该著作由两部分构成，呈现了德维特的博学、严谨与睿智的洞

---

① Henning Graf Reventlow, *History of Biblical Interpretation*, vol. 4, p. 242.
② Ibid. , p. 243.
③ 该著作一版再版，得到多次修订与扩充。这个英文版是依据最后的德文版，即第五版
（1848 年）译成的。参 Wilhelm Martin Leberecht de Wette, *An Historico–Critical Introduc-
tion to the Canonical Books of the New Testament*, trans. by Frederick Frothingham（Boston:
Crosby, Nichols, and Company, 1858）。

察。第一部分讨论了《新约》正典书卷的语言、版本、译本以及文本自身的历史，涉及《新约》书卷的最初抄本、著述资料与语言风格，以及不同学者的批判理论与目标。他不仅意识到犹太文化对《新约》语言的直接影响，而且，主张考察不同的《新约》译本，甚至提出与《塔木德》和拉比著述相对照，认为这样对于理解《新约》是有裨益的。① 关于《新约》文本的历史，他认为各种异端邪说的存在与荒谬的解读，已经败坏了《新约》文本，使《新约》处于历史的变化之中，不断被修订，包括早期教父与大公教会所做的修订。② 但是，由于《新约》的最古老而纯粹的内容与形式已经无从得知，因此，德维特在该著作的初版序言中，指出他对《新约》文本之历史的探讨，有两处不能令他满意的地方，那就是《新约》文本的确切历史，以及首三卷福音书的起源。其实，这些问题至今都无明确的答案。只是，在 19 世纪上半叶的语境里，德维特力图追溯《新约》文本的起初（originality），以历史批判的视角考察它的演变与流传，从而生动地再现它的历史本质。

在该著作的第二部分，德维特以 12 章的篇幅细致深入地分析了《新约》的每一卷书。他将前三卷福音书作为一个整体而进行论述。在他看来，《约翰福音》的语言风格、观点论述都迥异于前三卷福音书，因此，他单辟一章讨论《约翰福音》。他着力论述的是保罗书信，最后一章论及《启示录》。在论述每一卷书时，德维特关注的是书卷的作者、著述年代、形式、内容、风格与目的等，同时，兼及教会对书卷的接受与应用，以及书卷正典化中的各种问题。作为《新约》研究的指南，该著作包含了不同的学者对相关书卷的过往研究，提供了详尽的学术史回顾。德维特认为早期基督教的书卷浩繁多端，而保罗可能是基督教会中执笔创作基督教文学的第一人，他具有教义与劝说性质的书信对基督教语言的发展有极为重大的影响。③ 显然，他已经意识到保罗书信是最早形成的《新约》书卷，而福音书是随后为了重述耶稣的生平、教导、所作所为、死

---

① Wilhelm Martin Leberecht de Wette, *An Historico – Critical Introduction to the Canonical Books of the New Testament*, trans. by Frederick Frothingham (Boston: Crosby, Nichols, and Company, 1858), p. 7.

② Ibid., pp. 46 – 52.

③ Ibid., p. 83.

亡与复活而著述的，是为了帮助人们记忆而著述的。他在论述正典书卷时，也兼及对非正典的相关书卷的讨论，比如查士丁与马西昂等人的福音书，为读者澄清了书卷正典化的大致脉络。① 对于德维特而言，他的圣经研究"是在延续宗教改革的事业，他运用历史批判的释经去发现基督教真正的宗教内核，从而摈弃累积的教会与文化的渣滓"②。因此，在认识论上，他将历史批判知识从"真正的属灵意义"中分离出来。此外，在 1836 – 1848 年间，他著述了 11 卷的《简明〈新约〉释经手册》（*Kurzgefasste exegetische Handbuch zum Neuen Testament*）。

1825 – 1828 年间，德维特编著了五卷本的《路德文集》。他对路德的德语圣经译本赞不绝口，认为路德借助于圣经翻译这种文本手段，使德语成为真正的德语，从而以福音之光转化了德国性（Germanness），因此，路德是德国的英雄与信仰的殉道者。德维特认为，路德的德语圣经译本，是宗教改革最强大的杠杆。他的译本，以自身生动的语言将先前带有外来性的教导带给德国人民。换言之，基督教"栩栩如生的精神"因路德圣经而被创造出来，这是路德为德国宗教"创制的一种新的语言"③。在德维特看来，当德国人阅读路德圣经时，他们逐渐意识到他们所读的不是出自古代东方语言的一部译本，而是起初就是德语的一部书。因此，路德圣经对于塑造德国的宗教、文化与民族具有至关重要的意义，它"成为文化圣经，一部重要而具有权威的疏离其最初神学根基的圣经"④。在 19 世纪上半叶的德国，经过德维特细致而缜密的研究，圣经研究成为一门科学，涌现了一批以历史批判的视角论述圣经的学者。比如，将福音书特征化为神话的施特劳斯（David F. Strauss，1808 – 1874），著有《耶稣传》（*Leben Jesu*）。紧随德维特的脚步而批判地描述圣经神学的法特克（Wilhelm Vatke，1806 – 1882），以历史发展的视角呈现以色列的宗

---

① 在 2 世纪福音书正典化的过程中，德维特指出亚历山大的爱任纽、克莱门以及德尔图良都起到了关键作用。他将福音书卷并列对照进行释义，同时，他也讨论了福音书正典形成中的口述传统。Wilhelm Martin Leberecht de Wette, *An Historico - Critical Introduction to the Canonical Books of the New Testament*, trans. by Frederick Frothingham, pp. 87 – 133.

② Thomas Albert Howard, *Religion and the Rise of Historicism: W. M. L. de Wette, Jacob Burckhardt, and the Theological Origins of Nineteenth - Century Historical Consciousness*, p. 8.

③ Jonathan Sheehan, *The Enlightenment Bible: Translation, Scholarship, Culture*, p. 226.

④ Ibid., p. 227.

教与《新约》书卷的鲍尔（Ferdinand C. Baur，1792 – 1860），将《旧约》从理性主义中解放出来的亨斯坦伯格（Ernst Wilhelm Hengstenberg，1802 – 1869），以及通过历史批判的分析而考察福音书之来源的霍兹曼（Heinrich J. Holtzmann，1832 – 1910），等等。他们的研究进路，为历史批判方法的兴起奠定了坚实的基础。因此，诚如巴尔（James Barr，1924 – 2006 年）所言："历史批判根源于启蒙运动，因此，它具有启蒙运动的特征。"①

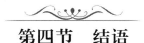

第四节　结语

晚年的德维特，定居在巴塞尔，他摒弃了自己早前的理论，即认为《旧约》是由残章断片组成的理论，而代之以两种来源假说，即分别以圣号 Elohim 与耶和华为标记的主要来源（urschrift）。② 他的这一理论，对 19 世纪德国伟大的圣经学家威尔豪森（Julius Wellhausen，1844 – 1918）有着直接而深刻的影响。威尔豪森盛赞德维特为历史批判的先驱者，称之为"第一个明确认知并指出所谓的以色列史与其自身的历史是多么的不连贯的圣经学者"③。威尔豪森沿袭了德维特的研究思路，并将之进一步拓展，提出五经具有四个来源的底本说，为五经的编修与发展提供了一个宏观框架。基于此，牛津大学的当代圣经学者巴顿（John Barton）指出：若没有德维特的研究成果，威尔豪森的成就是不可想象的。④ 同样，若没有启蒙运动倡导理性主义的圣经诠释，那么，20 世纪丰富多彩的圣经诠释也是不可想象的。就圣经诠释历史而言，19 世纪是个转折点，出现了范式转移。这表现为圣经不仅愈来愈疏离传统的神学框架而被不同

---

① James Barr, *History and Ideology in the Old Testament* (Oxford：Oxford University Press，2000)，p. 52.

② Henning Graf Reventlow, *History of Biblical Interpretation*，vol. 4，p. 244.

③ Julius Wellhausen, *Prolegomena to the History of Israel，with a Reprint of the Article "Israel" from the Encyclopedia Britannica*，trans. by J. Sutherland Black and Allan Menzies，preface by William Robertson Smith，foreword by *Douglas A. Knight* (Atlanta：Scholars Press，1994)，p. 4.

④ John Barton, *The Nature of Biblical Criticism* (Louisville：Westminster John Knox Press，2007)，p. 34.

的人所研究，而且，人们以丰富的视角研究它，比如文学的、政治的、美学的、伦理的与哲学的视角，诸如此类。此外，圣经不断地被译成各种语言，并随着 19 世纪中叶考古学的研究、宗教比较研究与宗教史学的兴起，以及进化论、经验哲学和古文字学的盛行，科学的圣经研究与批判得到发展的可能，从而开启了圣经诠释历史的新篇章。

　　18 世纪的理性主义对圣经权威的质疑，是理性对启示的质疑，也是历史事实对教义假设的质疑。这样的质疑，使 19 世纪的圣经研究呈现出崭新的气象。比如，耶稣的品性及其道德价值成为权威的规范，而不再是圣经本身。相较于耶稣的神迹活动，他的伦理准则更受《新约》研究者的关注。而且，由于进化论与经验哲学的影响，人们以追本溯源或发展的视角看待宗教的历史，于是，圣经学者开始关注圣经中上帝之观念的历史发展，早期基督教的演进，以及圣经中渐进的启示。① 伴随着前希伯来文献（pre – Hebrew documents）的发现，学者通过对更为早期的亚述与巴比伦文献的平行解读，愈来愈发现《旧约》对亚述与巴比伦传统的依赖。当中，大批收藏于大英博物馆的出自公元前 2000 年的巴比伦泥版，不断被破译，它们涉及创造故事、洪水叙述与其他各种民族神话，与《旧约》的故事叙述存在诸多的平行与相似。同时，来自波斯的末世论与埃及的智慧文学，也影响了后来《旧约》的著述。此外，学者发现来自希腊罗马世界的神秘宗教，影响了《新约》的思想形式与基督教的实践。因此，学者们意识到，若没有对圣经早期的来源及其所受影响的知识，就不能正确地理解犹太教与基督教。因此，"圣经本身在历史的过程中必须被视为是一种文化的发展，而不是一种自身中的完结，是完备而自足的。圣经不能在真空中被研究，它需要历史处境"②。

　　于是，自 19 世纪，德国学者率先追问福音书与五经的著述年代、作者与来源。图宾根学派的鲍尔以黑格尔的辩证法解释早期基督教历史与《新约》书卷的著述，认为唯有《罗马书》《哥林多前后书》与《加拉太书》是出自保罗的书信；鲍尔的弟子施特劳斯著述的《耶稣传》，对前三部福音书之内在关系进行了细致的研究，这为霍兹曼和维斯（Bernhard

---

① Fred Gladstone Bratton, *A History of the Bible*, p. 314.

② Ibid. , p. 315.

Weiss，1827－1918）的马可假说（Markan hypothesis）与两个来源理论奠定了基础。此外，作为历史学派的左翼，宗教史学派（Religionsgeschichtliche schule）对处境影响之重要性的强调，塑造了对《新约》的研究。比如，莱德（William Wrede，1859－1906）从宗教史的角度看待《新约》，厘清了约翰福音与对观福音的传统，拒绝圣经神学与末世论的解释。在此，值得一提的是，德国神学家、教会史学家哈纳克（Adolf Harnack，1851－1930），在出版于1889年的《〈新约〉的起源》（*Das Neue Testament um das Jahr* 200 ）中，他对《新约》的形成及其正典的历史进行了讨论。而且，在《何为基督教》（*Das Wesen des Christentums*，1900）中，他区分了教义基督教与耶稣的福音，以及耶稣的宗教与关于耶稣的宗教，强调基督教的希腊化，否认《约翰福音》的历史性，倡导社会福音。① 哈纳克的自由神学，激发了人们对耶稣的身份、福音书作者以及保罗书信之历史真实性的讨论。而对于五经的来源研究，19 世纪最为著名的《旧约》学者，非威尔豪森莫属。他认为有三种来源贯穿了《创世记》《出埃及记》《利未记》与《民数记》的记述，而《申命记》代表了第四种来源以及独立的作者，这四种来源在后被掳时期得到汇合而形成了五经。威尔豪森的著述成为19 世纪《旧约》研究的一个转折点。随后，他的方法被应用于先知书的研究，尤其是《以赛亚书》的研究。威尔豪森的方法论，深刻塑造了20 世纪欧美的圣经研究。

① 这两部著作的英译本，参 Adolf Harnack, *The Origin of the New Testament*, trans. by J. R. Wilkinson（London：Williams & Norgate，1925）；*What Is Christianity?* trans. by Thomas B. Saunders（Philadelphia：Fortress Press，1986）。

第十章

～～

圣经的历史批判

　　圣经作为重要的宗教经典，在过去的两千多年间，一再被诠释，从未间断。在这一过程中，基于不同的出发点与立场，形成了各种各样的诠释方法，以及对圣经诠释的批判理论。但是，并非所有的诠释方法都可称为圣经批判。这里的"批判"，是指一种运用理性的批判性思考（critical thinking），主要是指拒绝一切所谓给定的概念与预设，拒绝习以为常的前提和理念，同时，它涉及思想中洞察、论断与评鉴的过程，具有建构的目的，而不是一味批驳或否定过往的思想或言行。对圣经研究而言，它更侧重于对圣经文本的理性分析。当代圣经诠释学，更多的是对圣经批判的指涉，它运用一种批判的立场和理性思维，关注圣经文本的历史起源、处境关联、编修特征、宗教世界与本质，追问圣经文本的文学原意、写作目的与历史观，质疑圣经在传统的神学意义上的权威建构与完整性。具体而言，圣经批判首先要处理圣经文本的文学体裁与语言风格，包括解决文本中的难题，诸如不连贯与不规则之处，追溯并理解其可能的经文意义，要求对经文的深层意义以及多种意义的可能性持有敏锐的眼光，提倡重证据与理性的人文科学方法，而不是对文本"神学式的阅读"和"委身式的辩护"，因此，在阅读经文之前，圣经批判要求读者不要排斥对文本之真理的质疑，尽管，圣经批判并非阅读圣经文本唯一的有价值的方式。圣经批判认为世俗的推理进路是有效的，并试图"客观地"呈现文本真正言说的内容。① 这种圣经批判方法，有时又被称为历史批判（historical criticism）或历史批判方法（his-

---

　　① John Barton, *The Nature of Biblical Criticism*, pp. 1 – 7.

torical critical method)。① 西方的文艺复兴运动、宗教改革与启蒙运动，强调阅读圣经中运用理性的自由，它们都对圣经批判的形成有推动作用。历史批判主导了 19 世纪与 20 世纪的圣经学术研究，直到后现代圣经诠释的产生。②

圣经批判可追溯至文艺复兴运动。文艺复兴倡导人文主义，主张科学主义与人性解放，反对教会对人们思想的束缚。15 世纪的人文主义者开始用研究古典文学的方法研究圣经，特别是意大利人文学者瓦拉和荷兰人文主义者伊拉斯谟，主张回到原典，整理和翻译了希腊语原文《新约》。此外，印刷术的推广亦使更多的人能够接触到各种书籍，特别是圣经。伊拉斯谟与英国哲学家霍布斯都反对僧侣阶层对圣经诠释的特权，主张将批判的观念运用于圣经研究中，质疑圣经之启示性与神圣性。17 世纪，伟大的哲学家斯宾诺莎继承和发展了霍布斯对圣经启示说的批判，在其《神学政治论》中揭露了圣经中存在大量不合理的、自相矛盾的和违反科学常识的无知之词。他通过深刻独到的历史学和语言学的考证以及理性思辨，质疑圣经的权威与至上性，认为解释圣经的方法与解释自然或解释其他文本的方法并无大的差别。在现代意义上，斯宾诺莎的《神学政治论》奠定了圣经科学的真正基础，成为圣经批判历史上的一部里程碑式的著作，使斯宾诺莎成为圣经历史批判的先驱。因为，他的诠释方法，极其类似于现代的圣经历史批判方法。

圣经历史批判方法是在基督新教的教会与神学语境中发展出来的。宗教改革鼓励基督徒自行阅读圣经，从而对抗天主教的释经传统。直至 18 世纪的启蒙运动，圣经研究呈现出现代的形式，并随着 19 世纪批判的历史编纂学的兴起而得到蓬勃发展，持续涌现了各种形式的历史批判方

---

① 德国的圣经学者更倾向于"圣经批判"这一提法，而非"历史批判方法"，认为同历史的关联只是其中的一部分，而且，他们将这一学术研究的传统追溯于宗教改革运动，而非启蒙运动。参 John Barton，"Historical – critical Approaches"，in idem，*The Cambridge Companion to Biblical Interpretation* (Cambridge：Cambridge University Press，1998)，p. 16。梁工将来源批评、形式批评与编修批评归为三种主要的历史批评方法。参梁工《圣经叙事艺术研究》，商务印书馆，2006，第 5 – 15 页。

② John J. Collins，*The Bible after Babel：Historical Criticism in a Postmodern Age* (Grand Rapids：Wm. B. Eerdmans，2005)，pp. 3 – 4. 另参 John Barton，"Historical – critical Approaches"，p. 9。

法。历史批判的主要特征与原则，体现为自主、类推与批判。[①] 历史批判
方法主张从历史的视域审视圣经，从而呈现圣经的历史本质，即圣经是
特定的历史条件下的产物，并在历史处境中被流传与诠释。依此方法，
圣经批评家不仅关注对圣经文本中潜在的历史事件的重构，比如，以色
列史、历史的耶稣或早期教会的历史发展等，而且，他们对圣经文本自
身的历史发展有着浓厚的兴趣，比如，圣经文本是何时与如何被著述、
编修与流传的，其来源都融汇了哪些传统，其目的为何等。此外，历史
批判也指涉将文本置入起初处境的方式，研读出土的相关碑铭、泥版和
书信等文物，其目的是试图重构文本的原初意义与形式。因此，来源批
判、形式批判与传统历史方法，都是历史批判方法的具体应用，也是其
重要的构成部分。[②] 20 世纪的圣经批判研究，同威尔豪森的来源批判、
古克尔（Hermann Gunkel）的形式批判以及拉德（Gerhard von Rad）与
诺特（Martin Noth）的传统历史批判紧密相随。他们所代表的德国圣经
学术研究的方法与传统，深刻塑造了 20 世纪欧美圣经历史批判研究的
面貌。

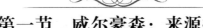

第一节　威尔豪森：来源批判

威尔豪森是 19 世纪德国最负盛名的圣经学者与东方学家之一，同
时，他也是历史学家、语言学家与文本批评家。他先后在格拉夫瓦尔德
（Greifswald）大学、哈勒（Halle）大学、马堡（Marburg）大学与哥廷根
（Göttingen）大学任教。他在学术上最重要的贡献，在于他对古代以色列
宗教以及五经之起源的理解。通常，他的名字同圣经的历史批判研究紧

---

① 当中，自主与康德的启蒙相关，是指摆脱教义权威的自由。类推是基于文本是人的产
　　物，而且无论古今，人的本性不变，因此，为了理解古代文本之处境，同情的类推是需
　　要的。圣经学术是持续的，没有终结，也没有一成不变，人们对过去的理解，随着新的
　　发现而被更新，通过批判的参与而日新月异。参 John J. Collins, *The Bible after Babel*：
　　Historical Criticism in a Postmodern Age, pp. 5 - 6。
② 从严格意义上来说，历史批判并非一种方法，而是涵盖了一系列的方法，包括来源批
　　判、形式批判、社会学批判等。参 James Barr, *History and Ideology in the Old Testament*,
　　pp. 32 - 58。

密相关，这源于他以一种完全科学与历史批判的眼光看待五经。换言之，他在具体的历史与社会处境中探讨五经的起源。他的研究视域宽广，不拘一格。1882 年，他的研究领域由《旧约》研究转至阿拉伯研究，并在 1902 年从事《新约》研究。1883 年，他出版了著名的《以色列史绪论》（*Prolegomena to the History of Israel*），[①] 较为系统地提出了来源批判（source criticism）这一圣经诠释方法。它以圣经文本的最终形式为基础，探讨文本的历史结构，并重构其文学流传的过程。[②] 在圣经研究领域，尤其是五经研究方面，威尔豪森的来源批判具有里程碑式的意义，其影响持续至 20 世纪末。本节拟探究威尔豪森之来源批判的缘起、发展及其对圣经诠释的意义。

一 来源批判的提出

17 世纪，欧洲大陆的圣经观发生了范式转移，越来越多的学者开始摈弃圣经之本质的传统视角，转而接受更为人文主义的观念。如此，圣经被视为古代文学作品之一种，从本质而言，它是人类经验与文化力量的产物。两个世纪以来，为数众多的学者依据可以运用于任何文学的普遍原则与方法研究圣经，尽管，他们持有自身的神学立场。[③] 来源批判在意于文本的文学特征，关注其语言风格、词汇的运用、重复与自相矛盾之处、不连贯之处以及其他的文学特性，试图发现文本背后的来源及其

---

① 该著作 1878 年的德文初版，名为《以色列史》（*Geschichte Israels*），1883 年再版时，改名为《以色列史绪论》（*Prolegomena zur Geschichte Israels*）。1885 年，依据德文再版译出的英文版出版。1878 - 2008 年间，该著作以四种语言共出版了 112 版次，收藏于世界各地上千个图书馆。参见 http：//umaryland. worldcat. org，浏览日期：2010 年 10 月 3 日。

② 在对圣经文本诠释的过程中，其显而易见的一些现象促使了来源批判的产生。譬如，动机不明的重复，不规则的语法，语言风格的改变，突然混合不同的文学体裁，以及同一段陈述被不断地中断等。因此，在过去的 250 多年间，圣经学者不断意识到圣经文本并非出自一人之手。相反，它反映了在文本生成的过程中，众多的人以不同的视角参与其中，历经演绎，直到波斯与希腊化时期达至当前的文本形式。而且，依照圣号的不同，文本假设论得以发展。参 Christoph Levin，"Source Criticism：The Miracle at the Sea"，in Joel M. LeMon & Kent Harold Richards eds. ，*Method Matters：Essays on the Interpretation of the Hebrew Bible in Honor of David L. Petersen*（Atlanta：SBL，2009），pp. 39 - 43。

③ Douglas A. Knight，"Wellhausen and the Interpretation of Israel's Literature"，*Semeia* 25（1982），p. 21.

形成过程。① 为了呈现文本编修的层次与过程，这一方法假设：一个作者的写作本身具有前后的连贯性，这体现在术语的运用与观念的表达上。因此，来源批判认为：单一的作者，在他们的著述里不会采用互相矛盾的资料，若有自相矛盾之处，这表明有多个作者参与了文本的写作与编修。此外，连贯事件的突然中断，或同一故事有多种版本，以及故事叙述中的重复，都证明最终形式的文本，是由后来的编修者整合以前不同的来源与传统而成。来源批判所坚持的这些假设，就是要试图证明文本背后的著述来源的存在。早在 1678 年，法国的东方学家与圣经批评家理查德·西蒙（Richard Simon）深受斯宾诺莎的影响，在其《〈旧约〉的历史批判》（*Critical History of the Old Testament*）中，依据著述风格的不同，区分了两种不同而独立的创造叙述（创 1：1 – 2：4a；创 2：4b – 2：23）。他指出在第一个创造叙述里，男人与女人同时被造，人的创造是高潮部分，而在第二个创造叙述里，首先被造的是男人，而女人是从男人的肋骨造出。同时，他也注意到两种不同的洪水故事（创 6 – 9）。② 1711 年，德国路德宗牧师威特（Henning B. Witter）依据语言风格的差异、内容的重复以及对圣号（divine name）的交互使用，指出《创世记》中存在多个可辨识的来源。③ 后经过一批学者的前赴后继，至威尔豪森时代，这一方法被系统化、理论化。

威尔豪森的父亲是个虔诚的路德宗牧师，热衷于仪式实践，抵制神学自由主义，但是，威尔豪森并没有继承父业，甚而走向了反面。尽管他 1862 年在哥廷根大学开始了神学研究的课程，但他很快意识到神学研究并不能满足他的求知欲。在那里，他师从艾瓦尔德（Heinrich Ewald），学习希伯来语、阿拉伯语与叙利亚语，并学会了如何历史地阅读

---

① "来源批判"产生于 18 世纪。当时，它被视为"文学批判"（literary criticism）。尽管这两个概念常常被交替使用，但是二者之间有着显著的差别。参 Pauline A. Viviano, "Source criticism", in Steven L. Mckenzie & Stephen R. Haynes eds. , *To Each Its Own Meaning: An Introduction to Biblical Criticisms and Their Application* (Louisville: Westminster/John Knox Press, 1999), p. 36。

② Fred Gladstone Bratton, *A History of the Bible*, pp. 106 – 107.

③ Douglas A. Knight, "Wellhausen and the Interpretation of Israel's Literature", p. 21. 法国生理学家、释经家雅思图（Jean Astruc, 1684 – 1766），也注意到两个创造叙述运用了不同的圣号，即第一个用的是 Elohim，第二个用的则是 Yahweh，并由此推导出这是出自不同的作者。参 Fred Gladstone Bratton, *A History of the Bible*, p. 107。

圣经。① 他历史地区分了被掳前与被掳后的作品，批判地研究早期的传统。1870 年，他以研究《历代志》的博士论文获得哥廷根大学博士学位。1872 – 1882 年间，他在格拉夫瓦尔德大学任《旧约》神学的教席，由于不堪于"新教教会中为学生准备繁文缛节的仪式实践"②，他毅然辞去教职，转而在哈勒大学从事闪族语的研究。正是在这里，他出版了对《旧约》研究具有革新意义的《以色列史绪论》。在导言部分，威尔豪森描述了他遭遇的困惑。他试图探究五经律法传统的优先性，以及它同前被掳时期的历史文献与先知书卷中的宗教风俗与制度之关系，但是，他发现那是两个完全不同的世界。他指出：在被掳前形成的文献里，五经律法是鲜为人知的，因此，他对五经律法在以色列宗教史中的优先地位提出了质疑，并直言受到格拉夫（Karl H. Graf，1815 – 1869）的影响，提出将律法放在先知书之后。③ 19 世纪来源批判的重构，其核心洞察在于发现律法并不是在古代以色列史的开始形成的，但是，它却成为犹太教的开端与核心。

其实，对律法在以色列宗教史之地位的质疑，首先可追溯至德国圣经学者德维特。1806 – 1807 年间，在其两卷本的《对〈旧约〉导论之贡献》中，德维特对文本假设论做出了一个重要的推动。④ 他将《申命记》中约西亚时代在圣殿中的发现归为"律法书"。他认为著述这一"律法书"的目的，是要激励并合法化国王的改革以及耶路撒冷圣殿的祭司制度，同时他由此得出结论，认为《申命记》是个有别于《创世记》至《民数记》之来源的一个来源，而且，是最晚形成的来源。⑤ 1835 年，在黑格尔历史哲学的影响下，德国新教神学家维泰克（Wilhelm Vatke）首次提出了五经的来源，称之为 Grundschrift，认为它构成了五经的底本（base document），后又称之为祭司文献（Priestly Writing）。格拉夫继承了这一学说，并在 1866 – 1869 年间，将这一来源视为五经律法中最为重要

---

① Rudolf Smend, "Julius Wellhausen and His Prolegomena to the History of Israel", *Semeia* 25 (1982), pp. 5 – 6.

② Ibid. , p. 6.

③ Julius Wellhausen, *Prolegomena to the History of Israel*, pp. 3 – 4.

④ 参德文版 W. M. L. de Wette, *Beiträge zur Einleitung in das Alte Testament*（Halle：Schimmelpfennig，1806 – 1807）。威尔豪森沿袭了德维特的这一思路，改变了过往人们理解以色列史的整个视角。

⑤ John Rogerson, *Old Testament Criticism in the Nineteenth Century：England and Germany*（London：SPCK，1984），pp. 28 – 49.

的部分，但它并不那么古老，而是《申命记》之后形成的最后一个来源。① 这些早期的观点，为威尔豪森来源批判理论的系统化地提出奠定了基础。

1876 - 1877 年间，威尔豪森发表《六经的著述》（*Die Composition des Hexateuch*）一文，提出了五经起源于四个来源的假设。这一观点，在 1883 年的《以色列史绪论》中得到进一步的发展。威尔豪森整合了过往相关的学术研究，使之成为系统与连贯的来源批判理论。由于这一理论是以对文本的假设为基础，在圣经之内与之外都缺乏实质性的依据，故称为文本假设论（Documentary Hypothesis）。威尔豪森认为五经是由 JEDP 四个来源合并而成的，而 JEDP 分别代表四个不同的来源或底本。② 其中，J 典（Jahwist code，德语中的 J 与英文中的 Y 同，又称耶典）是最为古老的一个来源，大约著述于公元前 950 年的南国犹大，与所罗门王朝相关。其圣号是有始有终、富于变化且具有神人同形之生动性质的耶和华（YH-WH），比如，伊甸园的故事（创 2：4b - 2：23），以及讲述不同语言之起源的巴别塔故事（创 11：1 - 9），都属于耶典。E 典（Elohist code，又称神典）形成于公元前 800 年左右的北国以色列。它是个较为支离破碎的来源，始于亚伯拉罕的故事（创 15），其中的神名用的是高高在上的 Elohim，他鲜与人直接交流，但常出现在人的梦境里，言说奇迹、异事与大能。在用词与语言风格上，耶典与神典有所不同。比如，在北国的神典中，"西奈"变成"何烈山"，"迦南人"成为"亚摩利人"，而"以色列"被称为"雅各"。耶典与神典散布于五经中，其中的神典，并不易辨别。

D 典（Deuteronomist，又称申命典）是个单独的书卷，主要体现在《申命记》12 - 26 章中，强调训谕，同公元前 621 年约西亚的宗教改革相关。在那一年，"律法书"在圣殿的废墟中被发现，约西亚宣称其为圣书，将之归于摩西，赋予其权威，要求全地的民众遵从这律法，由此开

① Rudolf Smend, "Julius Wellhausen and His Prolegomena to the History of Israel", p. 10. 然而，在格拉夫与维泰克之前，主流观点认为祭司文献是最先形成的来源，形成于君王制早期。参 Douglas A. Knight, "Wellhausen and the Interpretation of Israel's Literature", p. 22。

② Julius Wellhausen, *Prolegomena to the History of Ancient Israel*, pp. 17 - 410. 威尔豪森重视假设在研究中的意义，认为"现象背后的假设尤为重要"。参 Ibid, p. 368。

启了希伯来宗教历史上的伟大革新（王下 22：8）。P 典（Priestly code，又称祭司典）是最后一个来源，同巴比伦被掳事件有关，形成于公元前600 - 公元前 400 年左右。它重视谱系，强调法则、圣洁、秩序与圣职的意义，关于献祭、悔罪、节期、安息日与割礼的律法都被系统化，属于"祭司的书卷"。依照威尔豪森的预设，在时间概念上，这四个来源构成一个单线演进且相继的历史发展过程，而且，前一个来源被后一个所补充。以此类推，祭司典作者综合了以上诸来源，同时，加入自身的视角与理解，成为最后一个编修者。

威尔豪森通过探求圣经中可识别的文本来源，从而得出有关以色列历史的结论。他关注作者与编者的不同观点，从而勾画出前被掳与后被掳之以色列的鲜明图景。他将《创世记》中有关先祖的叙述，看成是对君王制之前的历史的反映，而且，涉及前摩西与摩西时代的耶典与神典文献，呈现了公元前 10 世纪与前 9 世纪的以色列社会与宗教的状况。《申命记》是一个转折点，因为，它倡导宗教改革，主张耶路撒冷的崇拜中央化，使宗教实践摆脱地方化的自然场景，并导致了后被掳时期祭司群体手下描绘的崇拜生活，使之呈现出精神化、程序化与抽象化的特点。[1]《申命记》所反映的宗教改革事件，在后来的祭司典中，成为既定的现实。祭司典与《历代志》文献，为了解后被掳时代的宗教群体，提供了最为丰富的文本资源。在论及律法文献时，他指出探讨的重点不在于文献资料，而在于背后的精神，即某一时期可以被认知的时代精神。他坚信："在每个相继的时代精神的影响下，出自某一来源的传统，就会被理解与被塑造。"[2] 换言之，文本能够映照出这一"时代精神"，同时，也能反映特定时期社会与宗教中其他特殊的"活力"。[3]

二　来源批判与以色列史的重构

19 世纪是个寻索历史的世纪。威尔豪森试图探讨以色列宗教的历史与发展，尤其是五经中的律法在以色列宗教史中的作用。显然，律法是

---

[1]　**Julius Wellhausen**, *Prolegomena to the History of Ancient Israel*, pp. 77 - 88, 509.

[2]　**Ibid.**, p. 171.

[3]　**Ibid.**, p. 228.

以色列宗教的基础，但事实上，他认为前被掳时期的圣经作者，表现出对摩西律法传统的无知，因此，他提出五经律法可能晚于先知书的大胆假设，而且，认为五经中不同的律法并非由摩西在西奈所颁布，而是以色列宗教史不同的发展阶段的产物。虽然，威尔豪森的重大贡献集中于《旧约》的研究领域，但是，他极少有释经方面的作品发表。他对经文的睿智洞察与批判阅读，是旨在重构古代以色列史。然而，这一重构是在宗教、政治与社会的范围内，通过寻索文学来源去呈现，从而达到理解以色列历史的形成与发展的目的。对威尔豪森来说，假定作者的意图与观念是至关重要的，因为这可以反映出文学发展的不同阶段，而每个阶段所呈现的观点是在特定的历史处境中形成的。这种对文本的假设，成为威尔豪森历史批判方法中最为重要的部分。虽然，他将文学看成是历史的来源，但是，他又清楚地看到了文本与历史的界限。他认为：《创世记》一章中的创世神话不是真的，但却是实在的，其传统对于我们理解古代民族对现实的认识，本质上具有历史价值。[1] 换言之，这些资料不是完全虚构的，而是一个民族在特定的历史处境中对现实的反映。他指出："每一种想象，都包含有现实的因素。"[2] 因此，在某种意义上，这些资料可以说是历史的。

在《以色列史绪论》中，威尔豪森指出了来源批判与历史建构之间的密切关联。威尔豪森对希伯来语的掌握，成为他运用这一方法的基础。因为，"语言风格与词汇，尤其是经文所要表达的意图，都成为他进行来源批判的明确依据"[3]。他认为：一个特定的作者或时代，会拥有一种截然不同的语言风格、特定的术语以及语法特性，它们有别于其他作者所使用的语言，通过比较，就可以得出年代顺序。[4] 耶典与神典的语言特征，同较早时期的《阿摩司书》《以赛亚书》与《米迦书》中的历史叙述相近。[5] 它们形成的时代大致相当。通过对文本的批判分析，威尔豪森认为祭司典的语言风格是以"一种不可言喻的玄虚"为标志，分类、列

---

① Julius Wellhausen, *Prolegomena to the History of Ancient Israel*, p. 318.
② Ibid. , p. 161.
③ Douglas A. Knight, "Wellhausen and the Interpretation of Israel's Literature", p. 31.
④ Julius Wellhausen, *Prolegomena to the History of Ancient Israel*, p. 390.
⑤ Ibid. , p. 386.

举、重复，不胜烦琐地叙述，表现出"语言的极度贫乏"。① 由于祭司典来源的语言风格与其他后被掳时期的作品类似，因此，威尔豪森将这一祭司典来源归于后被掳时期。于威尔豪森而言，来源批判与历史重构之间，有着密不可分的关联。他首先以文学分析为起点，进行假设，其次推断文本形成的先后次序，最后依此呈现历史的重构。威尔豪森对圣经文本的来源或作者进行假设，是极其重要的，因为，这是他寻索历史的基本手段。他假设：后来的作者可能熟悉先前的作者所记述的，正如祭司典作者了解申命典作者的著述，同时，二者又知悉耶典与神典的作品。②

如前所述，威尔豪森对"律法之地位"的质疑，成为他《以色列史绪论》的开场。因为，"在 19 世纪，五经研究最为激进的观念，就是将《申命记》归为约西亚时代的作品，而将五经的祭司典或利未传统视为《申命记》之后形成的产物"③。但是，威尔豪森将五经同历史书、先知书进行对比，发现五经与历史书、先知书中描述的以色列宗教史的轮廓并不一致。由此，威尔豪森梳理出五经中的律法传统所对应的三个历史时代：约西亚之前的时代、约西亚宗教改革引发的过渡时期以及被掳之后的时期，它们分别对应于耶典、申命典与祭司典。同时，威尔豪森概述了以上三种律法传统在以色列宗教史中的具体表现。④ 其中，他认为：耶典最初是一卷纯粹的历史书，建构了早期的以色列史，比如，大约公元前 1250 年，希伯来人下到埃及，而且，其编纂的有关族长与摩西的神秘故事并不重在个体，而是呈现了一个族群形成的历史，代表着真正以色列的理想原型，然而，西奈在耶典传统的最初形式里，并没有扮演什么角色。⑤ 《申命记》反映了以色列历史中的宗教改革事件。受《申命记》之影响而形成的申命学派的编修（Deuteronomistic redaction），体现在历史书《士师记》《撒母耳记》与《列王纪》中。它们以特定的神义论与意识形态重构了以色列史。祭司典形成于《申命记》之后，完成了

① Ibid. , pp. 332 – 386.
② Ibid. , p. 294.
③ John H. Hayes，"Wellhausen as a Historian of Israel"，*Semeia* 25（1982），p. 37.
④ Ibid. , pp. 44 – 45.
⑤ Julius Wellhausen，*Prolegomena to the History of Ancient Israel*，pp. 318 – 320，342 – 343.

对五经的修订，使之成为祭司教导与训谕的产物，也成为后被掳时代犹太教以及以色列民族生存的基础。威尔豪森认为：五经的著述最终以律法的形式固定下来，经历了发展的过程。起初是耶典，伴随着《申命记》的颁布，后来祭司典作为标准的律法要素整合进入五经中，成为明确的"摩西律法"。①

在《以色列史绪论》中，威尔豪森试图说明五经中的主要律法，诸如《出埃及记》第12章、25－31章、35－40章，《利未记》以及《民数记》中的律法部分，都属于祭司典，认为它们反映了后被掳时期犹太教的状况，并背离了先前的先知宗教。如此，五经中的祭司典律法是最后形成的，晚于历史叙述与先知训谕。而且威尔豪森认为：律法的出现，是对先知书的终结，也是古时自由的终结，同时创制出一种权威。② 尽管《申命记》是对先知宗教思想最为清楚的表达，但是，当其训诫成为律法，并将崇拜耶和华的宗教仪式限于耶路撒冷的时候，其宗教改革的结果就是宣告先知的死亡。③ 所罗门圣殿的重要性以及祭司的影响得到加强，而且，后被掳时期的犹太群体创建了律法，但是，这一激进的运动偏离了早期以色列宗教，为僧侣政治铺平了道路。他认为：若不是这种"僵硬的形式"，犹太教不会在希腊罗马帝国的混乱中幸存。④ 显然，威尔豪森这一看法过于简单化，也是错误的。但是，这样的观点，在威尔豪森时代是一种较为普遍的"偏见"，即"反犹太主义"（anti－Semitism）与反对传统的天主教会。威尔豪森将书写律法（written law）视为理解犹太传统之变更的关键，但是，他对书写律法的态度是负面的，有人因此认为他具有反犹倾向。⑤

---

① Julius Wellhausen, *Prolegomena to the History of Ancient Israel*, pp. 404 – 405. 威尔豪森将祭司集团的仪式实践同第二圣殿联系起来，属于晚期的产物，而实际上，这一团体在古代以色列就已经出现，其基本倾向符合早期以色列史。参 Moshe Weinfeld, *The Place of the Law in the Religion of Ancient Israel* (Leiden & Boston: Brill, 2004), p. 33。

② Julius Wellhausen, *Prolegomena to the History of Ancient Israel*, p. 404.

③ Ibid., pp. 487 – 488.

④ Ibid., p. 497.

⑤ Lou H. Silberman, "Wellhausen and Judaism", *Semeia* 25 (1982), p. 75. 威尔豪森对犹太教的诋毁或偏见，颇受人诟病。参 Moshe Weinfeld, *The Place of the Law in the Religion of Ancient Israel*, pp. 4 – 14。

三　来源批判受到的挑战

威尔豪森的来源批判，作为一种历史批判的方法，在圣经诠释领域发生了持续而深刻的影响力，尤其主导着五经的研究。威尔豪森首先整合了来源批判与历史重构，关注总体的视角、假设、过程以及事件的相互关联，运用自然主义的概念勾勒以色列神圣与凡俗的历史及其发展，呈现了圣经文本的历史本质及其形成过程中的复杂性与多元性。但是，他理想化了早期的以色列生活，忽略了口述传统（oral tradition），过于强调先知与法典在以色列史中的重要性，蔑视宗教结构与仪式制度，对前被掳以色列与后被掳以色列之间进行了彻底的划分。[①] 因此，这一方法自产生以来，其有效性倍受推崇，亦饱受质疑。在圣经研究领域，其所受到的严重挑战，主要表现在以下几个方面。

首先，口述传统的问题。威尔豪森对口述传统持否定的态度。形式批判（form criticism）的先驱者古克尔（Hermann Gunkel），开始关注更小的叙述单元及其在口述传统中的起源。他探讨著述文本背后的细小的神话、传奇与民间传说，并深信每一个独立的单元，在成为五经来源之前，最初都有其自身的生活场景（*Sitz im Leben*），探讨了五经文本著述形成之前的历史，从而将威尔豪森的来源推至更宽广的视域。[②] 以拉德（Gerhard von Rad）与诺特（Martin Noth）为代表的传统历史方法（tradition-historial method），同样与威尔豪森的来源批判构成张力。这种方法解释个别的传统叙述如何最终结合，并成为一个长篇著述之一部分。拉德在其代表作《六经的形式批判问题》（1938 年初版）中，试图解释为何五经采用了特定的形式，即传统的单元为何不是收在一个随意的集子中，而是出现在具有历史次序的文本叙述中。拉德指出"简短的历史信条"（short historical creed，申 26：5b-9）是六经的雏形，也是"救赎历史"与扩展耶典来源之历史的基础。他将耶典的形成追溯至所罗门统治

---

① John H. Hayes，"Wellhausen as a Historian of Israel"，p. 55.

② Hermann Gunkel, *The Legends of Genesis*, trans. by W. H. Carruth（Chicago：Open Court，1901）.

时期，早于威尔豪森的推断。① 诺特在其《五经传统的历史》（1948 年初版）中，进一步发展了这一方法。他指出五经最初是由五个独立的传统组成，这些传统的结合发生在士师与十二支派时期，那时，著述还没有形成。五经的作者是诸传统的记录者与传递者，而每一个传统都有自身复杂的传承过程。诺特认为 G（Grundlage）是一个重要的传统，形成于耶典之前。②

其次，五经文本之统一性的问题。当代圣经学者承袭威尔豪森的文本假设论，使五经研究一直在展示这四个来源并非最初的来源，它们本身可能是合并更早传统的结果，因此，有学者提出了更多的来源，扩展了威尔豪森的来源批判。③ 但是，这被认为是完全破坏了圣经文本的统一性。而且，将神典 E 从耶典 J 中分离出来是困难的，因为，它总是处于断断续续的状态中。此外，并非所有的经文都可归为 JEDP，适于来源分析。圣经学者威伯理（R. N. Whybray）指出：文本假设论信赖单一作者著述文本的连贯性，避免了出现重复与自相矛盾之处，却忽略了作者有意运用这种特征是出于审美与文学目的之可能性。因此，通过一种"剪刀加糨糊"的方法，将叙述文本切割成独立的支离破碎的文本，不仅在古代的文学世界中缺乏类比，而且会损害这些叙述文字的审美品质。④ 为了维护圣经文本的整体性与统一性，《旧约》神学家蔡尔兹（B. S. Childs）提出"正典"（canon）这一概念，专注于圣经文本的最终形式，处理经文及其著述之间的关系，从而抗衡来源批判的碎片化，甚至曲解。⑤

最后，年代的问题。威尔豪森深受黑格尔历史哲学的影响，以进化论的假设为基础，将其四个来源看成单向演进的四个历史阶段。这有悖于以色列宗教发展的复杂性与多元性。因此，苏格兰神学家史密斯（Reverend Smith）指出：威尔豪森的推测"纯粹是达尔文主义在神学领

---

① Gerhard von Rad, "The Form – Critical Problem of the Hexateuch," in idem. *The Problem of the Hexateuch and Other Essays* (Edinburgh: Oliver & Boyd, 1966), pp. 1 – 78.

② Martin Noth, *A History of Pentateuchal Traditions*, trans. by B. W. Anderson (Englewood Cliffs: Prentice – Hall, 1972).

③ Pauline A. Viviano, "Source criticism", p. 50. 另参 R. N. Whybray, *The Making of the Pentateuch: A Methodological Study* (Sheffield: Sheffield Academic Press, 1987), pp. 31 – 34。

④ R. N. Whybray, *The Making of the Pentateuch: A Methodological Study*, p. 130.

⑤ Brevard. S. Childs, *Biblical Theology in Crisis* (Philadelphia: Westminster Press, 1970).

域的应用"①。此外，威尔豪森忽略古代近东的文献资料。倘若他能够将圣经研究置入古代近东的广袤处境中，探讨经文背后的世界，那么，他或许会发现更多的可能性。圣经考古学家奥布赖特（William F. Albright）指责威尔豪森：脱离古代近东的世界，依赖于阿拉伯文献而不是楔形文字的资料，同时，他对黑格尔哲学的依赖成为其批判重构中的决定性因素。② 伴随圣经研究的深入，JEDP 之间的历史界线已经越来越模糊不清，歧义纷呈，甚至颠覆了最初的假设。比如，梵赛特（John van Seters，1935 – ）认为耶典作者是历史学家，其作品形成于被掳之后，是最后形成的。③ 关于耶典的来源与演变，欧洲的学者不断提出新的观点，比如，海德堡大学的圣经学者伦托夫（Rolf Rendtorff）只倾向于申命典与祭司典作者的存在，不仅否认耶典作者为史学家，更为甚者，他宣告耶典作者的死亡，指出："Y 典作者已逐渐消失，不再有栖身之地。"④ 而且，关于五经的文本假设，耶路撒冷学派的重要代表人物考夫曼（Yehezkel Kaufmann），认为申命典是最后形成的著述，坚持 JEPD 的次序。⑤ 此外，也有学者认为，《希伯来圣经》的诸多故事与观念，都可在古代近东的文献中找到平行，但是，却没有发现关于文本假设的证据，而且，文本叙述过程中出现相互矛盾与重复的现象以及对每一神祇的多种命名，不足以说明这一文本由不同的来源构成。⑥ 因此，在威尔豪森之后的一个世纪

---

① Reverend Smith, "Wellhausen and His Position", *Christian Church* 2 (1882), p. 368.

② William F. Albright, *From the Stone Age to Christianity* (New York: Doubleday, 1957), p. 88. 威尔豪森时代的历史学家米耶（E. Meyer）已经开始指责他对古代近东的无知。参 Moshe Weinfeld, *The Place of the Law in the Religion of Ancient Israel*, p. 63。威恩弗德（Moshe Weinfeld）也批评威尔豪森：在古代近东浩渺的文化中，在公元前一千多年前，即出现了比圣经祭司典更为精致、有序的宗教仪式与制度，威尔豪森若参照这些圣经之外的证据，可能就不会将祭司典归为晚期的作品。Ibid. , pp. 35 – 63.

③ John van Seters, *The Life of Moses: The Yahwist as Historian in Exodus – Numbers* (Louisville: Westminster /John Knox, 1994).

④ Rolf Rendtorff, "What Happened to the 'Yahwist'? Reflection after Thirty Years: A Collegial Conversation between Rolf Rendtorff, David J. A. Clines, Allan Rosengren, and John van Seters", in J. Harold Ellens and John T. Greene eds. , *Probing the Frontiers of Biblical Studies* (Eugene: Pickwick, 2009), pp. 39 – 66.

⑤ Yehezkel Kaufmann, *The Religion of Israel: From Its Beginnings to the Babylonian Exile* (Chicago: University of Chicago Press, 1960), pp. 167 – 168, 205.

⑥ Jack M. Sasson, *Hebrew Origins: Historiography, History, Faith of Ancient Israel* (Hong Kong: Chung Chi College, 2002), pp. 7 – 8, 84 – 87.

里，来源批判发生了诸多的变化。

　　尽管威尔豪森的来源批判存有以上诸多的局限，但是，这一方法对圣经诠释的贡献不可低估。"20 世纪的每一个历史批判的学者，直接或间接地，都在认可他的文本假设论，而且，著述于这一世纪的任何一种《旧约》批判导论，都说明了这一理论的卓越，它被视为解决五经形成之复杂问题的一种恰当的答案，同时，也是重构古代以色列宗教发展史的一个坚实基础。"① 来源批判作为历史批判之一种，曾经是 20 世纪五经研究的主流话语。尽管在威尔豪森之后，学者对这一方法有众多的质疑与修正，但是他们并没有完全绕开来源批判，依旧以 JEDP 为基础或依据提出不同的看法。一个世纪以来，有关五经著述的形成以及以色列史的发展，学者争论不断。个中的争论很多元，也很尖锐，绵延至今，终未能达成一致。② 但是，这种激烈的争论恰好证明来源批判的生命力，说明其影响力不可低估。

第二节　古克尔：形式批判

　　形式批判（form criticism）是圣经历史批判方法之一种，是运用于圣经文本的现代批判诠释的一种基本的、能动的与持续的释经方法。它通过比喻或传说之类的文学类型（type）或体裁（genre），将经典划分为若干单元，分析文本的形式特征，并追溯每一单元的口述流传的过程，力图呈现其最初的形式以及文学传统的社会生活场景。这里的"形式"是指单个文本的独特格式，而"体裁"是指出现在文本中的语言或表达的特有惯例。体裁并不构成形式，而是在一个既有文本的独特形式中发生

---

① Pauline A. Viviano, "Source criticism", p. 41.

② 有关威尔豪森的来源批判、其引发的各种学术争论以及其对 20 世纪五经研究的贡献，参 Ernest Nicholson, *The Pentateuch in the Twentieth Century: The Legacy of Julius Wellhausen* (New York: Oxford University Press, 2002)。此外，2010 年 1 月，在瑞士的苏黎世召开了一次有关五经的欧美学者会议，研讨的出发点即是文本假设论，并以此展开。关于文本假设论在 20 世纪的欧美学界的持续影响与各种演绎，参是次会议论文集 Thomas B. Dozeman, Konrad Schmid and Baruch J. Schwartz eds., *The Pentateuch: International Perspectives on Current Research* (Tübingen: Mohr Siebeck, 2011)。

作用。形式批判关注圣经文本形成并产生功用的社会、历史与文学的场景。① 该方法基于这样的假设：每一种文学形式都同特定的社会或历史处境发生着有机的关联。每一文本都被独特地表述，也就是说，它运用了特有的语言范式或体裁，并构成了交流的单一事件，而这一交流是同文本被著述或翻译的语言相关，并在特定的场景中发挥功用。② 像所有的语言系统那样，圣经希伯来文结合了典型的语义的、语法的与通用的语言特征，以及相互结合能够产生独特的文本意义表达的各种要素。

作为 20 世纪上半叶最富影响力与学识渊博的《旧约》学者之一，德国学者赫曼·古克尔（Hermann Gunkel，1862 – 1932）是圣经形式批判的先驱者与集大成者。古克尔曾在哥廷根大学、海勒大学、柏林大学与吉森大学担当《旧约》教席。1901 年，他出版了《〈创世记〉释义》（Genesis）一书，其中，他率先提出并运用了这一新的批判方法，成就了他对圣经研究的重大贡献。③ 19 世纪末，威尔豪森（Julius Wellhausen）的来源批判方兴未艾，作为威尔豪森的弟子以及来源批判的紧密追随者，古克尔的形式批判被认为是对威尔豪森来源批判的改进与发展。在圣经研究领域，形式批判风行于 20 世纪的欧洲大陆，尤其是德语世界的圣经学者当中，对当代圣经学术研究影响深远。正如尼克松（Ernest Nicholson）

圣经诠释的历史与方法

---

① 社会场景的呈现是形式批判研究最具挑战性的一个方面。比如，运用创造的叙述，去解释社会与政治秩序的起源、结构与预设，是了解古代以色列世界的一种重要方式。参 John van Seters, *Prologue to the History*：*The Yahwist as Historian in Genesis* (Louisville：Westminster John Knox, 1992)，pp. 1 – 103。文本的著述离不开特定的历史场景。威尔豪森的文本假设论基于四个不同的历史来源，主导了 20 世纪对五经的解读。参 Ernest Nicholson, *The Pentateuch in the Twentieth Century*：*The Legacy of Julius Wellhausen* (Oxford：Oxford University Press, 1998)。而文本的文学场景，是现代诠释者关注的重要内容。就五经文本的解读而言，不再是文本假设论式的支离破碎，而是将圣经文本视为一个整体、一个宏大的文学叙述的典范而进行阅读。参 Robert Alter, *The Art of Biblical Narrative* (New York：Basic Books, 1981)。

② 有关希伯来文本的交流与修辞功能，参 Patricia K. Tull, "Rhetorical Criticism and Intertextuality", in Steven L. McKenzie and Stephen R. Haynes eds. , *To Each Its Own Meaning*：*An Introduction to Biblical Criticisms and Their Application* (Louisville：Westminster John Knox Press, 1999)，pp. 156 – 180。

③ 古克尔的这部名著有多个版本。1910 年，德文版的第三版出版，这是个修订版，题目改为 *Die Sagen der Genesis*，被多次再版，延续至 20 世纪 70 年代。本文所引述的，是依据德文版第三版所译成的英文版之一，即 Hermann Gunkel, *The Stories of Genesis*, translated by John J. Scullion, edited by William R. Scott (Vallejo：BIBAL Press, 1994)。

在另一《〈创世记〉释义》的英译本序言中指出："由古克尔倡导的方法，对后来《旧约》研究的影响，几乎怎么评价都不为过。"①

一 形式批判产生的背景

19世纪末20世纪初，比较宗教学兴起。在宗教史研究领域，有关宗教的起源表现为两种重要的并且相互冲突的观念倾向。一是寻求"原始宗教"中早期宗教仪式与信仰的遗迹，而对于闪族而言，这种宗教遗迹留存于游牧民生活中。人们普遍认为这种游牧的生活方式，先于向定居生活的演进以及此后的城市与城邦生活。而且，这样的演进方式，通常被视为同以色列及其宗教的演进相关。二是关注主要的文明中心的兴起，比如广袤的两河文明，并将之视为宗教信仰与仪式的基本与普遍的形式。这种有关宗教起源的理论被贴上"泛巴比伦学派"的标签。② 两河文明波及甚广，包括以色列民族在内。学者们认为：一旦发现了这一文明中信仰、神话以及相应仪式的基本形式，就易于将《旧约》中的宗教遗迹与线索同这种神话与仪式的基本形式相联系起来。③ 此外，伴随这种对宗教起源的探讨，人们开始思索欧洲文明的来源，认为其主要的构成是基于古典文明，它通过罗马帝国的征服而得以传播，而不同民族与国家的特殊性，存留在其民间传统当中。但是，现代性的兴起危及民间传统的存续，因此，当务之急是要恢复大多以口述形式留存的这些传统，从而惠泽后世。于是，20世纪初，对口述传统之基本形式的人类学研究，如雨后春笋般兴起，致力于神话、传奇、民间传说及其社会与仪式场景的探究。④

---

① Ernest Nicholson, "Foreword: Herman Gunkel as a Pioneer of Modern Old Testament Study", in Herman Gunkel, *Genesis* (Macon: Mercer University Press, 1997), p. 9.

② 泛巴比伦学派是指19世纪末20世纪初盛行的一个学派，其学者将以色列与其他社会的故事叙述都归于巴比伦的来源，即强调巴比伦思想文化传统对圣经的影响和制约，试图用巴比伦宗教传统解释圣经所记载的整个犹太民族之古代传统。参 Hermann Gunkel, *Water for a Thirsty Land: Israelite Literature and Religion*, edited by K. C. Hanson (Minneapolis: Fortress Press, 2001), p. 64. 另参 John van Seters, *The Pentateuch: A Social - Science Commentary* (London: T & T Clark International, 2004), pp. 41 - 42.

③ Walter Harrelson, "Myth and Ritual School", in M. Eliade ed., *The Encyclopedia of Religion*, vol. 10 (London: Macmillan, 1987), pp. 282 - 285.

④ John van Seters, *The Pentateuch: A Social - Science Commentary*, p. 42.

古克尔深受以麦克斯·缪勒（Max Müller）为代表的宗教史学派的影响，将宗教视为人类经验的一种普遍范畴。古克尔毕生的梦想，在于"通过解释宗教文献的精神展现而发现宗教真理"①。因此，他的主要志趣，在于追溯犹太教与基督教的起源，探讨古代以色列的宗教及其最初的根基。就圣经而言，他关注圣经文本背后之传统的历史，坚守一种普遍的历史神学观，运用比较宗教学的方法研究埃及与两河流域的古代宗教，从宗教发展、历史和文化背景分析圣经的文学体裁，探索圣经来源背后的口述传统，从而成为宗教史学派在圣经研究领域的翘楚之一。伴随着来自巴比伦的各种古代文献的出土，以及对楔形文字的解读，包括对以苏美尔语与阿卡德语著述的文本的解读，巴比伦的创世神话与大洪水神话，支持了文化与宗教由巴比伦向古代以色列以及最终向基督教扩散的观点。古克尔最早的一部书出版于1895年，为《起初的创造与混沌以及末日》。② 古克尔将《创世记》第1章中的创世神话与《启示录》第12章中的毁灭神话进行比较，其中，他将古代以色列历史回溯至巴比伦的创世神话。在圣经研究的宗教史学派内部，当时呈现出一种强烈的倾向，即关注古代西亚的文本及其与圣经经文之间的平行。在威尔豪森的《旧约》研究著作中，这一点完全付诸阙如。重视古代西亚的文明及其与《旧约》圣经的关联，是古克尔能够超越威尔豪森的一个关键。③ 其研究领域远远超出传统解经学和神学阐释学的范围，其研究方法也曾轰动一时，被人们称为圣经的体裁考证方法。

与威尔豪森相比，古克尔的又一超越之处，在于他对以色列远古之

---

① Erhard S. Gerstenberger, "Albert Eichhorn and Hermann Gunkel：The Emergence of a History of Religion School", in Magne Sæbø ed. , *Hebrew Bible/Old Testament*, *The History of Its Interpretation*, vol. III/1：The Ninententh Century (Göttingen：Vandenhoeck & Ruprecht, 2015), p. 463.

② 英译本参 Hermann Gunkel, *Creation and Chaos in the Primeval Era and the Eschaton*, translated by K. William Whitney Jr. （Grand Rapids：Eerdmans, 2006）。

③ 古克尔认为：以色列的历史同古代近东的其他民族有着密切的关联，尤其是巴比伦与埃及，因此，这些民族的文体同样要受到关注，而且，要发现它们与《旧约》之间的相似性。参 Hermann Gunkel, *Water for a Thirsty Land：Israelite Literature and Religion*, p. 37。古克尔对《创世记》第1章与《巴比伦创造史诗》及其二者之间的关联，进行了系统的研究，并认为后者是前者的来源。参 John Scullion, "Hermann Gunkel：Contributions to Biblical Scholarship", in Hermann Gunkel, *The Stories of Genesis*, p. 126。但是，威尔豪森将古克尔斥为具有好古癖。参 W. Klatt, *Hermann Gunkel* (Gottingen：Vandenhoek & Ruprecht, 1969), p. 71。

过去的专注。他在《创世记》的"简单形式"中，发现了神话、传奇与民间传说的细小单元。① 古克尔认为每一个单独的单元，在它构成五经中的一个来源之一部分之前，起初都有一个自身被言说的"生活场景"（*Sitz im Leben*）。这个"生活场景"，是古克尔形式批判建构的一个重要概念。它指涉产生圣经文本的场景，强调二者之间的紧密关联，换言之，没有场景，就没有圣经文本。不同的圣经文学体裁对应不同的场景。比如，《诗篇》的场景是圣殿的仪式崇拜活动。若抽离了这样的场景，那么经文的起初意义也随之消失。但是，这一方法只是运用于五经形成的最初阶段，就是那些单元通过口述传统由以色列的游牧状态向定居文化传递的时期。遥远的过去是口述传统特定的生活场景，当口述传统融入耶典或神典这样的来源并成为著述文本之一部分的时候，口述传统就被分离了。② 古克尔承袭威尔豪森的来源批判，并运用了来源批判的语言。他并不质疑来源的存在，但是，他的兴趣在于探讨这些来源的前史（prehistory），即口述传统的历史，他坚信口述传统植根于以色列君王制兴起之前的无文字文化（nonliterate culture）中。在来源批判里，威尔豪森虽然承认来源之前有口述传统的存在，但是，在以色列史的建构中，其意义与地位被他所漠视，然而，古克尔关注与强调的，正是口述传统的作用。他通过对《创世记》中个别叙述单元的文学与美学特性的深入探察，认为建构这些单元各自的类型是可能的，同时，进一步呈现了与这些单元相关的社会生活场景。其基本的假设是：这些叙述经过一个口述合成与口述流传的过程才达到现在的形式。而对这一过程的呈现，构成了古克尔五经研究的焦点。

古克尔对口述传统的坚持与想象，对五经研究产生了重要的影响。对威尔豪森而言，以色列宗教的演进，可以通过几个来源的单向演进而获得，其历史最早可追溯至公元前 10 世纪的耶典。而对于古克尔来说，这已经太晚了。他研究的志趣在于以色列之前国家（pre – state）阶段的发展。他的研究依据，就是五经的传奇故事所体现的传统。他认为这些

---

① Hermann Gunkel, *The Folktale in the Old Testament*, translated by M. D. Rutter (Sheffield: Sheffield Academic Press, 1987).

② John van Seters, *In Search of History: Historiography in the Ancient World and the Origin of Biblical History* (New Haven: Yale University Press, 1983), pp. 209 – 212.

传统之历史是能够被展现的，即通过由简单的传奇到复杂的故事，再扩展为英雄传奇，最后形成历史之编纂，而且，这种形式的演化同国家的兴起相一致。[1] 于是，古克尔回到耶典与神典这些古老来源的背后，试图发现不同的故事叙述的起源及其在早期的塑造过程。古克尔的形式批判将最早的来源——耶典，推至国家形成之时的公元前 10 世纪，使之成为早期漫长的演进过程中的首个高潮。这比威尔豪森所建构的以色列早期历史更为宏观，也更为久远。

二 古克尔对形式批判的应用

威尔豪森的来源批判，基于对文学来源的语言风格、词汇、年代、作者身份等而探察五经，认为五经著述是由不同的来源构成。而古克尔的形式批判则要探讨这些来源背后的更加细微而古老的单元。在《创世记》中，古克尔找到了诸多简短的故事叙述，认为它们彼此之间缺乏关联。它们通常以遥远时代的某个先祖为中心。这些故事并不构成历史，而是具有传奇的标记。在《创世记》里，传奇的一种共同类型，就是可以通过推源说（etiology）进行溯源。而推源说就是采用故事的形式，对事物的起源或原因进行一种解释。它可以解释一个特定地方的神圣性（比如，雅各之梦的故事中出现的伯特利），解释一种非同寻常的地质形成（比如，所多玛与蛾摩拉故事中的盐柱），解释族群与民族的起源（比如，以实玛利的故事），还可以解释语言的起源（比如，巴别塔的故事）。由于这些故事同其他民族的民间传说有着众多的平行，因此古克尔认为：要理解圣经的文献资料，就要把握民间传说的本质，认识它在前文字社会中起到的作用以及它如何通过口述传统而得到流传。[2]

古克尔指出："《旧约》的许多书卷都有非常复杂的历史。它们是由较为古老的口述或著述传统汇编而成，并不断被编修。"[3] 古克尔突出文学体裁（德语为 Gattung）在以色列文学史中的深层意义，而且认为极有可能的情形是：文学体裁从当时可获得的来源中促成了这种历史的产

---

① John van Seters, *The Pentateuch: A Social – Science Commentary*, p. 44.

② Hermann Gunkel, *The Stories of Genesis*, pp. 29 – 31.

③ Hermann Gunkel, *Water for a Thirsty Land: Israelite Literature and Religion*, p. 31.

生。① 因此，以色列文学史的主要任务，就是确定《旧约》中呈现的体裁，因为真正的以色列文学史只有彻底研究文学体裁才能得以呈现。大致而言，主要有散文与诗歌两种文学体裁。有关诸神的神话，还有原始的民间传说与英雄传奇等，都以散文的形式在《旧约》中留下遗迹。还有各种诗歌，其中，最为古老的就是那些预言未来的诗歌。《旧约》中的文学体裁丰富多样。他指出：每个古老的体裁，最初都归属于以色列人生活的某一确定的方面，并构成民族传统之一部分。② 通常，这些古老的文学体裁，其言说针对特定的场景与听众，并有特定的意图。古克尔认为最为古老的文学体裁，通常拥有一种纯粹的语言风格。但是，随着时空的流转，这些体裁会发生各种变化，直到著述文本的产生。③

古克尔指出《创世记》就是一个故事（Saga）的集子。它主要包括两部分：一是关于世界的起源以及发生在远古的人类始祖的故事，二是关于以色列众族长的故事。这些古老的故事叙述，大多出现在耶典与神典中。实际上，其原始材料形成的年代，要远远早于耶典的公元前 10 世纪。其间，经历了漫长的民间传说（folk tale）的阶段。④ 因此，当这些故事首次被撰述的时候，其背后已经蕴藏了漫长的历史。创造的故事、洪水的故事与伊甸乐园的故事，这些单独的散文体的故事，都来自圣经之外的更为古老的诗体的变体。因此，可以说，《创世记》中的故事是被重新塑造的，但是，这种重塑并非在无意识中产生。古克尔将《创世记》置入口述传统中，认为其中的故事叙述"安排得当，富有美感"，从而推断出古代以色列有擅长说故事的人（storyteller），他们到处游走，出现在流行节期的场景里，并受到大众的喜爱。⑤ 有些流传的诗歌，比如，巴比伦有关创造的诗歌，是新年时唱诵给马杜克的赞美诗，⑥ 其场景是圣所的

---

① Hermann Gunkel, *Water for a Thirsty Land*: *Israelite Literature and Religion*, p. 32.

② Ibid. , pp. 33 – 35.

③ Ibid. , p. 37.

④ Hermann Gunkel, *The Stories of Genesis*, pp. 9 – 26.

⑤ Ibid. , p. 30. 通常，故事叙述不是随心所欲的创制，也不是漫无目的的想象，而是具有一种确定的目的，就是教导世人，具有教化的目的。为了达到这一目的，说故事的人都掌握着特别的技巧与艺术，整合不同的资料，并使之娓娓动听。参 Ibid. , pp. 53 – 57。

⑥ 马杜克是巴比伦城的主神。巴比伦的创世史诗《埃努玛·埃利什》（*Enuma Elish*），描述了男女众神对世界的创造以及它们之间的争战，最终，马杜克平息了众神之间的战乱，成为巴比伦的守护神与至高神。这一创世史诗构成了圣经中第一个创造故事的重要来源。

仪式活动。但它被汲取成为圣经创造故事之一部分时，其形式已经发生了变化。

古克尔认为《创世记》中的故事叙述，由一系列细小的单元构成。简而言之，这些单元分别指涉个别故事（individual story，德文为 Sagen）。① 比如，《创世记》第 22 章描述了亚伯拉罕被神试验，要把儿子以撒献为燔祭的故事，而第 24 章记述了亚伯拉罕派遣老仆人为子娶妻的故事，它们构成了两个独立而完整的故事，之间，又穿插了亚伯拉罕买墓地埋葬妻子撒拉的故事。这些单独的个别故事连接在一起，就形成了族长亚伯拉罕的故事。还有关于族长雅各与约瑟的故事，亦是如此。约瑟的故事中（创 37－50），约瑟与其兄弟之间的经历、他与波提乏之妻的故事、狱中解梦、法老之梦与解决埃及饥荒的故事，相互形成对照。因此，通过分析这些故事的形式与结构，古克尔指出："每一个别故事首先是可以自我解释的。一个叙述越是独立，那么，它以其古老的形式保存的可能性就越大。但是，这些个别故事之间的过渡与连接，通常都是后来发生的。"② 个别的故事连接起来，就形成了较大的故事叙述。有的个别故事非常简洁，通常不超过 10 节，比如，诺亚醉酒的故事、巴别塔的故事、亚伯拉罕下埃及与撒莱出走的故事，等等。

在早期，这些故事不断由人们言说，由一处到另一处，由一种宗教到另一种宗教，在口述传统里得到流传。其中《创世记》里的一些故事，比如神之子娶妻生子（创 6：1－4）、雅各与天使角力（创 32：22－32）等故事，都不是以色列的原创，而是来自周遭的其他民族。③ 有的故事发生在巴比伦，有的则发生在埃及，还有的发生在迦南。因此，"这些故事本身就是众多来源的融汇，呈现了一种异常丰富的多样性"④。古克尔指出这种多样性也体现在上帝之名上。上帝的名字因地点和场景的变化而有所不同，有的名字有着远古时期巴比伦与迦南诸神的烙印。以色列人改编了外来的资料，并为我所用，比如巴比伦多神的大洪水故事，被以

---

① Hermann Gunkel, *The Stories of Genesis*, pp. 31－32.

② Ibid., p. 33.

③ Ibid., p. 63.

④ Ibid., p. 64.

色列人朝着一神的方向进行了改编。① 这些在口述中流传的故事，会因处境的变化而变化，其中，某些故事的元素会流失，或被替代。古克尔将耶典与神典视为讲述故事的两个学派，它们有着复杂而交织的历史，而非两个单独的作者，而且其所传承的故事蕴含着丰富的宗教意义。②

三 结语

在方法上，古克尔不仅受到缪勒比较宗教史学派的影响，而且，正如他在《〈创世记〉释义》序言中直言不讳地指出的，他也深受 18 世纪末德国哲学家与诗人赫尔德（Johann G. Herder，1744 – 1803）的影响，从而关注创世故事的艺术形式，敏感于文本的美学质地及其细微差别。③此外，古克尔结合了早期来源批判与文本批判之规则的优势，同时注入新的视角，即强调传统的历史、比较宗教、民间传说与文学风格。如此，古克尔生动地呈现了《创世记》叙述的历史与文学的向度，展示了这些叙述如何起源于以色列与前以色列文化的民间传说，并追溯了它们如何转化为更大的叙述而最终成为《创世记》这一经典文献。这一过程就是《创世记》的文学史，它再现了通过时间而错综交织地演变的故事与文本的历时性向度。可以说，古克尔对《创世记》多层面的阅读，显示出他方法论上的多元性。

针对威尔豪森的来源批判无法解释五经中的那些传奇故事如何连接起来的问题，古克尔另辟蹊径，在圣经文本的背后，向我们展示了一条通向以色列历史早期源头的路径，即文本背后的传统。古克尔指出，传统是通过许多代人用口头语言传递下来的。但是，随着时间的流逝，伴随不同时期或者阶段的每一种新的讲述，那些原先独立的、短小的故事或者传说，依据听众的需要而被不断地改编。但是，传统的传递者们，继续承受着这些传统原先真实的踪迹以及它们随后的历史痕迹。因此，

---

① Hermann Gunkel, *The Stories of Genesis*, p. 71.

② Ibid., pp. 100 – 104.

③ 这主要表现在古克尔对《创世记》文本的细读，包括散文风格、体裁、文学结构、字符、描述、言说、主旨、关键词以及其他双关语。而这种细读的方法，无不体现在赫尔德的著述中。参 Johann G. Herder, *Against Pure Reason: Writings on Religion, Language, and History*, trans. by Marcia Bunge（Minneapolis: Fortress, 1992），pp. 107 – 110；另参其 *The Spirit of Hebrew Poetry*（Burlington: Edward Smith, 1833）。

古克尔相信，一个古代以色列整部宗教的、民族伦理的以及美学思想的历史都可以从《创世记》中获知。古克尔形式批判的目的，是复原一个传统或者一个传统的最早形式。古克尔的许多追随者坚信自己有能力从传奇中分离出历史，于是，这些追随者们就开始了寻索并试图重构以色列早期历史及其传统的旅程。

1920—1932 年间，也就是在古克尔的晚年时期，他以形式批判的方法集中研究《诗篇》，出版了数部相关的著作。挪威著名的圣经学者莫文克（Sigmund Mowinckel，1884—1965）是古克尔的得意门生。莫文克直接承袭了古克尔的方法论，于 1921—1924 年间出版了六卷本的《〈诗篇〉研究》（Psalme-studien），探讨了《诗篇》的仪式场景及其功能。在 20 世纪初叶，古克尔的形式批判方法对欧洲大陆的五经研究产生了深远的影响。1913 年，德国圣经学者格里斯曼（Hugo Gressmann）仿照古克尔对《创世记》的研究，运用形式批判的方法，探讨蕴含在耶典与神典背后的传说故事中的摩西传统。① 1929 年，古克尔的另一弟子奥特（Albrecht Alt，1883—1956）基于《创世记》的传说故事，提出了族长宗教的观点，认为族长的神祇起初以游牧形式存在，而当族长们定居下来后，就将定居地迦南的神祇 EL 视为自己的神。② 此外，奥特运用同样的方法探讨以色列之律法的起源，试图呈现希伯来律法最为古老的形式，并将之视为早期的游牧传统与迦南地民法典传统的融合。③ 在古克尔的来源批判中，推源说是认定传统之早期形式的基本方法。但是，这种推源说对于识别传说故事及其在初期以色列社会中的生活场景能够提供一种有效的标准吗？整个五经，包括律法与叙述，是否都依赖于一个口述原型（oral prototype）？

一些学者质疑推源说在圣经叙述之研究中运用的有效性，比如，蔡尔兹（B. C. Childs）④ 与朗（B. O. Long）⑤，甚至，有的学者持否定态

① Hugo Gressmann, *Mose und seine Zeit* (Göttingen: Vandenhoeck & Ruprecht, 1913).

② Albrecht Alt, "The God of the Fathers," in idem, *Essays in Old Testament History and Religion* (New York: Doubleday, 1968), pp. 3–100.

③ Albrecht Alt, "The Origins of Israelite Law", in idem, pp. 103–171.

④ B. S. Childs, "A Study of the Formula, ' Until This Day'", in *Journal of Biblical Literature* 82 (1963): 279–292.

⑤ B. O. Long, *The Problem of Etiological Narrative in the Old Testament* (Berlin: W. de Gruyter, 1968).

度，认为这些中古的文学著述在口述传统中是否有任何的基础，这本身就是个富有争议的问题。① 梵赛特指出古克尔将其关注点放在传统的最小单元上，认为这些单元在口述流传的过程中不断相互融汇，从而形成突出某一主题的较长的故事叙述，但是，古克尔这种对文本最小传统单元的强调，使五经与六经（Hexateuch）中比较大的主题结构的起源问题不能得到有效的陈述与阐释。② 在五经里，传递民族历史之传统的生活场景是怎样的呢？很多学者认为是礼仪场景，即集体崇拜的场景。正是这种公开的仪式生活，将口述传统转化为五经的著述形式。可是，这样的转化就会形成一个不连贯的、多处重复的五经吗？③古克尔留下的一个最为基本的问题是：如何界定一个文学作品的口述基础？古克尔的解决办法是：部分运用直觉，另一部分依赖于对早期以色列社会之本质的假设。后者貌似是基于对德国古代生活情景的类推而产生的误导，正如冬夜围着火炉讲故事的社会情景适合于农耕文化，但不适于早期的以色列社会。而且需要区分的是：口头记述、因流传而形成的叙述以及融合口述传统的文学作品之间，有着怎样的分别。④ 这些质疑，表明古克尔对起初的、自足的与口述的传统的关注，是值得商榷的。

如此，古克尔的方法论框架，在他的后继者那里得到重新理解。他早期运用的概念，诸如形式、体裁、场景与意图之类，得到重新诠释。二战的经历，在圣经研究领域，尤其是在形式批判方面引发了变化，因为，无论是在政治方面，还是在宗教领域，学者们开始质疑对理想的核心权威的历史发展的追溯。因此，在此思想潮流的影响之下，"圣经学术研究更多关注于圣经著述形式的文学特征，而非其理想的、起初的、口

① John van Seters, *Abraham in History and Tradition* (New Haven: Yale University Press, 1975), pp. 133–138。另参 P. G. Kirkpatrick, *The Old Testament and Folklore Study* (Sheffield: Sheffield Academic Press, 1988), pp. 23–33, 81–85. R. N. Whybray, *The Making of the Pentateuch: A Methodological Study*, pp. 176–185。

② John van Seters, *Abraham in History and Tradition*, p. 142.

③ John Barton, *Reading the Old Testament: Method in Biblical Study* (Louisville: Westminster John Knox Press, 1996), pp. 33–34.

④ Joseph Blenkinsopp, *The Pentateuch: An Introduction to the First Five Books of the Bible* (New York: Doubleday, 1992), p. 15.

述的形式以及圣经被著述时代的生活场景"①。古克尔之后，形式批判方法的一个较大变化，就是不再关注简短细小的单元，而是在文学研究与语言学研究的影响下，倾向于更为宽广的文本视域：单个文本在其宽广的文学语境中的地位与功能。② 20 世纪中叶左右，奥特的弟子冯拉德（Gerhard von Rad，1901 – 1971）与诺特（Martin Noth，1902 – 1968）进一步推进了古克尔的形式批判研究，从而产生了传统历史批判方法。传统历史可以指一种传统的内容经历不同的阶段而得到发展，也可以指其传递的历史过程。这一方法旨在解释个别的传统叙述如何最终结合，成为一个长篇著述之部分，或者说，试图重构圣经中各种单独的传统进行流传的历史，从而说明圣经是历经漫长的著述与流传过程的产物。如此，相较形式批判而言，传统历史批判不仅关注传统的口述阶段，而且，强调其著述形成的整个过程。总之，古克尔的形式批判，上承威尔豪森的来源批判，下启冯拉德与诺特的传统历史批判，对 20 世纪的圣经学术研究可谓功莫大焉。

第三节　拉德与诺特：传统历史方法

在经历了威尔豪森的文本假设论与古克尔的形式批判之后，随着西亚考古发掘与研究的深入，20 世纪初叶的圣经研究呈现出多元化的局面，圣经诠释者对圣经的文学来源、形式、编修与意识形态进行了艰苦卓绝的探索。来源批判与形式批判方法，对五经文本形成的来源及其之前的历史进行了大胆的假设与想象，大大拓展了人们的研究视域。于威尔豪森而言，以色列宗教的演进，可以通过对圣经中形成于公元前 10 世纪及之后的著述来源进行比较而发现。而古克尔认为这已经为时过晚，他的研究旨趣在于以色列城邦发展的前期。他在五经故事传说中，尤其是在

---

① Marvin A. Sweeney, "Form Criticism", in Steven L. McKenzie and Stephen R. Haynes eds. , *To Each Its Own Meaning: An Introduction to Biblical Criticisms and Their Application* (Louisville: Westminster John Knox Press, 1999), p. 65.

② Marvin A. Sweeney, "Form Criticism: The Question of the Endangered Matriarchs in Genesis", in Joel M. LeMon & Kent Harold Richards eds. , *Method Matters: Essays on the Interpretation of the Hebrew Bible in Honor of David L. Petersen* (Atlanta: SBL, 2009), p. 19.

细微的形式单元里，发现了蕴藏其中的口述传统，并认为这些传统可以通过由简至繁的形式演变而被展现。来源批判与形式批判自身有无法克服的局限，都有强烈的预设成分以及由此而来的含混性。但是，它们有两个显著的特点，最终促使以冯拉德与诺特为代表的传统历史方法（tradition – history method）的形成。这两个特点，一是认为文本的形成经历了漫长的过程；二是认为重要的文学著述，可以通过口述的方式被生产、记忆和传播。[1] 就此而言，传统历史方法同来源批判与形式批判有着密切的交集，并行不悖，只是关注的重点有所不同。[2] 而传统历史方法的重点，在于试图整理与呈现最终来源文献的作者如何以他们自身的方式塑造传统，同时，建构传统流传的历史过程。

传统历史方法又称传统历史批判（tradition – historical criticism）。这里的传统，既可以指一种传统的内容经历不同的阶段而得到发展，也可以指其传递的过程。圣经形式批判学家古克尔与奥特，在时间与空间上对口述传统的定位进行了例证。他们认为有关族长与摩西传统的单个故事，可能同一个特定的地方发生关联，诸如伯特利的圣所，成为某一部落或氏族的特定产物，并通过口述的方式代代相传。当以色列部落或氏族日益强大，最终形成一个大的政治实体的时候，也就是十二支派在士师时期或联合王朝时期实现联盟的时候，各个部族的单个传统相互融汇，从而成为整个民族拥有的独特的文化遗产。传统历史方法继承并拓展了来源批判与形式批判，其重点在于解释个别的传统叙述如何经历漫长的

---

① Douglas A. Knight, "Traditio – Historical Criticism: The Development of the Covenant Code", in Joel M. LeMon & Kent Harold Richards eds. , *Method Matters: Essays on the Interpretation of the Hebrew Bible in Honor of David L. Petersen*, p. 98.

② 有学者认为这一方法是形式批判研究的一个分支。参 Gene M. Tucker, *Form Criticism of the Old Testament*, *Guides to Biblical Scholarship* (Philadelphia: Fortress, 1971)。John Barton, *Reading the Old Testament* (Philadelphia: Westminster, 1984)。甚至那些拥护传统历史的学者也持类似的观点。参 Douglas A. Knight, *Rediscovering the Traditions of Israel* (3rd ed. , SBL 16; Atlanta: Society of Biblical Literature; Leiden: Brill, 2006), pp. 193 – 194。由于传统历史批判的目的，是在漫长的历史当中，建构某一传统或传统单元生成与发展的不同阶段，探讨它们如何最终成为以古代以色列生活为特征的智性思潮。为了实现这一目的，传统历史批判有必要运用文本批判、来源批判、形式批判与编修批判的成果，其中，形式批判在传统历史方面扮演了关键的角色。参 Robert A. Di Vito, "Tradition – Historical Criticism", in Steven L. McKenzie and Stephen R. Haynes eds. , *To Each Its Own Meaning: An Introduction to Biblical Criticism and Their Application* (Louisville: Westminster John Knox Press, 1999), pp. 91 – 92。

历史过程而最终汇合，并成为一个更大的传统或者长篇著述的一部分。它关注圣经中重要的文本构成，关注它们如何通过口述的方式而被记述、建构与流传。其中，固定的"作者"角色被淡化，取而代之的，是特定的团体，或整个社群与世代，他们成为文献的创造者。也就是说，这一方法更多关注的是圣经文本发展的著述阶段，同时关注口述传统与著述文本之间交接与流传的过程，强调传统在塑造圣经文本的形成中所扮演的角色。由于传统历史方法以最终文本的形成为重点，探讨促使著述文本产生而进行的选择、排列整理与增补的建构性过程，并不在意作者身份，因此，这一方法通常与编修批判（redaction criticism）密切相关。[①]作为奥特的两个得意门生，拉德与诺特主导了二战以来对五经之传统历史的讨论，其影响力不可小视。

一 拉德论六经之传统

拉德对圣经的批判诠释，在于试图解释五经以特殊的形式呈现的缘由与过程。也就是说，为何传统的各种单元不是随意地堆积在一个集子里，而是被放置在具有历史次序的文本叙述中，正如我们现在所看到的？这显然不是个意外。拉德首先注意到：来源批判与形式批判都不能解释与呈现来源文献最终形式的有机结构与整体统一。1938 年，拉德出版了《六经的形式批判问题》（*Das formgeschichtlich Problem des Hexateuchs*），运用传统与历史的概念，对以上的追问进行了深入细致的研讨。拉德对古克尔的观念进行了批判性的拓展，否认耶典与神典只是代表了述说故事的学派。在一种仪式的形式里，在用作信条的历史述评中，拉德发现了他针对形式批判问题的答案。这就是《申命记》26：5 - 9 中所说的：

---

① 有些学者将拉德与诺特视为编修批判之先驱，尽管拉德与诺特都不用"编修批判"这一术语，而且他们认为自己并没有对五经的编写者提出任何超越前辈的建议。拉德的弟子科赫（Klaus Koch）提出以编修批判替代传统历史方法，试图呈现五经由起初的著述到"最终编修形式"的文本历史过程。他将"编修者"理解为文本的"修订者"与诠释者。参 Klaus Koch，*The Growth of the Biblical Tradition：The Form - Critical Method*（New York：Scribner's，1969），pp. 57 - 67。另参 M. E. Biddle，"Source，Form，and Redaction Criticism"，in *Methods of Biblical Interpretation*，foreword by Douglas A. Knight（Nashville：Abingdon Press，2004），pp. 135 - 139。

　　我祖原是个将亡的亚兰人，下到埃及寄居。他们人口稀少，在那里却成了又大、又强、人数很多的国民。埃及人恶待我们，苦害我们，将苦工加在我们身上。于是我们哀求耶和华我们列祖的神，耶和华听见我们的声音，看见我们所受的困苦、劳碌、欺压，他就用大能的手和伸出来的臂膀，并大可畏的事与神迹奇事，领我们出了埃及，将我们领进这地方，把这流奶与蜜之地赐给我们。

　　拉德称此为"简短的历史信条"（short historical creed）。① 拉德认为这一信条形成了六经（Hexateuch）的雏形，也是救赎历史（*Heilsgeschich-te*）与扩展耶典来源的历史基础。六经是指《创世记》至《约书亚记》的书卷，拉德认为它们展现了以上的历史叙述，构成了一个连贯的整体。拉德强调《约书亚记》中的叙述同五经的来源有着紧密的关联，不能将之分离于五经而被单独处理。他指出："我们必须要反对的，是将《约书亚记》的文学问题同整个六经的问题孤立开来，《约书亚记》的来源在形式上代表了一个单一的整体。"② 也就是说，正如《民数记》被归入六经的基本形式，作为从创造到定居的历史的文学形式，《约书亚记》中有关征服的叙述，同样是六经的重要组成部分。拉德始终倡导六经的完整性。在其后来出版的《〈创世记〉释义》（*Genesis*）中，他认为"自《创世记》至《约书亚记》的书卷，是由几个持续连贯的文献构成的，而这些文献由编修者巧妙地汇编在一起"③。同时，拉德意识到历史信条并没有提到西奈与颁布律法的事件，而是出埃及之后直接进入对定居之地的征服，因此，他认为律法传统是独立的，在单独的节期被庆祝，只是在后来同出埃及与征服的传统相结合，而且，族长的传统也作为新的主题而加插在救赎事件的开端。也就是说，救赎历史与遵从神圣律法作为历史与律法的两大基本形式，在六经里得到统一。

　　在耶典文献里，拉德看到了这一救赎史是如何进入论及以色列起源的历史编纂中的。他认为耶典作者在将各种各样的传统融汇到一个连贯

① 另参见《申命记》6：20–24 和《约书亚记》24：2–13，它们是类似的历史叙述。这种历史重述，旨在追溯民族的起源、救赎与身份。

② Gerhard von Rad, *The Problem of the Hexateuch and Other Essays*, p. 76.

③ Gerhard von Rad, *Genesis* (Philadelphia: Westminster, 1972), p. 24.

的叙述的过程中，扮演了关键的角色。首先，耶典作者将《创世记》2-11 章的原初史放在圣经的开篇，接着是关于族长的叙述（创 12-50），紧随其后的是出埃及、旷野以及定居传统，最后，加插了西奈山颁布律法的叙述。因此，除了对"定居传统"（settlement tradition）进行结构复杂的详述之外，耶典作者将西奈颁布律法的传统加插在旷野之旅的传统中，同时将大量而丰富的族长传统通过应许土地的方式整合进入这一框架里，使之同最终在定居之地实现应许产生关联，并同原初史的宇宙论语境相呼应。因此在拉德眼里，耶典作者不仅是传统的搜集者，是讲故事者与汇编者，而且也是历史学家与神学家，因为正是这一作者，首次将西奈传统同旷野游荡与征服应许之地的叙述相结合。同时，拉德认为我们在耶典作品中看到的一切，是通过众多世代的努力，不断添加旧的传统资料而逐步形成的。拉德认为耶典作者运用了简单的传统模式，即救赎史，将大量的资料进行汇集，并使之成为整体的一部分。于是，他指出："一个单一的计划控制了全局，像（六经）这样一个庞大的结构，若不是全局应对一个单一的计划，就不会自然地形成自身的协调一致。"① 也就是说，耶典作者将纷繁复杂的资料以自己的意愿进行了协调和整合，从而成就了六经连贯的叙述。这是一个错综复杂的过程，其中，"众多的年代、人、传统与神学家投入到了这一恢宏的作品中"②。

基本上，拉德认可早期的形式批判研究。在拉德所处的时代，释经者极少用"传统历史"这一概念。拉德将他的作品视为对古克尔的承袭，因此在书名里，他沿用了"形式批判"，并受其限制。在六经里，他认为起初独立的传统，诸如出埃及的故事、定居传统、西奈传统与族长传统，都有其自身的发展历史，并构成了耶典作品的基础。此外，这一系列独立的原初传统，被耶典作者交织成六经的序曲。但是，最终的结果不只是形成了一个传统的汇集，而且是一个史学家的作品，一个对宇宙历史以及以色列的过去充满意识形态与神学理解的作品。在其两卷本的《〈旧约〉神学》（Old Testament Theology）中，拉德明确指出以色列历史编纂

---

① Gerhard von Rad, *The Problem of the Hexateuch and Other Essays*, p. 51.
② Ibid., p. 77.

学在所罗门时代兴起，强调耶典作品的意识形态及其神学视角。[①] 关于六经的编纂，拉德指出六经的形式已经完全被耶典作者所限定。[②] 相较于古克尔只确定祭司典作者为五经的作者，拉德则认为耶典与祭司典作者同样为六经的作者，只是前者采用"完全非仪式的，几乎是世俗的方式"呈现历史，而后者关注的是"祭司的仪式思想的模式"。[③]

二 诺特与五经传统之历史

20 世纪 30 年代，诺特最初的著述并没有以《希伯来圣经》中的具体文本为考察的中心，而是关注传统可能被产生与保留的历史处境（historical context）。[④] 其中，他认为在君王制之前，以色列的十二支派形成了邻邦联盟，在特定的仪式地点定期聚集，发展了共同的仪式实践，决定部落的重大事宜。直到公元前 586 年耶路撒冷沦陷，这一邻邦联盟一直是形成众多部族传统的渊源，并最终促成了五经的产生。40年代，诺特的研究以圣经传统历史为重点，探讨以色列的早期历史。1943 年，也就是在二战期间，诺特的重要著作《传统历史研究》（*Überlieferungeschichtliche Studien*）[⑤] 细致地探讨了"整个《旧约》中的历史传统"。他认为这些历史传统包含在几个大的汇编当中。他所谓的几大历史传统之汇编，是指五经、申命学派的历史作品以及历代志作者的作品。在《传统历史研究》中，基于语言学、文学风格和年代顺序的排列，他将《约书亚记》《士师记》《撒母耳记》与《列王纪》称为

---

① Gerhard von Rad, *Old Testament Theology*, vol. 1 (New York: Harper & Row, 1962), pp. 51 – 52. 由于拉德对《旧约》神学的建构与贡献，他同时被视为当代重要的神学家之一，与巴特（Karl Barth）、布伯（Martin Buber）以及施莱尔马赫（Friedrich Schleiermacher）等列入当代神学思想家系列。参 James L. Crenshaw, *Gerhard von Rad* (Waco: Word Books, 1978)。

② Gerhard von Rad, *The Problem of the Hexateuch and Other Essays*, p. 74.

③ Ibid. , pp. 76 – 77.

④ 参 Martin Noth, *Das System der zwölf Stämme Israels* (Stuttgart: Kohlhammer, 1930)。有关诺特的生平、著作与学术研究，参 Steven L. Mckenzie and M. Patrick Graham eds. , *The History of Israel's Traditions: The Heritage of Martin Noth* (Sheffield: Sheffield Academic Press, 1994)。

⑤ 德文版分为两章，分别论及申命学派的历史与历代志作品，英文版只译了第一章的内容，因此译名为《申命学派历史》。参 Martin Noth, *The Deuteronomistic History* (JSOTSup 15; Sheffield: JSOT Press, 1981)。

申命记作者的作品，认为其具有文学的统一性，简称 Dtr，并将之追溯于被掳时期。①

他指出："申命记作者的作品，运用了来自传统的资料，在《约书亚记》至《列王纪》的书卷里，将其民族的历史安排在一个统一的计划里，并依据主题内容将之进行划分。"② 因此，从形式到内容，申命记作者的作品都具有连贯性与统一性。这些作品具有申命记的特征，是没有异议的，但要将之视为一个统一的集子，是否是单一作者或编者所为，则有待商榷。但诺特认为《创世记》至《民数记》的书卷，没有申命记的特征。在诺特看来，申命记的作者不只是个对传统的汇编者，也是著述者与历史学家。这一观点同当时兴起的编修假设（redactional hypothesis）或编修批判（redaction criticism）的学术研究相一致。1947 年，拉德在一篇题为《〈列王纪〉中的申命记的历史神学》③ 一文中，对此做出赞赏性的回应。在方法论上，拉德与诺特都紧密跟随古克尔，但在后来理解有关古代以色列的历史著述中，正如拉德将耶典作者视为历史学家一样，诺特将申命记作者看成是真正的历史学家。尽管拉德也谈论贯穿于《士师记》至《列王纪》中的申命派的历史学家，但他更侧重于神学的视角。

1948 年，诺特在其著名的《五经传统的历史》（*Überlieferungeschichte*

---

① 诺特的这一提法对后来的圣经历史批判研究影响深远。以此为基础，学者将申命学派历史的编修依据不同的阶段，进行了更为细致的划分。有的将申命学派历史之编修分为两个阶段，即 Dtr¹ 与 Dtr²，并将诺特追溯的被掳年代运用于第二阶段；有的将这一历史的编修分为三个阶段，即 DtrG、DtrP 与 DtrN，认为诺特的年代追溯适用于前两个阶段。参 Raymond F. Person Jr. , *The Deuteronomic History and the Book of Chronicles*：*Scribal Works in a Oral World*（Atlanta：SBL, 2010），pp. 2 – 10。总之，诺特之后，有关申命学派历史之编修的学术讨论，有诸多的丰富与发展，但都可以回溯至诺特。最新的相关研究，是将这一历史的编修推至波斯时期，并指明其深受诺特之观念的影响。比如，罗默（Thomas Römer）指出诺特的《传统历史研究》"虽是本小书，但证明是对《希伯来圣经》学术研究最具影响的贡献之一"。参 Thomas Römer, *The So – Called Deuteronomistic History*：*A Sociological*，*Historical and Literary Introduction*（New York：T & T Clark, 2007），p. 23。有关波斯时期的论述，参第三章与第六章。另参 Jon L. Berquist, "Identities and Empire：Historiographic Questions for the Deuteronomistic History in the Persian Period," in Louis C. Jonker ed. , *Historiography and Identity*：（*Re*）*formulation in Second Temple Historiographical Literature*（London：T & T Clark, 2010），pp. 3 – 13。

② Martin Noth, *The Deuteronomistic History*, p. 9.

③ 英文版收入 Gerhard von Rad, *The Problem of the Hexateuch and Other Essays*, pp. 205 – 221。

des Pentateuch）① 中，重点探讨了五经中的传统历史，并有所不同于拉德，而且，对拉德视耶典作者为六经之历史学家的观点提出挑战。诺特开宗明义，指出其研究五经传统之历史的任务，在于探讨整个传统由始至终的生成与发展，赋予五经基本的形状（essential shape）。② 诺特认为五经最初是由五个独立的传统或主题组成，即出埃及、进入迦南之地、对族长的应许、旷野中的指引与西奈山的启示。③ 这些传统的结合发生在士师与十二支派时期，那时著述还没有形成。五经的著述者，比如耶典的作者是诸传统的搜集者与记录者。每一个传统都有自身单独而复杂的发展过程，比如，亚伯拉罕、以撒与雅各的叙述最初各属不同的地区：雅各的传统是在北部与巴勒斯坦中部（即示剑与伯特利），亚伯拉罕的传统在约旦的希伯伦丘陵地带，而以撒的传统在别是巴的南部。这些不同的传统后来通过族谱体系的方式相结合。亚伯拉罕成为以撒的父亲，而以撒是雅各的父亲。类似的发展可适用于其他主要的五经传统。这种解释方式，即个别的故事叙述如何最终相结合并构成一个长篇著述的一部分，成为传统历史方法的缩影。④ 总之，单独的传统最终融合，扩张并充实了五经的主题，使之交互连接。

诺特认为五经的形成早于其文学著述，书面化的固定只是赋予了其最终的形式。因此，五经应不同于申命学派历史而被处理。从五经的文学来源看，他认为五经并没有一个"作者"。即便是所谓的五经来源的最初作者，最终编修了五经，也不能被认为是"作者"。因为，这些"作者"的作品，尽管有效而富有意义，促成了作品的最后形成，但是他们没有赋予作品基本的形式。⑤ 诺特声称接受拉德的"简短信条"，并将之作为研究的起点，但实际上，诺特将这一历史信条替换为一些单独的自白主题，而这些主题出现在邻邦联盟的仪式中。诺特认为：五经的基本形式，并不是随着个别传统的实质性结合与整理而最终出现的，相反，

① 英文版参 Martin Noth，*A History of Pentateuchal Tradition*，trans. by B. W. Anderson（Englewood Cliffs：Prentice – Hall，1972）。

② Martin Noth，*A History of Pentateuchal Tradition*，p. 1.

③ Ibid.，pp. 38 – 41.

④ 参 John van Seters，*The Pentateuch：A Social – Science Commentary*（Sheffield：Sheffield Academic Press，1999），pp. 46 – 47。

⑤ Martin Noth，*The Deuteronomistic History*，p. 2.

这一形式在传统历史的开始阶段就已经存在，存在于对以色列部族的信仰具有重要意义的小系列主题中。反过来，这些主题构成了在特定的仪式庆典中念诵的"自我告白"的内容。存在于早期仪式中的主题性轮廓，被日渐加增的个别传统所丰富和充实。① 在圣经当中，每个主题是分散的，并没有独立的起源和特定主题的发展。因此，对诺特而言，并不存在形成基础和启发耶典历史的历史信条，也没有自白悔罪主题的生活场景。既然如此，很难相信出埃及的传统与定居的传统是彼此独立的，而且，也很难断定旷野的传统可以离开以上二者而独立存在。②

诺特认为传统的主题，历经了漫长的层层叠加的过程并最终经编者融汇而形成。对诺特而言，这一过程完成于前文字时期，或前城邦时期。这也是五经形成的关键时期，那时，构成五经的实质性素材已经存在，后来的著述只是以文字将其最终形式固定下来。③ 诺特为了区别于拉德的六经，并使申命学派历史成为一个独立的单元，他提出了四经（Tetrateuch）的概念。他认为由《创世记》至《民数记》的四部书卷构成了一个完整的著述单元，而《申命记》同《约书亚记》至《列王纪》的书卷相关。他认为《申命记》第 34 章中有关摩西逝世的叙述，最初属于《民数记》，在四经与申命学派历史相连接的时候才被转换至《申命记》中。④ 但是，在四经里，对土地的应许没能实现。关于耶典来源的看法，诺特也显然不同于拉德。诺特认为五经传统的实质内容，除了《创世记》1－11 章的原初史部分，都汇集在 G 典（Grundlage，意为"基础"）中，而 G 典是一个重要的传统，形成于耶典之前，是五经发展过程的根基或基础。正是 G 典的作者，对耶典与神典之相似性做出了解释。此外，诺特并不重视耶典作者的作用和影响。关于耶典、神典与祭司典的结合，诺特指出：那是个纯粹的文学作品，既没有新的传统资料，也没有对资料进行解释的新观点，那只是个各种来源互相合并的过程。耶典与神典

---

① Martin Noth, *A History of Pentateuchal Tradition*, p. 2.
② John van Seters, *The Edited Bible: The Curious History of the "Editor" in Biblical Criticism* (Winona Lake: Eisenbrauns, 2006), p. 266.
③ Martin Noth, *The Deuteronomistic History*, pp. 1 － 2. 梵赛特（John van Seters）认为这一论断过于武断。参 Ibid., p. 265。
④ Martin Noth, *The Deuteronomistic History*, p. 60.

的结合比较复杂，因为涉及内容的重复，而且，古老的传统被添加到了祭司典叙述的文学框架中。[1] 无论来源与来源之间的传统资料在风格上如何地不协调与不同，完整的五经即最终的产物，是个"极其紧凑的集子"。这个历经编修的作品，是在对传统资料进行预设的基础上完成的。[2]

在诺特与拉德的传统历史方法里，我们看到这一方法对圣经研究中两个关键议题的意义。这两个议题分别是著述以色列史与理解《希伯来圣经》的神学。诺特关注的是历史事件，而拉德追寻的是传统历史对神学的应用。[3] 诺特对以色列史的概述形成于1950年，他通过五经建构这一历史。[4] 基本上，他将以色列史追溯到公元前1200年以前，尽管还没有考古发现可以证明这个"以色列"的存在。诺特依据流传的传统论述以色列史。关于族长、出埃及、旷野游荡、西奈之约与进入迦南地的叙述，对诺特而言，这些传统并不能针对它们所描述的时期与事件提供可靠的信息，但是，它们确实能够反映铁器时代早期的以色列人的生活面貌。部落联盟与仪式中心的结合，成为传统滋生的温床。但是，对拉德而言，传统历史与神学是相互交织的。如前所述，拉德关注历史信条的陈述，运用传统的内容及其流传的过程，说明以色列人如何认识上帝并与之谈论他们的历史。在新的时代，拉德认为诠释、重述与重塑旧传统是极其重要的，因为它显示了人们努力去理解他们的过往与当下。他认为："即便是起初独立的两个传统单元最为简单的融合，本身都已经是一种神学诠释的过程。"[5] 也就是说，传统的生成与变化，同人们当下的神学诉求相一致。

三　方法论的预设与困境

迄今为止，有关圣经之传统历史的研究，可谓歧义纷呈，因为传统历史方法的关注点不仅在于著述文本，也包括文本著述的前期阶段。为

---

① Martin Noth, *A History of Pentateuchal Tradition*, pp. 248 – 249.

② Ibid., p. 250.

③ Douglas A. Knight, "Traditio – Historical Criticism: The Development of the Covenant Code", pp. 101 – 102.

④ Martin Noth, *The History of Israel*, trans. by S. Godman (London: Black, 1958). 其德文原版，参 Martin Noth, *Geschichte Israels* (Göttingen: Vandenhoeck & Ruprecht, 1950)。

⑤ Gerhard von Rad, *Old Testament Theology*, vol. 1, p. 5.

了探讨传统的流变过程，这一方法同样基于大胆的假设，去试图呈现传统生成与发展的历史。如此，这一假设难免过于简单与自信，有时甚至难以界定传统的历史与传统的历史性之间的分别。传统中不可还原的部分被当作是历史的，而那些次要的部分，不是认为在历史上不可信，就是被视作一种独立的历史基础。① "原初性"（originality）本身就能够解决这些传统的历史性的问题吗？以什么样的标准确定传统中主要与次要的元素？比如，诺特认为最早形成于小单元中的传统，具有简明扼要的风格，而且，仪式传统早于世俗传统。这样的论断基本上都已经被否定。② 同时，诺特相信其所建构的传统历史已经触及 "历史存在的基石"，但实际上，他有关五经主题的独特历史事件的相关理论，反而限制了他传统历史研究之真正目标的实现。③ 此外，拉德的 "历史信条" 被证明属君王制晚期或被掳时期的产物，并不古老。诺特将五经的形成依赖于君王制前的十二支派与邻邦联盟，但这种观点在《士师记》中没有依据，并被认为具有希腊渊源，而且，其各传统之关系的论述具有较强的主观臆测成分。④

　　大致而言，传统历史方法所遵循的理论预设主要有以下十点。（1）在古代以色列，口述世界起着主导作用，是表达、记忆、文学创作与接受的处境。（2）对传统的创造性著述，特别是故事叙述、诗歌、律法、箴言，甚至是族谱，都可能经历口述阶段。（3）在文盲或半文盲的社会场景中，记忆是不容忽略的，重要的资料在没有书面援助的情况下能够被记忆与传诵。（4）传统最初是简短的，并随着时间的转移而被渲染润色。（5）同时，传统是相互联系的，而且，常同其他类似或相关的传统相融合。（6）在古代以色列，专业人员才有资格著述和保留重要的文本，服务于君王、圣殿与精英阶层，因此，当口述传统对起源做出解释并在前

---

① Thomas L. Thompson, "The Joseph – Moses Traditions and Pentateuchal Criticism", in J. H. Hayes and L. M. Miller eds., *Israelite and Judean History* (Philadelphia: Westminster, 1977), pp. 170 – 171.

② Bernhard W. Anderson, "Introduction: Martin Noth's Tradition – Historical Approach in the Context of Twentieth Century Biblical Research", in Martin Noth, *A History of Pentateuchal Traditions*, pp. xxiii – xxiv.

③ Ibid., pp. xviii – xxi.

④ John van Seters, *The Pentateuch: A Social – Science Commentary*, p. 49.

文字时期开始流传的时候，专业的抄写员与案卷保管员在记录与编辑这些传统中扮演着重要角色。（7）在口述阶段，甚至在正典化之前的著述阶段，流传的过程是不稳定的。传统与文本不断地被修订与重新解释，并融汇其他资料，直到它们最终以著述的形式固定下来，而这一过程直到波斯时期与希腊化时期，甚至罗马化时期才停止。虽然直到希腊化与罗马化时期正典化才发生，但是代代相传的资料依然具有权威性。（8）确定《希伯来圣经》任一部分的"作者"是不重要的。通常，各种文献资料的发起者与传递者是一些团体，而这些团体常常同古代以色列的公共权力机构相联系，比如部落、宗派、皇室、祭司与先知等。（9）一个文本的传统历史需要同当时人们所认识的历史相整合。（10）传统历史研究的结果是假设的，尽管它们在表面上是可信的。这些结果可以被视为不是"真实的"，却是有效的或可接受的，直到有一天有更多的依据出现，或者另一种假设得到发展，并给出更令人信服的依据。①

　　因此，在方法论的意义上，传统历史方法存在几个方面的问题。首先，这一方法论及古代以色列社会前文字阶段的传统，探讨传统如何通过口述的方式进行流传，但是，我们没有能力只是依据当前的著述文献去追溯或重构某一传统的前著述时期，我们无法知道著述的希伯来文与口述的希伯来文怎样发生关联。其次，这一方法试图将传统的各种重构的口述形式同假设的社会场景发生关联，比如诺特的邻邦联盟，这涉及如何进入以色列史的遥远年代去确定传统的稳定性的问题。在传统流传的过程中，其形式与内容都在发生变化，尽管拉德与诺特也坚持流传过程中的"精确性"（fidelity），但是，早期的研究夸大了记忆在口述传统中的作用，并忽略了它所受到的处境与形式的限制。拉德与诺特对口述传统的运用，限定于以色列历史的最初阶段，但是，口述传统贯穿了整个以色列史。最后，传统历史方法存在的一个重要问题，是如何看待对族长的神圣应许，以及同其他主要传统（出埃及与进入应许之地）之间的关系。因此，自拉德与诺特以来，对传统历史方法的质疑多集中在以下几个方面：对文本的传统历史分析能否产生历史学家可以运用的成果？

---

①　Douglas A. Knight, "Traditio – Historical Criticism: The Development of the Covenant Code", p. 105.

圣经诠释的历史与方法

相较于对文本的内在研究，考古发现不能提供更为可靠的历史证据吗？古代的口述传统太复杂难懂，以至于不能从容地被研究吗？传统历史学家对文本的史前史探讨过于精细，是否会降低其可信度？如果传统历史方法包含了其他的释经方法，那么，它特定的贡献是否会丧失？主张传统历史方法的学者，是否会考虑到自20世纪60年代以来产生的各种新的研究方法与议题？① 诸如此类的疑问，一直困扰着坚持传统历史批判的学者们，并引发着各种各样的争论。

拉德与诺特的后继者对其理论方法进行了修正。比如，拉德的弟子科赫对拉德提出批评，他认为对口述传统的研究，表明五经的首批作者并无任何原创性的内容，这批作者应被归为参与了编修的过程（redactional process）。因此，拉德整个的"六经形式批判的问题"以及诺特对申命学派历史和五经的研究，都属于"编修历史"的研究。② 拉德的另一个弟子伦托夫也对其传统历史方法提出质疑。伦托夫解构了拉德有关耶典为神学家的观点，驳斥拉德的六经为神学视角的意识形态化的产物，并对五经中的来源与传统的流传过程做出讨论。③ 伦托夫对诺特有关G典将各传统融汇为最终形式的观点提出质疑，否认G典存在的独立性，也抛弃了邻邦联盟的仪式的生活场景，但他坚持个别的传统单元一定单独存在于某处，只是不像诺特那样，将每一种传统放置到不同的社会与历史场景中。④ 迄今为止，围绕传统历史的各种争论仍在继续，并未达成普遍的共识。对传统历史方法的运用与发挥，除了德国学者之外，还有斯堪的纳维亚的学者，他们对这一方法的弘扬同样做出了重大贡献。诸如，丹麦的拉曼（Edvard Lehmann）与奥利克（Axel Olrik），挪威的莫文克，

---

① Douglas A. Knight, "Traditio – Historical Criticism: The Development of the Covenant Code", p. 104.
② Klaus Koch, *The Growth of the Biblical Tradition: The Form – Critical Method*, pp. 65 – 66.
③ 伦托夫认为神学主题的发展，有其自身内部的惯性（internal inertia），不会在意其他的传统单元，只是在晚期编修与申命记化的过程中才与其他的传统相遇。他以此方法说明族长传统。伦托夫力图证明在编修上同出埃及的叙述相连接之前，这些传统的发展是个缓慢的过程，历经众多世代的增补，才达到最终的主体部分。参 Rolf Rendtorff, *The Problem of the Process of Transmission in the Pentateuch* (JSOTSup 89; Sheffield: JSOT Press, 1990)。该著作德文本参 *Das überlieferungsgeschichtliche Problem des Penatueuch* (BZAW 147; Berlin: De Gruyter, 1977)。
④ Rolf Rendtorff, *The Problem of the Process of Transmission in the Pentateuch*, p. 205.

瑞典的索德布伦（Nathan Söderblom）和英格尔（Ivan Engnell）等。他们的成就，一样不容被漠视。诚然，传统历史批判同其他圣经批判理论一样，并非一种一劳永逸的方法，因为圣经文本本身是可变的，而赋予既有文本的意义常常是多元的，而且是难以捉摸的。对传统的诠释是个主观多于客观的活动，因为，我们对传统形成的社会、政治与宗教背景知之甚少。如前所述，传统历史的释经方法引发了诸多的问题与困境，但是，各种预设的灵活性与易曲性，为重构史前文本打开了大门，并具有各种的可能性。

第十一章

圣经诠释的社会科学方法

社会科学方法又称社会科学批判（social - scientific criticism）。从广义而言，圣经诠释的社会科学批判，是将相关的方法与理论运用于圣经文本，试图重构这些文本背后的社会世界，同时，说明人们在这一世界的社会生活。这一方法的应用反映了一种范式转移（paradigm shift），即疏离历史批评家与圣经神学家的读经模式，意识到这些旧的模式在反映圣经文本之社会世界方面的局限性。通过社会科学而生成的新理论，为圣经学者提供了新的模式去理解圣经世界的社会与宗教现象。社会科学批判的模式与进路，涵盖社会科学的各种分支学科，它们将圣经视为一个社会文本而进行分析。这些分支学科当中，最为重要的是社会学，它旨在定位与分析能够为社会变化提供一般规律的社会行为的模式。其次，是人类学与考古学，它们并不意在揭示一般规律，而是关注对人类行为的比较研究。① 此外，还有政治学、心理学与经济学等，它们也为圣经研究提供了重要的社会科学的视角。以上这些方法的结合与运用，使圣经研究者有可能从不同的角度，重构圣经文本丰富的社会维度。现代历史研究通常伴随社会方面的旨趣，它离不开社会或社会学的意识与概念。因此，圣经研究中的社会科学批判，是圣经历史批判的一部分。

第一节　社会学的视角

对圣经的社会学批判，就是以研究社会现实的理论与方法，系统地

---

① 对《旧约》进行社会学、考古学与人类学的研究，国内学者的引介与讨论，参梁工主编《西方圣经批评引论》，商务印书馆，2006，第 261－278 页。

考察与分析圣经中社会群体的行为及其意义。对圣经的社会科学批判，并没有一个固定的模式，但有的学者将之更多地局限于社会学的视角。[①] 对圣经的社会学研究，是以圣经文本中的社会行为模式为基础，"既要反映圣经文本中描述的社会世界，也要表现文本背后的社会世界，即产生文本的那个世界"[②]。20 世纪，对圣经的社会学批判，理论基础得益于杜尔凯姆（Emile Durkheim，1858 – 1917）、韦伯（Max Weber，1864 – 1920）与马克思（Karl Marx，1818 – 1883）的相关建树与贡献。杜尔凯姆将宗教信仰理解为社会事实与维护群体凝聚的力量；而韦伯痴迷于宗教与经济之间的相互作用，并对权力中传统的、克里斯玛式的与官僚体制的形式进行了分析；马克思则对生产模式进行了分析，并全面掌握了政治经济对社会结构与意识形态所具有的调节力量。这些社会学理论，起初用来理解古代以色列的宗教，说明宗教是揭示《希伯来圣经》之社会起源的关键，而且，《希伯来圣经》中描述的早期以色列的宗教，正是其社会结构之特征的一种表达。虽然，很多学者认为社会学批判的方法新近才被加入圣经诠释的行列，但是，对社会进程进行分析，并将之视为圣经文本形成的原因之一，在释经史上是有历史渊源的。因为，在圣经传统中，一个重要的主题是如何论及以色列群体。显然，在圣经中，以色列的社会组织呈现了不同的形式，并经历了漫长的发展历史。早在中世纪的学者，比如犹太释经者拉什（Rashi，1040 – 1105）以及梅尔（Samuel ben Meir，1085 – 1175）等，在评注《希伯来圣经》与《塔木德》时，就开始关注与理解文本周遭的文化，而不只是限于流行的寓意解经。文艺复兴时期的学者已开始关注古代以色列与古代近东其他民族之间的跨文化联系。20 世纪初，芝加哥社会分析学派产生，其中，芝加哥大学的瓦利斯（Louis Wallis）对古代以色列的起源做出了社会学的分析。在他看来，圣经宗教不是城乡之间阶级斗争的原因，而是结果。[③]

　　随着韦伯《古代犹太教》（*Ancient Judaism*）的出版，以社会学的视

---

① Dale B. Martin, "Social – Scientific Criticism", in Steven L. McKenzie and Stephen R. Haynes eds. , *To Each Its Own Meaning*: *An Introduction to Biblical Criticism and Their Application* (Louisville: Westminster John Knox Press, 1999), pp. 125 – 141.

② Naomi Steinberg, "Sociological Approaches: Toward a Sociology of Childhood in the Hebrew Bible", in Joel M. LeMon & Kent Harold Richards eds. , *Method Matters*: *Essays on the Interpretation of the Hebrew Bible in Honor of David L. Petersen* (Atlanta: SBL, 2009), p. 251.

③ Louis Wallis, *God and the Social Process* (Chicago: University of Chicago Press, 1935).

角进入《希伯来圣经》的研究取得了重大的突破与进展。[①] 韦伯受到神学方面的影响，这主要来自索尔姆（Rudolph Sohm）与哈那克（Adolf von Harnack）之间的辩论，同时，还有威尔豪森对古代以色列之社会发展的分析。[②] 此外，韦伯也深受马克思的经济与社会理论的影响，只是，马克思强调经济对社会发展的决定作用，但韦伯提倡的是共同的精神与价值对社会的驱动与塑造，以抗衡马克思的辩证唯物主义。在《古代犹太教》里，韦伯对《希伯来圣经》进行了持续连贯的社会学分析，并将之作为其资本主义理论的依据。韦伯对古代以色列的建构描述了一个依赖于两种经济基础的社会，这两种基础是半游牧群体与定居的农业者。二者之间的结合，通过他们对约以及历史中特定时刻出现的克里斯玛个体权威的共同委身而被巩固。这个松散地组织在一起的混合社群，随着时光的变迁，逐步演变为一个具有等级制的结构，日益侵蚀着以家庭为单位的自由与权威，从而为自身篡夺了权力。韦伯认为在君王制的开始阶段，它所导致的社会的分层形成了地主与失地农民。这种经济上的区分、腐败与剥削，最终导致的是对先知的关注。先知利用约的传统以及前君王制时期存在的社会平等抗议这一不公正的制度。因此，韦伯对古代以色列的重构，探讨了社会制度的变化，以及相对应的政治与经济条件的变化。韦伯还有探讨圣经之《诗篇》与《约伯记》等书卷的研究计划，但因1920年的离世而搁浅。在20世纪30年代，韦伯的对古代以色列进行分析的宗教社会学理论，被洛兹（A. Lods）和科斯（A. Causse）进一步发展，他们都注意到本土的迦南人与游牧的以色列人之间的紧张关系。[③]

　　20世纪的60年代与70年代是一个重要的分水岭，因为涌现出了大批的学者，他们运用社会科学批判的理论与方法重构古代以色列史。其

---

① 1917-1919年间，此著作的德文版最初以文章的形式发表在期刊上。在韦伯逝后的1920-1921年间，他的妻子将之作为《宗教社会学》的第三部分结集出版。英文版出版于1952年，参 Max Weber, *Ancient Judaism*（Free Press, 1952）。关于此著作对后世圣经批判的影响，参 Irving M. Zeitlin, *Ancient Judaism: Biblical Criticism from Max Weber to the Present*（Oxford: Polity Press, 1986）。

② 韦伯有关"克里斯玛"（charismatic）的概念，就是借自索尔姆。索尔姆曾用此概念研究早期基督教。参 Peter Burke, *Sociology and History*（London: Allen & Unwin, 1980），pp. 20-24。

③ Naomi Steinberg, "Social-Scientific Criticism", in *Methods of Biblical Interpretation*, foreword by Douglas A. Knight（Nashville: Abingdon, 2004），p. 276.

中，最为著名的是门德豪尔（George E. Mendenhall，1916 - 2016）与哥特沃德（N. Gottwald，1926 - 2022）。门德豪尔以社会经济条件为考察的中心，驳斥诺特有关古代以色列存在邻邦联盟这样的社会组织的理论，认为圣经传统并不支持古代以色列存在一个中央圣所的理论。同时，门德豪尔也反对诺特将邻邦联盟置于城市场景的说法，认为早期以色列的社会组织是以农民为基础的部族联盟。这些农民作为迦南的底层力量，受到出逃自埃及的奴隶的影响与刺激，因为，后者带来了崇拜耶和华的宗教。他们联合起来以对抗迦南的封建统治者，并通过与上帝建立的约传统使自身团结和强大起来。[①] 在 1973 年出版的《第十世代：圣经传统的起源》（*The Tenth Generation：Origins of the Biblical Tradition*）中，门德豪尔进一步阐释与细化了以上的观点。他强调出埃及事件与以色列宗教中好战的上帝形象的重要性，认为它们同早期以色列传统中大量的农业社会的特征相一致，而且，它们具有的强烈的社会历史的意味，表明了只有少部分的早期以色列人参与了出埃及事件，而《约书亚记》的叙述中，大批的以色列人侵入迦南地并消灭迦南人，是申命学派的后期"修正主义者"进行诠释的结果。[②] 在后期，门德豪尔对古代以色列社会的重构，其研究方法由社会经济学的角度转向强调社会革命的伦理维度，认为革命是以牺牲政治力量为代价的。

　　哥特沃德承袭了门德豪尔有关古代以色列社会革命的理论，并明确地运用社会学的方法分析圣经的数据。门德豪尔关注的重点是前君王制时期的以色列。1979 年，他的名著《雅威的众支派》问世，影响甚巨。[③] 雅威

[①] George E. Mendenhall, "The Hebrew Conquest of Canaan", *Biblical Archaeologist* 25 (1962), pp. 66 - 87.

[②] George E. Mendenhall, *The Tenth Generation：Origins of the Biblical Tradition* (Baltimore：Johns Hopkins University Press, 1973).

[③] Norman Gottwald, *The Tribes of Yahweh：A Sociology of the Religion of Liberated Israel, 1250 - 1050 BCE* (Maryknoll：Orbis, 1979). 关于该著作产生的学术影响及相关讨论，参 Rolan Boer ed., *Racking "The Tribes of Yahweh"：On the Trail of a Classic* (*JSOT Sup.* 351, Sheffield：Sheffield Academic Press, 2002)。哥特沃德在其编著《圣经与解放：政治与社会的诠释学》中，突出了社会学与政治学的方法对圣经研究的重要性，融合了女性主义、第三世界与其他解放主义的视角，将圣经文本的社会场景同当今读者的社会处境紧密结合。同时，该著作对早期社会学与政治学的进路做出了反省与批评。参 Norman Gottwald ed., *The Bible and Liberation：Political and Social Hermeneutics* (Maryknoll：Orbis Books, 1983)。

即耶和华。在这部著作里他要突出的是，宗教必须要作为一种连贯的社会经济结构的功能而被论述。就《希伯来圣经》而言，这意味着雅威崇拜不能离开促使它产生的社会政治群体而被理解，因此，早期以色列崇拜雅威的宗教，是激进的平等主义的社会运动的产物，同周遭占有统治地位的等级体制形成尖锐的对立。哥特沃德否认早期以色列盛行游牧生活的社会模式，并将进入迦南地的征服解释为本土农民大众进行重新部落化（retribalization）的一种努力。他认为早期的以色列是迦南地的农民起义后形成的，他们退居约旦山谷地带，力图塑造一个新的更加提倡集体主义的社会。在理论上，哥特沃德沿袭社会学家马克思的理论，即认为历史变化的根源在于经济与社会力量之间的抗衡。哥特沃德认为以色列是在迦南等级制的社会结构中通过重新部落化的运动而出现的。他详细考察了这一过程，指出愤怒的被剥夺公民权的农民，反抗等级制的权力结构，并随之提倡平等主义路线，主张重新部落化。哥特沃德的研究是社会学视角的典型范例，他将社会经济发展的过程同意识形态的分析相结合，实现了重构圣经时代社会结构与社会历史的目的。他被誉为美国主张马克思主义的圣经学者的先驱。[①]

20 世纪 60 与 70 年代也涌现出一批对《新约》进行社会学追问的圣经学者。《新约》学者盖格尔（John Gager）即其中之一。盖格尔追随韦伯与贝格尔（Peter Berger，1929 – 2017）的社会学理论，于 1975 年出版了《王国与社群》一书。其中，他将早期基督教解释为一种"千禧年运动"的产物，而早期基督徒在对现实的建构中经历了"认知失调"，因为他们寄望于耶稣基督的复临，但这并没有发生。他们通过复兴传教活动，来应对失调。[②] 60 年代中期，约翰·艾略特（John Elliott）投入到民权运动中。在参与反对越战的过程中，他将注意力转到了宗教信仰与行为的社会与政治领域。因此，他的政治活动将他引领进哥特沃德的世界，探索如何将社会分析的方式同圣经的历史研究结合起来。结果是，艾略特对《新约》中的《彼得前书》进行了社会学的诠释，看到了社会冲

---

① Roland Boer, "Norman Gottwald: A Pioneering Marxist Biblical Scholar", in *Monthly Review* 29（2011）.

② John Gager, *Kingdom and Community: The Social World of Early Christianity*（Englewood Cliffs: Prentice – Hall, 1975）.

突在《彼得前书》中的功能。① 艾略特赞赏威尔森（Bryan Wilson）关于教派类型的观点，即认为《彼得前书》中的基督徒将自己视为"外来者"，居于希腊罗马，但抗击占有统治地位的希腊罗马文化。② 艾略特指出：对社群之宗派本质的识别，说明了书信之可能的社会功能。③ 通过对《彼得前书》社会学视角的阅读，艾略特提出了对早期基督教的某个社群一种可能的历史重构。

美国耶鲁大学的圣经学者米克斯（Wayne A. Meeks）在早年的教学与研究过程中，对《新约》的神学范畴不再抱有幻想，而是转向探讨"现实"的学科，他后来选择了韦伯的功能主义社会学。同时，他也受到"知识社会学"的强烈影响，比如，贝格尔与卢克曼（Thomas Luckmann, 1927 – 2016 年）于 1966 年合著出版的《现实中的社会建构》（*The Construction of Reality*：*A Treatise in the Sociology of Knowledge*），还有格尔兹（Clifford Geertz, 1926 – 2006）强调符号意义的文化人类学的影响，其代表作为 1973 年出版的《文化的解释》（*The Interpretation of Cultures*）。米克斯的社会科学批判，始于对《约翰福音》中的基督教的探索。他运用了宗派主义的概念，指出约翰将耶稣描述成一个被百姓拒绝的人，反映了约翰社群与圣堂之间的社会断裂关系。④ 他认为《约翰福音》的功能，在于强化社群的社会身份，赋予被孤立的社群宗教的合法性和神义论。⑤

---

① John H. Elliott, *A Home for the Homeless*：*A Sociological Exegesis of 1 Peter*, *Its Situation and Strategy*（Philadelphia：Fortress, 1981），pp. 112 – 117. 1986 年，美国圣经批判的学术期刊《赛迈亚》（*Semeia*）出版专号，题为"《新约》的社会科学批判及其社会世界"，艾略特为主编。该期荟萃了《新约》学者，运用社会科学的进路处理具体的经文。参 John H. Elliot ed., Social – Scientific Criticism of the New Testament and Its Social World. *Semeia* 35（1986）。此外，艾略特从理论上探讨了如何运用社会科学批判从事《新约》诠释，参 John H. Elliott, *Social – Scientific Criticism of the New Testament*（London：SPCK, 1993）。

② 威尔森对现代宗教的教派进行了社会学的研究，探讨各教派的仪式实践、组织形式以及对社会的态度。Bryan R. Wilson, *Sects and Society*：*A Sociological Study of the Elim Tabernacle*, *Christian Science*, *and the Christadelphians*（Berkeley：University of California Press, 1961）.

③ John H. Elliott, *A Home for the Homeless*：*A Sociological Exegesis of 1 Peter*, *Its Situation and Strategy*, pp. 165 – 236.

④ Wayne A. Meeks, "The Man from Heaven in Johannine Sectarianism", *Journal of Biblical Literature* 91（1972）：44 – 72.

⑤ Wayne A. Meeks, "The Man from Heaven in Johannine Sectarianism", p. 70.

此外，米克斯运用各种社会科学的模式与类型，对保罗书信中的基督教进行了分析，呈现了早期基督徒在罗马时代所面临的诸种社会问题与冲突。这就是其名著《首批城市基督徒》（*The First Urban Christians*）的主要内容。① 1973 年，美国的圣经文学学会（Society of Biblical Literature）设立专题 "早期基督教的社会世界"，召集相关学者在年度大会上进行讨论，米克斯是这一专题的主持人之一。在 2011 年的年会册子里，圣经文学学会的相关专题明确分为两组，即 "社会科学与希伯来经典诠释" 与 "对《新约》的社会科学批判"。

对圣经进行社会学视角的诠释，除了以上提到的美国圣经学者之外，欧洲的学者在此领域也做出了重要贡献。在社会学 "功能主义" 的影响下，德国海德堡大学的《新约》学者泰森（Gerd Theissen），对两约之间的文献进行了探索，深入分析了早期的 "耶稣运动"。由于社会学的功能主义将社会视为一个有机体，不同的要素之间密切相关并互相影响，从而导致社会的运作，其中，社会冲突是社会发展过程中的一个必然部分。因此，泰森运用福音文本重构巴勒斯坦基督教的史前时代，指出众多的福音书言论，都反映了 "巡回的激进分子（Itinerant Radical）" 所扮演的社会角色。在 1 世纪的巴勒斯坦，由于社会经济方面的紧张与冲突，这些激进分子放弃了诸如职业与家庭这种正常的社会组织，到处流浪，宣讲耶稣的信息。巴勒斯坦的其他早期基督徒，保持着他们传统的社会角色，并为这些激进分子提供支持。② 泰森的观点在其《早期巴勒斯坦基督教的社会学》一书中得到详述。③ 尽管泰森的观点不断被质疑，但是，他对后来从事《新约》的社会科学批判研究的学者具有持续的影响。④

---

① Wayne A. Meeks, *The First Urban Christians*: *The Social World of Apostle Paul* (New Haven & London: Yale University Press, 1983).

② Gerd Theissen, "Itinerant Radicalism: The Tradition of Jesus' Sayings from the Perspective of the Sociology of Literature", *Radical Religion* 2 (1975): 84 – 93. 该文的德文初版，发表于 1973 年。

③ Gerd Theissen, *Sociology of Early Palestinian Christianity* (Philadelphia: Fortress Press, 1978). 泰森还有对保罗书信与哥林多教会的相关研究，参 Gerd Theissen, *The Social Setting of Pauline Christianity*: *Essays on Corinth* (Philadelphia: Fortress Press, 1982)。

④ 米克斯就是泰森思想的重要传播者之一。对泰森作品的有关批评，参 Bengt Holmberg, *Sociology and the New Testament*: *An Appraisal* (Minneapolis: Fortress Press, 1990), pp. 44 – 54, 119 – 125。

圣经诠释的历史与方法

第二节　人类学的视角

从人类学的视角研究圣经，在方法论上，有时同社会学的进路有交叉重叠之处，因为，二者都以社会处境中人的行为作为研究对象，但侧重点有所不同。社会学更侧重于现代社会或社群的行为关系与运作，重视测量与调查，而人类学更强调小型社群的生活形式及其文化表达，注重参与观察或文化浸染。总之，二者并没有非此即彼的界限，正如以上提到的哥特沃德、艾略特、威尔逊与米克斯等，在引用社会学方法的同时，也借鉴了人类学的理论。人类学产生于 19 世纪，有文化人类学、生理人类学、语言人类学与社会人类学等分支。从人类学的视角探讨圣经，来自田野调查的丰富资料有助于我们理解圣经中的特定现象，同时，人类学家的理论建构能够使我们洞察文化与社会过程的本质，这对我们诠释古代文本是重要的。① 这正如文化人类学家道格拉斯（Mary Douglas，1921 – 2007）所说："任何对信仰、宗教与象征有兴趣的人，都会诉诸人类学而获得洞见。"② 探索宗教的信仰与实践，是人类学研究的重要内容。因此，当 19 世纪对人类文化进行比较研究出现之时，人类学与圣经研究的密切联系就已经发生。③《希伯来圣经》描述的古代以色列的社会与文化，为人类学研究提供了重要的素材。同时，人类学为圣经学者探讨古代以色列提供了多种方式，"通过人类学的镜头，我们可以发现一个特定的群体如何在社会中表达并寻索它的意识

---

① Thomas W. Overholt，*Cultural Anthropology and the Old Testament* （Minneapolis：Fortress Press，1996），p. 1.

② Mary Douglas，*Implicit Meanings：Selected Essays in Anthropology* （2nd ed.；London：Routledge，1999），p. vii. 基于不同的分类角度，也有学者称其为社会人类学家。参 Naomi Steinberg，"Social – Scientific Criticism"，p. 278. 通常，文化人类学关注象征与仪式，起源于美国；而社会人类学强调社会群体与制度，起源于英国，但二者的综合，被称为社会文化人类学（socio – cultural anthropology），同时包含了以上的要素与传统，目前西方正有这一综合的趋势。

③ Wendy James，*The Ceremonial Animal：A New Portrait of Anthropology* （New York：Oxford University Press，2003），pp. 122 – 125.

形态"①。

早期人类学的代表人物史密斯（William R. Smith）是苏格兰的东方主义者，他将人类学与圣经研究相结合。史密斯探讨古代以色列的社会结构与宗教习俗，运用进化论解释《希伯来圣经》中的社会现象，提出仪式的重要性高于信仰的内涵，同时，他也运用比较的方法连接早期的以色列与阿拉伯文化。通过探查古典阿拉伯文本，并对《希伯来圣经》进行比较研究，史密斯相信重构古代以色列的宗教是可能的。② 20 世纪初叶，史密斯的人类学进路被后来的彼德森（Randall J. Petersen）所继承，致力于研究古代以色列的社会生活。③ 在 20 世纪六七十年代，人类学家道格拉斯与利奇（Edmund Leach，1910 – 1989）相关著作的出版，为人类学视角的圣经研究领域，投入了令人瞩目的耀眼光芒。1966 年，道格拉斯的成名作《洁净与危险》（*Purity and Danger*）出版。④ 该著作突破了传统人类学的范式，摈弃视"他者宗教"为迷信与蛮荒的社会达尔文主义，以一种批判的、人性的与敏锐的眼光看待圣经宗教，如此，她不仅将人类学的方法带入圣经的仪式、宗教与社会的探察中，而且，她的作品"成为英国人类学现代主义的一种经典表达"⑤。在《洁净与危险》中，道格拉斯呈现了圣经中食物律法与其他洁净律法如何通过标记与限定以色列世界观的范畴而塑造古代以色列人的经验。通过仪式实践，以色列人不断地确认圣经中描述的宇宙结构，将上帝圣洁的观念同创造的范畴与日常饮食紧密相连。如此，宇宙论与道德观成为圣经宗教的重要

① William K. Gilders, "Anthropological Approaches: Ritual in Leviticus 8, Real or Rhetorical", in Joel M. LeMon & Kent Harold Richards eds. , *Method Matters: Essays on the Interpretation of the Hebrew Bible in Honor of David L. Petersen* (Atlanta: SBL, 2009), pp. 246 – 247.

② William R. Smith, *The Religion of the Semites* (1899, reprint 1972). 当时，还有深入研究圣经之献祭行为的法国比较宗教学家休伯特（Henri Hubert）与人类学家莫斯（Marcel Mauss）的合著。参 Henri Hubert and Marcel Mauss, *Sacrifice: Its Nature and Function*, trans. by W. D. Hall (Chicago: University of Chicago Press, 1964)。法文版初版于 1898 年。

③ J. Petersen, *Israel: Its Life and Culture* (1920 – 1934). 彼德森的研究依赖于比较的数据，而这些数据对古代以色列研究带有偏见，是陈腐可疑的。参 Naomi Steinberg, "Social – Scientific Criticism", p. 275。

④ Mary Douglas, *Purity and Danger: An Analysis of Concepts of Pollution and Taboo* (London: Routledge, 1966).

⑤ Richard Fardon, *Mary Douglas: An Intellectual Biography* (London: Routledge, 1999), p. 260. 另参 Ronald Hendel, "Mary Douglas and Anthropological Modernism", *Journal of Hebrew Scriptures* 8 (2008), article 8。

内容。① 她对圣经中食物律法与文化进行诠释的关键是关于"不洁"的概念。"不洁"意味着不适宜。大众对"不洁"的认知，显示了文化范畴的边界。有关不洁的律法，以及使其成为存在的洁净律法，建构了能够组织经验的认知框架与结构。这些系统的说教，证明与缔造了我们栖居的有序世界。因此，"为了探察有关不洁的文化系统，就要探讨这一文化的宇宙，一个被经验的宇宙，它必须包含认知、伦理、意识形态与实践的交织"②。

　　道格拉斯极其重视仪式的象征意义，因为在她看来，"作为一种社会动物，人是仪式动物。没有仪式行为，各种社会关系不可能存在"③。道格拉斯将仪式直接描述为"首先是一种交流的形式"④。也就是说，仪式是人们进行交流的重要方式。在《洁净与危险》中，她以《利未记》第11章的食物律法为例，说明以色列人不可食的不洁生物。以地上、水中与天上这三大场所为基础，犹太律法将所有的动物分为洁与不洁的、可吃与不可吃的。而这种区分同这些生物是否允许被献祭相关。同时，道格拉斯也论及对猪的禁忌。她认为中世纪与现代的人们对此仪式细节的解释都是以假乱真的，因为，他们都完全脱离了那个文化系统更为广袤的现实。这一禁忌既不是非理性的迷信，也不是一种道德象征。她将这一禁忌置于仪式教导的场景里，从人类学的视角认为这一禁忌属于更大的、具有多元意义的文化系统的一部分，同一个系统的观念排列与整个思想结构相关。⑤ 道格拉斯不仅掌握了现代人类学的诠释技巧，而且，为了走进古代以色列人的生活，她掌握了希伯来文。她从研究西非部落转向研究《希伯来圣经》，因为，她视其为宗教与文化的一个重要来源。对此她写道："我研究圣经的个人计划，是要将人类学带进对我们自身文明有影响的来源中。"⑥ 从关注异域的"他者"而转向审视自身，这是 20 世纪 60

第十一章　圣经诠释的社会科学方法

---

① Mary Douglas, *Purity and Danger：An Analysis of Concepts of Pollution and Taboo*, pp. 41 – 57.

② Ronald Hendel, "Remembering Mary Douglas：Kashrut, Culture, and Thought – Styles", *Jewish Studies* 45（2008）, p. 6.

③ Mary Douglas, *Purity and Danger：An Analysis of Concepts of Pollution and Taboo*, p. 62.

④ Mary Douglas, *Natural Symbols：Explorations in Cosmology*（New York：Random House, 1970）, p. 20.

⑤ Mary Douglas, *Purity and Danger：An Analysis of Concepts of Pollution and Taboo*, p. 41.

⑥ Mary Douglas, "Why I Have to Learn Hebrew：The Doctrine of Sanctification", in T. Ryba, G. D. Bond, and H. Tull eds. , *The Comity and Grace of Method：Essays in Honor of Edmund F. Perry*（Evanston：Northwestern University Press, 2004）, p. 151.

年代人类学的一个激进转向。

道格拉斯毕生投入《希伯来圣经》的研究，她人类学研究的顶峰之作是她晚年对圣经诠释的三部曲。[①] 在这三部曲中，道格拉斯对《利未记》与《民数记》的文学与概念结构进行了更为深入细致的探讨，尤为重要的是，她发展出成熟的文化分析理论，显示了社会组织的类型同宗教宇宙论系统的类型之间的相互关系。她将文化分析理论应用于《希伯来圣经》，特别是以祭司典文本（Priestly text）作为考察的中心，最终探讨了祭司典来源（Priestly source）认知的思想风格，认为这一来源建构了它的叙述与仪式文本，并指出这一风格是如何符合祭司等级制的社会形式。祭司叙述的模式与思想风格认可其制度化的语境，因为，祭司典作者建构了一个宏大的道德与宇宙论系统。针对现代读者，道格拉斯指出我们要学会如何阅读祭司典叙述中暗示的意义，包括其内在关联的形式与道德判断的形式。因此，我们必须学会自我反省，摈弃现代个人主义的预设，学会欣赏等级制的风格以及古代祭司的学识，才能呈现古代以色列人的世界。她以《利未记》中的食物律法为例，指出祭司典叙述的风格是类比与关联并重。[②] 道格拉斯也探讨了《申命记》的思想特征。这些不同的圣经叙述风格，同古代以色列人的神学、伦理、仪式观念与宇宙论密切相关。

利奇是英国的社会人类学家，是他将列维－施特劳斯（Claude Lévi - Strauss）的结构主义理论带入人类学中。1969 年，他的《作为神话的〈创世记〉》出版。[③] 该著作对《创世记》中的神话传统与叙述做出了分析。他倾向于从结构人类学的角度对圣经神话进行诠释，矫正了过往在圣经传统与所谓的原始叙述传统之间所做的假定二分法。[④] 利奇最有影响力的作品是 1976 年出版的《文化与交流》，探讨了如何将结构主义的分

---

① 参 Mary Douglas, *In the Wilderness: The Doctrine of Defilement in the Book of Numbers* (JSOT-Sup 158; Sheffield: Sheffield Academic Press, 1993); idem, *Leviticus as Literature* (New York: Oxford University Press, 1999); idem, *Jacob's Tears: The Priestly Work of Reconciliation* (New York: Oxford University Press, 2004)。

② Mary Douglas, *Leviticus as Literature*, p. 18.

③ Edmund Leach, *Genesis as Myth, and Other Essays* (London: Cape, 1969).

④ Edmund Leach and D. Alan Aycock, *Structuralist Interpretation of Biblical Myth* (Cambridge: Cambridge University Press, 1983).

析应用于社会人类学中分析仪式象征的逻辑。他的分析从象征的社会表述向象征的文化意义转移，认为文化作为意义、价值观和情感的主流，有效地作用于社会组织，与社会层面交汇并相互作用，构成一个整体。①这一著作一版再版，而其最后一章论及"献祭的逻辑"，以圣经中亚伦与其子接受神职授任的圣经叙述为案例，说明献祭仪式的意义以及仪式行为的社会属性。该文作为以人类学视角诠释圣经的范例，被收入《〈旧约〉的人类学进路》中。② 20 世纪七八十年代以来，献祭作为古代以色列宗教的核心仪式实践，受到圣经研究学者的重视，而且，多以象征交际法（symbolic – communicative approach）为主流。比如，亨德尔（Ronald Hendel）以《出埃及记》24：3 – 8 作为文本基础，运用史密斯（William R. Smith）的理论，将献祭仪式置入文化系统中，认为以色列人的献祭活动，"是一种象征行为，是古代以色列人的社会与宗教自我意识的一种核心表达"③。另外，吉尔德（William K. Gilders）关注古代以色列的献祭行为与仪式表达，指出《希伯来圣经》中用动物的血进行献祭有不同的形式与功能。他以《利未记》《出埃及记》与《申命记》中的相关经文为中心，对《希伯来圣经》中的血祭进行了缜密细致的人类学考察，呈现了血祭对神圣空间的限定，以及它在社会整合中的象征意义与作用，表达了不同于以往神学视角的全新理解。④

---

① Edmund Leach, *Culture and Communication：The Logic by which Symbols Are Connected：An Introduction to the Use of Structuralist Analysis in Social Anthropology*（Cambridge：Cambridge University Press，1976）.

② Bernhard Lang ed. , *Anthropological Approaches to the Old Testament*（Philadelphia：Fortress Press，1985），pp. 136 – 150.

③ Ronald Hendel, "Sacrifice as a Cultural System：The Ritual Symbolism of Exodus 24：3 – 8", *Zeitschrift für die Alttestamentliche Wissenschaft* 101（1989）：366 – 390. 关于圣经的献祭仪式，克劳文（Jonathan Klawans）视之为一种普遍现象在文化上的特殊显现，具有一种"内在的象征意义"，认为古代以色列人是以象征的术语思索他们的献祭实践，这涉及到两大观念上的原则：其一，献祭是人类追随神圣的一种实践；其二，献祭是对神圣临在的吸引与维持。参 Jonathan Klawans, *Purity, Sacrifice, and the Temple：Symbolism and Supersessionism in the Study of Ancient Judaism*（New York：Oxford University Press，2006）。

④ William K. Gilders, *Blood Ritual in the Hebrew Bible：Meaning and Power*（Baltimore：Johns Hopkins University Press，2004）. 对圣经之仪式的最新研究，在此值得一提的，有格曼（Frank Gorman）对祭司仪式文本的分析，参 Frank Gorman, *The Ideology of Ritual：Space and Status in the Priestly Theology*（JSOTSup 91；Sheffield：JSOT Press，1990）。欧严（Saul M. Olyan）论及仪式行为如何表达并规定身份，以及条件的变化。欧严更多关注于对圣经仪式文本的呈现，而非仪式行为本身，因为，他意识到圣经学者（转下页注）

在 20 世纪 80 年代，涌现了以人类学视角探讨先知的圣经学者。威尔森（Robert R. Wilson）运用比较人类学和社会学的方法搜集数据，试图说明先知在古代以色列的社会角色与功能，突出先知活动的社会维度。他用"中保"（intermediary）这一概念指涉在古代以色列的先知活动的整个范围，并将之放在一个文化的场景里进行阐述，而不是关注其超自然的方面。他将先知分为两种类型：主要的与次要的，前者维持社会现状，后者寻求社会变化。威尔森认为二者的角色不是对立的，而是倾向于社会运动成为可能的一个连续体。[①] 圣经学者伯克·朗（Burke O. Long）诉诸英国的结构人类学与美国描述性的民族志研究，对以色列的古代先知进行了探讨。此外，欧文赫特（T. W. Overholt）将来自不同文化背景的人类学资料应用于先知角色，以跨文化的视角认识和处理先知的活动。这些丰富的比较数据，为理解圣经中的先知提供了诸多亮光。[②] 值得一提的是，鉴于从人类学的视角对圣经之先知的研究已崭露头角，1982 年，圣经学术期刊《赛迈亚》（Semeia）登出专号，主题为"以人类学视角论《旧约》先知"。以上提到的三位圣经学者，都有参与这一专题的讨论。

随着 20 世纪 60 年代以来妇女研究在北美的兴起，越来越多的学者开始关注圣经中的性别议题，发展出女性主义圣经诠释，试图重构妇女在圣经世界扮演的社会角色，如此，家庭血亲关系、婚姻、性别、母性与族谱等，都成为人类学与社会学视角探讨圣经的重要素材。比较人类学的数据有助于圣经学者重构古代以色列社会组织中的血亲关系的基础，从而使学者有可能发现家庭住户、部族与家系之间的内在关系。杜克大

(接上页注④)探究的是文本，而非活生生的文化实践。参 Saul M. Olyan, *Rites and Rank：Hierarchy in Biblical Representations of Cult*（Princeton：Princeton University Press，2000）；*Biblical Mourning：Ritual and Social Dimensions*（New York：Oxford University Press，2004）。还有对《利未记》1 - 7 章中的动物献祭仪式的后现代解读，参 Wesley J. Bergen, *Reading Ritual：Leviticus in Post - modern Culture*（New York：T & T Clark，2005）。从修辞分析的角度对《利未记》的仪式进行探讨，参 James W. Watts, *Ritual and Rhetoric in Leviticus：From Sacrifice to Scripture*（Cambridge：Cambridge University Press，2007）。以上学者多采用象征交际法。

① Robert R. Wilson, *Prophecy and Society in Ancient Israel*（Philadelphia：Fortress Press，1980）.

② T. W. Overholt, *Prophecy in Cross - Cultural Perspective：A Source Book for Biblical Researchers*（Atlanta：Scholars Press，1986）.

学的米耶斯（Carol Meyers）运用比较人类学的数据，将《希伯来圣经》中农庄社会的性别议题处境化（contextualization），聚焦前君王制时代居住于中央高地的以色列妇女。她认为两性之间的平等关系存在于以色列形成的早期年代，而君王制与等级制的政治结构的发展，将妇女的力量与权威视为对男性的侵害。[1] 圣经学者普瑞斯勒（C. Pressler）认为君王制下等级的社会控制对妇女角色的限制与影响，可以在《申命记》法典涉及家庭变化的规范中找到确证。一方面，她指出在男性为主导的家庭结构中申命典律法对妇女之形态的抑制；但另一方面，相较而言，申命典律法在某种程度上表现出对妇女的保护，这反映了古代以色列血亲系统的文化特点。[2] 依据跨文化的比较人类学的数据分析古代以色列的血亲世系，是社会科学研究相互进行整合的一个范例。斯坦伯格（Naomi Steinberg）探讨了《创世记》中的家庭结构、性别与政治组织。她揭示了古代以色列社会中婚姻与家庭的父系基础，指出父系的同宗联姻构成了他拉至亚伯拉罕的家族世系的谱系框架。[3] 此外，杰伊（Nancy Jay）对献祭活动进行了人类学与社会学的考察，认为古代以色列强调父系的传承，当母亲生育一个可以继承父位的儿子，就要求有一个仪式化的过程，其目的在于合法化并维护父系的结构。[4] 关于家族谱系在以色列社会组织中的重要性，斯坦伯格与杰伊的相关研究，对威尔森（Robert R. Wilson）的早期研究，即《圣经世界中的谱系与历史》（1977 年版）中的理论做出了补充。

第三节　考古学的视角

考古学是对过去社会的物质文化与环境资料的研究。其研究的对象

① Carol Meyers, *Discovering Eve: Ancient Israelite Women in Context* (New York: Oxford University Press, 1988).

② Carolyn Pressler, *The View of Women Found in the Deuteronomic Family Laws* (Berlin: de Cruyter, 1993).

③ Naomi Steinberg, *Kinship and Marriage in Genesis: A Household Economics Perspective* (Augsburg: Fortress Press, 1993).

④ Nancy Jay, *Throughout Your Generations Forever: Sacrifice, Religion, and Paternity* (Chicago: Chicago University Press, 1992).

是实物，主要是古代人类活动的物质遗存，或者说是遗迹。考古学分析古代人类活动遗留下来的物质资料，从而呈现古代社会的历史与文化。从考古学的视角诠释圣经，就是以对圣经文本与古代近东人工制品的批判分析为基础，呈现圣经的世界及其历史与文化的处境。圣经是宗教经典，但它不是神启的产物，而是古代近东的历史与文化相互交织的产物，是世界文明的一部分。著名的《希伯来圣经》学者克罗斯（Frank M. Cross）指出：在一个世纪以前，圣经孤身存在于古代近东文明之外，是个处境与世系不明的文学遗作，但今天，通过考古勘探，以色列史成为古代世界史的一部分。以色列的宗教，相较于古代近东的神话与仪式而被描述。圣经的特殊性及其活力，表明了它是古代近东文化演进的终极成就。① 运用考古发现的成果研究与解读圣经，是圣经历史批判的一个重要视域。圣经考古的一系列发现，对圣经研究与神学建构的影响，可谓是无远弗届。

一　圣经考古的兴起

早在 19 世纪中叶，随着一系列有关古代埃及与美索不达米亚灿烂文明的考古发现，其相邻之处，即黎凡特（Levant）地带，② 作为深刻影响西方思想、宗教与文明的圣经所描述的世界，吸引了大量来自欧洲的西方探险家、神学家与圣经学者的目光。他们认为那些同圣经相关的挖掘现场、考古发现以及地形地貌的情况，可以为圣经的地点、事件与人物提供可靠的有形的证据，如此，可以将圣经叙述嵌入历史事实之中。对圣地进行研究并做出贡献的首批学者之一，是美国圣经学者、语言学家与探险家罗宾逊（Edward Robinson，1794 – 1863），他同时还是公理会的牧师。他将德国的有关历史与语言的学术研究方法，与圣经文本的基本的历史性的深刻认识相结合。通过对希伯来地理术语的语言学的比较分析，他使圣经地理学成为一个严肃的学术研究领域，而不是牵强附会地

---

① Frank Moore Cross, "Biblical Archaeology Today: The Biblical Aspect", in Janet Amitai ed. , *Biblical Archaeology Today* (Jerusalem: the Israel Exploration Society, 1985), p. 9.

② 黎凡特，原意为"东方"，是一个不精确旳历史地名，指中东托罗斯山脉以南、地中海东岸、阿拉伯沙漠以北和美索不达米亚以西旳大片地区，有时也包括西奈半岛在内。

将圣经事件同既有的某个地点进行联系。① 19 世纪 90 年代，英国杰出的埃及学家与考古学家皮特里（William Flinders Petrie，1853 – 1942）在巴勒斯坦南部进行考古挖掘，他运用了地层学与陶层年代学的理论，被视为现代近东考古学的创始人。美国学者林奇（William F. Lynch，1801 – 1865）对约旦河与死海进行了科学研究，同时美国学者布里斯（Frederic J. Bliss，1859 – 1937）沿袭了皮特里的考古路数，并于 1903 年在纽约协和神学院发表了系列讲座，后结集出版，将书命名为《巴勒斯坦勘探的进展》（1906 年）。这是圣经考古研究领域的一部重要的学术著作。② 从此，圣经与考古学的结合成为显而易见的趋势。③

耶路撒冷是圣经考古的圣地。1890 年，法国圣经与考古学院（the École Biblique et Archéologique Française）在此成立，对西奈、黎巴嫩、非利士和约旦河外进行了考古挖掘，成果发表在其学刊《圣经评论》（Revue Biblique）上。1900 年，美国东方研究学院（the American Schools of Oriental Research，简称 ASOR）在耶路撒冷成立，是美国圣经文学学会在考古学方面的一个重要阵地，尽管其考古发掘的地点与目的都不只限于同圣经的关联。同年，德国新教考古研究所（Deutsches Evangelisches Institute für Altertumswissenschaft des Heiligen Landes）也成立于耶路撒冷。20 世纪上半叶，德国著名的圣经学者如格里斯曼（Hugo Gressmann，1845 – 1941）、奥特（Albrecht Alt）与诺特（Martin Noth）等，他们的名字都与这个研究所紧密相连。一战后，在 1919 年，英国在此成立了耶路撒冷英国考古学院（the British School of Archaeology in Jerusalem）。以上四个研究所的成立，不仅与东方学（orientalism）的兴起有关，同时，也关乎西方帝国的殖民扩张运动。在如今的耶路撒冷，对圣经的考古研究除了这四个考古研究所之外，还有十几个类似的考古研究机构，甚为活跃。④

---

① Felicity J. Cobbing, "Biblical Archaeology", in John Barton ed., *The Biblical World*, vol. 1 (London & New York: Routledge, 2002), p. 346.

② Frederic J. Bliss, *The Development of Palestinian Exploration: Being the Ely Lectures for* 1903 (New York: Charles Scribner, 1906).

③ Felicity J. Cobbing, "Biblical Archaeology", p. 347.

④ Avraham Biran and Joseph Aviram eds, *Biblical Archaeology Today*, 1990 (Jerusalem: Israel Exploration Society, 1993), pp. xiv, 6 – 32.

　　1920 年，约翰霍普金斯大学的闪族语言讲席教授威廉·奥布赖特（William F. Albright，1891 - 1971）来到美国东方研究学院，成为该学院的主任，历时十年。他是影响深远的圣经考古学家，也是圣经考古运动的先驱者。在此后的四十年间，该学院在圣经考古领域扮演着至关重要的角色，主导并引领着当时圣经研究的方向。[①] 奥布赖特关注圣经传统的历史价值，坚信圣经基本的历史可靠性，认为亚伯拉罕、以撒、雅各与约瑟这些族长，以及出埃及与征服迦南等事件，都曾存在于历史的现实当中，因此，这直接影响到奥布赖特圣经考古学的理论基础，即通过考古勘探，将圣经叙述黏合在有形的历史的现实中。但是，对他而言，圣经考古的地域范围极为宽泛，并不局限于圣地。1932 - 1943 年间，他在美国东方研究学院的年报上发表了一系列考古研究报告。奥布赖特在广袤的古代近东的处境中，专于陶器研究，涉猎语言学、文学、历史学与考古学，出版了大量的考古研究成果，包括圣经的考古研究。[②] 他主编了《美国东方研究学院公报》（Bulletin of the American Schools of Oriental Research），以及安克圣经评注系列（The Anchor Bible Commentary Series）。

　　20 世纪中叶，北美圣经考古的繁荣，同早前基要主义或公民宗教的兴起以及教会的推动有着直接关联。北美众多的基督徒想要以圣经叙述中的事件、人物与地点为依据，证明他们信仰的合理性，使圣经

---

① 1970 年，鉴于奥布赖特在此领域的突出贡献，在耶路撒冷的该所更名为奥布赖特考古研究所（W. F. Albright Institute of Archaeological Research，简称 AIAR）。而追随奥布赖特的学者，形成了圣经考古的奥布赖特学派（the Albrightian School of Biblical Archaeology）。有关奥布赖特与圣经考古学的起源，参 Peter D. Feinman, *William Foxwell Albright and the Origins of Biblical Archaeology* (Berrien Springs: Andrews University Press, 2004)。关于奥布赖特学派与圣经诠释的关系，参 George E. Mendenhall, "Biblical Interpretation and the Albright School", in Leo G. Perdue, Lawrence E. Toombs and Gary L. Johnson eds., *Archaeology and Biblical Interpretation: Essays in Memory of D. Glenn Rose* (Atlanta: John Knox Press, 1987), pp. 3 - 13。

② William F. Albright, *The Archaeology of Palestine and the Bible* (New York: Fleming H. Revell, 1931); *From The Stone Age to Christianity*; *Monotheism and the Historical Process* (Baltimore: Johns Hopkins University Press, 1940); *Archaeology and the Religion of Israel* (Baltimore: Johns Hopkins University Press, 1941); *The Bible after Twenty Years of Archaeology, 1932 - 1952* (Pittsburgh: Biblical Colloquium, 1954); *Recent Discoveries in Bible Lands* (New York: Funk & Wagnalls, 1955); *The Biblical Period from Abraham to Ezra: An Historical Survey* (New York: Harper Torchbooks, 1963); *Yahweh and the Gods of Canaan: An Historical Analysis of Two Contrasting Faiths* (London: Athlone Press, 1968).

考古成为圣经研究的副产品，以期获得客观依据，驳斥高等批判（higher criticism）否定圣经之神启的理论假设。奥布赖特出生在卫理公会世家，他自小耳濡目染，后成为一个卫理公会信徒。他的信仰背景与其圣经考古学的使命有着密切的关系，因为，他要号召人们去成就一种神圣的命运。[①] 作为奥布赖特的得意门生之一，赖特（G. Ernest Wright，1909 - 1974）紧随奥布赖特的足迹，将信仰、历史与考古学联结起来，尤其是将考古研究同圣经文本及其神学内容相结合，明确提出"圣经考古学"这一概念，并将之界定为："运用现代考古的方法，对圣经有直接或间接影响的勘探发现的研究，同地层学与类型学相关，其核心旨趣在于对圣经的理解与阐释。"[②] 1938 年，他不仅创办了学院期刊《圣经考古学家》（*The Biblical Archaeologist*），任主编长达二十五年之久，而且对示剑城进行了集中的考古挖掘，但是在青铜时代早期的整个地层中没有发现被占领的遗迹。[③] 另一个奥布赖特的杰出门生，是宾夕法尼亚大学博物馆的宗教思想家普瑞查德（J. B. Pritchard）。他的考古活动集中在约旦河流域，其考古发现汇编成至今引人瞩目的《与〈旧约〉相关的古代近东文本》。[④] 此外，奥布赖特还有一个著名的弟子，他是哈佛大学的东方语言学家克罗斯，其代表作为《迦南神话与希伯来史诗》。[⑤]

[①] Peter Feinman, "Canaanites, Catholics, and Chosen Peoples: William Foxwell Albright's Biblical Archaeology", in *Near Eastern Archaeology* 75, 3 (2012): 158 - 159.

[②] G. Ernest Wright, "The Present State of Biblical Archaeology", in H. R. Willoughby ed., *The Study of the Bible Today and Tomorrow* (Chicago: University of Chicago Press, 1947), p. 74.

[③] G. Ernest Wright, *Shechem: The Biography of a Biblical City* (New York: Mc Graw - Hill, 1965). 赖特有关圣经考古与神学的主要著作，参 G. Ernest Wright, *The Challenge of Israel's Faith* (Chicago: Chicago University Press, 1944); *Biblical Archaeology* (Philadelphia: Westminster Press, 1957); *God Who Acts: Biblical Theology as Recital* (London: SCM, 1952); *Biblical Archaeology* (Philadelphia: Westminster, 1957)。

[④] J. B. Pritchard ed., *Ancient Near Eastern Texts Relating to the Old Testament* (Princeton: Princeton University Press, 1969). 这是个修订版，其初版于 1950 年，影响甚巨，曾一版再版。

[⑤] Frank M. Cross, *Canaanite Myth and Hebrew Epic: Essays in the History of the Religion of Israel* (Cambridge: Harvard University Press, 1973). 克罗斯坚持奥布赖特关于民族史诗的观点，认为耶典与神典之后隐藏着"史诗的来源"还有西奈神圣显现的观点。但是，它们都是晚期的产物。甚至《诗篇》中的锡安传统虽有神圣显现的因素，但同西奈与仪式场景无关，相反，是锡安传统影响了西奈传统的形成与发展。以上是梵赛特对克罗斯以及奥布赖特学派的批评。参 John van Seters, *The Pentateuch: A Social - Science Commentary*, pp. 53 - 57。

　　如前所述，奥布赖特及其弟子所从事的考古研究同北美基督新教的传统有着密切关联，试图确立圣经叙述的历史性。在某种程度上，他们主导了圣经考古学的发展，并且同德国的批判的圣经研究形成呼应与抗衡，因为，奥布赖特学派接受文本假设论的文学批判，但是，拒绝威尔豪森对五经之历史的怀疑论。与之相对应的，还有来自其他宗教与意识形态背景的考古学家。其中，最具影响力的要数以色列学派的考古学家。1948 年 5 月 14 日，以色列建立国家。以色列的考古学家不仅关注自身历史的研究，同时，积极建构自我的身份，他们将圣经考古学界定为对以色列之地的考古学，形成了圣经考古的以色列学派。"与奥布赖特学派相比，他们少了一些宗教与神学的立场，但多了一份社会与政治的关怀。"①考古学家亚丁（Yigael Yadin，1917 - 1984）被称为以色列圣经考古学之父，创立了圣经考古的以色列学派。② 20 世纪五六十年代，他运用建筑地层学的方法，在夏琐（Hazor）、马萨达（Masada）与犹大沙漠地带进行考古发掘，出土了大量的青铜时代与铁器时代的物品，包括犹大希律一世的宫殿，以及有关奋锐党的文献资料等。亚丁不仅是以色列杰出的考古学家，同时也是重要的政治与军事领导人，参与过以色列与阿拉伯国家之间的战争。他将圣经视为建构民族历史的立国文献，尤其关注希伯来民族的战争历史，认为现代以色列的民族身份同圣经时代的犹太民族有着直接关联，因为，圣经中表达的律法、风俗与历史对这一身份的建构至关重要。因此，考古学与圣经研究的结合，在这一身份的实现与表达上，是极为有效的途径。亚丁的圣经考古学具有民族主义色彩，但他的后继者渐趋疏离了这样的色彩。另一个以色列考古学的代表人物，是希伯来大学考古所的马萨（Amihai Mazar，1942 - ），他将圣经考古学界定为适合于圣经世界的考古活动，强调人工制品与文本之间的本质关系。其圣经考古学的代表作是《圣经之地的考古学》。③

---

① Felicity J. Cobbing，"Biblical Archaeology"，p. 358.

② 有关亚丁的圣经考古学著作，参 Yigael Yadin，*Masada：Herod's Fortress and the Zealots' Last Stand*（New York：Random House，1966）；*Hazor：The Rediscovery of a Great Citadel of the Bible*（New York：Random House，1975）。

③ Amihai Mazar，*Archaeology of the Land of the Bible*，10,000 - 586 B. C. E.（Anchor Bible Reference Library，New York：Doubleday，1990）．

二　圣经考古的困境与转向

20 世纪中叶以来，随着叙利亚—巴勒斯坦考古发现的不断出土，早期的圣经考古学家，包括奥布赖特学派，日益受到质疑，因为其出发点是圣经，而且长期浸淫于圣经传统，不仅视圣经为古代近东历史的主要来源，而且其依照圣经文本建构以色列史。因此，圣经考古学"所关注的不是证明圣经的真理，而是说明圣经记载的真实性"[①]。如此，考古学扮演了一种援助性的角色，即证明了某一神学立场或意识形态的合法性。此外，由于受到勘探挖掘技术与方法的限制，加之出发点的预设错误，早期圣经考古学对圣经进行了错误的解读。在一个神学或意识形态的框架之下，以考古的数据去解释圣经文本常陷于主观臆断，因为学者个人的价值观、信仰、意识形态与对文本的态度都会左右其论断，比如奥布赖特学派。20 世纪 70 年代以来，从考古学的视角进行圣经研究，在能否建构古代以色列史以及圣经的历史性议题上，在备受争议中发生了新的转向，因为，大量新的考古发现并没能够"证明"圣经之历史本质的有效性。较早发现的阿马纳信件（Amarna Letters）中首次提到的哈皮鲁（hapiru），曾被认为是希伯来人；英国考古学家贾斯坦（John Garstang，1876 - 1956）在 20 世纪 30 年代声称发现了约书亚的围墙；此外，还有多种平行类似关系的推断，诸如众族长与努斯泥版（Nuzi tablets）之关系等。凡此种种，似乎表面上都支持了圣经叙述的可靠性与真实性。但是进一步的考古研究证明，以上的种种推论与假设都是站不住脚的。因为，"圣经的历史不能按照现代年代记的方式去解读，它是由圣经作者的神学与意识形态的主题所主导的"[②]。就出埃及事件而言，其历史的真实可靠性在考古学面前屡遭挫败。近几十年来，出自埃及与西奈半岛的考古学证据都是否定性的。[③] 此外，有关征服的叙述，20 世纪 60 至 80 年代的考

---

① Volkmar Fritz, *An Introduction to Biblical Archaeology* (Sheffield: Sheffield Academic Press, 1994), p. 221.

② Israel Finkelstein, "Digging for the Truth: Archaeology and the Bible", in Brian B. Schmidt ed., *The Quest for the Historical Israel: Debating Archaeology and the History of Early Israel* (Atlanta: SBL, 2007), p. 19.

③ 还没有考古学的证据说明圣经所描述的出埃及事件在公元前第二个千年期间发生过。或许，公元前 13 世纪末与 12 世纪初，曾有闪族人从埃及迁徙，但是，若真有（转下页注）

第十一章　圣经诠释的社会科学方法

古学与人类学研究，都宣告军事征服的理论彻底崩溃。①

在 20 世纪 70 年代与 80 年代，圣经考古学经历了从未有过的震荡。在 70 年代以前，圣经学者普遍将亚伯拉罕等族长的传统追溯至第二个前年，即青铜时代二期的中期（公元前 1800 – 前 1550），而且，来自考古学的信息也支持这一说法，认为族长故事中的很多地名都曾出现在这一时期的埃及或其他的文献中。但是，随后的考古发现推翻了这一说法，因为，有的地名根本不存在，是虚构的，或者出现在较晚的文献中。随着考古学与圣经批判研究的深入，有两部重要的圣经专著在 70 年代出版，它们是梵赛特的《历史与传统中的亚伯拉罕》② 与汤普森（Thomas L. Thompson，1939 – ）的《族长叙述的历史性》③。前者认为没有任何令人信服的证据说明历史的亚伯拉罕是存在的，后者指出考古学不能证明族长的历史性，认为有关族长的叙述并非意在表述历史性。二者都对圣经考古学提出批评，并将族长传统追溯至被掳或后被掳时期。80 年代，受到新考古学（New Biblical Archaeology）的影响，作为当代奥布赖特学派的代表人物之一，德维尔（William G. Dever）提议将圣经考古学更名为"叙利亚—巴勒斯坦考古学""黎凡特南部的考古学"与"以色列的考古学"等，使之同更为宽广的近东考古学相

圣经诠释的历史与方法

(接上页注③)此事发生，也不会像《出埃及记》记载的，有那么多的人数，相反，它的人数可能会很少，没能留下考古学的遗迹。参 James Weinstein，"Exodus and Archaeological Reality"，in Ernest S. Frerichs & Leonard H. Lesko eds.，*Exodus：The Egyptian Evidence*（Winona Lake：Eisenbrauns，1997），pp. 87 – 103；有学者指出：至今没有直接的考古证据表明早期的以色列支派具有埃及的起源。以色列的历史编纂者可能参照了保留在记忆中迦南群体下埃及的口述传统。参 W. G. Dever，"Is There Any Archaeological Evidence for the Exodus"，in *Exodus：The Egyptian Evidence*，pp. 67 – 86。

① Israel Finkelstein，"Patriarchs，Exodus，Conquest：Fact or Fiction"，in Brian B. Schmidt ed.，*The Quest for the Historical Israel：Debating Archaeology and the History of Early Israel*（Atlanta：SBL，2007），p. 53.

② John van Seters，*Abraham in History and Tradition*（New Haven：Yale University Press，1975）.

③ Thomas L. Thompson，*The Historicity of the Patriarchal Narratives：The Quest for the Historical Abraham*（Berlin：De Gruyter Press，1974）. 汤普森指出《旧约》是公元前 5 – 前 2 世纪的产物，是圣经作者创造了以色列的过去，它基于文学的神话，而非历史。参 Thomas L. Thompson，*The Mythic Past：Biblical Archaeology and the Myth of Israel*（New York：Basic Book，1999）。

连。① 他坚持圣经考古学的世俗化。② 而美国东方研究学院的期刊《圣经考古学家》，自 1998 年更名为《近东考古学》（*Near Eastern Archaeology*）。这一变化反映了美国的考古学家试图摆脱宗教神学的框架，摆脱"以圣经为中心"的价值取向。

伴随着以上的冲击和质疑，在 20 世纪 90 年代，发生了更为戏剧性的变化。一方面，德维尔提出了"新圣经考古学"的概念。他主张圣经研究与考古学之间的对话与合作，倡导圣经考古学的重生。他认为圣经本身虽问题重重，但在研究铁器时代方面依然有重要作用，他不愿看到二者的完全疏离，努力调和圣经文本之"神圣史"与铁器时代考古之"世俗史"。但这被认为是"换汤不换药"，还是老一套。③ 德维尔重建圣经考古学的诉求被置若罔闻。另一方面，一群圣经学者完全漠视与否认圣经作为早期以色列与君王制时期之历史来源的有效性。他们认为圣经著述于波斯时代、希腊化时代，甚至罗马时代，因此它同铁器时代的研究无关。④ 另有学者声称：联合王朝根本不存在。⑤ 这一群体虽然没有撼动主流的圣经与历史学术研究，但是对包括考古学在内的学术研究

---

① 新考古学，又称过程考古学（Processual Archaeology），因不满文化史学派的"非科学"性而产生，排斥归纳法与描述性的本质尤其是对文化的规范进路，认为考古遗迹是一系列复杂过程的产物，而不是简单的观念规范的反映。新考古学推动了圣经研究与考古学的分离。参 Willam G. Dever, "The Impact of the 'New Archaeology' on Syro – Palestinian Archaeology", in *Bulletin of the American Schools of Oriental Research* 242 (1981): 15 – 29。但关于圣经考古的任务与描述，学界众说纷纭。参 Willam G. Dever, "Why It's So Hard to Name Our Field", in *Biblical Archaeology Review* 29/4 (2003): 57 – 61。

② William G. Dever, "Syro – Palestinian and Biblical Archaeology", in Douglas A. Knight and G. M. Tucker eds., *The Hebrew Bible and Its Modern Interpreters* (Chicago: Scholars Press, 1985), pp. 31 – 74。

③ 参 Amihai Mazar, "On Archaeology, Biblical History, and Biblical Archaeology", in Brian B. Schmidt ed., *The Quest for the Historical Israel: Debating Archaeology and the History of Early Israel*, p. 33。

④ Philip R. Davis, *In Search of Ancient Israel: A Study in Biblical Origins* (Sheffield: Sheffield Academic Press, 1992); Thomas L. Thompson, *Early History of the Israelite People from the Written and Archaeological Sources* (Leiden: Brill, 1992); Neils P. Lemche, "Is It Still Possible to Write a History of Ancient Israel?", in *Journal for the Study of the Old Testament* 8 (1994): 165 – 190; Keith W. Whitelam, *The Invention of Ancient Israel: The Silencing of Palestinian History* (London: Routledge, 1996).

⑤ Gregory J. Wightman, "The Myth of Solomon", in *Bulletin of the American Schools of Oriental Research* 277 – 278 (1990): 5 – 22; Israel Finkelstein, "The Archaeology of the United Monarchy: An Alternative View", in *Levant* 28 (1996): 177 – 187。

产生了巨大影响。众多学者将圣经看成一个问题丛生的文本，避免简单地依附于圣经。如此，处于危机之中的圣经考古学四面楚歌，而考古学与圣经研究，随即出现了明显的疏离趋势。

当代考古学的研究，不能证明亚伯拉罕、摩西与约书亚等的历史年代与事件，但是，考古学有助于我们理解他们的非历史性。"我们对青铜时代与早期铁器时代知道得越多，就越发现，圣经对这些时期的描述，就是民间传说与文化记忆的融合。其中，历史事件的细节，要么消失，要么被重塑。这些故事叙述具有深刻意义，但只是偶尔涉及历史的部分。"① 因此，作为一个概念与研究领域，"圣经考古学"受到了巨大的冲击，因为，它无法实现"证明圣经"的任务。随着考古方法的改进，古代近东年代学的确定以及地域文化历史的建构，表明奥布赖特学派的圣经考古学通过整合考古发现、圣经文本以及外部的文本来源试图建构一种历史解释的框架，但是其理论预设无法经历时间的考验。② 显然，圣经考古学不能作为一个学科继续存在。正如亨德尔指出："圣经考古学在当今已经被摈弃。奥布赖特及其他学者曾经建构的历史与思想结构，已经被动摇，剩下的几乎是废墟。"③

基于神学或世俗立场的驱动，圣经考古学曾经染指政治。譬如，奥布赖特学派与以色列学派，将圣经视为一个重要的历史来源，都曾为一个"宏大的"历史与政治事件寻索依据。他们依赖于圣经，同时，又去证实圣经。他们未曾呈现对古代以色列社会与文化进程的研究，也没有亲近"沉默大多数"的日常生活。因此，较为激进的学者呼吁将圣地考古学从圣经文本的限制中解放出来，认为圣经文本是负担与束缚。但更多的学者建议考古学与圣经研究之间的对话，或整合，或求同存异。④ 一方面，独立于圣经文本的考古学，将文化与社会议题置于探

① Ronald Hendel, "Is There a Biblical Archaeology?" in *Biblical Archaeology Review* 32/4 (2006), p. 20.
② J. P. Dessel, "Reading Between the Lines: W. F. Albright 'in' the Field and 'on' the Field", in *Near Eastern Archaeology* 65 (2002): 43–50.
③ Ronald Hendel, "Is There a Biblical Archaeology?" in *Biblical Archaeology Review* 32/4 (2006), p. 20.
④ Shlomo Bunimovitz and Avraham Faust, "Re-Constructing Biblical Archaeology: Toward an Integration of Archaeology and the Bible", in Thomas E. Levy ed., *Historical Biblical Archaeology and the Future: The New Pragmatism* (London: Equinox, 2010), pp. 43–54.

查的中心；另一方面，将圣经视为一种文化集成，去寻索这些议题的答案，可以还原圣经文本在圣经时期考古话语中的核心地位。[1] 对铁器时代的考古研究，关注政治史、年代学与类型学的问题，丰富的考古发现反映了当时的社会组织、政治结构、性别与意识形态，而圣经包含着有关这一时代的语言与社会形态的信息。文本研究与物质文化的研究，在逻辑上是相互关联的。因此，二者的对话与整合，是完全可能的。

当代圣经研究表明，"由圣经著述者所诠释的以色列民族，鲜有历史背景。圣经是个高度意识形态化的建构，是由古代尊奉犹太传统的学者创作的，其目的是要合法化他们自身的宗教社群，以及这一社群对土地与宗教独特性的宗教政治宣称"[2]。若族长传统是圣经著述晚期的独撰，而不具历史的有效性，那么，其著述的目的是什么？"圣经由多种记忆构成，以色列人在其整个历史中存留了这些记忆，并将之作为对这一历史进行神学诠释的一种指南。"[3] 族长与出埃及的故事叙述，不是要记录历史事实，而是以记忆的方式实现对过去与自我身份的建构。亨德尔指出：圣经著述是涉及神话、记忆与历史的具有各种观点的连续体。圣经作者并非现代意义上的历史学家，不会质疑著述来源的真实性。他认为："如果貌似历史的圣经著述，呈现了一个有关部落与君王时代的相对祛魅的叙述，那么，这个凡俗世界之前与之外的文本，属于神圣时间的领域。在那里，叙述话语上演着它自己的炼丹术。这些叙述植根于文化记忆，包含并转化着并不归于文化记忆的历史。"[4] 他认为这些叙述的意义远比历史更为持久，因为，这些叙述有自己的道理和意义。这种厚重表面看上去简单，但却是种种模式的历史记述都望尘莫及的。将记忆的范畴带入对圣经叙述的分析，形成一种崭新的视角，这是一种能够超越历史分

---

① Shlomo Bunimovitz and Avraham Faust, "Re – Constructing Biblical Archaeology: Toward an Integration of Archaeology and the Bible", pp. 43, 47.

② Niels P. Lemche, *The Israelites in History and Tradition* (Louisville: Westminster John Knox, 1998), pp. 165 – 166.

③ James Barr, *History and Ideology in the Old Testament: Biblical Studies at the end of a Millennium*, p. 95.

④ Ronald Hendel, "Culture, Memory, and History: Reflections on Method in Biblical Studies", in Thomas E. Levy ed., *Historical Biblical Archaeology and the Future: The New Pragmatism* (London: Equinox, 2010), 259.

析之缺陷的方法。①

圣经研究关注的是圣经文本的意义与世界，涉及对古代以色列的语言、文化与历史的探寻，其中，有些经文虽指涉有历史的成分，但大多是传统与记忆的产物。而黎凡特考古学关注的是物质资料中表达的文化意义。考古学通过对物质文化数据的研究"解读过去"，而圣经学者试图运用古代文化处境的视域解读圣经文本，二者之间有诸多重叠之处，能够相互关联与影响。因此，考古学依然是探讨圣经世界以及以色列早期历史的重要工具，有助于圣经学者建构古代以色列社会、经济、日常生活与宗教的各个方面，以及认识古代以色列的邻邦。总之，"古代以色列人作为黎凡特与整个古代近东这一更为宽广的处境的一部分，考古学为研究他们提供了独特的视角"②。圣经是古代近东世界与文明孕育的产物，而对这一世界与文明的考古学研究使我们了解产生圣经文本的社会与文化处境，以及文本编修与诠释的过程，从而认识文本形成的历史本质。比如，死海古卷以及古代近东碑铭的发现与解读，直接影响到文本批判，以及对圣经文本的理解。③ 近年来，考古学视角的《希伯来圣经》研究出现了不少优秀的学术成果，拓展了圣经研究的视域。其中，有涉及古代以色列之性别与妇女生活

---

① Joseph Blenkinsopp, "Memory, Tradition, and the Construction of the Past in Ancient Israel", *Biblical Theology Bulletin* 27 (1997), pp. 76 – 82; Ronald S. Hendel, "The Exodus in Biblical Memory", *Journal of Biblical Literature* 120 (2001), pp. 601 – 622; Mark S. Smith, *The Memoirs of God: History, Memory, and the Experience of the Divine in Ancient Israel* (Minneapolis: Fortress Press, 2004); Mark S. Smith, "Remembering God: Collective Memory in Israelite Religion", *The Catholic Biblical Quarterly* 64 (2002): 631 – 651. 有的学者将考古学与记忆相结合，应用于圣经研究当中，参 Elizabeth Bloch – Smith, "Israelite Ethnicity in Iron I: Archaeology Preserves What Is Remembered and What Is Forgotten in Israel's History", *Journal of Biblical Literature* 122 (2003): 401 – 425。

② Amihai Mazar, "On Archaeology, Biblical History, and Biblical Archaeology", in Brian B. Schmidt ed., *The Quest for the Historical Israel: Debating Archaeology and the History of Early Israel* (Atlanta: SBL, 2007), p. 33.

③ Emanuel Tov, *The Text – Critical Use of the Septuagint in Biblical Research* (Jerusalem: Simor, 1981); *Textual Criticism of the Hebrew Bible* (Third Edition, Revised and Expanded, Minneapolis: Fortress Press, 2012). 该著作初版于 1992 年。托夫是希伯来大学教授，1992 年开始，他带领研究团队，负责对死海古卷的解读，因此，他后期的著作，多与死海古卷的研究相关。

的,① 也有论及神祇与仪式的。② 在此,不一一赘述。总之,考古学与圣经诠释的对话或整合,将推动圣经学术研究的细致与深入。

第四节　结语

综上所述,对圣经的社会科学批判,就是运用社会科学的方法进行圣经诠释,关注圣经文本及其世界的社会、历史与文化的向度。尽管社会科学批判的方法被越来越多的学者所接受并应用于圣经研究领域,但是,这一方法本身还是面临一些挑战与批评。这些批评主要有以下几点。第一,有的学者认为将社会科学批判运用于一个古代社会或古代文本实质上是不可能的,因为,社会科学方法依赖于参与观察,以及一种可以测试同研究对象进行互动及其结果的能力。而这样的测试针对当代社会是可能的,而运用于古代社会的案例显然是没有可操作性的。③ 这一点是对社会科学批判方法所持的基本质疑,就是对现代学者能够著述古代社会历史之能力的怀疑。多数现代历史学家不能解决这一问题,但是,那些从事社会科学批判的学者需要审慎思索这一方法论难题。④ 第二,对社会科学方法的应用,可以导致一种社会的化约主义(reductionism),忽略塑造历史与文学的所有非社会的力量。⑤ 比如说,社会科学批判可能会使学者忽视圣经文本的神学维度。因此,这一方法的实践者,会通过同时

① 米耶斯(Carol Meyers)运用考古学的发现以及民族志研究的成果,结合对圣经文本的细致分析,呈现了古代以色列妇女扮演的社会角色与价值。参 Carol Meyers, *Rediscovering Eve: Ancient Israelite Women in Context* (Oxford: Oxford University Press, 2012)。她将考古学视为了解古代以色列妇女生活的重要窗口。她认为若只依赖于《希伯来圣经》或考古学,都不能呈现这种生活以及妇女的社会角色与贡献。参 Carol Meyers, Archaeology: A Window to the Lives of Israelite Women", in Irmtraud Fischer and Mercedes N. Puerto eds. , *Torah* (Atlanta: SBL, 2011), pp. 61 – 107。

② Reinhard G. Kratz and Hermann Spieckermann eds. , *One God – One Cult – One Nation: Archaeological and Biblical Perspectives* (Berlin: De Gruyter, 2010) .

③ Cyril S. Rodd, "On Applying a Sociological Theory to Biblical Studies", *Journal for the Study of Old Testament* 19 (1981): 95 – 106.

④ 有关这一问题的讨论,参 Rainer Kessler, *The Social History of Ancient Israel: An Introduction* (Minneapolis: Fortress, 2008), pp. 5 – 12。

⑤ Cary A. Herion, "The Impact of Modern and Social Science Assumptions on the Reconstruction of Israelite History", *Journal for the Study of Old Testament* 34 (1986): 3 – 33.

运用其他的诠释方法而避免化约主义。第三，在应用社会科学批判的过程中，批评家反对运用模式与重构，尽管没有某种程度的重构是很难明白古代社会历史的著述是如何发生的。意识到模式与重构的情形但不宣称其确定性是重要的，也就是不能夸大模式与重构的作用。第四，对比较与运用民族志数据资料的批评，认为这些数据可能不具有代表性，在其他文化中有类似的数据。这一问题对那些运用人类学研究成果的圣经学者是重要的。运用非典型性的比较数据是危险的，因为其没有意识到文化的独特性。最后，近来的争论涉及圣经文本的年代，其产生的问题是运用社会科学方法追溯圣经文本之年代的可能性。如果描述前被掳时期的以色列的圣经文本是晚期的著述，那么，人们不能用社会学的方法重构早期历史，除非这一历史保存在较晚的圣经文本中。① 尽管社会科学批判面临以上多种质疑，但是，它被广泛地应用于圣经研究中，是理解与呈现圣经世界与历史的一种重要方法。

---

① Robert R. Wilson，"Reflection on Social – Scientific Criticism"，in Joel M. LeMon& Kent Harold Richards eds. ，*Method Matters*：*Essays on the Interpretation of the Hebrew Bible in Honor of David L. Petersen*（Atlanta：SBL，2009），pp. 515 – 517.

第十二章

女性主义圣经诠释

　　历史方法遵循的基本原则是批判、类推、自主性与相关性。在 20
世纪 70 年代与 80 年代，圣经研究出现了"范式转移"的诉求，因为，
宣称客观真理的历史方法备受诟病，被认为充满了偏见与利己主义，陷
入了一种"客观主义的意识形态"。若将历史方法运用于圣经批判，
"就是将文本抛入一个被客观化的过去，而这一过去是个无限倒退。即
使痴狂的研究都无法将之挽回"①。关于过去的知识或者关于早期以色列
史的建构，其中立或客观的可能性广受质疑。② 譬如，70 年代，汤普森
与梵赛特关于族长传统的论述，颠覆了以往对族长历史性的认知。此
外，对于那些宣扬解放与女性主义的圣经学者而言，传统历史批判的客
观性宣称的"有效性"极其可疑，因为，它在权势男性的操纵下而被
曲解。后殖民圣经诠释者苏吉萨拉迦（R. S. Sugirtharajah）指出："尽
管历史批判使西方人、白种人与中产阶级获得特别的释放，但是，它对
妇女、黑人和其他文化的族裔具有羁绊与奴役的效果。"③ 此外，圣经
历史批判宣扬乐观主义，比如奥布赖特学派，试图以考古发现证明圣
经历史记载的真实性，但是经验证明，这样的预设与努力是徒劳的，
无从实现。"圣经故事发生的主要时间与其被记载时间之间的距离逐

---

① Walter Wink, *The Bible in Human Transformation: Toward a New Paradigm for Biblical Study*
（Philadelphia: Fortress Press, 1973）, p. 4. 作者认为历史批判将圣经化约为无生命的字
母，并宣告圣经历史批判的破产。由此，他提倡圣经研究的"范式转移"，提出对主体
与客体的怀疑，主张从社会学与精神分析的视角研究圣经。

② Peter Novick, *The Noble Dream: The "Objectivity Question" and the American Historical Pro-
fession* （Cambridge: Cambridge University Press, 1988）, pp. 415 – 529.

③ R. S. Sugirtharajah, "Critics, Tools, and the Global Arena", in H. Räisänen ed., *Reading
the Bible in the Global Village: Helsinki* （Atlanta: Society of Biblical Literature, 2000）,
p. 52.

渐增大，导致对那些故事的解读日益由记忆和身份所引领。"① 而且，圣经学者所谓的"圣经时期"或"圣经以色列"并非完全基于历史事实，而是同某一群体的文化记忆相关，是基于其意识形态的需要而建构的自身文化与政治身份。

圣经女性主义者伊丽莎白·费奥伦查（Elisabeth S. Fiorenza）论及历史批判研究之乐观主义的价值中立立场，认为那是言过其实与不负责任的说辞。② 因为，每个人都有自我与偏见，没有人能够真正"客观"。在20世纪下半叶，圣经学者呈现了诸多来自边缘的声音。其中，声音最为响亮者，非女性主义者莫属。③ 因为，它揭示了圣经文本中蕴含的男性主导而女性从属的性别模式，同时，提出了改变男女不平等的政治诉求，成为西方民权运动的重要部分。而在第三世界，女性主义同后殖民主义密切相关。④ 的确，无论是在文学表述，还是在历史叙述中，这样的不平等俯拾皆是，圣经也不例外。正如文化人类学家奥特娜（Sherry B. Ortner）指出：虽然人类文化的样态是丰富多元的，但在人类社会与文化的演进中，女性从属的普遍性（universality of female subordination）是一个存在的事实，它不仅存在于社会与经济安排的任一类型中，而且渗

---

① 菲利普·R·戴维斯：《多学科圣经研究五十年》，第38页。

② Elisabeth S. Fiorenza, "Biblical Interpretation and Critical Commitment", *Studia Theologica* 43 (1989): 5 – 18.

③ 女性主义作为一种社会与智性运动，发端于欧洲启蒙运动。女性主义者是指那些寻求消除妇女的从属性与边缘化的人。她们一致批判男性至上，坚持性别角色是社会的建构，而非与生俱来。女性主义的"根本经验"，在于妇女意识到文化的"共同观念"、主流观念、科学理论以及历史认知都是以男性为中心的，即带有男性偏见，而且，认为这不是客观的，而是意识形态化的结果。这一突破性的经验不仅引起妇女的失望与愤怒，而且，也获得一种可能与力量。女性主义的分析常用的范畴是父权制（patriarchy）、男性中心主义（androcentrism）与性别二元论（gender dualism）。女性主义诠释的方法主要包括：关注涉及妇女的文本、进行意识形态的批判以及历史重构的批判性言辞范式。Elisabeth Schüssler Fiorenza, "Feminist Hermeneutics", in David N. Freedman ed., *Anchor Bible Dictionary*, vol. 2 (New Haven: Yale University Press, 1992), pp. 783 – 791.

④ 关于二者之间的内在关系，参 Gale A. Yee, *Poor Banished Children of Eve: Woman as Evil in the Hebrew Bible* (Minneapolis: Fortress Press, 2003)。另参 Kwok Pui - lan, *Postcolonial Imagination and Feminist Theology* (Louisville: Westminster John Knox Press, 2005)。另参 Musa W. Dube ed., *Postcolonial Feminist Interpretation of the Bible* (St. Louis: Chalice Press, 2000)。

透于社会发展的任何阶段。① 此种文化的性别特性在圣经中亦被生动地呈现，即女性的价值与地位不仅是次等的，而且是从属的。作为西方文明的重要经典，圣经在促使与建构男女不平等的性别模式上，具有显著的塑造作用。如此，圣经被视为具有深刻父权意识的书卷，将妇女在西方社会中的从属地位进行了宗教合法化的论述。

在 20 世纪末的女性主义研究中，我们注意到两个不同的发展阶段或趋势。第一阶段关注妇女信息的搜集，将女性人物与作者带到视野的中心。② 这一做法常被称为建构"她的故事"（her - story）。这样的研究，试图驳斥妇女在文学中没有历史或缺乏重要地位的宣称，认为同妇女相关的个人的与私下的经验，应当同构成历史的公众的政治事件一样被评价。但是，它倾向于孤立妇女的历史，将之视为一个特别的与不同的主题，因此，在无意中加固了男性与女性之间模式化的分别。正如斯科特（Joan W. Scott）所说："从这一立场书写的妇女史，以及由此而来的政治，结果是赞成不可改变的性别差异的观念，而且，性别差异被用于证明性别歧视。"③ 于是，由依然活跃的妇女史而引发的转变，是对文本中意识形态与修辞进行的批判。这是女性主义发展的新阶段，它"追问诸如性别差异的等级观念，是如何被建构或被合法化的"④。在这种学术研究的话语中，性别的概念显著突出。它指涉社会或文化建构的一种方式。它认为男女分工的社会角色，并非自然的，而是社会建构的产物，而且，"性别是涉及权力关系的一种主要方式"⑤。

由此来看，"女性主义的思想史，就是拒绝对男性与女性之关系的等

---

① Sherry B. Ortner, *Making Gender：The Politics and Erotics of Culture*（Boston：Beacon Press, 1996）, p. 21. 人种史学者认为这种普遍性并不是绝对的，如母系氏族社会。但奥特娜认为在文化的视域内，男性支配（male domination）是无所不在的，女性从属是文化的共性与常态，其中，女性与男性的关系等同或类比于自然与文化的关系。参 Ibid., pp. 24 - 42；另参 Henrietta L. Moor, *Feminism and Anthropology*（Cambridge：Polity Press, 1988）, pp. 12 - 40。

② Joan W. Scott, *Gender and the Politics of History*（New York：Columbia University Press, 1988）, pp. 18 - 21.

③ Ibid., p. 4

④ Ibid., p. 4.

⑤ Ibid., p. 42. 另参 Joan Scott, "Gender：A Useful Category of Historical Analysis", in *American Historical Review* 91（1986）, p. 1067。

级制建构的一种历史"①。实际上，现代女性主义者并不仅仅视性别为文化与社会所建构的产物，而是提出了更为复杂的观念。比如，有的理论家质疑男性与女性这种基本的两极分类，认为这不论在历史上还是生物学上，都不具有普遍性。② 性别被视为一种行为表述的概念，也就是说，是扮演男人或妇女角色的活动的概念。③ 或者，有人认为"性别是支持异性恋观念的一种父权制的阴谋"④。此外，对于那些不接受欧美妇女经验与价值的人而言，比如，非裔美国人、拉丁裔与亚裔美国人，有关女性主义的话语就更为复杂。在种族主义、社会等级制以及殖民主义更为宽广的语境中，女性主义扩展为妇女主义（womanism，即有色人种的女性主义），包括所有的妇女在内。美国黑人作家沃克（Alice Walker）在《寻找我们母亲的花园：妇女主义散文》中，首次提出这一概念。她的代表作《紫色》被斯皮尔伯格拍成电影，呈现了黑人女性的生存经验和挣扎，它涉及种族歧视的议题，以及男性的家庭暴力与性暴力，等等。2017 年，美国《韦氏词典》的关键词搜索排行榜上，居于榜首的是女性主义（feminism）。1841 年，《韦氏词典》开始收入这个词，而到了 2017 年，它成为搜索量最高的一个词。当然，这可能和 2017 年的 MeToo 运动有关系。最早收入这个词的时候，女性主义被界定为"女性具有的特质"，可是，我们今天再来看这个词典对它的界定，发现已有很大的改变。女性主义被界定为：以女性经验为来源和动机的关于政治、经济和社会层面的性别平等理论，是为争取女性权益而组织的社会活动。由此可见，女性主义的概念一直处于变化之中。

早在 19 世纪末，在当时的政治处境中，就女性主义圣经诠释的诠释学含义以及女性主义神学对诠释任务所产生的激进的批判性影响而言，最为引人注目的亮点，就是美国圣经学者伊丽莎白·坎迪·斯坦顿（E-

---

① Joan W. Scott, *Gender and the Politics of History*, p. 41.

② Thomas Laqueur, *Making Sex: Body and Gender from the Greeks to Freud* (Cambridge: Harvard University Press, 1990).

③ Rosi Braidotti, "What's Wrong with Gender?" in Fokkelien van Dijk – Hemmes and Athalya Brenner eds., *Reflections on Theology and Gender* (Kampen: Kok Pharos, 1994), pp. 49 – 70.

④ Ibid., p. 63.

lizabeth Cady Stanton）编著的《妇女圣经》（*The Woman's Bible*）。^① 在导言部分，斯坦顿概述了两个批判性的洞察：圣经并非一部"中立的"书，而是以男性为中心，是一种抵抗妇女为解放而斗争的武器；此外，圣经烙有男人的印记，是男性将其烙印刻在了圣经启示上。她将圣经视为对女性的拒绝，其中一个重要的原因，在于圣经律法言说于男性，唯有男性被设定为律法的主体，而且，这一倾向似乎势不可挡。她意识到圣经中的律法促使了女性的降格，并将男性的权力载入经典。同时，她坚称所有这些降格妇女的文本都是出于男人之头脑，表达了父权制的文化。她指出："所有的基督教政党与宗教派别，都认为妇女是在男人之后受造、从男人中而造，并且，是为了男人而造，因此，妇女是次等的存在，是从属于男人的存在。如此，教条、准则、经典与法规都是以此为基础而制定的。社会的存在方式、礼仪、风俗，以及教会的法令与教规，都深受这一观念的影响。"^② 在一个世纪之前的社会政治处境里，斯坦顿的宣称与呐喊坚强而震撼，力透纸背。

20 世纪 60 年代，美国民权运动风起云涌。一批极具敏感性的女性察觉到充满了男性形象和语言的圣经成为压制女性的来源，于是她们投入到轰轰烈烈的对圣经父权制进行审查和批判的潮流中，别开生面地为圣经诠释传统和女性个体性的确立踏出一条新路。纽约协和神学院的菲利斯·特雷波（Phyllis Trible，1932 –）正是成长于如此历史背景之下的圣经学者。在 20 世纪 70 年代，特雷波借助前辈女性主义圣经诠释学家奠定的基础，继续守护女性主义立场，运用文学修辞批判的方法诠释圣经文本，并建构了一条具有普遍适应性的诠释进路，对女性主义圣经诠释产生了重要影响。此外，哈佛大学神学院的费奥伦查（Elizabeth S. Fiorenza，1938 –）是又一位著名的女性主义圣经学者，也是当今《新约》女性主

---

① Elizabeth Cady Stanton，*The Woman's Bible*（Boston：Northeastern University Press，1993）. 此著作英文版初版于 1895 年。1949 年西蒙·波伏娃（Simone de Beauvior）出版被视为女性解放宣言的《第二性》。戴利（Mary Daly）在深受《第二性》影响之后，于 1968 年出版了《教会与第二性》。Mary Daly，*The Church and the Second Sex*（New York：Harper & Row，1975）. 戴利不满于教会对女性的歧视和压迫，反对他们借上帝之名欺骗女性，并激进地认为以男性上帝观所建构的神学都是错误的，凡同女性主义相左的神学都须加以更正。以上著作都对圣经女性主义学术产生了重要影响。

② Elizabeth Cady Stanton，*The Woman's Bible*（Boston：Northeastern University Press，1993），p. 7. 此著作初版于 1895 年。

义研究的领军人物。她提出了一种"怀疑的诠释学",并依此方法重构了共属于男女的早期基督教历史,强调历史批判诠释的重要性,同时,也强调运用性别、种族与阶级等范畴解放妇女,解放圣经文本,她为圣经女性主义诠释提供的模式、方法与隐喻令人瞩目。本章将重点探讨这三位女性主义者的圣经诠释方法,论及她们的思想建构及其对圣经女性主义研究的贡献。

第一节　斯坦顿与《妇女圣经》

斯坦顿(1815 – 1902)是美国著名的社会活动家、废奴主义者,以及早期妇权运动的领导者。她对女性主义圣经研究的卓越贡献,在于她在 1895 年至 1898 年间出版了两卷本的《妇女圣经》,对男女不平等制度的渊源进行了深刻剖析和猛烈抨击,成为反对普选的最具毁灭性的武器。① 其中,斯坦顿揭示了妇女政治权利的匮乏,其根源在于圣经对妇女从属的宣扬,以及基督教会和教士的教导。同时,她严厉质疑妇女在道德权威上,对圣经的依赖及其有效性。她不仅倡导妇女在政治权力、经济与性上的平等,而且,号召妇女摆脱对圣经、教会与教士的依附,从而实现最终真正的解放。1895 年 11 月 12 日,"国家妇女委员会"在纽约大都会剧院为她举办了 80 岁生日庆祝会,见证她在妇女解放运动中取得的辉煌成就,为这位半个世纪以来倡导"妇女进步的先驱"致敬。② 作为她重要的学术成就,《妇女圣经》呈现了斯坦顿的智慧、胆识与远见。她认为圣经是造成妇女从属的根本原因,并质疑圣经为上帝的"神圣启示与话语"。她激进的个人主义传统与女性主义理论,对后来的宗教、性别与妇女的研究意义深远。

一　为妇权而斗争

1815 年,斯坦顿出生于纽约的贵族家庭,有五个兄弟和五个姊妹。

---

① Kathi Kern, *Mrs. Stanton's Bible* (Ithaca: Cornell University Press, 2001), pp. 1 – 3.
② *New York Times* for 13 November 1895.

但不幸的是，五个兄弟全部夭折。她的家境优渥，自小受到当时最为优越的教育，入读维拉德（Emma Willard）创办的特洛伊女子学院（Troy Female Seminary）。毕业后，在时为律师的父亲的办公室，她了解到有关妇女受剥削的法律条款。那时，已婚妇女受到诸多限制，比如妻子不可能提出与酗酒的丈夫离婚，也不能拒绝丈夫的性要求。妇女不能起诉，也不能在法庭上为自己申辩，不能签署合同或遗嘱。妻子不能分享丈夫的财产，因为丈夫去世后，其全部财产转入长子名下。丈夫在家庭中是绝对的主导，拥有对妻子与孩子的监护权，而妻子是次等的，唯有服从。无论是教义，还是民法，都使妇女的存在问题多多，因为她不被定义为人而具有权利，而且，有关其存在的整个观念与框架，都受限于"上帝之道"。因此，当斯坦顿投入妇权运动时，以她敏锐的眼光，她所关注的，除了妇女投票权之外，还有做母亲的权利、监护权、财产权、就业和收入权、离婚权和生育控制权等。她适逢宗教复兴时代，但是，她对宗教狂热与正统教会表现漠然，甚至敌视。因此，当众多妇女对宗教投入热情，并将之视为自己的活动范围的时候，斯坦顿却投入了废奴运动的潮流中。

19世纪20年代，主张平等的女性主义者赖特（Frances Wright，1795 – 1852）深受欧文（Robert Owen）乌托邦社会主义的影响，倡导"自由与自愿的感情"，批判伴随终身的一夫一妻制婚姻以及妇女的作用局限于家庭的模式。[1] 此外，她坚持社会主义与反教权主义的立场，受到众多的谴责，但是，在美国论及妇女之地位与身份的争论中，她具有重要的影响。30年代早期，妇女教育学家比彻（Catherine Beecher，1800 – 1878）强调妇女教育，并认为妇女的影响力必定不同于男人，主张妇女通过养育子女，将"仁慈的精神"灌输到美国人的品性中，甚至认为妇女社会地位的提高及其自我抗争，会威胁到美国社会的核心。[2] 赖特与比彻的观念冲突是显而易见的，这表明对妇权的不同见解。通过论争，妇权问题日益

---

① Alice S. Rossi, "Woman of Action: Frances Wright," in idem, *The Feminist Papers from Adams to de Beauvoir* (New York: Columbia University Press, 1973), p. 93.

② Ellen Carol DuBois ed., *The Elizabeth Cady Stanton – Susan B. Anthony Reader: Correspondence, Writings, Speeches* (Boston: Northeastern University Press, 1992), p. 5.

受到了瞩目。^① 因此，尤其是在中上层的白人妇女中，涌现了女性文学，包括感性小说、婚姻与家庭指导的书籍与杂志。其中，美国作家黑尔（Sarah Josepha Hale，1788－1879）主编的女性杂志《戈蒂女士手册》（*Godey's Lady's Book*）在 30 年代末甚为流行，发行量达到 15 万左右。黑尔追随比彻的观点，公开敌视"妇权"，但赞成妇女受教育并进入职场，尤其是在医学领域，认为这符合真正的女性气质。^② 在当时，已经有一些妇女开始走进女子学院，学习艺术与科学，斯坦顿就是其中的一个。因此，当斯坦顿后来谈及她妇权意识的形成时，她认为早期的影响主要来自三个方面：一是赖特与罗斯（Ernestine Rose）对宗教与民主的激进观念；二是 19 世纪 30 年代到 40 年代，围绕妇女财产法进行的早期改革；三是妇女在反奴隶制运动中获得的各种经验。^③

　　1840 年 6 月，新婚不久的斯坦顿，与丈夫亨利（Henry Stanton）一起参加了在伦敦举行的第一届世界反奴隶制大会。^④ 但是，这次会议令她羞辱而难忘，因为，妇女代表不能坐在会议大厅的显要位置，不能发言，也不能投票表决。斯坦顿决意进行改革，维护奴隶与妇女的权益。她倡导在政治、宗教、社会与经济生活中要有妇女的声音，同时，主张妇女自力自治。1848 年 7 月，在纽约州的赛尼卡瀑布城，斯坦顿召集了第一届妇权大会，她模仿《独立宣言》的语调，基于"男女平等受造"这一

---

① 早期坚持妇权传统的重要人物，可追溯至英国作家玛丽·沃斯通克拉夫特（Mary Wollstonecraft，1759－1797）。1792 年，她出版了《妇女权利的辩护》，作为对启蒙运动时期反女性主义者卢梭（Jean－Jacques Rousseau）的回应。卢梭认为女性本质上是不同于男性的，女性不需要理性教育，因此，妇权一定不同于男权。沃斯通克拉夫特认为妇女的本质在追求自由、理性与独立上，基本上与男人相同。她指出妇女的"第一要务是让自己成为理性的生物"，她相信教育能够提高妇女的地位，主张男女同校。参 Mary Wollstonecraft，*Vindication of the Rights of Woman*（New York：W. W. Norton，1967），pp. 145，148－149，168－173。该著作有关妇女教育的讨论，在大洋彼岸的美国广为流传。

② Keith Melder，*Beginnings of Sisterhood：The American Women's Rights Movement* 1800－1850（New York：Schocken Books，1977），p. 132.

③ Elizabeth Cady Stanton，Susan B. Anthony，and Matilda J. Gageeds.，*History of Woman Suffrage*，vol. 1（Rochester：Susan Anthony，1881），p. 293.

④ 斯坦顿向来特立独行，她选择的这桩婚姻不受其父母的认可。亨利是个废奴主义者，在组织民主党的废奴派上起到关键作用，当选为纽约立法委员，但是，他并不公开支持妇女争取权利的斗争。参 Ann Loades，"Elizabeth Cady Stanton's *The Women's Bible*"，in Michael Lieb，Emma Mason and Jonathan Roberts eds.，*The Oxford Handbook of the Reception History of the Bible*（New York：Oxford University Press，2011），p. 312。另参 Ellen Carol DuBois ed.，*The Elizabeth Cady Stanton－Susan B. Anthony Reader*，p. 12。

"不言而喻"的真理，起草了《感伤宣言》（*Declaration of Sentiments*），又称《权利与感伤宣言》。会上反响强烈，68 名女性和 32 名男性共同签署通过了这一宣言。① 这次会议被视为美国历史上有组织的妇权运动的开始。同年，"纽约州已婚妇女财产法案"（New York State's Married Women's Property Act）在纽约首获通过，随即，法案在宾州与麻州相继获得通过。② 此时，女性主义者对妇女权利的争取不再只限于教育，而是更多涉足社会政治领域。越来越多的妇女开始意识到其性别所赋予的权利与能力，认为她们应该拥有同男人相同的社会与经济上的权利。她们抨击男性的双重道德标准，以及他们对妇女在性与经济上的剥削与抑制。1850 年 4 月，妇权大会在废奴主义者聚集的大本营——怀俄明的塞勒姆（Salem）举行，对州宪法会议施压。稍后，来自 7 个州的女性主义者在麻州的乌斯特（Worcester）举行了会议，倡议两性之间的和谐统一，产生了争取妇女投票权统筹委员会，以及报道妇女在教育、工业、法律和社会之地位的委员会。③ 次年，印第安纳州与宾州也相继成立了类似的妇女组织。

与妇权运动并行的是废奴运动，它们都是民权运动的重要部分。斯坦顿小时候，她家里就有黑人奴隶，他们是家中的仆从。其中一位叫彼得的仆人极其和蔼善良，时刻保护着孩子们，并与孩子们保持着亲密友好的关系。这给斯坦顿留下难忘的记忆，使她自信而坚强。④ 斯坦顿认为奴隶制是对美国社会道德特征的一个威胁，但要改变并非易事，因为它是涉及"宗教、慈善、政治经济、商业、教育与社会生活的问

---

① 宣言批判了男性在智性与道德上至上的意识形态，宣称妇女的意志与自由，强调妇女投票权的重要性，呼吁妇女在公民身份与政治权利上的平等。宣言维护妇女的各项权益，包括财产权、监护权、受教育权和就业权。参 Elizabeth Cady Stanton，"'Address Delivered at Seneca Falls', July 19, 1848", in Ellen Carol DuBois ed.，*The Elizabeth Cady Stanton – Susan B. Anthony Reader: Correspondence，Writings，Speeches*，pp. 27 – 43。

② 19 世纪 20 年代到 30 年代，欧洲的乌托邦社会主义思潮流传至美国，倡导实现真正的平等。1836 年，纽约州立法机关激进的自由主义法官赫泰尔（Judge Thomas Hertell）提议了该法案，旨在维护已婚妇女的公民权与财产权，获得无神论的女性主义者罗斯（Ernestine Rose，1810 – 1892）的大力声援。参 Ellen Carol DuBois ed.，*The Elizabeth Cady Stanton – Susan B. Anthony Reader*，pp. 4 – 5。

③ Elizabeth Cady Stanton，Susan B. Anthony，and Matilda J. Gage eds.，*History of Woman Suffrage*，vol. 1，p. 221.

④ Ann Loades，"Elizabeth Cady Stanton's *The Women's Bible*"，p. 311.

题"。1851 年到 1852 年间，斯托（Harriet Beecher Stowe）出版了《汤姆叔叔的小屋》（*Uncle Tom's Cabin*），刻画了具有崇高牺牲精神的黑奴汤姆信仰基督教、饱受奴隶制之苦的现实生活及其悲惨命运。该著一经出版，即刻引起社会各界的强烈反响，激化了美国人民的反奴隶制情绪。1860 年，斯坦顿作为美国女性主义最为重要的代表，在美国反奴隶制协会（AASS）的周年庆年会上发表演讲，她将废奴主义同妇女权利的争取紧密结合，指出废奴主义符合真理与自由的普遍原则，尽管它危及宗教正统所滋养的迷信与偏执。同时，她重申妇女在奴隶制下的处境，强调她们所受到的性与精神的虐待。① 她发表了诸多关于性态与婚姻的演讲。

美国内战结束了美国的奴隶制，但是黑人的投票权问题接踵而来，而且这直接影响到争取妇女投票权的斗争。如此，"妇权"很快被"妇女投票权"所替代。1865 年，斯坦顿与安东尼（Susan Anthony）首次直接向美国国会诉求妇女投票权。1868 年，斯坦顿和安东尼创办了激进的女性主义报纸——《革命》（*The Revolution*），题词为："男人的权利不能再多，女人的权利不能再少。"而且，主编的致词是："由于阳性的观念已经统治了 6000 年，因此，我们特别盼望《革命》能够成为妇女的喉舌。"② 《革命》成为斯坦顿表达其激进观念与妇女知识的重要平台。1869 年 5 月，斯坦顿与安东尼组织成立了"全国妇女选举权联盟"（NWSA），斯坦顿任会长，探讨妇女解放的各种议题，包括社会、经济与政治诸多方面，强调普遍的平等。1888 年，全国妇女选举权联盟组织并赞助召开"国际妇女会议"，斯坦顿在开幕式上致欢迎词，号召妇女的团结，强调投票权对妇女解放的意义，同时，倡导政教分离。③ 1890 年，斯坦顿当选为"全美妇女投票联盟"（NAWSA）首任主席，继续坚持激进的政治立场，视妇女的自强独立为实现解放的起点。19 世纪 90 年代早期，她热衷

① Elizabeth Cady Stanton, "'Speech to the Anniversary of the American Anti - slavery Society', 1860", in Ellen Carol DuBois ed. , *The Elizabeth Cady Stanton - Susan B. Anthony Reader*, pp. 79 - 85.

② 转引自 Ellen Carol DuBois ed. , *The Elizabeth Cady Stanton - Susan B. Anthony Reader*, p. 93。

③ Elizabeth Cady Stanton, "'Address of Welcome to the International Council of Women,' March 25, 1888", in Ellen Carol DuBois ed. , *The Elizabeth Cady Stanton - Susan B. Anthony Reader*: *Correspondence*, *Writings*, *Speeches*, pp. 208 - 215.

于民粹主义，并认同美国兴起的社会主义运动。① 1892 年 1 月，斯坦顿辞去"全美妇女投票联盟"主席职务，在大会上做了著名的演讲"自我的孤独"。她表达了人性的无限多样性以及个体平等的必要性，强调每个妇女能力的独特性以及每个人灵魂的个体性。②

二 《妇女圣经》

斯坦顿对基督教持批判的态度，这使她有别于投票权运动的主流。她是加尔文宗及其教士的反对者，她对基督教的批判对她晚年的社会政治生活极为重要。她政教分离的立场，特别受到世俗主义运动的影响。③ 斯坦顿对英国世俗主义表现出浓厚的兴趣，诸如乐观主义、圣经批判以及对原始社会的人类学研究，她同英法世俗主义者过从甚密。④ 她认为宗教对社会产生了保守消极的影响，因为，它使人们容忍迷信，盲从权威，无视人类的苦难。她尤其控诉基督教对妇女的恶毒抑制。她引述历史依据，说明妇女在前基督教时代的社会地位是较高的，而正是因为基督教的传播，才导致了妇女地位的低下。她敏锐地观察到：教会所认可的神祇只具有阳性的特征，而无论教会如何迫害妇女，妇女都是支持教会的主力。她谴责基督教会对妇女担当祭司及其神圣性的排斥，认为妇女是基督教女性次等之教条的受害者。她指出："正是通过对妇女宗教情感的颠倒，才使妇女长期处于奴役状态。"⑤ 同其他自由的女性主义者一样，斯坦顿对基督教的批判，与她所挑战的既有的性道德紧密相关。她认为基督教将妇女视为性堕落，教会要为压迫妇女的双重标准负责。她怀疑道德普遍标准的确定性，并拒绝认为基督教已经成功获得这种道德标准。

---

① Ellen Carol DuBois ed. , *The Elizabeth Cady Stanton – Susan B. Anthony Reader*: *Correspondence*, *Writings*, *Speeches*, pp. 182 – 183.

② Elizabeth Cady Stanton, "'The Solitude of Self', January 18, 1892", in Ellen Carol DuBois ed. , *The Elizabeth Cady Stanton – Susan B. Anthony Reader*: *Correspondence*, *Writings*, *Speeches*, pp. 246 – 254.

③ 世俗主义运动形成于 19 世纪 80 年代的英格兰，那是斯坦顿女儿的居住之地，斯坦顿在那里待过较长的时间。参 Ellen Carol DuBois ed. , *The Elizabeth Cady Stanton – Susan B. Anthony Reader*, p. 183。

④ Elizabeth Cady Stanton, *Eighty Years & More*, *Reminiscences* 1815 – 1897 (New York: Schocken Books, 1971), pp. 351 – 438.

⑤ Elizabeth Cady Stanton, "Has Christianity Benefited Woman?", *North American Review*, vol. 140 (1885): 389 – 399.

斯坦顿坚信宗教是妇女受压迫的根源，而基督教意识形态的权力渗入了妇女运动中，成为社会改革的障碍。因此，她要写一部关于圣经的书，探讨与分析宗教的意识形态如何在激进与保守的政治活动中发挥作用，并说服那些保守的妇女参政论者，认为她们不能意识到批判传统宗教的重要性若不是无知，就是胆怯。

实际上，早在 1886 年，斯坦顿曾发愿研习基督教的经典——圣经，试图在论及人类起源的这部书中，发现对妇女地位的相关论述。当时，钦定版圣经的修订在 1888 年全部完成，而且，基督教基要派在北美兴起，反对自由神学与现代主义，主张圣经绝对无误。斯坦顿与一众女性主义者以 1888 年的修订本为版本，一道研读，并写下评注。其中，重点在于讨论圣经中论及妇女的经文。1895 年的岁末，斯坦顿著名的女性主义释经作品《妇女圣经》的第一部分问世。① 该著作一经出版，即刻不同凡响，引起了抵制的风暴。教会谴责它是"撒旦的作品"②。1896 年，在"全美妇女投票联盟"大会上，《妇女圣经》被热烈讨论，但是，大会秘书在年报中对之横加指责，并称"联盟"不会对这种个人行为负责，与之划清界限。③ 鉴于对基督教激进批判的态度，斯坦顿在她生命的最后几年，与投票权运动愈行愈远。尽管如此，《妇女圣经》在美国、英国与欧洲其他国家广泛流传。④ 之后，斯坦顿召集更多的人，著述《妇女圣经》的第二部分，其中包括《新约》圣经在内。1898 年，该著作的第二部分出版，题为《由〈约书亚〉到〈启示录〉的〈旧约〉与〈新约〉评注》。⑤ 显然，斯坦顿是"执迷不悟"的，因为，她的立场与观点丝毫

圣经诠释的历史与方法

---

① 《妇女圣经》是在斯坦顿带领下的集体成果。斯坦顿特别成立了一个修订委员会。《妇女圣经》的第一部分是对五经的评注，由斯坦顿与其他女性主义者共同评注，但是，由于担忧被正统教会所不容，有些评注者退出，或者不愿署名。参 Elizabeth Cady Stanton, *Eighty Years & More, Reminiscences 1815 – 1897* (New York: Schocken Books, 1971), p. 452。

② Elizabeth Cady Stanton, *Eighty Years & More, Reminiscences 1815 – 1897* (New York: Schocken Books, 1971), p. 453.

③ Ellen Carol DuBois ed., *The Elizabeth Cady Stanton – Susan B. Anthony Reader*, p. 189.

④ 在短短 6 个月内，该著作被印刷了 7 次，后来还被译成其他语言出版。参 Elisabeth Griffith, *In Her Own Right*: *The Life of Elizabeth Cady Stanton* (New York: Oxford University Press, 1984), p. 212。

⑤ 1974 年，两部分的合卷本出版，题目为《对圣经最初的女性主义抨击》(《妇女圣经》)。参 Elizabeth Cady Stanton, *The Original Feminist Attack on the Bible* (*The Woman's Bible*), Introduction by Barbara Welter (New York: Arno Press, 1974)。

没有因外界的抨击而有所改变。实际上，斯坦顿当初有个宏大的计划，就是除了评注涉及妇女的经文之外，还要论及圣经语言的知识、文本批判、圣经文本的历史处境等，但是，斯坦顿已经精力不济，而且，一些参与者由于宗教与知识方面的原因，不愿参与这个富有争议的课题，后者终没能完成。

19世纪末，达尔文（Charles R. Darwin，1809－1882）的生物进化论影响到对人类制度的研究，其中包括教会，此外，比较宗教学与人类学的相对主义都使人能够质问圣经是否是神圣启示的产物。斯坦顿浸淫于达尔文的进化理论，认为它启发了人的心智。在斯坦顿看来，圣经不断被印制，流传最为广泛，作为"上帝的话语"而影响深远。众多妇女接受圣经中的观念，并以此理解自身，包括在公民权与政治身份上妇女降格与从属的观念，但是，她们从未读过圣经，只是盲从盲信。斯坦顿对圣经的"神圣启示"深表怀疑，她要进行最后的斗争，也是最为重要的斗争，即出版《妇女圣经》。其中，斯坦顿体现了她的怀疑与批判精神。在导言部分，她指出："圣经教导人们，是妇女将罪与死亡带到这个世界，是她促成了人种的堕落，因此，她在天国的审判席前受到责难，她被考验、被谴责和被判决。对她而言，婚姻是束缚的条件，做母亲是个受苦与剧痛的过程，她处于沉默与从属中，扮演的是一个依附于男人的角色……这就是圣经对妇女地位的概述。"[1] 斯坦顿看到圣经对妇女负面而消极的设定。她敏锐地指出："若圣经教导的是妇女的平等，那么，教会为什么拒绝授以妇女圣职？拒绝她们宣讲福音？"[2] 妇女一直不能在教会有任何职位。

斯坦顿首先从《创世记》第1章26－28节为起点，因为这是圣经初次提到造人及造男女。据此经文，她认为男女是同时被造的，而且是平等的，因此，那些认为男性优于女性的观点是没有圣经根据的。同时，她也看到两个创造故事的不同，指出第一个故事中的"上帝"是个阳性的复数，可能与三位一体的教义相关，但她认为，相较于三个男性位格，

---

[1]　Elizabeth Cady Stanton, *The Woman's Bible*, part Ⅰ, foreword by Maureen Fitzgerald (Boston: Northeastern University Press, 1993), p. 7.

[2]　Ibid., p. 9.

可能天父、天母与子三者更为合理。① 但在第二个创造故事里，她认为"她"是后来加入的，因为男人孤单，而且，狡猾的作者不能看到男女完美的平等，为了男人的尊严与统治，将女人从属化。因此，妇女并非罪的源头。② 在对《出埃及记》的评注里，她指出开篇提到的都是众子的名字，没有女儿，因为妇女没有灵魂。同样的情况出现在第 18 章里，只提到摩西的儿子们，凸显他们的重要性，这本身蕴涵着性别歧视，因为妇女不被视为人，而是被物化，被降格，只是作为男人财产的一部分，附属于男人。在西奈山的叙述里，尤其是颁布十诫时，妇女并非言说与见证的对象。③ 此外，在《民数记》第 12 章里，亚伦与米利暗毁谤摩西，唯独米利暗被罚长了大麻风，还在营外被关了 7 天，尽管米利暗有时被称为先知，但是，只因她是女性，并不具神圣的特征。针对《申命记》第 24 章有关离婚的律例，斯坦顿指出拥有特权的总是男人，妇女无权也没有理由提出离婚。④ 斯坦顿感叹道：妇女在家庭中的地位尚且如此，遑论参与公共事务？

在《妇女圣经》第二部分，斯坦顿以《约书亚记》第 2 章中的妓女喇合为开始，指出喇合被认为是个罪孽深重的人，在很多方面都是可疑的，但是，她却在以色列的众子进入应许之地时发挥了重要作用。如此，斯坦顿认为："对妇女的不公正待遇，是神圣历史中最为黑暗的一页，而德高望重的圣经著述者们对之熟视无睹。"⑤ 在谈到《士师记》第 11 章耶弗他的女儿时，斯坦顿指出这个女儿无名无姓，而且，只因她的父亲违背了第六诫，就被无条件服从而献为燔祭，因为，她的父亲绝对拥有对她的所有。斯坦顿痛惜地认为这是可悲的，"但是，正如所有受压迫的阶级，他们对其所具有的自然而又不可剥夺的权利是无知的，即使在今天，我们还是有这种类型的女人"⑥。在评述《新约》之《马可福音》第 10 章论休妻的律例时，斯坦顿指出这里对丈夫和妻子适用的是不同的道德

---

① Elizabeth Cady Stanton, *The Woman's Bible*, part Ⅰ, p. 14.

② Ibid. , pp. 14 – 15, 20 – 21.

③ Ibid. , pp. 71 – 73, 79 – 80.

④ Ibid. , p. 137.

⑤ Elizabeth Cady Stanton, *The Woman's Bible*, part Ⅱ, foreword by Maureen Fitzgerald (Boston: Northeastern University Press, 1993), p. 12.

⑥ Ibid. , p. 24.

标准，分别对待，这说明了男女之不平等。①《哥林多前书》第11章，论女人蒙头的问题，直接称"男人是女人的头"。斯坦顿认为这样的规定极为肤浅，因为它"表明男人的优越、权威与领导，以及妇女的卑微与从属"②。她号召妇女起来抗议这种以从属的假定为基础的风俗制度。对于《启示录》第17章中的描述，斯坦顿称这一场景描述了罗马教会的盛况与显赫，而女人手中的杯盛满了可憎之物。当时的这一风俗，要求女人将名字写在其额上，表示对社会生活的憎恶。斯坦顿认为："圣经作者倾向于将女人作为所有可憎之物的标准，甚至，本应最为神圣的母亲身份，也用来说明最为忤逆的罪恶。母亲在她经受致命折磨的时候，还要被七头十角的龙所监视，有什么画面比这更为恐怖？"③ 斯坦顿感叹主教与教士委员会对《启示录》的修订令人失望。在附录的结语部分，她更是敏锐地指出：圣经中的上帝论及妇女，总是免不了对妇女进行降格的教导。男人们借助于荒谬的翻译、诠释与象征意义而自我保护。尽管这些男人学习了多种语言，并对圣经进行了多次修订，但对妇女地位无任何改变。④ 同时，斯坦顿意识到：这样的改变一旦发生，基督教神学的基底就会轰然倒塌。

在古稀之年，斯坦顿开始编著《妇女圣经》，而在耄耋之年，此著作终得出版。在她倾注生命热情的这一著作里，她要抗议的是法律体现的性别歧视，抗议教会与国家在各种规定中对圣经滥用的癖好，而圣经植根于其自身的不足中，比如对女性从属与次等的描述。斯坦顿的《妇女圣经》所要宣称的是：父权制是犹太—基督宗教最为基础的东西，即宣扬男性至上主义，而且，它由来已久。"斯坦顿是一个彻底的启蒙运动之自由主义之女，她对圣经的判断，不像维拉德那样依赖于自身的批判概念，而是借助于19世纪自由思想的外部概念去进行判断。"⑤ 19世纪有关自由、公正与平等的概念，在《妇女圣经》中反复被应用。斯坦顿对其

① Elizabeth Cady Stanton, *The Woman's Bible*, part Ⅱ, pp. 129 – 130.
② Ibid. , p. 157.
③ Ibid. , p. 184.
④ Ibid. , p. 214.
⑤ Carolyn De Swarte Gifford, "American Women and the Bible: the Nature of Woman as a Hermeneutical Issue", in Adela Yarbro Collins ed. , *Feminist Perspectives on Biblical Scholarship* (Chico: Scholars Press, 1985), p. 29.

后圣经女性主义者的影响持续至 20 世纪 80 年代，因为她们遵循的是同样的逻辑思路与观念，即认为圣经是父权文化的产物。正如女性主义神学家费奥伦查指出：斯坦顿提出的观点，影响到一个世纪以后的学者。至今，圣经依然用来使妇女屈从，妇女依旧相信她们自身在圣经中的从属地位，而最终，离开宗教改革而进行法律体系的改革，还是毫无意义的。① 费奥伦查认为斯坦顿的诠释学出自激进的视角。

第二节　特雷波的去父权化与"恐怖文本"

特雷波（Phyllis Trible，1932 – ）是美国著名的女性主义圣经学者。1963 年，她获得哥伦比亚大学与纽约协和神学院的博士学位。之后，她在维克森林大学（Wake Forest University）与安多弗牛顿神学院（Andover Newton Theological School）任教。1980 年，她获得纽约协和神学院的《旧约》教授席，成为协和神学院第四个获得教授职位的女性，紧接着，成为第一个获得巴德文（Baldwin）讲席教授的女性。那时，注册读博士课程的女性并不多见，而能够在大学担任教职的女性更是凤毛麟角。1994 年，她获任"圣经文学会"（Society of Biblical Literature）会长。特雷波的圣经诠释方法，侧重于对圣经文本的文学分析与修辞批判。她具有突破性贡献的两部著作，一是《上帝与性态修辞》②，二是《恐怖文本：对圣经叙述的文学与女性主义阅读》③。前者以《创世记》第 2 – 3 章、《雅歌》和《路德记》中曾被人忽略的妇女为中心，强调描述上帝的女性形象，实现对圣经文本的"去父权化"（depatriarchalizing）目标。后者则以圣经中四个悲惨的妇女故事为线索，呈现女性受苦的经验，以及上帝的沉默、缺席与对抗。特雷波以深厚的文本功夫与睿智的视角，建构了她的女性主义圣经诠释，对当时的神学、政治与社会变革产生了重要影响。

---

① Elisabeth S. Fiorenza, *In Memory of Her: A Feminist Theological Reconstruction of Christian Origins* (New York: Crossroad, 1983), p. 11.

② Phyllis Trible, *God and Rhetoric of Sexuality* (Philadelphia: Fortress Press, 1978).

③ Phyllis Trible, *Texts of Terror: Literary – Feminist Readings of Biblical Narratives* (Philadelphia: Fortress Press, 1984).

可以说，在 20 世纪的 70 年代与 80 年代，特雷波是女性主义圣经诠释的翘楚，散发着耀眼的光芒，成为与费奥伦查（Elisabeth Schüssler Fiorenza）齐名的女性主义神学家。①

在斯坦顿的时代，保守的神学思潮与社会处境使女性主义的圣经阅读成为敏感而极具歧义的议题。因此，那些熟谙圣经批判与圣经语言的妇女学者刻意回避，不愿为斯坦顿提供帮助，也不愿参与《妇女圣经》的编著，从而去挑战父权制的传统。半个世纪过后，这样的情形发生了重大变化。20 世纪 60 年代，随着民权运动的高涨，美国激进的女性主义者戴利（Mary Daly，1928 – 2010）对基督教尤其是天主教进行了严苛的抨击。她直言厌恶圣经，并对圣经进行否定的阅读。② 在波士顿，特雷波曾多次莅临戴利的各种讲座，受其影响与感染。但是，与戴利迥然相异，

---

① 柯林斯（John J. Collins）指出：特雷波将女性主义批判置入 70 年代的圣经学术中，是先知先觉的学者。参 John J. Collins, *The Bible after Babel: Historical Criticism in a Postmodern Age*, p. 78。另参 C. Nunes & H. J. M. van Deventer, "Feminist Interpretation in the Context of Reformational Theology: A Consideration", *In die Skriflig* 43 (4) 2009: 737 – 760。在该文中，作者将特雷波与费奥伦查视为女性主义圣经诠释最重要的两个代表人物，呈现了其重构论的基督教女性主义神学。

② 1968 年，她开拓性的著作《教会与第二性》出版，该书是作为对西蒙·波伏娃的名著《第二性》的回应而特别著述的。她无情地揭示了基督教对妇女同时进行"伪赞美"与"降格"这个"自相矛盾的历史"，但是，她依然概述了在教会中妇女同男性建立"平等"与"伙伴关系"的可能。参 Mary Daly, *The Church and the Second Sex* (New York: Harper & Row, 1968), p. 74。1973 年，她放弃了这样的观点，出版了第二部著作《超越上帝圣父》，呈现了她思想中比较激进的方面。她直指"父权宗教"象征内容的核心，以及西方宗教以"男性为中心"的话语。她集中于教会中一系列对妇女的压迫上，相较妇女在制度上所受的从属与迫害来说，她认为这更为潜意识，而且，更加深刻。她指出："如果上帝是男性，那么，男性就是上帝。在人类的想象力中，只要他被允许成为依靠的时候，神圣的父权就阉割了妇女。"参 Mary Daly, *Beyond God the Father: Toward a Philosophy of Women's Liberation* (Boston: Beacon Press, 1973), p. 19。1978 年，在她最为著名的《妇科/生态学》（*Gyn/Ecology*）中，她讨论了印度的殉节风俗、中国的缠足、非洲女性割礼以及欧洲焚烧女巫的陋习，认为它们呈现了性别暴力和文化暴力，解构了所谓的父权制语言。从此，戴利有了"质的飞跃"，超越了父权制与基督教，迈向了激进女性主义，也迈向了新的性分离主义。戴利揭示了妇女在父权制社会所受的抑制与多层的压迫。她声称：所有这些都受到一种"施虐受虐仪式之综合病症"（Sado – Ritual Syndrome）的激发，而基督教是具有"恋尸癖"的父权制的主流宗教，其象征性核心的深处，是一幕施虐受虐的戏剧，是"痛苦十字架"的"戴着面纱的吸血主义"。圣父圣子圣灵的三位一体，在她看来，就是男同性恋俱乐部。戴利认为这些都要被早期赋予生命的"生命树"的女神神话所取代。参 Mary Daly, *Gyn/ecology, the Metaethics of Radical Feminism* (Boston: Beacon Press, 1978), pp. 39, 79 – 83, 107。

特雷波始终热爱圣经，热情拥护圣经传统，坚信圣经丰富了她的灵性与生命。① 因此，特雷波以圣经文本为中心，以修辞批判的方式，在传统神学的框架下，力图重构自由的基督教女性主义神学，寻索基督教传统中解放神学的因素，从而希冀实现社会的转化。为了回应激进的女性主义对圣经的否定和质疑，早期的特雷波认为圣经本身含有去父权化的原则，并因此提出了去父权化的诠释学。

一　去父权化原则

1973 年，特雷波在美国宗教学会（American Academy of Religion）发表了《圣经诠释中的去父权化》这一著名论文。② 其中，她探查了《希伯来圣经》与妇女解放运动之间的相互关系。她不仅质疑了米利特（Kate Millett）将二者视为敌对关系的观点，③ 同时，她也批判了戴利认为基督教就是压迫妇女的宗教的观点，即以男性为中心的神话本身，无意中保持了对男女关系的恶意。④ 特雷波认为确实有很多的依据表明圣经是反映男性之优越的文本，而且她坦承自己曾经为此而挣扎，但是她认为她越多地参与妇女解放运动，对自由的理解就越多地来自圣经。她指出："我知道《希伯来圣经》来自男性为主导的社会，知道圣经宗教是父权制的，认识到这一宗教对妇女的不利影响，也知道肆意诠释圣经的危险。但是，我对圣经信仰的坚信，有别于对圣经宗教的一般描述，它既不催生也不永久化地保持父权制，而是要起到拯救男女的作用。当妇女运动摈弃圣经，视之为无关紧要，或者谴责它起奴役作用的时候，就会误入歧途。"⑤ 由此，她认为去父权化诠释学的任务，在于将圣经信仰转化为无性别主义。而这一转化要通过否定性别主义的主题而实现。⑥ 比如，在《希伯来

---

① Phyllis Trible, "Eve and Miriam: From the Margins to the Center", in idem ed., *Feminist Approaches to the Bible* (Washington: Biblical Archaeology Society, 1994), p. 6.

② Phyllis Trible, "Depatriarchalizing in Biblical Interpretation", *Journal of the American Academy of Religion* 41 (1973): 30 – 48.

③ 米利特以弗洛伊德的理论说明父权制得到上帝的支持。为了表达对世界上所有女性的谴责，堕落的神话被设计出来。参 Kate Millett, *Sexual Politics* (New York: Doubleday, 1970), pp. 51 – 54。

④ Mary Daly, *The Church and the Second Sex*, pp. 51 – 54.

⑤ Phyllis Trible, "Depatriarchalizing in Biblical Interpretation", p. 31.

⑥ Ibid., p. 31.

圣经》中，她认为耶和华不仅具有阳性内涵，同时具有阴性特征，是父亲，也是母亲（何 11：1 - 11）。① 特雷波引述诸多经文，说明上帝的母性形象也出现在《出埃及记》与《民数记》中，体现在对"以色列众子"的眷顾。而且，这一母性形象在第二以赛亚（赛 40 - 55）中尤为显著。如此，她认为："以色列之上帝的本质，在于对抗性别主义。"②

特雷波认为实现转化的另一个途径，就是对涉及男女之经文的重新诠释。她以《创世记》第 2 - 3 章中的耶典创造与堕落的故事为例，质疑传统的父权化解释。在这个创造故事里，特雷波认为对女人的创造来得最晚，但构成了创造的高潮。③ 而且女人的到来，其语境是基于神圣判断的。因为，"耶和华上帝说：'那人独居不好，我要为他造一个适合他的帮助者。'"（创 2：18）。特雷波指出：在《旧约》里，"帮助者"（'ezer）一词有多种用法，它用来描述上帝、人与动物。圣经多处经文表示：上帝是以色列的帮助者，因为，耶和华是创造与拯救的帮助者。④ 通过比较与分析，特雷波得出的结论是：这个词表示一种有益的关系，并不指涉次等性。她将这一关系转化为："上帝是优越于男人的帮助者，动物是次于男人的帮助者，女人是与男人平等的帮助者。"⑤ 关于上帝用亚

① 特雷波将《何西阿书》11：9 译为："我是上帝（'el），并非男人（'ish），是你们中的圣者。"

② Phyllis Trible，"Depatriarchalizing in Biblical Interpretation"，p. 34. 作为隐喻的修辞，上帝之母亲与父亲相混合的形象在第二以赛亚中有极为生动的呈现。参 Sarah J. Dille，*Mixing Metaphor*：*God as Mother and Father in Deutero - Isaiah*（London：T & T Clark International，2004）。

③ Phyllis Trible，"Depatriarchalizing in Biblical Interpretation"，p. 36.

④ Ibid.，p. 36. 特雷波引述的经文为《诗篇》121：1 - 2，124：8，146：5，33：20，115：9 - 11、《出埃及记》18：4 以及《申命记》33：7，26，29。另参 Phyllis Trible，*God and the Rhetoric of Sexuality*，p. 90。

⑤ Phyllis Trible，"Depatriarchalizing in Biblical Interpretation"，p. 36. 但与之相反，英国圣经学者柯大卫（David Clines）认为在耶典创造叙述的语境中，"帮助"的含义是夏娃要为亚当生育后代，去实现"生养众多"的神圣命令。在这一点上，亚当本人具有无法完成的使命，他需要夏娃的帮助。如此，生育成为女人存在的全部目的。参 David Clines，*What Does Eve Do to Help? And Other Readerly Questions to the Old Testament*（Sheffield：JSOT Press，1990），pp. 25 - 48。此外，华裔圣经学者余莲秀（Gale A. Yee）认为：女人所提供的"帮助"，在于具有生养后代的性能力。女人生物意义上的角色，可在《创世记》2：24 中发现，男人与女人"成为一体"，意指性的交媾，而《创世记》3：20 中，男人命名这个女人为夏娃，意指"众生之母"，即强调这一交媾的生物结果。参 Gale A. Yee，*Poor Banished Children of Eve*：*Woman as Evil in the Hebrew Bible*（Minneapolis：Fortress Press，2003，p. 70，n. 70。

当的肋骨造女人，特雷波认为这肋骨喻示着团结与平等，也就是说，两性是互为关联与依存的。[①]

此外，特雷波以《雅歌》为文本考察的中心，进一步阐明了两性之间的依存关系，并认为这是《创世记》第 2－3 章之男女关系的延伸与具体化。她指出："堕落的神话在关键之处否定了父权制，没有将妇女压迫合法化。它探讨了人的存在对男女的意义，显示了男女的善良与脆弱。他们在上帝面前是平等的，相互依赖的，他们在罪与苦难中联结，并共同分享对救赎的需要。"[②] 其中，特雷波引用拉德的观点，指出爱是男女生命的意义，而且，这种爱摈除压迫与剥削。因此，她认为《旧约》圣经以各种方式表述了去父权化的原则（depatriarchalizing principle）。比如，在被掳时，先知耶利米遵循这一原则，将上帝描述为女性（耶 31：15－22）。而且最为突出的是，第二以赛亚引用上帝的母性形象，表达上帝对被掳之民无限的慈爱（赛 42：14，45：10，49：15）。特雷波认为：这一原则不是释经者施加于文本的一种技艺，而是圣经自身内部的一种诠释学的运作。同时，特雷波充分肯定去父权化的原则对时下的意义，倡导要在文本中发现它，并呈现它的主题。[③] 如此，特雷波从《旧约》神学的视角说明圣经与妇女解放并不冲突，旨在为基督教信仰进行辩护。"在 20 世纪，西方涌现了民主思潮，意识到妇女的人权是宗教与圣经诠释的重要议题，而特雷波的探讨对这一文化论争而言，意义非凡。"[④]

二　修辞批判及诠释进路

在 20 世纪 60 年代与 70 年代，美国社会动荡、圣经历史批判与自由

---

① Phyllis Trible, "Depatriarchalizing in Biblical Interpretation", p. 37.

② Ibid., pp. 47－48. 当代著名的女性主义圣经学者布伦纳（Athalya Brenner）对此做出了高度评价，认为特雷波是女性主义《雅歌》学术研究之母，是令人尊敬的。参 Athalya Brenner, "Quo Vadis Domina? Reflections on What We Have Become and Want to Be", *lectio difficilor* 1 (2013), p. 5。

③ Ibid., p. 48.

④ Willian Yarchin, "Rhetorical Interpretation of the Bible's Literature: Phyllis Trible (1932－)", in idem., *History of Biblical Interpretation: A Reader* (Peabody: Hendrickson, 2004), p. 362.

主义神学引发的挑战使圣经神学面临全面危机。① 在这一危机四伏的处境里，神学家们试图探索新的模式重构圣经神学，而圣经修辞批判（rhetorical criticism）就是诸多新模式之一。1968 年，美国圣经学者缪伦堡（James Muilenburg）在圣经文学学会上发表了《形式批判的反思与超越》一文。② 他分析了形式批判的局限，提出圣经学术应超越形式批判的文本实践。通过对圣经叙述体裁之典型特征的关注，他呈现这些经文如何对传统形式进行了改编，从而突出特定圣经经文的独特特征。他认为圣经著述者的目的，可以在特定文本之文学结构与独特表达的细微变化中被发现。譬如，第二以赛亚中出现了圣歌的体裁，但它不同于《诗篇》中的修辞目的。缪伦堡将这种形式批判的变体称为修辞批判。在哥伦比亚大学与协和神学院期间，作为缪伦堡的得意门生，特雷波深受其方法论的影响。毋庸置疑，她沿袭了这一批判理论，并始终将其视为自己诠释圣经的主要方法论，呈现圣经对妇女的描述，以及对性别角色的表达。

1978 年，特雷波的第一部专著《上帝与性态修辞》出版。③ 特雷波从诠释学、方法论与专题讨论三种线索，探讨上帝与性态修辞。在修辞批判的实践中，特雷波绕过历史问题，关注圣经经文当前的文学形式，关注对文本的文学分析，突出文学的精湛风格，呈现隐藏于文本中的文学设计与句法要素。依照修辞批判的原则，她认为诠释的主要线索在于文本自身。因此，她将文本视为一种文学的创造，是伴随着话语和主题相互交织的结构。④ 特雷波将修辞批判看成对形式批判的补充，因为它更加注重文学单元的个体特征。特雷波以《创世记》1：27 中的造人的经文为文本线索，探讨上帝与性态修辞这一主题。通过对文本的结构、形式、

---

① 《旧约》神学家蔡尔兹（Brevard S. Chileds）将 1963 年视为圣经神学运动的终结。他在追溯与探讨圣经神学及其危机的过程中，提出了正典批判（canonical criticism）的圣经诠释方法，以取代历史批判。参 Brevard S. Childs, *Biblical Theology in Crisis*（Philadelphia：Westminster Press，1970）。

② James Muilenburg, "Form Criticism and Beyond", *Journal of Biblical Literature* 88（1969）：1 – 18（中译：詹姆斯·缪伦堡《形式批评的反思与超越》，张晓梅译，载《圣经文学研究》2008 年第 2 辑，第 21 – 47 页）。

③ Phyllis Trible, *God and the Rhetoric of Sexuality*（Philadelphia：Fortress Press，1978）. 特雷波将该著作献给她的导师——修辞批判大家缪伦堡。在对《约拿书》的探讨中，特雷波进一步具体展现了这一方法。参 Phyllis Trible, *Rhetorical Criticism：Context，Method，and the Book of Jonah*（Minneapolis：Fortress Press，1994）。

④ Phyllis Trible, *God and the Rhetoric of Sexuality*, p. 8.

隐喻与语言特征的分析，她指出这里的"人"（hā‑'ādām），虽是单数形式，但指涉的是男女平等的存在。男女是同时被造的，无先后之分，也无对立关系。而且，在特定的语境里，该节经文中的"男女"不仅具有性的功能，而且他们要共同治理这地，呈现了人的独特性。① 鉴于男女是以上帝的形象所造，这一隐喻表明男女不仅具有相似性，而且具有上帝形象的异质性，是平等的。特雷波区分了"男女""上帝的形象"与"上帝"三者的关系，认为"男女"为诠释"上帝的形象"提供了线索，而后者为理解"上帝"提供了线索。"上帝既不是男性，也不是女性，也不是男女的结合。然而，在人的现实中探查神圣超越，就要求人的线索。根据我们的诗歌，其最为独特之处在于性态。"② 在圣经中，特雷波尤其强调上帝的男女形象这一文本，并视之为她的主题线索，而修辞批判是诠释这一主题的重要方法。

为了展现上帝的女性形象，特雷波开启了隐喻的旅程。首先，特雷波以《列王纪上》3：16‑28中所罗门断案为例，说明这一隐喻的重点在于母亲的慈爱（rahamîm），即第26节中的母亲心里急痛，不忍孩子被杀。而慈爱一词的名词形式是 rehem，意为子宫，其复数形式即引申为抽象的慈爱、怜悯与爱。特雷波引述诸多《旧约》圣经经文，说明该词同样用于表达上帝的慈爱，并发现妇女的子宫与上帝的慈爱之间具有相似性。也就是说，人出母腹的亲子关系与上帝于人的慈爱之间有着内在关联。她指出，这样的语言展现了上帝男女形象的新维度。③ 特雷波引述《诗篇》22：9‑10：

> 但你是叫我出母腹的。我在母怀里，你就使我有依靠的心。我自出母胎就被交在你手里，从我母亲生我，你就是我的上帝。

依据这一经文，特雷波指出母亲哺育婴孩的安全感来自上帝。如此，整个生育的过程也归功于上帝。而且，在多处经文里，上帝参与了这一生育过程，其中包括孕育、生产的痛苦与守护的形象。特雷波认为这样

① Phyllis Trible, *God and the Rhetoric of Sexuality*, pp. 18‑19.
② Ibid., p. 21. 这里的诗歌是指《创世记》一章创造人的部分。
③ Ibid., pp. 38‑56. 特雷波认为上帝的创造本身，就是其慈爱的表现。Ibid., p. 56.

的语言特征，扩展并加深了我们对圣经之上帝的理解。她指出："鉴于女性主义对父权制神学的批评，依照修辞批判的方法进行阅读，《创世记》1：27 首先为我们提供了线索，即认识圣经信仰曾被忽略的维度。通过这一线索，我们强调了对上帝的女性隐喻，并以经解经，发现新的理由。"①这样的诠释过程在继续，因为文本将我们的注意力转移到创造之善的处境中，考察体现男女的传统，而《创世记》第 2 - 3 章就是这样的一种传统。通过对这个创造故事的词源学分析，特雷波呈现了人欲望的产生、性态的发展及其堕落受罚的悲剧，而且，上帝的男女形象参与了这一违命的悲剧。②但是，特雷波在《雅歌》里发现了男女欢愉的回归，其中没有提到上帝，上帝是缺席的。《雅歌》是爱的交响乐，男女在园子里和谐甜美地共存，回应了《创世记》2：23 章中的合二为一，即"骨中的骨，肉中的肉"，成就了爱欲的"出埃及"。本质而言，这是对《创世记》1：27 的回归，即上帝的男女形象是好的，也说明上帝的创造是善的。在这样的场景中，没有男性主导，没有女性从属，也没有性别差异的刻板模式。在《雅歌》里，"她是独立的，与男人完全平等"③。特雷波的修辞批判通过对文本的结构、词汇与内容的分析，试图呈现文本所要表达的意义，说明文本的文学形式与神学内容是不可分的。此外，她也将这一方法应用于对《创世记》第 22 章的解读，旨在探讨撒拉的献祭及其内涵。④

1982 年，特雷波在期刊《基督教世纪》发表了《女性主义诠释学与圣经研究》⑤一文，其诠释视角发生了重大转变。其中，她提出："圣经植根于父权制，以男性的形象与语言得以呈现，而数世纪以来，释经学家们以这种男性的语言，探讨并表述神学，塑造教会、会堂与学院的轮廓与内容，规范了男女的属性、其扮演的角色与行为。"⑥但这鲜少被质

---

① Phyllis Trible, *God and the Rhetoric of Sexuality*, p. 69.

② Ibid. , p. 139.

③ Ibid. , p. 161.

④ Phyllis Trible, "Genesis 22：The Sacrifice of Sarah", in Janet Martin Soskice and Diana Lipton eds. , *Feminist Theology* (Oxford：Oxford University Press, 2003), pp. 144 - 154.

⑤ 菲利斯·特雷波：《女性主义诠释学与圣经研究》，周辉译，载《圣经文学研究》2009 年第 3 辑，第 35 - 44 页。

⑥ Phyllis Trible, "Feminist Hermeneutics and Biblical Studies", *Christian Century* 99 (1982), p. 116.

疑。以此为基础，特雷波将女性主义视为"先知运动"（prophetic move-
ment）。这一点完全不同于她主张去父权化的解经原则时所持的乐观态
度。正视圣经中的父权制可以看作特雷波诠释风格转变的起点。在这一
前提下，特雷波主张要探查经文中妇女经受的苦难，并提出以女性经验
重述妇女故事来诠释圣经的三条进路。它们分别是：第一，正视及深切
反省圣经中对妇女的歧视、虐待及将之置于从属、次等及奴仆或财产之
一的境况。她列举了《希伯来圣经》中遭受压迫的妇女，譬如罗得的女
儿（创 19：8）、耶弗他的女儿（士 11：29－40）、被暗嫩所玷污的他玛
（撒下 13），以及被分尸的无名小妾（士 19）。依据这些经文，特雷波指
出："叙述故事清楚地表明了希伯来妇女，由生至死都隶属于男人。"① 如
此，圣经中的律法保护的是男人的财产（出 20：17，申 5：21），而女人
甚至没有对自己身体的控制权（申 22：13－21），女人也无权离婚（申
24：1－4）。此外，女人不可任圣职，因为她们远比男人污秽（利 15）。
此时，特雷波认为女性主义的视角，就是要呈现经文中的妇女次等、从
属与受虐的大量证据。

　　第二种进路，要求从圣经中辨识出对父权制的批判，专注于发掘及
重新展现圣经中挑战父权文化的传统。她强调关注被忽视的文本，也主
张重新诠释熟悉的文本。② 在这些被忽略的经文里，最为重要的就是将上
帝刻画为女性。譬如在《诗篇》22：9－10 中，其作者声称上帝就是个助
产士（诗 22：9），接着，又被描述为一个生育中的母亲。上帝的女性形
象，还出现在《申命记》32：18 与《耶利米书》31：15－22 中。特雷波
引述子宫这一隐喻在圣经各篇章的应用，将上帝的母腹与上帝的怜悯相
关联，从而诠释上帝的女性形象。而这样的女性形象，数世纪以来，她
认为常常被译者与注经者所忽略。特雷波认为：若传统的诠释忽略上帝
的女性形象，那女性本身也一定会被忽略，尤其是那些触及父权制的女
性。③ 比如，《出埃及记》开篇中的两个女奴，名为施弗拉和普阿，她们
是对抗法老的榜样。特雷波认为：正是这些被神学家所忽略的女性，首

① Phyllis Trible, "Feminist Hermeneutics and Biblical Studies", *Christian Century* 99 (1982), p. 116.
② Ibid., p. 116.
③ Ibid., p. 117.

先挑战了压迫制度的结构。[①]

　　第三种进路，重述记忆中恐怖的圣经故事，并满怀同情地阅读遭受凌辱的妇女故事。[②] 比如，《士师记》第 19 章是个典型的令人震颤的恐怖叙述。特雷波认为在这一进路里，女性主义诠释学包含了更为宽广的方法与学科，涉及考古学、语言学、人类学、文学和历史批判。特雷波似乎已经意识到去父权化诠释的局限，感受到去父权化的诠释在面对遭受凌辱的妇女时，上帝是沉默的，或是藏匿中的无力，同时，面对圣经中对妇女俯拾皆是的歧视、虐待及将之置于从属地位的实情，单一乐观的去父权化原则已经不具说服力。因此，相较于早期去父权化的诠释原则，特雷波提出了全新的诠释进路。而这三条进路，表明了特雷波对前期圣经诠释方法的深刻反省。特雷波对去父权化诠释学的修正，是想要对圣经中的女性进行积极正面的重构，并重塑她们的历史。如此，她开始重新审视并发掘被有意无意隐藏在圣经中的妇女故事，虽然，这些故事长期以来被忽略、压抑或曲解。这些故事是"她的故事"，而不是"他的故事"（history）。

三　恐怖文本

　　相较而言，特雷波后期的释经观念发生了重大转向。这集中体现在她的《恐怖文本》中。[③] 1982 年，特雷波应邀在耶鲁神学院做了一系列的雷曼·比彻讲座（Lyman Beecher Lectures），以此讲稿为基础，后形成了《恐怖文本》一书。通过文学批判方法与女性主义诠释学的结合，她讲述了四个古代以色列妇女，以及她们如何在父权制或男性为主导的处境里被虐待的悲剧故事。她们分别是被驱逐的埃及女奴夏甲、被强暴的公主他玛、被分尸的无名妾以及耶弗他被献祭的女儿。在讲述每个故事前，特雷波为她们立了墓碑，刻上她们的名字与碑文，以纪念她们曾经遭受的不幸，从而缅怀她们。对这四个故事的诠释和重述，特雷波意

[①]　Phyllis Trible，"Feminist Hermeneutics and Biblical Studies"，p. 117.

[②]　Ibid.，p. 118.

[③]　就女性主义的视角与文学批判的方法而言，特雷波视《恐怖文本》为《上帝与性态修辞》的姊妹篇。后者是欢笑与舞蹈，前者则是哭泣与哀伤。若无后者的欢欣，就无前者的悲伤。参 Phyllis Trible，*Text of Terror：Literary – feminist Readings of Biblical Narratives*，p. xiii。

在强调上帝的沉默、缺席以及人的残酷无助。特雷波重新翻译了相关的希伯来文本，找出这些故事中的自相矛盾与两难之处。毋庸置疑，这些令人悲伤的故事常被忘却，所以特雷波要为之摇旗呐喊。正如布鲁格曼（Walter Brueggemann）在该著作的序言中指出的："特雷波提出了新颖的质疑，这样的释经方法，让我们注意到文本中的恐怖、暴力与痛苦，这是传统的方法所忽略的。主流的释经方法宣称'客观性'，但是，该著作清楚地呈现了这样的方法有多少是服务于'统治阶级'的意识形态的目的。"① 他认为特雷波呈现的故事是痛苦的，也是富有力量的。的确，特雷波对这四个边缘的常常被忽略的经文与人物的呈现，挑战了圣经中的厌女症（misogyny），以及教会、会堂与学院对她们的应用与诠释。

第一个恐怖故事是关于被遗弃的夏甲（创16：1－16，创21：9－21）。在圣经里，亚伯拉罕是信仰的象征，但他的故事却围绕两个女人——撒拉与夏甲而展开，其中，埃及女奴夏甲"是经文中第一批遭受利用、虐待与拒绝的女人之一"②。撒拉起初不能生育，夏甲是她的奴婢，于是，撒拉借婢生子。在此，特雷波认为："对撒拉而言，夏甲就是个工具，不是人。"③ 撒拉向夏甲实施权力，而在两个女人之间，亚伯拉罕保持沉默，没有作为，并听任撒拉的指使。夏甲不忍撒拉的苦待，选择逃到旷野。此时，上帝的使者显现，命令她："你回到你主母那里，服从在她手下。"（创16：9）特雷波挪揄道：这是对受虐者所说的恐怖的神圣话语。④ 在第二个场景中（创21：9－21），夏甲所受的苦难更甚。为了夺权争产，撒拉驱逐了夏甲母子。在旷野，夏甲迷了路，无家可归，看着奄奄一息的儿子，她放声大哭。特雷波分析了句法，认为经文强调夏甲"埃及女奴"的卑微身份，指出："通过各种方式，撒拉、亚伯拉罕与上帝，甚至以实玛利，都在削弱夏甲的重要性。"⑤ 她被利用，遭受虐待与拒绝，是个无辜的受害者。在这一过程中，夏甲逐渐退后，而她的孩

---

① Walter Brueggemann, "Editor's Foreword", in Phyllis Trible, *Text of Terror*: *Literary – feminist Readings of Biblical Narratives*, p. x.

② Phyllis Trible, *Text of Terror*, p. 9.

③ Ibid., p. 11.

④ Ibid., p. 16.

⑤ Ibid., p. 22.

子以实玛利来到台前。夏甲的故事涉及民族、种族、阶级、性别、后裔，以及因遗产与土地而引发的斗争。但在文本中，两名妇女都受限于父权制，只是所处地位不同。始终，特雷波将夏甲的遭遇看成古代以色列人出埃及的隐喻，将二者进行平行阅读，甚至更直接地指出："夏甲就是以色列，经历了由出埃及到被掳。"① 特雷波认为：作为受压迫的象征，夏甲经受了众多磨难。她困于束缚，并逃脱磨难，她经历了出埃及，却无解放；经验了启示，但无拯救；流浪旷野，却无约可立；有应许，但没有被成全；经历了不当的被掳，却无回归。② 特雷波也将夏甲视为受到种族、阶级、性别三种压迫的典型。但是，她又指出：夏甲是圣经神学的一个关键人物。③

第二个恐怖故事是关于犹大公主他玛，她被强暴（撒下 13：1－22）。故事发生在大卫王室，拥有权势的大卫之子押沙龙与暗嫩为得到美貌的妹子他玛而相互竞争，致使暗嫩认为"难向她行事"，狡猾的约拿达帮助施计陷害他玛，如此，这三个男性的轮番出场，最终使暗嫩玷污他玛得逞。④ 因要听从大卫王的命令，他玛出场，成为被瞄准的靶子，也陷入了圈套。他玛是智慧的，但她的建议被暗嫩拒绝。她反抗，但她无权势，力气也不够。暗嫩亵渎了他玛，但恐怖的是，暗嫩极其恨她，事后将她强行赶出。特雷波分析了暗嫩说给他玛的话，将之同《箴言》7：4－5 对照，认为智慧就是"姊妹"，指出暗嫩就是同智慧说话，但讽刺的是，他的邪恶就是他自己的欲望，他侮辱了智慧，其行为显示他对厌女症的各种假设。⑤ 这个故事以血腥的杀戮而告终。尽管押沙龙杀死了暗嫩，貌似复仇，但不能掩盖文本对女性的压制与残害。

---

① Phyllis Trible, *Text of Terror*, p. 28.
② Ibid., p. 28.
③ 特雷波认为圣经赋予夏甲许多其他的特性：在圣经里，她是第一个逃离压迫的人；第一个逃离奴役的人；上帝的使者探访的第一人；第一个接获通报的女人；第一个获得对后裔之神圣应许的女人；唯一去命名上帝的人；在先祖的故事里，第一个生子的妇女；第一个代母；第一个获自由的奴隶；第一个被休的女人；第一个单亲母亲；第一个哭泣的人。圣经叙述赋予夏甲的这些特性，是其他人物所不具备的。参 Phyllis Trible, "Ominous Beginnings for a Promise of Blessing", in Phyllis Trible and Letty M. Russell eds., *Hagar, Sarah, and Their Children: Jewish, Christian, and Muslim Perspectives* (Louisville: Westminster John Knox Press, 2006), p. 61。另参 Phyllis Trible, *Text of Terror*, p. 28。
④ Phyllis Trible, *Text of Terror: Literary－feminist Readings of Biblical Narratives*, pp. 38－40.
⑤ Phyllis Trible, *Text of Terror: Literary－feminist Readings of Biblical Narratives*, pp. 56－57.

第三个恐怖故事是关于一个无名无姓的小妾，她被分尸，并被送给不同的支派（士 19）。这个涉及背叛、强暴、折磨、谋杀与肢解的故事，特雷波认为我们必须要去言说，因为，"它描述了男性的权力、残忍与必胜主义的可怕，以及女性的无助、受虐和灭绝的恐怖。倾听这个故事，就是身处一个残酷无情的恐怖世界里，我们无法见危不救"①。在整个故事里，主角是男子们，而受尽折磨的小妾始终沉默不语。但特雷波坚持要与这个妾并肩作战，开启诠释的旅程。故事的开始，交代了该妾是个客体，地位次等，受辖于她的主人（丈夫）。依据圣经的希腊与古拉丁抄本，该妾因对她的主人懊恼而回到伯利恒的父家。她的主人在接她回家的路上，发生了悲惨的故事：在便雅悯的基比亚，她的主人为了保全自己，而将她推给一群基比亚匪徒，任他们蹂躏凌辱了一晚。第二天早上，她气若游丝地倒在主人门口。她的主人将她的身体驮回本处。② 紧接着，这主人"拿"刀，"抓住"她的妾，"切成"十二块，"传送给"以色列的四境。经文用四个动词，生动地刻画了这主人的冷漠与跋扈。特雷波指出："她只是财产、客体、工具与文学手段。她无名，无语，也无权，她也没有友人帮助她，或为她的死而哀伤。"③ 残暴而凄惨的故事并未到此为止。以色列男性对妇女的暴力在继续。更多的女性被杀害，或被掠夺，成为暴力的受害者。④

最后一个恐怖故事，也发生在《士师记》中，是耶弗他为了愚蠢的诺言，将他的女儿献祭的故事（士 11：29 - 40）。在这个叙述场景里，公共与私人的事件相互交织，产生了关于背弃、死亡与痛苦的故事。⑤ 勇士耶弗他，是个妓女的儿子，他承受着来自父母的罪，即背弃或不忠。他被立为元帅，带领以色列人与亚扪人争战。他向耶和华许愿：若他能凯

---

① Ibid., p. 65.

② 依据希腊译本圣经，这时她已经气绝身亡了，但《希伯来圣经》比较含混，说她只是不作答，保持沉默。参 Phyllis Trible, *Text of Terror*, p. 79。

③ Ibid., pp. 80 - 81.

④ 依据《士师记》20 - 21 章记载，为了复仇，以色列人杀了众多的便雅悯男丁，并除灭了便雅悯人中的女子。因后悔以色列人缺一个支派，就将基列雅比人中的男子与已嫁女子杀戮殆尽，而掳走 400 个基列雅比的处女，给剩余的 600 个便雅悯人为妻。这还不够，还去抢示罗女子为妻。如此，对一个人的强暴，最后演变成对数百人的强暴。Phyllis Trible, *Text of Terror*, p. 83.

⑤ Ibid., p. 93.

旋，无论谁先从家中出来迎接，都要被献为燔祭（士 11：30 - 31）。耶弗他击败亚扪人，大获全胜，他回到自己的家，不料他的独女拿着鼓跳着舞出来迎接他（士 11：34 - 35）。她的女儿就是他承诺的燔祭。他的女儿顺应其父，临死前，去山上哀哭两个月，为她的处女身哀哭。特雷波将这个故事与亚伯拉罕献祭以撒的故事进行平行阅读，她认为：在这个故事里，人们是沉默的，上帝也是沉默的，而且，一个愚蠢的诺言，控制了耶弗他与其女儿。① 特雷波引述《耶利米哀歌》呼吁："你们一切过路的人哪！这事你们不介意吗？"（哀 1：12a）以表述她的难过与愤慨。同时，她指出：数世纪以来，父权制下的诠释学，已经遗忘了耶弗他的女儿，却记得她的父亲，甚至赞美他，高举他。② 同时，特雷波从读者的角度对此做出回应：我们纪念并为耶弗他的女儿哀伤。"在她的死亡里，我们都被贬损，但是，通过我们的记忆，她永远都是神圣的。"③ 她成为勇敢女子的象征，但她的故事是如此的悲壮与恐怖，以致以色列的女子每年都要为她哀哭，控诉父权制对女性的残害。

特雷波认为女性主义者从不同角度对圣经文本进行诠释，得出的结论亦不同。因此，文本及其诠释者能够提供各种方式，为诠释开辟想象的空间。在《恐怖文本》中，特雷波曾用雅各与上帝使者角力的例子，比喻女性主义释经是参与生命与上帝挣扎的过程。正如雅各不知道摔跤的对手是上帝的使者，却用尽力气纠缠，坚持要他在离去前留下祝福一样。女性主义释经者的心情，在惶恐、战栗、惊骇的挣扎中，与上帝纠缠，锲而不舍地寻求上帝的祝福。这是一个信仰的委身。④ 在 20 世纪 90 年代，再次谈到女性主义圣经诠释，她指出："首先得承认圣经是个父权制的文本；其次，要意识到圣经能够改善父权制的束缚，而救赎已经在文本中产生作为。"⑤ 要发现这样的作为，她主张对熟悉的文本进行重

---

① Phyllis Trible, *Text of Terror*, pp. 105 - 106.
② 次经《便西拉智训》46：11 - 12，以及《新约》中的《希伯来书》11：32 - 34，都有赞颂耶弗他的经文，而她的女儿则被遗忘。如此，耶弗他随意许愿，不信实的反而成为有信的。这些经文已经冒犯了古代叙述，且持续至今，现在是恢复并重新解释的时候。参 Phyllis Trible, *Text of Terror*, p. 108。
③ Ibid. , p. 108.
④ 黄慧贞：《性别意识与圣经诠释》，香港基督徒学会，2000，第 36 页。
⑤ Phyllis Trible, "Eve and Miriam：From the Margins to the Center", p. 8.

新诠释，重构圣经中的妇女人物，使她们由边缘成为中心。她认为这样的诠释并非读者的随心所欲，而是扎根于基督教神学主流传统，以圣经经文为根本，用平和、开放的视野寻获圣经本身具有的支持，呈现男女平等与女性自主等主题，重现圣经中解放的、先知的传统。为了说明这种重构的诠释，特雷波重返最为熟悉的文本，即《创世记》第 2－3 章中伊甸园的故事叙述。她指出：唯有伴随着女人的出现，男人才进入这一创造故事的叙述，成就了创造中的性态。骨中骨，肉中肉，表明了他们之间的相关性与平等性。① 对于《民数记》中的米利暗，特雷波亦做出积极的回应。她认为高举夏娃与米利暗，重新解读她们的故事，就是开始圣经的救赎，使之从父权制的束缚中分离出来。② 由此可见，特雷波对圣经之父权制始终抱有乐观的修正态度，想要化解它。因此，她的妇女救赎，由于无法从根本上触及或解构父权制而被搁浅。

尽管在《恐怖文本》中，通过列举妇女受残害的恐怖文本，她曾经强烈地质疑和批判父权制。当这些妇女遭受父权制欺凌时，她追问：上帝为何沉默？为何不作为？若纵观她的作品，我们看到她女性主义诠释思想的转变，即从温和乐观到质疑与批判。但是，她的诠释进路与方法最终无法彻底摆脱早期诠释思想的影响，重要的是，作为一个忠诚而信守基督教传统的神学家，她对信仰的委身，对"唯独圣经"（Sola scriptura）的坚信，使她始终受限于某种信仰框架的束缚，未曾偏离主流基督教的救赎传统与思想，正是在这个意义上，她被称为女性主义神学家中的修正派，或古典派。如此，针对父权制的压迫，她并未提出建构性的政治策略和主张。关于这一点，费奥伦查曾批评特雷波埋首于圣经的文本研究，无视其背后的性别政治，更无视圣经文本的社会政治内涵，其结果就是用女性主义伸张圣经的权威，而不是伸张女性的圣经历史和神学传统。的确，特雷波的女性主义批判算不上激进，也缺乏对父权制深刻的省察与革新，但是，在她的那个时代，正视与重述圣经中受父权制压迫的妇女故事，已经是个极具挑战的视角。通过对妇女故事的重述与

---

① Ibid., pp. 12–13.

② Ibid., pp. 23–24.

再现，特雷波为我们留下了诸多想象与批判的空间，从而启发与指引着后世的女性主义者，不断实现超越与重构。

第三节　费奥伦查的历史重构与怀疑的诠释学

在 20 世纪 80 年代和 90 年代的女性主义圣经诠释学的阵营中，最具影响力的圣经学者，非伊丽莎白·舒斯勒·费奥伦查莫属。[①] 她是哈佛大学神学院的讲座教授，是女性主义圣经诠释与神学的人中翘楚。"她的胆识、仁慈与持守，帮助了众多的人，无论是学术圈内或者是圈外，都使他们对过去、当下与未来有了新的理解。"[②] 她早期的著作如同女性主义者戴利，呈现了对传统的女性主义目标的投入，主张妇女实现"自由"以及"自我决定"。虽然她从未放弃过这些目标，但是她后来的作品显然有所转向。毋庸置疑，她的成熟作品深受欧洲批判的诠释学理论的影响，同时，也受到解放神学与政治神学的影响。因此，对她而言，"寻索历史与根源，既不是好古，也不是怀旧，而是政治的"[③]。她强调历史批判与重构的意义，同时，她也留意后现代主义思潮及其动向，并一如既往地

---

① 费奥伦查在女性主义圣经诠释领域成就非凡，倍受众多学者的致敬与爱戴。2003 年，在其 65 岁生日之际有三部编著出版，特别纪念她对女性主义圣经诠释与神学的卓越贡献。参 Shelly Matthews, Cynthia B. Kittredge and Melanie Johnson - Debaufre eds. , *Walk in the Ways of Wisdom*：*Essays in Honor of Elisabeth Schüssler Fiorenza* (Harrisburg：Trinity Press International, 2003)；Jane Schaberg, Alice Bach and Esther Fuchs, *On the Cutting Edge*：*The Study of Women in Biblical Worlds*, *Essays in Honor of Elisabeth Schüssler Fiorenza* (New York：Continuum, 2004)；Fernando F. Segovia ed. , *Toward a New Heaven and a New Earth*：*Essays in Honor of Elisabeth Schüssler Fiorenza* (New York：Orbis Books, 2003)。

② Jane Schaberg, Alice Bach and Esther Fuchs, "Preface", in idem, *On the Cutting Edge*, p. vii.

③ Elizabeth S. Fiorenza, *But She Said*：*Feminist Practices of Biblical Interpretation* (Boston：Beacon, 1992), p. 101. 在《话语的力量》中，费奥伦查指出：圣经学术研究已经成为可公开解释的，而且是要明确有力地表达圣经知识，即支持而非诋毁的一种激进的民主思潮。参 Elizabeth S. Fiorenza, *The Power of the Word*：*Scripture and the Rhetoric of Empire* (Minneapolis：Fortress Press, 2007)。沿袭以上的观点，费奥伦查在其《民主化圣经研究》中，为了创造一个解放的空间，提倡对圣经研究进行激进的自我民主化理解，认为圣经研究不仅要表达圣经民主化的影响与作用，而且，对研究生进行圣经教育的教学实践也要被民主化。参 Elizabeth S. Fiorenza, *Democratizing Biblical Studies*：*Toward an Emancipatory Education Space* (Louisville：Westminster John Knox Press, 2009), p. 1。

表现出批判性，因为她担心妇女们在接触后现代的时候，会在个体"作用"中侵蚀她们的信仰。① 但是，她同后现代思想有共通之处，那就是对政治与社会处境之影响的关注，以及将"性/性别"同种族与阶级议题相结合的方式。她通过"性—性别系统"，分析、理解与界定父权制，认为父权制就是男人主导与剥削妇女的社会结构与意识形态，这遍及历史记载。② 但是，在她后期一系列的著述中，"主人统治"（kyriarchy）成为她的制度性敌人。她的理论诉求，不仅要深刻地探讨同男性中心主义纠缠不清的种族、阶级以及其他形式的偏见问题，而且，要针对所有的男女，其最终目的是实现教会与社会的整体转化。费奥伦查对圣经女性主义诠释的重要贡献与理论建树，主要体现在以下几点，即对圣经妇女史的重构、怀疑的诠释学以及男性主流之学术的弊端的呈现。

一　历史重构

费奥伦查出生在罗马尼亚，当时适逢二战爆发之际。为躲避战乱，她父母举家迁移至德国南部。她在那里度过童年时代，并接受教育。她自小目睹了战争所带来的困苦与社会巨变。这样的经验反映在她的著作里，表现出对穷困者与弱势人群持续的关注。20 世纪 60 年代初，她在乌兹伯格（Würzburg）完成了神学方面的课程与学术训练。通常这些都是为男性候选人所预备的，而她成为那里完成全部神学与教牧课程的第一个女生，并出版了她《被忘却的伙伴》（Der vergessene Partner）一书。③ 虽然她具备申请博士学位奖学金的资格，可是她的导师施奈肯堡（Rudolf Schnackenburg）以女生不会在神学研究领域有前途为由而拒绝了她的申请，她由此转至明斯特（Münster）大学。1970 年，她以一篇论及

① Elizabeth S. Fiorenza, *Discipleship of Equals: A Critical Feminist Ekklesialogy of Liberation* (New York: Continuum, 1994), p. 284.

② 参 Elizabeth S. Fiorenza, *But She Said: Feminist Practices of Biblical Interpretation* (Boston: Beacon Press, 1992), pp. 105 – 114。

③ 该著的副标题是"妇女在教会中专职牧养的基础、事实与可能性"。参 Elizabeth. S. Fiorenza, *Der vergessene Partner: Grundlagen, Tatsachen und Möglichkeiten der beruflichen Mitarbeit der Frau in der Heilssorge der Kirche* (Düsseldorf: Patmos Verlag, 1964)。

《新约》中祭司身份的优秀博士论文获得了圣经研究方向的博士学位。①
这一被拒绝的经历，使她意识到自己"被边缘化"的性别身份。随即，
为了寻求教职与发展，她来到美国。在探讨妇女牧养的《被忘却的伙伴》
中，虽然费奥伦查没有直接质疑父权制的体制及理论框架，但是她已经
有了重要的方法论的应用，包括德国圣经历史批判方法与诠释学模式，
而且重要的是，她的女性主义思想已经在发展，批判的意识在日益滋长，
她积极参与美国女性主义宗教研究。1983 年，她最具影响力的著作《以
她为念》（*In Memory of Her*）出版，副题是"对基督教起源的一个女性主
义神学的重构"。② 该著作影响深远，不仅英文版一版再版，而且，已被
译成近二十种其他语言文字出版。一开始，费奥伦查对"三个方法论议
题进行了理论探讨：神学诠释学、以男性为中心的语言与文本，以及女
性主义历史的著述"③。

　　在该著作的开篇，费奥伦查指出："探讨圣经的历史诠释与圣经时代
妇女史之女性主义重构之间的关系，就是进入了一个理智与情感的雷区。
人们必须追溯与揭示历史释经与系统神学的原则之间的矛盾与紧张、由
圣经的'历史批判'释经的前景所引发的回应与情感之间的矛盾与紧张、
学术作品与社会政治力量及处境之间的关系、所谓价值中立的科学考察
与'辩护性的'学术研究之间的关系。"④ 费奥伦查清醒地意识到，从女

---

①　这些早期的生平事迹与经历，记录在塞哥维亚（Fernando F. Segovia）对费奥伦查的访谈
　　里。参 Fernando F. Segovia，"Looking Back，Looking Around，Looking Ahead：An Interview
　　with Elisabeth Schüssler Fiorenza"，idem ed.，*Toward a New Heaven and a New Earth*，pp.
　　1 – 30。

②　在导论中，费奥伦查交代了书名的由来。据《马可福音》第 14 章第 9 节记载，在耶稣
　　受难前，一名妇女用上等的香膏浇在他身上。耶稣说："我实在告诉你们，普天之下，
　　无论在什么地方传这福音，也要述说这女人所作的，以为记念。"费奥伦查认为出卖耶
　　稣的人，其名字家喻户晓，而这个忠实的信徒，她的名字却被遗忘。费奥伦查指出这名
　　妇女先知性的行动并没有成为基督徒之福音知识的一部分，甚至她的名字也不为我们所
　　知。而且在其他福音书卷里，这一故事被调整，使之更适合父权制的口味。作为一个女
　　性基督徒，费奥伦查认为，如果一个虔诚跟从耶稣的妇女不被记念的话，那么，就无法
　　宣扬基督教的福音。参 Elisabeth S. Fiorenza，*In Memory of Her*，pp. xii – xiv。因此，她指
　　出解放的女性主义诠释学的任务，是要重新阅读圣经文本，"不仅要将妇女的故事复原
　　给早期基督教，也要重新宣称这个历史是属于女与男的历史"。参 Ibid.，p. 14。

③　Elisabeth S. Fiorenza，"Critical Feminist Historical – Jesus Research"，in Tom Holmén and
　　Stanley E. Porter eds.，*Handbook for the Study of Historical Jesus*，vol. 1 （Leiden：Brill，
　　2011），p. 528。

④　Elisabeth S. Fiorenza，*In Memory of Her*，p. 3。

性主义的视角进入圣经的历史与神学世界会引发的思想冲突与危机。但是她无所畏惧，敏锐地指出"以男性为中心的文本与文献不能反映历史现实，不能报道历史事实，也不能告诉我们真实发生的一切。因为，以男性为中心的文本构成了早期基督教的来源，它植根于父权制文化的神学解释、论证与选择。这样的文本，必须依据其自身的时代与文化而被历史地评价，并依据女性主义的价值标尺而被神学地评估"①。在《以她为念》的第三章，费奥伦查探讨了女性主义历史重构的模式，认为女性主义者若不能对父权制文本进行历史的重构，那么历史的"真实发生"就会问题重重。

费奥伦查一向重视历史批判方法在女性主义圣经诠释中的重要性。她的历史批判与重构是以《新约》故事中的象征例子开始的，她的书名也由此而来。她认为在《马可福音》第 14 章这个令人痛苦的叙述里，一名妇女以其特别的敏锐，领悟了视耶稣为弥赛亚的意义："然而，依据《马可福音》，那些最主要的男性使徒，并没有理解耶稣的这个受难的弥赛亚身份，他们拒绝它，并最终抛弃耶稣，而那些从加利利追随耶稣到耶路撒冷的妇女使徒，突然以真正使徒的面貌出现在受难的叙述里（可 15：41）。她们才是耶稣真正的追随者……她们理解他的使命，不是去统治，也不是君王似的荣耀，而是 diakonia，即'服事'。因此，这些妇女是作为真正的基督徒牧者与见证者而出现的。那个《马可福音》中以一种先知的标志性行动命名耶稣的无名妇女，是真正使徒的典范。"② 如此不难理解，费奥伦查为什么以这个无名女性使徒的故事开启她的历史重构。

作为一种学术与知识寻索，女性主义研究驱动了一场革命。它推动了以男性为中心的价值观与叙述框架，实现向对世界、人类历史与文化进行女性主义理解的范式转移。费奥伦查指出："由于男性为中心的学术研究将男人视为科学知识的典范主体，而将妇女界定为'他者'，或者是男性学术的客体，因此，女性主义的学术研究坚持要对我们的语言与知

---

① Elisabeth S. Fiorenza, *In Memory of Her*, p. 60.

② Ibid., p. 14. 费奥伦查对 diakonia（服事）做出了批判的女性主义神学的回应，参 Elisabeth S. Fiorenza, *Changing Horizons: Explorations in Feminist Interpretation*（Minneapolis: Fortress Press, 2013）, pp. 213 – 222。

识框架进行重构，如此，男女才能成为探索知识的主体。"① 她认为：这种以男性为中心的学术研究"仅将男性经验视为人类经验，而且固执己见地认为其知识话语与学术框架，仅由统治阶级的男性视角所决定"②。因此，费奥伦查指出：对这一世界与历史进行女性主义建构的范式转移，不仅挑战了既有的男性学术研究的知识框架，而且也质疑了他们对客观性与价值中立的宣称。为了实现这一目的，费奥伦查诉诸历史批判方法，纪念过去曾经发生的事件，历史地重构与呈现圣经的文本与世界。因此费奥伦查认为"性别"不能直接等同于"性"，但是二者又不能相互分离，因为有关"性"的规范化的语言在持续，体现着不同的社会与文化建构。在这一基本的概念上，她与激进女性主义者戴利存有分歧。仅此就能明白，费奥伦查为什么会质疑戴利等激进的女性主义者所主张的分离主义的女性主义。③ 同时，她也深深质疑所谓的性别本质主义，譬如法国女性主义对妇女身体之象征进行心理分析的理论。④ 就其自身而言，她出生时是个天主教徒，尽管她对父权制的神学建制提出了激烈的反省与批判，但是她并没有因此而放弃这个与生俱来的身份与权利，她始终坚持包容性的女性主义，而非排他性的。这一点，与戴利完全不同。

费奥伦查敏锐地意识到历史著述就是重构的过程，同时，她也看到历史学家的观念与其兴趣目标之间的差距。她认为："对历史的一种批判的女性主义理论与修辞范式，承认对世界的一切呈现，都会考虑到我们

---

① Elisabeth S. Fiorenza, "Remembering the Past in Creating the Future: Historical - Critical Scholarship and Feminist Biblical Interpretation", in idem, *Bread Not Stone: The Challenge of Feminist Biblical Interpretation* (Boston: Beacon Press, 1984), pp. 106 – 107.

② Ibid. , p. 107.

③ 费奥伦查批评戴利在其《教会与第二性》中表述的观点，认为戴利在重述波伏娃所创立的男性中心主义模式，描绘了一个依照女性主义原则而建构的世界生命中心，只是颠倒了男性中心主义理论对世界的建构。比如，书中的"反教会姐妹会"（sisiterhood as anti - church），在费奥伦查看来，就是按照父权制逻辑而建构起来的女性主义生命中心，众多妇女被排除在这个"神圣所在"之外，它不过是"在父权制文化的边缘搭建的一个女性主义的生活世界，不能复原女性的历史"。参 Elisabeth S. Fiorenza, *In Memory of Her*, p. 26。

④ 法国女性主义的策略，强调女性身份的差异性，提出亲缘、纯洁、繁衍、柔韧与滋养等具有象征含义的概念。费奥伦查认为，这些概念重申了传统文化和宗教对女性和母性的界定，证明了女性主义者对父权制逻辑的认同。参 Elisabeth S. Fiorenza, *But She Said*, p. 107。

自身的历史文化处境，以及我们在权力关系中被卷入的方式。"① 但是，她拒绝后现代思潮中的新历史主义，反对"总体历史"的观念，坚持"历史知识的暂时性与多元性"②。虽然她强调历史编纂的推理性，但是她坚信单个主体的自由。她不断地提醒我们，知识具有被体现与被处境化的性质，而且，我们需要对历史学家之立场保持一种自由与开放的认可。尽管如此，她拒绝屈服于后现代思潮针对意识形态之质问的相对主义。她坚持认为妇女的传统是可以被重构的，但是她质疑确定性、乐观主义与科学权威。她的历史分析同其女性主义志趣与神学信仰紧密相随。她指出："妇女不仅遭受并抵抗父权制的压迫，而且他们借助于灵智（Spirit Sophia）的权能而言说与行动。我们需要对妇女的记忆，因此，女性主义的回忆诠释学（hermeneutics of rememberance），要在历史的缄默中追寻她们的生命及其声音的微弱回响。"③ 这些女性的言语、故事与事迹碎片般地散落在圣经中，而回忆的诠释法就是要将它们整合串联起来。同时她使我们相信，对妇女历史的文本殖民化（textual colonization）鼓励我们去探索过往反抗压迫的斗争模式。她认为："对父权制殖民化的经验与分析告诉我们，妇女是而且通常是历史的主体与发生作用者。妇女及其他受欺压者已经塑造了文化与宗教，尽管以男性为中心的记载并没有提及我们的存在与作品。"④ 在她女性主义历史重构的著述里，历史学与文本诠释学相得益彰，交相辉映。她坚持历史重构的可能性，但是她慎而为之，因为，她意识到诠释与政治的志趣会渗透在作品中。

二 怀疑的诠释学

在《面包非石头》中，费奥伦查提出了怀疑的诠释学（hermeneutics of suspicion），这成为她女性主义释经的重要特色。她认为"圣经女性主义同传统历史批判的圣经研究有相违之处，因为后者宣称整全、客观与价值中立。但是，考虑到女性主义圣经诠释的社会政治处境与公共义务，

---

① Elisabeth S. Fiorenza, *But She Said*, p. 91.
② Ibid. , p. 87.
③ Ibid. , p. 101.
④ Ibid. , p. 86.

为了给公共学术讨论与历史评价呈现对圣经文本与历史的一种可选择的诠释，女性主义圣经诠释必须运用历史批判的方法。为此，我们必须发展一种怀疑的诠释学，将之应用于现代学术的历史和圣经著述的话语中。这种女性主义的怀疑的诠释学，将以男性为中心的文本理解为男性的具有选择性的表达，它们通常表述并维护了父权制的历史状态"①。同时，她将怀疑的诠释学描述为："不是要假定女性主义的权威与圣经真理，而是其出发点是假设圣经文本及其诠释是以男性为中心的，充当着服务于父权制的功能。由于绝大多数的圣经著述都归于男性作者，而且教会与学术圈中的大多圣经诠释者都是男性，因此，这样的假设是可以被证明的。"② 对费奥伦查而言，怀疑的诠释学是传统的赞同诠释学的对立者，因为后者将圣经视为宗教经典而进行顺从的阅读，预设圣经文本的永无谬误和真理的宣称，并对之深信不疑。

在《但她说》里，费奥伦查将父权制视为一个重要的分析范畴，明确地描述了怀疑的诠释学的目标："通过识别文本及其诠释的以男性为中心的父权制的特征与动态，试图探讨文本中所描述的解放或压迫的价值与远象。由于圣经文本是在父权制的文化里以男性为中心的语言被著述，因此，怀疑的诠释学不会只因中心人物是妇女，而将马大和玛利亚的故事作为女性主义的解放文本，并由此展开。相反，它试图考察文本如何并为何建构了这两名妇女如此的故事。"③ 在此，费奥伦查以《新约》为例，说明了这一方法策略的辩证张力。她不惧圣经文本中以男性为中心的叙述话语的存在，强调怀疑的诠释学不只是"否定的"，更是探讨文本中"解放或压迫"因素的一种方法。因此，她看到了抵制"解放"的读者及其阅读的困境，因为这些读者是由父权制认识论建构的，而恰巧是他们揭示了圣经陈述的压制性的含意。费奥伦查利用唯物主义、妇女主义以及第三世界对父权制的分析，将之视为包括阶级、种族与殖民主义在内的多种压迫的一种互相交织的系统。她试图"重新概念化父权制，将之作为女性主义神学与圣经诠释的一个重要的启发式的概念，如此，不同妇女群体所受压迫的复杂的内在结构就会显露出来，而不是被二元

---

① Elisabeth S. Fiorenza, *Bread Not Stone*, pp. 107 – 108.

② Ibid. , p. 15.

③ Elisabeth S. Fiorenza, *But She Said*, p. 57.

的性—性别系统的父权制意识形态所遮掩"①。她没有将"父权制"视为一个具体化的本质主义的术语而弃之，而是将它转化为一个"倍增压迫的金字塔"，将它的意义复杂化、多元化与多样化。

"主人统治"是费奥伦查独创出来的一个新词，最早出现在《但她说》中。在该书的序言中，她宣称要用女性主义的政治术语对父权制进行一种独到的理解与阐发，突破性别二元论，将之概念化为一种相互交织的统治结构。相较而言，她认为"主人统治"这个词的意义更为宽广，超越了"父权制"（patriarchy）中男性对女性的压迫。她指出："主人统治"（kyriarchy）是由希腊语"主人"（kyrios）与"统治"（archō）组合而成，是一种以"主人"为掌控力量的统治结构，指涉主导与从属、统治与压迫的交叉而多元的社会结构的一种复杂的金字塔体系。它包括性别歧视、种族歧视与经济不公正，以及其他主导性的等级制的形式。② 如此，费奥伦查由注重性别因素的"父权制"，转化到强调政治因素的主人统治。而主从的统治结构可由多重因素构成，能够凸显各种压迫关系的"交织性"。她进一步解释：通过压迫的相互作用的多重结构，占主导地位的社会文化与宗教体系构成了主人统治。主人统治的民主，是由性别、种族、阶级、宗教、异性恋与年龄而分层的，具有结构性的定位。费奥伦查对主人统治的结构性特征进行了描述。③ 费奥伦查对主人统治的批判渗透在她的女性主义神学中，将其同性别、宗教与基督教的反犹主义等范畴联系在一起。④ 由此可见，"主人统治"是费奥伦查对"父权制"的一种全新解读，她试图将种族、阶级、宗教等多种关乎社会不平等关系的思想视角引入对女性所受压迫的思考当中，希望这个新词帮助女性主义理论摆脱父权制逻辑和"边缘化"的处境。⑤

---

① Ibid. , p. 115.

② Elisabeth S. Fiorenza, *But She Said*, pp. 8, 117.

③ Elisabeth S. Fiorenza, "Introduction: Exploring the Intersections of Race, Gender, Status and Ethnicity in Early Christian Studies", in Laura Nasrallah, Elisabeth Schüssler Fiorenza eds. , *Prejudice and Christian Beginnings: Investigating Race, Gender, and Ethnicity in Early Christian Studies* (Minneapolis: Fortress Press, 2009), pp. 9 – 15.

④ Elisabeth S. Fiorenza, *Transforming Vision: Explorations in Feminist The * logy* (Minneapolis: Fortress Press, 2011).

⑤ 宋旭红：《伊丽莎白·舒士拿·费奥伦查的"kyriarchy"概念内涵与功能解析》，载《基督教文化学刊》2017 年第 38 辑，第 105 页。

在严格意义上，费奥伦查认为"父权制"并不等同于"大男子主义"。因为前者所压迫的不只是妇女，只是妇女被推至众多压迫的低端，受种族、阶级、教育所限而处于劣势。她认为"主人统治"是描述制度性敌人的一个更为恰当的词，因为，它受到"最高统治者"而非所有"父亲"的辖制，而这正是苦难的主要源泉。她称呼妇女为女／男人（wo/men），认为她们处于众多压迫的多重网络之中，而她们中的一部分人显示出与受压迫的男人们共有的东西。① 以此推论，"基督的国度便是一个典型的'kyriarchy'体系，不仅所有女性匍匐于基督的脚下，所有男性也会按照严格的教阶体系构成压迫关系。鉴于基督教在西方文化中的根基性地位，如此基督论才是'kyriarchy'体系既根深蒂固、又源远流长的关键"②。在《分享她的话语》中，费奥伦查关注交流模式的语言，以及"以男性主人为中心"（andro - kyriocentric）的语言，进一步扩展了她怀疑的诠释学之边界。她指出："怀疑的诠释学没有发掘或揭示历史或神学真理的任务，但具有清理以男性主人为中心之语言的意识形态运作的任务。从语法上来说，以男性为中心的语言并不是个符号的封闭系统，而是在历史与社会意义上被建构的。"③ 通过分析语言、文本与话语形成的转向，她强调文学表达能力的重要性及其对父权制的塑造发展出了具有"复杂内在结构"的主人统治。由此，为了实现女性主义解放的终极目标，她疏离对妇女的本质主义理解，转向她所谓的"妇女—教会"（women - church）或"妇女召会"（*ekklēsia* of women）这一激进的民主空间。④ 它

---

① 费奥伦查以父权制的希腊民主的传统为例，指出西方社会与家庭并不只是男性的，而是由父亲统治的父权制，更确切来说，是主人统治，因为拥有财富的精英男性有权统治那些附属和依赖于他们的人。参见 Elizabeth S. Fiorenza, *But She Said*, p. 117。而关于"女／男人"的用法，参见 Elizabeth. S. Fiorenza ed., *The Power of Naming*: *A Concilium Reader in Feminist Liberation Theology*（New York：Orbis Books，1996），p. 8。

② 宋旭红：《伊丽莎白·舒士拿·费奥伦查的"kyriarchy"概念内涵与功能解析》，第 103 页。

③ Elisabeth S. Fiorenza, *Sharing Her Word*: *Feminist Biblical Interpretation in Context*（Boston：Beacon Press，1998），p. 90. 对费奥伦查而言，女性主义圣经诠释本身，就是一个寻求解放而进行斗争的平台。参 Ibid., pp. 76 – 80。

④ "妇女召会"的概念出现在《以她为念》的最后一章，题为"上帝的父权之家与妇女召会"。她在该著作的后记里对这一概念进行了界定与澄清。她指出它"不是一个宗教与民权政治的概念。它意指自由公民的真实集会，而自由公民聚集在一起，决定其自身的精神与政治事务。由于妇女在父权制的教会中，无法决定她们自己的神学与政治事务，而她们自己的百姓—妇女—妇女召会，就是一种未来的希望，正如在今天成为现实"。参 Elisabeth S. Fiorenza, *In Memory of Her*, p. 344。

奉行所有参与者一律平等的原则，而且，它不仅限于性别平等。于她而言，这是个矛盾而又多样的女性主义叙述话语的所在地，代表着女性主义的未来。

费奥伦查对圣经女性主义的持久贡献之一，还在于她对女性主义释经方法进行了分类，并看到了各种女性主义批判的差异与分歧。同时，她的选择不是非此即彼，即要么拒绝圣经，要么赞成，她创建了一个具有包容性的丰富多元的平台。通常，一个追随怀疑的诠释学的读者，其立场是悖论式的。在费奥伦查有关诠释学的分类里，其方法论的意义表现在她对"非此即彼"模式的否定，而对"兼容并蓄"模式的支持与倡导。① 在 20 世纪 90 年代初期，费奥伦查基于解构与建构的范畴，对她早期的研究进行了总结。② 她融合各种女性主义诠释学，而不是因为支持某些而拒绝与排斥另一些，其重要性不可低估。虽然费奥伦查也会对她不赞成的女性主义学者提出批评，但是在她的作品里，她试图综合不同的进路，并统一激进的视野。从过往她以普遍的性别等级制的概念认识压迫，到她将压迫理解为阶级与种族的特定的权力丧失的表现，这样的转向将她怀疑的诠释学带到一个新的层面，进一步发展了她"妇女召会"

---

① 在《以她为念》中，她将圣经诠释的模式分为四种：教义的模式、实证主义的历史释经、对话的诠释学的诠释之模式、解放神学的模式。参 Elisabeth S. Fiorenza, *In Memory of Her*, pp. 4 - 6。而在《面包非石头》里，费奥伦查提出了三种圣经诠释的范式：教义的范式、历史的范式、形式与编修批判的对话的多元模式。参 Elisabeth S. Fiorenza, *Bread Not Stone*, pp. 10 - 15。在《但她说》里，她的女性主义圣经诠释的策略模式包括：修正主义的诠释、文本与翻译、想象的识别、妇女作为圣经的作者与诠释者、历史诠释、社会文化的重构、意识形态的书写、妇女成为诠释的主体与社会政治的场景。同时，她提出了女性主义诠释的一种批判模式，即批判的女性主义修辞模式。参 Elizabeth S. Fiorenza, *But She Said*, pp. 21 - 50。在《修辞与伦理》中，基于后现代的语境，她重新命名了她的诠释范式：教义与基要主义范式、科学与历史范式、诠释学的与后现代范式、修辞与解放的范式。参 Elisabeth S. Fiorenza, *Rhetoric and Ethic: The Politics of Biblical Studies* (Minneapolis: Fortress Press, 1999), pp. 31 - 56。在《智慧之道》中，费奥伦查的四种女性主义诠释方法是：矫正的诠释方法、历史重构的方法、想象的诠释方法与觉悟启蒙的方法。参 Elizabeth S. Fiorenza, *Wisdom Ways*, 135 - 164。在《民主化圣经研究》里，她重新描述并命名了圣经研究的四种范式：宗教的神学的经典范式、批判的科学的现代范式、文化的诠释学的后现代范式与解放的激进的民主范式。参 Elizabeth S. Fiorenza, *Democratizing Biblical Studies*, pp. 63 - 84。

② "在《面包非石头》中，我就提出了女性主义圣经研究必须解构圣经诠释的主导范式，同时，也必须依据批判的修辞而建构它们。批判的修辞将圣经文本与传统理解为一种活生生的、变化的传承，它不会合法化父权制的压迫，但是能够滋生信仰群体的解放实践。"参 Elizabeth S. Fiorenza, *But She Said*, p. 5。

这一激进的民主概念。在 20 世纪 90 年代中期，费奥伦查用唯物主义的激进概念表述她的诠释学，关注女性主义批判的社会场景，关注多义与自相矛盾的叙述话语，同时，也关注社会转化与政治行动的议程。"妇女召会"这一想象的空间，是要维持"为转化社会与宗教的男性主人统治的制度话语而斗争的批判实践。这一理论空间是一种政治的建构。这同时是个历史的与想象的政治宗教的现实，已经部分得到实现，但依然要为之而斗争"[1]。在此，她将怀疑的诠释学激进化，进行了唯物主义的修正，使其重点由圣经文本转移到了社会行动与政治担当。

三 男性为主流的学术之弊端

1985 年，费奥伦查创办期刊《宗教女性主义研究》（*Journal of Feminist Studies in Religion*）。该刊成为以女性主义的视角研究宗教的一个重要的学术平台。尽管女性主义圣经诠释已经成为一个学术研究领域，并获得了学界的认可，但是，费奥伦查注意到男性对圣经女性主义之学术与评价话语体系的控制。她认为"在女性主义学者的作品获得认可的漫长旅程中，由男性学者指示或教导妇女学者如何去理解女性主义，最终是个具有讽刺意味的扭曲"[2]。因为这个争取认可的旅程，始于对费奥伦查所谓的男性为主流的学术研究机制与知识系统的反抗性分离与疏远。女性主义学术引发的问题之一，是学者的性别与其洞察之有效性之间的联系。对男性学者而言，改造女性主义并力图重申他们在圣经研究中的学术权威，是对女性主义知识之意义的歪曲。费奥伦查不断警醒我们，以男性为主流的学术具有很强的反弹性，同时，指出父权制卷土重来和利用女性主义知识的风险的存在。费奥伦查批判学术领域的"主人统治"。她犀利地指出：以欧美男性精英的普遍主义的以主人为中心的修辞，不

① Elisabeth S. Fiorenza, *Jesus*: *Miriam's Child*, *Sophia's Prophet*: *Critical Issues in Feminist Christology* (New York: Continuum, 1994), p. 27. 在这一著作里，她将迦克墩信经（Chalcedonian Definition）视为不可救药的"以主人为中心的"（kyriocentric）典范，并坚持认为她的女性主义神学不是基于"历史的耶稣"，而是基于"女/男人为了主人统治的转化而进行的斗争"。参 Ibid., p. 48。
② Esther Fuchs, "Points of Resonance", in Jane Schaberg, Alice Bach and Esther Fuchs eds., *On the Cutting Edge*: *The Study of Women in Biblical Worlds*, *Essays in Honor of Elisabeth SchüsslerFiorenza*, p. 10.

是要强化男性的主导，而是要将至高无上的"白人父亲"合法化为普遍的主体。以男性为主流的等级制的话语，提供了各种"获取意义"的框架，解放的话语必须提供对"常识"之假设的分析，而这些假设不仅阐明压迫的精心安排，而且，也说明了一种激进的社会与宗教的可能性。①

早在 20 世纪 80 年代，费奥伦查就指出男性对圣经研究的主导与操控。在当时的情形下，人们倡导客观科学的知识，而作为知识主体与客体的性别鲜少受到关注。她认为"女性主义的宣称，同传统历史批判的圣经研究之主张背道而驰，后者自诩为整全的、客观的与价值中立的"②。而在 90 年代，随着对那些致力于意识形态批判的学者的认可日益增长，讨论的议题由大男子主义的（masculinist）客观性，转化为对女性主义理论的吸纳与利用。其间，圣经研究与宗教研究中的女性主义学术尤其处于一种危险的境地，因为，男性基本上主导了学院与制度结构。即使女性主义学者投入了试图改变这些结构的斗争中，但是她们被遮蔽，因为，她们常常必须依从父权制的当权机构所制定的评价标准。针对于此，费奥伦查指出："女性主义的圣经诠释，承担着同父权制的学院以及想要改变与转化她们的圣经宗教进行部分'协作'的风险……宗教方面的妇女研究，为了建立她们的叙述话语，常被迫进行妥协，因为，评级为优秀的学术标准是由欧美男人所制定的。"③

由此，她认为那些受过专业训练的妇女要想在学术与教会机构中生存，就要在话语与实践上有所勾结。她接受这种故意而为之付出的代价，因为那是用来作为一种生存策略，或者是颠覆父权制知识体系的一种手段。但是，她不将他们的性视为危险的而进行拒绝，因为她很清楚运用和详述有关男性的理论，可以帮助她们建立对女性主义的敏感性。相反，她指的是一种"新的"认识论，将自己伪装成超越了所有的性别二元论。她提醒当今的女性主义学者：对后现代之父的依赖，会将我们退回到对男性学术与"主人统治"进行奉承的立场上。她指出："以男性为主流的学术，很少承认女性主义者能够提供可选择的同样有效的知识，尽管这

---

① Elisabeth S. Fiorenza, "Introduction: Exploring the Intersections of Race, Gender, Status and Ethnicity in Early Christian Studies", pp. 13 – 16.

② Elisabeth S. Fiorenza, *Bread Not Stone*, p. 107.

③ Ibid. , p. 184.

种知识基于一种不同的确认过程。因此，以男性为主流的学院，继续坚持女性主义的作品应该受到盛行的学术标准的评估。"[1] 在各种神学院与学院有关的宗教研究课堂上，她指出女生数目的增长并没有引起结构与机制上的改变。以男性为主流的学术群体继续监督和管辖着他们各自学科的话语边界，因此，这自然地促使男性生产的知识成为规范的，或普遍的。针对于此，费奥伦查呼吁一种转变，即从一种支配的教学范式转变为激进的平等的范式，使女学生在她们寻求权利与声音的过程中，获得力量。这有助于女性主义的学者创造抗衡性的话语，不再依赖教学的支配与控制，使之成为一种教导性的范式。[2] 在后现代的语境里，后现代之父，诸如德里达（Jacques Derrida，1930－2004）、福柯（Michel Foucault，1926－1984）、巴特（Roland Barthes，1915－1980）和拉康（Jacques Lacan，1901－1981）等，其作品与观点，被众多的女性主义批评家所引述。但是，他们对女性特质的建构依然受到质疑。实际上，欧洲大陆男性的后现代思潮的兴起，同女性主义批判的兴起具有平行性。费奥伦查不仅质疑生物学意义上的性别起源理论，而且，质疑将普遍的女性特质视为不可避免的修辞与隐喻的永恒传说。她指出："这种本质主义的欧美话语，依然将妇女视为男人的他者，它不仅没有被女性主义理论所中断，而且，还常常被它所合并。"[3]

在《分享她的话语》中，针对费奥伦查受惠于诠释学的男性伟人这一点，她拒绝评价她自己的作品。尽管适当的时候她自己承认并信任男性作者的原始资料，但是她抵制男性世系之排他性。通过特有的明晰与坚定的态度，她提出一个母性的谱系，并视之为女性主义的策略模式。她认为："通过参照男性为主流的圣经诠释学，而建构女性主义诠释学的谱系，或者，跨越诠释学之'大父'的迫使就范，女性主义学者继续同男性主人统治的沉默进行协作，并边缘化女性主义的理论成果，从而使之继续处于危险之中。"[4] 尽管女性主义圣经诠释已经进入了圣经研究领域，但是，决定谁会获得奖项，以及谁的书被出版的学术评价的程序，

---

① Elisabeth S. Fiorenza, *Sharing Her Word*, p. 45.
② Ibid., p. 46.
③ Elizabeth S. Fiorenza, *But She Said*, p. 136.
④ Elisabeth S. Fiorenza, *Sharing Her Word*, p. 73.

大多掌控在男性手中。女性主义学者需要获得以男性为主导的教授们的认可，甚至，为了获得晋升，女性主义的教授们继续依赖于男性为主流的同僚与行政人员。男性学者对女性主义知识之生产手段的持续掌控，意味着这种知识被解释为另一种素材，要被搅拌并烩入圣经研究之大锅中。这样的状态不可能使女性主义成为一种转化整个圣经研究领域的手段并使之成为一个在伦理上有担当、在制度上可以独立的领域，从而在社会作为与学术研究上具有价值。[1] 在《修辞与伦理》中，费奥伦查也看到了当前圣经女性主义的困境，即不能改变现状，不能"为了寻求建立一个公正而福祉的世界，批判地表述公共政治话语，以及各种个体的问题"[2]。就当前而言，正如费奥伦查所说："对修辞方法与理论的学术讨论，被稳稳地停靠在以男性为主流的学术话语中，它将女性主义的作品边缘化为意识形态的。"[3] 因此，只有当修辞批判接受女性主义批判，视之为一个平等的伙伴，女性主义研究才能实现学术话语的自我转变，才能改变剥削与非人化的社会关系。

第四节　结语

在过往的 100 年间，女性主义圣经诠释发生了重大的变化。在《记念她》第一章，费奥伦查指出斯坦顿的敏锐洞见在于发现圣经是"男性制造"的，由男性所书写，是父权文化的体现。此外，斯坦顿以高等批判（higher criticism）研究圣经中有关女性的言论，采取科学注释的形式，其讨论的动力和力量都折射出解放模式的政治纬度。[4] 但是于斯坦顿而言，她没有也无法完全超越她的历史时代。在 20 世纪 90 年代，女性主义学者对斯坦顿的种族主义展开批评。1995 年，费奥伦查编著了两卷本的《寻索经典》（Searching the Scriptures），以纪念《妇女圣经》出版 100 周年。她提醒人们不要毫无批判地接受《妇女圣经》的传统，因为《妇女

---

① Esther Fuchs, "Points of Resonance", p. 12.

② Elisabeth S. Fiorenza, *Rhetoric and Ethic*, p. 193.

③ Ibid., p. 91.

④ Elisabeth S. Fiorenza, *In Memory of Her*, pp. 11 – 13.

圣经》呈现的是白人女性主义的性别话语，没有意识到妇女当中形成的"主人统治"的差异。忘记非洲妇女的女性主义成就，或者将"真正女人"的文化神话持久化，都是危险的。[1] 费奥伦查对《妇女圣经》本质主义的文化传统表示质疑，并认为那时的"妇女"概念不同于今天"包容性的、普遍的与多元文化"的概念。[2] 因此，在《妇女圣经》出版大约一个世纪以后，新的女性主义释经作品《妇女圣经评注》于 1992 年出版。这里的"妇女"用的是复数，包容所有的妇女。[3] 将《妇女圣经》置于 19 世纪末宏大的文化之争里，它显然具有白人妇女精英主义与反犹主义的倾向。[4] 即便如此，《妇女圣经》的意义远远超出了它对今天读者的象征意义。它同其历史处境之间的关系，展现了有关过去的一个生动故事。"这是关于斯坦顿与她的圣经的故事，是关于妇权运动演变的故事，是关于世纪之交精神危机的故事。"[5]

在《记念她》出版 20 年后，费奥伦查对基督教起源的概念化表述进行了总结性的探讨，同时，她重申了一种修辞的伦理重构。她阐释了女性主义理论对基督教起源之论争的贡献，同时，她进一步澄清了她在《以她为念》中的观点，包括重构模式与批判原则。[6] 费奥伦查指出：《以她为念》所重构的，并非乐观主义的真实的史学，而是平等主义的基督教起源之可能，即男女"平等的使徒身份"。[7] 她坚持"基督教起源"

① Elisabeth S. Fiorenza ed. , *Searching the Scriptures*, vol. 1: *A Feminist Introduction* (New York: Crossroad, 1993), p. 12.

② Ibid. , p. 9.

③ 参 Carol A. Newsom and Sharon H. Ringe eds. , *The Women's Bible Commentary* (Louisville: Westminster/ John Knox Press, 1992)。

④ 在斯坦顿生命的最后四年，她应邀向《自由思想杂志》投稿，她再次表达了《妇女圣经》中阶级与种族冲突的立场，将"妇女"无尽的从属归结于《旧约》中的犹太人。在这些文章里，她不仅质问圣经中犹太人的"道德性"，而且对其在古代世界是否存在表示质疑。参 Elizabeth Cady Stanton, "Reading the Bible in the Public Schools", *Free Thought Magazine* 16 (1898), p. 471. 对斯坦顿种族主义的批评，另参 Ellen C. DuBois & Richard C. Smith eds. , *Elizabeth Cady Stanton, Feminist as Thinker: A Reader in Documents and Essays* (New York: New York University Press, 2007), pp. 4 – 5。

⑤ Kathi Kern, *Mrs. Stanton's Bible*, p. 13.

⑥ Elisabeth S. Fiorenza, "Re – Visioning Christian Origins: *In Memory of Her* Revisited", in Kieran J. O'Mahony ed. , *Christian Origins: Worship, Belief and Society* (Sheffield: Sheffield Academic Press, 2003), pp. 225 – 250.

⑦ Ibid. , 242 – 243.

的叙述话语不能仅集中于历史之耶稣的寻索，将历史的耶稣视为一个男性的克里斯玛式的领袖人物，简单地关注于文本，而应当重视产生这些文本的人们，批判地选择解放的空间，抵制以男性/主人为中心的文本与话语框架，揭示其政治意涵以及教会神话。她依旧宣称："女性主义对平等主义之可能性的重构的历史模式，能够将早期基督教运动的起源放置在一个更为宽广的文化与宗教的历史框架中。这使人们追溯解放的认识与运动之间的张力与斗争，而这样的认识与运动，一方面受到有关平等的激进的民主逻辑所启发，另一方面受到古代社会与宗教中占支配地位的主人统治结构的激发。"① 自始至终，费奥伦查都在寻求解放的范式，呈现潜藏的"真理"或权力。在这一过程中，费奥伦查不仅融汇了文本诠释学与解放神学，而且，批判地参照了福柯的概念。② 她始终将女性主义圣经诠释看成一种寻索解放的批判实践，努力追求平等与解放的可能。③

费奥伦查对《新约》文本进行了深入细致的探讨，为我们提供了一种具有说服力的"批判的女性主义解放"（critical feminist liberation）的远象。她的重构作品"不仅探讨圣经的意义，而且，要使圣经研究变得有意义"④。她在诠释学上的历练，使女性主义圣经诠释进入了更为宽广的时空，并且充满社会政治关怀。她年逾80，但依旧活跃，积极参与LGBTQ，无论在学术圈，也无论在教内还是教外，都发出铿锵的声音，受鼓舞者众。她不仅关注妇女的境况，也关注诸如反犹主义与散居移民这样的议题。她不会拘泥于天真的释经，而是愈来愈多地与世俗女性主义进行交战，这使她能够在更为广阔的女性主义视野中看到自己圣经研究的意义。费奥伦查始终如一地呼吁圣经女性主义的一种自我超越的方式，即由弱小与边缘，成为拥有权力者。这一目标的实现，不是要摈弃前者，而是要拥有和张扬它。她对个人社会场景的理论性运用，也是她

---

① Elisabeth S. Fiorenza, "Re – Visioning Christian Origins: *In Memory of Her* Revisited", p. 245.

② Ibid. , pp. 225 – 233. 关于费奥伦查的女性主义与福柯理论之关系，参 David A. Kaden, "Foucault, Feminism, and Liberationist Religion: Discourse, Power, and the Politics of Interpretation in the Feminist Emancipatory Project of Elisabeth Schüssler Fiorenza", in *Neotestamentica* 46/1（2012）: 83 – 104。

③ Elisabeth S. Fiorenza, *Changing Horizons*, pp. 194 – 212.

④ Elisabeth S. Fiorenza, *Jesus and the Politics of Interpretation*（New York: Continuum, 2000）, p. ix.

包容性之辩证诠释学的呈现。她所坚持的怀疑的诠释学，同其重构的诠释学之间存有张力，同时，她持守局内与局外的双重身份，这些反而削弱实现她所寻求的目标的意愿。① 此外，她的"妇女召会"被认为具有乌托邦的特征，而她的理论被称为女性主义的乌托邦主义（feminist utopianism）。② 因为，"她不仅介意两性之间的不平等，同时也想要摧毁一切不平等的身份关系"③。因此，她对解放与平等主义的重构，被视为乌托邦或神话。④ 但这恰恰表明：在文化与社会生活中，父权制的影响是如何的根深蒂固，而寻求女性解放的事业，又是如何的路漫漫。但无论如何，在这条路上，费奥伦查无疑是个先行者，是个大智大勇的领军者。

　　由以上几位美国女性主义者对圣经的解读可见，在 100 多年的历史时空里，伴随着社会政治与文化传统的变迁，女性主义圣经诠释发生了诸多的变化。在斯坦顿的时代，女性主义同民权运动紧密结合，妇女投票权是妇女基本的政治权利，还有受教育权与财产权等，争取这些权利是妇女获得解放与平等对待的关键。斯坦顿为妇女投票权而斗争，并著述《妇女圣经》，揭示和批判造成女性从属与次等的深层根源。在基督教基要主义兴起的历史处境里，她激进的个人主义传统与女性主义理论强而有力，对后来的宗教、性别与妇女研究意义深远。特雷波的女性主义限于她的信仰委身，她对《旧约》文本之解的父权化、恐怖与救赎的阐释兼及保守、批判与修正，呈现了圣经在性别修辞与信仰建构中的意义。早期女性主义者对圣经的诠释是相对单一的，强调男性和女性对应的关系。可是到了费奥伦查这里，她的系统很庞杂，包容很多内容，对性别与父权制的理解也发生了巨大的变化，而且很多事物被政治化，甚至付

---

① Esther Fuchs, "Points of Resonance", 18.

② Elizabeth A. Castelli, "The *Ekklēsia* of Women and/as Utopian Space: Locating the Work of Elisabeth Schüssler Fiorenza in Feminist Utopian Thought", in Jane Schaberg, Alice Bach and Esther Fuchs, *On the Cutting Edge*, pp. 36 – 52. 但是，费奥伦查在《但她说》中，认为妇女召会具有"既济"（already）与"未济"（not yet）之间的张力，指出将现代"女权运动所构想出来的妇女教会"看成"早期平等者的基督教使徒身份"之延续，那才是一个"过分天真"的建构。参 Elisabeth S. Fiorenza, *But She Said*, pp. 5 – 6。

③ 宋旭红：《伊丽莎白·舒士拿·费奥伦查的"kyriarchy"概念内涵与功能解析》，第 113 页。

④ David A. Kaden, "Foucault, Feminism, and Liberationist Religion: Discourse, Power, and the Politics of Interpretation in the Feminist Emancipatory Project of Elisabeth Schüssler Fiorenza", p. 100.

诸社会行动。她的全球性视野和坚定的政治实践诉求，使她的女性主义圣经诠释更具复杂性、开放性、多元性和政治性。由于女性主义直接源于政治关注，比如斯坦顿所关注的废奴主义和妇女投票权议题，因此英国谢菲尔德大学的圣经学者菲利普（Philip R. Davies）指出："对圣经研究影响最大的意识形态确系女性主义。"① 当然，女性主义者对圣经的解读与应用，同她们历史处境中的性别政治、社会建制、宗教关切与性态观念等直接相关，它不仅构成妇女解放运动的一部分，也是人类寻求自我救赎与自由之历史的一部分。

不过，值得一提的是，在圣经之地以色列，女性主义圣经诠释呈现出另一番景象。当今对《希伯来圣经》进行女性主义诠释的学者之翘楚，且依然活跃并对圣经学术产生持续影响者，非布伦纳（Athalya Brenner）莫属。在 20 世纪 80 年代，当女性主义圣经研究被视为离经叛道、标新立异之说时，布伦纳已经出版了两部重要的女性主义学术专著，一是《古代以色列妇女：圣经叙事中的社会角色与文学类型》，二是《〈雅歌〉释义》。② 前者关注性别差异的议题，探究《旧约》中的妇女在社会政治场景中的地位，以及圣经的文学传统对妇女的类型化描述，指出圣经叙事"呈现了男性作者的态度"③。后者倡导对《雅歌》进行女性主义的阅读，强调其女性作者身份的可能性及其女性文化，通过对父权制与男性中心主义的宗教文本进行分析，呈现其性别政治。④ 随后，在对话式的著作《论性别化文本》中，她明确关注女性性态（female sexuality）及其性别关系，⑤

---

① 菲利普·R·戴维斯：《多学科圣经研究五十年》，第 31 页。

② Athalya Brenner, *The Song of Songs* (Sheffield：Sheffield Academic Press，1989）.

③ Athalya Brenner, *The Israelite Woman*：*Social Role and Literary Type in Biblical Narrative* (Sheffield：JSOT Press，1985），p. 10. 该著作先后被译为日文和葡萄牙文。其实，布伦纳对《希伯来圣经》之女性人物的关注，可以追溯到她 1983 年发表在著名的圣经学术期刊上的一篇论文。当中，她认为拿俄米和路得这对婆媳，起初分属不同的故事传说，但享有共同的主题，后来被整合为一个叙述。参 Athalya Brenner, "Naomi and Ruth", in *Vetus Testamentum* 33. 4 （1983）：385 - 397。

④ Athalya Brenner, *The Song of Songs*, pp. 87 - 92.

⑤ Athalya Brenner and Fokkelien van Dijk - Hemmes, *On Gendering Texts*：*Female and Male Voices in the Hebrew Bible* (Leiden：Brill，1993），pp. 143 - 146. 她对性态的关注，在《以色列妇女》中已经初见端倪。在讨论《创世记》第 3 章、外邦女子、妖妇以及保罗书信时，她发现性态是圣经文本中亟待面对的重要议题。参 Athalya Brenner, *The Israelite Woman*, pp. 113，122，130 - 131。

认为女性性态是圣经与西方文明的深层关切，而先知书卷中的色情描述，正体现了男性对女性身体进行政治控制的幻想，从根本上表达了对这一关切的合法化应用。[1] 性态这一主题，在她随后《知识的交合》中得到更为深入细致的探讨。[2] 在布伦纳的女性主义圣经学术中，性别与性态是其关注的两大重要议题。

在她 2015 年圣经文学学会主席的就职演讲中，她回顾了大约 40 年的个人学术历程，并重新回到耶洗别的故事。她以圣经学界对耶洗别的研究为例，说明圣经学术经历的变化，当然，她认为女性主义的视角，是其中至为重要的发展环节，为耶洗别恢复了名誉。布伦纳结合自己的研究心得，指出"近几十年来女性主义的研究课题，使圣经研究发生了革命性的变化，无论你喜欢还是不喜欢。它开创了新的进路，新的可能性，新的合法性"[3]。她对女性主义的学术充满信心，她激励女性主义者，要去扩大力量，担当责任，超越白人男性的霸权。此外，与特雷波和费奥伦查的圣经女性主义相比，她的一个显著特点，在于她不受限于任何宗教信仰的宣称，也不需要维护某一神学传统。她自称是非宗教的，是追随犹太部落文化与传统的世俗主义者，也是热忱的希伯来圣经学者。[4] 非宗教的以色列妇女的性别身份，使她的女性主义圣经诠释更具批判性。除了《以色列妇女》和《知识的交合》等著作外，她合作主编"女性主义圣经指南"（A Feminist Companion to the Bible）丛书，以及"文本@处境"（Texts@ Contexts）系列，主要论及性别、身份、种族与权力，提供丰富多元的学术声音，对西方圣经研究学界产生影响。由上可见，自斯坦顿出版《妇女圣经》以来，圣经女性主义研究在 100 多年间发生了翻天覆地的变化。它由单一的白人女性主义，发展为五彩缤纷、形态各异的女性主义，而且，关注的议题日益多元和包容。

---

[1] Athalya Brenner and Fokkelien van Dijk – Hemmes, *On Gendering Texts*, p. 194.

[2] Athalya Brenner, *Intercourse of Knowledge: On Gendering Love, Desire and "Sexuality" in the Hebrew Bible* (Leiden: Brill, 1997).

[3] Athalya Brenner, "On Scholarship and Related Animals: A Personal View from and for the Here and Now", *Journal of Biblical Literature* 135 (2016): 15.

[4] Ibid., p. 17.

第十三章

后殖民圣经批判

后殖民理论的创始人爱德华·赛义德（Edward Said，1935 – 2003），在其代表作《东方主义》中，汇集了西方对东方的基本预设，阐述了后殖民主义思想。他认为西方人笔下的东方是非理性的、孱弱的"他者"，指出西方对东方社会的描述是没有真实根据的，东方是西方凭空想象与建构的产物。西方不仅对东方进行了殖民统治和政治支配，而且试图合理化对东方的语言、历史和文化的解释。① 将后殖民主义理论应用于圣经研究，并引起圣经学界的关注，已是 20 世纪 90 年代。1991 年，英国伯明翰大学的《新约》圣经学者苏吉萨拉迦，编著了《来自边缘的声音：第三世界的圣经诠释》，广受第三世界圣经学者的青睐。② 1996 年，他发表了《由东方主义者到后殖民》一文，标志着后殖民圣经批判（postcolo-

---

① 赛义德用"东方主义"这一术语概括地表述了西方世界与东方世界之间的后殖民关系。在赛义德看来，东方主义属于西方建构的产物，旨在为东西方建立一个明显的分野，从而突出西方文化的优越性。参 Edward Said，*Orientalism*（London：Penguin，1978）。

② 这里"边缘的声音"，既强调那些处于边缘世界的人的挣扎与关注，也指亚非拉的圣经学者及其学术被边缘化的境况。参 R. S. Sugirtharajah，"Introduction"，in idem，*Voices from the Margin：Interpreting the Bible in the Third World*（Maryknoll：Orbis Books，1991），pp. 1 – 2。该著作多次被修订出版。在 1995 年的修订版中，苏吉萨拉迦加入了来自加勒比海与太平洋地区的圣经诠释视角，并重新界定了"边缘"，将之视为创造的平台。这个边缘与文化、文本的结合，成就了一种诠释学的奥德赛（Odyssey）。这是个充满冒险的先锋旅程，个中涉及殖民主义、东方主义、本土主义与民族主义等。参 R. S. Sugirtharajah，"Cultures，Texts and Margins：A Hermeneutical Odyssey"，in idem ed.，*Voices from the Margin：Interpreting the Bible in the Third World*（Maryknoll：Orbis Books，1991），pp. 457 – 475。苏吉萨拉迦的另一部具有重要影响力的著作是《后殖民批判与圣经诠释》。参 R. S. Sugirtharajah，*Postcolonial Criticism and Biblical Interpretation*（Oxford：Oxford University Press，2002）。

nial biblical criticism）的帷幕从此拉开。① 1996 年，圣经研究的前沿刊物
《赛迈亚》出版了以"后殖民主义与圣典阅读"为主题的专号，编者为爱
荷华大学的唐纳森（Laura E. Donaldson）。② 1999 年，圣经文学学会的年会
开始有了"《新约》研究与后殖民研究"的专题。之后，有关后殖民圣经诠
释与批判的成果不断涌现。在圣经与后殖民主义批评理论相遇的二十多年
间，尤其是那些有过殖民体验的圣经学者们，坚持不懈地推动着这一新的
圣经诠释方法，反省圣经诠释历史，挑战欧美主流的圣经诠释方法。相对
于后殖民理论"三杰"——赛义德、霍米·巴巴（Homi K. Bhabha）③ 和斯
皮瓦克（Gayatri Chakravorty Spivak）④，后殖民圣经诠释界也有"三杰"，
他（她）们是英籍斯里兰卡人苏吉萨拉迦、古巴裔美国人塞哥维亚（Fer-
nando F. Segovia）和非洲博茨瓦纳大学的杜比（Musa Dube）⑤。本章将重点
介绍和讨论苏吉萨拉迦与塞哥维亚的后殖民圣经批判理论。

第一节　基本概念与相关问题

后殖民圣经批判的产生，是解放的诠释学、圣经之外的后殖民研究

---

① R. S. Sugirtharajah，"From Orientalist to Post‐colonial：Notes on Reading Practices"，*Asian Journal of Theology* 10，1（1996）：20 – 27.

② 参 Laura E. Donaldson ed.，*Semeia* 75：Postcolonialism and Scriptural Reading（Atlanta：Scholars Press，1996）。1992 年，唐纳森出版了《去殖民化女性主义》。参 Laura E. Donaldson，*Decolonizing Feminism：Race，Gender and Empire Building*（Chapel Hill：University of North Carolina Press，1992）。后来，她与亚裔女性主义神学家与圣经学者郭佩兰合编《后殖民主义、女性主义与宗教话语》，参 Laura E. Donaldson and Kwok Pui‐lan eds.，*Postcolonialism，Feminism & Religious Discourse*（New York：Routledge，2002）。

③ 代表作参 Homi K. Bhabha，*The Location of Culture*（London：Routledge，1994）。

④ 代表作参 Gayatri Chakravorty Spivak，*In the Other Worlds：Essays in Cultural Politics*（New York：Routledge，1988）；*A Critique of Postcolonial Reason：Toward a History of the Vanishing Present*（Cambridge：Harvard University Press，1999）（中译本：佳亚特里·斯皮瓦克《后殖民理性批判：正在消失的当下的历史》，译林出版社，2014）。

⑤ 杜比的研究志趣集中在对圣经的后殖民女性主义的诠释，同时，她是个积极的宣传防治艾滋病的活动家。作为非洲女性，杜比很自然地在其阅读和诠释实践中加入了性别意识，她表达出对女性，特别是非洲女性的关怀。参 Musa W. Dube ed.，*Postcolonial Feminist Interpretation of the Bible*（St. Louis：Chalice Press，2000）；*The Bible in Africa：Transactions，Trajectories，and Trends*（Boston：Brill，2000）；*HIV/AIDS and the Curriculum：Methods of Integrating HIV/AIDS in Theological Programmes*（Geneva：WCC Publications，2003）。

以及圣经历史批判相互激荡的产物。解放的诠释学，在某种意义上，可称为处境诠释学。苏吉萨拉迦的《来自边缘的声音》，是处境诠释学的典型范例。该著作的撰述者来自不同的国家或民族，他（她）们曾经经历或正在遭受殖民主义的压迫。这在苏吉萨拉迦编著的《后殖民圣经》里表现得更是如此。殖民以及后殖民的经验与议题，还有作者的文化场景，都成为关注的焦点，而被集中讨论。① 基于作者不同的学科背景，圣经之外的后殖民研究为圣经文本及其诠释历史的探讨提供了新颖的视角与亮光。苏吉萨拉迦自身同解放神学的关系，在他的几部专著里，表现出疏离的倾向，他甚至从后殖民的视角，对解放主义的传统提出了批评。② 此外，杜布的《后殖民女性主义圣经诠释》是处境诠释学的另一个范例。她以非洲的黑人文化处境为考察的核心，提出对《出埃及记》与征服传统的"去殖民化"的女性主义阅读，并以《马太福音》中耶稣与"迦南"妇女的相遇为例，对过往欧美白人女性主义者的阅读与诠释提出尖锐的批评。③

圣经历史批判主张对文本背后各种背景的重构，与此类似，后殖民圣经批判对与经文相关的"帝国"进行了较多的论述与批判。帝国的主题成为一种释经的镜头，帮助读者重构相关的《新约》文本。④ 有的学者运用后殖民理论，比如霍米·巴巴的理论，深入对文本的细致分析，将帝国的多层框架及其意识形态一一呈现。⑤ 在这个意义上，后殖民圣经批判等同于"意识形态批判"，后者被视为圣经研究的新近发展。⑥ 但是，对于塞哥维亚而言，后殖民批判是意识形态批判的一种体现，还有其他

---

① R. S. Sugirtharajah ed. , *The Postcolonial Bible*（Sheffield：Sheffield Academic Press，1998）.

② R. S. Sugirtharajah, *The Bible and the Third World：Precolonial, Colonial and Postcolonial Encounters*（Cambrideg：Cambridge University Press，2001），pp. 203 – 275；*Postcolonial Criticism and Biblical Interpretation*，pp. 103 – 123. 但是，也有学者将后殖民主义植根于解放神学中。参 Michael Prior，*The Bible and Colonialism：A Moral Critique*（Sheffield：Sheffield Academic Press，1997）.

③ Musa W. Dube, *Postcolonial Feminist Interpretation of the Bible*，pp. 3 – 56，85 – 109，127 – 201.

④ 譬如，Richard A. Horsley ed. , *Paul and Empire：Religion and Power in Roman Imperial Society*（Harrisburg：Trinity Press International，1997）。

⑤ Erin Runions, *Changing Subjects：Gender, Nation and Future in Micah*（London：Sheffield Academic Press，2001）. 华裔圣经学者刘达祥对圣经文本中的意识形态提出犀利的批评。参 Tat – siong Benny Liew，*Politics of Parousia：Reading Mark Inter（con）textually*（Leiden：Brill，1999）。

⑥ The Bible and Culture Collective, *The Postmodern Bible*（New Haven：Yale University Press，1995）.

各种类型意识形态批判的角度，比如女性主义批判与解放的视角，还有来自少数族裔的批判以及酷儿批判（queer criticism）。这些进路都包含了主导与从属的关系，也就是说，表明了权力的不均衡关系。它们从不同的维度强调这一关系，展示帝国与殖民地之间的权力不平等。但是，这些方法是相互作用的，因此，后殖民批判可以表述有关阶级、性别、种族与性取向的多种议题。① 此外，塞哥维亚历来提倡圣经研究与后殖民研究的汇流，在圣经批判之文化研究的范式里，形成独特的意识形态的话语模式。②

《新约》学者摩尔（Stephen Moore），建构了后殖民圣经批判与后结构主义之间的关联。他认为后殖民主义与后现代主义不是同义词，但是殖民主义是现代性的一个方面，而从广义来讲，若将后现代主义视为晚期资本主义之全球文化的产物，那么，后现代主义更接近于新殖民主义（neocolonialism），因此，它需要后殖民批判。后结构主义是后殖民主义与后现代主义的中介。特别是后殖民主义理论，作为赛义德、霍米·巴巴和斯皮瓦克之著述的概括，就是彻头彻尾的后结构主义。摩尔以霍米·巴巴的一篇文章为中心，讨论了后殖民研究、后结构主义理论与圣经诠释之间的相互交织。③ 关于后殖民圣经批判与女性主义的交集，唐纳

---

① Fernado F. Segovia, "Mapping the Postcolonial Optic in Biblical Criticism: Meaning and Scope", in Stephen D. Moore and Fernando F. Segovia eds., *Postcolonial Biblical Criticism: Interdisciplinary Intersections* (London: T & T Clark, 2005), pp. 23 – 78.

② 塞哥维亚认为文化研究是一种最合宜的、最具启发性的以及最富成果性的圣经研究进路，而其中的后殖民批判，在诠释学的意义上，是收获颇丰的，而且在个人经验上，是令人满意的。它不仅对圣经批判的各种维度提供宝贵的亮光，而且它能够成就塞哥维亚的多重身份：当代圣经批评家、建构的神学家与文化批评家。参 Fernado F. Segovia, "Biblical Criticism and Postcolonial Studies: Toward a Postcolonial Optic", in idem, *Decolonizing Biblical Studies: A View from the Margins* (Maryknoll: Orbis Books, 2000), pp. 119 – 132。该文最初发表在《后殖民圣经》中。参 R. S. Sugirtharajah ed., *The Postcolonial Bible* (Sheffield: Sheffield Academic Press, 1998), pp. 49 – 65。

③ Stephen Moore, "Questions of Ambivalence and Authority under A Tree outside Delhi; or, the Postcolonial and the Postmodern", in Stephen D. Moore and Fernando F. Segovia eds., *Postcolonial Biblical Criticism: Interdisciplinary Intersections* (London: T & T Clark, 2005), pp. 79 – 96. 霍米·巴巴在其文章里描述了发生在印度基督教传教员与 500 名"穷困且地位卑微"的印度教徒之间的对话。这些印度教徒聚集在一起，阅读和讨论翻译的圣经。对于这一相遇，巴巴发现圣经作为传教士与帝国的英文书卷，是最为卓越的，散发着永恒的意义与权威，在重新被阅读的过程中，被有效地重述，而它假定的单义性与普遍性被解构。这说明了混杂的力量，它使语言、文本与知识殖民化。参 Homi Bhabha, "Signs Taken for Wonders: Questions of Ambivalence and Authority under a Tree outside Delhi, May 1817", in *Critical Inquiry* 12, no. 1 (1985): 144 – 165。

森运用斯皮瓦克的后殖民理论，提倡对圣经文本的对抗式阅读（opposi-tional reading），即解救文本中被主流阅读所抑制的声音。在后殖民的场景中，这种阅读以多元维度为特征，其中涉及文化、种族、阶级与性别的内容。关于《马可福音》（7：24-30）中被鬼附体的女儿与《马太福音》（15：21-28）中的迦南妇女，唐纳森进行了反殖民的阅读以取代传统的阅读，从而使女性主义扮演一种重要角色，并有益于后殖民主义。① 如前所述，种族研究是后殖民圣经批判的一个重要内容。在一个后现代与全球化的世界里，刘达祥认为民族（ethnicity）是个变动不居的概念，它受限于周期性的暂存与文化突变。他对种族与民族、殖民主义与后殖民主义进行了历史与概念的考察，认为它们具有内在的关联性与交织性。②

后殖民主义圣经批判同马克思主义有着千丝万缕的联系。借鉴马克思主义理论的圣经学者，比如，哥特沃德（Norman Gottwald）、余莲秀（Gale Yee）与霍斯利（Richard Horsley）等，将之应用于社会科学视角的研究中。而将马克思主义同后殖民批判联系起来的圣经批评家，有乔布铃（David Jobling）、博尔（Roland Boer）与韦斯特（Gerald West）等。马克思以及马克思主义的传统对帝国主义与殖民主义的分析，有助于后殖民主义圣经批判的理论建构。作为后殖民主义理论的先驱者，赛义德、斯皮瓦克与巴巴都曾受到马克思主义的深刻影响。③ 苏吉萨拉迦曾明确将后殖民主义描述为马克思主义与解放事业的适宜的承继者。④ 他认为政治经济、社会分工与阶级冲突这些马克思主义关注的议题，同样是后殖民圣经批判的核心。只是，后殖民批判依据资本主义扩张分析帝国主义，同时结合对本土处境中文化产品的研究，以及政治参与的程度。后殖民

---

① Laura E. Donaldson，"Gospel Hauntings：Postcolonial Demons of New Testament Criticism"，in Stephen D. Moore and Fernando F. Segovia eds.，*Postcolonial Biblical Criticism：Interdisciplinary Intersections*（London：T & T Clark，2005），pp. 97-113.

② 参 Tat-siong Benny Liew，"Margins and（Cutting-）Edges：On the（IL）Legitimacy and Intersections of Race，Ethnicity，and（Post）Colonialism"，in Stephen D. Moore and Fernando F. Segovia eds.，*Postcolonial Biblical Criticism：Interdisciplinary Intersections*（London：T & T Clark，2005），pp. 114-165。

③ Roland Boer，"Marx，Postcolonialism，and the Bible"，in Stephen D. Moore and Fernando F. Segovia eds.，*Postcolonial Biblical Criticism：Interdisciplinary Intersections*（London：T & T Clark，2005），pp. 166-170.

④ 参 R. S. Sugirtharajah，*The Bible and the Third World：Precolonial，Colonial and Postcolonial Encounters*（Cambridge：Cambridge University Press，2001），p. 247。

主义的出现，不是在第一世界的叙述话语里，而是在第三世界富有想象力的文学里，这为当今的解放提供了合适的实践。对于博尔来说，这样的解放削弱了后殖民主义作为抗击帝国主义之工具的性质。对于后殖民理论与后殖民圣经批判，他认为有必要在马克思主义的传统中重新获得它们在理论上促成的历史，那是个马克思主义扮演关键因素的历史。博尔以布洛赫（Ernst Bloch）为例说明这一点。布洛赫是个对圣经与圣经批评感兴趣的马克思主义者，他运用经济与阶级的概念，表达阅读的对话策略。布洛赫认为圣经是个充斥着阶级冲突的文本，它传递着压迫者的意识形态与力量，并反映了被压迫者的颠覆传统。如此，博尔认为，马克思主义批判要被带入到后殖民圣经研究中。①

乔布铃认为后殖民主义与马克思主义是互为挑战的，而且，是互动的关系。在本土化与全球化的辩证关系里，乔布铃探讨了马克思主义、后殖民主义与后殖民圣经批判。毋庸置疑马克思主义与圣经/基督教对本土具有的重要性。由于它们具有统治支配的倾向，因此，在历史上实现全球化野心的过程中，产生了诸多的弊端，但是，由于它们世界范围的结构与影响，曾有过积极的作用。本土能够有效地响应国际社会主义，或教会的需求。要理解后殖民圣经批判的概念，就要在广义上接受圣经诠释，包括来自学术圈与教会的不同模式。后殖民圣经批判应认真思索对马克思主义自身的后殖民批判，将之视为宏大的殖民叙述，以及后现代主义者对控制支配的子系统的关注。在传统的马克思主义中，这些基本上是被忽略的。在本土化与全球化的处境里，后殖民主义呈现出混杂性（hybridity）。这也是后殖民圣经批判的重要特征，即圣经诠释、马克思主义的历史与传统，还有后殖民分析，三者相互混杂。②

马克思主义是中国特色社会主义宗教观的指导思想，是居于主导地位的社会政治理论。马克思主义坚持唯物史观，强调经济基础决定上层建筑，社会存在决定社会意识，关注受压迫阶级及其社会实践，是受压迫阶级和民族寻求解放的思想指南。将马克思主义应用于圣经批判领域，

---

① Roland Boer, "Marx, Postcolonialism, and the Bible", pp. 177–183.

② David Jobling, "'Very Limited Ideological Options': Marxism and Biblical Studies in Postcolonial Scenes", in Stephen D. Moore and Fernando F. Segovia eds., *Postcolonial Biblical Criticism: Interdisciplinary Intersections* (London: T & T Clark, 2005), pp. 184–201.

是当代圣经研究的重要突破。博尔在其"五大批判"中，论及马克思主义与神学，深入讨论了西方马克思主义者对圣经的解读。① 哥特沃德在其《雅威的众支派》中，运用马克思主义理论研究《希伯来圣经》，对雅威宗教进行历史唯物主义的解读，基于平等主义的社会政治诉求，他提出古代以色列人起源于"武装起义"的假设。这对于理解古代以色列社会及其宗教史具有重要意义。后殖民圣经批判高举马克思主义的旗帜，关注阶级、种族与性别等议题，声援曾受殖民统治的社会弱势群体，批判帝国意识形态。不过，在当代欧美圣经研究领域，无论是西方马克思主义圣经批判，还是后殖民圣经批判都处于边缘的地位。而且，它们将马克思主义概念化、抽象化，局限于观念层面上的批判，封闭在意识形态领域之内，不能以现实历史与社会的物质存在为基础，也未能在社会现实与实践上落实马克思主义。

第二节　苏吉萨拉迦论圣经与帝国

　　后殖民主义（post‐colonialism）兴起于 20 世纪 70 年代的西方学界，是一种具有强烈的政治性和文化批判色彩的学术思潮。1991 年，苏吉萨拉迦编著了《来自边缘的声音：第三世界的圣经诠释》，引介了一种全新的圣经批判理论，一种新的阅读实践，从而广受亚非拉圣经学者的瞩目。1996 年，他在《亚洲神学期刊》上发表《由东方主义到后殖民》一文，开启了后殖民圣经批判历史的篇章。② 苏吉萨拉迦《来自边缘的声音》，

① 博尔的马克思主义圣经批判理论，在其"历史唯物主义"（historical materialism）丛书系列中得到表达。这"五大批判"主要指《天国批判》《宗教批判》《神学批判》《尘世批判》与《在眼泪的溪谷》。参 Roland Boer, *Criticism of Heaven: Marxism and Theology*（Leiden: Brill, 2007）；*Criticism of Religion: On Marxism and Theology* II（Leiden: Brill, 2009）；*Criticism of Theology: On Marxism and Theology* III（Leiden: Brill, 2010）；*Criticism of Earth: On Marxism and Theology* IV（Leiden: Brill, 2012）；*In the Vale of Tears: On Marxism and Theology* V（Leiden: Brill, 2013）。
② 在该文里，苏吉萨拉迦与赛义德（Edward Said）对话，提出了三种圣经诠释类型或策略，即东方主义式的吠陀文本与圣经叙述的相互关系、西方历史批判与圣经神学的阅读技艺，以及具有解放性质的本土主义的文本传统。他提出了后殖民进路，认为它可以挑战"欧洲诠释的普遍主义与总体形式"。参 R. S. Sugirtharajah, "From Orientalist to Post‐colonial: Notes on Reading Practices", *Asian Journal of Theology* 10, 1（1996）: 20‐27。

不仅是后殖民圣经诠释的开创之作，也是处境诠释学的典型范例。该著作的撰述者来自不同的国家或民族，他（她）们曾经经历或正在遭受殖民主义的压迫。在苏吉萨拉迦编著的《后殖民圣经》里，殖民以及后殖民的经验与议题还有作者的文化场景，都成为关注的焦点而被集中讨论。① 后殖民主义为圣经文本的诠释提供了新的视角与亮光。

作为后殖民圣经诠释的开拓者，苏吉萨拉迦个人的殖民经验、来自传教士的神学教育以及对西方主流范式的厌倦，无不深刻地影响并贯穿着他的圣经诠释。他不仅确立了方法论主题，② 探讨圣经与帝国之共谋关系，③ 而且表现出强烈的自我解放意识。但是，他同解放神学的关系，在他较早的著作里，呈现出分离的态势，他甚至从后殖民的视角批评解放神学。④ 苏吉萨拉迦在运用后殖民视角 20 年后，出版了具有总结意义的《探讨后殖民圣经批判》，论及后殖民圣经批判的历史、方法与实践。⑤ 一直以来，苏吉萨拉迦强调圣经的东方或亚洲特色。他认为，西亚是孕育圣经的母体，但是，当圣经伴随着现代殖民运动而迂回地被带到亚洲时，圣经成为一部欧洲人的书卷而失去了亚洲特性。它的作用在于合法化欧洲的入侵以及新教对本土灵魂的拯救。作为一部被进口的"白人书卷"，圣经成为诱惑本土人远离自身传统的一个圈套。在亚洲，圣经在对抗本土宗教文本中而被解读，因此，亚洲基督徒与圣经有着复杂的关系。⑥ 在

① R. S. Sugirtharajahed., *The Postcolonial Bible*（Sheffield：Sheffield Academic Press，1998）.

② 梁工：《后殖民圣经批评的基本主题》，载《世界宗教研究》2010 年第 2 期，第 77 – 87 页。

③ 圣经、帝国与后殖民主义是苏吉萨拉迦的《圣经与帝国》所探讨的三大主题。其圣经是指钦定本圣经，而帝国是 15 世纪至 20 世纪间欧洲殖民扩张的结果，是工业资本主义所衍生的一种体系，在文化上主导与侵入，杜撰一种优于"他者"的西方神话，在政治、文化与神学方面持续地引发国际争议。以此为基础，后殖民主义是拒绝主流阅读的一种介入手段，它让沉默而边缘的人发现他们自己的声音。参 R. S. Sugirtharajah，*The Bible and Empire：Postcolonial Explorations*（Cambridge：Cambridge University Press，2005），pp. 1 – 3.

④ R. S. Sugirtharajah，*The Bible and the Third World：Precolonial，Colonial and Postcolonial Encounters*（Cambrideg：Cambridge University Press，2001），pp. 203 – 275；*Postcolonial Criticism and Biblical Interpretation*（Oxford：Oxford University Press，2002），pp. 103 – 123.

⑤ R. S. Sugirtharajah，*Exploring Postcolonial Biblical Criticism：History，Method，Practice*（Malden：Wiley – Blackwell，2012）.

⑥ R. S. Sugirtharajah，*The Bible and Asia：From the Pre – Christian Era to the Colonial Age*（Cambridge：Harvard University Press，2013），pp. 3 – 4.

此，笔者以《探讨后殖民圣经批判》与《圣经与亚洲》这两部新近著作作为考察的中心，探讨他对圣经与帝国之共谋关系的呈现，以及对后殖民圣经诠释之方法论的思索。

一 方法的提出及其内容

20 世纪 80 年代，伴随着马克思主义、女性主义、精神分析、后结构主义的蓬勃以及亚非拉与第三世界圣经阅读实践的兴起，圣经研究出现了范式转移的态势，由对圣经文本及其世界的关注，转移至以读者自身的回应为中心。而且，伴随对殖民地与殖民者的研究，基督教的圣经与圣经诠释受到前所未有的挑战。同时，80 年代蓬勃的文学批判与社会科学批判也进入圣经研究领域。它们对历史批判方法的独断与无可争辩的规则表示不满，并为后殖民圣经批判的到来铺设了道路。此外，拉美解放的诠释学及其对经济结构的分析，也推动了后殖民圣经批判的形成。20 世纪 90 年代，是追问身份（identity）并对身份进行研究的年代。在北美，一些圣经学者在寻找替代西方主流方法的阅读实践，因为，这些主流方法不能言说他们新发现的政治自由与文化自信。[①] 如同历史批判，后殖民批判对圣经文本进行批判的阅读，但是，苏吉萨拉迦认为二者有根本的差异。"主流的圣经批判与后殖民主义，都关注文本的处境。前者更集中于文本的历史、神学与宗教世界，而后者更留意文本在殖民环境中产生的政治、文化与经济。"[②] 苏吉萨拉迦清楚地看到历史批判与后殖民批判之间的张力，但他并不在意于消解二者之间的紧张。他明确指出："我的终极目标，不仅要批判古代与现代的殖民主义，而且当政客与评注者提出一种新主权时，还有学者们在他们的著述中回到东方实践时，我要说出什么样的诠释进路是可能的，以及如何保持警惕。"[③]

在当今历史上，苏吉萨拉迦认为法西斯主义、种族主义和殖民主义

---

① R. S. Sugirtharajah, *Exploring Postcolonial Biblical Criticism*, 43 – 46. 苏吉萨拉迦认为：当主流的圣经批评家对文本提出问题时，他们会受到宗教改革与启蒙运动之范式的驱使，而对于那些没有被西方文化观念所塑造的人而言，运用后殖民主义方法就不必受到欧洲教会或智性范式的推动。他甚至明确指出："后殖民圣经批判，就是要探讨谁有资格讲述故事，而且，谁具有诠释这些故事的权威。"参 Ibid., p. 3.

② Ibid., pp. 2 – 3.

③ Ibid., p. 3.

等依旧扮演着重要的角色。① 其中，殖民主义是一种经济剥削的结构，一种利益结构，也是一种政治结构。对后殖民主义的批评，主要出自社会活动家与富有创造力的作家，他们参与到反殖民的斗争中，并呈现了这些斗争。苏吉萨拉迦认为赛义德的《东方主义》是开拓后殖民主义的重要著作，当中包含了对后殖民主义以及殖民叙述话语的分析。关于后殖民主义的界定，苏吉萨拉迦认为作为一个术语，它具有历史与理论的细微差别。一方面，作为一种历史表达，后殖民主义标志着西方可怖帝国的正式衰落；作为一种理论，它具有多种功能：它对殖民主义之前与之后的诸如民族、族群、种族与性别的社会、文化与政治的状况，进行特别的考察与解释；它质问有关国家、文化与民族的单边倒的历史；它对"他者"如何被呈现进行批判的修正。② 因此，总体而言，后殖民主义是一种知识与政治的寻索，是一种理直气壮的坚定的批判立场。它既是一种政治指示，也是一种文学批评的工具。

苏吉萨拉迦在圣经研究的话语体系里，以各种方式努力呈现后殖民批判的原则。在苏吉萨拉迦看来，圣经不仅是个精神文本，而且它具有助长精神征服与领土征服的能力。在基督教的圣经里，其神学观念强调宽容与慈悲，但它同时包含着压制与掠夺的成分，为精神与有形的征服提供了文本的弹药。因为，"它为侵略其他民族的土地以及将非基督徒带进基督教的山谷提供了信心与证明。重述一遍，征服是圣经的事务。圣经记载了诸多攻占与侵略的案例"③。其中，最为著名的例子，就是以色列人对并不属于它的土地——迦南地的征服。而这为那些自诩为后期以色列，以及征服其他民族土地的现代殖民者们提供了一个重要暗示。约书亚在征服迦南地后大肆杀戮迦南人，也为殖民者提供了杀人借口。此外，圣经中对异教徒的描述，也助长了殖民者对非基督徒的残害。比如，殖民先驱者哥伦布（Christopher Columbus）自视为先

---

① Ibid. , p. 8.

② R. S. Sugirtharajah, *Exploring Postcolonial Biblical Criticism*, pp. 12 - 13. 关于后殖民主义研究与关注的对象，从探察殖民主义对个体与本土文化的社会、文化与政治影响，到关注去殖民化后的各种民族主义运动，苏吉萨拉迦列举了十四项之多。总之，后殖民主义是一种干预工具。它好辩与论争的特性，使这样的实践蔑视各种边界与规训。参 Ibid. , pp. 14 - 16。

③ R. S. Sugirtharajah, *Exploring Postcolonial Biblical Criticism*, p. 32.

知以赛亚的化身与福音传布者，热衷于嘲讽西印度群岛当地人的宗教，并迫使他们改信天主教。这些殖民者将自己看成新世界的创造者，妖魔化本土文化与宗教。

在欧美殖民者眼里，使徒保罗的伟大成就在于他将基督教由西亚宗教扭转为西方宗教。苏吉萨拉迦指出：在殖民处境中，保罗是个精明的传教战略家。① 据《新约》圣经记载，保罗是第一位向外邦人传福音的基督徒，他的传教取得了极大的成功。因此，在殖民期间，一些传教士将保罗描述为一个理想的忠于帝国的英雄，是他们开拓传教事业的楷模。② 如此，保罗成为殖民者的保罗，为他们的传教事业服务。但是，苏吉萨拉迦以《使徒行传》中教会扩张的专断结构为例，指出保罗的"传教之旅"（missionary journeys）纯粹是帝国时代的一种杜撰。因为无论是早期教父，比如爱任纽（Irenaeus）与哲罗姆（Jerome），还是后来的著述者，比如伊拉斯谟（Erasmus）与加尔文（Calvin），都没有在《使徒行传》中发现有任何传教的行程。③ 而在现代殖民活动中，保罗时代所面对的希腊—罗马帝国的各种霸权制度，在亚洲被传教士转移和应用于对抗各种宗教圣典。④

在传教文学中，充斥着大量的关于欧美人民居于上帝的伟大计划的描述。同时，苏吉萨拉迦指出殖民化修辞的一个最为重要的标志，是一个阳性的一神论上帝。⑤ 这种单一上帝的圣经框架，为众多的帝国统治者，无论是古代的还是现代的，提供了充当救世主的野心。他们认为圣经一神论能够统一不同的民族，倡导"一个上帝统治全世界"的观念。非圣经宗教，被描述为基督教的异端"他者"，是迷信的仪式。在充满多元宗教传统的亚洲处境里，推广圣经一神论，否定各种男女神祇，抑制多神论宗教，意味着一种文化的殖民侵略。⑥ 因此，苏吉萨拉迦认为"后殖民圣经批判的主要目的，是要将帝国与帝国关系置于圣经与圣经研究

---

① R. S. Sugirtharajah, *The Bible and Asia*, p. 157.
② Ibid. , pp. 162 – 164.
③ R. S. Sugirtharajah ed. , *The Postcolonial Bible*, pp. 101 – 102. 为了推进传教，18 世纪与 19 世纪的福音派大肆宣传"大使命"与保罗的传教之旅，但苏吉萨拉迦认为这迎合了帝国与殖民主义，其真实性受到质疑。吴华：《苏吉萨拉迦的后殖民圣经诠释》，载《宗教学研究》2016 年第 3 期，第 219 – 221 页。
④ R. S. Sugirtharajah, *The Bible and Asia*, p. 158.
⑤ R. S. Sugirtharajah, *Exploring Postcolonial Biblical Criticism*, p. 36.
⑥ R. S. Sugirtharajah, *The Bible and Asia*, p. 259.

的中心"①。为了实现这一目的，他指出要在圣经研究中加入一些新的诠释内容，作为后殖民圣经批判特别关注的研究对象。第一，要重视圣经中帝国的重要性，比如亚述、埃及、波斯、希腊与罗马，它们是一些圣经书卷的中心，提供了社会、文化与政治场景。而后殖民主义圣经批判，就是要把圣经文本放在帝国处境与圣经叙述世界的关系当中。第二，关于呈现的问题，要追问圣经诠释者如何在他们的研究中呈现帝国。比如，是否反映了西方强权的帝国视角？第三，后殖民圣经批判着手于重溯的诠释学（retrieval hermeneutics）。② 第四，后殖民主义涉足圣经翻译的领域，修复殖民过程中所受到的文化与神学损害。圣经翻译活动给出了一些自相矛盾的信号。第五，后殖民主义在表述离散群体、移民、多元文化主义、混杂性与民族身份等议题方面，表现活跃。而这些议题正是殖民主义与后殖民主义共同作用的结果。③ 总之，后殖民主义在圣经研究中的成效，在于将殖民主义、帝国与帝国主义的议题推入批判论争的中心，从而使西方圣经诠释对"他者"更负责，更敏感。

二 后殖民实践与圣经研究

后殖民理论与圣经研究是相互影响的。在《亚洲圣经诠释学和后殖民主义》中，苏吉萨拉迦以印度19世纪殖民统治时期以及其后的圣经评注为考察的中心，阐明印度式的圣经阅读，说明殖民时代本土释经与传教士释经之间的冲突。他探讨了印度教会的一些圣经评注，发现"基督教作为一种历史的、实用的与有意义的宗教而被呈现，但是，其他信仰被视为是拘泥仪式的、偶像崇拜的与迷信的"④。苏吉萨拉迦运用后殖民的语言，指出这些评注的二元论偏见，认为将基督教信仰描述为高尚的，而视印度宗教实践为基督教的对立面，是要建立与维护英国的主导地位，

---

① R. S. Sugirtharajah, *Exploring Postcolonial Biblical Criticism*, p. 46.

② 针对重溯的诠释学，苏吉萨拉迦提出了三个任务。首先，找回那些边缘的、沉默的、常被忽略的圣经人物与事件，恢复其尊严与权威，比如抹大拉的玛利亚。其次，要挖掘那些被殖民的人们，如何回应他们的帝国，如何抵制传教士在释经上的强加。最后，恢复那些参与殖民过程的传教士与欧洲官员的诠释作品，他们对帝国的目标与逻辑可能持有矛盾心理。R. S. Sugirtharajah, *Exploring Postcolonial Biblical Criticism*, pp. 47 – 50.

③ Ibid., pp. 46 – 51.

④ R. S. Sugirtharajah, *Asian Biblical Hermeneutics and Postcolonialism: Contesting the Interpretations* (Maryknoll: Orbis, 1998), p. 63.

使其在异教徒土地上的帝国干涉与征服具有道德性。① 这样的预设与立场，激发了本土印度人对西方帝国主义化基督教的抵制情绪。

圣经在殖民地的翻译与流传事业，是另一个不可忽视的问题。圣经的殖民化翻译，强化了殖民者的殖民态度与自信。在殖民者的眼里，本土的释经者被视为不可靠的，而"殖民者具有不可剥夺的权利，可以代表本地人解释与言说圣经"②。但是，苏吉萨拉迦深入考察了圣经在殖民时期如何被东方的第三世界所流传、接受与为我所用，甚至被颠覆。苏吉萨拉迦以叙利亚教会的别西大译本（Peshitta）为个案，说明其与西方基督教正典的差别。③ 显然，这是个属于少数人的文本。他也指出唐代的景教文本，就在中国文化中寻求平行的表达。④ 此外，苏吉萨拉迦特别探讨了洪秀全（1814 – 1864）的太平天国运动对圣经的改编和利用，并将之作为帝国时期圣经在亚洲的一个特例。⑤ 但是，圣经在东方的译述，通常交织着东方主义与殖民实践的因素。关于东方主义，赛义德在《东方主义》中做出如下描述："东方主义是个类概念，我用它来描述西方看待东方的方式。东方主义是个学科，通过它，作为学习、发现与实践之主题的东方，被系统地认知。"⑥ 总之，东方主义是欧洲杜撰出来的关于东方的观念与想象，而这样的观念被用来作为武器，操控、抑制和呈现"他者"——东方。东方主义是西方建构的产物，是要突出西方文化的优越性，而且，它反映了一种权力关系。⑦

---

① Ibid. , p. 61.

② 殖民的圣经译述证明了殖民者的文明使命，以及殖民者文化固有的优越性。Ibid. , pp. 87 – 88.

③ R. S. Sugirtharajah, *The Bible and the Third World*, p. 15.

④ Ibid. , p. 29.

⑤ 洪秀全对钦定本圣经做了改编与批注。一方面，他对圣经的解读成为他反抗帝国压迫的重要资源。另一方面，他将儒释道与基督教相混合，对圣经进行了激进的演绎。他赞颂圣经符合他的政治与神学，信奉一神论，抵制多神崇拜，并自称是耶稣的弟弟，也是弥赛亚，而且，他认为是圣经批准建立太平天国去对抗清政府与西方列强。如此，圣经在太平天国的意识形态中发挥着重要的政治功能。参 R. S. Sugirtharajah, *The Bible and A-sia*, pp. 92 – 103。但是，太平天国由于奉行一神论而发起毁坏神像、寺庙及本土神社的运动，损害中国人的宗教实践与权利。参李炽昌《无偶像崇拜与破坏神像：圣经禁像传统在中国的诠释》，载《宗教学研究》2016 年第 1 期，第 188 页。

⑥ Edward Said, *Orientalism*, p. 73.

⑦ 在这个权力关系里，赛义德敏锐地指出："西方是行动者，而东方是被动的反应者。西方是东方每一种行为的观察者、裁判员与陪审团。"参 Edward Said, *Orientalism*, p. 109。

赛义德认为对"圣经文本与圣经之地"的研究，并非与东方主义毫不相干。① 苏吉萨拉迦指出主流的圣经学术研究习惯性地沾染了这种东方主义的偏见。但是，过往的圣经研究本身对东方主义缺乏批判的立场。针对这种缺乏的状况，苏吉萨拉迦总结为以下四种原因。首先，圣经研究的繁荣，与帝国的兴盛同步。比如，当美国将自己描述为新帝国的时候，一些圣经学者将美国人视为被拣选的新民族，从而掩饰了来自圣经文本的帝国冲动。其次，主流的圣经学者不能运用源自圣经之外的批判理论去考察圣经文本。再次，这些学者持有不可动摇的信仰，即认为他们的学术是清白的，是远离意识形态或宗教偏见的。这些学者运用历史批判的工具，探究古代文本的原意（original meaning），关注希伯来文、希腊文、亚兰文与苏美尔文术语的接受历史，而不在意圣经词汇的政治与宣教内容，因此，不能质疑体现在圣经语汇中的帝国主义。故此，"本质而言，圣经学术是一种意识形态的课题，带有自身的政治偏见"②。最后，具有政治保守倾向的圣经学术研究，在冷战时期以及 1967 年阿拉伯国家与以色列战争之后，变得更加保守。美国、英国与欧洲其他国家对以色列的支持，助长了这些学者的前理解（pre‐understandings）。③

苏吉萨拉迦指出，在当今的圣经学术中，显然遗留着东方主义的诸多痕迹。他以皮尔奇（John Pilch）三卷本《耶稣的文化世界》（*Cultural World of Jesus*）为例予以说明。该著作出版于美国对伊拉克战争之后，充斥着对伊拉克人民与中东地区的负面描述与报道。东方主义也表现在对圣经之地的地理标签上，诸如"以色列之地""圣地""叙利亚—巴勒斯坦""黎凡特""耶稣的世界"等，都表达了欧洲中心主义与以基督教为中心的修辞。有人将此地称为"唯有犹太人与基督徒所记念的'以色列之地'"。此外，"中东"与"古代近东"之类的称呼，漠视了埃及在圣经中的出现，也体现了以欧洲为中心的意识形态。所以，他指出：命名不是一种清白无辜的行动，不是对现实的如实描述，它是对"他者"进行操控的方式。而"他者"常被描述为荒芜的、遗弃的与空荡的，

---

① Edward Said, *Orientalism*, p. 4.
② R. S. Sugirtharajah, *Exploring Postcolonial Biblical Criticism*, p. 102.
③ Ibid., pp. 100 – 102.

因此，随时可被发展、扩张与剥削。① 美国东方研究学派的赖特（George E. Wright）认为圣经之地是由强大民族所统治的，从而发展出强有力的神学与政治。而以色列的一神是最具权威的，远远超越其他神祇。② 这些圣经学者，他们虽然运用了社会科学的批判方法，但是他们对东方陈腐刻板的印象，使他们曲解了圣经世界。

在殖民统治的高峰时段，苏吉萨拉迦认为两个后殖民时刻的出现，改变了以基督教圣经为中心的局面。一是，麦克斯·缪勒（Max Müller）编译的《东方圣书》（The Sacred Books of the East）于 1879 – 1910 年间出版，共 50 卷，包含了佛教、印度教、梭罗亚斯德罗教以及中国宗教经典。二是，世界宗教会议理事会（Parliament of World Religions）于 1893 年在芝加哥召开，实现了不同宗教派别之间的第一次对话。缪勒向西方呈现了一个不一样的东方世界与宗教，同时，挑战了某些圣经信仰的宣称。③ 尽管东方主义的烙印无不表现在他对其他宗教的陈述中，但是他质疑了当时的主流观点，即基督教圣经包含了人类所有的真理。世界宗教会议将《东方圣书》中的宗教呈现在西方人面前，东方宗教代表的讲话论及与基督教的不和谐之处，为处于殖民统治中的东方民族寻求独立提供了论坛。苏吉萨拉迦认为《东方圣书》的出版与世界宗教会议的召开，对后殖民主义的实践意义非凡。④

苏吉萨拉迦认为："帝国与殖民化，即通过权力与武力对另一个民族进行控制，存在于所有的历史时期。"⑤ 因此，他认为反抗殖民的斗争从未间断，而且当前的后殖民主义也是这种反抗的延续，只是方式不同。在殖民主义期间，主要有三种形式的反抗：政治的、文化的与道德的。而当今的后殖民主义面临不同的挑战。其目标不再是领土的解放，而是从西方的市场控制中获得自由。新的全球秩序不是建立在对领土的控制中，而是市场充当一种中介机构，将其诸如利润的价值观强加给一些人。⑥ 因此，当前

① Ibid. , pp. 103 – 104.
② George E. Wright, "The Old Testament: A Bulwark of the Church Against Paganism", Occasional Bulletin from the Missionary Research Library 14, 4 (1963): 5 – 6, 23.
③ R. S. Sugirtharajah, Exploring Postcolonial Biblical Criticism, pp. 124 – 126.
④ Ibid. , 133.
⑤ R. S. Sugirtharajah, The Bible and the Third World, p. 210.
⑥ R. S. Sugirtharajah, Exploring Postcolonial Biblical Criticism, p. 134.

的后殖民斗争，要抗击对思想的统治模式。苏吉萨拉迦指出："后殖民主义从优越于'他者'的立场而发言。今天的后殖民主义，就是要质疑人类学洞察、科学理论、神学假设、种族陈规与语言操纵。它们曾经合法化并处于殖民主义的中心，而现在要合法化新殖民主义。"[1] 其实，在《后殖民批判与圣经诠释》中，苏吉萨拉迦就扩展了后殖民圣经批判的议题与范畴，将之发展成为各种批判力量、多元种族、多元宗教与多元文化声音汇集的一个平台。[2] 这些研究的主题，不仅包括"种族、民族、译述、传教、文本性、灵性与陈述"，而且还伴随着重新思索"奴隶、性工作者、同性恋与混血民族"而产生的"多元性、混杂性与后民族主义"。[3] 如此，苏吉萨拉迦认为后殖民圣经批判，可以"超越基督教的模式，并力图将圣经学术放在一个非传教的，缺乏护教论的处境里"[4]。

三　再论后殖民圣经诠释方法

19 世纪末，以缪勒为代表的比较宗教学研究兴起，但是，苏吉萨拉迦认为这样的研究常常居高临下。正如赖特所总结的："比较宗教的研究，只是指出了圣经上帝的特殊性与至上性。"[5] 这些早期的宗教学研究，一时难以摆脱以基督教为主导模式的窠臼，指点其他宗教的诸多不足：缺乏一神论的典范，没有一个人格化的救主，也没有历史上可以证实的救赎行为。[6] 对此，苏吉萨拉迦一方面肯定这种比较家教学对后殖民研究的意义，另一方面又对其优越感颇有微词。在方法论上，苏吉萨拉迦深受赛义德后殖民理论的影响，将赛义德的对位法（contrapuntal method）作为一种重要的阅读方法用于圣经诠释中。在对位法的阅读中，所有的文本不断地被一种相互联系与对话的愿望所驱动和激励。苏吉萨拉迦指出："其目标，不是要进行一种和谐的阅读，而是一种包含复杂性与不可解决之差异的阅读。对位法阅读是一种导向文本之更大世界的行动，它会使诠释者看到更多的关联。它能呈现一个单一文本中曾被埋没、隐藏

---

① Ibid. , p. 135.

② R. S. Sugirtharajah, *Postcolonial Criticism and Biblical Interpretation*, p. 13.

③ Ibid. , p. 25.

④ Ibid. , p. 71.

⑤ George E. Wright, *The Old Testament against Its Environment* (London: SCM, 1950), p. 15.

⑥ R. S. Sugirtharajah, *Exploring Postcolonial Biblical Criticism*, p. 143.

或模糊的东西。"① 首先，苏吉萨拉迦运用这一方法，探讨有关两位宗教创始者——佛陀悉达多（Siddhartha）与耶稣基督之诞生的叙述，呈现了二者之间众多的相似与差异。

在有关他们的叙述里，生父是缺席的，而母亲是实现更高目标的工具。而且，相关叙述对两位母亲——摩耶（Maya）与玛利亚（Mary）是如何受孕的细节保持沉默，只是通过梦的形式，实现受胎告知。在基督教传统里，那是圣灵的作为。在诸如保罗书信这些早期的《新约》经文里，并没有提及童贞女感孕生子。《马太福音》引述先知以赛亚的预言，并做出牵强附会的诠释："必有童女怀孕生子。"（太 1：23）（赛 7：14）这引自希腊七十士译本，而非《希伯来圣经》原文。② 苏吉萨拉迦指出："被视为有关耶稣生平之可靠历史来源的福音书，是福音派依照不同的神学信条而书写的。关于耶稣生平事迹的编选与诠释，有各种的争议。"③因此，苏吉萨拉迦批评一些圣经学者将真理局限在历史叙述里。而根据佛教的《大事书》（Mahavastu）记载，摩耶夫人夜梦六牙白象入驻母胎，后在无忧树下从右肋生出佛陀，他的到来不是要统治别人，而是要消除无知与痛苦的根源。他出身于王室，不同于耶稣卑微的出身。佛教传统中一系列的佛，挑战了基督教对耶稣事件的刻板宣称，因为，基督教将道成肉身看成独特事件，一次启示就成全所有。但是，佛教的故事表明启示是持续进行的。佛陀的救主身份，并不宣扬一个民族的对外征服，而基督救主的观念来自一神论的犹太文化，主张一个民族之王与国的解放。通过这种对位阅读，苏吉萨拉迦指出："这些故事叙述强化了妇女的身体不属于她们自身的观念。她们的身体，要代表人类而扮演更高尚、尊贵与有益的角色。这些身体属于所有的人，而妇女自身除外。"④ 苏吉萨拉迦从后殖民批判的视角，不仅显示了宗教文本对其创始者的神学建构，也呈现了父权制社会对女性身体的利用与抑制。

---

① Ibid., 143. 苏吉萨拉迦指出："对位阅读，意味着文本不仅从其他文本获得意义，而且，同时保持自身的有效性。被并列的文本，通过将自己开放给新的维度而获益，而新的维度正是它们的文本传统所缺乏的。"参 Ibid., p. 149。

② 《以赛亚书》7：14。在原文里，提到的是"年轻的女子"（almah），而非"童女"（bethulah）。

③ R. S. Sugirtharajah, *Exploring Postcolonial Biblical Criticism*, p. 148.

④ Ibid., p. 151.

苏吉萨拉迦后殖民圣经诠释的第二种方法，是赛义德晚年常运用的晚期风格（late style）。[①] 它是指艺术家与作家随着时光的历练而改变想法，早年欣赏的东西未必晚年还会喜欢。比如，一个曾经激进的艺术家，最后成了个墨守成规的人。苏吉萨拉迦用这一概念解读保罗与约翰的著述，发现在他们最后的作品里提出了相互矛盾的解决方案。他们都改变了对世俗权力与罗马帝国的态度。保罗改变了早期抵制帝国的立场，建议基督徒成为罗马忠实的臣民。而约翰早年对统治者的态度是温和的，后来却倡导基督教教会奋起反抗统治者。在被视为保罗晚期的作品的《罗马书》第 13 章中，保罗倡议要顺服当权者，甚至提出君权神授。保罗向统治者叩头，使圣经学者备受困扰。但是，我们在此看到一个不同于《使徒行传》的保罗。《路加福音》中的保罗，抵制罗马帝国的权力，随时宣称献身于救主耶稣。苏吉萨拉迦认为保罗早期反罗马的立场并没有使他成为颠覆罗马帝国的反殖民主义者，因为，他的主要目标是代表新发现的救主而担当重任。[②] 忠于耶稣还是效忠恺撒，始终是保罗面临的两难选择。他后期主张政治合作与社会和谐，依赖同样的世俗权威，其目的是让新的基督教群体免受伤害。

再现法（representation）是苏吉萨拉迦提出的第三种后殖民圣经诠释方法。他认为这是呈现殖民意识形态及其权力的一种重要的修辞手段，是一种关于"他者"的建构，同时，在种族、阶级、性别、宗教与性态的范畴里，涉及这样的建构是如何使被殖民者与殖民者的身份定型的。这种夸张的描绘，基于殖民者将自身及其文化视为人类应当所是的真实显现。苏吉萨拉迦将殖民漫画归为歪曲被殖民者与积极表现殖民者两种再现类型。其中，被殖民者常被描绘为沉默、次等与愚笨的，但他们虔诚且单纯，殖民者的德行、价值与利益被颂扬。对西方的正面描绘，是要宣称他们的自我身份与自我重要性，实现对被殖民者的控制与主导。因此，苏吉萨拉迦指出："再现法要呈的，是对其他民族进行排列、裁

---

① 赛义德从他的导师阿多诺（Theodor Adorno）那里承袭了这个概念。参 Edward W. Said, *On Late Style*: *Music and Literature against Grain*（New York：Pantheon Books，2006）。

② R. S. Sugirtharajah, *Exploring Postcolonial Biblical Criticism*, p. 155. 保罗及其保罗书信，被东方主义者、传教士与亚洲基督徒所接受、效仿、转化，或拒绝。在亚洲圣经诠释中，保罗的形象是多变的。参 R. S. Sugirtharajah, *The Bible and Asia*, p. 8。

定与假设，并使他们成为排列整齐的，易于管理的文化与民族客体。将世界分为我们与他们的，制定出一个动荡而复杂的社会等级制。"① 文本呈现的穷人与富人，被圣经学者不断地再现，但这些再现被诠释的政治、神学信念与意识形态动机所操控。苏吉萨拉迦指出这种对"他者"的描述一旦成为真理，进入公共话语空间，就会发展成为暴力行为。②

苏吉萨拉迦指出他的后殖民诠释的实践，不同于传统的释经方法——历史批判。这主要体现在以下三个方面。首先，传统释经关注文本微小的历史细节，以及复杂的语言差异，对文本著述形成的过程提供历史的解释。而后殖民圣经诠释，不仅结合了传统释经的优秀成果，而且，往前更进一步，就是将文本及其后来的诠释放在古今殖民的处境中。其次，传统释经将自身限定于希伯来文本与希腊文本，而作为一种阅读实践，后殖民释经驳斥传统释经所界定的宗教与文本的特殊性。后殖民批判跨越了这些狭窄的边界，从而拥有了一种更宽广的诠释平台，包括那些来自其他宗教传统的文本。最后，与传统阅读实践不同，后殖民圣经批判的各种应用，将历史与文本诠释看成是一个统一的过程，是相互关联而持续的活动。③ 苏吉萨拉迦指出后殖民圣经批判不同于其他批判实践，他不会设定它的任务，诸如将圣经从其殖民冲动中解救出来，或者，试图将之呈现为一个反帝国的文献。一些解放的实践，比如女性主义者、贱民、环境保护主义者以及男女同性恋者，批判圣经是父权制的、种姓的、反自然的与带有性别偏见的，因此，他们力图通过挖掘圣经中的平等价值，使之成为一个合宜并受人尊敬的书卷。苏吉萨拉迦认为后殖民主义不是要清除其中的殖民倾向，而代之以反帝国的说辞。因为，后殖民主义视圣经为一种具有争议与含混的书卷。因此，苏吉萨拉迦指出："后殖民圣经批判的目标，不是要提出另一套简单划一的释经。因为，这样的重新阅读，会不可避免地导致辩护与自我防卫。

圣经诠释的历史与方法

---

① R. S. Sugirtharajah, *Exploring Postcolonial Biblical Criticism*, p. 162. 苏吉萨拉迦认为后殖民圣经批判不再将圣经文本视为道德或精神的宝库，而是一个密码系统。诠释者要想呈现隐藏的权力关系，以及潜伏在叙述中的意识形态，就必须破解这个密码。对文本的分析，不只是追求精神的滋养，也要显示文本中被编码的反动与霸权的价值观。参 Ibid., p. 185。

② R. S. Sugirtharajah, *Exploring Postcolonial Biblical Criticism*, p. 168.

③ Ibid., p. 171.

它要做的，是呈现历史知识、洞察与分析，探究文本与诠释中的诸种偏见，从而帮助读者消除先见。"①

第三节　塞哥维亚的离散者诠释学

赛义德在其《东方主义》一书中，阐述了后殖民主义思想，论述了殖民化对文化与社会的影响。在圣经与后殖民批判理论相遇的三十年间，有过殖民体验的圣经学者们不懈地推动了这一诠释方法。塞哥维亚（Fernando F. Segovia）即这一推动者之一。塞哥维亚是美国著名的圣经批评家、文化批评家与神学家，为范德堡大学《新约》与早期基督教研究领域的讲席教授。作为圣经批评家，他的研究志趣主要涉及《约翰福音》的研究、意识形态批判与圣经批判的历史与方法。作为文化批评家，他的研究包括后殖民研究、少数族裔研究与离散社群的研究。其中，后殖民批判是文化研究的多元形式之一。② 作为基督教神学家，他拥有圣母大学的神学博士学位，其研究集中于非西方的基督教神学，尤其是来自拉美与加勒比海的神学，以及西方世界的少数族裔的神学，比如美国西班牙裔的神学。他的学术兴趣同他出生于古巴的个人成长背景密切相关，同时，他频繁往来于拉美、北美、欧亚非各地的游学经历，也极大地造就和丰富了他的全球意识与视野。塞哥维亚对圣经诠释方法最为突出的学术贡

---

① 苏吉萨拉迦的后殖民圣经批判，鼓励读者重新审视与质疑他们过往的观念，无论是关于圣经的，还是他们对自身的理解。Ibid. , p. 172.

② 塞哥维亚是最早将"文化研究"这一术语运用于其研究的圣经学者之一。他对不同文化之间的阅读充满自我意识（self - consciousness）。参 J. Cheryl Exum and Stephen D. Moore, "Biblical Studies/Cultural Studies", in idem, *Biblical Studies/Cultural Studies*, the Third Sheffield Colloquium（JSOTSup, 266; Sheffield: Sheffield Academic Press, 1998）, p. 34, n. 54. 对圣经的文化研究，其两重分析主要包括圣经对西方文化的影响，以及西方文化对圣经诠释的影响。对圣经进行文化研究的目的，有以下四点：一是考察对圣经的文化利用，以及文化想象对诠释的影响；二是鼓励对圣经的阅读，要结合古今圣经之外的作品；三是提供一个对圣经文本与诠释中性别、种族、阶级进行文化分析的论坛；四是通过运用跨学科与多媒体的呈现，为圣经教学的新发展与圣经研究的新领域，提供一个论坛。参 Stephen D. Moore and Fernando F. Segovia, "Postcolonial Biblical Criticism: Beginnings, Trajectories, Intersections", idem eds. , *Postcolonial Biblical Criticism: Interdisciplinary Intersections*（London: T & T Clark, 2005）, p. 2。

献，就是将后殖民批判理论应用于圣经研究中，形成后殖民圣经诠释。他历来关注他者，即非主流的边缘群体，诸如少数族裔，或离散社群。20 世纪 90 年代，在几经呈现这些群体的经验与声音之后，他开始以后殖民的视角，揭示圣经诠释活动背后更为深刻的种族、阶级与政治的状况。① 他不仅关注对圣经文本的后殖民阅读，② 而且也提出对圣经研究的去殖民化，不能只以欧美圣经学者为中心，也应关注来自边缘的声音。③这一批判方法兴起于 20 世纪 90 年代，是后现代圣经诠释浪潮的一部分。塞哥维亚与苏吉萨拉迦，同为后殖民圣经诠释理论的领军人物。

一　由文本到读者的范式转移

塞哥维亚圣经研究的学术生涯始于 20 世纪 70 年代末。那时，传统历史批判依然左右着这一学科，是主流的研究方法。他自称经历和见证了圣经批判的急剧变化，包括观念、实践与教学等方面。他认为那是 "一个名副其实的去殖民化与解放的过程"④。结果是，圣经诠释的理论与方法呈现出从未有过的多样性，而且，文化与经验在其中扮演着重要角色。20 世纪末，圣经诠释的历史批判模式受到来自各方的挑战。在备受诟病之下，圣经批判出现了范式转移。对于塞哥维亚而言，他的圣经批判之范式转移的发生，基于以下四点缘由。第一，作为一个圣经批评家，这一转移与其自身生活的经验相交织。他经历了各种历史批判的范式，诸

---

① Fernando F. Segovia, "Toward A Hermeneutics of the Diaspora: A Hermeneutics of Otherness and Engagement", in Fernando F. Segovia and Mary Ann Tolbert eds. , *Reading from this Place. Volume 1: Social Location and Biblical Interpretation in the United States* (Minneapolis: Fortress Press, 1995), pp. 57 – 74. 另参 Fernando F. Segovia, "Biblical Criticism and Postcolonial Studies: Toward a Postcolonial Optic", in R. S. Sugirtharajah ed. , *The Postcolonial Bible* (Sheffield: Sheffield Academic Press, 1998), pp. 49 – 65. 以及 Fernando F. Segovia, "Postcolonialism and Comparative Analysis in Biblical Studies", in *Biblical Interpretation* 7 (1999): 192 – 196. 国内对塞哥维亚学术思想的引介，参译文：费南多 F. 斯果维亚《圣经批评与后殖民主义研究：走向后殖民主义视角》，邱业祥译，载《圣经文学研究》2008 年第 2 辑，第 273 – 290 页。另参梁工《后殖民圣经研究的基本主题》，载《世界宗教研究》2010 年第 2 期，第 77 – 87 页。

② Fernando Segovia and R. S. Sugirtharajah eds. , *A Postcolonial Commentary on the New Testament Writings*, (New York: T & T Clark, 2007).

③ Fernando F. Segovia, *Decolonizing Biblical Studies: A View from the Margins* (Maryknoll: Orbis Books, 2000).

④ Ibid. , p. ix.

如以文本为中心的编修批判、著述批判、文学批判，还有基于社会学与人类学视角的社会科学批判，再到以读者为中心的文化批判，论述与读者的社会文化处境与立场相关的问题。这种经验的优越性，在于读者本身是局内人，是实践者，最为知情，而且，有自我批判的参与。第二，这一转移同世纪末紧密相关。世纪末是个充满意义与象征的历史时刻，[1]它引发人们对秩序与连贯性的盼望，不仅回顾过去，同时，展望未来。第三，在社会政治领域，这一转移同某种全球化的发展紧密相关，而且在这些发展当中，塞哥维亚发现自己与生俱来地牵涉其中，无法逃脱。随着大国的解体，北半球的殖民势力丧失了它们对南半球殖民地在社会政治上的支配地位，而被殖民者的声音日益被表达出来。在这种叙述话语中，塞哥维亚发现了自身是殖民主义众多夹层中的一个主体。[2]而这一社会政治处境，不可能不体现在他对圣经批判的思索中。第四，这一转移是塞哥维亚正在进行的批判课题的直接原因。因为，这一课题的核心，就是要集中论述圣经诠释与诠释者之社会场景之间的关系。对真实的读者以及读者群体的关注，现在要开始成为探讨的重点。如此，那些曾经沉默的边缘人，现在要开始进入学科研究的视野。[3]

---

[1] 关于世纪末的概念，20世纪90年代出现了一些社会政治研究方面的论著。参 Zbigniew Brzezinski, *Out of Control: Global Turmoil on the Eve of the Twenty - first Century* (New York: Scribner's, 1993); Paul Kennedy, *Preparing for the Twenty - first Century* (New York: Random House, 1993); John Lukacs, *The End of the Twentieth Century and the End of the Modern Age* (New York: Ticknor & Fields, 1993)。

[2] 塞哥维亚来自古巴，而长期以来，古巴遭受不同的殖民势力的统治——西班牙殖民主义 (1492 - 1898)、美国殖民主义与新殖民主义 (1898 - 1902)、受美国控制的古巴共和国 (1902 - 1959) 以及苏维埃殖民主义 (1959 -)。参 Fernando F. Segovia, "'And They Began to Speak in Other Tongues': Competing Modes of Discourse in Contemporary Biblical Criticism", in idem, *Decolonizing Biblical Studies: A View from the Margins*, p. 5, no. 3。该文最初发表在1995年版的论文集《从这里开始读》第一卷中。参 Fernando F. Segovia and Mary A. Tolbert eds., *Reading from This Place*, vol. 1: *Social Location and Biblical Interpretation in the United States* (Minneapolis: Fortress Press, 1995), pp. 1 - 32。

[3] Fernando F. Segovia, "'And They Began to Speak in Other Tongues': Competing Modes of Discourse in Contemporary Biblical Criticism", pp. 3 - 6. 他认为历史批判是要抑制个人的声音，文化研究是要加入个人的声音，而后殖民研究是要防护与保证个人的声音。参 Fernando F. Segovia, "My Personal Voice: The Making of a Postcolonial Critic", in idem, *Decolonizing Biblical Studies: A View from the Margins*, pp. 145 - 156。该文最初发表在《圣经研究中的个人声音》。参 Ingrid. R. Kitzberger ed., *The Personal Voice in Biblical Studies* (London: Routledge, 1998), pp. 25 - 37。

塞哥维亚引用《使徒行传》第 2 章中"他们说起别国的话来",概述对范式转变的期待,从而反省圣经研究这一学科的当下处境。重要的是,他将《使徒行传》第 2 章 4－5 节的经文,改写成"人们(男女、读者与批评家)从天下各国来(来自世界所有的角落,具有世界上所有社会处境的结构),开始说他们自己的话(从他们自身的处境阅读和诠释圣经文本,不仅彼此述说,而且,向世界述说)"。括号中的内容是塞哥维亚添加的,这生动形象地表达了他对圣经研究去殖民化的理解。用不同的语言说话,其结果是打破一种叙述话语为中心的局面,但是,这有可能产生无中心或多个中心的情形。在范式转移的起始阶段,会呈现方法论与理论上的多样性,接着,是涉及社会文化的多样性。塞哥维亚将这一过程视为寻求解放与去殖民化的过程,因为,它疏离圣经批判这一学科对以欧洲为中心的依赖与关注,当然,这并不意味着完全的摈弃,而是要寻索至今被忽略的其他叙述话语。①

塞哥维亚列举了四种不同的圣经诠释范式,来说明当代圣经批判中话语模式的竞争与对抗。第一种范式是被广泛接受的传统历史批判,也是 20 世纪 70 年代居于主导地位的批判范式。它包含不同的诠释方法与策略,比如,来源批判、宗教史批判、传统批判、形式批判与著述批判等。历史批判将文本作为手段,强调所指(the signified)的意义,即文本作为一种手段对著述它的作者或者它所反映的世界的意义。它要试图呈现文本的历史本质,但是,它不能表达文本与读者的互动,忽略读者的文化与经验,因此,塞哥维亚认为历史批判的模式"缺乏自我批判意识"②。历史批判模式对圣经文本的探讨,是将之看成著述时期的历史依据,如此,文本成为重构所论述的历史场景的直接手段。相关时期与地区的历史框架、社会制度、文化习俗、宗教表达的形式以及各种文学作品,都被纳入对圣经文本进行历史研究的总体概念中。但是,塞哥维亚认为将圣经文本作为文本的分析,不能构成方法论的逻辑,而且,对文本背后的世界或作者的分析,不会有助于任何类型的社会或文化理论。此外,历史批判认为文本的形成是长期增补与编修的结果,而且,热衷于对客

---

① Fernando F. Segovia, "'And They Began to Speak in Other Tongues': Competing Modes of Discourse in Contemporary Biblical Criticism", p. 7.

② Ibid., p. 11.

观文本的意义的建构，并对此持有强烈的乐观立场。但是，塞哥维亚认
为历史批判具有霸权的性质。作为方法论的发展，当它不能论述与应对
出现的新问题与挑战的时候，它就要没落。①

　　20 世纪 80 年代与 90 年代，新文学批判兴起，其中包括叙述批判、
结构主义批判、修辞批判和心理学批判等。文学批判曾将文本视为中
介，强调能指（the signifier）的意义，即文本充当作者与读者之间交流
的信息，强调文本的美学与修辞特征。与历史批判不同，文学批判将圣
经文本视为一个统一与连贯的整体，而不是支离破碎的残缺。如此，对
文本的艺术特征的关注，胜过其宗教与神学的方面。塞哥维亚认为文
学批判所关注的作者与读者是隐含的，而非真实的作者与读者，而
且，对文本世界的分析也是以概念为中心的。他认为乐观主义或经验
主义的时代还没有终结。因为对文学批判而言，文本意义依然被认为
是普遍的与客观的，借着科学的方法论是可以复原的。但是，在新文
学批判中，读者是匿名的，处在消极被动的地位，而且相较于历史批
判，文学批判在论及圣经诠释的多样性方面，开启了新的研究方向，
而不只是强调文本的历史处境。塞哥维亚认为文学批判是必须要妥协
的，它面对的是真实的读者，是有血有肉的读者，是受限于历史与文化
条件的读者。②

　　基本上与新文学批判同步，文化批判成为圣经批判的一种重要范式，
与历史批判相匹敌。塞哥维亚认为文化批判沿袭不同的路线，包括深受
新马克思主义影响的社会经济与意识形态的分析，以及社会学和文化人
类学的进路。作为一种范式，他认为文化批判将文本视为中介与手段，
更强调的是能指，即文本是在一个既定的处境中由作者到读者的一种信
息媒介，强调交流中社会文化的因素。基于文化与经验，这一范式提倡
对文本更为激进的处境化，也可称为对读者的处境化。③ 对文化批判而
言，圣经文本的经济、社会与文化的维度，远比其神学或宗教的特征更

① Ibid., p. 13 – 16.
② Fernando F. Segovia, " 'And They Began to Speak in Other Tongues': Competing Modes of
Discourse in Contemporary Biblical Criticism", p. 22.
③ Ibid., pp. 8 – 9. 塞哥维亚将社会科学批判视为与文学批判并行的诠释进路，并将之纳
入文化批判的阵营。参 Fernando F. Segovia, *Decolonizing Biblical Studies: A View from the
Margins*, p. 22。

具吸引力。而且，相较于历史批判的普遍性，文化批判是一种更为具体的文化模式。依据新马克思主义的社会经济进路，读者不是个匿名的存在。正如文本被视为意识形态的产物，文本背后的世界是斗争的平台，批判的任务同样是意识形态的，而读者是有见识与偏见的批评家，要去挖掘文本中的社会经济意义，为压迫者的解放而斗争。"正是这个读者，沉浸于社会场景中，对文本进行阅读与诠释，提出对文本之世界的经济、社会与文化的重构，并专注于多种诠释模式之建构的过程。"①

塞哥维亚的第四种诠释范式是文化研究，这是一种对各种文本与读者、视角与意识形态的批判研究。在这一范式里，读者完全成为诠释活动的中心，而文本的作用在于建构。塞哥维亚认为读者要真正成为读者，必须要涵盖构成读者的身份要素，譬如，读者的性别、民族或种族背景、所属的社会经济阶级、社会文化习俗、教育学识与意识形态的立场。考量读者的这些身份要素，是个重新人性化（rehumanization）的过程。因此，塞哥维亚指出历史批判"是一个新殖民主义的典型案例，其中，被殖民者或边缘人的利益，被奉献于殖民者或处于中心地位的人的利益"②。在 20 世纪 70 年代中期，这种新殖民主义被新出现的文学与文化范式所摧毁。在文化批判的范式里，读者完全是有血有肉的，可以置身于自己的社会场景中。读者解放与去殖民化的过程，就是读者移入自身的社会文化领域的过程。不同的读者不仅运用不同的诠释模式与阅读策略，而且，根据他们所属的社会群体而采取不同的阅读方式。这种阅读与诠释方式，受到后现代理论的深刻影响。这样的阅读，就是以自己的语言"说起别国的话"，是众多语言之间的批判对话，寻求真正的全球互动。③ 通常，塞哥维亚称文化研究为意识形态批判，强调这一模式的建构与视角性质。他将之作为意识形态之叙述话语的模式，同时，也是基于他自身的经验而实践的范式。④

---

① Fernando F. Segovia, "'And They Began to Speak in Other Tongues': Competing Modes of Discourse in Contemporary Biblical Criticism", p. 29.

② Ibid., p. 31.

③ Ibid., p. 33.

④ Fernando F. Segovia, "Cultural Studies and Contemporary Biblical Criticism: Ideological Criticism as Mode of Discourse", in idem, *Decolonizing Biblical Studies: A View from the Margins*, pp. 34 – 54. 该文最初发表在 1995 年版的论文集《从这里开始读》第二卷中。参 Fernando F. Segovia and Mary A. Tolbert eds., *Reading from This Place*, vol. 2: *Social Location and Biblical Interpretation in Global Perspective* (Minneapolis: Fortress Press, 1995), pp. 1 – 17。

二　离散者的诠释学

离散者（the Diaspora），又称海外流散，或移民社群。其原初意义特别指涉被掳后的犹太人，离开他们历史上的家园，而散居在其他土地上或民族中。这种身份认同的持续性与力度，使离散的犹太社群成为所有离散在外社群的"理想类型"。[①] 但在文化研究中，对离散社群的界定，主要基于地理学的概念，是指那些自愿或被迫离开祖国而移居在新的地域的人们。对于塞哥维亚而言，离散社群的共同经验，在于地理位置的变换。他认为"离散社群构成整个帝国或殖民现象的一部分"[②]。因为，与西方帝国主义的发展相并行的殖民化的过程，不仅涉及大量的欧洲人分散到世界各地，并随之形成无数的"新欧洲"，而且使大批的非西方人离开他们的历史家园，当中有合法的移民，也有非法的。离散的与定居的形成交织的网络，也引发新的问题。而且随着西方帝国的殖民扩张，尤其是在 20 世纪，基督教也被全球化。在基督教普世化的传教活动下，带动了亚非、拉美与加勒比海人口的迁徙。[③] 此外，塞哥维亚认为基督教研究也开始全方位地影响到基督教的实践与信仰，尽管它对全球化的最终影响需要时间确定。但是，"鉴于西方殖民现象带来的基督教在世界范围的扩张与迁移，后殖民研究会影响基督教研究的各个方面，同时，对这一扩张与迁移过程中所涉及的离散现象，特别是非西方基督徒在西方世界的日益增长，对这一社群的研究同样会影响基督教研究的各个方面"[④]。

---

① 研究离散现象的学者萨弗兰（William Safran）将离散者界定为"一个民族生活在祖国之外的一部分人"。他对各种离散社群进行了分类，并将犹太离散社群作为离散现象的典型范例。参 William Safran，"Diasporas in Modern Societies：Myths of Homeland and Return"，*Diaspora：A Journal of Transnational Studies* 1（1991）：83 – 99。塞哥维亚认为自己从古巴来到美国，就是个离散者，符合萨弗兰的界定。参 Fernando F. Segovia，"Interpreting beyond Borders：Postcolonial Studies and Diasporic Studies in Biblical Criticism"，in idem ed.，*Interpreting beyond Borders*（Sheffield：Sheffield Academic Press，2000），p. 17。

② Fernando F. Segovia，"Interpreting beyond Borders：Postcolonial Studies and Diasporic Studies in Biblical Criticism"，in idem ed.，*Interpreting beyond Borders*（Sheffield：Sheffield Academic Press，2000），p. 18.

③ David B. Barrett，*World Christian Encyclopedia：A Comparative Study of Churches and Religions in the Modern World*（New York：Oxford University Press，1982），pp. 1 – 20.

④ Fernando F. Segovia，"Interpreting beyond Borders：Postcolonial Studies and Diasporic Studies in Biblical Criticism"，p. 23.

塞哥维亚认为："当基督教愈来愈全球化，当越来越多的非西方基督徒不断发现他们进入西方的方式，而且，当越来越多的非西方基督徒不断进入西方本身的学科体系，那么离散的经验所提供的视角，将会持续地应用到我所谓的圣经批判的不同维度。"① 在圣经批判领域，对离散社群的早期诠释模式，是以保罗书信中论及散居犹太人的经文为中心，对当代犹太教的世界进行意识形态的分析，去建构后现代的犹太人身份。②塞哥维亚指出他对离散者的批判研究基于他自身的经验与离散的现实。他在拉美出生并在那里接受社会化，具体而言，就是在加勒比语处境下的古巴共和国。由于社会政治的缘由，他和家人在 20 世纪 60 年代移居美国。其结果是，他在发达的与殖民化的西方的核心地带，接受了第二次的社会化。他感觉身处两地，同时又无处可属。这样的情景，促使他建构离散者的诠释学。③ 他认为可以从两方面研究离散现象：一是将之作为一种叙述话语进行离散者研究（Diaspora Studies），二是将之置于后殖民研究的话语框架里。他指出在殖民现象的核心之处，就是离散现象的现实与经验：不安定、旅居、重新安顿。因此，一旦后殖民的叙述话语开始在圣经批判中展开，有关离散的话语就会被调用。④

基于此，塞哥维亚提出了自己的理论框架与阅读策略，称之为离散者的诠释学（hermeneutics of the diaspora），或者他者的诠释学（hermeneutics of otherness），并将之同后殖民研究相关联，关注殖民形成过程中的跨文化与超越历史的现象。而且，他将这一地缘政治学的镜片，直接应用于文化研究之视域的各种圣经批判的维度。⑤ 通过这样的诠释模式，

---

① Ibid. , p. 23.

② Daniel Boyarin, *A Radical Jew : Paul and the Politics of Identity* (Berkeley: University of California, 1994), pp. 251 – 258. 伯夷林（Daniel Boyarin）对理想化的犹太离散社群进行批评，认为那是拉比犹太教的建构，以及锡安主义的选择。参 Ibid. , pp. 247 – 260。

③ Fernando F. Segovia, "Interpreting beyond Borders: Postcolonial Studies and Diasporic Studies in Biblical Criticism", pp. 29 – 30. 塞哥维亚始终关注自己的文化身份及其与圣经批判的关系。参 Fernando F. Segovia, "Toward Latino/a American Biblical Criticism: Latin (o/a) ness as Problematic", in Randall C. Bailey, Tat – siong Benny Liew, and Fernando F. Segovia eds. , *They Were All Together in One Place : Toward Minority Biblical Criticism* (Atlanta: SBL, 2009), pp. 193 – 223。

④ Fernando F. Segovia, "Interpreting beyond Borders: Postcolonial Studies and Diasporic Studies in Biblical Criticism", p. 14.

⑤ Ibid. , p. 31.

塞哥维亚坦言:"我发现了自己……我是个基督徒,受了洗礼,但同时,我也是个古巴人,一个拉美人,一个非西方人,一个古巴裔美国人,一个北美美国人与西方人。这种'被分解'身份的感觉,并不是我想摆脱的。"① 在有关离散者的诠释里,塞哥维亚强调的是一个有血有肉的真实读者,一个具有文化与经验的完全被处境化的读者。对离散者的关注,就是对他者的关注,而他者声音的呈现,起始于处境化,目标也是处境化。对于圣经批判而言,处境化的不只是圣经文本,还涉及读者的处境化。他认为离散者的诠释学所寻求的声音,是要解放和充权(empower)读者的人性,在阅读与诠释活动中,充分考量读者的文化与经验。② 他认为这是论及他者的离散者诠释学的基础。为了寻索解放与去殖民化,离散者诠释学质疑任何对客观、科学、中立、整全与普遍的宣称。它选择人性化与多元化,而且,它也追求对他者的认知、尊重与允诺。③

离散者诠释学的核心概念,是他者(otherness)与参与(engagement)。前者反映了他者的现实与经验,这是由来自非西方文明的个体表现出来的。他自己长期居住于西方,但出生于拉美,而现在是美国的外籍居民,也是拉美裔美国人。他者这一概念具有负面的因素,暗含着一种无家、无声也没有面孔的二元文化主义(biculturalism)。塞哥维亚指出:"作为离开家乡的人,我们不再被家乡所接受,而作为不适应新环境的人,我们也不能被当下的家所接受。在我们当下的家里,我们发现了我们要去表演的剧本,以及我们要佩戴的面具。由此来看,伴随着殖民话语与实践的动力,我们发现我们自己在世上处于永久外来人与陌生人的位置。"④ 这样的一群人,被定义为是无家可归的、沉默的并戴着面具的"他者"。而"参与"这一概念,同样是以生活在西方的非西方移民或

① Ibid., p. 32.
② Fernando F. Segovia, "Toward a Hermeneutics of the Diaspora: A Hermeneutics of Otherness and Engagement", in Fernando F. Segovia and Mary A. Tolbert eds., *Reading from This Place*, vol. 1: *Social Location and Biblical Interpretation in the United States* (Minneapolis: Fortress Press, 1995), pp. 66 – 67.
③ Ibid., p. 72.
④ Fernando F. Segovia, "Toward Intercultural Criticism: A Reading Strategy from the Diaspora", in Fernando F. Segovia and Mary A. Tolbert eds., *Reading from This Place*, vol. 2, p. 322.

难民的现实与经验为基础。这一概念被视为呈现了他者积极的一面，即拥有二元文化主义，表达他的家、声音和面孔，而且，他有两个家、两种声音、两个面孔。塞哥维亚认为：这样的他者，还拥有所有被建构的现实：所有的家，所有的声音，所有的面孔，而且，具备处境性与观点性。同时，他者具有许多这样的现实或世界。作为建构，这些现实或世界，可以被批判地分析、质疑与改变。① 如此，我们在批判的参与（critical engagement）中发现了自己。依据我们自己的现实与经验，我们不仅建造了自己的家园、声音与面孔，而且，能够与其他的声音与面孔进行批判的对话。②

塞哥维亚将离散者诠释学引入跨文化批判（intercultural criticism）中。他认为跨文化批判所要寻求的，是超越帝国主义、客观主义、等级主义以及争强好胜。基于这些原则，跨文化批判提倡一种接近文本的进路与视角，主张阅读文本及其读者，将之作为美学的、策略的与政治的建构。这种阅读方式，对文本采取一种极其不同的态度，因此，跨越式阅读要诉诸参与和对话。③ 质疑、评价与批评的过程，是跨越式阅读的中心，当中涉及解放的视角。总体而言，这种解放是为边缘的与受压迫的群体而设想的，因为，它基于对他者的尊重。更确切而言，这样的解放是针对帝国主义与殖民主义的地缘政治世界而设定的，它倡导尊重那些被征服、被剥削和被诋毁的"他者"。由此，文本、文本的阅读以及文本的读者，如何维持其自身的尊严就是必要的。④ 通过这样的方式，真正读者的声音在探讨中被建构，批判就成为一种关涉伦理与政治的事情。如前所述，种族与少数族裔也是后殖民圣经诠释的重要内容，而且，这些族群通常与离散者的身份相关。他们不仅出现在圣经时代，而且在全球化的今天，尤其是在西方世界，他们遍布每一个角落，因此，这一议题日益突出。塞哥维亚通过地缘政治学的视角，论述了圣经研究中的种族与少数族裔的问题，呈现了他们的挣扎与诉

---

① Ibid. , p. 322.

② Ibid. , p. 322.

③ Fernando F. Segovia, "Reading – Across: Intercultural Criticism and Textual Posture", in idem ed. , *Interpreting beyond Borders* (Sheffield: Sheffield Academic Press, 2000), p. 65.

④ 塞哥维亚指出：这样的视角，完全是基于我自己对殖民和新殖民的他者的经验。参 Ibid. , p. 67。

求，表明了他们与圣经诠释之政治学的关系。①

第四节　结语

苏吉萨拉迦认为后殖民主义"是看待有关过去与当下之知识生产的一种方式"②。他将后殖民圣经批判称为未竟之旅。在过去，地域占有是殖民主义的主要方式，但是，在旧的西方势力和他们先前的殖民地之间，新的控制与征服的形式，继续在发生作用。旧的疆域帝国没有了，但是，诱惑与控制的原则还在继续。自由市场、国际金融代理与非政府组织，替代了原来的军队、官员与传教士。21 世纪是后帝国的世纪，旧式的殖民主义基本上消失，那么，我们还需要后殖民主义吗？针对这一问题，苏吉萨拉迦的回答是异常肯定的。他认为只要四个要素存在，那么，后殖民主义将持续成为强有力的武器。这四个要素是：一个民族认为其优越于其他民族与"他者"；存在一个被利用的市场；有圣典鼓励或支持有形与无形的征服；学术研究，无论是世俗的，还是圣经的，继续展示着殖民冲动与东方主义。③ 尤其是最后一点，在他的《圣经与亚洲》中被特别强调。苏吉萨拉迦认为亚洲圣经诠释是被遗忘的声音。实际上，圣经对亚洲文学具有重要影响，它既是反制度化教会与西方殖民主义的批判工具，也激发了亚洲基督徒的生命想象。因此，他反对亚洲圣经诠释是一种"另类论述"（alternative discourse）而缺乏思想活力与创造性的说法，指出这是以西方

---

① Fernando F. Segovia, "Racial and Ethic Minorities in Biblical Studies", in idem, *Decolonizing Biblical Studies: A View from the Margins*, pp. 157 – 177. 该文最初发表在《圣经诠释》有关族群与圣经的专号中。参 M. C. Brett ed., *Ethnicity and the Bible: Biblical Interpretation* 19 (1996): 469 – 492. 塞哥维亚不仅探讨种族与少数族裔研究的应用与意义，同时，也指出了这一研究的问题与困境。参 Fernando F. Segovia, "Toward Minority Biblical Criticism: A Reflection on Achievements and Lacunae", in Randall C. Bailey, Tat – siong Benny Liew, and Fernando F. Segovia eds., *They Were All Together in One Place: Toward Minority Biblical Criticism* (Atlanta: SBL, 2009), pp. 365 – 394。

② R. S. Sugirtharajah, *Exploring Postcolonial Biblical Criticism*, p. 177.

③ 苏吉萨拉迦指出帝国的修辞不会从话语中消失，其语调与内容也难以改变。只是，与 19 世纪的帝国相关的词汇，现在以新的形式被大量炮制出来。Ibid. , p. 178. 在《圣经与亚洲》里，苏吉萨拉迦将后殖民主义简化为两种方式，即历史的与思想的。R. S. Sugirtharajah, *The Bible and Asia*, p. 210.

学术为主导的表现。① 因此，对苏吉萨拉迦而言，"后殖民批判的到来，是要摆脱西方圣经学术霸权的一种解放行为"②。这是后殖民圣经批判的重要任务之一。

苏吉萨拉迦的后殖民圣经批判经历了发展的过程。他早期关注殖民地的政治独立，后来将注意力转至移民与离散群体的位错（dislocation）与位移（displacement）。经过 20 余年的研究之后，苏吉萨拉迦对后殖民圣经批判进行了反省。他承认殖民主义在理论上存在局限，比如"在界定历史与文化上，赋予西方殖民主义特权，而忽视现代殖民运动到来之前本土文化的繁荣"等。③ 此外，他看到了后殖民主义与性别研究之间的关联，但是，正如华裔圣经学家郭佩兰指出的，他没有看到酷儿研究对后殖民主义的贡献。④ 随着文化研究与圣经研究的进展，以及各种有关"他者"理论的兴起，后殖民圣经批判需要做出自我调整，不能只限于抵制阅读（resistant reading），而是要看到圣经解读的含混性与多面向性，将圣经置于更为宽广的视野中。因此，相较而言，苏吉萨拉迦的后期著述呈现出更为包容、温和和多元的视角。正是基于此，他呼吁各种理论之间的对话、相互吸纳与百花齐放。

相较于传统的历史批判，后殖民圣经诠释更是一种批判的运动。在圣经批判的文化研究的范式里，塞哥维亚致力于运用叙述话语的意识形态模式，力图实现圣经研究与后殖民研究的融汇。塞哥维亚的后殖民研究强调以读者为中心，认为圣经文本的读者是活生生的具有社会文化经

---

① R. S. Sugirtharajah, *The Bible and Asia*, pp. 10, 262. 亚洲圣经学者，包括亚裔美国圣经学者在内，阐述了离散诠释学、跨文本阅读等具有强烈身份与处境意识的解经方式。Ibid., pp. 190 – 194.

② R. S. Sugirtharajah, *Exploring Postcolonial Biblical Criticism*, p. 2. 关于圣经与帝国，苏吉萨拉迦对其过往与当下进行了回顾与梳理，探讨了圣经、学术与帝国的复杂关系。参 R. S. Sugirtharajah, "Scripture, Scholarship, Empire: Putting the Discipline in Its Place", in idem., *Troublesome Texts: The Bible in Colonial and Contemporary Culture* (Sheffield: Sheffield Phoenix Press, 2008), pp. 99 – 115。

③ R. S. Sugirtharajah, *The Bible and Asia*, p. 215.

④ Kwok Pui – lan, "Review of R. S. Sugirtharajah, *Exploring Postcolonial Biblical Criticism: History, Method, Practice*", *Journal of Postcolonial Networks*, November 16, 2011. 关于酷儿理论对圣经中帝国权力的分析，参 Marcella Althaus – Reid, "Marks", in *The Queer Bible Commentary*, ed. Deryn Guest, Robert E. Goss, Mona West and Thomas Bohache (London: SCM, 2006), pp. 517 – 25。

验的读者。这个读者体现了多元文化、地域、身份与政治的现实，不同的读者，其对圣经的诠释引致多元的结果。纵观他的作品，我们发现他始终强调多元性与全球视域。塞哥维亚主张以多元的视角对圣经进行跨学科的研究，他提出：在阅读中，不仅要整合神学与宗教的传统，整合社会文化传统，同时，也要整合各学科间的参与。① 此外，作为一个圣经批评家，他坚守自己在当下处境中的使命与担当。在宗教与神学，以及社会与文化中，他认为批评家就是要充当寻求自由、正义、尊严与福祉的声音。而且，在充满冲突、混乱、压迫、不公正与堕落的世界里，批评家要去实践这样的声音。在这个实践当中，他认为圣经要充当一种工具，以诸多相互冲突的方式，譬如，古代的、现代的以及后现代的方式，去表述社会与文化。在全球与本土的处境里，圣经提供了一种理论上的框架。②

2014 年，塞哥维亚当选为圣经文学学会主席。在就职主题演讲中，他探讨了当今圣经批判存在的问题，以及在批判的时代，圣经批判的愿景与任务。③ 他回顾了 20 世纪的全球政治格局，指出圣经批判在后冷战时代的社会与文化中发挥的功能。在今天这个批判的时代，他聚焦全球经济的大环境，将之视为提出批判立场的先决条件，探讨了如何建构一个适应批判时代的理论框架。为了实现这个目标，他依旧坚持多元的维度，诸如批判的、政治的、圣经的与世界的维度之间的相互融合，具体到他的圣经批判研究，他称依据了六种范式或维度，即历史的、文学的、社会文化的、意识形态的、文化的以及宗教与神学的。而且，这些维度同来自全球系统的影响是交织的。④ 基于此，他总结称：圣经批判的目标，是要在同所有他者的对谈中实现一个新范式的建构。它能够更紧密地连接圣经批判与全球场景，能够突出批判愿景与任务的持续理论化，以及全球事态的理论化。总之，这个范式属于独特的、空前的与批判的时代，在其中，我们发现了我们自己。⑤

① Fernando F. Segovia, "Cultural Criticism: Expanding the Scope of Biblical Criticism", in Roland Boer and Fernando F. Segovia eds., *The Future of the Biblical Past: Envisioning Biblical Studies on a Global Key* (Atlanta: SBL, 2012), pp. 234 – 333.
② Ibid., p. 336.
③ Fernando F. Segovia, "Criticism in Critical Times: Reflections on Vision and Task", in *Journal of Biblical Literature* 1 (2015): 6 – 29.
④ Ibid., pp. 25 – 26.
⑤ Ibid., p. 29.

第十四章

后现代圣经诠释：理论之后

后现代主义（postmodernism）是一种当代思想运动，兴起于 20 世纪下半叶，在哲学、历史、文学、艺术、建筑学等领域引发了激荡不息的潮流。后现代思潮包括：后结构主义、福柯研究、拉康精神分析、新历史主义、批判的空间理论、女性主义、叙事学、性别研究、互文性、妇女批判、后殖民批判、意识形态批判与文化研究等。英国现代文学理论家与批评家伊格尔顿（Terry Eagleton）将之概述为："拒绝总体性、普遍价值、恢宏的历史叙述、人类存在的实体性基础以及客观知识的可能性。后现代主义怀疑真理、统一与进步，抵制文化中的精英主义，倡导文化相对主义，颂扬多元论、不连续性与异质性。"① 法国哲学家利奥塔（Jean – Francois Lyotard）将后现代主义界定为"对元叙事（meta – narrative）的怀疑"②。在此，元叙事又称大叙事，是现代主义者追寻的以理性客观为基础的不断进步的计划，包括启蒙运动主张的永恒真理、世界的确定性、人类进步与人类解放的宏大叙事（master narrative）等，它们构成现代性的核心内容。换言之，元叙事基于对普遍真理或普遍价值的诉求，试图对各种历史事件、经验与社会文化现象给出一种整体的、综合

---

① Terry Eagleton, *After Theory* (New York: Basic Books, 2003), p. 13（中译本：特里·伊格尔顿《理论之后》，商正译，商务印书馆，2009，第 14 页）。关于后现代主义，没有一个统一的界定。一些卓越的后现代主义者，包括法国的德里达、福柯、拉康以及美国的巴特勒（Judith Butler）等人，都否认"后现代主义"这一术语和标签，因为它过于多样与混杂。有趣的是，这种否认本身，就是典型的后现代姿态，要反对任何约定俗成的形式。

② Jean – François Lyotard, *The Postmodern Condition: A Report on Knowledge*, trans. by Geoff Bennington and Brian Massumi (Manchester: Manchester University Press, 1984), p. xxiv（中译本：让－弗朗索瓦·利奥塔尔《后现代状态：关于知识的报告》引言，车槿山译，生活·读书·新知三联书店，1997，第 2 页）。法文版初版于 1979 年。

的解释。而后现代主义者提倡相对主义，拒绝宏大叙事，拒绝客观性，或者说拒绝主观与客观的二分，特别是，他们否定任何对绝对真理的宣称，认为不存在单一而明确的意义。[1] 将后现代的视角引入圣经诠释的领域，就形成了后现代圣经诠释（postmodern biblical interpretation），又称为后现代圣经批判。它并不指涉某一种单一的方法，因为，它既没有单一的进路，也没有统一的范式。但是，它包含一系列的诠释进路与方法，而且它们同圣经历史批判一样，具有家族的相似（family resemblance），具有一种认为人类可以而且必须超越现代的情绪。

后现代圣经批判，是对现代圣经诠释的假设与规范进行抵制并重新定位的实践。[2] 现代圣经诠释认为时间是圣经批判中的重要元素。但是，在时间意义上，圣经文本属于遥远的古代，在理解这一古代文本的过去与当下之间形成了巨大间隔。我们能否呈现文本的过去或历史？新历史主义者怀特（Hayden White）指出：史学家不能积累客观的知识，只能生成有关过去的一种叙述，故此，历史是创造过程的产物，它的文学性和诗性要强于科学性和概念性。[3] 如此，文学与历史之间的界限并非泾渭分明。有关过去的知识，其中立与客观的可能性已经受到广泛质疑。就圣经研究而言，历史批判试图呈现圣经叙述的历史维度，重构文本的原意，关注起源故事的史实性（historicity）。关于古代以色列史的建构，奥布赖特学派（the Albright School）主导了 20 世纪中叶英语世界的圣经学术研究，认为通过考古的方式，可以证明圣经文本所述历史的真实可靠性，包括有关亚伯拉罕等族长的叙述。

但是，在 20 世纪 70 年代，这一自信随着两部著作的出版而被击溃。如前所及，它们分别是梵赛特的《历史与传统中的亚伯拉罕》与汤普森的《族长叙述的历史性》。二者都否定了族长叙述的历史真实性，认为是圣经作者建构了以色列的过去，那是再现的文化记忆中的过去，而且，

---

[1] Andrew K. M. Adam, "Post – modern Biblical Interpretation", in John Hayes ed., *Dictionary of Biblical Interpretation* (Nashville: Abingdon Press, 1999), p. 306. 另参 John J. Collins, *The Bible after Babel: Historical Criticism in a Postmodern Age*, pp. 12 –13。

[2] Andrew K. M. Adam, "Postmodern Biblical Interpretation", in *Methods of Biblical Interpretation* (Nashville: Abingdon Press, 2004), p. 173.

[3] 海登·怀特（Hayden White）：《元史学：19 世纪欧洲的历史想象》，陈新译，译林出版社，2013，第 1 –102 页。

文本著述于较晚时期。按照巴勒斯坦塔古姆记载的古老传统，《希伯来圣经》就是"记忆之书" ספר דוכרוניא 。亨德尔也从文化记忆的视角研究《创世记》中的族长传统及其对民族身份建构的意义，说明神圣的过去如何在记忆中不断被回想，成为当下的典范与源头活水。① 正如英国圣经学者戴维斯（Philip R. Davies）所称："'圣经时期'不仅由非历史的人物和事件构成，而且，其时间段也根本不属于历史。"② 此外，关于古代以色列的宗教史，"以色列史"始于上帝对亚伯拉罕及其后裔的拣选与应许（创 12 - 36），始于一个奉行多神教的世界，耶和华并非以色列起初的上帝，圣经一神论的产生深受被掳之处境的激励，但它更多的是集体记忆（collective memory）的产物，与以色列人的身份与文化意识相关。③ 如此，圣经的历史编纂之研究危机重重，受到新历史主义的严峻挑战。④ 新历史主义强调主体对历史的干预和改写，认为没有孤立的文本，文本总是同其他社会力量与文化产品有着千丝万缕的关联，因此，主张将文本回归于它们的社会、文化与历史处境，探讨文化处境如何体现在文本中，以及文本自身如何参与社会与文化的塑造。新历史主义同福柯的解构史学有着密切关联，是一种重要的后现代批判理论。在《希伯来圣

---

① Ronald Hendel, "Cultural Memory", in idem ed., *Reading Genesis: Ten Methods* (Cambridge: Cambridge University Press, 2010), pp. 28 - 46; *Remembering Abraham: Culture, Memory, and History in the Hebrew Bible* (Oxford: Oxford University Press, 2005).

② Philip R. Davies, *In Search of "Ancient Israel": A Study in Biblical Origins* (Sheffield: JSOT Press, 1992), p. 26. 作者分析了在圣经中"以色列"的概念，明确区分了三种不同的以色列：圣经以色列、学术研究中的古代以色列以及曾在过去存在的以色列。

③ 以色列的一神论，是圣经宗教的重要标志之一，它代表着对来自美索不达米亚诸国的外在威胁以及来自以色列社会解体之内部挑战的深层回应。以色列人的身份同一神相关的连接方式，代表了被掳与被掳后的以色列一种重要的文化意义上的设想。在被掳后的语境中，一神论最为重要的主张之一，在于对正典的《希伯来圣经》前半部分的建构，即托拉与历史书卷。一神论本身不是从宗教信仰或认识中分离出来的体系或观念，而是一种对现实的解释，并进一步塑造了以色列世界观的其他方面。必须指出的是，以色列的宗教史由多神论向一神论的发展是一个复杂的过程。一神论是对以色列过去多神状况的重新塑造与再解释。圣经本身是以色列如何进行崇拜的集体记忆的记载，同时，反映了以色列对其多神之过去的集体遗忘，因此，圣经并不记载过去，而是对过去的回应和再现。参 Mark S. Smith, *The Memoirs of God: History, Memory, and the Experience of the Divine in Ancient Israel* (Minneapolis: Fortress Press, 2004), pp. 119 - 123。

④ 新历史主义者指出没有诠释者是中立的，或者在文本的阅读中是客观的，因为，每个诠释者置身于特定的处境里，而这一处境不可避免地出现在诠释过程中。参 Gina Hens - Piazza, *The New Historicism* (Minneapolis: Fortress Press, 2002), p. 7。

经》研究领域，已有学者将之应用于对文本的解读。① 除了新历史主义
之外，本章拟将主要介绍三种后现代批判理论，即解构主义、读者回
应批判与意识形态批判理论，探讨它们如何被应用于后现代圣经诠释
的实践中，同时，要讨论后现代的症结所在，以及与历史批判之关系
与对话。

第一节　三种后现代批判理论及在圣经研究中的应用

后结构主义批判（poststructuralist criticism）是 20 世纪 60 年代在结构
主义的基础上衍生出来的，对符号、知识、主体性等范畴进行了新的阐
释，拒绝启蒙运动的价值观及二元形式。早在 1969 年，应法国天主教圣
经协会的邀请，法国文学批评家罗兰·巴特（Roland Barthes）出版了以
后结构主义的视角解读《使徒行传》10 - 11 章的论文，并随后对《创世
记》第 32 章进行了相关的分析。② 解构主义是以后结构主义视角阅读文
本的方式之一，由法国哲学家德里达创立，质疑自柏拉图以来的西方形
而上学的传统或逻各斯中心主义。按照德里达的理解，圣经之所以神圣，
是因为字符的相互作用，而非神圣启示的力量。解构分析的主要方法，
是关注一个文本中的二元对立，并且，呈现出这两个对立的面向事实上
是流动与不可能完全分离的，并非两个严格划分开来的类别，从而消解
二元对立。也就是说，这些分类实际上不是以任何固定或绝对的形式存
在。就文本诠释而言，文本、诠释者与诠释活动都不是稳定的客体。解
构主义的影响力渗入圣经研究领域。"在圣经研究中，解构主义已经扮演

---

① Harold C. Washington，"Violence and the Construction of Gender in the Hebrew Bible：A New
Historical Approach"，*Biblical Interpretation* 5（1997）：324 - 363. 另参 Lori L. Rowlett，
Joshua and the Rhetoric of Violence：A New Historical Analysis（Sheffield：Sheffield Academic
Press，1996）。

② 这两篇文章后来都被收入《符号学历险》中。参 Roland Barthes，"The Structual Analysis
of Narrative：Apropose of Acts 10 - 11"，以及 "Wrestling with the Angels：Textual Analysis
of Genesis 32：23 - 33"，in Roland Barthes，*The Semiotic Challenge*，translated by Richard
Howard，New York：Hill & Wang，1988，pp. 217 - 245，261 - 293（中译本：罗兰·巴
尔特《符号学历险》，李幼蒸译，中国人民大学出版社，2008）。

了非常重要的角色。"①

20世纪80年代中期，后结构主义批判成为美国文学研究之叙述话语的主流，而且，已经触及圣经研究领域，有诸多相关的研究成果出版。鉴于其浩大的声势，圣经研究学刊《赛迈亚》刊出专号"德里达与圣经研究"。② 这些成果大多将解构主义应用于智慧文学的文本阅读中。英国肯特大学的舍伍德（Yvonne Sherwood）在论及圣经正典时称："将圣经视为'上帝之话语'，或者至少是单一正典的文化观念，意味着我们期望不同的文本声音能汇聚在一种单一的意识中……这部众书之书，被期待着将生命处理为一个巨大的元叙事（gigantic meta - narrative），在一个伟大的、包罗万象的代码中建造这个世界。"③ 圣经正典是一套丛书，但是，它不仅是一部最初由古代语言而书写的神圣文本的合集，而且是一种机制，它指引和限制文本之间符号的流动。因此，正典中的每个文本自身，是一种深刻的符号与意识形态现象。换言之，"圣经正典是在诸文本意义之上的一种权力实践"④。在《妓女与先知》中，舍伍德应用德里达的解构

圣经诠释的历史与方法

---

① William A. Beardslee, "Poststructuralist Criticism", in Steven L. McKenzie and Stephen R. Haynes eds. , *To Each Its Own Meaning*：*An Introduction to Biblical Criticism and Their Application* （Louisville：Westminster John Knox Press, 1999）, p. 263.

② Robert Detweiler ed. , Derrida and Biblical Studies, *Semeia* 23 （1982）.

③ Yvonne Sherwood, *A Biblical Text and Its Afterlives*：*the Survival of Jonah in Western Culture* （Cambridge：Cambridge University Press, 2000）, p. 217. 舍伍德编着了《德里达与宗教：其他约》，以解构主义的视角讨论圣经研究、神学与宗教哲学。参 Yvonne Sherwood and Kavin Hart eds. , *Derrida and Religion*：*Other Testaments* （New York：Routledge, 2004）。

④ George Aichele, *The Play of Signifiers*：*Poststructuralism and Study of the Bible* （Leiden：Brill, 2016）, p. 64. 在艾凯莱（George Aichele）看来，圣经具有意识形态的功能，因此，作为基督教正典的圣经，扮演着重要的社会、经济与政治的角色。基督教的圣经不是一分为二的正典，实际上，《旧约》与《新约》是两个不同的正典，二者之间有难以解决的张力，没有一个群体能将绝对权力赋予两个不同的正典。但是，《新约》通过应验《旧约》中的预言而对《旧约》做出解释，而《旧约》提供了一种能够适应《新约》文本之意涵的关于圣约与救主盼望的解释框架。通常，《新约》是被赋予特权的正典，它可以重写《旧约》，并使之灵性化。正典本身是一种神圣权威的符号，正典地位给文本投射了传统与神圣的光环，它有助于界定信仰群体的身份。作为一部正典，圣经被认为是一种单一的能指（signifier），但实际上，作为一部文集，它包含了众多不同的能指。正典的圣经制造了一种幻觉，就是认为圣经是一部自足的整体，是单一连贯的文本，并传递着清晰明了的信息。但是，正典对内含文本的控制通常是散漫而不完整的，关于圣经意义的重大分歧，还是时有发生。Ibid. , pp. 61 - 65.

主义理论对《何西阿书》第 1 - 3 章进行了深入而有效的解析。① 她分析了
《何西阿书》首三章的语言、隐喻与形象等修辞策略，将之解构成三种明
确的暴力等级关系，并指出这些关系不是固定的，而是变动不居的。② 此
外，关于第一章中何西阿的两个儿子的名字，她认为其意义在文中戏剧
性地得以化转，如此，名字的积极与负面意义"相互交错穿梭"。③ 她也
解构了耶和华与巴力之间的传统的二元对立及等级关系，认为巴力对以
色列人同样重要，一样赐予他们谷物、酒和油。舍伍德的解构主义方法
对传统解经的基本挑战，正如她自己在评述德里达时指出的："德里达论
及雅威（Yahweh），就像很多文学评论者所为，不是视之为实体（enti-
ty），而是看成文本的一种建构。"④ 同时，她也解构了圣经对启示之权威
的宣称，指出：德里达的雅威就是巴别塔之神，是散布与变乱之主，是
单一与联合的抵制者。⑤ 如此，关于一种值得信赖的或可靠的终极实体的
呈现，就成为悬而未决的问题。

从解构主义的视角分析《新约》圣经，最为令人瞩目的圣经学
者当属摩尔（Stephen D. Moore）。在其《文学批判与福音书》中，
他运用德里达、费什（Stanley Fish，1938 - ）、查特曼（Seymour
Chatman，1928 - 2015）与伊瑟尔（Wolfgang Iser，1926 - 2007）
等人的批判理论，对福音书，尤其是《约翰福音》与《路加福音》
进行了分析，指出不同的学者应用同样的方法会得出不同的甚至自
相矛盾的结论，因此，文本不足以决定传统叙述批判的诠释是成功

---

① Yvonne Sherwood, *The Prostitute and the Prophet*: *Hosea's Marriage in Literary - Theoretical
Perspective*（Sheffield：Sheffield Academic Press，1996）. 该著作的第二版题名为 *The Pros-
titute and the Prophet*: *Reading Hosea in the Late Twentieth Century*（London：T & T Clark，
2004）。

② 这三种暴力关系分别是清白与越轨、耶和华与巴力，以及爱与恨。参 Yvonne Sherwood，
The Prostitute and the Prophet, pp. 207 - 240。

③ Yvonne Sherwood, *The Prostitute and the Prophet*, p. 239.

④ Ibid.，p. 200. 舍伍德将圣经视为一部文化符号与文本的集成，从政治学、文学与视觉
艺术理论的角度进行诠释，探讨圣经在现代世俗民主体制中被接受与被禁止的方式，以
及圣经如何影响我们对世俗性、现代性与批判性的理解。参 Yvonne Sherwood, *Biblical
Blaspheming*: *Trials of the Sacred for a Secular Age*（Cambridge：Cambridge University Press，
2012）。

⑤ Yvonne Sherwood and Kevin Hart eds.，*Derrida and Religion*: *Other Testaments*（New York：
Routledge，2005），pp. 47，304.

的。① 摩尔进而挑战了那些寻求文本中具有连贯意义或原初意义的文学批判的形式。他指出为了取得这样一种诠释效果，诠释者必须要找到一个强势位置，即"高于"文本与文本的世界。而后结构主义或解构主义批判，正是要拒绝这种强势位置和姿态。由于诠释者没有这种优越性，因此，批判的结果也必然是不稳定的一部分。② 解构主义释经要呈现圣经文本的不连贯性与外延的破裂，认为文本的一致性与统一性是阅读中意识形态与神学因素的产物。因此，解构主义的讨论加深了人们对书写的圣经历史的怀疑，以及对人们建构"事实"本身之能力的质疑，促使人们将圣经叙述看成一种虚构或创制，而甚少真实的历史内核，从而将圣经视为神学与文化记忆的表达。

以读者的价值、态度与回应去处理圣经文本的方法被称为读者回应批判（reader response criticism）。读者在文本意义的"生成"上扮演着重要角色，因此，这一方法挑战了传统观念，即关于诠释者的自主性以及阅读过程的科学与客观的性质。③ 虽然，读者回应批判内部并非铁板一块，具有不同的面向，譬如，有自主的读者、隐含的读者、读者接受批判、美学回应批判、心理学进路等，但是，它们的思想渊源都可追溯于费什与伊瑟尔。前者是当代美国文学理论家，他探讨了读者与文本之关系，反对形式主义的观点，即文本自身是文学经验之基本的、可知的、中立的与不变的组成部分，认为每个读者本质上都参与了诗歌或小说的创作，而且，每个读者接近或处理一个文学作品时，都不是个孤立的个体，而是读者群体的一部分。④ 伊瑟尔是德国文学理论家，以读者回应批判理论而闻名于世。他论述了阅读的过程，以及读者与文本之间发生的对话。他认为文本是作者意图的产物，但在阅读的过程中，读者的意图也卷入其中，而且，读者的创造

① Stephen D. Moore, *Literary Criticism and the Gospels*: *The Theoretical Challenge* (New Haven: Yale University Press, 1989). 其另一部论及解构主义圣经诠释的著作，参 Stephen D. Moore, *Poststructuralism and the New Testament*: *Derrida and Foucault at the Foot of the Cross* (Minneapolis: Fortress Press, 1994)。

② Stephen D. Moore, *Literary Criticism and the Gospels*: *The Theoretical Challenge*, pp. 174 – 175.

③ Edgar V. Mcknight, "Reader – Response Criticism", in Steven L. Mckenzie and Stephen R. Haynes eds., *To Each Its Own Meaning*: *An Introduction to Biblical Criticism and Their Application* (Louisville: Westminster John Knox Press, 1999), p. 230.

④ Stanly Fish, *Is There a Text in This Class? The Authority of Interpretative Communities* (Cambridge: Harvard University Press, 1980), p. 67.

活动并不表明文学作品及其意义依赖于主观的接受。读者的角色会渗入文本的结构中。①

　　当代圣经诠释学，在由历史批判进入后现代批判的过渡中，在方法论上产生了范式转移的诉求，即阅读的过程由关注文本背后的世界（the world behind the text）与文本中的世界（the world in the text），转移到关注文本面前的世界（the world in front of the text），换言之，以读者为中心，强调读者对文本的回应与批判。② 在阅读的过程中，读者始终与文本产生互动。读者自身的兴趣、假设、偏见以及价值观与行为，必将带入对文本的诠释中，这使其成为拥有身份与整全价值的个体。③ 将读者为中心的视角带入圣经诠释中，在 80 年代得以蓬勃发展，为此，圣经学刊《赛迈亚》刊出两期专号，呈现此方法在圣经学术研究中的应用与意义。④ "读者为中心的理论，不仅要强调读者在获得文本意义之过程中的作用，而且，也要看读者的影响所产生的阅读结果。"⑤ 读者身份的多样性，直接导致了诠释结果的多样性。在《圣经的后现代运用》中，麦克奈特（Edgar McK-

---

① Wolfgang Iser, *The Act of Reading*: *A Theory of Aesthetic Response*（London: Routledge & Kegan Paul, 1978）, p. 37. 传统圣经批判是以第三人称著述的，读者扮演被动的角色去接受文本的言说。但施莱尔马赫（Friedrich D. E. Schleiermach）对文本的诠释突出阅读是个能动的过程，读者可以自主地呈现文本的意义，其作用不可被漠视。牛津大学的巴顿（John Barton）认为读者回应批判可分为强与弱两种形式。前者显然是后现代主义的，过于鼓吹读者的作用，视费什的著作为典范，批驳历史批判，认为文本的意义根本不存在；后者是以伊瑟尔为先驱的更具影响力的读者回应批判，认为诠释有各种可能，且都是有效的，但没有一种是完整呈现了文本的意义，而读者的作用在于成为诠释中重要的部分。读者如何诠释文本，涉及接受史（reception history）的问题。参 John Barton, "The Legacy of the Literarary – critical and the Growing Opposition to Historico – critical Bible Studies. The Concept of 'History' Revisited – Wirkungsgeschichte and Reception History", in Magne Sæbø ed. , *Hebrew Bible/Old Testament*, *The History of Its Interpretation*, vol. III /2: *The Twentieth Century*（Göttingen: Vandenhoeck & Ruprecht, 2015）, pp. 115 – 117。

② 参 the Bible and Cultural Collective, *The Postmodern Bible*（New Haven: Yale University Press, 1995）, pp. 20 – 69。

③ 参 David J. A. Clines, *What Does Eve Do to Help? And Other Readerly Questions to the Old Testament*, pp. 9 – 22。在此，"文本"不仅指书写的文本，亦指口述的文本，或社会现实事件。参 Paul Ricoeur, "What is text?"以及"The Model of the Text: Meaningful Action Considered as a Text", in *From Text to Action*: *Essays in Hermeneutic* II（Evanston: Northwestern University Press, 1991）, pp. 105 – 124, 144 – 167。

④ Robert Detweiler ed. , Reader Response Approaches to Biblical and Secular Texts, *Semeia* 31 （1985）; Edgar V. McKnight ed. , Reader Perspective on New Testament, *Semeia* 48（1989）.

⑤ Edgar V. McKnight, "Reader – Response Criticism", p. 236.

night）探讨了读者在圣经诠释中的角色，以及以读者为中心的批判对后现代圣经诠释的贡献。他指出："读者今天运用圣经，采用的是一种激进的以读者为中心的文学批判方法，它依据读者及其价值、态度与回应而审视圣经文本。"① 过往历史批判的典型特征，是认为文本具有一个确定意义的核心，但是，文本不止有一种正确的意义，而且，确定的意义本身是由诠释者的阅读策略所决定的。若要将历史批判方法与读者回应进路相比较的话，那么，前者是"对多音文本的单声道诠释"，而后者"常常给人超越批判方法的印象，以及超越所读文本之复杂性与创造性的印象"。②

后现代的意识形态批判（ideological criticism）同福柯有着直接的理论渊源关系。福柯认为知识产生于权力，社会秩序就是由权力话语所构成的，同时，权力话语产生主体，建构秩序。因此，知识或真理并非超然的、纯粹的与客观中立的，它同权力总是有着可疑的关系。③ 美国修辞理论家弗斯（Sonja Foss）认为："意识形态批评家的主要目标，是要揭示和呈现植根于一个人工制品中主导性的意识形态或诸种意识形态，以及在其中被沉默的意识形态。"④ 圣经也蕴含了不同的意识形态。⑤ 20 世纪 70 年代末与 80 年代初，意识形态批判进入了圣经研究的视野。先是拉

① Edgar V. McKnight, *Postmodern Use of the Bible*: *The Emergence of Reader – Oriented Criticism* (Nashville: Abington, 1988), p. 31.
② Ben F. Meyer, "The Challenges of Text and Reader to the Historical – Critical Method", in Wim Beuken, Sean Freyne and Anton Weiler eds. , *The Bible and Its Readers* (Valley Forge: Trinity Press International, 1991), p. 10.
③ Michel Foucault, "Truth and Power", in Colin Gordon ed. , *Power/Knowledge*: *Selected Interviews and Other Writings* 1972 – 1977 (New York: Pantheon Books, 1980), p. 133.
④ Sonja Foss, *Rhetorical Criticism*: *Exploration and Practice* (Long Grove: Waveland, 2004), pp. 295 – 296.
⑤ 余莲秀（Gale Yee）将《希伯来圣经》视为意识形态的产物。她运用意识形态批判的方法，主要是唯物主义的女性主义，考察了《希伯来圣经》中同性别歧视与种族歧视的意识形态相关的文本，呈现了在性别、种族、经济与殖民的斗争场景中意识形态是如何运作的，比如，如何将妇女视为恶的象征。她的分析是两方面的：一是社会科学方法的外在分析（extrinsic analysis），关注圣经文本中描述的物质状况，同形成文本的社会中的意识形态之间的相互关系；二是内在分析（intrinsic analysis），关注文本本身的在修辞上的策略安排，从而确定文本记载与修订意识形态的不同方式。参 Gale A. Yee, *Poor Banished Children of Eve*: *Woman as Evil in the Hebrew Bible* (Minneapolis: Fortress Press, 2003), pp. 4 – 7；另参 Gale A. Yee, "Ideological Criticism", in John H. Hayes ed. , *Dictionary of Biblical Interpretation*, vol. 1 (Nashville: Abingdon, 1999), pp. 534 – 537。1993 年，《赛迈亚》出版专号《圣经文本的意识形态批判》，参 Tina Pippin and David Jobling eds. , Ideological Criticism of Biblical Texts, *Semeia* 59 (1993)。

美解放神学的兴起，紧接着是圣经女性主义思潮的风起云涌。它们或运用马克思主义应对当下的权力关系，或者在圣经中找到了意识形态的根源与参照，并对之力加批判。英国圣经学者柯大卫（David J. A. Clines），是对《希伯来圣经》进行意识形态批判的典范。他在《利益相关方：〈希伯来圣经〉之作者与读者的意识形态》中，对《希伯来圣经》进行了由左至右的阅读，指出："一旦我们承认我们在确定意义方面并不都能做到客观的寻索，那么，我们的意识形态、我们所处的位置、我们的志趣与个性，都将决定我们的学术研究，并使我们彼此有别。"① 就十诫体现的意识形态而言，他指出妇女成为局外人，并非言说的对象。不仅其性态不受关注，而且，其地位与家畜等同，并被强制遵从律法。而唯有那些城市的中年男子，才是十诫文本世界中被言说的对象，是主流意识形态及利益的代表。②

希伯来文的阅读顺序是由右至左的，这样的阅读意味着接受希伯来文本本身的意识形态，而由左至右的阅读，寓意着这一阅读是批判的阅读，意识到每一个人都受到某种利益的驱使，这种利益分布在个人的、社会的、经济的、种族的与性别的场景中，即质疑其文本的价值、权威与有效性。此外，柯大卫对《阿摩司书》6：4－7 的解读更是击中要害。他质问："你床上镶着昂贵的象牙就表明有罪吗？对那些唱闲散歌曲的人，阿摩司的读者可以投掷石头吗？卡拉OK突然也成了一种罪，如同一种社会疾病？"③ 我们是否可以将以色列的毁灭看成对社会不公正的惩罚，认为这反映了雅威的意志，而不是古代近东权力平衡的偶然事件？重要的是，我们能否真的接受先知的这种宣称？于是，柯大卫指出："如果因为穷人之领导的过错，或者先知对公义的要求不适用于神祇，雅威就将穷人带入被掳之地，那么，这表明雅威不够怜悯穷人。"④ 这样的解读，历史批判是做不到的。柯大卫对圣经文本的直接质疑，类似于后现代哲学家对启蒙运动之理性的怀疑。但柯大卫的这种质疑，并不表明对圣经

---

① David J. A. Clines, *Interested Parties: The Ideology of Writers and Readers of the Hebrew Bible* (JSOTSup, 205; Sheffield: Sheffield Academic Press, 1995), p. 92.

② Ibid., pp. 31–35.

③ Ibid., pp. 78–79.

④ Ibid., p. 91.

持续价值的完全否定。他认为圣经学者在其诠释中，对伦理的应用是负有责任的。[1] 女性主义圣经诠释与后殖民圣经诠释，都属于意识形态批判的重要形式，因已单独论述，故在此不再赘述。

第二节　后现代圣经批判与西方理性

如上所述，后现代主义缺乏统一的界定。无论在方法上，还是在内容上，它都具有多样性的特征，而且，它始终回避确定的本质与意义，因此，概念本身存在一些问题。后现代主义批判现代主义陷入了"逻各斯中心主义"的无序，认为自己是不同于现代主义的叙述话语的。但是，毋庸置疑，后现代主义与现代主义有着千丝万缕的关系。而现代主义的圣经诠释，主要表现为运用人之理性，批判地解读圣经文本的历史起源、意义、世界与本质，追问圣经文本的文学原意、目的与历史，质疑圣经在神学传统意义上的权威与完整性。这种诠释模式，在 20 世纪初，被称为高等批判（higher criticism），关注圣经文本的文学体裁与语言风格，包括解决文本中的难题，诸如不连贯、重复与不规则之处，试图"客观地"呈现或重构圣经著述的原初形式与意义。伟大的哲学家斯宾诺莎是现代圣经学术研究的先驱，也是历史批判的奠基者。他的《神学政治论》将激进的启蒙思想与理性精神渗入到历史批判的圣经学术中，质疑圣经的神学政治权威。其结果，就是促使圣经的历史化与陌生化，使之成为一部植根于古代以色列文化历史处境的崭新书卷，一部文化圣经（cultural Bible）。[2] 如此，斯宾诺莎的视角影响了无数的后继者，如莱辛（Gotthold Ephraim Lessing, 1729 - 1781）与赫尔德（Johann Gottfried Herder, 1744 - 1803）等。作为一种重要的圣经诠释的方法，历史批判主导了 19 世纪与 20 世纪的圣经学术研

① David J. A. Clines, "The Postmodern Adventure in Biblical Studies", in David J. A. Clines and Stephen Moore eds., *Auguries*: *The Jubilee Volume of the Sheffield Department of Biblical Studies* (Sheffield: Sheffield Academic Press, 1998), p. 286.

② 这一新的概念主要形成于 18 世纪的德语学界，是对圣经之神学权威面临危机的一种回应。参 Jonathan Sheehan, *The Enlightenment Bible*: *Translation*, *Scholarship*, *Culture*, pp. 223 - 240。

究，直到后现代圣经诠释的产生。

19 世纪末，德国现代哲学家尼采（Friedrich Wilhelm Nietzsche，1844 – 1900）成为步入后现代的转折点。他抨击现代理性，质疑本质主义，提出非理性主义，其后激荡出了以彻底反理性、反传统、反整体性为标志的后现代主义思潮。如此，"尼采打开了后现代的大门"。① 我们知道，启蒙运动的理性在康德那里有三种不同的形式，即纯粹理性、实践理性与判断力。但是，大多后现代主义者化约理性实践的多样性，将之抽象化为无差别的"西方理性"（western rationality），从而引发自我认同与定位的问题。在《定位自我》一书中，批判理论家塞拉·本哈比（Seyla Benhabib）认为后现代对西方理性的批评，是被置于历史与文化偶然性之外的形而上学的幻觉，是被剥离的、空洞的主体的幻觉。② 她指出：若将后现代批判也视为一种运用理性的批判，那么，从福柯到德里达，再到利奥塔，他们对西方理性的批判都来自边缘的视角。③ 她在对弗拉克斯（Jane Flax）进行批评的过程中，依据对现代主义进行批判所产生的效果，将后现代主义分为"强版"（strong version）与"弱版"（weak version）两种。④ 在实践中，二者并非泾渭分明，而是通常被混杂在一起。而且，具有讽刺意味的是，正如加州大学伯克利分校的亨德尔（Ronald Hendel）指出的："强版"后现代主义在理论上与实践上都是站不住脚的、经不起检验的，譬如，以福柯与德里达为代表的法国后现代主义，将尼采对理性与人文主义的批评延伸为对所有认识论的激烈抨击，而"弱版"后现代主义接受尼采的这种批评，但同时坚持理性的实践性以及人的作用，它是可以被理性所证明的，也是有理论依据的。但是，后者在开明的现代主义中是不易被辨别的。⑤

"强版"后现代主义的普遍症结，正如法兰克福学派之批判理论家麦

---

① 于尔根·哈贝马斯（Jürgen Habermas）：《现代性的哲学话语》，曹卫东译，译林出版社，2011，第 96 – 121 页。

② Seyla Benhabib, *Situating the Self*: *Gender*, *Community and Postmodernism in Contemporary Ethics*（New York：Routledge，1992），p. 4.

③ Ibid. , p. 14.

④ Ibid. , pp. 210 – 225.

⑤ Ronald Hendel, "Mind the Gap：Modern and Postmodern in Biblical Studies", *Journal of Biblical Literature* 133/2（2014），pp. 423，441.

卡锡（Thomas A. McCarthy）所称的，就是坚持"全有或全无"（all or nothing）。① 这样的表述，是法国后现代理论家，主要是福柯与德里达，对尼采与海德格尔（Martin Heidegger，1889 – 1976）所代表的现代西方哲学的激进化演绎，而这种演绎常常会导致站不住脚的哲学与政治的结论。在"强版"后现代主义者看来，理性的不纯粹性，在于它完全是一种权力之意识形态的投射。譬如，福柯认为，因为理性缺乏先验基础，因此，所有知识都依赖于不正义，真理存在于权力之中，并借助于权力而被生产出来。② 也就是说，知识或真理依存于各种形式的非正义与暴力，是被权力制造出来的，因此，他认为人们表面上服从的是真理，实质上服从的是权力。但是，这样的状况并不能将所有的知识等同于非正义，因为，二者并不是一回事。而"弱版"后现代主义接受理性的不纯粹性，认为它植根于社会与文化中，与权力和利益相交织。理性的实践不能因为缺乏先验的基础而被消除，相反，它渗入我们生活的各个方面，比如，制度、语言、伦理、经验与认知，都体现了理性的存在。在我们日常的处境之外，没有先验的历史观念，即没有"无中生有的观念"。经验知识，如同科学，是理性的，具有可以不断"自我纠正的过程"。理性内在于我们日常的经验知识中，也内在于语言自身，我们的理性实践，就是对理性的延展。

同时，后现代不仅质疑人的理性，而且对人的主体性也发出诘难，认为人陷入了自身异化力量之理性极权的罗网。"强版"后现代主义者声称不存在纯粹和先验的主体，甚至，根本不存在主体。在他们看来，主体完全是一个文化与语言的制品，是个语法意义上的"我"，是个概念。福柯将之宣告为人的"终结"或"消除"，也就是"作为主体的人死了"，而德里达直接声明"人的终结"，拒斥传统的人本主义。③ 但是，主体的死亡，或被

---

① Thomas A. McCarthy, *Ideals and Illusions*: *On Reconstruction and Deconstruction in Contemporary Critical Theory* (Cambridge: MIT Press, 1991), pp. 55, 75, 111.

② Michel Foucault, "Truth and Power", in Colin Gordon ed., *Power/Knowledge*: *Selected Interviews and Other Writings* 1972 – 1977 (New York: Pantheon Books, 1980), p. 131. 哈贝马斯指出福柯之权力理论的困境，批驳其将文化与政治简单地混同。参见尔根·哈贝马斯《现代性的哲学话语》，第 314 – 344 页。

③ 米歇尔·福柯（Michel Foucault）：《词与物：人文科学考古学》，莫伟民译，上海三联书店，2001，第 395 – 444 页。另参 Jacques Derrida, "The End of Man", in idem, *Margins of Philosophy* (Chicago: University of Chicago Press, 1982), pp. 109 – 136。

解构，使"强版"后现代主义面临理性与实践的双重困境。这一点在本哈比批驳弗拉克斯的著述里得到具体的体现。弗拉克斯将后现代主义的立场总结为人之死（the death of man，即主体之死）、历史之死与形而上学之死。[①] 本哈比认为这属于"强版"后现代主义，其对主体与历史的全盘否定，不仅不适用于女性主义，而且会损害追求妇女解放的女性主义的目标。与之相反，"弱版"后现代主义会成就女性主义的目标。[②] 在圣经诠释实践上，诸多后现代主义者，比如女性主义者与后殖民批评家，都热情投入到追寻自由与平等的解放事业中。但若宣告"主体死亡"，这样的解放实践必将陷入危机，无法自圆其说。本哈比自己也看到并批判了这一内在矛盾。因此，这种激进理论与自由实践之间的断裂，就是"强版"后现代主义宣扬主体死亡而产生的一种深层断裂。

而"弱版"后现代主义认为每一个主体都是被嵌入并被体现出来的，而且，我们在日常生活里有能力维持主体性。在这一议题上，法国后现代主义者赛杜（Michel de Certeau）补充了福柯对权力之主导性的分析，认为日常生活本身为我们提供了一种方式，去讨论"这一令人疑惑的却是基本的主体"[③]。如此，在后现代有关主体的严肃、专业而前沿的讨论中，赛杜的后现代学术重新坚持"主体"的存在，抵制后现代化约的逻辑。"弱版"后现代主义和开明的现代主义认为不存在完美的知识，接受批判学术话语的可错性与可纠正性，因为，理性的运用就是自我纠正的实践。尼采将其批判实践简称为"文献学"，澄清了基础主义知识的观念。他指出：通过文献学的艺术，人们学会如何去观察、比较与发现，日益获取有关事物的适当观念，并从不同视角的观察而获得对事物的

① Jane Flax, *Thinking Fragments*: *Psychoanalysis*, *Feminism and Postmodernism in the Contemporary West* (Berkeley: University of California Press, 1990), pp. 32 – 37.

② Seyla Benhabib, "Feminism and Postmodernism: An Uneasy Alliance", in Seyla Benhabib, Judith Butler, Drucilla Cornell, Nancy Fraser eds., *Feminist Contentions*: *A Philosophical Exchange* (New York: Routledge, 1995), p. 29.

③ Michel de Certeau, *The Practice of Everyday Life* (Berkeley: University of California Press, 1984), p. xi. 赛杜在其《历史书写》里论及历史与宗教之关系时，建构了一个圣典经济（scripture economy），圣典的影响呈现在我们的日常生活里，构成我们文化意识的一部分。而圣经学者直接地卷入这一经济中，成为现代圣典经济的客体。参 Michel de Certeau, *The Writing of History*, trans. by Tom Conley (New York: Columbia University Press, 1988), p. 14。

"观念"，即我们所称的"客观性"。① 文献运用是获得可靠知识的重要途径，也是批判的学术研究之实践的遵循之道。②

集体著述的《后现代圣经》属于"强版"后现代主义，因为，导言交代了诸位作者的明确目标："通过扫除有关意义的确定观念，通过激进地质疑被传统诠释所定位的显然稳固的意义基础……后现代阅读，是要说明传统的诠释自身是主导的设定，或者简而言之，就是权力操纵。"③这显然是福柯观念的具体应用，就是将诠释活动视为一种权力的表达，体现了"强版"后现代主义之"全有或全无"的立场。在《后现代圣经》中，意识形态批判作为一种重要的诠释模式，展开了对《出埃及记》的"抵制解读"（resistance reading）。④ 在一系列的追问中，作者关注的是如何呈现文本阅读的解放功能，包括引发社会变化的可能性，以及对阶级、种族与性别等议题的揭示，强调利益的代表者，因此，认为不存在对圣经非意识形态的阅读，也没有不具政治影响的圣经阅读。⑤ 如果所有的诠释活动都植根于人的利益世界里，就都是政治性的，而且，以政治目标为衡量的标准，那么，这是另一种形式的"强版"后现代主义的表述，表达了"全有或全无"的立场，因为，除了所有都是政治角力之外，没有任何先验的基础。既然缺乏先验的基础，那么，一切都是权力的操纵。如此，真实和虚伪之间没有差别，理性与荒谬之间也无差别。而且，若所有学术诠释都是预先"主导的设定"，那么，在批判的学术中，对真理的追求成为是次要的，或是可有可无的。⑥

摩尔与舍伍德合著的《圣经学者的发明：一个批判宣言》是探讨后现代圣经诠释的力作之一，也是"弱版"后现代主义与圣经研究相结合

---

① Christoph Cox, *Nietzsche: Naturalism and Interpretation* (Berkeley: University of California Press, 1999), pp. 111 – 112.

② Ronald Hendel, "Mind the Gap: Modern and Postmodern in Biblical Studies", pp. 431, 442.

③ The Bible and Culture Collective, *The Postmodern Bible*, pp. 2 – 3. 在形式上，该著作颠覆了个体著述的观念。

④ 各种形式的意识形态批判，都是抵制性的阅读。这一阅读方法抵制话语叙述中对权力的压制性运用，抵制终极的诠释，试图呈现文本基本的开放性。The Bible and Culture Collective, *The Postmodern Bible*, p. 303.

⑤ Ibid. , p. 302.

⑥ Ronald Hendel, "Mind the Gap: Modern and Postmodern in Biblical Studies", pp. 432 – 433.

的典型范例。① 该著作所关注的不是逐步取得进步的圣经学术的积累，而是探讨圣经学术中各种可能的范式转换。作者认为现代与后现代的圣经学者都是启蒙运动的产物，并罗列了一个"圣经学者"的历史谱系，由启蒙运动延续至当下。在这个谱系中，首先被提及的是加州大学伯克利分校的历史学者世韩（Jonathan Sheehan）的《启蒙运动的圣经》。② 摩尔与舍伍德称之为"文化圣经"的创作代表，呈现了 18 世纪的德国学者如何开始对圣经的神学权威的危机进行回应，他们不再将拯救的意义视为唯一的议题，而是将圣经的神学权威向文化权威转化。③ 此外，摩尔与舍伍德认为文化圣经的出现，使圣经的道德性成为一个问题。早期启蒙运动的圣经批判多集中在伦理的范畴，探讨非道德、罪与堕落等议题。摩尔与舍伍德认为这种道德批判是当时的一种策略，与启蒙运动重塑圣经权威的诉求是契合的，但是，这种道德批判被 19 世纪与 20 世纪的圣经学者所遗忘，而将历史议题视为中心。④ 他们认为后现代的学术研究为复苏对圣经的伦理批判提供了重要途径。这样的做法，不但没有改变历史的学术研究的性质，而且使后现代的学术研究整合进入圣经学术的谱系中。⑤ 但是即使在今天，他们认为圣经研究还处在启蒙运动的叙述话语

① Stephen Moore and Yvonne Sherwood, *The Invention of the Biblical Scholar: A Critical Manifesto* (Minneapolis: Fortress Press, 2011). 书中亦有个别之处转向"强版"后现代主义，比如，对非人化的身份政治的辩护。因为"强版"后现代主义倡导的"主体死亡"，常导致对人之力量的漠视。摩尔与舍伍德指出："当今对圣经的道德批评，通常以某种身份的名义而实施……我们要倾听而且必须倾听被圣经所损害的人的声音，圣经反复适宜于种族歧视的、性别歧视的、厌恶同性恋的、殖民的与其他惨无人道的事物。此类的斗争上演着身份的冲突。"参 Ibid.，p. 74。对此，亨德尔指出：通过诠释圣经而对其他人构成损害的，是人而不是圣经本身。对圣经的接受与运用的研究，显然属于批判的圣经学术领域。当我们研究圣经在西方文化中的前世今生来世之复杂与不堪历史的时候，我们不需要将我们自己限于古代以色列的历史视域。批判的圣经学术研究应当包括涉及圣经的所有的文化叙述话语。参 Ronald Hendel，"Mind the Gap: Modern and Postmodern in Biblical Studies"，p. 443。

② 该著作从历史编纂学、文献学、道德与美学四个议题探讨早期启蒙运动时期的圣经研究。参 Jonathan Sheehan, *The Enlightenment Bible: Translation, Scholarship, Culture*, pp. 93 – 217。

③ Stephen Moore and Yvonne Sherwood, *The Invention of the Biblical Scholar: A Critical Manifesto*, pp. 47 – 48。

④ 18 世纪早期理性主义者关注圣经中的道德问题，是因为这些道德的问题是不可解决的，并具有社会讽刺性，而历史问题被认为是可解决的，不那么具有煽动性。参 Ibid.，pp. 59 – 60。

⑤ Ibid.，p. 69.

中，其主流依然温和，陷入种种神学与政治的裂缝中，处于启蒙的现代
主义与保守回应之间。

第三节　与圣经历史批判的对话

　　现代与后现代之间存有间隙，而圣经历史批判与后现代批判之间亦
是如此。19 世纪以来，圣经历史批判曾经被视为主流的圣经学术研究方
法，但在 20 世纪下半叶，这一主导地位日益受到质疑。作为历史的特别
是启蒙运动的产物，历史批判在后现代思潮的影响下，正经历一种重新
定位的过程。"后现代主义阵营中各种进路所倡导的异质组合，将传统历
史批判所追求的客观与中立的学术的自我形象丢入一个大熔炉中。在整
个 20 世纪下半叶，主张在文本自身之外不存在实体的后现代论点，对圣
经历史批判构成了挑战。"① 无论是将圣经视为历史的文学产物，还是依
据圣经而重构其历史、试图追溯其原初意义，历史方法论都受到严重的
质疑，因为，将圣经文本作为唯一的历史来源重构过去的事件，是完全
不可能实现的痴人说梦。基于此，早在 20 世纪 80 年代，耶鲁大学的凯克
（Leander E. Keck）追问："历史批判方法还能幸存吗？"② 2007 年，柯大
卫在赫尔辛基的学术研讨会上，宣读了题为《历史批判：气数已尽？》的
论文。他的回答是积极的：圣经历史研究依然鲜活，且会变得强大。③ 这
样的强大，一方面来自历史批判对主体与理性的坚持，另一方面来自圣
经历史批判的自我反省，以及与后现代批判的对话与交流。

　　当前，后现代主义已经成为圣经研究中的一种重要的声音，而且，

①　Martti Nissinen, "Reflections on the 'Historical – critical Method': Historical Criticism and Critical Historicism", in Joel M. LeMon & Kent Harold Richards eds., *Method Matters: Essays on the Interpretation of the Hebrew Bible in Honor of David L. Petersen* (Atlanta: SBL, 2009), p. 479.

②　Leander E. Keck, "Will the Historical – Critical Method Survive? Some Observations", in Richard A. Spencer ed., *Orientation by Disorientation: Studies in Literary Criticism and Biblical Literary Criticism, Presented in Honor of William A. Beardslee* (Pittsburgh: Pickwick, 1980), pp. 115 – 127.

③　David J. A. Clines, "Historical Criticism: Are Its Days Numbered?" in *Teologinen Aikakauskirja* 114 (2009): 542 – 558.

其影响力可能还要持续增长。20世纪已经不像19世纪那样，对现代主义充满信心。① 19世纪是个对整体进步充满信心的自由主义与现代主义的世纪，而20世纪是个更加多元主义的时代。如前所述，圣经后现代批判发端于对历史批判的诘难与质疑，但并不表示它就要优越于历史批判，因为，二者分属于不同的历史时代或思想运动。关于二者之关系，巴尔引用后现代批评家哈贝马斯的观点，即后现代主义为更古老之现代主义倾向（启蒙运动）的完成，认为后现代主义并不是对现代主义的脱离，而是一种持续、深化与完成。② 显然，离开现代主义，后现代主义便成无本之木。当然，后现代主义也不会不加批判地吸收现代主义。后现代主义的基本模式是怀疑，这包含批判的自我怀疑。正如利奥塔所称，他拒斥元叙述，倾向于更细小的叙事以及部分的多样性。如此，后现代主义挑战了现代的边界，并"最终展示了其武断性以及虚构的特征"③。它挑战所有的二元对立，呈现被抑制的声音，重构被边缘化的力量。这一挑战之所以成为可能，是因为后现代主义对文化的定位，发生在瞬息万变与多元文化的现代处境中。后现代主义呈现了文本及其诠释之间的间隙，包括对历史批判的理解。后现代主义揭示了无限衍义（unlimited semiosis），一种无尽的互文意义的游戏，而不是最终所指（signified）或最初意义（original meaning），认为文本的意义通过各种文本之间的相互作用由其不同的读者而发现。故此，后现代主义被现代主义或历史批判斥为宣扬虚无主义（nihilism）。④

然而，后现代主义并不否认历史的重要性。在后现代的处境里，"历史"不是被理解为"真正发生过什么"，也就是说，后现代的历史不是去定位某个无可争议的参考点。对大多圣经文本而言，我们无从知道作者

---

① George Aichele, Peter Miscall and Richard Walsh, "An Elephant in the Room: Historical – Critical and Postmodern Interpretation of the Bible", in *Journal of Biblical Literature* 128 (2009), p. 396.

② James Barr, *History and Ideology in the Old Testament*, p. 158.

③ George Aichele, Peter Miscall and Richard Walsh, "An Elephant in the Room: Historical – Critical and Postmodern Interpretation of the Bible", p. 398.

④ 对后现代主义的正面与负面评价，参米勒德·艾利克森（Millard J. Erickson）《后现代主义的承诺与危险》，叶丽贤、苏欲晓译，北京大学出版社，2006，第227–283页。关于后现代的谬论与矛盾，参特里·伊格尔顿《后现代主义的幻象》，华明译，商务印书馆，2014，第107–152页。

的情况。除了借助于这些文本、遗迹或其他过去的遗留物，我们不能在经验上进入过去的世界，而且，从后现代的视角来看，无论留下什么样的"依据"，我们都只能靠猜测或假设而认识它们。我们假定某些事情真的在过去发生了，而这个过去，在某种意义上，是我们共有的一种"普遍历史"，但是，我们能够理解与描述的，只能依照我们当下的情况而定。因此，"作为对过去的叙述，历史必须在当下被建构，但是，这个当下自身，不是既定的与客观的'现实'，而是在各种欲望、利益、思想、记忆与身体状况等变动的张力中建构的产品"①。对于历史批判而言，要想缩小与后现代批判之间的间隙，就必须变得更加世俗，放弃它过往浪漫的欲望，不再把后现代视为肤浅、时尚与离经叛道。若历史批判能够意识到自己杜撰的神话，方能实现"从当下对象征与诗性演说的浪漫诠释，到合法释经之话语的转移"②。换言之，后现代语境中的历史批判，必须意识到自身同文本的间距，以及自身意识形态对文本意义进行强加的界限。反过来，对后现代主义来说，要想缩短与历史批判之间的间隙，也需要自我反省与批判。在同历史批判进行对话时，后现代主义面临将历史批判妖魔化为敌对一方并进行排斥的危险。

毋庸置疑，离开现代圣经历史批判的学术研究，后现代圣经诠释不可能持续，但反过来，并非如此。若两方阵营的学者能够进行对话，并互相启发与受益，将会获得令人期待的结果。在某些特定的研究领域，历史批判学家与后现代主义者之间的合作与联合，不是不可能。譬如，关于文本，历史批判关注古代文本之间的相似与差别，倾向于文本的整体性，而后现代主义对文本进行细读，在意于其不连贯性，易于瓦解文本的意义。对此，二者具有相互借鉴切磋的可能。关于互文性，历史批判寻索早期文本对后来文本的历史影响，而后现代主义则在意于读者在文本之间建立的关系，而且，读者通常又将文本理解为通过语言与文学形式而嵌入文本的世界里，这同样适用于解读圣经文本各种彼此有意义的张力。关于意识形态与翻译，后现代主义在将现代主义的文学研究从

---

① George Aichele, Peter Miscall and Richard Walsh, "An Elephant in the Room: Historical - Critical and Postmodern Interpretation of the Bible", pp. 400 – 401.

② Jonathan Z. Smith, *Map Is Not Territory: Studies in the History of Religion* (Leiden: Brill, 1978), p. 300.

动态对等的教条主义中解放出来中扮演了重要角色，同时，鉴于翻译在整个圣经历史上的重要性，我们需要探讨文本及其翻译在建构性别、性态、民族与种族等方面起到的作用，这可能是另一个适于二者联合考察的主题。关于作者及其意图，历史批判反复强调作者的意图，而后现代主义认为我们最多只能了解隐含的作者，这是读者同文本相互作用产生的一种功能，如此，作者成为读者的意图，而这一不可调和的分歧需要进一步澄清。最后，关于正典的符号学，也需要历史批判与后现代主义的相遇与碰撞。① 这些主题是圣经历史批判与后现代圣经诠释可能发生对话的主要领域。

由于后现代主义对历史与本质主义的解构与颠覆，有人担心虚无主义时代的来临。但是，这种完全负面的忧虑可能只是表面的，并不能彻底否定历史批判的存在价值。至少就圣经研究而言，"后现代主义还没有占领这一领域，远远没有"②。但是，面对这种解构与颠覆，历史批判不能置若罔闻，也不能置身度外，而是提出了范式转移的诉求。因为我们必须承认，后现代主义的确为我们提供了极其多元的视角重新审视圣经以及过往的研究视角，丰富了历史批判的研究视域。虽然，历史批判呈现了圣经文本的历史本质，但是，它不能体现读者与文本之间的互动，也不能体现文本中蕴涵的性别与阶级等议题，以及来自被抑制的边缘的声音。后现代的多元视角，促使我们对圣经进行多元解读。"所谓后现代主义的那些能指（signifier）的纯粹而随意的游戏，留给了我们。这将不再产生现代主义类型的不朽著作，但是，既有的文本之碎片不断进行组合，以及旧文化与社会产品所搭建的积木，会在新的被升级的大杂烩中出现。"③ 因此，后现代圣经诠释带给我们多元的未来。"后现代圣经批判的影响，使决定性、普遍性、单义性与正当性之类的宣称变得日益沉默与自卫。当习惯于后现代之敏感议题的学者进入圣经批判的领域，这一领域应当发生改变，即从一种现代权威的霸权，变成诠释者的一种网络

---

① George Aichele, Peter Miscall and Richard Walsh, "An Elephant in the Room: Historical – Critical and Postmodern Interpretation of the Bible", pp. 402 – 404.

② John J. Collins, *The Bible after Babel: Historical Criticism in a Postmodern Age*, p. 3.

③ Fredric Jameson, *Postmodernism, or, the Cultural Logic of Late Capitalism* (Durham: Duke University Press, 1991), p. 96.

联结的后现代的复调音乐，因为，诠释者的个人志趣与研究成果强调不同的诠释实践，这是后现代的一种适度发展。"① 因此，后现代圣经学术研究 "更应被看成是一种积极的圣经学术研究的例子，它从教条主义中自我觉醒，具有更加开明的现代性"②。

有趣的是，摩尔与舍伍德在《圣经诠释》期刊上连续发表了三篇文章，对伊格尔顿的《理论之后》等后现代理论做出回应。他们指出后结构主义在当前的文学研究领域呈现衰落趋势，但对圣经研究而言，"理论之后" 出现了复杂的分支，而且，在大多情况下，圣经研究还处于 "理论之前" 的阶段。同时，他们探讨了后现代理论在圣经研究领域被接受与被拒绝的过程。③ 在第三篇文章里，摩尔与舍伍德重点讨论了两波圣经批判理论，明确将历史批判视为第一波的理论，而后现代主义属于第二波。他们梳理了当代哲学、文学与历史批判理论对圣经研究的影响，从而试图厘清两波理论之间的关联。他们指出圣经学术的目的，"是要打开学科机制自身的锁，并呈现它内在的操作；探查标明可接受与规范实践之边界的地带；追问构成我们圣经学者专业身份的排他性体系；同时，反省这一体系如何同我们所谓的'现代'发生关联。因此，圣经与理论之约定的第一波，允许新的后现代的小配件附在同一个旧的学科机器上，而所谓第二波就做不到。第二波对反省'圣经研究的未来'或'21世纪的圣经学术'鲜少有

---

① Andrew K. M. Adam, "Post – modern Biblical Interpretation", p. 309.

② Stephen Moore, "The 'Post – ' Age Stamp: Does It Stick? Biblical Studies and the Postmodernism Debate", in idem, *The Bible in Theory: Critical and Postcritical Essays* (Atlanta: SBL, 2010), p. 14.

③ 2003 年，伊格尔顿的《理论之后》出版。他探讨了德里达与福柯时代的各种后现代理论，主要集中在 20 世纪 60 年代至 90 年代，包括结构主义至后殖民研究的兴起与衰落，指出文化理论的黄金时代已经结束。而且，在全球化与恐怖主义时代，他警告称后现代主义实质上是无力的。以此为基础，摩尔与舍伍德分析了后现代之后的圣经诠释。他们的连载文章，参 Stephen D. Moore and Yvonne Sherwood, "Biblical Studies 'after' Theory: Onwards Towards the Past, Part One: After 'after Theory', and Other Apocalyptic Conceits", in *Biblical Interpretation* 18 (2010): 1 – 27; "Biblical Studies 'after' Theory: Onwards Towards the Past, Part Two: The Secret Vices of the Biblical God", in *Biblical Interpretation* 18 (2010): 87 – 113; "Biblical Studies 'after' Theory: Onwards Towards the Past, Part Three: Theory in the First and Second Waves", in *Biblical Interpretation* 18 (2010): 191 – 225。

贡献"①。总之，摩尔同舍伍德肯定历史批判对圣经研究的积极意义。作为"弱版"后现代理论的倡导者，他们不仅注意到了圣经历史批判与后现代批判之间的间隙，同时，将二者紧密联系在一起，尊重现代历史批判的研究成果，并对自身进行了深刻的反省。

第四节　结语

　　圣经作为犹太教与基督教最为重要的圣典，在过去的两千多年间，一再被诠释，从未间断。传统上，基督教将释经的学问称为圣经学，是基督教神学的分支，非常古老，它依附于教会与教义神学，是神学论证时援引的重要依据。圣经"推动了教会神学形成，却不幸被教会教条主义的阐释所限制与束缚。以至于，今天众多基督徒都是主要通过添加的教条与信仰来阅读《圣经》，而并未阅读《圣经》文本本身，以及聆听其真正所言"②。纵观圣经诠释的历史，在圣经世俗化经历了漫长的演化之后，主要是接受文艺复兴、宗教改革与启蒙运动的洗礼之后，圣经才逐渐摆脱神学的框架和束缚，最终成为人们可以运用理性和经验进行研究的客体。圣经研究（biblical studies）成为一门自主的人文学科是在 20 世纪，因此它是个年轻的学科。这个转化的过程何其漫长，它是由圣经学转变为圣经研究的过程，是由神学到人学的过程，也是人寻求自我理解的过程。这里的圣经研究与历史批判密切相关，它不仅将圣经的著述、编修、正典化与演变植根于特定的历史处境，呈现圣经的历史本质，而且，试图重构历史，譬如重构古代以色列民族史与宗教史，也试图关注圣经文本本身的历史，比如探究圣经的文本、语言、编纂与译述的历史等。

　　20 世纪的圣经研究，可谓圣经批判理论最为繁盛的时代，其中，各种历史批判理论不仅异彩纷呈，百家争鸣，而且，在历史批判与后现代

---

①　Stephen D. Moore and Yvonne Sherwood, "Biblical Studies 'after' Theory: Onwards Towards the Past Part Three: Theory in the First and Second Waves", p. 225.

②　李炽昌：《〈圣经〉东游记：〈圣经在中国的互/文本阐释〉》，载《世界汉学》2012 年第 10 卷，第 72 页。

主义两大理论家族之间，充满了碰撞与激荡。后现代圣经诠释是圣经批判的一种激进表述。半个多世纪以来，由欧美学者主导的圣经历史批判，经历了诸如读者回应批判、互文性、解构主义、女性主义、后殖民主义等后现代主义的犀利审视与挑战，被重新界定，而且，圣经批判的范围得以延展。柯大卫在分析了当今《希伯来圣经》学术研究的各种后现代批判方法之后，"强调在《希伯来圣经》研究领域发生了悄然的革新，那就是学者更少受到严格方法论之正确性的约束，而是发现他们的文本在这些方法的启发下，获得了意想不到的效果"①。如若现代性的特征就在于一种持续革新的变化状态，那么，对于批判的圣经学术而言，即便是微小的革新，也是值得庆幸的。毋庸置疑，圣经文本本身杂而多端，历经漫长的著述与编修的过程，同时，因应不同的神学传统、历史文化与社会政治的需求，产生了跌宕起伏而相互交织的释经进路，这些都导致了现代圣经诠释方法的纷繁多样性与复杂性。在后现代的语境里，一个新的文化理论的产生，比如，酷儿理论（queer theory），都会被用于对圣经的解读，从而产生出新意，展现圣经文本的生命张力。② 在一个文化多元的时代，各种诠释方法之间的对话是至关重要的。因此，在经历圣经历史批判与后现代诠释理论的洗礼之后，任何对圣经单一化、简单化与化约的论断与解读，都无助于建构圣经批判的新范式。而且，在具有多元宗教文本传统的汉语语境里更是如此。因此，在以欧美为中心的叙述话语之外，比如在亚非拉的世界，基于丰富的历史、文化、宗教与社会现实的处境，圣经研究呈现出别样生动的面貌。

作为基督教文化的圣典，圣经代表着西方文明的源头活水，其影响力深嵌在西方的文化与社会生活中，深刻塑造了欧美的历史、政治、经

---

① David J. A. Clines, "Contemporary Methods in Hebrew Bible Criticism", in Magne Sæbø ed., *Hebrew Bible/Old Testament*, *The History of Its Interpretation*, vol. III/2: The Twentieth Century (Göttingen: Vandenhoeck & Ruprecht, 2015), p. 169.

② 酷儿理论是 1990 年代在美国形成的一种关于性与性别的文化理论。它借助解构主义、后结构主义、话语分析和性别研究等手段，分析和解读性别认同、权力形式和社会常规，批判地研究生理性别决定系统、社会性别角色和性取向，反对二元论的性别身份政治。以酷儿理论的视角阅读与诠释圣经，参 Teresa J. Hornsby and Ken Stone eds., *Bible Trouble: Queer Reading at the Boundaries of Biblical Scholarship* (Atlanta: SBL, 2011)。该著作书名被认为是对巴特勒（Judith Butler）之《性别麻烦》的参照与模仿，以示致敬。

济、文学与艺术。如前所述，在西方，圣经的诠释与接受的历史有两千多年，已成为西方智性传统的重要组成部分。伴随着陆上丝绸之路的开辟，以及东西文化交流的推进，圣经随着基督教的东传而被带到亚洲世界。早在公元 7 世纪，叙利亚东方教会的聂斯托利亚教会（Nestorian Church），首次将圣经引介到中国、印度和爪哇等地。① 其实，圣经起源并孕育于古代西亚的巴勒斯坦，它成型于希腊罗马与拉丁世界。除了东方正教会的传播情形，圣经是一路西行，它伴随着帝国扩张西传至欧洲大陆、不列颠群岛和美洲新世界，并绕道东游至亚洲，与陌生的亚洲宗教经典相遇。② 尤其是在近代，当圣经随着殖民运动来到亚洲的时候，英语世界的钦定本圣经（King James Bible）作为圣经的代表而被引进。此时的圣经成为具有欧洲特色的书卷，少了一些亚洲风貌。而且，对欧洲入侵的合法化，以及对圣经能够拯救异邦灵魂的坚信，都进一步强化了这种疏离。③ 亚洲拥有多元的本土宗教传统，以及丰富的宗教经典。它们丰富和滋养着亚洲人民的精神生命，成为他们安身立命的根本依托。亚洲在历史上活跃着中国和印度两大古老文明，它们拥有悠久的历史与文本传统。在与圣经相遇的过程中，中国人与印度人呈现出截然不同于西方的圣经阅读与诠释方式。

　　在汉语语境中，圣经伴随着基督教来华而与中国文化相遇。基督教是翻译的宗教，翻译本身乃是诠释。圣经在中国的传播、翻译、接受与阐释的历史，可追溯于唐代。根据明天启年间（1621－1627）出土的大秦景教流行中国碑记载，基督教初入中国是在唐贞观九年（635），时称景教，取大光明之义。景教传教士阿罗本与景净汉译圣经，译文附会于儒释道学说，力图融于中国的宗教传统中。明末清初，以罗明坚（Michele Ruggieri，1543－1607）和利玛窦（Matteo Ricci，1552－1610）等为代表的耶稣会士，开启了基督教来华又一波热潮，与中国文化进行了深入而持续的对话。在汉语文化传统里，"圣经"原指儒家"圣教"的

---

① R. S. Sugirtharajah，*The Bible and Asia*：*From the Pre－Christian Era to the Colonial Age*，p. 3.
② 李炽昌：《〈圣经〉东游记：〈圣经〉在中国的互/文本阐释》，第 72－73 页。
③ R. S. Sugirtharajah，*The Bible and Asia*：*From the Pre－Christian Era to the Colonial Age*，p. 4.

经典，相对于"谬典"而言。1603 年，利玛窦在其《天主实义》中，称自己的圣典为"天主圣经"，称天主教为"天主圣教"。① 耶稣会士效仿儒家经典的语言和格式诠释圣经。这样的表达，在阳玛诺（Emmanuel Diaz Junior，1574 – 1659）刊于 1636 年的《圣经直解》中尤为突出。② 该著作是对福音书的节译与诠释，以文理古雅见长。随后，耶稣会士白日升（Jean Basset，1662 – 1707）与贺清泰（Louis Poirot，1735 – 1814）汉译了《新约》和大部分《旧约》书卷，采用华北地区的俗语，为我们留下最早的白话圣经汉译本《古新圣经》。③ 各种圣经汉译本的大量涌现，是 19 世纪初以马礼逊（Robert Marrison，1782 – 1834）为代表的基督新教传教士开启的，它们促进了西学东渐，以及中西文化之间的对话。圣经的汉译本，有文言、半文半白、白话文、方言文字、方言教会罗马字、国语注音字母与国语罗马字等众多译本。目前遗存的圣经汉译本，就有近百种之多。

在汉语语境中，现代意义上的圣经研究起步较晚。以梁工教授为代表的圣经文学研究，侧重于将圣经视为文学作品而进行探究，呈现其在中西文学传统中的意义。④ 在中国丰富而多元的文化传统里，源远流长的儒释道之宗教文化，孕育并积累了极为深厚的文本传统。如何运用汉语的思想资源进行圣经诠释？如何在汉语语境中读出圣经的意义？在唯独文本的进路与文本—处境的解释模式之外，李炽昌教授提出了跨文本阅读（cross – textual reading）的方法，认为中国丰富而厚重的经学传统也能帮助我们深化对圣经的理解。⑤ 跨文本阅读尝试通过两个或多个文本之互动而进行深入的圣经诠释，在相互跨越文本权威之边界，以及彼此亮

---

① 利玛窦：《天主实义今注》，梅谦立注，谭杰校勘，商务印书馆，2014，第 178、220 页。利玛窦有时又称之为"天主正经"。同上，第 117 页。

② 郑海娟：《文白变迁：从〈圣经直解〉到〈古新圣经〉》，载《华文文学》2015 年第 4 期，第 47 页。

③ 贺清泰译注《古新圣经残稿》（共 9 册），中华书局，2014。

④ 梁工的相关著述丰硕，此略举三部。梁工：《当代文学理论与圣经批评》，人民出版社，2014；《圣经叙事艺术研究》，商务印书馆，2005；《圣书之美》，中央编译出版社，2014。此外，2007 年，梁工创刊《圣经文学研究》，为汉语学界的圣经研究提供了一个重要的学术平台。

⑤ 李炽昌：《跨文本阅读：〈希伯来圣经〉诠释》，生活·读书·新知三联书店，2015。

光的照耀下，从而实现彼此的相互渗透、贯通与整合。① 于中国圣经学者而言，他们承受着两个文本传统，即中国经典文本（文本 A）与来自犹太—基督教社群的圣经文本（文本 B）。当二者相遇汇合时，他们如何在两个文本与传统之间往返？他们又如何内在地整合二者并转化二者呢？同时，跨文本阅读正视与尊重中国基督徒所拥有的双重文化身份，省察圣经至上权威与基督教信仰的绝对性，从而建构和丰富中国的圣经诠释。以跨文本阅读为基础，基于中国众多经典同时共存的现实，为了突出汉语文本的存在及其影响，李炽昌进一步提出文本/共处的诠释（con/textual interpretation）模式。② 此方法进一步强调中国读者的处境是由多重文本嵌入和渗透的，而且，汉语文本与圣经文本具有同等重要性，需要平等对待，二者处于创造性的张力之中，从而激发二者更为完整的意义。这一方法意在探索建构中国圣经研究的可能性。

《创世记》中的巴别塔，又称通天塔，因语言被变乱而无法继续建造，人们只好散居各地，彼此语言不通。传统上，这是关于语言多样化以及人类迁徙各地的一个推源故事，无论是建塔的努力还是语言的变乱，过往的解读常常被赋予负面的意义，因为将它同人的堕落相关联。德里达颠覆了对这一故事的解读。他认为巴别塔是整体、全面与单一的象征，而语言的变乱象征着对多元性的颂扬。"巴别塔"不仅描绘了语言的多元

---

① 在多篇英文论文中，李炽昌对此方法做出具体的阐释。参 Archie C. C. Lee, "Biblical Interpretation in Asian Perspective", *Asia Journal of Theology* 7 (1993): 35 – 39; "The Chinese Creation Myth of Nu Kua and the Biblical Narrative in Gen. 1 – 11", *Biblical Interpretation* 2 (1994): 312 – 324; "Death and the Perception of the Divine in Zhuangzi and Koheleth", *Ching Feng* 38 (1995): 68 – 81; "Cross – textual Reading Strategy: A Study of Late Ming and Early Qing Chinese Christian Writings", *Ching Feng* 4 (2003): 1 – 27; "Naming God in Asia: Cross – Textual Reading in Multi – Cultural Context", in *Quest* vol. 3, no. 1 (2004): 21 – 42; "Cross – textual Hermeneutics", in Virginia Fabella & R. S. Sugirtharajah eds., *Dictionary of Third World Theologies* (New York: Orbis Books, 2000), pp. 60 – 62; "Cross – textual Interpretation as Postcolonial Strategy in Bible Translation in Asia", in R. S. Sugirtharajah ed., *The Oxford Handbook of Postcolonial Biblical Criticism* (Online Publication, 2019), pp. 1 – 23; "The Bible and Taoist Writings", in K. K. Yeo ed., *The Oxford Handbook of the Bible in China* (Oxford: Oxford University Press, 2021), pp. 219 – 233。

② 李炽昌：《"文本/共处"的诠释方法：从希伯来传统及中国经典解读耶稣》，载《宗教学研究》2016 年第 4 期，第 194 – 203 页；《从跨文本阅读到文本/共处的诠释——希伯来智慧书与〈论语〉中的天人维度》，载《圣经文学研究》2018 年第 16 辑，第 108 – 138 页。

歧义性，而且，它展示了不完整，即教化秩序、建筑构造与体系设计等，均无从终结，无法联合成整体，也无从饱和，换言之，总体性无法把握。① 因此，这个故事表明极权化与单一化的不完全性与不可能性。就过往两个世纪的圣经研究而言，居于主导地位的历史批判扮演着巴别塔的角色。② 回顾一下 20 世纪的圣经研究，尤其是近半个世纪的学科发展态势，在规模盛大的圣经文学学会的年会议程中，我们"就能清晰地发现，研究方法、兴趣、主题范畴和视角不再以合作共建巴别塔为目标，而是承认圣经学术研究已经分裂成多元的学科领域"③。

如上所述，圣经研究在 20 世纪发生了翻天覆地的变化。世纪末，随着女性主义、后殖民主义、文化研究、马克思主义、意识形态理论与解构主义等的风起云涌，历史批判备受质疑，同时，考古学的挖掘发现与各种意识形态思潮的兴起，更促使"历史轰然倒塌"。从后现代的视角来看，对圣经文本进行原意和历史重构的寻索是徒劳的，也是自欺欺人的。④ 历史批判所宣称的客观性无法达到，而且，也完全不可能。但是，历史批判的价值与意义，依然持续与存在。后现代主义，尤其是"强版"后现代主义，并不能也不可能完全解构历史批判。离开现代主义的历史批判，后现代主义就是无源之水。纵观 20 世纪的圣经学术研究，圣经愈来愈被视为一种文化产品（cutural artifact）而被研究。圣经不仅是古代文本，而且，也是现代读者呈现不同的观念、价值与行为的载体。如此，21 世纪的圣经诠释，不仅将在文学批判、历史批判、社会科学批判与后现代主义批判之间，此消彼长，互补共存，同时，它会继续借鉴其他各种人文与社会科学的理论与方法，追随不同的知识潮流，尊重各种不同的宗教文化传统，吐故纳新。其中，多样性、多元性与碎片化将持续成为未来圣经研究的基本特征。

---

① Jacques Derrida, "Das Tours de Babel", in David Jobling and Stephen D. Moore eds. , Poststructuralism as Exegesis, *Semeia* 54（1992）, pp. 3 – 4.
② John J. Collins, *The Bible after Babel: Historical Criticism in a Postmodern Age*, p. 3.
③ 菲利普·R·戴维斯：《多学科圣经研究五十年》，第 35 – 36 页。
④ John Barton, "Historical – critical Approaches", p. 13.

附录一 《希伯来圣经》之正典的各书卷与分类

序号	书卷名	所属整体
1	创世记	托拉
2	出埃及记	
3	利未记	
4	民数记	
5	申命记	
6	约书亚记	前先知书
7	士师记	
8	撒母耳记上下	
9	列王纪上下	
10	以赛亚书	后先知书
11	耶利米书	
12	以西结书	
13	何西阿书、约珥书、阿摩司书、俄巴底亚书、约拿书、弥迦书、那鸿书、哈巴谷书、西番雅书、哈该书、撒迦利亚书、玛拉基书（又称十二小先知书，合成一卷）	
14	诗篇	圣卷
15	箴言	
16	约伯记	
17	雅歌	
18	路得记	
19	哀歌	
20	传道书	
21	以斯帖记	
22	但以理书	
23	以斯拉记、尼希米记	
24	历代志上下	

附录二　基督教的《旧约》书卷

分类	新教（39卷）	天主教（46卷）	东正教（50卷）
五经	创世记	创世纪	起源之书
	出埃及记	出谷记	出离之书
	利未记	肋未纪	勒维人之书
	民数记	户籍纪	民数之书
	申命记	申命纪	第二法典之书
历史书	约书亚记	若苏厄书	纳维之子伊稣斯传
	士师记	民长纪	众审判者传
	路得记	卢德传	如特传
	撒母耳记上下	撒慕尔纪上下	众王传一二
	列王纪上下	列王纪上下	众王传三四
	历代志上下	编年纪上下	史书补遗一二
	以斯拉记	厄斯德拉上	艾斯德拉纪一、艾斯德拉纪二
	尼希米记	厄斯德拉下	奈饿弥亚纪
		多俾亚传、友弟德传	托维特传、虞狄特传
	以斯帖记	艾斯德尔传	艾斯提尔传
		玛加伯上下	玛喀维传一二三
诗歌智慧书	约伯记	约伯传	约弗传
	诗篇（150篇）	圣咏集（150篇）	圣咏经（151篇），第151篇为单独一卷
			玛拿西祷言
	箴言	箴言	索洛蒙箴言
	传道书	训道篇	训道篇
	雅歌	雅歌	歌中之歌
		智慧篇、德训篇	索洛蒙的智慧书、希拉赫的智慧书

分类	新教（39 卷）	天主教（46 卷）	东正教（50 卷）
大先知书	以赛亚书	依撒意亚	伊撒依亚书
	耶利米书	耶肋米亚	耶热米亚书
	耶利米哀歌	耶肋米亚哀歌	耶热米亚之哀歌
		巴路克	瓦如赫书
			耶热米亚之书信
	以西结书	厄则克耳	耶则基伊尔书
	但以理书	达尼尔	达尼伊尔书
小先知书	何西阿书	欧瑟亚	奥西埃书
	约珥书	岳厄尔	约伊尔书
	阿摩司书	亚毛斯	阿摩斯书
	俄巴底亚书	亚北底亚	奥弗狄亚书
	约拿书	约纳	约纳书
	弥迦书	米该亚	弥亥亚书
	那鸿书	纳鸿	纳翁书
	哈巴谷书	哈巴谷	益瓦库穆书
	西番雅书	索福尼亚	索佛尼亚书
	哈该书	哈盖	益盖书
	撒迦利亚书	匝加利亚	匝哈里亚书
	玛拉基书	玛拉基亚	玛拉希亚书

参 考 文 献

中文

阿尔伯特：《耶路撒冷史》，王向鹏译，大象出版社，2014。

安布罗斯：《论责任》，陈越骅译，汉语基督教文化所，2015。

奥古斯丁：《驳朱利安》，石敏敏译，中国社会科学出版社，2017。

奥古斯丁：《忏悔录》，周士良译，商务印书馆，2009。

奥古斯丁：《论灵魂及其起源》，石敏敏译，中国社会科学出版社，2017。

奥古斯丁：《论三位一体》，周伟驰译，商务印书馆，2015。

奥古斯丁：《论原罪与恩典：驳佩拉纠派》，周伟驰译，商务印书馆，2012。

奥古斯丁：《上帝之城：驳异教徒》上中下，吴飞译，生活·读书·新知三
　　联书店，2016。

奥利金：《驳塞尔修斯》，石敏敏译，生活·读书·新知三联书店，2013。

奥利金：《论首要原理》，石敏敏译，汉语基督教文化所，2002。

柏拉图：《蒂迈欧篇》，谢文郁译，上海人民出版社，2005。

保罗·阿尔托依兹：《马丁·路德的神学》，段琦、孙善玲译，译林出版
　　社，1998。

保罗·梅尔编译《约瑟夫著作精选——〈犹太古史〉、〈犹太战记〉节
　　本》，王志勇译，北京大学出版社，2004。

彼得·布朗（Peter Brown）：《希波的奥古斯丁》，钱金飞、沈小龙译，中
　　国社会科学出版社，2013。

布鲁斯（F. F. Bruce）：《圣经正典》，刘平、刘友古译，上海人民出版
　　社，2008。

查士丁：《护教篇》，石敏敏译，生活·读书·新知三联书店，2014。

陈驯：《创造与恩典：奥古斯丁〈创世记字义解释〉中的神学人类学》，
　　宗教文化出版社，2012。

陈越骅：《跨文化视野中的奥古斯丁——拉丁教父的新柏拉图主义源流》第二章，浙江大学出版社，2014。

大卫·福莱（David Furley）主编，《从亚里士多德到奥古斯丁》，冯俊等译，中国人民大学出版社，2004。

德尔图良：《护教篇》，涂世华译，商务印书馆，2012。

俄里根（Origen）：《属灵的寓意：〈约翰福音〉注疏》上，柳博赟译，华夏出版社，2010。

菲利普·R·戴维斯（Philip R. Davies）：《多学科圣经研究五十年》，张迎迎译，载《圣经文学研究》第 18 辑，2019。

菲利斯·特丽波：《女性主义诠释学与圣经研究》，周辉译，载《圣经文学研究》第 3 辑，2009。

斐洛：《论〈创世记〉：寓意的解释》，王晓朝、戴伟清译，汉语基督教文化研究所，1998。

斐洛：《论律法》，石敏敏译，中国社会科学出版社，2007。

费南多 F. 斯果维亚：《圣经批评与后殖民主义研究：走向后殖民主义视角》，邱业祥译，载《圣经文学研究》第 2 辑，2008。

傅有德等：《犹太哲学史》上下卷，中国人民大学出版社，2008。

格拉汉姆·汤姆凌：《真理的教师：马丁·路德和他的世界》，张之璐译，北京大学出版社，2004。

格肖姆·索伦（G. G. Scholem）：《犹太教神秘主义主流》，涂笑非译，四川人民出版社，2000。

海登·怀特（Hayden White）：《元史学：19 世纪欧洲的历史想象》，陈新译，译林出版社，2013。

汉斯·约纳斯：《诺斯替宗教：异乡神的信息与基督教的开端》，张新樟译，上海三联，2006。

洪汉鼎：《斯宾诺莎哲学研究》，人民出版社，1997。

黄慧贞：《性别意识与圣经诠释》，香港基督徒学会，2000。

黄锡木主编《使徒教父著作》，高陈宝婵译，生活·读书·新知三联书店，2013。

霍布斯：《利维坦》，黎思复、黎廷弼译，商务印书馆，2009。

佳亚特里·斯皮瓦克：《后殖民理性批判：正在消失的当下的历史》，译林出版社，2014。

利玛窦：《天主实义今注》，梅谦立注，谭杰校勘，商务印书馆，2014。

李炽昌：《跨文本阅读：〈希伯来圣经〉诠释》，生活·读书·新知三联书店，2015。

李炽昌：《〈圣经〉东游记：〈圣经〉在中国的互/文本阐释》，载《世界汉学》2012 年第 10 卷。

李炽昌：《无像崇拜与破坏神像：圣经禁像传统在中国的诠释》，载《宗教学研究》2016 年第 1 期。

李炽昌、游斌：《生命言说与社群认同：〈希伯来圣经〉五小卷研究》，中国社会科学出版社，2003。

李炽昌：《“文本/共处”的诠释方法：从希伯来传统及中国经典解读耶稣》，载《宗教学研究》2016 年第 4 期。

李炽昌：《从跨文本阅读到文本/共处的诠释——希伯来智慧书及〈论语〉中的天人维度》，载《圣经文学研究》第 16 辑，2018。

李奭学、郑海娟主编《古新圣经残稿》（共 9 册），贺清泰译注，中华书局，2014。

梁工：《后殖民圣经批评的基本主题》，载《世界宗教研究》2010 年第 2 期。

梁工主编《西方圣经批评引论》，商务印书馆，2006。

梁工：《圣经叙事艺术研究》，商务印书馆，2006。

梁工：《当代文学理论与圣经批评》，人民出版社，2014。

梁工：《圣书之美》，中央编译出版社，2014。

列奥·施特劳斯：《霍布斯的政治哲学》，申彤译，译林出版社，2012。

列奥·施特劳斯：《霍布斯的宗教批判：论理解启蒙》，杨丽等译，华夏出版社，2012。

列奥·施特劳斯：《斯宾诺莎的宗教批判》，李永晶译，华夏出版社，2013。

林荣洪：《基督教神学发展史》，译林出版社，2013。

刘小枫：《“误解”因“瞬时的理解”而称义》，载《读书》2005 年第 11 期。

卢克·提摩太·约翰逊（Luke Timothy Johnson）：《〈新约〉入门》，陆巍译，外语教学与研究出版社，2015。

圣经诠释的历史与方法

罗兰·巴特:《符号学历险》,李幼蒸译,中国人民大学出版社,2008。

罗伦培登(Roland H. Bainton):《这是我的立场:改教先导马丁·路德传记》,陆中石、古乐人译,译林出版社,1995。

马丁·路德:《〈加拉太书〉注释》,李曼波译,生活·读书·新知三联,2011。

马丁·路德:《路德书信集(1507-1519)》,黄保罗、刘新利编译,山东大学出版社,2015。

马丁·路德:《论德国基督徒的尊严》,载马丁·路德,《路德三檄文和宗教改革》,李勇译,上海人民出版社,2010。

马丁·路德:《论基督徒的自由》,载马丁·路德,《路德三檄文和宗教改革》,李勇译,上海人民出版社,2010。

马丁·路德:《为所有信条辩护》,雷雨田译,载《路德文集》,上海三联书店,2005。

马丁·路德:《桌边谈话录》,林纯洁等译,经济科学出版社,2012。

马丁·路德、约翰·加尔文:《论政府》,吴玲玲编译,贵州人民出版社,2004。

迈克尔·库根(Michael Coogan):《〈旧约〉入门》,张贤勇译,外语教学与研究出版社,2015。

迈克尔·马莱特:《加尔文》,林学仪译,上海译文出版社,2001。

米勒德·艾利克森(Millard J. Erickson):《后现代主义的承诺与危险》,叶丽贤、苏欲晓译,北京大学出版社,2006。

米肖·普茹拉:《十字军东征史》,杨小雪译,北京时代华文书局,2014。

米歇尔·福柯(Michel Foucault):《词与物:人文科学考古学》,莫伟民译,上海三联书店,2001。

苗力田主编《亚里士多德全集》卷二,中国人民大学出版社,2006。

摩普绥提亚的狄奥多若:《教理讲授集》,朱东华译,道风书社,2015。

让-弗朗索瓦·利奥塔:《后现代状态:关于知识的报告》,车槿山译,生活·读书·新知三联书店,1997。

史蒂文·纳德勒:《斯宾诺莎传》,冯炳昆译,商务印书馆,2011。

斯·茨威格:《一个古老的梦:伊拉斯谟传》,姜睿张、廖绥胜译,辽宁人民出版社,1998。

斯宾诺莎：《斯宾诺莎文集》，温锡增译，商务印书馆，2014。

斯蒂芬·茨威格：《鹿特丹的伊拉斯谟：辉煌与悲情》，舒昌善译，生活·读书·新知三联书店，2016。

斯蒂芬·米勒（Stephen M. Miller）、罗伯特·休伯（Robert V. Huber）：《圣经的历史：圣经成书过程及历史影响》，黄剑波、艾菊红译，中央编译出版社，2008。

斯图亚特·布朗主编《英国哲学和启蒙时代》，中国人民出版社，2009。

宋旭红：《伊丽莎白·舒士拿·费奥伦查的"kyriarchy"概念内涵与功能解析》，载《基督教文化学刊》第38辑，2017。

特里·伊格尔顿：《后现代主义的幻象》，华明译，商务印书馆，2014。

特里·伊格尔顿：《理论之后》，商正译，商务印书馆，2009。

提摩太·林（Timothy H. Lim）：《死海古卷概说》，傅有德、唐茂琴译，外语教学与研究出版社，2013。

托马斯·阿奎那：《神学大全》，第一集（论上帝），卷一（论上帝的本质），段德智译，商务印书馆，2013。

王晓朝：《奥古斯丁对基督教释经学的重要贡献》，载《圣经文学研究》第3辑，2009。

吴飞：《奥古斯丁论创世中的圣言》，载《社会科学战线》2011年第4期。

吴飞：《无中生有与精神质料——奥古斯丁〈创世记〉诠释的两个问题》，载《道风：基督教文化评论》2016年第45期。

吴飞：《心灵秩序与世界历史：奥古斯丁对西方文明的终结》，生活·读书·新知三联书店，2013。

吴华：《苏吉萨拉迦的后殖民圣经诠释》，载《宗教学研究》2016年第3期。

伊拉斯谟：《愚人颂》，许崇信、李寅译，译林出版社，2010。

伊曼努尔·康德：《康德论上帝与宗教》，李秋零编译，中国人民大学出版社，2004。

优西比乌：《教会史》，保罗·L·梅尔英译，瞿旭彤中译，生活·读书·新知三联书店，2009。

于尔根·哈贝马斯（Jürgen Habermas）：《现代性的哲学话语》，曹卫东

圣经诠释的历史与方法

译，译林出版社，2011。

约翰·加尔文：《基督教要义》上中下，钱曜诚等译，生活·读书·新知三联书店，2016。

约翰·加尔文：《敬虔生活原理：〈基督教要义〉1536 年版》，王志勇译，生活·读书·新知三联书店，2012。

约翰·洛克：《基督教的合理性》，王爱菊译，武汉大学出版社，2006。

约翰·洛克：《政府论两篇》，杨思派译，陕西人民出版社，2005。

詹姆斯·利文斯顿：《现代基督教思想》，何光沪、高师宁译，译林出版社，2014。

詹姆斯·缪伦堡：《形式批评的反思与超越》，张晓梅译，载《圣经文学研究》第 2 辑，2008。

章雪富：《斐洛思想导论：两希文明视野中的犹太哲学》，中国社会科学出版社，2006。

赵敦华、傅乐安主编《中世纪哲学》上下卷，商务印书馆，2016。

郑海娟：《文白变迁：从〈圣经直解〉到〈古新圣经〉》，载《华文文学》2015 年第 4 期。

周天和：《新约研究指南》，香港中文大学崇基学院神学组，1998。

周伟驰：《奥古斯丁的基督教思想》，中国社会科学出版社，2005。

英文

Aichele, George. *The Play of Signifiers: Poststructuralism and Study of the Bible.* Leiden: Brill, 2016.

–, Peter Miscall, and Richard Walsh. "An Elephant in the Room: Historical – Critical and Postmodern Interpretation of the Bible", *Journal of Biblical Literature* 128 (2009): 383 – 404.

Albright, William F. *The Archaeology of Palestine and the Bible.* New York: Fleming H. Revell, 1933.

–. *Monotheism and the Historical Process.* Baltimore: Johns Hopkins University Press, 1940.

–. *Archaeology and the Religion of Israel.* Baltimore: Johns Hopkins University Press, 1941.

–. *The Bible after Twenty Years of Archaeology, 1932 – 1952.* Pittsburgh: Biblical

Colloquium, 1954.

—. *Recent Discoveries in Bible Lands.* New York: Funk and Wagnalls, 1955.

—. *From the Stone Age to Christianity.* New York: Doubleday, 1957.

—. *The Biblical Period from Abraham to Ezra: An Historical Survey.* New York: Harper Torchbooks, 1963.

—. *Yahweh and the Gods of Canaan: An Historical Analysis of Two Contrasting Faiths.* London: Athlone Press, 1968.

Alt, Albrecht. *Essays in Old Testament History and Religion.* New York: Doubleday, 1968.

Alter, Robert. *The Art of Biblical Narrative.* New York: Basic Books, 1981.

Amitai, Janet, ed. *Biblical Archaeology Today.* Jerusalem: the Israel Exploration Society, 1985.

Arnold, Duane W. H., and Pam Bright, eds. *De Doctrina Christiana: A Classic of Western Culture.* Notre Dome: University of Notre Dame Press, 1995.

Assmann, Jan. *Religion and Cultural Memory,* trans. by Rodney Livingston. Stanford: Stanford University Press, 2006.

—. *Of God and Gods: Egypt, Israel, and the Rise of Monotheism.* Madison: University of Wisconsin Press, 2008.

Atkinson, Kenneth, and James H. Charlesworth, eds. *A History of Hasmonean: Josephus and Beyond.* London: Bloomsbury, 2019.

Augustine. *The Literal Meaning of Genesis,* translated and annotated by John H. Taylor. New York: Newman Press, 1982.

—. *De Doctrina Christiana,* ed. and trans. by R. P. H. Green. Oxford: Clarendon Press, 2004.

Auwers, J. – M., and H. J. de Jonge, eds. *The Biblical Canons.* Leuven: Peeters, 2003.

Bagchi, David, and David C. Steinmetz, eds. *The Cambridge Companion to Reformation Theology.* Cambridge: Cambridge University Press, 2004.

Baildam, John D. *Paradisal Love: Johann Gottfried Herder and the Song of Songs.* Sheffield: Sheffield Academic Press, 1999.

Bailey, Randall C. , Tat – siong Benny Liew, and Fernando F. Segovia, eds. *They Were All Together in One Place ? Toward Minority Biblical Criticism.* Atlanta: SBL, 2009.

Baldassarri, Stefano U. , and Rolf Bagemihl, eds. *Giannozzo Manetti: Biographical Writings.* Cambridge: Harvard University Press, 2003.

Barr, James. *History and Ideology in the Old Testament.* Oxford: Oxford University Press, 2000.

Barrett, David B. *World Christian Encyclopedia: A Comparative Study of Churches and Religions in the Modern World.* New York: Oxford University Press, 1982.

Barstad, Hans M. *History and the Hebrew Bible: Studies in Ancient Israelite and Ancient Near Eastern Historiography.* Tübingen: Mohr Siebeck, 2008.

Barthes, Roland. *The Semiotic Challenge*, translated by Richard Howard. New York: Hill & Wang, 1988.

Barton, John. *Reading the Old Testament.* Philadelphia: Westminster, 1984.

– . *Reading the Old Testament: Method in Biblical Study.* Louisville: Westminster John Knox Press, 1996.

– , ed. *The Cambridge Companion to Biblical Interpretation.* Cambridge: Cambridge University Press, 1998.

– , ed. *The Biblical World*, vol. 1. London & New York: Routledge, 2002.

– *The Nature of Biblical Criticism.* Louisville: Westminster John Knox Press, 2007.

Baumgarten, Elisheva. *Practicing Piety in Medieval Ashkenaz: Men, Women, and Everyday Religious Observance.* Philadelphia: University of Pennsylvania Press. 2014.

Bejczy, István. *Erasmus and the Middle Ages: The Historical Consciousness of a Christian Humanist.* Leiden: Brill, 2001.

Benhabib, Seyla. *Situating the Self: Gender, Community and Postmodernism in Contemporary Ethics.* New York: Routledge, 1992.

– , Judith Butler, Drucilla Cornell, Nancy Fraser, eds. *Feminist Contentions: A Philosophical Exchange.* New York: Routledge, 1995.

Bentley, Jerry H. *Humanists and Holy Writ: New Testament Scholarship in the Renaissance.* Princeton: Princeton University Press, 1983.

Bergen, Wesley J. *Reading Ritual: Leviticus in Post – modern Culture.* New York: T & T Clark, 2005.

Bhabha, Homi K. *The Location of Culture.* London: Routledge, 1994.

Bietenholz, Peter G. *Encounters with A Radical Erasmus: Erasmus' Work as a Source of Radical Thought in Early Modern Europe.* Toronto: University of Toronto Press, 2009.

Biran, Avraham, and Joseph Aviram, eds. *Biblical Archaeology Today, 1990.* Jerusalem: Israel Exploration Society, 1993.

Blenkinsopp, Joseph. *The Pentateuch: An Introduction to the First Five Books of the Bible.* New York: Doubleday, 1992.

– . "Memory, Tradition, and the Construction of the Past in Ancient Israel", *Biblical Theology Bulletin* 27 (1997): 76 – 82.

Bliss, Frederic J. *The Development of Palestinian Exploration: Being the Ely Lectures for 1903.* New York: Charles Scribner, 1906.

Bloch – Smith, Elizabeth. "Israelite Ethnicity in Iron I: Archaeology Preserves What Is Remembered and What Is Forgotten in Israel's History", *Journal of Biblical Literature* 122 (2003): 401 – 425.

Boer, Roland, ed. *Racking ' The Tribes of Yahweh': On the Trail of a Classic,* JSOT Sup. 351, Sheffield: Sheffield Academic Press, 2002.

– . *Criticism of Heaven: Marxism and Theology.* Leiden: Brill, 2007.

– . *Criticism of Religion: On Marxism and Theology II.* Leiden: Brill, 2009.

– . *Criticism of Theology: On Marxism and Theology III.* Leiden: Brill, 2011.

– . "Norman Gottwald: A Pioneering Marxist Biblical Scholar", *Monthly Review* 29 (2011).

– . *Criticism of Earth: On Marxism and Theology IV.* Leiden: Brill, 2012.

– . *In the Vale of Tears: On Marxism and Theology V.* Leiden: Brill, 2013.

– , and Fernando F. Segovia, eds. *The Future of the Biblical Past: Envisioning Biblical Studies on a Global Key.* Atlanta: SBL, 2012.

Botley, Paul. *Latin Translation in the Renaissance: The Theory and Practice of Leonardo Bruni, Gianzzo Manrtti and Desiderius Erasmus.* Cambridge: Cambridge University Press, 2004.

Boyarin, Daniel. *A Radical Jew: Paul and the Politics of Identity.* Berkeley: University of California, 1994.

Bratton, Fred Gladstone. *A History of the Bible.* Boston: Beacon, 1969.

—. "Precursors of Biblical Criticism", *Journal of Biblical Literature* 50 (1931): 176 – 185.

Brecht, Martin. *Martin Luther: the Preservation of the Church 1532 – 1546*, vol. 3, trans. by James L. Schaaf. Minneapolis: Fortress Press, 1999.

Brenner, Athalya. "Naomi and Ruth", in *Vetus Testamentum* 33.4 (1983): 385 – 397.

—. *The Israelite Woman: Social Role and Literary Type in Biblical Narrative.* Sheffield: JSOT Press, 1985.

—. *The Song of Songs.* Sheffield: Sheffield Academic Press, 1989.

—. and Fokkelien van Dijk – Hemmes. *On Gendering Texts: Female and Male Voices in the Hebrew Bible.* Leiden: Brill, 1993.

—. *Intercourse of Knowledge: On Gendering Love, Desire and "Sexuality" in the Hebrew Bible.* Leiden: Brill, 1997.

—. "Quo Vadis Domina? Reflections on What We Have Become and Want to Be", *lectio difficilor* 1 (2013): 1 – 14.

—. "On Scholarship and Related Animals: A Personal View from and for the Here and Now", *Journal of Biblical Literature* 135 (2016): 6 – 17.

Brett, M. C., ed. *Ethnicity and the Bible: Biblical Interpretation* 19 (1996): 469 – 492.

Bright, Pamela, ed. *Augustine and the Bible.* Bible through the Ages; Notre Dame: University of Notre Dame Press, 1999.

Carr, David M. *The Formation of the Hebrew Bible: A New Reconstruction.* Oxford: Oxford University Press, 2011.

Celenza, Christopher S. *The Lost Italian Renaissance: Humanist, Historians, and Latin's Legacy.* Baltimore: John Hopkins University Press, 2004.

Childs, B. S. "A Study of the Formula, 'Until This Day'", in *Journal of Biblical Literature* 82 (1963): 279 – 292.

—. *Biblical Theology in Crisis.* Philadelphia: Westminster Press, 1970.

Clines, David J. A. *What Does Eve Do to Help? And Other Readerly Questions to the Old Testament.* Sheffield: JSOT Press, 1990.

– . *Interested Parties: The Ideology of Writers and Readers of the Hebrew Bible.* JSOTSup, 205; Sheffield: Sheffield Academic Press, 1995.

– , and Stephen Moore, eds. *Auguries: The Jubilee Volume of the Sheffield Department of Biblical Studies.* Sheffield: Sheffield Academic Press, 1998.

– . "Historical Criticism: Are Its Days Numbered?" in *Teologinen Aikakauskirja* 114 (2009): 542 – 558.

Collins, Adela Yarbro, ed. *Feminist Perspectives on Biblical Scholarship.* Chico: Scholars Press, 1985.

Collins, John J. *The Bible after Babel: Historical Criticism in a Postmodern Age.* Grand Rapids: Wm. B. Eerdmans, 2005.

– . *The Dead Sea Scrolls: A Biography.* Princeton: Princeton University Press, 2013.

Coogan, Michael D. , ed. *The New Oxford Annotated Bible*, NRSV with the Apocrypha, Essays. New York: Oxford University Press, 2001.

Coote, Robert B. , and Mary P. Coote, *Power, Politics, and the Making of the Bible.* Minneapolis: Fortress Press, 1990.

Copeland, Rita, and Ineke Sluiter, eds. *Medieval Grammar & Rhetoric: Language Arts and Literary Theory, AD 300 – 1475.* Oxford: Oxford University Press, 2012.

Cox, Christoph. *Nietzsche: Naturalism and Interpretation.* Berkeley: University of California Press, 1999.

Crenshaw, James L. *Gerhard von Rad.* Waco: Word Books, 1978.

Cross, Frank M. , and Shemaryahu Talmon, eds. *Qumran and the History of the Biblical Text.* Cambridge: Harvard University Press, 1975.

– . *Canaanite Myth and Hebrew Epic: Essays in the History of the Religion of Israel.* Cambridge: Harvard University Press, 1997.

Daly, Mary. *Beyond God the Father: Toward a Philosophy of Women's Liberation.* Boston: Beacon Press, 1973.

– . *The Church and the Second Sex.* New York: Harper & Row, 1975.

圣经诠释的历史与方法

−. *Gyn/ecology*, *the Metaethics of Radical Feminism.* Boston: Beacon Press, 1978.

Dan, Joseph, ed. *Jewish Intellectual History in the Middle Ages.* London: Praeger, 1994.

Daniel, Frank, and Oliver Leaman, eds. *The Cambridge Companion to Medieval Jewish Philosophy.* Cambridge: Cambridge University Press, 2003.

Davies, Philip R. *In Search of "Ancient Israel": A Study in Biblical Origins.* Sheffield: JSOT Press, 1992.

−. *Scribes and Schools: the Canonization of the Hebrew Scriptures.* Louisville: Westminster John Knox, 1998.

−. "The Origin of Biblical Israel", in *The Journal of Hebrew Scriptures* vol. 5 (2005): 1 – 14.

−, and Diana V. Edelman, eds. *The Historian and the Bible: Essays in Honour of Lester L. Grabbe.* New York: T & T Clark, 2010) .

De Certeau, Michel. *The Practice of Everyday Life.* Berkeley: University of California Press, 1984.

−. *The Writing of History*, trans. by Tom Conley. New York: Columbia University Press, 1988.

De Wette, Wilhelm Martin Leberecht. *An Historico – Critical Introduction to the Canonical Books of the New Testament*, trans. by Frederick Frothingham. Boston: Crosby, Nichols, and Company, 1858.

Den Haan, Annet. "Giannozzo Manetti's New Testament: New Evidence on Sources, Translation Process and the Use of Valla's Annotationes", in *Renaissance Studies* 28 (2014): 731 – 747.

−. *Giannozzo Manetti's New Testament: Translation Theory and Practice in Fifteenth – Century Italy.* Leiden: Brill, 2016.

Derrida, Jacques. "Das Tours de Babel", in David Jobling and Stephen D. Moore eds. , Poststructuralism as Exegesis, *Semeia* 54 (1992): 3 – 34.

Dessel, J. P. "Reading Between the Lines: W. F. Albright 'in' the Field and 'on' the Field", in *Near Eastern Archaeology* 65 (2002): 43 – 50.

Detweiler, Robert, ed. Derrida and Biblical Studies, *Semeia* 23 (1982) .

−. ed. Reader Response Approaches to Biblical and Secular Texts, *Semeia* 31

(1985) .

Dever, Willam G. "The Impact of the 'New Archaeology' on Syro – Palestinian Archaeology", in *Bulletin of the American Schools of Oriental Research* 242 (1981): 15 – 29.

– . "Why It's So Hard to Name Our Field", in *Biblical Archaeology Review* 29/ 4 (2003): 57 – 61.

Dickens, A. G. *The German Nation and Martin Luther.* New York: Harper and Row, 1974.

Dille, Sarah J. *Mixing Metaphor: God as Mother and Father in Deutero – Isaiah.* London: T & T Clark International, 2004.

Donaldson, Laura E. *Decolonizing Feminism: Race, Gender and Empire Building.* Chapel Hill: University of North Carolina Press, 1992.

– , ed. Postcolonialism and Scriptural Reading, *Semeia* 75 (1996) .

– , and Kwok Pui-lan, eds. *Postcolonialism, Feminism & Religious Discourse.* New York: Routledge, 2002.

Douglas, Mary. *Purity and Danger: An Analysis of Concepts of Pollution and Taboo.* London: Routledge, 1966.

– . *Natural Symbols: Explorations in Cosmology.* New York: Random House, 1970.

– . *In the Wilderness: The Doctrine of Defilement in the Book of Numbers.* JSOTSup 158. Sheffield: Sheffield Academic Press, 1993.

– . *Implicit Meanings: Selected Essays in Anthropology.* 2nd ed. London: Routledge, 1999.

– . *Leviticus as Literature.* New York: Oxford University Press, 1999.

– . *Jacob's Tears: The Priestly Work of Reconciliation.* New York: Oxford University Press, 2004.

Dozeman, Thomas B. , Konrad Schmid, and Baruch J. Schwartz, eds. *The Pentateuch: International Perspectives on Current Research.* Tübingen: Mohr Siebeck, 2011.

Dube, Musa W. , ed. *Postcolonial Feminist Interpretation of the Bible.* St. Louis: Chalice Press, 2000.

– . *The Bible in Africa: Transactions, Trajectories, and Trends.* Boston: Brill, 2000.

−. *HIV/AIDS and the Curriculum: Methods of Integrating HIV/AIDS in Theological Programmes.* Geneva: WCC Publications, 2003.

DuBois, Ellen Carol, ed. *The Elizabeth Cady Stanton − Susan B. Anthony Reader: Correspondence, Writings, Speeches.* Boston: Northeastern University Press, 1992.

−, and Richard C. Smith, eds. *Elizabeth Cady Stanton, Feminist as Thinker: A Reader in Documents and Essays.* New York: New York University Press, 2007.

Eagleton, Terry. *After Theory.* New York: Basic Books, 2003.

Eliade, M., ed. *The Encyclopedia of Religion*, vol. 10. London: Macmillan, 1987.

Ellens, J. Harold and John T. Greene, eds. *Probing the Frontiers of Biblical Studies.* Eugene: Pickwick, 2009.

Elliot, John H. *A Home for the Homeless: A Sociological Exegesis of 1 Peter, Its Situation and Strategy.* Philadelphia: Fortress, 1981.

−., ed. Social − Scientific Criticism of the New Testament and Its Social World, *Semeia* 35 (1986).

−. *Social − Scientific Criticism of the New Testament.* London: SPCK, 1993.

Elukin, Jonathan. *Living Together, Living Apart: Rethinking Jewish − Christian Relations in the Middle Ages.* Princeton: Princeton University Press, 2007.

Erasmus, Desiderius. *The Collected Works of Erasmus*, vol. 1 − 84. Toronto: University of Toronto, 1974 −.

Evans, Gillian R. *The Language and Logic of the Bible: The Earlier Middle Ages.* Cambridge: Cambrideg University Press, 1991.

−. *Problems of Authority in the Reformation Debates.* Cambridge: Cambridge University Press, 1992.

Exum, J. Cheryl, and Stephen D. Moore. *Biblical Studies/Cultural Studies, the Third Sheffield Colloquium.* JSOTSup, 266; Sheffield: Sheffield Academic Press, 1998.

Fardon, Richard. *Mary Douglas: An Intellectual Biography.* London: Routledge, 1999.

Feinman, Peter D. *William Foxwell Albright and the Origins of Biblical Archaeology.*

Berrien Springs: Andrews University Press, 2004.

—. "Canaanites, Catholics, and Chosen Peoples: William Foxwell Albright's Biblical Archaeology", in *Near Eastern Archaeology* 75, 3 (2012): 158 – 159.

Ferrell, Lori Anne. *The Bible and the People.* New Haven: Yale University Press, 2008.

Finkelstein, Israel. "The Archaeology of the United Monarchy: An Alternative View", *Levant* 28 (1996): 177 – 187.

Finsterbusch, Karin, and Armin Lange, eds. *What is Bible?* Leuven: Peeters, 2012.

Fiorenza, Elisabeth S. *In Memory of Her: A Feminist Theological Reconstruction of Christian Origins.* New York: Crossroad, 1983.

—. *Bread Not Stone: The Challenge of Feminist Biblical Interpretation.* Boston: Beacon Press, 1984.

—. "Biblical Interpretation and Critical Commitment", *Studia Theologica* 43 (1989): 5 – 18.

—. *But She Said: Feminist Practices of Biblical Interpretation.* Boston: Beacon, 1992.

—, ed. *Searching the Scriptures: A Feminist Introduction.* New York: Crossroad, 1993.

—. *Discipleship of Equals: A Critical Feminist Ekklesialogy of Liberation.* New York: Continuum, 1994.

—. *Jesus: Miriam's Child, Sophia's Prophet: Critical Issues in Feminist Christology.* New York: Continuum, 1994.

—, ed. *The Power of Naming: A Concilium Reader in Feminist Liberation Theology.* New York: Orbis Books, 1996.

—. *Sharing Her Word: Feminist Biblical Interpretation in Context.* Boston: Beacon Press, 1998.

—. *Rhetoric and Ethic: The Politics of Biblical Studies.* Minneapolis: Fortress Press, 1999.

—. *Jesus and the Politics of Interpretation.* New York: Continuum, 2000.

—. *Wisdom Ways: Introducing Feminist Biblical Interpretation.* New York: Orbis Book, 2001.

− . *The Power of the Word*: *Scripture and the Rhetoric of Empire*. Minneapolis: Fortress Press, 2007.

− . *Democratizing Biblical Studies*: *Toward an Emancipatory Education Space*. Louisville: Westminster John Knox Press, 2009.

− . *Transforming Vision*: *Explorations in Feminist The* ∗ *logy*. Minneapolis: Fortress Press, 2011.

− . *Changing Horizons*: *Explorations in Feminist Interpretation*. Minneapolis: Fortress Press, 2013.

Fish, Stanly. *Is There a Text in This Class*? *The Authority of Interpretative Communities*. Cambridge: Harvard University Press, 1980.

Flax, Jane. *Thinking Fragments*: *Psychoanalysis*, *Feminism and Postmodernism in the Contemporary West*. Berkeley: University of California Press, 1990.

Fleteren, Frederick van, and Joseph C. Schnaubelt, eds. *Augustine*: *Biblical Exegete*. New York: Peter Lang, 2001.

Forde, G. O. "Law and Gospel in Luther's Hermeneutic", in *Interpretation* 37 (1983): 240 − 252.

Forster, Michael N. *After Herder*: *Philosophy of Language in the German Tradition*. Oxford: Oxford University Press, 2012.

Frampton, Travis L. *Spinoza and the Rise of Historical Criticism of the Bible*. New York: T & T Clark, 2006.

Fredrinsen, Paula. *When Christians Were Jews*: *The First Generation*. New Haven: Yale University Press, 2018.

Freedman, David N. , ed. *Anchor Bible Dictionary*. 6 vols. New York: Doubleday, 1992.

Frerichs, Ernest S. , and Leonard H. Lesko, eds. *Exodus*: *The Egyptian Evidence*. Winona Lake: Eisenbrauns, 1997.

Fritz, Volkmar. *An Introduction to Biblical Archaeology*. Sheffield: Sheffield Academic Press, 1994.

Froehlich, Karlfried, ed. *Biblical Interpretation in the Early Church*. Philadelphia: Fortress Press, 1984.

Gager, John. *Kingdom and Community*: *The Social World of Early Christianity*.

EnglewoodCliffs: Prentice – Hall, 1975.

Gameson, Richard. *The Early Medieval Bible: Its Production, Decoration and Use.* Cambridge: Cambridge University Press, 1994.

Garrett, Don, ed. *The Cambridge Companion to Spinoza.* Cambridge: Cambridge University Press, 1996.

Gilders, William K. *Blood Ritual in the Hebrew Bible: Meaning and Power.* Baltimore: Johns Hopkins University Press, 2004.

Gordon, Colin, ed. *Power/Knowledge: Selected Interviews and Other Writings 1972 – 1977.* New York: Pantheon Books, 1980.

Gorman, Frank. *The Ideology of Ritual: Space and Status in the Priestly Theology.* Sheffield: JSOT Press, 1990.

Gottwald, Norman. *The Tribes of Yahweh: A Sociology of the Religion of Liberated Israel, 1250 – 1050 BCE.* Maryknoll: Orbis, 1979.

– , ed. *The Bible and Liberation: Political and Social Hermeneutics.* Maryknoll: Orbis, 1983.

Grant, Robert, and David Tracy. *A Short History of the Interpretation of the Bible.* Eugene: Wipf and Stock Publisher, 2001.

Griffith, Elisabeth. *In Her Own Right: The Life of Elizabeth Cady Stanton.* New York: Oxford University Press, 1984.

Guest, Deryn, Robert E. Goss, Mona West and Thomas Bohache, eds. *The Queer Bible Commentary.* London: SCM, 2006.

Gullan-Whur, Margaret. *Within Reason: A Life of Spinoza.* New York: St. Martin's Press, 1998.

Gunkel, Herman. *The Legends of Genesis,* trans. by W. H. Carruth. Chicago: Open Court, 1901.

– . *The Folktale in the Old Testament,* trans. by M. D. Rutter. Sheffield: Sheffield Academic Press, 1987.

– . *The Stories of Genesis, translated by John J. Scullion,* edited by William R. Scott. Vallejo: BIBAL Press, 1994.

– . *Genesis.* Macon: Mercer University Press, 1997.

– . *Water for a Thirsty Land: Israelite Literature and Religion,* edited by

K. C. Hanson. Minneapolis: Fortress Press, 2001.

–. *Creation and Chaos in the Primeval Era and the Eschaton*, trans. by K. William Whitney Jr. Grand Rapids: Eerdmans, 2006.

Guttmann, Julius. *Philosophies of Judaism: The History of Jewish Philosophy from Biblical Times to Franz Rosenzweig*, trans. by David W. Silverman. New York: Schocken, 1964.

Halbertal, Moshe. *Maimonides: Life and Thought*, trans. by Joel Linsider. Princeton: Princeton University Press, 2014.

Hall, Basil. *The Great Polyglot Bibles: Including a Leaf from the Complutensian of Acala, 1514 – 17*. San Francisco: Book Club of California, 1966.

Harrisville, Roy A., and Walter Sundberg. *The Bible in Modern Culture: Theology and Historical – Critical Method from Spinoza to Käsemann*. Grand Rapids: Wm. B. Eerdmans, 1995.

–, and Walter Sundberg. *The Bible in Modern Culture: Baruch Spinoza to Brevard Childs*. Grand Rapids: Eerdmans, 2002.

Hauser, Alan J., and Duane F. Watson, eds. *A History of Biblical Interpretation*, vol. 1 – 2. Grand Rapids: Wm. B. Eerdmans, 2008 – 2009.

Hayes, John. "Wellhausen as a Historian of Israel", *Semeia* 25 (1982): 37 – 60.

–, and L. M. Miller, eds. *Israelite and Judean History*. Philadelphia: Westminster, 1977.

–, ed. *Dictionary of Biblical Interpretation*. Nashville: Abingdon Press, 1999.

Hendel, Ronald S. "Sacrifice as a Cultural System: The Ritual Symbolism of Exodus 24: 3 – 8", *Zeitschrift für die Alttestamentliche Wissenschaft* 101 (1989): 366 – 390.

–. "The Exodus in Biblical Memory", *Journal of Biblical Literature* 120 (2001): 601 – 622.

–. *Remembering Abraham: Culture, Memory, and History in the Hebrew Bible*. Oxford: Oxford University Press, 2005.

–. "Is There a Biblical Archaeology?" in *Biblical Archaeology Review* 32/4 (2006): 20.

–. "Mary Douglas and Anthropological Modernism", *Journal of Hebrew*

Scriptures 8 (2008): 1 – 11.

– . "Remembering Mary Douglas: Kashrut, Culture, and Thought – Styles", *Jewish Studies* 45 (2008): 3 – 15.

– . "Cultural Memory", in Ronald Hendel ed. , *Reading Genesis: Ten Methods*, 28 – 46. Cambridge: Cambridge University Press, 2010.

– . "Mind the Gap: Modern and Postmodern in Biblical Studies", *Journal of Biblical Literature* 133 (2014): 422 – 443.

– . "Masoretic Texts and Ancient Texts Close to MT", in Armin Lange and Emanuel Tov eds. , *The Hebrew Bible*, vol. 1B, 59 – 72. Leiden: Brill, 2017.

Hens – Piazza, Gina. *The New Historicism*. Minneapolis: Fortress Press, 2002.

Herder, Johann Gottfried. *The Spirit of Hebrew Poetry*. Burlington: Edward Smith, 1833.

– . *Against Pure Reason: Writings on Religion, Language, and History*, trans. by Marcia Bunge. Minneapolis: Fortress, 1992.

– . *Philosophical Writings*. Cambridge: Cambridge University Press, 2002.

Herion, Cary A. "The Impact of Modern and Social Science Assumptions on the Reconstruction of Israelite History", *Journal for the Study of Old Testament* 34 (1986): 3 – 33.

Hobbes. *Leviathan*. Richard Tuck, ed. Cambridge Texts in the History of Political Thought. Cambridge: Cambridge University Press, 2008.

Hoffmann, Manfred. *Rhetoric and Theology: The Hermeneutic of Erasmus*. Toronto: University of Toronto, 1994.

Holder, R. Ward. "Calvin as Commentator of the Pauline Epistles", in Donald K. McKim ed. , *John Calvin*. Cambridge: Cambridge University Press, 2004.

Holmberg, Bengt. *Sociology and the New Testament: An Appraisal*. Minneapolis: Fortress Press, 1990.

Holmén, Tom, and Stanley E. Porter, eds. *Handbook for the Study of Historical Jesus*. Leiden: Brill, 2011.

Hornsby, Teresa J. , and Ken Stone, eds. *Bible Trouble: Queer Reading at the Boundaries of Biblical Scholarship*. Atlanta: SBL, 2011.

圣经诠释的历史与方法

Horsley, Richard A. , ed. *Paul and Empire: Religion and Power in Roman Imperial Society*. Harrisburg: Trinity Press International, 1997.

Houghton, H. A. G. *The Latin New Testament: A Guide to Its Early History, Texts, and Manuscripts*. Oxford: Oxford University Press, 2016.

Howard, Thomas Albert. *Religion and the Rise of Historicism: W. M. L. de Wette, Jacob Burckhardt, and the Theological Origins of Nineteenth - Century Historical Consciousness*. Cambridge: Cambridge University Press, 2000.

Ibn Ezra, Abraham. *The Secret of the Torah: A Translation of Abraham Ibn Ezra's Sefer Yesod Mora Ve - Sod Ha - Torah*, translated and annotated by H. Norman Strickman. Northvale: Jason Aronson, 1995.

– . *Ibn Ezra's Commentary on the Pentateuch*, 5 vols. , trans. Norman H. Strickman and Arthur M. Silver. New York: Menorah Publishing Co. , 1988 – 2004.

James, Susan. *Spinoza on Philosophy, Religion, and Politics*. Oxford: Oxford University Press, 2012.

James, Wendy. *The Ceremonial Animal: A New Portrait of Anthropology*. New York: Oxford University Press, 2003.

Jameson, Fredric. *Postmodernism, or, the Cultural Logic of Late Capitalism*. Durham: Duke University Press, 1991.

Jay, Nancy. *Throughout Your Generations Forever: Sacrifice, Religion, and Paternity*. Chicago: Chicago University Press, 1992.

Jonker, Louis C. , ed. *Historiography and Identity: (Re) formulation in Second Temple Historiographical Literature*. London: T & T Clark, 2010.

JPS Hebrew - English Tanakh. Philadelphia: The Jewish Publication Society, 1985.

Kaden, David A. "Foucault, Feminism, and Liberationist Religion: Discourse, Power, and the Politics of Interpretation in the Feminist Emancipatory Project of Elisabeth Schüssler Fiorenza", in *Neotestamentica* 46/1 (2012): 83 – 104.

Kaufmann, Yehezkel. *The Religion of Israel: From Its Beginnings to the Babylonian Exile*. Chicago: University of Chicago Press, 1960.

Kern, Kathi. *Mrs. Stanton's Bible*. Ithaca: Cornell University Press, 2001.

Kessler, Rainer. *The Social History of Ancient Israel: An Introduction*. Minneapolis:

Fortress, 2008.

Kirkpatrick, P. G. *The Old Testament and Folklore Study.* Sheffield: Sheffield Academic Press, 1988.

Kitzberger, Ingrid. R. , ed. *The Personal Voice in Biblical Studies.* London: Routledge, 1998.

Klatt, W. *Hermann Gunkel.* Gottingen: Vandenhoek & Ruprecht, 1969.

Klawans, Jonathan. *Purity, Sacrifice, and the Temple: Symbolism and Supersessionism in the Study of Ancient Judaism.* New York: Oxford University Press, 2006.

Knight, Douglas A. "Wellhausen and the Interpretation of Israel's Literature", *Semeia* 25 (1982): 21 – 36.

– , and G. M. Tucker, eds. *The Hebrew Bible and Its Modern Interpreters.* Chicago: Scholars Press, 1985.

– foreword, *Methods of Biblical Interpretation.* Nashville: Abingdon Press, 2004.

– . *Rediscovering the Traditions of Israel.* 3rd ed. , SBL 16; Atlanta: Society of Biblical Literature; Leiden: Brill, 2006.

Koch, Klaus. *The Growth of the Biblical Tradition: The Form – Critical Method.* New York: Scribner's, 1969.

Kolb, Robert. *Martin Luther: Confessor of the Faith.* New York: Oxford University Press, 2009.

Kratz, Reinhard G. , and Hermann Spieckermann, eds. *One God – One Cult – One Nation: Archaeological and Biblical Perspectives.* Berlin: De Gruyter, 2010.

Kretzmann, Norman, and Eleonore Stump, eds. *The Cambridge Companion to Aquinas.* New York: Cambridge University Press, 2009.

Krey, Philip D. W. , and Lesley Smith, eds. *Nicholas of Lyra: The Senses of Scripture.* Leiden: Brill, 2000.

Kroeker, Greta G. *Erasmus in the Footsteps of Paul: A Pauline Theologian.* Toronto: University of Toronto Press, 2011.

Kugel, James L. "The Beginnings of Biblical Interpretation", in Matthias Henze ed. , *A Companion to Biblical Interpretation in Early Judaism*, 3 – 23. Grand Rapids: Eerdmans, 2015.

圣经诠释的历史与方法

Lang, Bernhard, ed. *Anthropological Approaches to the Old Testament.* Philadelphia: Fortress Press, 1985.

Lange, Armin, and Emanuel Tov, eds. *The Hebrew Bible*, vol. 1B. Leiden: Brill, 2017.

Laqueur, Thomas. *Making Sex: Body and Gender from the Greeks to Freud.* Cambridge: Harvard University Press, 1990.

Leach, Edmun. *Genesis as Myth, and Other Essays.* London: Cape, 1969.

— . *Culture and Communication: The Logic by which Symbols Are Connected: An Introduction to the Use of Structuralist Analysis in Social Anthropology.* Cambridge: Cambridge University Press, 1976.

— , and D. Alan Aycock. *Structuralist Interpretation of Biblical Myth.* Cambridge: Cambridge University Press, 1983.

Lee, Archie C. C. "Biblical Interpretation in Asian Perspective", *Asia Journal of Theology* 7 (1993): 35 – 39.

— . "The Chinese Creation Myth of Nu Kua and the Biblical Narrative in Gen. 1 – 11", *Biblical Interpretation: A Journal of Contemporary Approaches* 2 (1994): 312 – 324.

— . "Death and the Perception of the Divine in Zhuangzi and Koheleth", *Ching Feng* 38 (1995): 68 – 81.

— . "Cross – textual Hermeneutics", in Virginia Fabella & R. S. Sugirtharajah eds. , *Dictionary of Third World Theologies*, 60 – 62. New York: Orbis Books, 2000.

— . "Cross – textual Reading Strategy: A Study of Late Ming and Early Qing Chinese Christian Writings", *Ching Feng* 4 (2003): 1 – 27.

— . "Naming God in Asia: Cross – Textual Reading in Multi – Cultural Context", in *Quest: Studies on Religion and Culture in Asia* vol. 3, no. 1 (2004): 21 – 42.

— . "Cross – textual Interpretation as Postcolonial Strategy in Bible Translation in Asia", in R. S. Sugirtharajah ed. , *The Oxford Handbook of Postcolonial Biblical Criticism*, 1 – 23. Online Publication, 2019.

— . "The Bible and Taoist Writings", in K. K. Yeo ed. , *The Oxford Handbook of* the Bible in China, 219 – 233. Oxford: Oxford University Press, 2021.

Lemaire, André. *The Birth of Monotheism: The Rise and Disappearance of Yahwism*. Washington: Biblical Archaeology Society, 2007.

Lemche, Neils P. "Is It Still Possible to Write a History of Ancient Israel?" in *Journal for the Study of the Old Testament* 8 (1994): 165 – 190.

–. *The Israelites in History and Tradition*. Louisville: Westminster John Knox, 1998.

LeMon, Joel M. , and Kent Harold Richards, eds. *Method Matters: Essays on the Interpretation of the Hebrew Bible in Honor of David L. Petersen*. Atlanta: SBL, 2009.

Levenson, Jon D. *The Hebrew Bible, the Old Testament, and Historical Criticism: Jews and Christians in Biblical Studies*. Louisville: Westminster/John Knox, 1993.

Levy, Ian C. *A Companion to John Wyclif: Late Medieval Theologian*. Leiden: Brill, 2011.

Levy, Thomas E. , ed. *Historical Biblical Archaeology and the Future: The New Pragmatism*. London: Equinox, 2010.

Lieb, Michael, Emma Mason, and Jonathan Roberts, eds. *The Oxford Handbook of the Reception History of the Bible*. New York: Oxford University Press, 2011.

Liew, Tat-siong Benny. *Politics of Parousia: Reading Mark Inter (con) textually*. Leiden: Brill, 1999.

Lim, Timothy H. *The Formation of the Jewish Canon*. New Haven: Yale University Press, 2013.

Long, B. O. *The Problem of Etiological Narrative in the Old Testament*. Berlin: De Gruyter, 1968.

Lukacs, John. *The End of the Twentieth Century and the End of the Modern Age*. New York: Ticknor & Fields, 1993.

Lyotard, Jean-François. *The Postmodern Condition: A Report on Knowledge*, trans. by Geoff Bennington and Brian Massumi. Manchester: Manchester University Press, 1984.

Maimonides, Moses. *The Book of Love*, trans. by Menachem Kellner. New Haven: Yale University Press, 2004.

Manetti, Giannozzo. *A Translator's Defense.* Cambridge: Harvard University Press, 2016.

Martinich, A. P. *Hobbes: A Biography.* Cambridge: Cambridge University Press, 2007.

Matthews, Shelly, Cynthia B. Kittredge, and Melanie Johnson-Debaufre, eds. *Walk in the Ways of Wisdom: Essays in Honor of Elisabeth Schüssler Fiorenza.* Harrisburg: Trinity Press International, 2003.

Mazar, Amihai. *Archaeology of the Land of the Bible, 10000 – 586 B. C. E.* Anchor Bible Reference Library. New York: Doubleday, 1990.

McCarthy, Thomas A. *Ideals and Illusions: On Reconstruction and Deconstruction in Contemporary Critical Theory.* Cambridge: MIT Press, 1991.

McDonald, Grantley. *Biblical Criticism in Early Modern Europe: Erasmus, the Johannine Comma and Trinitarian Debate.* New York: Cambridge University Press, 2016.

McDonald, Lee M. *The Formation of the Christian Bible Canon.* Peabody: Hendrickson, 1995.

– , and James A. Sanders, eds. *The Canon Debate.* Peabody: Hendrickson, 2002.

Mckenzie, Steven L, and M. Patrick Graham, eds. *The History of Israel's Traditions: The Heritage of Martin Noth.* Sheffield: Sheffield Academic Press, 1994.

– , and Stephen R. Haynes, eds. *To Each Its Own Meaning: An Introduction to Biblical Criticism and Their Application.* Louisville: Westminster John Knox Press, 1999.

McKim, Donald K. , ed. *The Cambridge Companion to John Calvin.* Cambridge: Cambridge University Press, 2004.

– , ed. *Calvin and the Bible.* Cambridge: Cambridge University Press, 2006.

McKnight, Edgar V. *Postmodern Use of the Bible: The Emergence of Reader – Oriented Criticism.* Nashville: Abington, 1988.

– , ed. Reader Perspective on New Testament, *Semeia* 48 (1989) .

McLay, R. Timothy. *The Use of the Septuagint in New Testament Research.* Grand Rapids: Eerdmans, 2003.

参
考
文
献

Meeks, Wayne A. "The Man from Heaven in Johannine Sectarianism", *Journal of Biblical Literature* 91 (1972): 44 – 72.

–. *The First Urban Christians: The Social World of Apostle Paul.* New Haven & London: Yale University Press, 1983.

Melder, Keith. *Beginnings of Sisterhood: The American Women's Rights Movement 1800 – 1850.* New York: Schocken Books, 1977.

Mendenhall, George E. "The Hebrew Conquest of Canaan", *Biblical Archaeologist* 25 (1962): 66 – 87.

–. *The Tenth Generation: Origins of the Biblical Tradition.* Baltimore: Johns Hopkins University Press, 1973.

Metzger, Bruce M. *The Early Versions of the New Testament: Their Origin, Transmission and Limitation.* Oxford: Clarendon Press, 2001.

–, and Bart D. Ehrman. *The Text of the New Testament: Its Transmission, Corruption, and Restoration.* New York: Oxford University Press, 2005.

Meyers, Carol. "Archaeology: A Window to the Lives of Israelite Women", in Irmtraud Fischer and Mercedes N. Puerto eds., *Torah.* Atlanta: SBL, 2011.

–. *Rediscovering Eve: Ancient Israelite Women in Context.* Oxford: Oxford University Press, 2012.

Millett, Kate. *Sexual Politics.* New York: Doubleday, 1970.

Moor, Henrietta L. *Feminism and Anthropology.* Cambridge: Polity Press, 1988.

Moore, Stephen D. *Literary Criticism and the Gospels: The Theoretical Challenge.* New Haven: Yale University Press, 1989.

–. *Poststructuralism and the New Testament: Derrida and Foucault at the Foot of the Cross.* Minneapolis: Fortress Press, 1994.

–, and Fernando F. Segovia, eds. *Postcolonial Biblical Criticism: Interdisciplinary Intersections.* London: T & T Clark, 2005.

–. *The Bible in Theory: Critical and Postcritical Essays.* Atlanta: SBL, 2010.

–, and Yvonne Sherwood. "Biblical Studies 'after' Theory: Onwards Towards the Past, Part One: After 'after Theory', and Other Apocalyptic Conceits", in *Biblical Interpretation* 18 (2010): 1 – 27.

–, and Yvonne Sherwood. "Biblical Studies 'after' Theory: Onwards Towards the Past, Part Two: The Secret Vices of the Biblical God", in *Biblical Interpretation* 18 (2010): 87 – 113.

– , and Yvonne Sherwood. "Biblical Studies 'after' Theory: Onwards Towards the Past, Part Three: Theory in the First and Second Waves", in *Biblical Interpretation* 18 (2010): 191 – 225.

– , and Yvonne Sherwood. *The Invention of the Biblical Scholar: A Critical Manifesto*. Minneapolis: Fortress Press, 2011.

Morgan, Robert, and John Barton. *Biblical Interpretation*. Oxford: Oxford University Press, 1991.

Muilenburg, James. "Form Criticism and Beyond", *Journal of Biblical Literature* 88 (1969): 1 – 18.

Nadler, Steven. *Spinoza: A Life*. Cambridge: Cambridge University Press, 1999.

– , ed. *Spinoza and Medieval Jewish Philosophy*. Cambridge: Cambridge University Press, 2014.

Nasrallah, Laura, and Elisabeth Schüssler Fiorenza, eds. *Prejudice and Christian Beginnings: Investigating Race, Gender, and Ethnicity in Early Christian Studies*. Minneapolis: Fortress Press, 2009.

Newsom, Carol A., and Sharon H. Ringe, eds. *The Women's Bible Commentary*. Louisville: Westminster/ John Knox Press, 1992.

Nicholson, Ernest. *The Pentateuch in the Twentieth Century: The Legacy of Julius Wellhausen*. New York: Oxford University Press, 2002.

Noth, Martin. *The History of Israel*, trans. by S. Godman. London: Black, 1958.

– . *A History of Pentateuchal Traditions*, trans. by B. W. Anderson. Englewood Cliffs: Prentice – Hall, 1972.

– . *The Deuteronomistic History*, trans. by J. A. Clines. JSOTSup 15; Sheffield: JSOT Press, 1981.

Novick, Peter. *The Noble Dream: The "Objectivity Question" and the American Historical Profession*. Cambridge: Cambridge University Press, 1988.

Nunes, C., and H. J. M. van Deventer, "Feminist Interpretation in the Context of Reformational Theology: A Consideration", *die Skriflig* 43 (4) 2009: 737 – 760.

Olyan, Saul M. *Rites and Rank: Hierarchy in Biblical Representations of Cult.* Princeton: Princeton University Press, 2000.

—. *Biblical Mourning: Ritual and Social Dimensions.* New York: Oxford University Press, 2004.

O'Mahony, Kieran J. , ed. *Christian Origins: Worship, Belief and Society.* Sheffield: Sheffield Academic Press, 2003.

Ortner, Sherry B. *Making Gender: The Politics and Erotics of Culture.* Boston: Beacon Press, 1996.

Overholt, T. O. *Prophecy in Cross – Cultural Perspective: A Source Book for Biblical Researchers.* Atlanta: Scholars Press, 1986.

Overholt, Thomas W. *Cultural Anthropology and the Old Testament.* Minneapolis: Fortress Press, 1996.

Pabel, Hilmar M. , and Mark Vessey, eds. *Holy Scripture Speaks: The Production and Reception of Erasmus' Paraphrases on the New Testament.* Toronto: University of Toronto, 2002.

Pattengale, J. , L. H. Schiffman and F. Vukosavovic, eds. *The Book of Books: Biblical Canon, Dissemination and Its People.* Jerusalem: Bible Lands Museum, 2013.

Perdue, Leo G. , Lawrence E. Toombs and Gary L. Johnson, eds. *Archaeology and Biblical Interpretation: Essays in Memory of D. Glenn Rose.* Atlanta: John Knox Press, 1987.

Perreiah, Alan R. *Renaissance Truths: Humanism, Scholasticism and the Search for the Perfect Language.* Farnham: Ashgate, 2014.

Person Jr, Raymond F. *The Deuteronomic History and the Book of Chronicles: Scribal Works in a Oral World.* Atlanta: SBL, 2010.

Pippin, Tina, and David Jobling, eds. Ideological Criticism of Biblical Texts, *Semeia* 59 (1993) .

Pleins, J. David. *The Social Visions of the Hebrew Bible: A Theological Introduction.* Louisville: Westminster John Knox Press, 2001.

Popkin, Richard H. "Spinoza and Fisher", *Philosophia* 15 (1985): 219 – 236.

—. *Isaac La Peyrère* (1596 – 1676): *His Life, Work, and Influence.* Leiden: Brill, 1987.

—. "Spinoza's Earliest Philosophical Years, 1655 – 61", *Studia Spinozana* 4 (1988): 37 – 55.

Pressler, Carolyn. *The View of Women Found in the Deuteronomic Family Laws.* Berlin: de Cruyter, 1993.

Preus, J. Samuel. *Spinoza and the Irrelevance of Biblical Authority.* Cambridge: Cambridge University Press, 2001.

Prickett, Stephen. *Modernity and the Reinvention of Tradition: Backing into the Future.* Cambridge: Cambridge University Press, 2009.

Prior, Michael. *The Bible and Colonialism: A Moral Critique.* Sheffield: Sheffield Academic Press, 1997.

Pritchard, J. B, ed. *Ancient Near Eastern Texts Relating to the Old Testament.* Princeton: Princeton University Press, 1969.

Pui-lan, Kwok. *Postcolonial Imagination and Feminist Theology.* Louisville: Westminster John Knox Press, 2005.

—. "Review of R. S. Sugirtharajah, Exploring Postcolonial Biblical Criticism: History, Method, Practice", *Journal of Postcolonial Networks*, November 16, 2011.

Räisänen, H. , ed. *Reading the Bible in the Global Village: Helsinki.* Atlanta: SBL, 2000.

Reeve, Anne, ed. *Erasmus' Annotation on the New Testament: Galatians to the Apocalypse.* Leiden: Brill, 1993.

Rendtorff, Rolf. *The Problem of the Process of Transmission in the Pentateuch.* JSOTSup 89; Sheffield: JSOT Press, 1990.

Reventlow, Henning Graf. *The Authority of the Bible and the Rise of the Modern World*, trans. by John Bowden. Philadelphia: Fortress Press, 1985.

—. *History of Biblical Interpretation*, vol. 1 – 4, trans. by Leo G. Perdue, James O. Duke. Atlanta: SBL, 2009 – 2010.

Ricoeur, Paul. *From Text to Action: Essays in Hermeneutic II*. Evanston: Northwestern University Press, 1991.

Rodd, Cyril S. "On Applying a Sociological Theory to Biblical Studies", *Journal for the Study of Old Testament* 19 (1981): 95 – 106.

Rogerson, John. *Old Testament Criticism in the Nineteenth Century: England and Germany.* London: SPCK, 1984.

— . *W. M. L. de Wette, Founder of Modern Biblical Criticism.* Sheffield: Sheffield Academic Press, 2009.

Römer, Thomas. *The So – Called Deuteronomistic History: A Sociological, Historical and Literary Introduction.* New York: T & T Clark, 2007.

— . *The Invention of God,* trans. by Raymond Geuss. Cambridge: Harvard University Press, 2015.

Rossi, Alice S. *The Feminist Papers from Adams to de Beauvoi.* New York: Columbia University Press, 1973.

Rowlett, Lori L. *Joshua and the Rhetoric of Violence: A New Historical Analysis.* Sheffield: Sheffield Academic Press, 1996.

Rummel, Erika. *Erasmus as a Translator of the Classics.* Toronto: University of Toronto Press, 1985.

Runions, Erin. *Changing Subject: Gender, Nation and Future in Micah.* London: Sheffield Academic Press, 2001.

Saadia Gaon. *The Book of Beliefs and Opinions,* trans. from the Arabic by Alexander Altmann. Indianapolis: Hackett, 2002.

Sæbø, Magne, ed. *Hebrew Bible/Old Testament, The History of Its Interpretation,* vol. 1 – 3. Göttingen: Vandenhoeck & Ruprecht, 1996 – 2015.

Safran, William. "Diasporas in Modern Societies: Myths of Homeland and Return", *Diaspora: A Journal of Transnational Studies* 1 (1991): 83 – 99.

Said, Edward W. *Orientalism.* London: Penguin, 1978.

— . *On Late Style: Music and Literature against Grain.* New York: Pantheon Books, 2006.

Sasson, Jack M. *Hebrew Origins: Historiography, History, Faith of Ancient Israel.* Hong Kong: Chung Chi College, 2002.

— . "Of Time & Immortality: How Genesis Created Them", *Biblical Review* 21 (2005): 32 – 54.

圣经诠释的历史与方法

Schaberg, Jane, Alice Bach and Esther Fuchs, eds. *On the Cutting Edge: The Study of Women in Biblical Worlds, Essays in Honor of Elisabeth Schüssler Fiorenza.* New York: Continuum, 2003.

Schech, Thomas P. , ed. *Erasmus's Life of Origen: A New Annotated Translation of the Preface to Erasmus of Rotterdam's Edition of Origen's Writings (1536) .* Washington: the Catholic University of America Press, 2016.

Schiffman, L. H. *Sectarian Law in the Dead Sea Scrolls.* Chico: Scholars Press, 1983.

Schmidt, Brian B. , ed. *The Quest for the Historical Israel: Debating Archaeology and the History of Early Israel.* Atlanta: SBL, 2007.

Scholder, Klaus. *The Birth of Modern Critical Theology: Origins and Problems of Biblical Criticism in the Seventeenth Century,* trans. by John Bowden. London: SCM, 1990.

Scott, Joan W. "Gender: A Useful Category of Historical Analysis", in *American Historical Review* 91 (1986): 1053 – 1075.

— . *Gender and the Politics of History.* New York: Columbia University Press, 1988.

Segal, Alan F. *Life after Death: A History of the Afterlife in the Religion of the West.* New York: Doubleday, 2004.

Segovia, Fernado F. "Postcolonialism and Comparative Analysis in Biblical Studies", in *Biblical Interpretation* 7 (1999): 192 – 196.

— , and Mary A. Tolbert, eds. *Reading from This Place,* vol. 1: Social Location and Biblical Interpretation in the United States. Minneapolis: Fortress Press, 1995.

— . *Decolonizing Biblical Studies: A View from the Margins.* Maryknoll: Orbis Books, 2000.

— , ed. *Interpreting beyond Borders.* Sheffield: Sheffield Academic Press, 2000.

— , ed. *Toward a New Heaven and a New Earth: Essays in Honor of Elisabeth Schüssler Fiorenza.* New York: Orbis Books, 2003.

— , and R. S. Sugirtharajah, eds. *A Postcolonial Commentary on the New Testament Writings.* New York: T & T Clark, 2007.

— . "Criticism in Critical Times: Reflections on Vision and Task", in *Journal of Biblical Literature* 1 （2015）: 6 – 29.

Sheehan, Jonathan. *The Enlightenment Bible.* Princeton: Princeton University Press, 2005.

Sherwood, Yvonne. *The Prostitute and the Prophet: Hosea's Marriage in Literary – Theoretical Perspective.* Sheffield: Sheffield Academic Press, 1996.

– . *A Biblical Text and Its Afterlives: the Survival of Jonah in Western Culture.* Cambridge: Cambridge University Press, 2000.

– , and Kavin Hart, eds. *Derrida and Religion: Other Testaments.* New York: Routledge, 2004.

– . *Biblical Blaspheming: Trials of the Sacred for a Secular Age.* Cambridge: Cambridge University Press, 2012.

Shuger, Debora K. *The Renaissance Bible: Scholarship, Sacrifice, and Subjectivity.* Berkeley: University of California Press, 1994.

Silberman, Lou H. "Wellhausen and Judaism", *Semeia* 25 （1982）: 75 – 82.

Smend, Rudolf. "Julius Wellhausen and His Prolegomena to the History of Israel", *Semeia* 25 （1982）: 1 – 20.

Smith, Jonathan Z. *Map Is Not Territory: Studies in the History of Religion.* Leiden: Brill, 1978.

Smith, Lesley. *The Glossa ordinaria: The Making of the Medieval Bible Commentary.* Leiden: Brill, 2009.

Smith, Mark S. "Remembering God: Collective Memory in Israelite Religion", *The Catholic Biblical Quarterly* 64 （2002）: 631 – 651.

– . *The Memoirs of God: History, Memory, and the Experience of the Divine in Ancient Israel.* Minneapolis: Fortress Press, 2004.

Smith, Reverend. "Wellhausen and His Position", *Christian Church* 2 （1882）: 366 – 369.

Smith, S. B. "Spinoza's Democratic Turn", *Review of Metaphysics* 48 （1994）: 359 – 388.

Smith, William R. *The Religion of the Semites* （1899, reprint 1972）.

Sorel, Tom, ed. *The Cambridge Companion to Hobbes.* Cambridge: Cambridge University Press, 1996.

Soskice, Janet Martin, and Diana Lipton, eds. *Feminist Theology*. Oxford: Oxford University Press, 2003.

Spencer, Richard A. , ed. *Orientation by Disorientation: Studies in Literary Criticism and Biblical Literary Criticism, Presented in Honor of William A. Beardslee*. Pittsburgh: Pickwick, 1980.

Spinoza, de Benedict. *A Theologico-Political Treatise and A Political Treatise*, trans. with an introduction by R. H. M. Elwes. New York: Dover, 2004.

Spivak, Gayatri Chakravorty. *In the Other Worlds: Essays in Cultural Politics*. New York: Routledge, 1988.

– . *A Critique of Postcolonial Reason: Toward a History of the Vanishing Present*. Cambridge: Harvard University Press, 1999.

Stanton, Elizabeth Cady. "Has Christianity Benefited Woman?" *North American Review*, 140 (1885): 389 – 399.

– , Susan B. Anthony, and Matilda J. Gage, eds. *History of Woman Suffrage*, vol. 1. Rochester: Susan Anthony, 1881.

– . "Reading the Bible in the Public Schools", *Free Thought Magazine* 16 (1898): 1033 – 1037.

– . *Eighty Years & More, Reminiscences 1815 – 1897*. New York: Schocken Books, 1971.

– . *The Original Feminist Attack on the Bible* (The Woman's Bible), Introduction by Barbara Welter. New York: Arno Press, 1974.

– . *The Woman's Bible*. Boston: Northeastern University Press, 1993.

Stein, Valerie A. *Anti – cultic Theology in Christian Biblical Interpretation: A Study of Isaiah 66: 1 – 4 and Its Reception*. New York: Peter Lang, 2007.

Steinberg, Naomi. *Kinship and Marriage in Genesis: A Household Economics Perspective*. Augsburg: Fortress Press, 1993.

Steinmetz, David C. , ed. *The Bible in the Sixteenth Century*. Durham: Duke University Press, 1990.

– , ed. *The Bible in the Sixteenth Century*. Durham: Duck University Press, 1999.

Strauss, Leo. *Spinoza's Critique of Religion*. Chicago: University of Chicago Press, 1997.

Stump, Eleonore, and Norman Kretzmann, eds. *The Cambridge Companion to Augustine.* Cambridge: Cambridge University Press, 2001.

Sugirtharajah, R. S., ed. *Voices from the Margin: Interpreting the Bible in the Third World.* Maryknoll: Orbis Books, 1991.

— . "From Orientalist to Post – colonial: Notes on Reading Practices", *Asian Journal of Theology* 10, 1 (1996): 20 – 27.

— . *Asian Biblical Hermeneutics and Postcolonialism: Contesting the Interpretations.* Maryknoll: Orbis, 1998.

— , ed. *The Postcolonial Bible.* Sheffield: Sheffield Academic Press, 1998.

— . *The Bible and the Third World: Precolonial, Colonial and Postcolonial Encounters.* Cambridge: Cambridge University Press, 2001.

— . *Postcolonial Criticism and Biblical Interpretation.* Oxford: Oxford University Press, 2002.

— . *The Bible and Empire: Postcolonial Explorations.* Cambridge: Cambridge University Press, 2005.

— . *Troublesome Texts: The Bible in Colonial and Contemporary Culture.* Sheffield: Sheffield Phoenix Press, 2008.

— . *Exploring Postcolonial Biblical Criticism: History, Method, Practice.* Malden: Wiley – Blackwell, 2012.

— . *The Bible and Asia: From the Pre – Christian Era to the Colonial Age.* Cambridge: Harvard University Press, 2013.

Talmon, Shemaryahu. "Aspects of the Textual Transmission of the Bible in the Light of Qumran Manuscripts", *Textus* 4 (1964): 95 – 103.

The Bible and Culture Collective, *The Postmodern Bible.* New Haven: Yale University Press, 1995.

Theissen, Gerd. "Itinerant Radicalism: The Tradition of Jesus' Sayings from the Perspective of the Sociology of Literature", *Radical Religion* 2 (1975): 84 – 93.

— . *Sociology of Early Palestinian Christianity.* Philadelphia: Fortress Press, 1978.

— . *The Social Setting of Pauline Christianity: Essays on Corinth.* Philadelphia: Fortress Press, 1982.

Thompson, Thomas L. *The Historicity of the Patriarchal Narratives*: *The Quest for the Historical Abraham*. Berlin: De Gruter Press, 1974.

– . *Early History of the Israelite People from the Written and Archaeological Sources*. Leiden: Brill, 1992.

– . *The Mythic Past*: *Biblical Archaeology and the Myth of Israel*. New York: Basic Book, 1999.

Torjesen, Karen Jo. *Hermeneutical Procedure and Theological Method in Origen's Exegesis*. Berlin: Walter De Gruyter, 1986.

Torrell, Jean – Pierre. *Saint Thomas Aquinas*, vol. 1. The Person and His Work. Washington: The Catholic University of America Press, 2005.

Tov, Emanual. *Textual Criticism of the Hebrew Bible*. Third edition. Revised and Expanded. Minneapolis: Fortress Press, 2012.

– . *The Text – Critical Use of the Septuagint in Biblical Research*. Winona Lake: Eisenbrauns, 2015.

Trible, Phyllis. "Depatriarchalizing in Biblical Interpretation", *Journal of the American Academy of Religion* 41 (1973): 30 – 48.

– . *God and Rhetoric of Sexuality*. Philadelphia: Fortress Press, 1978.

– . "Feminist Hermeneutics and Biblical Studies", *Christian Century* 99 (1982): 116 – 118.

– . *Text of Terror*: *Literary – feminist Readings of Biblical Narratives*. Philadelphia: Fortress Press, 1984.

– , ed. *Feminist Approaches to the Bible*. Washington: Biblical Archaeology Society, 1994.

– . *Rhetorical Criticism*: *Context, Method, and the Book of Jonah*. Minneapolis: Fortress Press, 1994.

– , and Letty M. Russell, eds. *Hagar, Sarah, and Their Children*: *Jewish, Christian, and Muslim Perspectives*. Louisville: Westminster John Knox Press, 2006.

Tucker, Gene M. *Form Criticism of the Old Testament*, *Guides to Biblical Scholarship*. Philadelphia: Fortress, 1971.

Van der Toorn, Karel. *Scribal Culture and the Making of the Hebrew Bible*. Cambridge: Harvard University Press, 2009.

Van Dijk – Hemmes, Fokkelien, and Athalya Brenner, eds. *Reflections on Theology and Gender.* Kampen: Kok Pharos, 1994.

Van Fleteren, F., and J. C. Schnaubelt, eds. *Augustine: Biblical Exegete.* New York: Peter Lang, 2001.

Van Seters, John. *Abraham in History and Tradition.* New Haven: Yale University Press, 1975.

– . *In Search of History: Historiography in the Ancient World and the Origin of Biblical History.* New Haven: Yale University Press, 1983.

– . *Prologue to the History: The Yahwist as Historian in Genesis.* Louisville: Westminster John Knox, 1992.

– . *The Life of Moses: The Yahwist as Historian in Exodus – Numbers.* Louisville: Westminster /John Knox, 1994.

– . *The Pentateuch: A Social – Science Commentary.* London: T & T Clark International, 2004.

– . *The Edited Bible: The Curious History of the " Editor " in Biblical Criticism.* Winona Lake: Eisenbrauns, 2006.

Visser, Arnoud S. Q. *Reading Augustine in the Reformation: The Flexibility of Intellectual Authority in Europe, 1500 – 1620.* New York: Oxford University Press, 2011.

Von Harnack, Adolf. *The Origin of the New Testament*, trans. by J. R. Wilkinson. London: Williams & Norgate, 1925.

– . *Marcion: The Gospel of the Alien God*, trans. by John E. Steely and Lyle D. Bierma. Durham: Labyrinth, 1990.

Von Rad, Gerhard. *Old Testament Theology*, vol. 1. New York: Harper & Row, 1962.

– . *The Problem of the Hexateuch and Other Essays*, trans. by E. W. T. Dicken. Edinburgh: Oliver & Boyd, 1966.

– . *Genesis.* Philadelphia: Westminster, 1972.

Wallis, Louis. *God and the Social Process.* Chicago: University of Chicago Press, 1935.

圣经诠释的历史与方法

Washington, Harold C. "Violence and the Construction of Gender in the Hebrew Bible: A New Historical Approach", *Biblical Interpretation* 5 (1997): 324 – 363.

Watts, James W. *Ritual and Rhetoric in Leviticus: From Sacrifice to Scripture.* Cambridge: Cambridge University Press, 2007.

Weber, Max. *Ancient Judaism.* Free Press, 1952.

Webster, Charles. *The Great Instauration: Science, Medicine, and Reform.* New York: Holmes & Meier, 1975.

Wedel, Christine Christ – von. *Erasmus of Rotterdam: Advocate of a New Christianity.* Toronto: University of Toronto Press, 2013.

Weinfeld, Moshe. *The Place of the Law in the Religion of Ancient Israel.* Leiden & Boston: Brill, 2004.

Wellhausen, Julius. *Prolegomena to the History of Israel, with a Reprint of the Article "Israel" from the Encyclopedia Britannica,* trans. by J. Sutherland Black and Allan Menzies, preface by William Robertson Smith, foreword by Douglas A. Knight. Atlanta: Scholars Press, 1994.

Whitelam, Keith W. *The Invention of Ancient Israel: The Silencing of Palestinian History.* London: Routledge, 1996.

Whybray, R. N. *The Making of the Pentateuch: A Methodological Study.* Sheffield: Sheffield Academic Press, 1987.

Widow, Juan Carlos Ossandón. *The Origins of the Canon of the Hebrew Bible: An Analysis of Josephus and 4 Ezra.* Leiden: Brill, 2019.

Wightman, Gregory J. "The Myth of Solomon", in *Bulletin of the American Schools of Oriental Research* 277 – 278 (1990): 5 – 22.

Willoughby, H. R., ed. *The Study of the Bible Today and Tomorrow.* Chicago: University of Chicago Press, 1947.

Wilson, Bryan R. *Sects and Society: A Sociological Study of the Elim Tabernacle, Christian Science, and the Christadelphians.* Berkeley: University of California Press, 1961.

Wilson, Robert R. *Prophecy and Society in Ancient Israel.* Philadelphia: Fortress Press, 1980.

Wink, Walter. *The Bible in Human Transformation*: *Toward a New Paradigm for Biblical Study*. Philadelphia: Fortress Press, 1973.

Wollstonecraft, Mary. *Vindication of the Rights of Woman*. New York: W. W. Norton, 1967.

Woodhead, Linda. *An Introduction to Christianity*. Cambridge: Cambridge University Press, 2004.

Wright, G. Ernest. *The Challenge of Israel's Faith*. Chicago: Chicago University Press, 1944.

–. *God Who Acts*: *Biblical Theology as Recital*. London: SCM, 1952.

–. *Biblical Archaeology*. Philadelphia: Westminster Press, 1957.

Yadin, Yigael. *Masada*: *Herod's Fortress and the Zealots' Last Stand*. New York: Random House, 1966.

–. *Hazor*: *The Rediscovery of a Great Citadel of the Bible*. New York: Random House, 1975.

Yarchin, Willian. *History of Biblical Interpretation*: *A Reader*. Peabody: Hendrickson, 2004.

Yee, Gale A. "Ideological Criticism", in John H. Hayes ed. , *Dictionary of Biblical Interpretation*, vol. 1. , 534 – 537. Nashville: Abingdon, 1999.

–. *Poor Banished Children of Eve*: *Woman as Evil in the Hebrew Bible*. Minneapolis: Fortress Press, 2003.

Yoo, Philip Y. "The Four Moses Death Accounts", *Journal of Biblical Literature* 131 (2012): 423 – 441.

Zeitlin, Irving M. *Ancient Judaism*: *Biblical Criticism from Max Weber to the Present*. Oxford: Polity Press, 1986.

圣经诠释的历史与方法

后　记

匆匆之间，已是十年有余。

作为西方乃至人类至为重要的宗教经典，圣经无疑是座瑰丽而丰富的宝库。2000 多年来，人们对她的解读从未间断。她滋养过无数生命，也不断被审视，抑或被误解以致滥用、误用。而从学术研究视角，呈现圣经诠释的前世今生绝非易事。迈向洞悉之路漫漫，但于我一直心有向往且雀跃欲试。这样的攀援伴随一程程的心力相倾，也回报着追逐智慧的欣喜与富足。在修改书稿的过程中，我企盼着交稿后的释然。可等到终于可以撰写此后记时，我却又心怀忐忑，愧于自己学浅才疏，心有余而力不足，也遗憾最后一章未能完全回到"汉语语境中的圣经诠释"。故此，期望通过本书出版，能有些许助力于圣经诠释研究。更期盼借由方家的斧正，自己今后能够做到更好。

需要说明的是，在这本讨论圣经解读与研究之方法论的书中，如非特别说明，圣经经文均出自和合本。关于四圣字母 YHWH，本书沿用"耶和华"之译名，而在直接引用学者相关表述时，则沿用其译名，即译名可以是"雅威"（Yahweh）。

这篇后记也意在致谢。感谢我的博士生导师李炽昌教授，感谢他慷慨应允并赐序，更感谢他多年来对我学术的引领与启迪。

我的硕士生导师陈麟书先生于 2018 年安详地离开了这个世界。每每想到先生的纯真与善良，对学术的执着，对我的爱护、期许和鼓励，都使我唏嘘感念。愿他在天堂里平安，愿师母康健自在颐养天年。

感谢修习"圣经诠释学"课程的同学们，教学相长，你们在课堂上的疑问与追问，激发出我更深入的思考与回应。此外，感谢硕士研究生王彦君同学协助整理参考文献。

本书为教育部人文社会科学重点研究基地重大项目"圣经诠释的历

史与方法"（项目号：13JJD730004）最终成果，而一些章节作为阶段成果业已陆续发表。在此感谢教育部基金支持，以及《世界宗教研究》《宗教学研究》《道风：基督教文化评论》《汉语基督教学术论评》《圣经文学研究》《基督教文化学刊》《犹太研究》《基督教思想评论》等学刊的襄助。

感谢浙江大学人文高等研究院，让我可以在安静而美丽的之江校园最终修改完成书稿。

本书出版有所波折，最终得以付梓，不仅要感谢四川大学道教与宗教文化研究所的出版经费资助，同时还要感谢社会科学文献出版社组稿编辑袁清湘女士及其他编辑付出的一切辛劳。此外，我要特别感谢中央统战部的戴晨京女士、裴红卫先生和于淼女士对出版的关心、督促和推进。

感谢所有关注本书出版的师友与同学。

最后，感谢我的家人，特别是爱女嘉田。

田海华

癸卯岁末于成都

圣经诠释的历史与方法

图书在版编目（CIP）数据

圣经诠释的历史与方法 / 田海华著 . -- 北京：社
会科学文献出版社，2024.5
ISBN 978 - 7 - 5228 - 3031 - 5

Ⅰ.①圣…　Ⅱ.①田…　Ⅲ.①《圣经》- 文学研究
Ⅳ.①B971 ②I106.99

中国国家版本馆 CIP 数据核字（2024）第 019225 号

圣经诠释的历史与方法

著　　者 / 田海华

出 版 人 / 冀祥德
组稿编辑 / 袁清湘
责任编辑 / 连凌云　赵怀英
责任印制 / 王京美

出　　版 / 社会科学文献出版社·人文分社（010）59367202
　　　　　　地址：北京市北三环中路甲 29 号院华龙大厦　邮编：100029
　　　　　　网址：www.ssap.com.cn
发　　行 / 社会科学文献出版社（010）59367028
印　　装 / 三河市龙林印务有限公司

规　　格 / 开　本：787mm×1092mm　1/16
　　　　　　印　张：28.5　字　数：451 千字
版　　次 / 2024 年 5 月第 1 版　2024 年 5 月第 1 次印刷
书　　号 / ISBN 978 - 7 - 5228 - 3031 - 5
定　　价 / 136.00 元

读者服务电话：4008918866

▲ 版权所有 翻印必究